제 6 판

경 찰 법
POLICE LAW

경찰법의 기본체계와 이론적 기초

손재영

박영사

제6판 서 문

2012년 초판 출간 이래 어느덧 제6판의 개정을 맞게 되었다. 진작 개정판이 출간되어야 했으나, 재작년 독일 만하임대학교로 연구년(안식년)을 다녀오고, 작년에는 사랑하는 가족(어머님, 장모님)과 이별을 겪으면서 출간이 다소 늦어지게 되었다. 본서의 개정이 독자들로 하여금 3년간의 기다림이 전혀 아깝지 않은 내용이 되었으면 하는 바람이다.

제5판 출간 이후 여러 법령의 개정과 의미 있는 결정 및 판결이 있었다. 제6판에는 개정된 법령과 새로운 결정 및 판결이 반영되었음은 물론이다. 그리고 여러 개정판을 거듭하면서도 인지하지 못했던 오류나 오 · 탈자를 수정하였고, 설명이 부족하다고 생각했던 부분에 대한 추가작업이 이루어졌다. 특히 해당 설명에 그림을 덧붙이거나 표로 깔끔하게 정리하는 작업이 진행되었다. 나아가 불필요한 반복을 지양하고 부족한 부분을 보완함으로써 본서의 완결성을 더 높인 것도 제6판의 출간이유이기도 하다. 그럼에도 불구하고 여전히 부족함이 남아 있지만, 다음 개정판에서 부족한 부분에 대한 후속연구를 통해 더욱 정치(精緻)한 경찰법 체계를 구축할 것을 약속드린다.

제6판이 나오기까지 많은 분의 도움이 있었다. 먼저 은사이신 쉔케(W.-R. Schenke) 교수님께 감사의 인사를 드린다. 특히 2022년은 나에게 뜻깊은 한 해였다. 왜냐하면 쉔케 교수님의 배려로 독일 만하임대학교에서 1년 간 연구년(안식년)을 보내며 재충전의 시간을 가졌고, 오랜만에 사제의 정(情)도 나누었기 때문이다. 교수님과 같이 식사하고 차를 마시며 많은 대화를 나누었고, 유학시절과는 사뭇 다른 둘만의 많은 사적인 시간을 보냈다. 이미 이전 서문에서도 여러 차례 밝혔듯이 유학시절 쉔케 교수님께서는 학문적 재능이 있는지에 대하여 의구심을 갖던 나에게 항상 자신감을 불어넣어 주셨다. 쉔케 교수님께 지도를 받은 만하임대학교의 석사학위논문(Rasterfahndung am Beispiel des § 40 BWPolG)과 박사학위논문(Heimliche polizeiliche Eingriffe in das informationelle Selbstbestimmungsrecht)은 각각 "숨마쿰라우데"(*summa cum laude*)로 평가되었다. 특히 박사학위논문은 2006년 독일의 유서깊은 출판사인 Duncker & Humblot에서 공법총서 제1013권(Schriften zum Öffentlichen Recht Band 1013)으로 출간되었으며, 현재 유수의 독일 경찰법 교과서[1)]와 학위논문에서 인용되고 있다. 독일에서의 박사학위논문과 한국에서의 경찰법 저서가 학문의 발전에 조금이나마 보탬이 된다면 더 이상 바랄 것이 없겠다. 쉔케 교수님께서는 이미 여든이 훌쩍 넘은 연세임에도 여전히 논문과 저서 및 그 개정판을 내고 계신다. 그저 존경스러울 따름이다.

또한 늘 변함없는 격려와 응원을 아끼지 않으시는 김창조 교수님께도 이 자리를 빌어 감사한 마음을 전한다. 김창조 교수님께서는 내게 학문하는 즐거움을 가르쳐 주셨다. 그리고 지난 20여 년간 늘 한결같은 마음으로 곁을 지켜 준 정상원 교수에게도 고마운 마음을 전한다. 차가운 이성과 따뜻한 가슴을 동시에 가진, 그저 학생과 학교를 위하는 마음밖에 없는 정상원 교수가 나의 제자라는 사실이 자랑스럽다. 그리고 힘들고 어려울 때면 늘 힘이 되어 주고, 때로는 나보다 더 형 같은, 공교롭게도 이름도 같은 처남 허재영에게도 이 자리를 빌려 고마움을 전한다. 오랫동안 함께 정을 나누며 행복하게 살았으면 좋겠다. 무엇보다 사랑하는 아내 허선이와 딸 손민정에게도 감사한 마음을 전한다. 논문이나 책을 쓸 때면 다소 일상의 여유를 찾지 못하는 남편을 잘 이해하고 받아주는 아내에게 마음속 깊은 감사의 인사를 전한다. 독일 유학 중인 사랑하는 딸에게는 모든 순간순간

---

1) Gusy, Polizei– und Ordnungsrecht, 8. Aufl., 2011, S. 117 Rn. 218; Knemeyer, Polizei– und Ordnungsrecht, 11. Aufl., 2007, S. 125 Rn. 189; Kugelmann, Polizei– und Ordnungsrecht, 2. Aufl., 2011, S. 187 Rn. 115 ; Pieroth/Schlink/Kniesel, Polizei– und Ordnungsrecht, 8. Aufl., 2014, S. 303 Rn. 88; Schenke, Polizei– und Ordnungsrecht, 12. Aufl., 2023, S. 116 Rn. 212.

지혜와 용기를 허락해 주시기를 그리고 주님의 가호가 늘 함께하기를 기도드린다. 마지막으로 작년에 약속이나 한 듯 함께 세상을 떠나셨고, 그 누구보다 개정판의 출간을 기뻐하셨을 장정연(장모님), 채순득(어머님) 두 분께 이 책을 헌정한다. 부디 편안한 영면에 드시기를 두 손 모아 기도드린다.

2024년 7월
경찰대학 아산캠퍼스에서
저자 씀

서 문

이 책은 대학에서 경찰법을 공부하려는 이들이 경찰법을 쉽고 체계적으로 이해할 수 있도록 도움을 주려는 목적에서 쓰여졌다. 사실 경찰법은 그 중요성에 비하여 많은 연구가 이루어지지 않았다. 종래 경찰법은 행정법각론의 일부분으로 취급되어 왔고, 행정법각론 부분에서 다루어지는 내용도 매우 빈약하였다. 근자에 이르러서야 경찰법만을 독자적으로 다룬 전문서적이 출간되고 있기는 하지만, 아직까지 그 수는 많지 않고 종류 또한 다양하지 못하다. 그동안 다양한 유형의 경찰법 관련 전문서적이 출간되지 않았던 이유는 무엇보다 이에 대한 수요가 많지 않았기 때문일 것이다. 그러나 현재 전국에는 전문대학을 포함해서 대략 90여 개의 대학에 경찰 관련 학과가 설치되어 있고, 앞으로도 계속 늘어날 전망이다. 본서가 경찰법을 공부하려는 이들에게 경찰법의 체계와 이론을 이해하는 데에 조그마한 도움을 줄 수 있다면 더 이상 바랄 것이 없겠다.

이 책이 나오기까지 많은 분의 도움이 있었다. 높으신 인품과 학자로서의 귀감을 보여 주신 김원주 교수님, 행정법에 무지한 나에게 마치 흰 도화지에 그림을 그리듯이 행정법의 기본 틀을 잡아 주셨던 김창조 교수님, 그리고 학문적 재능이 있는지 항상 의구심을 갖고 있던 나에게 자신감을 불어넣어 주셨던 쉔케(W.-R. Schenke) 교수님, 이 세 분을 만나지 못했더라면 이 책은 아마 세상에 나오지 못했을 것이다. 이 지면을 빌려 세 분 교수님께 무한한 감사의 인사를 드린다. 또한 독일유학 기간 내내 재정적 뒷받침을 통해 법학박사학위(Dr. ius)를 마칠 수 있게 해 준 독일학술교류처(DAAD)의 도움도 잊을 수 없다. 원고교정을 맡아 수고를 많이 해 준 제자 정상원 군에게도 감사의 인사를 전한다. 정상원 군의 학문적 대성을 기원한다. 그리고 늘 일상화된 늦은 귀가를 이해해 준 사랑하는 아내와 딸에게도 감사의 인사를 전한다. 마지막으로 본서의 출간을 흔쾌히 수락해 주신 박영사의 안종만 회장님과 기획단계에서부터 출간을 적극적으로 추진해 주신 이구만 이사님께도 감사의 마음을 전한다.

2012년 2월
쉐턱관 연구실에서
저자 씀

들어가기 전에

경찰법에서 제기되는 가장 핵심적인 문제는 위험방지라는 직무에 대하여 관할권을 가진 행정청(경찰행정청)은 위험방지조치를 취할 권한이 있는지 만일 권한이 있다면 어떠한 요건하에서 위험방지조치를 취할 수 있는지 그리고 이러한 위험방지조치는 누구에게 취해져야 하는지의 문제라 할 수 있다. 본서는 이러한 경찰법에서 제기되는 가장 핵심적인 문제를 중점적으로 다루고자 하였다. 이러한 문제에 대한 고찰이 중요한 이유는 무엇보다 국민의 권리를 제한하거나 의무를 부과하는 경찰작용의 적법 여부를 판단하는 중요한 기준을 제시해 줄 수 있기 때문일 것이다. 본서를 읽는 독자들은 ① 경찰이 취하는 특정 조치가 위험방지라는 경찰의 직무에 속하는지(제1장) ② 경찰은 위험방지를 목적으로 국민의 권리를 제한하거나 의무를 부과하는 조치를 취할 권한이 있는지 만일 권한이 있다면 어떠한 요건하에서 위험방지조치를 취할 수 있는지(제2장) 그리고 ③ 이러한 위험방지조치는 누구에게 취해져야 하는지(제3장)를 항상 염두에 두면서 책을 읽어 주기 바란다.

차 례

제1장 경찰의 직무

제2장 경찰의 권한

제3장 경찰작용의 대상자

警察法

제1장

경찰의 직무

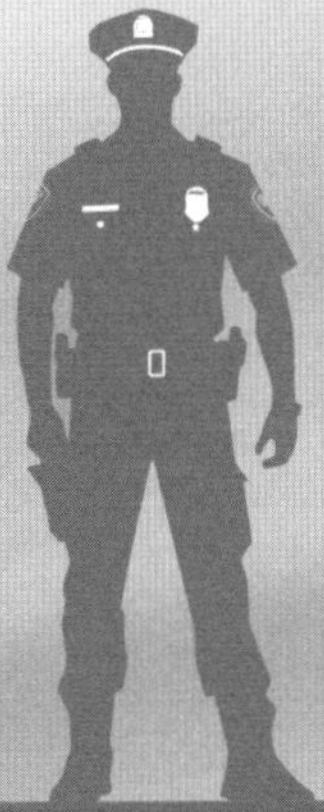

제1절 경찰의 개념

제2절 경찰법

"경찰의 직무는 임박한 위험을 방지하는 것이다;
복리증진은 경찰의 본래 직무가 아니다."

— 요한 쉬테판 퓌터(Johann Stephan Pütter) —

제1절

경찰의 개념

경찰법은 간략하게 **경찰에 관한 법**으로 정의내릴 수 있다. 이러한 점에서 경찰법에 대한 연구는 먼저 경찰법의 규율대상인 **경찰**에 대한 이해를 요구한다. 경찰의 개념은 **조직적 의미의 경찰, 형식적 의미의 경찰, 실질적 의미의 경찰**로 이해될 수 있다.

Ⅰ 조직적 의미의 경찰

1. 의　　의

조직적 의미의 경찰(Polizei im institutionellen oder organisatorischen Sinn)은 **경찰조직에 귀속될 수 있는 모든 기관**을 의미한다. 조직적 의미의 경찰개념에서는 경찰작용을 하는 기관이 경찰기관(경찰청, 시 · 도경찰청, 경찰서 등)에 속하는지 여부가 중요하다. 조직적 의미의 경찰은 정부조직법과 경찰법령에서 그 범위가 정해진다. 「정부조직법」 제34조는 "치안에 관한 사무를 관장하기 위하여 행정안전부장관 소속으로 경찰청을 둔다"(제5항)라고 규정하는 한편, "경찰청의 조직 · 직무범위 그 밖에 필요한 사항은 따로 법률로 정한다"(제6항)라고 규정하고 있다. 그동안 경찰의 기본조직과 직무범위 및 그 밖에 필요한 사항은 1991년 제정된 「경찰법」이 규정하고 있었으나, 2020년 12월 22일 「경찰법」이 전부개정되어 2021년 1월 1일부터는 새로운 명칭의 「**국가경찰과 자치경찰의 조직 및 운영에 관한 법률**」이 (종전의) 「경찰법」을 대신하게 되었다. 법률개정과 함께 경찰의 사무는 **국가경찰사무**와 **자치경찰사무**로 구분되고 각각 국가경찰위원회와 시 · 도자치경찰위원회의 지휘 · 감독을 받는 한편, 경찰청에 **국가수사본부**가 설치되는 등 경찰조직이 대대적으로 개편되었다. 검 · 경 수사권 조정 시행과 함께 비대해진 경찰권을 효율적으로 분산하기 위함이 법률개정의 주된 이유이다.

2. 경찰청

「국가경찰과 자치경찰의 조직 및 운영에 관한 법률」 제12조는 경찰의 조직과 관련하여 "치안에 관한 사무를 관장하게 하기 위하여 행정안전부장관 소속으로 경찰청을 둔다"고 규정하고 있다. 현재 경찰청은 경찰청장을 중심으로 1차장 1본부 8국 12관 54과 3팀으로 구성되어 있다. 경찰청장은 국가경찰에 관한 사무를 총괄하고 경찰청 업무를 관장하며, 소속 공무원 및 각급 국가경찰기관의 장을 지휘 · 감독한다(「국가경찰과 자치경찰의 조직 및 운영에 관한 법률」 제14조 제3항). 그러나 경찰청장은 경찰의 수사에 관한 사무의 경우 개별 사건의 수사에 대하여 구체적으로 지휘 · 감독할 수 없다. 물론 국민의 생명 · 신체 · 재산 또는 공공의 안전 등에 중대한 위험을 초래하는 긴급하고 중요한 사건의 수사에 있어서 경찰의 자원을 대규모로 동원하는 등 통합적으로 현장 대응할 필요가 있다고 판단할 만한 상당한 이유가 있는 때에는 국가수사본부장을 통하여 개별 사건의 수사에 대하여 구체적 지휘 · 감독할 수 있다(「국가경찰과 자치경찰의 조직 및 운영에 관한 법률」 제14조 제6항). 경찰청에는 경찰청장을 보좌하는 차장이 있고, 차장은 경찰청장이 부득이한 사유로 직무를 수행할 수 없을 때에 그 직무를 대행한다(「국가경찰과 자치경찰의 조직 및 운영에 관한 법률」 제15조 제2항).

한편 「국가경찰과 자치경찰의 조직 및 운영에 관한 법률」 제16조는 경찰청에 국가수사본부를 두고, 국가수사본부장은 치안정감으로 보하며(제1항), 필요가 있는 때에는 경찰청 외부를 대상으로 모집하여 임용할 수 있음을 규정하고 있다(제6항, 제7항). 국가수사본부장은 「형사소송법」에 따른 경찰의 수사에 관하여 각 시 · 도경찰청장과 경찰서장 및 수사부서 소속 공무원을 지휘 · 감독한다(제2항). 그 임기는 2년이고, 중임할 수 없으며, 임기가 끝나면 당연히 퇴직한다(제3항, 제4항). 경찰청에는 국가수사본부 외에도 미래치안정책국, 범죄예방대응국, 생활안전교통국, 경비국, 치안정보국을 두고 있으며, 경찰청장 밑에는 대변인과 감사관 각 1명을, 경찰청 차장 밑에는 기획조정관 경무인사기획관 및 국제협력관 각 1명을 두고 있다(「경찰청과 그 소속기관 직제」 제4조). 경찰청의 부속기관으로는 교육기관인 경찰대학, 경찰인재개발원, 중앙경찰학교, 경찰수사연수원과 책임운영기관인 경찰병원이 있다(「경찰청과 그 소속기관 직제」 제2조).

3. 시 · 도경찰청

「국가경찰과 자치경찰의 조직 및 운영에 관한 법률」 제13조는 경찰사무의 지역적 분장과 관련하여 "경찰청의 사무를 지역적으로 분담하여 수행하게 하기 위하여 특별시 · 광역시 · 특별자치시 · 도 · 특별자치도에 시 · 도경찰청을 두고, 시 · 도경찰청장 소속으로 경찰서를 둔다. 이 경우 인구, 행정구역, 면적, 지리적 특성, 교통 및 그 밖의 조건을 고려하여 시 · 도에 2개의 시 · 도경찰청을 둘 수 있다"고 규정하고 있다. 현재 치안사무를 지역적으로 분담 수행하기 위하여 전국 특별시 · 광역시 · 도에 18개의 시 · 도경찰청을 두고 있으며, 시 · 도경찰청장 소속 하에 경찰서 259개, 지구대 626개, 파출소 1,417개를 운영하고 있다.

시 · 도경찰청장은 치안정감 · 치안감 또는 경무관으로 보하고, 국가경찰사무에 대해서는 경찰청장의 지휘 · 감독을, 자치경찰사무에 대해서는 시 · 도자치경찰위원회의 지휘 · 감독을 받아 관할구역의 소관 사무를 관장하며, 소속 공무원 및 소속 경찰기관의 장을 지휘 · 감독한다. 다만 수사에 관한 사무에 대해서는 국가수사본부장의 지휘 · 감독을 받아 관할구역의 소관 사무를 관장하고 소속 공무원 및 소속 경찰기관의 장을 지휘 · 감독한다. 「경찰공무원법」 제7조에도 불구하고 시 · 도경찰청장은 경찰청장이 시 · 도자치경찰위원회와 협의하여 추천한 사람 중에서 행정안전부장관의 제청으로 국무총리를 거쳐 대통령이 임용한다(「국가경찰과 자치경찰의 조직 및 운영에 관한 법률」 제28조).

시 · 도경찰청에는 차장을 둘 수 있다. 차장은 시 · 도경찰청장을 보좌하며 소관 사무를 처리하고, 경찰청장이 부득이한 사유로 직무를 수행할 수 없을 때에는 그 직무를 대행한다(「국가경찰과 자치경찰의 조직 및 운영에 관한 법률」 제29조). 지역사정에 따라 상이하지만, 서울경찰청을 제외한 대부분의 시 · 도경찰청에는 그 하부조직으로 공공안전부와 수사부 및 생활안전부를 두고 있다(「경찰청과 그 소속기관 직제」 제53조 이하).

4. 경찰서

경찰서장은 경무관, 총경 또는 경정으로 보하고, 시 · 도경찰청장의 지휘 · 감독을 받아 관할구역의 소관 사무를 관장하며, 소속 공무원을 지휘 · 감독한다. 경찰서장 소속으로 지구대 또는 파출소를 두고, 그 설치기준은 치안수요 · 교통 · 지리 등 관할구역의 특성을 고려하여 행정안전부령으로 정한다. 다만 필요한 경우에는 출장소를 둘 수 있다. 시 · 도자치경찰위원회는 정기적으로 경찰서장의 자치경찰사무 수행에 관한 평가결과를 경찰청장에게 통보하여야 하며 경찰청장은 이를 반영하여야 한다(「국가경찰과 자치경찰의 조직 및 운영에 관한 법률」 제30조).

경찰서의 사무를 분장하기 위하여 경찰서에 청문감사인권관, 경무과, 범죄예방대응과, 여성청소년과, 수사과, 형사과, 경비과, 교통과, 안보과, 치안정보과 등을 두고 있다(「경찰청과 그 소속기관 직제 시행규칙」 제74조).

경찰서장의 소관 사무를 분장하기 위하여 경찰서장 소속으로 지구대를 두되, ① 도서, 산간 오지, 농 · 어촌 벽지 등 교통 · 지리적 원격지로 인접 경찰관서에서의 출동이 용이하지 아니한 경우, ② 관할구역 안에 국가중요시설 등 특별한 경계가 요구되는 시설이 있는 경우, ③ 휴전선 인근 등 보안상 취약지역을 관할하는 경우, ④ 그 밖에 치안수요가 특수하여 지구대를 운영하는 것이 적당하지 아니한 경우에는 파출소를 둘 수 있다(「경찰청과 그 소속기관 직제 시행규칙」 제76조).

Ⅱ 형식적 의미의 경찰

리딩 케이스

사례 1 <오원춘사건 Ⅰ>

2012년 4월 1일 22시 32분경 한국계 중국인(조선족) 남성 오원춘이 경기도 수원시 팔달구 소재 자신의 거주지 대문 앞에서 휴대전화 부품공장에서 일을 마치고 귀가하던 피해여성 곽모씨(당시 28세)를 밀쳐 넘어뜨린 후 강제로 주거지로 끌고가 강간하려 하였다. 오원춘이 화장실을 간 사이 피해여성은 문을 걸어 잠근 후 직접 휴대전화로 112에 전화를 걸어 "모르는 아저씨에게 성폭행을 당하고 있다. 아저씨가 나간 사이 문을 잠그고 전화한다. 집은 주변 지동초등학교 지나 못골놀이터 가는 길쯤이다"며 자신이 집안에서 누군가로부터 성폭행을 당하고 있음을 신고하였다. 신고를 접수한 경기청과 수원중부서 소속 경찰관들이 현장에 출동하였으나 피해여성의 위치추적[1]에 실패하여 결국 피해여성은 살해당하였고, 사건 발생 13시간 뒤인 4월 2일 11시 50분경 주거지에서 사체를 훼손 중인 오원춘을 현장에서 검거하였다. 언론[2]을 통해 알려진 바에 따르면 사건 당시 경찰관들은 밤이 늦어 주민들의 취침에 방해될 것을 염려해 주변 불이 켜진 주택가에 귀 기울여 여자 비명소리 유무 등만을 확인하고 적극적인 가택출입을 실시하지 않았다고 한다. 사건 당시 경찰관들은 밤늦은 시간임에도 불구하고 가택출입을 할 수 있었는가? 만일 경찰관들이 가택출입을 할 수 있었다면 이에 대한 법적 근거는 무엇인가?

1. 의　　의

형식적 의미의 경찰(Polizei im formellen Sinn)은 (전술한) **조직적 의미의 경찰이 행하는 모든 활동을 의미한다.** 따라서 경찰기관(경찰청, 시 · 도경찰청, 경찰서 등)이 행하는 모든 활동이 형식적 의미의 경찰이다. 형식적 의미의 경찰은 경찰활동의 실질적 성질을 불문하고 현실적인 경찰기관을 기준으로 정립된 개념이므로, 경찰기관이 행하는 활동이라면 그것이 성질상 위험방지활동에 해당하는지 또는 범죄수사활동에 해당하는지 여부는 중요하지 않다. 이에 따라 형식적 의미의 경찰개념에는 **위험방지**뿐만 아니라 **범죄수사**도 포함된다.

2. 위험방지와 범죄수사

(1) 의　　의

현행 「경찰관직무집행법」(이하 '경직법'이라 한다) 제2조는 경찰관의 직무를 다음과 같이 규정하고 있다.

---

1) 사건 당시 경찰청이 운영하는 112는 소방방재청이 운영하는 119와 달리 자동위치추척권한이 없었다. 그래서 112신고를 받는 요원은 전화를 건 상대방을 통해 주소를 확인하거나 전화를 건 사람의 동의를 받아 위치추적을 해야만 했다. 이에 따라 당시 경찰은 위치추적이 되지 않아 결국 피해여성의 유가족이 소방방재센터에 전화를 걸어 소방방재센터가 경찰을 대신하여 위치를 추적해 주었다고 한다. 김재현, "수원 살인, 112위치추적 안 되는 이유 봤더니?", 헤럴드경제 2012. 4. 10. http://news.heraldm.com/view.php?ud=20120410000472&md=20120410111456 (2024. 07. 30. 검색). <오원춘사건>과 관련하여 제기되는 법적 문제에 관하여는 손재영, "위험방지를 위한 가택출입과 경찰긴급상황 – 최근 발생한 '수원 20대 여성 토막 살인사건'을 소재로 하여 –", 법과정책 제18집 제2호, 2012, 291쪽 이하.

2) 송원형, "[수원 20대 여성 토막 살해 사건] 피살 여성 6시간 살아있었는데… 경찰, 구할 기회 4번 놓쳐", 조선일보 2012. 4. 9.

경찰관직무집행법 제2조(직무의 범위) 경찰관은 다음 각 호의 직무를 수행한다.
1. 국민의 생명·신체 및 재산의 보호
2. 범죄의 예방·진압 및 수사
2의2. 범죄피해자 보호
3. 경비, 주요 인사(人士) 경호 및 대간첩·대테러 작전 수행
4. 공공안녕에 대한 위험의 예방과 대응을 위한 정보의 수집·작성 및 배포
5. 교통 단속과 교통 위해(危害)의 방지
6. 외국 정부기관 및 국제기구와의 국제협력
7. 그 밖에 공공의 안녕과 질서 유지

이 경우 「경직법」 제2조 제7호의 "그 밖에 공공의 안녕과 질서 유지"라는 표현을 통해서도 알 수 있듯이 제1호부터 제6호까지 예시된 경찰관의 직무는 광의(廣義)의 **공공의 안녕과 질서 유지**라는 범주에 포함될 수 있는 직무이다. 그리고 이러한 광의의 공공의 안녕과 질서 유지는 다시 **사전예방적 성격을 갖는 위험방지의 직무**와 **사후진압적 성격을 갖는 범죄수사의 직무**로 구분될 수 있다. 이를 도해(圖解)하면 [표 1-1]과 같이 나타낼 수 있다.

표 1-1 경찰의 직무

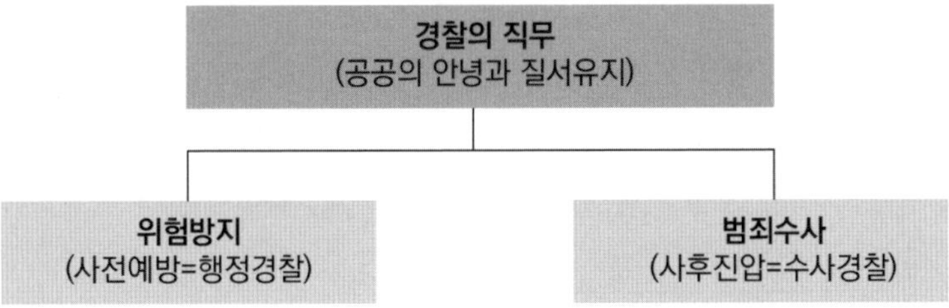

표 1-2 위험방지와 범죄수사의 구별

구분	위험방지 (사전예방=행정경찰)	범죄수사 (사후진압=수사경찰)
일반법	경찰관직무집행법	형사소송법
일반원칙	편의주의원칙	합법주의원칙
경찰작용의 요건	구체적 위험의 존재	충분한 범죄혐의의 존재
권리구제절차	행정소송	형사소송

(2) 구별의 필요성

위험방지는 경찰법상의 보호법익(공공의 안녕과 공공의 질서)에 대한 위험을 방지하고 이미 발생한 장해를 제거하는 것에 주된 목적이 있다. 이에 반하여 범죄수사는 이미 자행된 범죄의 규명과 제재에 제1차적인 목적이 있다. **위험방지**(Gefahrenabwehr)는 아직 발생하지 않은 위험을 방지하는 활동이므로 **예방적**(präventiv)인 것에 반하여, **범죄수사**(Strafverfolgung)는 이미 자행된 범죄를 전제로 그것을 수사하고 소추하는 활동이므로 **진압적**(repressiv)이라 할 수 있다.[3] 설령 범죄수사의 결과 간접적으로 범죄예방의 효과가 발생하고, 경찰의 조치(예: 임의동행)[4]가 종종 위험방지의 관점뿐만 아니라 범죄수사의 관점에서도 허용된다고 하여 양자의 구별 필요성이 부인되는 것은 아니다. 양자는 각각 다른 법(「경찰관직무집행법」과 「형사소송법」)과 법원칙이 적용된다는 점(편의주의원칙과 합법주의원칙), 나아가 경찰작용의 전제요건(구체적 위험과 충분한 범죄혐의의 존재)과 권리구제절차(행정소송과 형사소송)가 다르다는 점에서 구별의 필요성이 존재한다.

3) 이에 관해서는 서정범, "행정경찰에의 초대, 경찰학연구 제12권 제4호, 2012, 194쪽 이하; 박병욱 · 황문규, "위험예방을 위한 경찰법과 범죄진압을 위한 형사법의 목적 · 수단상 몇 가지 차이점", 형사정책연구 제23권 제3호, 2012, 201쪽 이하.
4) 대법원 2006. 7. 6. 선고 2005도6810 판결; 2020. 5. 14. 선고 2020도398 판결.

판례

〈행정경찰 목적의 임의동행과 범죄수사 목적의 임의동행〉

임의동행은 경찰관직무집행법 제3조 제2항에 따른 행정경찰 목적의 경찰활동으로 행하여지는 것 외에도 형사소송법 제199조 제1항에 따라 범죄수사를 위하여 수사관이 동행에 앞서 피의자에게 동행을 거부할 수 있음을 알려 주었거나 동행한 피의자가 언제든지 자유로이 동행과정에서 이탈 또는 동행장소로부터 퇴거할 수 있었음이 인정되는 등 오로지 피의자의 자발적인 의사에 의하여 이루어진 경우에도 가능하다(대법원 2020. 5. 14. 선고 2020도398 판결).

(3) 이중적 기능을 지닌 경찰작용[5)]

물론 위험방지와 범죄수사의 직무가 항상 명확하게 구별되는 것은 아니다. 양자는 종종 동시에 행하여지기도 한다. 2012년 발생한 <오원춘사건>이나 2009년 <용산참사>[6)] 그리고 1989년 발생한 <동의대사건>[7)]이

5) 경찰작용에 불복하여 소송을 제기하는 경우 그 상대방이 제기할 수 있는 소송의 종류는 해당 경찰작용의 법적 성격에 달려 있다. 즉 위험방지의 목적에 기여하는 사전예방적 성격의 경찰작용에 대한 권리구제는 「행정소송법」에 따른 행정소송절차가 예정되어 있는 반면, 범죄수사의 목적에 기여하는 사후진압적 성격의 경찰작용에 대하여는 「형사소송법」 제417조의 특별지정에 의하여 준항고절차가 마련되어 있다. 그렇다면 두 가지 목적, 즉 위험방지와 범죄수사의 목적을 동시에 추구하며, 그 결과 행정경찰과 수사경찰의 성격을 모두 갖는 경찰작용에 불복하여 소송을 제기하는 경우 그 상대방은 행정소송과 형사소송 중 어떤 소송을 제기하여야 하는가의 문제가 제기되는바, 이러한 이중적 기능을 지닌 경찰작용(doppelfunktionale Maßnahmen der Polizei)과 관련하여 제기되는 법적 문제에 관하여 보다 자세한 것은 문제에 관하여 보다 자세한 것은 손재영, "이중적 기능을 지닌 경찰작용에 대한 권리구제", 경찰법연구 제13권 제2호, 2015, 3쪽 이하.

6) 이른바 <용산참사>(용산4구역 철거현장 화재 사건)란 2009년 1월 19일 서울시 용산 재개발 보상대책에 반발하던 철거민과 경찰이 대치하던 중 화재로 사상자가 발생한 사건을 말한다. 용산4구역 재개발의 보상대책에 반발해 온 철거민과 전국철거민연합회 회원 등 30여 명이 적정 보상비를 요구하며 2009년 1월 19일 새벽 용산구 한강로 2가에 위치한 '남일당' 건물을 점거하고 경찰과 대치하던 중 화재가 발

그 대표적인 예이다. 이 사건들은 경찰에게 맡겨진 위험방지의 직무와 범죄수사의 직무가 중첩(重疊)되었다는 점이 특징적이다. 즉 납치 · 감금된 피해여성(오원춘사건)이나 납치 · 감금된 전경들(동의대사건)을 신속히 구조하거나 망루농성 철거민들의 화염병 투척으로부터 시민의 안전을 보호해야 했던 상황(용산참사)인 동시에 현행범인을 체포해야 했던 상황, 말하자면 **위험방지와 범죄수사의 이중적 성격을 가진 상황**이 문제되었다. 「경직법」 제2조에 명시되어 있듯이 위험상황에 처한 피해자나 시민을 보호하고 현행범인을 체포하는 일은 경찰관에게 맡겨진 고유한 직무이며, 「경직법」과 「형사소송법」은 이러한 직무를 수행함에 있어 필요한 권한을 경찰관에게 각각 부여하고 있다. 이 경우 **경찰관은 위험상황에 처한 피해자나 시민을 보호하기 위하여 경직법상의 위험방지조치를 고려할 수 있을 뿐만 아니라, 현행범인을 체포하기 위하여 형사소송법상의 범죄수사조치도 함께 고려할 수 있다.** 만일 <오원춘사건>이나 <동의대사건>에서 경찰관이 문제가 된 가택이나 도서관 건물에 진입한다면 그 목적은 피해여성이나 전경들을 긴급구조하기 위해서이기도 하지만(위험방지), 현행범인을 체포하기 위해서이기도 하다(범죄수사). 또한 <용산참사>에서 경찰관들이 농성 중인 건물에 진입한다면 그 목적은 시민의 안전을 위협하는 망루농성 철거민들의 화염병 투척을 저지하기 위해서이기도 하지만(위험방지), 불법점거 중인 현행범인을 체포하기 위해서이기도 하다(범죄수사). 이 경우 「경직법」 제7조 제1항은 경찰관에게 임박한 위해의 방지나 피해자에 대한 긴급구조를 위한 출입권한을, 「형사소송법」 제216조 제1항 제1호는 현행범의 체포를 위한 수색권한[8]을 부여하고 있으므로 사건 당시 경찰관들은 위험

생해 6명이 사망하고 24명이 부상을 당하였다.

7) 1989년 5월 3일 입시부정에 항의하던 동의대 학생들이 전투경찰 5명을 납치 · 폭행하고 학내에 감금하는 이른바 <동의대사건>이 발생하였다. 대학생들은 전경들을 불법으로 납치 · 감금하고 있으면서 경찰의 여러 차례에 걸친 석방요구에도 불가능한 조건을 내세워 석방요구에 응하지 않았다. 경찰은 납치된 전경 5명을 구출하기 위하여 농성장소인 도서관 건물 내에 진입하기로 하였고, 이 과정에서 경찰관 7명이 목숨을 잃었다.

방지의 목적뿐만 아니라 범죄수사의 목적을 위해서도 문제가 된 가택이나 도서관 건물 또는 농성 중인 건물에 진입할 수 있었다. 이러한 점에서 「경직법」 제7조 제1항과 「형사소송법」 제216조 제1항 제1호는 <오원춘사건>과 <용산참사> 및 <동의대사건>에서 **이중적 기능(위험방지와 범죄수사)을 지닌 진입조치**에 대한 각각의 법적 근거가 된다.

또한 경찰이 「도로교통법」의 규정에 따라 호흡측정 또는 혈액 검사 등의 방법으로 운전자가 술에 취한 상태에서 운전하였는지를 조사하는 것도 마찬가지이다. 즉 「도로교통법」은 운전면허를 받은 사람이 술에 취한 상태에서 자동차 등을 운전한 경우 지방경찰청장이 운전면허를 취소하거나 1년 이내의 범위에서 운전면허의 효력을 정지시킬 수 있도록 규정하고 있을 뿐만 아니라(제93조 제1항 제1호), 또한 술에 취한 상태에서 자동차 등을 운전한 경우 형사 처벌하는 규정을 두고 있다(제148조의2 제2항). 이와 같이 **경찰이 「도로교통법」의 규정에 따라 호흡측정 또는 혈액 검사 등의 방법으로 운전자가 술에 취한 상태에서 운전하였는지를 조사하는 것은 행정기관과 수사기관의 지위를 겸하는 주체가 교통상 위험의 방지를 목적으로 하는 운전면허 정지 · 취소의 행정처분을 위한 자료를 수집하는 행정조사의 성격을 가짐과 아울러, 형사소송에서 사용될 증거를 수집하기 위한 범죄수사로서의 성격을 동시에 가진다고 할 수 있다**(아래 [판례]와 [도표 1-3] 참조).[9] 만일 경찰이 「도로교통법」의 규정에 따라 호흡측정 또는 혈액 검사 등의 방법으로 운전자가 술에 취한 상태에서 운전하였는지를 조사한다면 그 목적은 운전면허 정지 · 취소의 행정처분을 위한 자료수집이기도 하지만, 형사소송에서 사용될 유죄의 증거를 수집하기 위함이기도 하다. 여기서 경찰의 호흡측정이나 채혈은 위험방지의 목적뿐만 아니라, 범죄수사의 목적에도 기여한다. 즉 경찰의 호흡측정이나 채혈은 음주운전과 같은

8) 사실 「형사소송법」 제216조 제1항 제1호는 수사기관에게 주거나 가옥, 건조물 등을 수색할 수 있는 권한을 부여하고 있지만, 수색은 출입을 전제로 하는 것이므로, 동 규정은 수사기관에게 주거나 가옥, 건조물 등에 출입할 수 있는 권한도 함께 부여하고 있는 것으로 보아야 한다.

9) 같은 견해로는 대법원 2016. 12. 27. 선고 2014두46850 판결.

위험행위를 한 전력이 있는 사람을 도로에서 배제시킴으로써 교통의 안전을 확보하고자 하는 목적도 있지만(위험방지), 음주운전이라는 범죄행위에 대한 증거수집과 제재에도 기여한다(범죄수사). 이와 같이 경찰의 행위가 예방과 진압의 두 가지 목적을 동시에 추구하고 그 결과 경찰의 행위가 그 기능에 있어서 이중적일 때 이러한 행위를 일컬어 **이중적 기능을 지닌 경찰작용**(doppelfunktionale Maßnahmen der Polizei)이라 한다.[10] 「도로교통법」 제44조는 경찰에게 위험방지와 범죄수사의 목적을 위한 음주측정권한을 부여하고 있으므로, 동 조항은 이중적 기능을 지닌 경찰작용에 대한 법적 근거가 된다.

판례

〈호흡조사 또는 채혈조사의 이중적 성격〉

국가경찰공무원이 도로교통법 규정에 따라 호흡측정 또는 혈액검사 등의 방법으로 운전자가 술에 취한 상태에서 운전하였는지를 조사하는 것은, <u>수사기관과 경찰행정조사자의 지위를 겸하는 주체가 형사소송에서 사용될 증거를 수집하기 위한 수사로서의 성격을 가짐과 아울러 교통상 위험의 방지를 목적으로 하는 운전면허 정지·취소의 행정처분을 위한 자료를 수집하는 행정조사의 성격을 동시에 가지고 있다</u>고 볼 수 있다(대법원 2016. 12. 27. 선고 2014두46850 판결).

10) 손재영, “이중적 기능을 지닌 경찰작용에 대한 권리구제”, 경찰법연구 제13권 제2호, 2015, 12면.

표 1-3 경찰의 이중적 지위와 음주단속의 이중적 성격

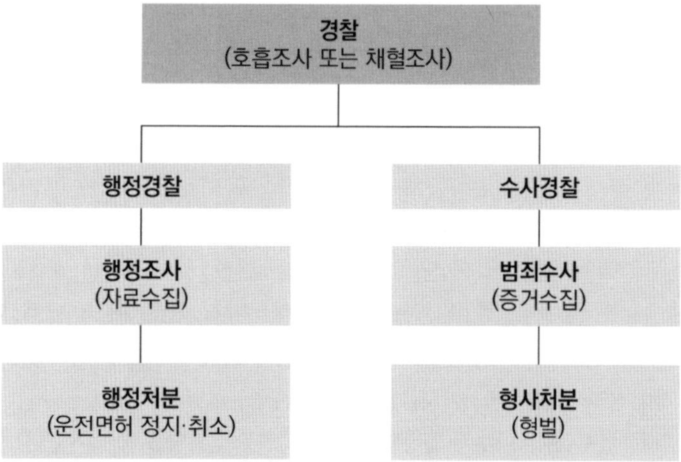

케이스 해설

해설 1 <오원춘사건 Ⅰ>

2012년 발생한 <오원춘사건>은 언론은 물론이고, 학계와 실무계로부터 특별한 주목을 받았다. 그 이유는 조선족 남성인 오원춘이 20대 여성을 살해한 뒤 시신을 참혹하게 훼손하였고,[11] 사건을 해결하는 과정에서 112신고의 접수, 지령과 현장대응 및 사후조치까지 각 단계별로 경찰의 총체적인 부실수사가 드러나게 되었다는 점 때문만은 아니었다. 오히려 그동안 학계에서뿐만 아니라 실무계에서도 큰 주목받지 못했던 「경직법」 제7조 제1항의 '위험방지를 위한 가택출입'에 관하여 한 번 생각해 볼 계기를 마련해 주었기 때문이었다.[12] 사실 <오원춘사건>은 경찰관에게 맡겨진 위험방지의 직무와 범죄수사의 직무가 중첩되었다는 점이 특징적이다. 즉 성폭행과 더불어 살해의 위협을 받고 있던 피해여성을 신속히 구조해야 했던 상황인 동시에 현행범인을 체포해야 했던 상황, 말하자면 "예방"과 "진압"의 이중적 성격을 가진 상황이 문제되었다. 「경직법」 제2조에 명시되어 있듯이 생명과 신체에 대한 임박한 위해상황에 처한 피해자를 신속히 구조하고 현행범인을 체포하는 일은 경찰관에게 맡겨진 고유한 직무이며, 「경직법」과 「형사소

송법」은 이러한 직무를 수행함에 있어 필요한 권한을 경찰관에게 각각 부여하고 있다. 만약 <오원춘사건>에서 경찰관들이 문제가 된 가택에 출입한다면 그 목적은 성폭행을 당하고 있는 피해여성을 긴급구조하기 위해서이기도 하지만(위험방지), 현행범인을 체포하기 위해서이기도 하다(범죄수사). 이러한 경우 「경직법」 제7조 제1항은 경찰관에게 임박한 위해의 방지나 피해자의 긴급구조를 위한 가택출입권한을, 「형사소송법」 제216조 제1항 제1호는 현행범인의 체포를 위한 가택수색권한을 부여하고 있으므로 사건 당시 경찰관들은 위험방지뿐만 아니라 범죄수사의 목적을 위해서도 피해여성이 성폭행을 당하고 있는 가택에 출입할 수 있었다. 이러한 점에서 「경직법」 제7조 제1항과 「형사소송법」 제216조 제1항 제1호는 <오원춘사건>에서 이중적 성격(위험방지와 범죄수사)을 갖는 가택출입조치에 대한 각각의 법적 근거가 된다. 덧붙여 <오원춘사건>에서 밤늦은 시간이었음은 가택출입의 허용 여부를 결정함에 있어서 하등의 역할을 하지 못한다. 왜냐하면 「경직법」 제7조 제1항은 긴급출입 시에 시간상의 제한을 두고 있지 않을 뿐만 아니라, 「형사소송법」 제220조는 긴급을 요하는 이른바 요급처분(要急處分)의 경우에는 야간수색을 예외적으로 허용하고 있기 때문이다. 따라서 사건 당시 경찰관들은 야간이었음에도 불구하고 가택출입을 할 수 있었다.[13]

---

11) 오원춘은 피해여성을 살해하고 6시간 동안 부엌칼만을 사용하여 시신을 356조각으로 정교하게 절단한 뒤 비닐봉투에 나눠 담은 것으로 알려졌다. 이러한 잔혹하고 엽기적인 범행으로 인하여 애초에 범행목적이 성폭행 시도로만 보기 어렵고 인육을 목적으로 살인을 하였을 가능성도 배제할 수 없다는 주장이 제기되었다. 이러한 인육목적설의 근거로는 ① 평소 성매매를 즐겼던 신장 176㎝, 83㎏의 건장한 오원춘이 왜소한 체격의 피해여성을 결박해 놓은 상태에서 성폭행을 중단하고 살해를 한 점, ② 오원춘이 피해여성을 살해한 뒤 온몸에서 비교적 일정한 크기와 모양으로 살점을 떼어내면서도 인육으로 쓰지 않는 장기는 훼손하지 않은 점, ③ 범행을 은폐하기 위한 의도라면 집안에 있던 절단기, 톱 등의 공구를 사용해도 됐을 텐데, 발각의 위험성이 있음에도 부엌칼만 사용하여 칼을 갈면서 6시간에 걸쳐 태연하게 사체를 훼손한 점 등을 들고 있다. 이에 대하여 ① 국내에는 인육 유통시장이 없다는 점, ② 만일 중국에 인육수요가 있다면 오원춘이 국내에서 살인을 저지를 이유가 없다는 점, ③ 부패 등의 문제가 있기 때문에 중국으로 인육을 운반할 방법도 현실적으로 존재하지 않는다는 점 등을 들어 오원춘의 행위가 시신유기의 편의를 위한 것이지, 인육을 위한 것은 아니라는 반론이 제기되기도 하였다. 권상은, "법원 '오원춘, 인육 목적 살해한 신빙성 있다'", 조선일보, 2012. 6. 16.

12) 이에 관해서는 손재영, "경찰관직무집행법 제7조에 따른 위험방지를 위한 출입에

Ⅲ 실질적 의미의 경찰

리딩케이스

사례 1 <승전기념비 사건>

K시(市)에는 1813~1815년 F국가와 치러진 해방전쟁에서의 승리를 기념하기 위하여 승전기념비가 세워졌다. 당시 관할행정청인 A경찰청장은 승전기념비에서부터 도시와 그 주변경관에 이르는 전망을 확보하고 승전기념비를 어디서든 볼 수 있도록 하기 위하여 승전기념비의 주변지역에는 특정 높이의 건축물만 지어질 수 있도록 규정한 고도제한 규정(법규명령)을 제정하였다. 이후 K시의 주민 '갑'이 4층 높이의 주거용 건물을 짓기 위하여 건축허가를 신청하였지만, A경찰청장은 승전기념비의 전망을 해친다는 이유로 건축허가신청을 거부하였다. 건축을 금지하는 개별법상의 수권근거는 존재하지 않았기 때문에, 승전기념비의 전망확보를 위하여 A경찰청장이 제정한 건축물 고도제한 규정과 경찰의 직무에 관하여 규정하고 있는 「경찰법」 제1조("공공의 평온과 안녕 및 질서를 유지하고 공중이나 그 개개 구성원에게 임박한 위험을 방지하기 위하여 필요한 기관이 경찰관청이다")가 건축허가 거부처분의 근거가 되었다. 이 경우 '갑'에 대한 건축허가 거부처분은 적법한가?[14)]

1. 의 의

실질적 의미의 경찰(Polizei im materiellen Sinn)은 **위험방지에 기여하**

있어서 '출입'의 개념", 공법연구 제39집 제2호, 2010, 519쪽 이하.

13) 사건 당시 경찰관들은 피해여성을 긴급구조하기 위하여 범행 추정 장소의 범위 내에 있던 불특정 다수의 가택에 출입할 수 있었는가의 문제에 관해서는 본서 제3장 경찰작용의 대상자 제8절 경찰긴급상황 부분을 보기 바람.

14) [사례 1] <승전기념비 사건>은 1882년 6월 14일에 프로이센 고등행정법원이 내린 <크로이츠베르그-판결>을 기초로 하여 만들어진 것임.

는 국가의 모든 활동을 의미한다. 실질적 의미의 경찰개념은 그 활동의 소관기관 여하를 불문하고 국가활동이 갖는 내용적 특성을 기준으로 하여 학문적으로 정립된 개념이다. 따라서 **국가의 어떤 행정청이 위험방지의 직무를 수행하는지는 중요하지 않다**. 국가활동이 갖는 내용적 특성, 보다 더 정확히 말하면 국가활동의 목적이 위험방지에 있는지가 결정적인 기준이 된다. 위험방지의 직무는 경찰기관뿐만 아니라 일반행정기관에 의해서도 수행되고 있는바, 건축, 환경, 영업, 보건, 식품 등의 영역에서 일반행정기관에 의하여 수행되고 있는 위험방지가 그 예이다.

2. 경찰법학의 연구대상으로서 실질적 의미의 경찰

오늘날 학문으로서의 경찰법학은 실질적 의미의 경찰개념을 그 연구대상으로 한다. 사실 전술한 형식적 의미의 경찰은 그 내용에 있어서 실질적 의미의 경찰과 일치하지 않는다. 즉 **형식적 의미의 경찰은 경찰기관이 하는 모든 활동을 의미하므로 여기에는 실질적 의미의 경찰**(위험방지)**로 볼 수 없는 활동도 존재한다.** 「경직법」 제2조 제2호에 규정된 **범죄수사의 직무**가 바로 그러하다. 반대로 일반행정기관의 소관 하에 있는 활동 가운데에는 실질적 의미의 경찰에 해당하는 것이 적지 않다. 위해방지와 영업질서의 유지를 위하여 식품의약품안전처장이 내리는 위해식품 판매금지나 COVID-19와 같은 감염병의 예방을 위하여 보건복지부장관 또는 지방자치단체장이 내리는 고위험시설에 대한 집합금지명령 등이 그 예이다. 이 경우 **학문으로서의 경찰법학은 실질적 의미의 경찰을 그 연구대상으로 한다.** 이에 따라 일반행정기관 소관의 위험방지(예: 식품의약품안전처장의 위해식품 판매금지나 복건복지부장관 또는 지방자치단체장의 감염병 예방조치)는 경찰법학의 연구대상이 되는 반면, 범죄수사는 비록 경찰기관이 수행함에도 불구하고 경찰법학에서 다루지 않는다.

3. 실질적 의미의 경찰의 역사적 발전과정

실질적 의미의 경찰개념은 오랜 역사적 발전과정의 산물이라 할 수 있다.[15] 경찰의 개념은 국가의 기능과 본질에 대한 이해나 헌법의 상황에 따라 역사적으로 많은 변화과정을 경험하였는바, 경찰개념의 발전사에는 **경찰국가로부터 법치국가로**의 발전과정이 반영되어 있다.[16]

(1) 15세기-17세기에 있어서 경찰의 개념

독일어로 Polizei, 즉 경찰은 그리스어의 Politeia에 그 어원을 두고 있으며, 라틴어의 Politia에서 전래된 개념이다. 우리나라의 경찰법학 발전에 많은 영향을 미친 독일의 경우 경찰개념이 처음 등장한 것은 15세기 후반이다.[17] 1464년과 1476년 법문에 경찰개념이 처음 등장한 이래 1530년과 1548년 그리고 1577년 독일 제국경찰법의 시행과 더불어 경찰개념은 널리 통용되었다. 15세기부터 17세기에 이르기까지 경찰은 **공동체의 질서정연한 상태 또는 공동체의 질서정연한 상태를 창설하고 유지하기 위한 활동**으로 이해되었고, 이러한 공동체의 질서정연한 상태를 창설 · 유지하기 위하여 신민(臣民)[18]의 거의 모든 생활영역이 포괄적으로 규제될 수 있었다.[19]

---

15) 경찰개념의 역사적 발전과정에 관하여는 Knemeyer, Polizeibegriffe in Gesetzen des 15. bis 18. Jahrhunderts. Kritische Bemerkungen zur Literatur über die Entwicklung des Polizeibegriffs, AöR Bd. 92 (1967), 153 ff.

16) 서정범, “경찰개념의 역사적 발전에 관한 고찰”, 중앙법학 제9집 제3호, 2007, 130쪽.

17) Knemeyer, Polizei- und Ordnungsrecht, 2004, Rn. 2.

18) 군주국에서 관원(官員)과 백성을 아울러 신민(臣民)이라 한다.

19) 당시의 경찰법령에는 거래, 영업, 관세, 도량, 복장, 종교행사, 부동산 등을 규율하는 규정도 존재하였다.

(2) 18세기 절대주의 국가시대에 있어서 경찰의 개념

18세기 절대주의 국가를 **경찰국가**(Polizeistaat)라고 표현하기도 한다. 18세기 절대주의 국가시대에 있어서 경찰은 절대군주의 강제수단으로서의 역할을 수행하였다. 절대군주는 신민의 거의 모든 생활영역에 구속력이 미치는 명령을 발하였고, 이러한 명령에 대한 실효성을 확보하기 위하여 강제력과 형벌권을 사용하였다. 절대주의 국가시대에 있어서 경찰권은 **군주에게 귀속된 절대적 지배권의 총체**를 의미하였다.[20] 물론 시간이 경과함에 따라 외무, 군사, 재무와 사법은 이로부터 제외되었고 경찰은 오늘날의 내무행정만을 의미하게 되었지만, 이 당시 군주의 경찰권은 아무런 법적 제한을 받지 않았다. 군주는 심지어 공공의 복리증진을 위해서도 개인의 생활영역에 개입할 수 있었다.

(3) 경찰개념을 제한하기 위한 노력

절대주의국가 시대에 있어서 경찰의 개념은 공공의 안녕에 대한 보장뿐만 아니라 공공의 복리증진도 포함하는 넓은 개념이었다. 그러나 이러한 광의의 경찰개념과 광범위한 군주의 경찰권은 자유주의 계몽사상가들에 의하여 비판을 받기 시작했다. 예를 들어 독일에서는 1770년 괴팅엔대학교의 공법학교수였던 **요한 쉬테판 퓌터**(Johann Stephan Pütter)(사진)[21]가 자신의 저

20) Schenke, Polizei- und Ordnungsrecht, 2023, Rn. 2.

21) 요한 쉬테판 퓌터(Johann Stephan Pütter)(1725-1807)는 독일의 국법학자로서 1725년 지금의 노르트라인-베스트팔렌 주(州)의 이절론(Iserlohn)이라는 도시에서 상인의 아들로 태어났다. 그는 1738년 불과 13살의 나이에 마부룩(Marburg) 대학교에서 처음 대학공부를 시작하였고, 1739년에는 대학을 바꾸어 할레(Halle) 대학교에서 공부하였으며, 마침내 예나(Jena) 대학교에서 졸업하였다. 1744년 마부룩(Marburg) 대학교에서 강사생활을 시작한 이후 1746년에는 괴팅엔(Göttingen) 대학교의 초빙교수, 1757년에는 정교수가 되었다. 이후 여러 차례 다른 대학으로부터 초빙을 받았으나 괴팅엔(Göttingen) 대학교의 공법학 교수로 남아 활발한 저술

서인 「**독일공법제도**」(Institutiones Iuris Publici Germanici)[22]에서 그 유명한 "**경찰의 직무는 임박한 위험을 방지하는 것이다. 복리증진은 경찰의 본래 직무가 아니다**"(Politiae est cura avertendi mala futura; promovendae salutis cura non est proprie politiae)는 주장을 한 바 있다.

또한 1794년 6월 1일에 제정된 「**프로이센 일반란트법**」(ALR)[23]도 이러한 협의의 경찰개념을 규정하고 있었다. 즉 「프로이센 일반란트법」 제2부 제17장 제10조는 "공공의 평온과 안녕 및 질서를 유지하고 공중이나 그 개개 구성원에게 임박한 위험을 방지하기 위하여 필요한 기관이 경찰관청이다"[24]는 규정을 두고 있었는데, 이러한 규정에 의하여 복리증진을 위한 국가의 강제권은 더 이상 개별법상의 근거 없이는 행사될 수 없음이 보장되었다. 그러나 경찰의 권한을 사실상 제한하는 결과를 초래한 결정적인 계기는 1882년 6월 14일 프로이센 고등행정법원이 내린 **크로이츠베르그-판결**(Kreuzberg-Urteil)이었다.[25]

활동을 펼쳤다. 요한 쉬테판 퓌터는 1770년 첫 출간된 자신의 저서 「독일공법제도」(Institutiones Iuris Publici Germanici)에서 그 유명한 "경찰의 직무는 임박한 위험을 방지하는 것이다; 복리증진은 경찰의 본래 직무가 아니다."(Politiae est cura avertendi mala futura; promovendae salutis cura non est proprie politiae)는 주장을 한 바 있다.

22) Johann Stephan Pütter, Institutiones Iuris Publici Germanici, 1770, 6. Aufl., 1802.

23) 「프로이센 일반란트법」(ALR＝Allgemeines Landrecht für die Preußischen Staaten)은 민법, 가족법, 상속법, 봉건법, 신분차등법, 지방자치법, 국가법, 교회법, 경찰법, 형법과 행형법에 관한 상세한 규정(총 19,000여 개의 조문)을 두고 있었다. 당시 해당 조문들은 부(Teil), 장(Titel), 절(Abschnitt)으로 나뉘어 규율되고 있었다. http://opinioiuris.de/quelle/1623 (2024. 07. 30. 검색).

24) 원문: "Die nöthigen Anstalten zur Erhaltung der öffentlichen Ruhe, Sicherheit und Ordnung, und zur Abwendung der dem Publiko, oder einzelnen Mitgliedern desselben bevorstehenden Gefahr zu treffen, ist das Amt der Polizey".

25) PreußOVGE 9, 353 ff.

(4) <크로이츠베르그-판결>

1) 사건의 개요

<크로이츠베르그-판결>에서는 크로이츠베르그(Kreuzberg)라는 도시에 세워진 승전기념비(사진)[26]의 전망을 확보하기 위하여 1879년 3월 10일 베를린 경찰청장이 제정한 법규명령의 효력이 문제되었다. 당시의 법규명령 제1조에 따르면 승전기념비에서부터 도시와 그 주변경관에 이르는 전망을 확보하고 승전기념비를 어디서나 볼 수 있도록 승전기념비 주변지역에는 특정 높이의 건축물만 지어질 수 있었다. 이러한 건축물의 고도(高度)를 제한하는 법규명령에 의거하여 4층 높이의 주거용 건물을 지으려 했던 원고의 건축허가신청이 반려(거부)되었다.

2) 판시사항

프로이센 고등행정법원은 건축허가 거부처분에 대하여 제기된 행정소송에서 베를린 경찰청장이 제정한 법규명령은 법적 근거 없이 제정된 것이기 때문에 무효라고 판시하였다. 당시 프로이센 고등행정법원은 승전기념비의 전망을 확보하기 위하여 법규명령을 제정하는 것이 경찰의 직무에 속하는지 여부를 심사하면서 「프로이센 일반란트법」 제2부 제17장 제

---

26) 이 승전기념비는 자유전쟁(나폴레옹에 대항하여 1813년~1815년에 치러진 해방전쟁)에서의 승리를 기념하기 위하여 프리드리히 빌헬름 3세(Friedrich Wihelm Ⅲ)의 명에 따라 크로이츠베르그 시(市)의 남쪽 언덕 위에 세워졌다. 승전기념비의 설계는 칼 프리드리히 쉰켈(Karl Friedrich Schinkel)이 맡았으며, 1817년 시작된 공사는 1821년이 되어서야 마무리되었다. 기념비의 높이는 약 20m, 무게는 200톤가량 나간다. 이후 기념비는 기초공사를 통해 바닥의 단(壇)을 자연석으로 덮어 씌어 종전보다 8m 더 높게 증축되었고, 동시에 기념비의 각도를 21° 틀어 그로스베렌(Großbeeren) 가(街) 쪽을 향하게 하였다. 왜냐하면 도심의 건축이 증가함에 따라 기념비의 전망이 방해를 받고 있었기 때문이었다. 증축공사는 1875년에 시작되었고 1878년에야 비로소 마무리되었다.

10조("공공의 평온과 안녕 및 질서를 유지하고 공중이나 그 개개 구성원에게 임박한 위험을 방지하기 위하여 필요한 기관이 경찰관청이다")를 그 심사척도로 삼았는데, 프로이센 고등행정법원의 견해에 따르면 공공의 복리증진은 동 규정에 규정된 경찰의 고유한 직무가 아니었다. 그럼에도 불구하고 **베를린 경찰청장은 위험방지가 아니라 복리증진을 위하여 건축물의 고도를 제한하는 법규명령을 제정하였기 때문에, 해당 법규명령은 「프로이센 일반란트법」 제2부 제17장 제10조에 위반되어 무효라고 판시**하였다.

3) 〈크로이츠베르그-판결〉의 역사적 의의

<크로이츠베르그-판결>이 갖는 역사적 의의는 무엇보다 **경찰의 직무를 위험방지에 국한시켰다는 것**에 있다.[27] 이후 수십 년간 프로이센 고등행정법원은 문헌에서의 지배적 견해와 더불어 이러한 입장을 고수하였고, 「프로이센 일반란트법」 제2부 제17장 제10조에 기초를 둔 정치한 경찰법 체계를 발전시켰다. 특히 1931년 6월 1일 제정된 「프로이센 경찰행정법」(PreußPVG) 제14조 제1항은 "경찰관청은 현행법의 범위 내에서 공공의 안녕 또는 공공의 질서를 위협하는 위험으로부터 공중이나 개인을 보호하기 위하여 필요한 조치를 의무에 적합한 재량에 따라 취해야 한다"고 규정하여 프로이센 고등행정법원의 판례에 의하여 발전된 실질적 의미의 경찰개념을 성문화시켰다. 이로써 오늘날 법치국가 경찰법의 출발점으로 평가받고 있는 <크로이츠베르그-판결>은 1931년 프로이센 경찰행정법에서 그 결실을 보게 되었다.

4. 실질적 의미의 경찰개념이 갖는 법적 의미

오늘날에도 경찰법학은 위험방지에 기여하는 국가의 모든 활동을 의미하는 실질적 의미의 경찰개념에 입각하고 있다. 이러한 실질적 의미의 경

27) <크로이츠베르그-판결>에 대한 평석으로는 Joachim Rott, 100 Jahre "Kreuzberg-Urteil" des PrOVG, NVwZ 1982, 363 f.

찰개념은 현행 「경직법」 제2조 제7호에 "**공공의 안녕과 질서 유지**"라는 용어로 표현되고 있다. 경찰관이 수행하는 직무의 범위를 정하고 있는 「경직법」 제2조 제7호가 갖는 법적 의미는 (무엇보다) **경찰권 행사의 적법 여부를 판단하는 중요한 기준**으로서 작용한다는 점이다. 따라서 개인의 권리를 제한하거나 의무를 부과하는 경찰권 행사가 적법하기 위해서는 우선 그러한 경찰권 행사가 경찰관의 직무범위에 속하는 것이어야 한다. 만일 경찰관이 공공의 안녕과 질서유지가 문제되지 않는 곳에서 경찰권을 행사한다면(예: 공공의 복리증진) 그러한 경찰권 행사는 이미 경찰관의 직무범위를 벗어난 것으로서 개별법상의 수권근거가 존재하지 않는 한 위법을 면하지 못한다.

케이스 해설

해설 1 <승전기념비 사건>

사례에서는 미관상(美觀上)의 이유로 '갑' 소유의 부동산에 대한 사용제한이 행해졌다. 이러한 점에서 승전기념비의 전망을 확보하기 위하여 A경찰청장이 제정한 법규명령과 이에 근거한 건축허가 거부처분은 위험방지가 아니라 복리증진을 위한 행위로 볼 수 있다. 그러나 「경찰법」 제1조는 경찰관청의 직무로서 동조에 언급된 보호법익에 대한 위험의 방지를 규정하고 있을 뿐이므로, 복리증진은 동 조에 규정된 경찰관청의 고유한 직무가 아니다. 만일 A경찰청장이 공공의 복리증진과 관련된 직무를 수행하고 그러한 직무수행에 필요한 재산권 제한을 하기 위해서는 개별법상의 수권근거가 필요하다. 그러나 사례에서는 공공의 복리증진을 위한 재산권 제한에 대한 수권근거가 존재하지 않기 때문에, A경찰청장은 그러한 재산권 제한을 행할 권한이 없다. 따라서 '갑'에 대한 건축허가 거부처분은 위법하다.

5. 경찰의 사전대비활동

리딩 케이스

사례 1 <치료감호소 탈출 사건>

'갑'은 심신장애 상태에서 자신의 딸과 아내를 죽이려다 미수에 그친 바 있다. 그래서 '갑'은 치료감호소로 보내졌지만 이내 탈출하였다. '갑'을 수배하는 공문에는 '갑'이 '폭력적', '탈옥수', '정신질환자', '흉기 소지' 등으로 묘사되어 있었다. 마침내 '갑'은 체포되었고, 이후 수배공문에 있던 '갑'에 관한 정보는 삭제되었다. 하지만 경찰이 관리하는 서류에는 여전히 '갑'에 관한 정보가 남아 있었다. 이러한 사실을 알게 된 '갑'은 자신에 관한 정보를 삭제하여 줄 것을 요청하였다. 그러나 관할 경찰청장은 '갑'의 요청을 거부하였다. 관할 경찰청장은 '갑'에 관한 정보는 직무수행을 위하여, 즉 경찰공무원과 '갑'의 보호를 위하여 필요하다고 하였다. '갑'은 법적 대응을 검토하면서 전문가에게 자신에 관한 정보를 저장하는 것이 경찰의 직무에 해당하는지를 묻고 있다.[28)]

사례 2 <백양산터널 음주단속 사건>

'갑'은 2002년 4월 7일 21시 40분경 자동차를 운전하던 중, 부산 백양산터널 입구 톨게이트를 지난 지점에서 음주단속을 당하였다. 당시 경찰관들은 '갑'이 진행하던 방향의 전(全) 차로를 가로막고 지나가는 모든 운전자를 대상으로 음주단속을 실시하였다. '갑'은 전 차로를 가로막고 모든 운전자를 대상으로 무작위 음주단속을 실시하는 것은 개인의 기본권을 침해한다고 주장하며 단속행위의 위헌확인을 구하는 헌법소원을 청구하였다.[29)]

사례 3 <지문날인 거부 사건>

'갑'은 사회운동단체인 인권실천시민연대와 사회진보연대에 각 소속된 회원으로서 1999년 6월부터 주민등록증 일제갱신을 계기로 지문날인 반대운동을 해 오고 있다. '갑'은 주민등록증을 발급받을 당시 주민등록증발급신청서에 날인함으로써 만들어진 열 손가락의 지문정보를 경찰청장이 보관·전산화하고 이것을 범죄수사목적에 이용하는 공권력행사로 인하여 자신의 개인정보자기결정권이 침해받았다고 주장하며 헌법재판소에 그 위헌확인을 구하는 헌법소원심판을 청구하였다.[30]

(1) 개　　설

전통적으로 **경찰권 행사는 위험방지영역에서는 구체적 위험이, 범죄수사영역에서는 충분한 범죄혐의가 존재할 것을 전제요건으로 한다.** 그러나 최근에는 국민이 범죄로 인하여 처하게 된 다양한 위험상황을 고려하여 구체적 위험이나 충분한 범죄혐의가 존재하기 이전단계에서도 경찰에게 개입 가능성을 열어 줄 필요성이 강조되고 있다.[31] 여기에는 국민의 안전을 책임지고 있는 경찰이 위험방지와 범죄수사의 직무를 효율적으로 수행하기 위해서는 손해발생이 확실해질 때까지 그리고 법익침해가 발생할 때까지 기다리고 있을 수만은 없다는 생각이 내재되어 있다. 이에 부응하여 최근 입법자는 「개인정보보호법」 제25조(고정형 영상정보처리기기의 설치·운영 제한)와 「디엔에이 신원확인정보의 이용 및 보호에 관한 법률」의 제정을 통하여 구체적 위험과 충분한 범죄혐의가 존재하기 이전단계에서의 경찰활동의 필요성을 고려하였다.

입법자가 범죄를 예방적으로 퇴치하기 위하여 사전 전략적 차원에서 도입한 새로운 유형의 경찰활동에 대해서는 여러 관점에서 법적 평가가 가능하겠지만, 여기서는 보다 근원적인 문제로서 **구체적 위험과 충분한 범죄혐의가 있기 이전단계에서의 경찰활동은 경찰법의 연구대상인 위험방지**

28) 유사한 사례로는 BVerwG, NJW 1990, 2768.
29) 헌재 2004. 1. 29. 2002헌마293.
30) 헌재 2005. 5. 26. 99헌마513.
31) 예를 들어 Kniesel, Vorbeugende Bekämpfung von Straftaten im juristischen Meinungsstreit, ZRP 1992, 164.

의 직무에 해당하는지 아니면 형사소송법의 연구대상인 범죄수사의 직무에 해당하는지의 문제가 제기된다. 사실 이러한 사전단계에서의 경찰활동은 구체적 범죄를 수사하는 활동으로 볼 수 없는데, 왜냐하면 이러한 경찰활동은 이미 자행된 범죄를 전제로 하는 것이 아니라 장래에 자행될 범죄를 사전에 대비하는 활동이기 때문이다.[32] 그렇다고 구체적 위험을 방지하는 활동으로 볼 수도 없다. 왜냐하면 이러한 경찰활동은 가까운 장래에 범죄가 자행될 충분한 개연성이 존재하기 이전단계에서 행해지며, 무엇보다 그 효과에 있어서 범죄예방에 직접적으로 기여하는 활동이 아니기 때문이다.[33] 문제해결의 어려움은 바로 여기에 있다.

이하에서는 폐쇄회로 텔레비전(CCTV)를 통한 감시나 디엔에이(DNA) 감식시료의 채취 · 보관 등과 같이 구체적 위험이나 충분한 범죄혐의가 존재하기 이전단계에서의 경찰활동은 위험방지와 범죄수사의 직무 가운데 어느 직무에 해당하는지에 관하여 살펴보기로 한다.

(2) 위험사전대비

1) 의 의

(후술하겠지만) 경찰이 경직법상의 개괄적 수권조항에 근거하여 개인의 자유와 재산을 제한하는 조치를 취하기 위해서는 그 전제요건으로서 구체적 위험이 존재할 것이 요구된다. 이러한 요구는 「경직법」에 명문의 규정을 통해 규정되어 있지 않은 경우에도 비례원칙을 고려한 합헌적 법률해석의 방법으로 도출될 수 있다. 위험방지의 직무에는 이러한 구체적 위험을 방지하는 활동과 더불어 **장래에 발생할 수 있는 구체적 위험을 사전에 대비하는 활동,** 즉 위험사전대비도 포함된다. 여기서 **"위험사전대비"**(Gefahrenvorsorge)란 현재까지는 (아직) 구체적 위험이 존재하지 않지만,

---

32) Siebrecht, Die polizeiliche Datenverarbeitung im Kompetenzstreit zwischen Polizei- und Prozessrecht, JZ 1996, 711 (712).

33) Kniesel, Vorbeugende Bekämpfung von Straftaten im neuen Polizeirecht Gefahrenabwehr oder Strafverfolgung?, ZRP 1989, 329 (331).

차후에 발생할 수 있는 구체적 위험을 효과적으로 방지하기 위하여 위험 발생 이전단계에서 위험에 대비하거나 위험발생 자체를 사전에 차단하는 경찰활동을 의미한다.[34] 순찰, 음주운전단속, CCTV의 설치 · 운영, 위험의 예방을 위한 정보의 수집 · 작성 · 배포 등이 그 예이다. 위험사전대비에는 장래에 발생할지 모르는 범죄를 예방하는 활동도 포함된다.[35]

2) 위험사전대비의 필요성

일반적으로 경찰권은 개별적 · 구체적 위험발생이 현실화한 경우에 비로소 행사되어야 하겠지만, 경우에 따라서 경찰권은 구체적 위험이 현실화되기 이전에도 위험발생 자체를 사전에 차단하기 위하여 행사될 필요성이 있다. 예를 들어 **음주단속의 경우**가 바로 그러하다. 개별 운전자의 외관, 태도, 운전행태 등의 객관적 사정을 종합하여 음주운전으로 인한 위험발생의 징후가 구체적으로 인정되는 경우에만 위험방지조치가 취하여진다면 음주운전의 포착률(捕捉率)은 낮아질 것이며, 설령 포착된다 하더라도 적시의 위험방지조치가 행하여질 수 없는 경우가 많을 것이다. 이에 반하여 경찰공무원이 도로를 차단하여 불특정 다수의 운전자를 상대로 차량을 정차시켜 음주측정을 요구할 수 있다면 비록 음주운전자가 이 가운데 아주 적은 수에 불과하더라도 음주운전자의 운전행위는 차단될 수 있고(왜냐하면 경찰공무원은 「도로교통법」 제47조 제2항에 따라 음주운전자가 정상적으로 운전할 수 있는 상태가 될 때까지 운전의 금지를 명하고 그 밖의 필요한 조치를 할 수

---

34) 위험사전대비는 (후술하는) "추상적 위험"과 동일시되어서는 아니 된다. 위험사전대비는 경찰이 구체적 위험의 발생 이전단계에서 위험에 대비하거나 위험발생 자체를 차단하는 활동임에 반하여 (경찰상 법규명령 제정의 요건이 되는) 추상적 위험은 구체적 위험과 마찬가지로 손해발생의 충분한 개연성을 요구하기 때문이다. 구체적 위험은 특정사안과 관련되어 있고, 추상적 위험은 불특정 다수의 사안과 관련되어 있다는 점에서 양자는 구별될 뿐, 손해발생의 개연성 정도와 관련하여 양자에는 동일한 요구사항이 세워져야 한다. 위험사전대비에 관해서는 손재영, "경찰의 사전대비활동", 공법학연구 제11권 제2호, 2010, 296쪽 이하.

35) 다른 견해로는 Hund, Polizeiliches Effektivitätsdenken contra Rechtsstaat, ZRP 1991, 463.

있기 때문에), 이로써 음주운전자나 다른 운전자 또는 보행자 등의 생명, 신체 또는 재산에 대한 위해가 방지될 수 있게 된다. 이러한 방식의 음주단속은 언제, 어디에서 도로차단식 일제단속이 실시될지 예측하기 어려워 운전자로 하여금 애초부터 음주운전의 시도 자체를 포기하게 하는 효과도 있다.[36]

3) 위험방지의 직무로서 위험사전대비

위험사전대비는 이미 그 개념에 잘 나타나 있듯이 고전적 위험방지와 달리 **구체적 위험**이 존재할 것을 전제로 하지 않는다. 그럼에도 불구하고 위험사전대비는 위험방지의 직무에 속한다.[37] 왜냐하면 위험사전대비는 구체적 위험을 방지하는 활동과 밀접한 연관성을 갖기 때문이다. 최근 **헌법재판소**도 음주운전으로 인한 구체적 위험이 현실화되기 이전에 그러한 잠재적 위험의 발생 자체를 사전에 차단할 필요성이 있음을 이유로 (경찰공무원이 도로를 차단하고 불특정 다수인을 상대로 실시하는) **일제단속식 음주단속행위는 위험방지활동에 해당한다고 판시**한 바 있다.

판례

〈위험 사전 차단행위도 위험방지활동에 해당하는지 여부〉

통상의 경우에는 개별적·구체적 위험발생이 현실화한 경우에 비로소 경찰권이 발동되어야 하겠지만, 자동차운전의 경우 정지시키지 않고서는 운전

36) 헌재 2004. 1. 29. 2002헌마293.

37) 같은 견해로는 Merten/Merten, Vorbeugende Verbrechensbekämpfung, ZRP 1991, 213 (217); Kniesel, Vorbeugende Bekämpfung von Straftaten im ju-ristischen Meinungsstreit, ZRP 1992, 164 (165); Schenke, Polizei- und Ordnungsrecht, 2023, Rn. 10; Siebrecht, Die polizeiliche Datenverarbeitung im Kompetenzstreit zwischen Polizei- und Prozessrecht, JZ 1996, 711 (712); Würtenberger/Heckmann, Polizeirecht in Baden-Württemberg, 2005, Rn. 180 u. 590.

> 자의 상태를 파악하기 어려운데다 위험과 결과의 발생이 거의 동시적으로 순간에 이루어지는 특성을 지니고 있으므로, 비록 자동차운전으로 인한 개별적·구체적인 위험이 표출되지 않았다 하더라도 사전에 미리 차단하는 것이 반드시 필요하므로 그러한 사전 차단행위 또한 위험방지활동에 해당하는 것으로 보아야 한다(헌재 2004. 1. 29. 2002헌마293).

4) 위험사전대비와 법률유보원칙

실제로 구체적 위험을 방지하는 활동은 위험사전대비와 같은 사전적 활동 없이는 효율적으로 수행될 수 없는바, 이러한 구체적 위험방지활동과의 밀접한 연관관계로부터 위험사전대비의 허용성이 도출된다. 또한 예전부터 위험사전대비는 위험방지의 목적에 포섭될 수 있음을 이유로 이 같은 결론이 도출되어 왔다.[38] 그러나 **위험사전대비가 위험방지의 직무에 속한다고 해서 경찰이 위험사전대비를 목적으로 개인의 권리를 제한하거나 의무를 부과할 수 있는 권한도 당연히 갖는 것은 아니다.** 경찰이 장래에 발생할 수 있는 구체적 위험을 사전에 대비할 목적으로 개인의 권리를 제한하거나 의무를 부과하는 조치를 취하기 위해서는 법률유보원칙에 따라 법률의 수권이 필요하다. 그리고 입법자가 경찰에게 위험사전대비 목적으로 개인의 권리를 제한하거나 의무를 부과할 수 있는 권한을 부여하는 경우에도 이러한 수권조항은 비례원칙을 매개로 엄격한 심사를 필요로 한다.

(가) 위험사전대비에 대한 수권근거로서 개괄적 수권조항?

위험사전대비는 무엇보다 개인정보의 수집 및 저장과 밀접한 관련성을 갖는다. 물론 개인정보는 구체적 위험을 방지하는 활동과 관련하여서도 수집 및 저장될 수 있다. 예를 들어 납치나 인질극 또는 폭탄테러의 위협이 있는 경우 개인정보의 수집과 저장은 개인의 생명, 신체, 재산 등을 보호

38) Schenke, Polizei- und Ordnungsrecht, 2023, Rn. 76.

하기 위한 적절한 수단이 될 수 있다.[39] 그러나 경찰에 의한 개인정보의 수집과 저장은 구체적 위험이 발생하기 이전에 행해지는 것이 일반적이다. 왜냐하면 구체적 위험이 발생한 경우라면 경찰은 개인정보를 수집 및 저장하는 대신, 위험방지를 위하여 구체적인 조치(예를 들어 총기사용과 같은 조치)를 취할 것이 요구되기 때문이다. 이러한 점에서 개인정보의 수집과 저장은 구체적 위험을 "직접" 방지하기에 적합한 수단은 아니라고 할 수 있다. 오히려 경찰이 개인정보를 수집 및 저장하려는 주된 목적은 장래에 그 발생이 예상되는 위험을 사전에 대비하기 위함이다. **만약 경찰이 구체적 위험이 발생하기 이전단계에서 개인정보를 수집 및 저장하여 사후에 발생할 수 있는 위험을 사전에 대비하려 한다면** 경찰은 위험발생 이전단계에서 개인정보의 수집 및 저장을 허용하는 **명시적인 수권조항이 필요하며, 이 경우 개괄적 수권조항은 그러한 개인정보의 수집 및 저장에 대한 법적 근거가 될 수 없다.**[40] **왜냐하면 개괄적 수권조항은 경찰권 행사의 전제요건으로서 '구체적 위험'이 존재할 것을 요구하고 있기 때문이다.**[41] 이에 따라 경찰이 구체적 위험의 존재 여부와 관계없이 시행하는 신원확인조치(신원확인의 특별한 형태로서 도로를 차단하고 불특정 다수인을 상대로 실시하는 일제단속식 음주단속이 바로 그러하다)나 공공장소에 설치·운영하는 CCTV와 같은 조치는 입법자가 별도의 수권을 통해 그러한 조치가 구체적 위험이 발생하기 이전에도 허용되는 것으로 규정하지 않는 한, 개괄적 수권조항에 근거하여 행해질 수 없다.

---

39) 이에 관하여 보다 자세한 것은 손재영, "프로파일링(profiling) 기법을 활용한 범죄수사와 범죄예방의 법적 문제", 토지공법연구 제36집, 2007, 386쪽.

40) 이에 관해서는 또한 손재영, "웨어러블 폴리스캠의 경찰법적 문제", 공법학연구 제21권 제4호, 2020, 574쪽 이하.

41) 여기서 "구체적 위험"이란 「경직법」에 정의가 되어 있지 않기 때문에 그 의미와 관련하여서는 논쟁이 될 수 있지만, 개별사례에서 실제로 또는 최소한 경찰관의 사전적 시점에서 사안을 합리적으로 판단해 볼 때 가까운 장래에 손해가 발생할 충분한 개연성이 있는 상황을 의미한다.

(나) CCTV의 설치 · 운영에 대한 법적 근거

최근 경찰이 범죄예방의 목적으로 공공장소에 설치 · 운영하고 있는 CCTV는 적어도 그러한 감시를 통해 개인의 신원이 확인될 가능성이 존재하는 경우에는 **개인정보자기결정권**[42]에 대한 제한으로 평가될 수 있다. 이 경우 **경찰이 CCTV를 통해 개인의 신원을 확인했는지 여부는 중요하지 않다.** 왜냐하면 현대의 영상기술의 발전은 높은 해상도와 줌(zoom) 및 캡쳐(capture) 기능의 장착을 통해 선명한 화질의 영상 확보는 물론, 원하는 특정부위를 정밀하게 촬영하거나 확대할 수 있도록 함으로써 개인에 대한 식별을 가능케 하고 있기 때문이다.

그러나 일부 견해는 공공장소를 순찰 중인 경찰이 이상 행동을 보이는 한 사람을 주목하여 육안으로 감시한다고 해서 이것을 개인정보자기결정권에 대한 제한으로 평가하지 않듯이 경찰이 공공장소에서 CCTV를 설치 및 운영하는 것도 개인정보자기결정권에 대한 제한으로 평가할 수 없다고 주장한다. CCTV는 그저 경찰의 육안을 카메라 렌즈로 대체한 것에 불과하다는 주장[43]이 바로 그것이다. 그러나 **경찰이 육안으로 감시하는 것과 CCTV로 감시하는 것은 기본권 제한의 정도 면에서 현저한 차이가 있다.** 왜냐하면 경찰의 육안 감시는 인간의 불완전한 기억 속에 보관될 뿐 재현될 수 없으나, CCTV로 녹화된 내용은 얼마든지 재생될 수 있고, 복사 및 유포될 수 있으며, 편집도 가능하기 때문이다.[44]

---

42) 헌법재판소는 2005년 5월 26일 결정에서 문헌에서 논란이 많았던 개인정보자기결정권을 명시적으로 인정하였다. 이 경우 "개인정보자기결정권"이란 자신에 관한 정보가 언제 누구에게 어느 범위까지 알려지고 또 이용되도록 할 것인지를 그 정보주체가 스스로 결정할 수 있는 권리, 즉 정보주체가 개인정보의 공개와 이용에 관하여 스스로 결정할 권리를 의미한다(헌재 2005. 5. 26. 99헌마513).

43) 유사한 견해로는 헌재 2008. 5. 29. 2005헌마137: "이 사건 CCTV 설치행위는 행형법 및 교도관직무규칙 등에 규정된 교도관의 계호활동 중 <u>육안에 의한 시선계호를 CCTV 장비에 의한 시선계호로 대체한 것에 불과하므로</u>, 이 사건 CCTV 설치행위에 대한 특별한 법적 근거가 없더라도 일반적인 계호활동을 허용하는 법률규정에 의하여 허용된다고 보아야 한다."

44) 헌재 2008. 5. 29. 2005헌마137에서 소수의견.

설령 개인정보자기결정권에 대한 제한을 부인하는 경우에도 CCTV를 통한 감시는 여전히 기본권 제한으로 평가될 수 있는데, 왜냐하면 CCTV가 설치된 곳을 통행하는 통행인은 자신이 촬영되고 있음을 알게 될 경우 이를 의식하여 행동하게 될 것이고, 이로써 통행인의 **일반적 행동자유권**이 제한될 수 있기 때문이다. 이와 관련하여서는 CCTV를 통한 감시는 기본권 제한에 해당하기 때문에 법률에 근거가 있어야 한다는 점이 (무엇보다) 중요하다.[45] 이 경우 **개괄적 수권조항은 CCTV에 대한 법적 근거가 되지 못한다. 왜냐하면 개괄적 수권조항은 경찰권 행사의 전제요건으로서 '구체적 위험'이 존재할 것을 요구하고 있지만, CCTV는 구체적 위험이 존재하는지 여부와 관계없이 시행되기 때문이다.** 따라서 경찰이 CCTV를 설치하여 장래에 발생할 수 있는 범죄를 예방하려 한다면 '구체적 위험'이 존재할 것을 감시요건으로 하지 않는 - 예컨대 「개인정보보호법」 제25조 제1항 제2호[46]와 같은 - 법률의 명시적 수권이 필요하다. 그리고 입법자가 법률에 CCTV에 대한 명시적 수권근거를 마련하는 경우에도 CCTV가 갖는 권리 제한적 특성을 고려하여 해당 조치는 특별한 정당화 사유를 필요로 하며,[47] 적어도 부분적으로는 절차적 안전장치가 마련되어 있어야 한다(「개인정보보호법」 제25조 제3항). CCTV가 범죄가 자행될 개연성이 매우 높은 장소, 즉 우범지역에 설치 · 운영된다면 문제가 되지 않지만, CCTV를 통해 지방자치단체의 구역 대부분을 감시한다면 이것은 정당화될 수 없다.[48]

---

45) 손재영, "경찰법에 정보보호에 관한 특별규정을 마련해야 할 필요성과 범위", 계명법학 제12집, 2008, 162쪽.

46) 주지하다시피 종전의 「공공기관의 개인정보보호에 관한 법률」은 2011년 9월 30일 폐지되고, 이 법을 대신하여 2011년 9월 30일부터 「개인정보보호법」이 시행되고 있다. 과거 「공공기관의 개인정보보호에 관한 법률」 제4조의2에서 규율되던 "폐쇄회로 텔레비전"(CCTV)은 [영상정보처리기기의 설치 · 운영 제한]이라는 제목 하에 「개인정보보호법」 제25조에서 규율되고 있다.

47) CCTV와 관련하여 제기되는 헌법적 문제에 관하여는 정태호, "CCTV감시에 대한 개인정보보호법의 규율에 대한 헌법적 평가", 헌법학연구 제14권 제1호, 2008, 167쪽 이하.

리딩 케이스

해설 1 <치료감호소 탈출 사건>

사례에서 경찰은 경찰공무원과 '갑'의 보호를 위하여 '갑'에 관한 정보를 저장해 두려고 하는바, 경찰이 '갑'에 관한 정보를 저장해 두는 활동은 위험방지라는 경찰의 직무에 해당한다. 왜냐하면 현재까지는 (아직) 구체적 위험이 존재하지 않지만, 장래에 발생할 수 있는 구체적 위험을 사전에 대비할 목적으로 개인정보를 저장해 두는 활동, 즉 위험사전대비도 위험방지의 직무에 속하기 때문이다. 그러나 사례에서처럼 경찰이 범죄수사의 목적으로 수집된 개인정보를 위험사전대비를 목적으로 저장하는 것은 '개인정보의 목적변경'으로서 개인정보자기결정권에 대한 새로운 제한을 의미하기 때문에, 이를 위해서는 명시적인 수권이 필요하다.[49]

해설 2 <백양산터널 음주단속 사건>

사례에서는 경찰관이 특정 지점에서 차로를 가로막고 '갑'을 비롯하여 지나가는 모든 운전자를 대상으로 음주단속 하는 행위가 개인의 기본권을 침해하는지 여부가 문제된다. 헌법재판소의 결정[50]에도 잘 나타나 있듯이 경찰관이 차로를 가로막고 불특정 다수의 운전자를 대상으로 무작위로 음주단속 하는 행위는 자동차운전으로 인한 구체적 위험이 현실화되기 이전에 그러한 잠재적 위험발생 자체를 사전에 차단하는 행위로서 위험방지활동에 속한다. 그러나 이러한 사전 차단행위가 위험방지활동에 속한다고 해서 경찰관이 음주측정을 위하여 검문지점을 설치하고, 그곳을 통행하는 불특정 다수의 자동차를 정지시켜 운전자의 음주 여부를 점검할 수 있는 권한도 당연히 갖는 것은 아니다. 경찰관이 도로를 막고 운전 중인 차량을 일일이 정차시켜 운전자의 음주 여부를 단속하는 행위는 운전자의 기본권을 제한하기 때문에 이를 위해서는 먼저 법률상의 근거가 있어야 하고, 다음으로 개별적·구체적 단속행위가 필요 이상의 과잉조치가 되어서도 아니 된다.

「도로교통법」 제44조 제2항은 "경찰공무원은 교통안전과 위험방지를 위하여 필요하다고 인정하거나 제1항의 규정에 위반하여 술에 취한 상태에서 자동차 등

48) Fischer, Polizeiliche Videoüberwachung des öffentlichen Raums, VBlBW 2002, 89 (93 f.).

을 운전하였다고 인정할 만한 상당한 이유가 있는 때에는 운전자가 술에 취하였는지의 여부를 호흡조사에 의하여 측정할 수 있다. 이 경우 운전자는 경찰공무원의 측정에 응하여야 한다"고 규정하고 있다. 이 가운데 밑줄 친 전단("교통안전과 위험방지를 위하여 필요하다고 인정")은 경찰관이 도로를 차단하고 불특정 다수인을 상대로 실시하는 '일제단속식 음주단속'에 대한 법률상의 근거가 될 수 있다. 물론 이러한 해석에 대해서는 경찰작용의 근거조항을 지나치게 넓게 해석하여 국민의 자유와 권리에 불리한 결과를 초래한다는 비판이 제기될 수도 있으나, 법익형량의 관점에서 볼 때 이러한 해석은 헌법적으로 용인될 수 있다. 왜냐하면 음주운전으로 인한 피해를 예방해야 하는 공익은 대단히 중대하며, 그러한 단속방식이 그 공익을 보호함에 효율적인 수단임에 반하여 일제단속식 음주단속으로 인하여 받는 국민의 불이익은 비교적 경미하기 때문이다. 즉 검문을 당하는 국민의 불이익은 교통체증으로 인한 약간의 시간적 손실, 주관적 · 정서적 불쾌감정도에 불과하고, 음주측정을 실시하는 경우라 할지라도 그것은 단속현장에서 짧은 시간 내에 간단히 실시되고 측정결과도 즉석에서 알 수 있는 호흡측정방법에 의하여 실시되기 때문이다. 따라서 도로를 차단하고 불특정 다수인을 상대로 실시하는 일제단속식 음주단속행위는 그 자체로는 「도로교통법」 제44조 제2항 전단에 그 근거를 두고 있는 적법한 경찰작용이다.[51]

그러나 이 경우에도 과잉금지원칙이 준수되어야 하므로 음주단속의 필요성이 큰, 즉 음주운전이 빈번히 발생할 것으로 예상되는 시간과 장소를 선정하여야 하고, 운전자 등 관련 국민의 불편이 극심한 단속은 가급적 자제하여야 하며, 전방지점에서의 사전예고나 단시간 내의 신속한 실시 등과 같은 방법상의 한계도 준수하여야 한다.[52]

49) 이에 관해서는 손재영, "범죄수사를 위해 수집된 개인관련 정보의 위험방지를 위한 사용 – 통신비밀보호법 제12조 제1호의 법적 문제에 대하여 –", 헌법학연구 제12집 제1호, 2006, 293쪽 이하.

50) 헌재 2004. 1. 29. 2002헌마293.

51) 헌재 2004. 1. 29. 2002헌마293.

52) 헌재 2004. 1. 29. 2002헌마293.

(3) 범죄수사 사전대비

1) 의 의

「형사소송법」 제197조 제1항은 사법경찰관은 범죄의 혐의가 있다고 사료하는 때에는 범인, 범죄사실과 증거를 수사한다고 규정하고 있다. 즉 범죄수사는 사법경찰관의 주관적 범죄혐의에 의하여 개시되고 이 경우 사법경찰관의 범죄혐의는 충분한 구체적 사실에 근거를 둔 것이어야 한다. 따라서 경찰이 수사를 개시하기 위해서는 사실에 근거를 둔 충분한 범죄혐의가 존재하여야 한다. 이에 비하여 "**범죄수사 사전대비**"(Strafverfolgungsvorsorge)는 장래에 자행될 범죄에 대한 수사를 보다 용이하게 하기 위하여 경찰이 이미 종결된 수사절차에서 구속피의자 등으로부터 개인정보를 수집 · 저장해 두고, **장래에 자행될 범죄와 그러한 범죄와 관련하여 개시 · 진행될 수사절차를 사전에 대비하는 경찰활동**을 의미한다.

2) 구체적 범죄수사와의 구별

구체적 범죄수사는 이미 자행된 범죄를 전제로 하는 것임에 반하여, 범죄수사 사전대비는 자행된 범죄를 전제로 하지 않는다는 점에서 양자는 구별된다. 즉 **범죄수사 사전대비는 범죄실행 이전단계에서 장래의 범죄를 대비하는 활동이라는 점에서 범죄실행 이후에야 비로소 개시 및 진행되는 (본래의) 구체적 범죄수사와 차이가 있다.** 예를 들어 구속피의자나 수형인 등으로부터 그의 의사에 반하여 디엔에이 감식시료를 채취 · 보관해 두고, 장래에 새로운 범죄가 발생할 경우 신원확인을 통해 범인검거를 보다 용이하게 하는 것이 여기에 속한다.[53] 장래에 진행될 범죄수사는 디엔에이 감식시료의 채취와 보관을 통해 보다 쉬워진다.[54] 그러나 이와 관련하여

---

53) Bäumler, in: Lisken/Denninger, Handbuch des Polizeirechts, 2001, Kap. J, Rn. 555 f.

54) Würtenberger/Heckmann, Polizeirecht in Baden-Württemberg, 2005, Rn. 181.

서는 경찰이 장래에 개시 · 진행될 범죄수사를 사전에 대비할 목적으로 디엔에이 감식시료를 미리 채취 · 보관해 두는 것은 개인정보자기결정권에 대한 제한을 의미하기 때문에, 이를 위해서는 -「디엔에이 신원확인정보의 이용 및 보호에 관한 법률」 제6조와 같은 - 법률의 수권이 필요하다는 점이 무엇보다 중요하다.

3) 범죄수사의 직무로서 범죄수사 사전대비

범죄수사 사전대비는 위험방지의 직무에 속하지 않는다. 오히려 범죄수사의 직무에 속한다. 왜냐하면 범죄수사 사전대비는 구체적 범죄를 수사하는 활동과 밀접한 연관성을 갖기 때문이다.[55] 그러나 일부 문헌[56]에서는 범죄수사 사전대비를 위험방지의 직무로 보려는 견해가 발견된다. 이러한 견해에 따르면 예를 들어 디엔에이 감식시료는 빠른 신원확인을 가능하게 하므로 경찰이 종결된 수사절차에서 구속피의자 등으로부터 디엔에이 감식시료를 채취 · 보관해 두면 재범의 가능성이 높은 잠재적 범죄자는 발각의 위험성 때문에 심리적으로 위축되고, 그 결과 차후에 또 다른 범죄를 자행하지 않을 수 있는 범죄예방의 효과가 있기 때문에, 경찰이 장래에 개시 · 진행될 범죄수사를 사전에 대비할 목적으로 디엔에이 감식시료를 미리 채취 · 보관해 두는 활동은 위험방지활동의 하나로 보아야 한다고 주장한다. 그러나 이러한 견해는 **경찰이 구속피의자 등으로부터 디엔에이 감식시료를 채취 · 보관해 두려는 주된 목적은 디엔에이 감식시료를 장래에 자행될 범죄와 그러한 범죄와 관련하여 개시 · 진행될 수사절차에서 '증거'로서 사용하려는 것에 있다**는 점을 간과하고 있다.[57] 설령 높은 발각의 위

55) 다른 견해로는 김성태, "독일경찰법상 임무규범에서의 새로운 개념에 관한 고찰", 행정법연구 제8호, 2002, 280쪽 이하.

56) 예를 들어 Sternberg-Lieben, "Genetischer Fingerabdruck" und § 81a StPO, NJW 1987, 1242 (1246); VGH München, NJW 1984, 2235가 바로 그러하다.

57) 독일 연방헌법재판소 역시 2000년 12월 14일 결정에서「형사소송법」 제81g조와 결합한 디엔에이-확인법(DNA-Identitätsfeststellungsgesetz) 제2조에 따른 디엔에이 감식시료의 채취 · 저장 및 사용은 장래에 개시될 형사절차에서 "입증"을 보

험성 때문에 디엔에이 감식시료의 채취 · 보관이 범죄예방의 효과가 있다 하더라도 이것은 범죄수사의 부차적인 효과에 불과하다.[58] 사실 구속피의자 등으로부터 디엔에이 감식시료를 채취 · 보관해 두는 것은 현재가 아니라 장래의 범죄를 수사하기 위한 것이지만, 이로부터 '현재의 특정 범죄수사에 기여하지 않는 모든 경찰활동은 위험방지의 직무에 속한다'는 결론이 강행적으로 도출될 수는 없다. 따라서 입법정책적 관점에서 볼 때 (장래에 자행될 범죄와 그러한 범죄에 대한 수사절차의 시행에 직접적으로 기여하는) 범죄수사 사전대비는 구체적 범죄수사와의 밀접한 연관성을 이유로 형사소송법의 영역에서 규율하는 것이 바람직하다.

4) 범죄수사 사전대비와 법률유보원칙

현행법상 장래에 개시 · 진행될 범죄수사를 사전에 대비하기 위한 **열 손가락 지문정보**의 수집 및 이용에 대한 법률의 직접적 수권근거는 발견되지 않는다. 물론 「개인정보보호법」 제18조 제2항 제7호(종전 「공공기관의 개인정보보호에 관한 법률」 제10조 제3항 제6호)는 개인정보를 처리하는 공공기관이 "범죄의 수사와 공소의 제기 및 유지에 필요한 경우"에는 개인정보를 다른 공공기관에 제공할 수 있음을 규정하고 있다. 이로써 수사기관은 어떤 수사대상자나 범죄혐의의 단서가 발견되어 범죄수사상 필요한 경우에는 이와 관련된 지문정보를 보유하고 있는 다른 공공기관에게 소명과 함께 지문정보의 제공을 요청하여 특정 지문정보를 제공받을 수 있고, 제공받은 지문정보를 범죄수사를 위하여 필요한 범위 내에서 이용할 수 있다. 하지만 이 경우에도 수사기관은 구체적으로 범죄수사상 필요한 경우에 한하여 지문정보를 제공받고 이용할 수 있을 뿐, 신원확인에 유용하다고 하여 장래에 개시 · 진행될 범죄수사를 사전에 대비하기 위하여 열 손가락 지문정보를 모두 제공받고 이것을 전산화하여 범죄수사의 목적에 이용하

다 쉽게 하기 위한 것이므로 위험방지가 아니라 범죄수사와 관련된 것이라고 판시한 바 있다. 이에 관해서는 BVerfGE, StV 2001, 145 (146).

58) Ringwald, Gegenpol zu INPOL?, ZRP 1988, 178 (180).

라는 법률적 근거는 아니다.59)

만일 경찰청장이 신원확인에 유용하다고 하여 장래의 범죄수사를 사전에 대비할 목적으로 주민등록증 발급신청서상의 지문정보를 모두 제공받고 이것을 보관 · 전산화하여 이용한다면 범죄혐의가 없는 수많은 국민이 이와 관련될 것이다. 이것은 결국 모든 국민을 **잠재적 범죄자**로 취급하는 것이라 할 수 있다. 여기서는 범죄자행에 대한 충분한 혐의가 존재하지도 않고, 범죄혐의자의 지문이 문제되는 것도 아니다. **만일 입법자가 '충분한 범죄혐의'가 존재할 것을 전제요건으로 하지 않는 지문정보의 사용권한을 경찰에게 부여하려고 한다면 입법자는 이에 대한 명시적인 수권근거를 마련하여야 한다.** 물론 이 경우에도 지문정보의 사용은 해당 지문정보가 장래에 자행될 범죄의 수사에 기여할 것이라는 충분한 사실적 근거가 존재하여야 하고, 사용대상이 되는 사람이 장래에 범죄를 반복할 개연성이 높은 경우에만 정당화될 수 있다. 이러한 점에서 「개인정보보호법」 제18조 제2항 제7호는 종전의 「공공기관의 개인정보보호에 관한 법률」 제10조 제2항 제6호와 마찬가지로 경찰청장이 장래의 범죄수사를 사전에 대비할 목적으로 열 손가락 지문정보를 그 보유기관(시장 · 군수 · 구청장)으로부터 모두 제공받고 이것을 이용하는 것에 대한 법률적 근거가 될 수 없다.60)

---

59) 이에 관해서는 또한 헌법재판소의 2005년 5월 26일 결정에서 개진된 소수의견(헌재 2005. 5. 26. 99헌마513).

60) 「개인정보보호법」 제정 이전에 시행되던 「공공기관의 개인정보보호에 관한 법률」 제5조와 제10조 제2항 제6호는 헌법재판소의 견해(헌재 2005. 5. 26. 99헌마513)와 달리 경찰청장이 장래의 범죄수사를 사전에 대비할 목적으로 열 손가락 지문정보를 그 보유기관(시장 · 군수 · 구청장)으로부터 모두 제공받고 이것을 보관 및 이용하는 것에 대한 법적 근거가 될 수 없다는 점에 관하여는 손재영, "장래의 범죄수사를 위한 지문정보의 사용과 법률유보 – 동시에 헌법재판소의 2005. 5. 26. 결정(99헌마513사건)에 대한 평석 –", 헌법판례연구 [8], 박영사, 2006, 514쪽.

케이스 해설

해설 3 <지문날인 거부 사건>

사례에서는 경찰청장이 주민등록증발급신청서에 날인되어 있는 지문정보를 보관·전산화하고 이것을 범죄수사목적으로 이용하는 행위가 개인정보자기결정권을 침해하여 위헌인지 여부가 문제된다. 여기서 "개인정보자기결정권"이란 자신에 관한 정보가 언제 누구에게 어느 범위까지 알려지고 또 이용되도록 할 것인지를 그 정보주체가 스스로 결정할 수 있는 권리, 즉 정보주체가 개인정보의 공개와 이용에 관하여 스스로 결정할 권리를 의미한다. 개인의 고유성, 동일성을 나타내는 지문은 그 정보주체를 타인으로부터 식별 가능하게 하는 개인정보이므로, 경찰청장이 본래 시장·군수 또는 구청장이 관장하는 주민등록에 관한 사무와 관련하여 수집된 개인의 지문정보를 송부 받아 보관·전산화하고 이것을 범죄수사목적으로 이용하는 것은 개인정보자기결정권에 대한 제한을 의미한다. 이에 따라 경찰청장이 주민등록증발급신청서에 날인되어 있는 지문정보를 보관·전산화하고 이것을 범죄수사목적으로 이용하기 위해서는 법률유보원칙에 따라 법률의 근거가 필요하고, 다음으로 그 행위는 개인정보자기결정권에 대한 필요 이상의 과잉 제한이어서는 아니 된다.

[사례 3] <지문날인 거부 사건>의 기초가 된 결정[61]에서 헌법재판소는 경찰청장이 주민등록증발급신청서에 날인되어 있는 지문정보를 보관·전산화하고 이것을 범죄수사목적으로 이용하는 행위는 법률유보원칙에 위배되지 않을 뿐만 아니라 과잉금지원칙에도 위배되지 않는다고 결정하였다. 헌법재판소의 견해에 따르면 경찰청장이 주민등록증발급신청서에 날인되어 있는 지문정보를 보관·전산화하고 이것을 범죄수사목적에 이용하는 행위는 구「공공기관의 개인정보보호에 관한 법률」제5조, 제10조 제2항 제6호 등에 근거한 것으로 볼 수 있으므로 법률유보원칙에 위배되지 않는다는 것이다(아래 조문).

(구) 공공기관의 개인정보보호에 관한 법률

제5조(개인정보화일의 보유범위) ① 공공기관은 소관업무를 수행하기 위하여 필요

한 범위 안에서 개인정보화일을 보유할 수 있다.

제10조(처리정보의 이용 및 제공의 제한) ② 보유기관의 장은 제1항의 규정에도 불구하고 다음 각 호의 1에 해당하는 경우에는 당해 개인정보화일의 보유목적 외의 목적으로 처리정보를 이용하거나 다른 기관에 제공할 수 있다. 다만, 다음 각 호의 1에 해당하는 경우에도 정보주체 또는 제3자의 권리와 이익을 부당하게 침해할 우려가 있다고 인정되는 때에는 그러하지 아니하다.

6. 범죄의 수사와 공소의 제기 및 유지에 필요한 경우

또한 과잉금지원칙에 대한 위배 여부와 관련하여서도 범죄자 등 특정인의 지문정보만 보관해서는 17세 이상 모든 국민의 지문정보를 보관하는 경우와 같은 수준의 신원확인기능을 도저히 수행할 수 없는 점, 개인별로 한 손가락만의 지문정보를 수집하는 경우 그 손가락 자체 또는 지문의 손상 등으로 인하여 신원확인이 불가능하게 되는 경우가 발생할 수 있고, 그 정확성 면에 있어서도 열 손가락 모두의 지문을 대조하는 것과 비교하기 어려운 점, 다른 여러 신원확인수단 중에서 정확성 · 간편성 · 효율성 등의 종합적인 측면에서 현재까지 지문정보와 비견할 만한 것은 찾아보기 어려운 점 등을 고려할 때, 지문날인제도는 필요성원칙에 어긋나지 않을 뿐만 아니라 경찰청장이 보관 · 전산화하고 있는 지문정보를 범죄수사활동, 대형사건 · 사고나 변사자가 발생한 경우의 신원확인, 타인의 인적사항 도용 방지 등 각종 신원확인의 목적을 위하여 이용함으로써 달성할 수 있게 되는 공익이 지문날인제도로 인하여 정보주체가 현실적으로 입게 되는 불이익에 비하여 더 크다고 보아야 할 것이므로 상당성원칙에도 위배되지 않는다고 하였다.

반면, 소수의견을 낸 송인준, 주선회, 전효숙 재판관은 경찰청장의 지문정보의 수집 · 보관행위는 법률유보원칙에 어긋날 뿐만 아니라 과잉금지원칙에도 위배되므로 그 위헌확인을 선언함이 마땅하다고 하였다. 소수의견에 따르면 구 「공공기관의 개인정보보호에 관한 법률」은 공공기관이 적법하게 보유하고 있는 개인정보를 전제로 이것을 컴퓨터에 의하여 이용 · 처리하는 경우 발생하는 개인정보에 대한 침해로부터 개인의 기본적 인권을 보호하고자 제정된 법률로서 컴퓨터에 의하여 처리되기 전의 원 정보자료의 적법성 등을 규율하고자 하는 것이 아니므로 구 「공공기관의 개인정보보호에 관한 법률」 제5조, 제10조 제2항 제6호는 경찰청장이 지문원지를 송부 받아 보관할 수 있는 근거규정으로 볼 수 없다고 하였다. 설

령 경찰청장의 행위가 모두 법률적 근거를 갖추고 있다 하더라도 다음과 같은 이유, 즉 주민의 거주관계 등 인구 동태를 파악하여 주민생활의 편익을 증진시키고 행정사무의 적정한 처리를 도모하고자 하는 「주민등록법」의 입법취지를 달성하기 위하여 반드시 하나가 아니라 열 손가락의 지문 모두를 수집하여야 할 필요성이 있다고 보기 어려우므로 경찰청장이 지문정보를 수집 · 보관하는 행위는 과잉금지원칙에도 위배된다고 하였다. 수사상의 목적을 위한 경우라 하더라도 범죄의 전력이 있는 사람이나 성향을 가진 사람의 지문정보를 수집 · 보관하고 이것을 후일 범죄수사에 활용할 수 있을 것임에도 그런 전력이 없는 모든 국민의 주민등록증 발급신청의 기회에 열 손가락의 지문 일체를 보관 · 전산화하고 있다가 이를 그 범위, 대상, 기한 등 어떠한 제한도 없이 일반적인 범죄수사목적 등에 활용하는 것은 개인정보자기결정권에 대한 최소한의 침해로 볼 수 없다고 하였다. 그리고 전 국민을 대상으로 하는 지문정보는 이와 같은 구체적인 범죄수사를 위해서 뿐만 아니라 일반적인 범죄예방이나 범죄정보수집 내지는 범죄예방을 빙자한 특정 개인에 대한 행동의 감시에 남용될 수 있어 법익균형성도 상실될 우려가 있다고 하였다.

(이미 본문에서도 밝혔듯이) 사견으로는 소수의견이 더 타당하다고 생각한다. 즉 구 「공공기관의 개인정보보호에 관한 법률」 제5조, 제10조 제2항 제6호는 경찰청장이 주민등록증발급신청서에 날인되어 있는 지문정보를 보관 · 전산화하고 이것을 범죄수사목적으로 이용하는 행위에 대한 수권근거가 될 수 없다. 만일 입법자가 "충분한 범죄혐의"가 존재할 것을 전제요건으로 하지 않는 지문정보의 사용권한을 경찰에게 부여하려고 한다면 입법자는 이에 대한 명시적인 수권근거를 마련하여야 한다.

6. 요 약

(1) 「경직법」 제2조 제7호의 "그 밖에 공공의 안녕과 질서 유지"라는 표현을 통해서도 알 수 있듯이 제1호부터 제6호까지 예시된 경찰관의 직무는 광의(廣義)의 "공공의 안녕과 질서 유지라"는 범주에 포함될 수 있는

61) 헌재 2005. 5. 26. 99헌마513.

직무이다. 그리고 이러한 광의의 공공의 안녕과 질서 유지는 다시 사전예방적 성격을 갖는 위험방지의 직무와 사후진압적 성격을 갖는 범죄수사의 직무로 구분될 수 있다. 위험방지는 아직 발생하지 않은 위험을 방지하는 활동이므로 예방적(präventiv)인 것에 반하여, 범죄수사는 이미 자행된 범죄를 전제로 그것을 수사하고 소추하는 활동이므로 진압적(repressiv)이라 할 수 있다. 설령 범죄수사의 결과 간접적으로 범죄예방의 효과가 발생하고, 경찰의 조치(예: 임의동행)가 종종 위험방지의 관점뿐만 아니라 범죄수사의 관점에서도 허용된다고 하여 양자의 구별 필요성이 부인되는 것은 아니다. 양자는 각각 다른 법(「경찰관직무집행법」과 「형사소송법」)과 법원칙이 적용된다는 점(편의주의원칙과 합법주의원칙), 나아가 경찰작용의 전제요건(구체적 위험과 충분한 범죄혐의의 존재)과 권리구제절차(행정소송과 형사소송)가 다르다는 점에서 구별의 필요성이 존재한다.

(2) 오늘날 학문으로서의 경찰법학은 위험방지에 기여하는 국가의 모든 활동을 의미하는 실질적 의미의 경찰개념에 입각하고 있다. 이러한 실질적 의미의 경찰개념은 현행 「경직법」 제2조 제7호에 "공공의 안녕과 질서 유지"로 표현되고 있다. 경찰관이 수행하는 직무의 범위를 규정하고 「경직법」 제2조 제7호가 갖는 법적 의미는 무엇보다 경찰권 행사의 적법 여부를 판단하는 중요한 기준으로서 작용한다는 점이다. 개인의 권리를 제한하거나 의무를 부과하는 경찰권 행사가 적법하기 위해서는 우선 그러한 경찰권 행사가 경찰관의 직무범위에 속하는 것이어야 한다. 이에 따라 만일 경찰관이 공공의 안녕이나 공공의 질서에 대한 위험의 방지나 이미 발생한 장해의 제거가 문제되지 않는 곳에서 경찰권을 행사한다면 그러한 경찰권 행사는 이미 경찰관의 직무범위를 벗어난 것으로서 개별법상의 수권근거가 존재하지 않는 한 위법을 면하지 못한다.

(3) "위험사전대비"란 현재까지는 (아직) 구체적 위험이 존재하지 않지

만, 차후에 발생할 수 있는 구체적 위험을 효과적으로 방지하기 위하여 위험발생 이전단계에서 위험에 대비하거나 위험발생 자체를 사전에 차단하는 경찰활동을 의미한다. 순찰, 음주운전단속, CCTV의 설치 · 운영, 위험의 예방을 위한 정보의 수집 · 작성 · 배포 등이 그 예이다. 위험사전대비는 구체적 위험을 방지하는 활동과 밀접한 연관성을 갖기 때문에 위험방지의 직무에 속한다고 보아야 한다. 실제로 구체적 위험을 방지하는 활동은 위험사전대비와 같은 사전적 활동 없이는 효율적으로 수행될 수 없는바, 이러한 구체적 위험방지활동과의 밀접한 연관관계로부터 위험사전대비의 허용성이 도출된다. 그러나 위험사전대비가 위험방지의 직무에 속한다고 해서 경찰이 위험사전대비를 목적으로 개인의 권리를 제한하거나 의무를 부과할 수 있는 권한도 당연히 갖는 것은 아니다. 경찰이 장래에 발생할 수 있는 구체적 위험을 사전에 대비할 목적으로 개인의 권리를 제한하거나 의무를 부과하는 조치를 취하기 위해서는 법률유보원칙에 따라 법률의 수권이 필요하다. 그리고 입법자가 경찰에게 위험사전대비 목적으로 개인의 권리를 제한하거나 의무를 부과할 수 있는 권한을 부여하는 경우에도 이러한 수권조항은 비례원칙을 매개로 엄격한 심사를 필요로 한다.

(4) "범죄수사 사전대비"란 장래에 자행될 범죄에 대한 수사를 보다 용이하게 하기 위하여 경찰이 이미 종결된 수사절차에서 구속피의자 등으로부터 개인정보를 수집 · 저장해 두고, 장래에 자행될 범죄와 그러한 범죄와 관련하여 개시 · 진행될 수사절차를 사전에 대비하는 경찰활동을 의미한다. 예를 들어 구속피의자나 수형인으로부터 그 의사에 반하여 디엔에이 감식시료를 채취 · 보관해 두고 장래에 새로운 범죄가 발생할 경우 신원확인을 통해 범인검거를 보다 용이하게 하는 것이 여기에 속한다. 이러한 범죄수사 사전대비는 구체적 범죄를 수사하는 활동과 갖는 밀접한 연관성을 이유로 범죄수사의 직무에 속한다고 보아야 한다. 이미 종결된 수사절차에서 구속피의자나 수형인 등으로부터 디엔에이 감식시료를 채취 ·

보관해 두려는 주된 목적은 디엔에이 감식시료를 장래에 자행될 범죄와 그러한 범죄와 관련하여 개시 · 진행될 수사절차에서 "증거"로서 사용하려는 것에 있다. 설령 높은 발각의 위험성 때문에 디엔에이 감식시료의 채취 · 보관이 범죄예방의 효과가 있다 하더라도 이것은 범죄수사의 부차적인 효과에 불과하다. 입법정책적인 관점에서 볼 때 범죄수사 사전대비는 구체적 범죄수사와의 밀접한 연관성을 이유로 형사소송법의 영역에서 규율하는 것이 바람직하다.

(5) 이상의 논의를 도해하면 [표 1-4]과 같이 나타낼 수 있다.

표 1-4 경찰의 직무와 경찰법학의 연구대상

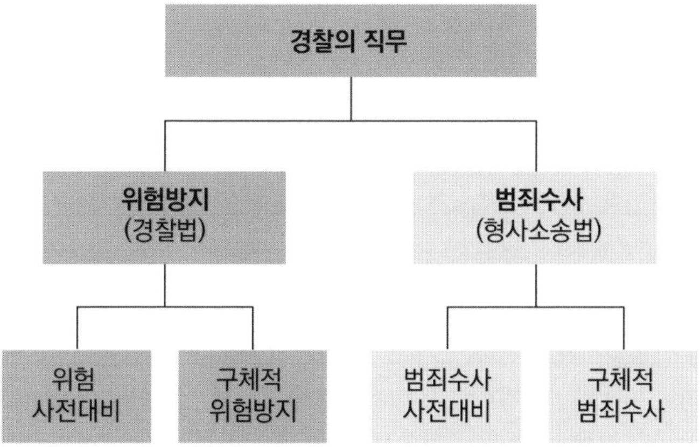

참고

<재판 사건번호 읽는 법>

[법 원]

대법원 재판예규인 「사건별 부호문자의 부여에 관한 예규」 등에 따르면 사건번호는 연도와 사건부호, 접수번호 순으로 구성된다. 예를 들어 '2017고합1234'라는 사건번호에서 '2017'은 해당 소송이 제기된 연도를 뜻한다. '고합'은 형사 합의사건을 의미하는 사건부호이며, '1234'는 접수된 순서를 의미한다. 연도는 2000년대 이전까지는 '99' 등의 두 글자만 사용되었지만 이후에는 네 글자 모두 쓰는 방식으로 변경되었다.
사건번호에서 핵심적 역할을 하는 것은 사건부호이다. 가장 많이 사용되는 민·형사사건을 놓고 보면 어떤 사건부호를 쓰는지에 따라 어느 단계의 심급인지, 어떤 종류의 사건인지를 파악할 수 있다. 일반적으로 'ㄱ'은 1심사건, 'ㄴ'은 항소사건, 'ㄷ'은 상고사건을 뜻한다. 형사사건의 경우에는 1심에서 상고심까지 '고, 노, 도', 민사사건의 경우에는 '가, 나, 다' 그리고 행정사건의 경우에는 '구, 누, 두' 순으로 구성된다.
1심 사건에서 뒤에 붙는 글자는 합의사건인지 또는 단독사건인지 등을 알려준다. 형사사건은 단독판사가 재판하는 '고단' 사건과 세 명의 법관으로 구성된 합의부가 재판하는 '고합' 사건이 있다. 약식사건에는 '고약'이 사용된다. 민사사건에서도 '가단'(1심 단독사건)과 '가합'(1심 합의사건)이 있다. 가사사건의 경우에는 민·형사 사건과 달리 1심은 '드단'과 '드합', 2심은 '르', 상고심은 '므'를 사용한다. 모든 재심사건은 재심대상사건의 사건부호 앞에'재'를 붙인다.

실제 재판에서 사용되는 주요 사건부호

종류	부호	사건
민사	가합	1심 합의사건
	가단	1심 단독사건
	가소	소액사건

종류	부호	사건
형사	도	상고사건
가사	드합	1심 합의사건
	드단	1심 단독사건

	나	항소사건		르	항소사건
	다	상고사건		므	상고사건
	머	조정사건		너	조정사건
	카합	가압류, 가처분 등 합의사건		즈합	가압류, 가처분 등 합의사건
	카단	가압류, 가처분 등 단독사건		즈단	가압류, 가처분 등 단독사건
	회합	회생합의사건		호	협의이혼의사확인 신청사건
	회단	회생단독사건	행정	구합	1심 합의사건
	하합	파산합의사건		구단	
	하단	파산단독사건		누	항소사건
형사	고합	1심 합의사건		두	상고사건
	고단	1심 단독사건		아	신청사건
	고정	약식사건을 정식재판 청구한 사건 1심	특허	허	1심 사건
	고약	약식사건		후	상고사건
	노	항소사건			

자료: 대법원의 사건별 부호문자의 부여에 관한 예규

[헌법재판소]

① '헌가'는 위헌법률심판에 부여되는 사건부호이다. 즉 '헌가'는 법률이 헌법에 위반되는지 여부가 재판의 전제가 된 경우 해당 사건을 담당하는 법원이 직권 또는 당사자의 신청에 의한 결정으로 헌법재판소에 위헌여부심판을 제청하는 사건에 부여된다.

② '헌나'는 탄핵심판에 부여되는 사건부호이다. 탄핵심판은 일반적인 사법절차나 징계절차에 의하여 소추·징계하기 곤란한 행정부의 고위공무원이나 법관 또는 중앙선거관리위원회 위원 등과 같이 신분이 보장된 공무원이 그 직무집행에서 헌법이나 법률을 위반한 경우 국회가 탄핵소추하고 헌법재판소가 심판하여 해당 공무원을 공직에서 파면하는 제도를 말한다. 고(故) 노무현 전 대통령 탄핵심판의 사건번호는 '2004헌나1', 박근혜 전 대통령 탄핵심판의 사건번호는 '2016헌나1'이다.

③ '헌다'는 정당해산심판에 부여되는 사건부호이다. 정당해산심판은 정

당의 목적이나 활동이 민주적 기본질서에 위배된 때에 정부가 헌법재판소에 그 해산을 제소하고 헌법재판소의 심판에 의하여 정당을 해산하는 제도이다. 통합진보당 정당해산심판의 사건번호는 '2013헌다1'이다.

④ '헌라'는 권한쟁의심판에 부여되는 사건부호이다. 권한쟁의심판은 국가기관 상호 간, 국가기관과 지방자치단체 간 및 지방자치단체 상호 간에 권한의 유무 또는 범위에 관하여 다툼이 발생한 경우 해당 국가기관 또는 지방자치단체의 청구에 의하여 헌법재판소가 이를 심판함으로써 권한분쟁을 해결하는 제도를 말한다.

⑤ '헌마'는 권리구제형 헌법소원심판에 부여되는 사건부호이다. 권리구제형 헌법소원심판은 공권력의 행사 또는 불행사로 인하여 헌법상 보장된 기본권을 침해받은 사람이 헌법재판소에 심판을 청구하여 그 침해의 원인이 된 공권력의 행사를 취소하거나 그 불행사가 위헌임을 확인받는 제도이다.

⑥ '헌바'는 위헌심사형 헌법소원심판에 부여되는 사건부호이다. 법원이 소송당사자의 위헌법률심판제청신청을 기각한 경우 그 신청을 한 소송당사자는 헌법재판소에 직접 해당 법률의 위헌여부에 대한 심판을 청구할 수 있는데, 이것을 일컬어 위헌심사형 헌법소원심판이라고 한다.

⑦ '헌사'는 국선대리인 선임신청 때에, ⑧ '헌아'는 헌법재판소의 결정이 잘못되었다며 재심을 청구하는 사건에 부여되는 사건부호이다.

제2절

경찰법

Ⅰ 경찰법의 의의

문헌에서의 지배적 견해는 실질적 의미의 경찰개념을 공공의 안녕과 공공의 질서에 대한 위험을 방지하고 이미 발생한 장해를 제거하기 위한 국가의 모든 활동으로 이해하고 있다. 만일 경찰의 개념을 이러한 실질적 의미의 경찰개념으로 이해한다면 **경찰법**은 **위험방지에 관한 법**이 된다. 즉 경찰법은 공공의 안녕과 공공의 질서에 대한 위험을 방지하고 이미 발생한 장해를 제거하는 국가의 모든 활동에 대한 규범적 근거를 나타낸다.

경찰법은 공공의 안녕이나 공공의 질서를 위협하는 위험으로부터 일반 국민이나 개개인을 보호하는 역할을 수행한다. 사실 현대국가는 사회국가 내지 복지국가를 지향함에 따라 사회적으로 취약한 계층을 돌보고 시민의 제반 생활여건을 보장 및 개선하는 활동이나 국토의 균형적 발전계획을 수립하고 이를 실현하는 활동이 점점 더 중요한 의미를 얻어 가고 있다. 그럼에도 불구하고 국가의 공공의 안녕과 질서유지 기능에는 여전히 중요한 의미가 부여된다. 왜냐하면 최근 집회 · 시위과정이나 감염병의 예방 · 방역과정에서 볼 수 있듯이 개인의 자유와 위험방지 간에는 끊임없는 충돌이 발생하고 있고, 경찰법과 같이 이러한 충돌을 해결하기 위한 조정 메커니즘은 오늘날에도 여전히 필요하기 때문이다.

Ⅱ 경찰법의 구분

한편 경찰법은 **일반경찰법**과 **특별경찰법**의 두 가지로 구분될 수 있다. 일반경찰법이란 위험방지에 관한 일반규정과 일반원칙을 담고 있는 법을 의미하는데, 현행법에서는 「경직법」이 여기에 해당한다. 그러나 위험방지는 「경직법」 외에도 많은 특별법에 의해 규율되고 있는데, 예를 들어 「건축법」, 「식품위생법」, 「공중위생관리법」, 「도로교통법」, 「풍속영업의 규제에 관한 법률」, 「집회 및 시위에 관한 법률」, 「총포 · 도검 · 화약류 등 단속법」, 「감염병의 예방 및 관리에 관한 법률」 등에 존재하는 위험방지에 관한 규정을 생각해 볼 수 있다. 이러한 특별경찰법이 적용되는 영역에서는 일반경찰법의 적용은 배제된다. 즉 일반경찰법상의 규정은 특별경찰법상의 규정이 존재하지 않는 경우에만 그 흠결을 메우기 위하여 적용될 수 있다.

警察法

제2장

경찰의 권한

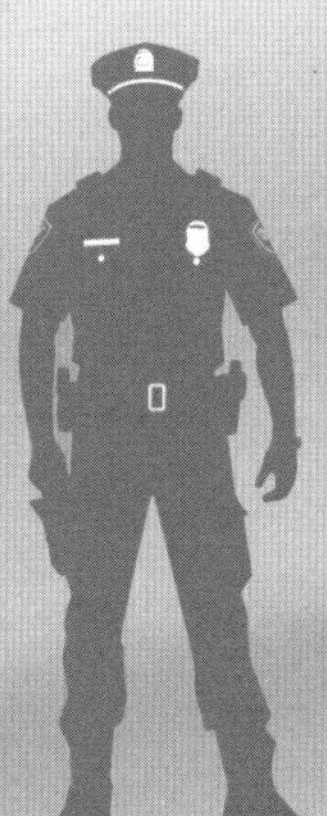

제1절 경찰법상의 일반원칙

제2절 일반경찰법상의 개괄적 수권조항

제3절 일반경찰법상의 개별적 수권조항

"경찰이 위험방지의 직무를 담당하고 있다고 해서 개인의 권리를 제한하거나 의무를 부과하는 위험방지조치를 취할 권한도 당연히 갖는 것은 아니다. 경찰이 그러한 위험방지조치를 취하기 위해서는 법률의 수권(授權)이 필요하다."

–프리드리히 쇼흐(Friedrich Schoch) –

제1절

경찰법상의 일반원칙

Ⅰ 개　　설

1. 의　　의

경찰법상의 일반원칙은 경찰법의 모든 영역에 적용되는 법원칙을 의미한다. 경찰법에서 주요한 법원칙으로는 법률유보원칙, 적법절차원칙, 경찰책임의 원칙, 과잉금지원칙, 과소보호금지원칙, 평등원칙을 들 수 있다. (후술하겠지만) 이러한 법원칙은 **헌법**에 그 근거를 두고 있다는 점에서 공통점이 있다. 경찰법상의 일반원칙이 갖는 의미는 (무엇보다) **경찰권 행사의 적법 여부를 판단하는 중요한 기준**이 된다는 점이다. 만약 경찰권 행사가 경찰법상의 일반원칙 가운데 어느 한 원칙에 위배된다면 그러한 경찰권 행사는 위법한 경찰권 행사가 되어 행정쟁송(행정심판과 행정소송)이나 헌법소원심판의 대상이 되며, 아울러 상대방에게 손해가 발생한다면 그 상대방은 국가를 상대로 손해배상청구소송을 제기할 수 있다.

2. 리걸 마인드와 사용설명서

흔히 법학을 공부하는 사람이 길러야 할 능력으로 **리걸 마인드**(legal mind)를 든다. 리걸 마인드란 어떤 사건에 대하여 법적인 관점에서 사고

하고 판단하는 능력을 일컫는다. 법학을 공부함에 있어서는 이러한 리걸 마인드를 갖추는 것이 무엇보다 중요하다. 이하의 기술도 독자들이 리걸 마인드를 갖도록 하는 것에 주안점을 두고 있다.

리걸 마인드를 갖추기 위해서는 어떤 사건을 바라볼 때 도덕적 또는 윤리적 관점이 아니라 법적인 관점에서 생각하고 판단하려는 노력이 필요하다. 즉 누군가가 어떤 행동을 하고 그 행동에 문제가 있다면 '저런 행동은 윤리적 관점에서 비난받을 행동인가?'를 생각하고 판단하기보다 '저런 행동은 법적 관점에서 금지된 행동인가?'를 생각하고 판단하려는 노력이 필요하다. 이러한 점에서 리걸 마인드의 형성을 위해서는 먼저 어떤 사건에 대한 사고의 틀과 판단의 잣대를 윤리적인 것에서부터 법적인 것으로 교체할 것이 요구된다. 즉 머릿속에 법과 원칙으로 촘촘히 짜인 사고의 틀과 판단의 잣대를 장착해 두고 어떤 사건이든 그 틀과 잣대에 비추어 생각하고 판단하는 것이 필요하다. 이하에서 기술하게 될 경찰법상의 일반원칙은 이러한 사고의 틀과 판단의 잣대에 법적인 관점을 불어 넣어 주는 역할을 수행한다. 즉 경찰법상의 일반원칙은 경찰이 행하는 경찰작용 가운데 어떤 경찰작용은 허용되고 또 어떤 경찰작용은 금지되는지를 준별하는 데에 필요한 법적인 틀 내지 잣대를 제공해 주는 역할을 한다. 이것은 마치 깨끗한 물은 외부로 배출시키고 이물질만을 걸러내 주는 정수기의 필터(filter)에 비견될 수 있는 역할이다. 따라서 리걸 마인드의 형성을 위해서는 먼저 자신의 머릿속에 경찰법상의 일반원칙으로 촘촘히 짜인 필터를 장착해 두고 그러한 필터에 비추어 허용되는 경찰작용과 금지되는 경찰작용을 준별해 보려는 노력이 필요하다. 이러한 과정 속에서 자연스럽게 리걸 마인드가 형성되어 감을 스스로 느끼게 될 것이다.

다른 한편, 경찰법상의 일반원칙은 사용설명서(instruction manual)에 빗대어 설명될 수 있다. 사용설명서란 기계 등을 사용하기 위한 방법을 자세히 설명한 문서를 말한다. 사용설명서는 기계를 처음 접하는 사용자를 위하여 기계의 작동 방법에 대하여 알려 주는 것이므로 사용자는 기계의 사용에 앞서 먼저 사용설명서를 충분히 숙지하여야 한다. 만일 사용설명서에 대한 충분한 숙지 없이 기계를 사용한다면 기계의 오작동이나 고장을 유발할 수 있다. 경찰법상의 일반원칙도 마찬가지이다. 경찰법상의 일반원칙은 경찰권을 행사하는 경찰관에게 그 적절한 행사 방법을 알려 주므로 경찰관은 경찰권을 행사하기에 앞서 먼저 경찰법상의 일반원칙에 대하여 충분히 숙지하여야 한다. 만일 그렇지 않으면 자신이 행사한 경찰권이 위법하게 되는 결과를 초래할 수 있다.

Ⅱ 법률유보원칙

리딩 케이스

사례 1 <토킹바 단속 사건>

최근 강남에는 토킹바(Talking Bar)가 성행하고 있다. 토킹바는 일정 규모 크기의 공간에 테이블을 설치하고 남성종업원을 고용하여 영업을 하는 신종 호스트바(남자접대부를 고용한 술집)의 일종이다. 남성종업원들은 대부분 20대 초반의 젊은 남성이고 이들은 여성손님을 접대한다. 강남에는 이러한 영업을 하는 업소가 다수 존재하며, 현재 성업 중이다. 하지만 토킹바를 운영하는 대부분의 업주들은 관할행정청인 강남구청장에게서 단란주점 영업허가를 받아 영업을 하고 있다.[1] 경찰은 남성종업원에 의한 접객행위를 단속할 권한이 있는가? 만일 경찰에게 단속권한이 있다면 이에 대한 법적 근거는 무엇인가?[2]

사례 2 <전두환 전 대통령 29만 원 풍자 사건 Ⅰ>

팝아티스트 '갑'은 2012년 5월 17일 서울 서대문구 소재 주택의 담벽 등에 수의와 수갑을 착용한 채 29만 원 수표를 들고 있는 전두환 전 대통령의 모습을 그린 포스터 55장을 청색테이프로 붙였다는 범죄사실로 기소되어 재판을 받던 중, 2013년 6월 13일 다른 사람의 집 등에 함부로 광고물 등을 붙이는 것을 금지한 구 「경범죄처벌법」 제1조 제13호(광고물 무단첩부 등)가 죄형법정주의의 명확성 원칙에 위배된다고 주장하며 위헌법률심판제청신청을 하였으나 기각되자 2013년 11월 13일 헌법소원심판을 청구하였다.[3)]

(구) 경범죄처벌법

제1조(경범죄의 종류) ① 다음 각 호의 1에 해당하는 사람은 10만 원 이하의 벌금, 구류 또는 과료의 형으로 벌한다.

13. (광고물 무단첩부 등) 다른 사람 또는 단체의 집이나 그 밖의 공작물에 함부로 광고물 등을 붙이거나 걸거나 또는 글씨나 그림을 쓰거나 그리거나 새기는 행위 등을 한 사람과 다른 사람 또는 단체의 간판 그 밖의 표시물 또는 공작물을 함부로 옮기거나 더럽히거나 해친 사람(밑줄 저자).

사례 3 <과다노출 사건>

A경찰서장은 '갑'이 2015년 8월 16일 오후 17시 경 아파트 앞 공원에서 일광욕을 하기 위하여 상의를 탈의하는 방법으로 과다노출행위를 하였다는 범죄사실로 구 「경범죄처벌법」 제3조 제1항 제33호(과다노출)를 적용하여 통고처분을 하였다. '갑'은 통고처분에 따른 범칙금을 납부하지 않았고, 이에 A경찰서장은 관할 지방법원에 '갑'의 범죄사실에 대한 즉결심판을 청구하였다. 관할 지방법원은 2015년 9월 14일 '갑'에게 구 「경범죄처벌법」 제3조 제1항 제33호를 적용하여 벌금 5만 원을 선고하였고, 이에 불복한 '갑'은 2015년 9월 18일 관할 지방법원에 정식재판을 청구하였다. 재판 계속 중이던 2016년 1월 26일 관할 지방법원은 직권으로 구 「경범죄처벌법」 제3조 제1항 제33호에 대하여 위헌법률심판제청을 하였다. 동 조항이 죄형법정주의의 명확성원칙에 위배된다고 의심할 만한 상당한 이유가 있다는 것이 법원의 제청이유였다.[4)]

(구) 경범죄처벌법

제1조(경범죄의 종류) ① 다음 각 호의 어느 하나에 해당하는 사람은 10만 원 이하의 벌금, 구류 또는 과료의 형으로 처벌한다.

33. (과다노출) 여러 사람의 눈에 뜨이는 곳에서 공공연하게 알몸을 지나치게 내놓거나 가려야 할 곳을 내놓아 다른 사람에게 부끄러운 느낌이나 불쾌감을 준 사람(밑줄 저자).

1. 의 의

경찰권 행사는 법치국가원칙의 적용을 받는다. 따라서 경찰은 법치국가원칙에 주의를 기울여야 한다. 법치국가에서 경찰권 행사에 요구되는 사항은 무엇보다 법률우위원칙과 법률유보원칙에 잘 나타나 있다. 먼저 **법률우위원칙**(Gesetzesvorrang)은 경찰작용을 포함한 모든 공행정작용에 적용되는 법원칙으로서 공행정작용은 현행 법률에 위반되어서는 아니 됨을 의미한다. 경찰상의 처분(예: 운전면허 취소 · 정지처분)은 물론, 경찰상의 입법(예: 도로교통법 시행령 · 시행규칙)도 법률에 위배되어서는 아니 된다. 법률우위원칙은 소극적 의미의 법률적합성 원칙이라고도 일컬어진다.

다음으로 적극적 의미의 법률적합성 원칙이라고도 일컬어지는 **법률유보원칙**(Gesetzesvorbehalt)은 공행정작용은 반드시 법률의 수권을 필요로 한다는 원칙을 의미한다. 사실 법률유보원칙이 적용되는 범위와 관련하여서는 학설상 다툼이 존재하지만(예: 침해유보설, 전부유보설, 본질사항유보설), **개인의 자유와 재산을 제한하는 경찰작용은 반드시 법률의 수권을 필요로 한다**는 점에 대해서 학설은 일치된 견해를 보이고 있다. 이것은 특히 국민의 모든 자유와 권리는 국가안전보장, 질서유지 또는 공공복리를 위하여

1) 김민희, "여성접대 남자종업원 입건 – 접객금지대상 확대 뒤 첫 적발", 서울신문 2009. 4. 4. http://www.seoul.co.kr/news/newsView.php?id=20090404008019 (2024. 07. 30. 검색).
2) '토킹바'에 대한 경찰단속과 관련하여 제기되는 법적 문제에 관하여는 손재영, "'토킹바'에 대한 경찰단속의 법적 근거", 계명법학 제14집, 2010, 151쪽 이하.
3) 헌재 2015. 5. 28. 2013헌바385.
4) 헌재 2016. 11. 24. 2016헌가3.

필요한 경우에 한하여 "**법률**"로써 제한할 수 있음을 규정하고 있는 「**헌법**」 **제37조 제2항**("국민의 모든 자유와 권리는 국가안전보장 · 질서유지 또는 공공복리를 위하여 필요한 경우에 한하여 법률로써 제한할 수 있으며, 제한하는 경우에도 자유와 권리의 본질적인 내용을 침해할 수 없다")에서 직접 도출될 수 있는 것이다. 따라서 개인의 자유나 재산을 제한하는 경찰작용은 반드시 법률에 근거를 둔 것이어야 한다.

2. 내 용

오늘날 법률유보원칙은 단순히 공행정작용이 법률에 근거를 둔 것이면 충분한 것이 아니라, 국가와 그 구성원인 국민에게 본질적이고도 중요한 의미를 갖는 영역, 특히 국민의 기본권 실현과 관련된 영역에서는 국민의 대표자인 국회가 그 본질적 사항에 대하여 직접 규정하여야 한다는 요구까지 내포하고 있다(**의회유보원칙**).[5]

다른 한편 법률유보원칙은 국회에게 본질적인 사항에 대한 규정뿐만 아니라 국회가 본질적인 사항을 규정하는 경우에도 명확하게 규정할 것을 요구한다(**명확성원칙**). 이러한 점에서 법률유보원칙은 다음의 두 가지 요소를 그 내용으로 한다. 즉 국가와 국민에게 중요하고 본질적인 사항, 특히 헌법상 보장된 국민의 기본권을 제한하는 사항에 대해서는 국회가 제정한 법률의 수권을 필요로 한다는 것과, 그러한 기본권 제한을 수권하는 법률조항은 그 제한의 목적과 내용 및 범위를 명확하게 규정하여야 한다는 것이 바로 그것이다.

3. 직무규정과 권한규정

경찰이 개인의 자유나 재산을 제한하는 경찰작용을 행하려고 한다면

5) 헌재 1999. 5. 27. 98헌바70.

전술한 법률유보원칙은 반드시 법률의 수권을 요구하는바, 이 경우 경찰관이 수행하는 직무의 범위를 규정한 「경직법」 제2조와 같은 직무규정은 법률유보원칙에 부합하는 수권근거가 되지 못한다. 왜냐하면 「헌법」 제37조 제2항에서 말하는 "법률"은 경찰조직의 임무나 경찰관의 직무범위 등을 일반적으로 밝히는 조직법적 규정을 가리키는 것이 아니라, 개별적 또는 구체적 사안에 적용할 작용법적 조항을 의미하기 때문이다.[6] 따라서 **경찰관의 직무범위를 개괄적으로 규정한 조직법 규정인 「경직법」 제2조는 경찰이 개인의 자유나 재산을 구체적으로 제한할 수 있는 실체법적 근거로 삼을 수 없다**. 개인의 자유나 재산을 제한하지 않는 경찰작용(예: 범죄예방을 위한 순찰활동이나 대국민 홍보 또는 위험에 대한 일반적 경고 등)만이 「경직법」 제2조에 근거하여 행해질 수 있다. 「경직법」 제2조와 같은 직무규정은 다른 행정청과의 관계에서 직무의 한계를 설정하는 기능을 수행할 뿐, 개인의 자유나 재산을 제한할 수 있는 권한을 부여하지 않기 때문에, 이를 위해서는 별도의 권한규정(수권규정)이 필요하다.[7]

4. 국가의 보호의무와 위법성조각사유

또한 일부 문헌[8]에서의 주장과 달리 국민의 권리를 제한하는 경찰작용의 정당성은 국가의 기본권 보호의무에서 직접 도출될 수 없다. 왜냐하면 기본권 보호의무는 국가에게 제3자에 의한 침해로부터 국민의 기본권을 보호할 의무를 지울 뿐, 기본권 제한 권한을 부여하지 않기 때문이다. 기본권 보호의무는 기껏해야 입법자로 하여금 제3자에 의한 침해로부터 기본권을 보호하기 위한 법률적 수권근거를 창설할 의무를 지울 뿐이다. 따라서 국민의 권리를 제한하는 경찰작용에 대한 수권근거를 국가의 기본

6) 헌재 2011. 6. 30. 2009헌마406에서 개진된 재판관 김종대, 재판관 송두환의 보충의견.
7) Schoch, Grundfälle zum Polizei- und Ordnungsrecht, JuS 1994, 391 (396).
8) W. Brugger, Würde gegen Würde, VBlBW 1995, 446 (449).

권 보호의무에서 직접 도출하는 것은 허용되지 않는다.[9)]

나아가 어떤 행위에 정당성을 부여하는 위법성조각사유(예: 정당방위 · 긴급피난)도 개인의 권리를 제한하는 경찰작용에 대한 수권근거가 되지 못하기는 마찬가지이다. 왜냐하면 개인과 개인 간에 적용되는 위법성조각사유는 과잉금지원칙의 헌법적 요청과, 경찰작용에 요구되는 그 밖의 기본권적 한계를 충족시키지 못하기 때문이다. 더욱이 위법성조각사유는 기본권 제한을 수권하는 법률은 그 제한의 목적과 내용 및 범위를 명확하게 규정하라는 법률유보원칙의 요구사항을 충족시키지 못한다.[10)]

5. 개별적 수권조항과 개괄적 수권조항

(1) 경찰작용에 대한 법률의 수권방식

(전술한 바와 같이) 경찰이 개인의 자유나 재산을 제한하는 경찰작용을 행하기 위해서는 반드시 법률의 수권이 필요한 바, 이 경우 법률의 수권은 일반적으로 다음의 두 가지 방식으로 행하여질 수 있다. 즉 **개별적 수권조항(=특별수권조항)을 두는 방식과 개괄적 수권조항(=일반수권조항)을 두는 방식**이 바로 그것이다. 후술하는 바와 같이 이러한 **두 가지 방식 간의 선택은 입법자의 임의적 재량에 맡겨져 있는 것이 아니라, 기본권 제한의 강도에 의존한다.** 즉 기본권에 대한 중대한 제한을 가져오는 경찰작용의 경우에는 법률유보원칙의 한 요소인 **명확성원칙**(Grundsatz der Normenklarheit)이 보다 강하게 적용되므로, 입법자는 "개별적" 수권조항을 통해 그러한 제한의 요건과 한계를 보다 상세하게 규정하여야 한다. 그리고 개별적 수권조항은 다시 어디에 그 근거를 두고 있느냐에 따라 특별경찰법상의 개별적 수권조항과 일반경찰법상의 개별적 수권조항으로 구분될 수 있는데, 이러한 점에서 보면 결국 경찰작용에 대한 법률의 수권방식은 다음의 세 가지로

9) Schenke, Polizei- und Ordnungsrecht, 2023, Rn. 41.
10) Schenke, Polizei- und Ordnungsrecht, 2023, Rn. 39.

구분될 수 있다. ① 특별경찰법에 개별적 수권조항을 두는 방식과 ② 일반경찰법에 개별적 수권조항을 두는 방식 그리고 ③ 일반경찰법에 개괄적 수권조항을 두는 방식이 바로 그것이다.

1) 특별경찰법상의 개별적 수권조항

특별경찰법상의 개별적 수권조항에 대한 예로서는 「도로교통법」, 「집회 및 시위에 관한 법률」, 「가정폭력방지 및 피해자보호 등에 관한 법률」, 「가정폭력범죄의 처벌 등에 관한 특례법」, 「풍속영업의 규제에 관한 법률」, 「총포 · 도검 · 화약류 등 단속법」, 「스토킹방지 및 피해자보호 등에 관한 법률」, 「스토킹범죄의 처벌 등에 관한 법률」, 「112신고의 운영 및 처리에 관한 법률」 등에 존재하는 개별적 수권조항을 생각해 볼 수 있다. 예를 들어 「집회 및 시위에 관한 법률」 제20조 제1항에 따른 집회 또는 시위에 대한 해산명령, 「가정폭력방지 및 피해자보호 등에 관한 법률」 제9조의4 제2항에 따른 사법경찰관리의 현장출입조사, 「가정폭력범죄의 처벌 등에 관한 특례법」 제8조의2 제1항에 따른 사법경찰관의 긴급임시조치 또는 「풍속영업의 규제에 관한 법률」 제9조 제1항에 따른 풍속영업소에의 출입검사 등이 그 예이다.

2) 일반경찰법상의 개별적 수권조항

(전술한 바와 같이) 「경직법」은 경찰의 직무와 권한에 관한 일반규정과 일반원칙을 담고 있어 일반경찰법에 해당한다. 「경직법」은 경찰에게 "표준조치"를 수권하는 개별적 수권조항을 마련해 두고 있는바, 여기서 "표준조치"(Standardmaßnahmen)란 경찰이 위험방지의 직무를 수행함에 있어 요구되는 전형적인 경찰작용을 경찰법에 유형화해 둔 것을 말한다. 「경직법」에 규정된 표준조치로는 불심검문(제3조), 보호조치(제4조), 접근금지와 통행제한(제5조), 위험방지를 위한 출입(제7조), 사실조회와 출석요구(제8조), 경찰착용기록장치의 사용(제10조의5) 등을 들 수 있다.

3) 일반경찰법상의 개괄적 수권조항

만일 특별경찰법이나 일반경찰법에 위험방지조치에 대한 개별적 수권조항이 존재하지 않는다면 이에 대한 수권근거로는 개괄적 수권조항이 고려된다. "개괄적 수권조항"(=일반권한조항)이란 개별적 수권조항이 존재하지 않는 경우에 경찰에게 위험방지조치를 수권하는 법률조항을 의미한다. 개괄적 수권조항의 규율형태는 나라마다 조금씩 차이가 있지만, 대체로 "경찰은 공공의 안녕이나 공공의 질서에 대한 위험 또는 장해를 방지하기 위하여 필요한 조치를 할 수 있다"는 내용을 담고 있다. 현행법에서 이러한 내용을 담고 있는 법률조항으로는 「경직법」 제2조 제7호와 결합한 제5조 제1항 제3호를 들 수 있다.[11] 동 조항은 공공의 안녕이나 공공의 질서에 대한 위험 또는 장해가 존재하는 경우 경찰관에게 위해방지에 필요한 조치를 수권한다.

(2) 법적용의 우선순위

특별법우선의 원칙(lex specialis derogat legi generali)에 따라 특별경찰법상의 수권조항은 일반경찰법상의 수권조항보다 우선 적용된다. 이에 따라 예컨대 경찰관에게 가정폭력범죄의 현장에 "출입"할 수 있는 권한을 부여하는 「가정폭력방지 및 피해자보호 등에 관한 법률」 제9조의4 제2항이나 풍속영업소에 "출입"할 수 있는 권한을 부여하는 「풍속영업의 규제에 관한 법률」 제9조 제1항은 마찬가지로 경찰관에게 위험방지를 위하여 관련 장소에 "출입"할 수 있는 권한을 부여하는 「경직법」 제7조보다 우선 적용된다. 그리고 특별경찰법이나 일반경찰법상의 개별적 수권조항은 그 적용에 있어서 개괄적 수권조항보다 우선한다. 따라서 개괄적 수권조항은 개별적 수권조항이 존재하지 않는 경우에만 위해방지조치에 대한 수권근거로서 고려될 수 있다. 이를 도해하면 [표 2-1]과 같이 나타낼 수 있다.

---

11) 현행법상 「경직법」 제2조 제7호와 결합한 제5조 제1항 제3호를 개괄적 수권조항으로 인정할 수 있다는 것에 관하여는 후술한다.

표 2-1 법적용의 우선순위

특별경찰법	개별적 수권조항	**적용의 우선순위** ⇩
일반경찰법	개별적 수권조항	⇩
	개괄적 수권조항	⇩

케이스 해설

해설 1 <토킹바 단속 사건>

사례에서는 경찰이 남성종업원에 의한 접객행위를 단속할 권한이 있는지 만일 단속할 권한이 있다면 이에 대한 법적 근거가 무엇인지를 묻고 있다. 이 문제에 답하기 위해서는 먼저 토킹바에 대한 단속이 경찰의 직무에 속하는지부터 살펴보아야 한다. 그리고 토킹바에 대한 단속이 경찰의 직무에 속하는 경우에도 토킹바에 대한 단속은 업주에게 헌법상 보장된 영업의 자유를 제한하기 때문에 법률유보원칙에 따라 법률의 수권을 필요로 하는바, 이에 따라 토킹바 단속에 대한 수권 근거가 무엇인지에 관해서도 살펴보아야 한다.

먼저 사례에서는 남성종업원을 고용하여 여성손님을 접객하는 행위가 문제되고 있다. 이러한 접객행위는 「식품위생법」 제44조 제3항을 통해서도 알 수 있듯이 법률에 의해 금지된 행위이다. 즉 종전의 「식품위생법」에 따르면 유흥주점으로 허가받은 업소가 아닌 경우에는 오로지 여성종업원만이 접객행위를 할 수 없었으나, 2008년 6월 「식품위생법」의 개정으로 인하여 이제는 남녀종업원 모두 접객행위를 할 수 없게 되었다. 만일 누군가가 「식품위생법」 제44조 제3항을 위반하여 접객행위를 하거나 다른 사람에게 그 행위를 알선한다면 그 사람에게는 1년 이하의 징역 또는 1천만 원 이하의 벌금이 과해질 수 있다(「식품위생법」 제98조 제1호). 이와 같이 식품위생법상 유흥종사자를 둘 수 없는 토킹바와 같은 영업장소에서 남성종업원을 고용하여 여성손님을 접객하는 행위는 「식품위생법」 제44조 제3항에 의해 금지되는 행위임을 고려할 때, 토킹바에 대한 단속은 「경직법」 제2조에 규정된 경찰의 직무에 속한다.

그러나 토킹바에 대한 단속이 경찰의 직무에 속한다고 해서 경찰이 토킹바를 단속할 권한도 당연히 갖는 것은 아니다. 토킹바에 대한 경찰의 단속은 업주에게 헌법상 보장된 영업의 자유를 제한하기 때문에 법률유보원칙에 따라 법률의 수권이 필요하다. 그러나 토킹바 단속에 대한 특별법상의 명시적 수권근거는 발견되지 않는다. 사실 사례에서 토킹바 업주들은 관할행정청인 강남구청장에게서 단란주점 영업허가를 받아 영업을 하고 있으므로, 이러한 단란주점영업은 「풍속영업의 규제에 관한 법률」의 적용을 받는 "풍속영업"에 해당하고, 「풍속영업의 규제에 관한 법률」 제9조 제1항은 경찰에게 풍속영업을 단속할 수 있는 권한을 부여하고 있지만, 동 조항은 경찰의 토킹바 단속에 대한 직접적인 수권근거가 되지 못한다. 왜냐하면 풍속영업에 대한 경찰의 단속권한은 「풍속영업의 규제에 관한 법률」 제3조에 의하여 제한을 받고 있기 때문이다. 즉 「풍속영업의 규제에 관한 법률」 제9조 제1항은 경찰에게 성매매 알선 등의 행위 또는 음란행위를 하게 하거나 이를 알선 또는 제공하는 행위 등과 같이 제3조에 의하여 영업자가 지켜야 할 사항의 준수상태를 검사하기 위하여 풍속영업소에 출입할 수 있는 권한을 부여하고 있을 뿐, "접객행위" 그 자체를 단속하기 위하여 영업장소에 출입할 수 있는 권한을 부여하고 있지 않기 때문이다. 토킹바 단속에 대한 직접적인 수권근거로서는 오히려 「경직법」 제7조 제2항이 고려된다.[12] 즉 토킹바에서 남성종업원을 고용하여 여성손님을 접대하는 행위는 「식품위생법」 제44조 제3항에 의하여 금지되고, 「같은 법」 제98조 제1호에 따라 처벌되는 범죄에 해당하는바, 「경직법」 제7조 제2항은 이러한 범죄의 예방을 위하여 경찰관에게 영업장소에 출입할 수 있는 권한을 부여하고 있으므로, 토킹바 단속에 대한 직접적인 수권근거는 「경직법」 제7조 제2항이 된다.

해설 2 <전두환 전 대통령 29만 원 풍자 사건 Ⅰ>

사례에서는 "다른 사람 또는 단체의 집이나 그 밖의 공작물에 함부로 광고물 등을 붙이거나 걸거나 또는 글씨나 그림을 쓰거나 그리거나 새기는 행위 등을 한 사람과 다른 사람 또는 단체의 간판 그 밖의 표시물 또는 공작물을 함부로 옮기거나 더럽히거나 해친 사람"을 10만 원 이하의 벌금, 구류 또는 과료의 형으로 처벌하는 구 「경범죄처벌법」 제1조 제13호(광고물 무단첩부 등)가 죄형법정주의의 명확성원칙에 위배되는지 여부가 문제된다.

사례의 기초가 된 결정에서 청구인은 구 「경범죄처벌법」 제1조 제13호에 규정된 '함부로' 부분은 광고물 등을 무단으로 부착하는 행위의 태양에 대하여 어떠한 제한도 두지 아니하여 법률 문언 자체로 구성요건이 명확하다고 볼 수 없고, 건전한 상식과 통상적 법감정을 가진 사람이 통상의 해석방법에 의하여 보더라도 그 내용이 일의적으로 파악되지 않아 그 구체적 행위태양을 제한하기 곤란하므로, 죄형법정주의의 명확성원칙에 위배될 뿐만 아니라, '광고물 등'의 부분도 행위대상에 대하여 아무런 제한을 두지 않아 모든 물건이 이에 해당할 수 있으므로, 그 내용이 불명확하여 죄형법정주의의 명확성원칙에 위배된다고 주장하였다.

이에 대하여 헌법재판소는 구 「경범죄처벌법」 제1조 제13호 중 '함부로 광고물 등을 붙이거나 거는 행위' 부분은 죄형법정주의의 명확성원칙에 위배되지 않는다고 결정하였다.[13] 헌법재판소의 견해에 따르면 '함부로'의 사전적 의미와 심판대상조항의 입법취지, 형법상 재물손괴죄와 「옥외광고물 등 관리법」의 옥외광고물 표시·설치 금지 등 관련조항과의 관계를 종합하여 볼 때, '함부로'는 '법적 권원이 있는 타인의 승낙이 없으면서 상당한 사유가 없는 경우'를 의미함을 충분히 알 수 있고, 더구나 「경범죄처벌법」은 이 법을 적용함에 있어서 국민의 권리를 부당하게 침해하거나 다른 목적을 위하여 남용되어서는 안 된다(제2조)고 하여 심판대상조항이 광범위하게 자의적으로 적용될 수 있는 가능성을 차단하고 있으므로 심판대상조항의 '함부로'의 의미가 불명확하다거나 이것이 자의적으로 집행될 가능성은 없다고 하였다. 그리고 심판대상조항의 '광고물 등'의 의미도 그 사전적 의미와 「옥외광고물 등 관리법」 규정을 고려하면 '어떤 대상을 널리 알리기 위하여 붙이거나 건 간판·현수막·벽보·전단·포스터 등의 매개체 및 이와 유사한 것'을 의미하는 것임을 알 수 있으므로 불명확하다고 볼 수 없다고 하였다. 사견으로는 헌법재판소의 견해가 타당하다고 본다. 구 「경범죄처벌법」 제1조 제13호에 규정된 '함부로'와 '광고물 등'의 개념이 다소 추상적일 수 있지만, 그 입법취지, 문언적 의미, 관련규정, 법원의 해석 등을 종합적으로 고려하여 볼 때, 죄형법정주의의 명확성원칙에 위배된다고 볼 수 없다.[14]

해설 3 <과다노출사건>

사례에서는 "여러 사람의 눈에 뜨이는 곳에서 공공연하게 알몸을 지나치게 내놓거나 가려야 할 곳을 내놓아 다른 사람에게 부끄러운 느낌이나 불쾌감을 준 사람"을 10만 원 이하의 벌금, 구류 또는 과료의 형으로 처벌하는 구 「경범죄처벌법」 제3조 제1항 제33호(과다노출)가 죄형법정주의의 명확성원칙에 위배되는지 여부가 문제된다.

사례의 기초가 된 결정에서 헌법재판소는 구 「경범죄처벌법」 제3조 제1항 제33호는 죄형법정주의의 명확성원칙에 위배된다는 결정을 내렸다.[15] 헌법재판소의 견해에 따르면 구 「경범죄처벌법」 제3조 제1항 제33호는 알몸을 '지나치게 내놓는' 것이 무엇인지 그 판단기준을 제시하지 않아 무엇이 지나친 알몸노출행위인지 판단하기 쉽지 않고, '가려야 할 곳'의 의미도 알기 어렵다고 판시하였다. 심판대상조항 중 '부끄러운 느낌이나 불쾌감'은 사람마다 달리 평가될 수밖에 없고, 노출되었을 때 부끄러운 느낌이나 불쾌감을 주는 신체부위도 사람마다 달라 '부끄러운 느낌이나 불쾌감'을 통하여 '지나치게'와 '가려야 할 곳' 의미를 확정하기도 곤란하다고 하였다. 심판대상조항의 불명확성을 해소하기 위하여 노출이 허용되지 않는 신체부위를 예시적으로 열거하거나 구체적으로 특정하여 분명하게 규정하는 것이 입법기술상 불가능하거나 현저히 곤란하지도 않다면서 예를 들어 '바바리맨'의 성기노출행위를 규제할 필요가 있다면 노출이 금지되는 신체부위를 '성기'로 명확히 특정하면 될 것이라고 하였다.

그러나 이러한 헌법재판소의 견해에 대해서는 다음과 같은 반론이 제기될 수 있다.[16] 먼저 심판대상조항의 '지나치게 내놓는' 부분은 사회통념상 일반인이 용인할 수 없을 정도로 성도덕이나 성풍속을 해치는 신체노출행위로 해석할 수 있다는 점이다. 예를 들어 여러 사람이 모일 수 있는 공원과 같은 장소에서 성기, 가슴, 엉덩이를 노출하는 행위, 외투로 몸을 감싸고 기다리다 사람들이 지나갈 때 외투를 벗고 알몸을 드러내는 행위 등이 여기에 해당할 것이지만, 모유수유를 위한 가슴 노출과 같이 용인 가능한 잠깐 동안의 부득이한 노출은 여기에 해당하지 않을 것이다. 또한 심판대상조항의 '가려야 할 곳' 부분은 사회통념상 일반인이 옷으로 가려야 하는 신체부위로서 만약 이를 드러낼 경우 '알몸'에 준하여 건전한 성도덕이나 성풍속을 해할 우려가 있는 성기, 엉덩이, 여성의 가슴 등과 같은 신체부위로 구체화할 수 있다. 그리고 지나친 신체노출로 '부끄러운 느낌이나 불쾌감'을 주는지 여부는 일반인을 기준으로 판단하여야 하므로 (헌법재판소의 견해와 달리) 그 평가는 사람마다 제각각일 수 없다. 성기노출과 같이 용인할 수 없는 신체노출은 다른 사람에게 부끄러운 느낌이나 불쾌감을 줄 우려가 크고 부끄러운 느낌이나 불쾌감을 주는 행위가 무엇인지도 구체적이고 종합적으로 판단할 수 있으므로, 성도덕이나 성풍속상 용인할 수 없을 정도로 부끄러운 느낌이나 불쾌감을 유발하는 신체노출행위가 무엇인지도 충분히 알 수 있다. 마지막으로 헌법재판소는 심판대상조항의 불명확성을 해소하기 위하여 노출이 금지되는 신체부위를 예시적으로 열거하거나 구체적으로 특정하여 규정할 것을 제안하고 있지만, '성기'와 같이 노출이 금지되는 신체부위를 특정하여 열거하는 것은 '건전한 성도덕 내지 성풍속의 보호'라는 입법목적을 달성하기에 적절하지 않고, 또한 지나친 신체노출행위는 행위태양이 다양하고 이에 해당하는지 여부도 사회와 문화에 따라 변동하는 것이므로, 구체적 타당성이나 시의성을 반영한 법집행을 위하여 다소 개방적인 입법형식을 취할 필요성도 존재한다. 결국 구 「경범죄처벌법」 제3조 제1항 제33호가 금지하는 지나친 신체노출은 동 조항의 문언, 입법취지, 연혁 등을 고려할 때, 여러 사람의 눈에 뜨이는 장소에서 알몸 또는 성기, 엉덩이, 여성의 가슴 등과 같이 그 시대의 건전한 사회통념상 성도덕 또는 성풍속을 어지럽힐 수 있는 신체부위를 보통사람이 용인할 수 없을 정도로 드러내어 다른 사람에게 부끄러운 느낌이나 불쾌감을 불러일으키는 행위로 이해할 수 있다.[17]

---

12) 다른 견해로는 박균성, 행정법강의, 박영사, 2019, 1260쪽; 정하중, 행정법개론, 법문사, 2020, 1063쪽.

13) 헌재 2015. 5. 28. 2013헌바385.

14) 구 「경범죄처벌법」 제1조 제13호에 대한 합헌 결정이 곧 '갑'의 포스터 부착행위에 대한 처벌을 의미하는 것은 아니기 때문에 사례에서는 동 조항의 합헌 여부와는 별개로 '갑'의 행위에 대한 처벌 여부가 판단되어야 하는바, 이에 관하여는 제2장 제2절 V. 개괄적 수권조항의 보호법익 2) 법질서의 보호 [사례 1] ＜전두환 전 대통령 29만 원 풍자 사건 Ⅱ＞을 참조하기 바람.

15) 헌재 2016. 11. 24. 2016헌가3.

16) 같은 견해로는 헌재 2016. 11. 24. 2016헌가3에서 개진된 재판관 김창종, 재판관 안창호의 반대의견.

17) 명확성원칙에 위배된다는 헌법재판소의 위헌결정(2016헌가3)에 따라 「경범죄처벌법」 제3조 제1항 제33호(과다노출)는 최근 개정을 보게 되었는데, '여러 사람의 눈에 뜨이는 곳에서'는 '공개된 장소에서'로, '알몸을 지나치게 내놓거나 가려야 할

참고

<단란주점에서 유흥종사자를 고용하여 영업을 할 수 있을까?>

「식품위생법」 제36조 제2항과 「같은 법 시행령」 제21조 제8호는 식품접객업의 종류를 6가지로 나누고 그 허용범위를 다음과 같이 규정하고 있다.

식품위생법 시행령 제21조(영업의 종류)

8. 식품접객업

가. 휴게음식점영업 : 주로 다류(茶類) · 아이스크림류 등을 조리 · 판매하거나 패스트푸드점 · 분식점 형태의 영업 등 음식류를 조리 · 판매하는 영업으로서 음주행위가 허용되지 아니하는 영업. 다만, 편의점, 슈퍼마켓, 휴게소, 그 밖에 음식류를 판매하는 장소(만화가게 및 「게임산업진흥에 관한 법률」 제2조 제7호에 따른 인터넷컴퓨터게임시설제공업을 하는 영업소 등 음식류를 부수적으로 판매하는 장소를 포함한다)에서 컵라면, 일회용 다류 또는 그 밖의 음식류에 뜨거운 물을 부어 주는 경우는 제외한다.

나. 일반음식점영업 : 음식류를 조리 · 판매하는 영업으로서 식사와 함께 부수적으로 음주행위가 허용되는 영업

다. 단란주점영업 : 주로 주류를 조리 · 판매하는 영업으로서 손님이 노래를 부르는 행위가 허용되는 영업

라. 유흥주점영업 : 주로 주류를 조리 · 판매하는 영업으로서 유흥종사자를 두거나 유흥시설을 설치할 수 있고, 손님이 노래를 부르거나 춤을 추는 행위가 허용되는 영업

마. 위탁급식영업 : 집단급식소를 설치 · 운영하는 자와의 계약에 따라 그 집단급식소에서 음식류를 조리하여 제공하는 영업

바. 제과점영업 : 주로 빵 · 떡 · 과자 등을 제조 · 판매하는 영업으로서 음주행위가 허용되지 아니하는 영업

이에 따라 단란주점영업에서는 술과 음식을 팔 수 있고 노래방 기기를 설치하여 손님들로 하여금 노래를 부르게 하는 것은 허용되지만, 유흥종사자를 고용하여 술접대를 들게 하는 것은 허용되지 않는다(「식품위생법 시행령」 제21조 제8호 다목). 만일 유흥종사자를 고용하여 영업을 하고자

한다면 특별자치시장·특별자치도지사 또는 시장·군수·구청장으로부터 유흥주점 영업허가를 받아야 한다(「식품위생법 시행령」 제21조 제8호 라목). 여기서 **"유흥종사자"**란 손님과 함께 술을 마시거나 노래 또는 춤으로 손님의 유흥을 돋우는 부녀자인 유흥접객원을 말하며(「식품위생법 시행령」 제22조 제1항), "유흥시설"이란 유흥종사자 또는 손님이 춤을 출 수 있도록 설치한 무도장을 말한다(「식품위생법 시행령」 제22조 제2항). 종전의 「식품위생법」에 따르면 유흥주점 영업허가를 받은 업소가 아닌 경우에는 여성접대부만 접객행위를 할 수 없었으나, 2008년 6월 「식품위생법」의 개정으로 인하여 이제는 남녀접대부 모두 접객행위를 할 수 없게 되었다(「식품위생법」 제44조 제3항, 제98조 제1호).

참고

<불법유흥업소에 관한 신문기사>

J모씨가 운영하고 있는 서울 강남구의 S가라오케는 불법유흥업소인 것으로 드러났다. 조사결과 S가라오케의 영업형태가 관련법에 위배되는 사항은 한두 가지가 아닌 것으로 밝혀졌다. 우선 J모씨는 여성접대부를 고용해 영업을 해 왔다. S가라오케는 유흥주점이 아닌 일반음식점으로 등록돼 있다. 일반음식점의 경우, 음식과 술만 팔 수 있다. 여성접대부 고용은 「식품위생법」에 위배되는 행위이다. 게다가 S가라오케는 이른바 보도방에서 접대부를 데려 오는 것은 물론 지정 아가씨까지 갖추는 등 간 큰 영업을 해 오고 있었다. 또한 J모씨는 일반음식점에는 노래방 기기설치를 할 수 없다는 법규도 위반하였다. J모씨의 가라오케에는 약 25여 개의 룸이 있

곳을 내놓아'는 '성기·엉덩이 등 신체의 주요한 부위를 노출하여'로 각각 개정되었다. **현행 경범죄처벌법 제3조(경범죄의 종류)** ① 다음 각 호의 어느 하나에 해당하는 사람은 10만 원 이하의 벌금, 구류 또는 과료의 형으로 처벌한다. 33. (과다노출) 공개된 장소에서 공공연하게 성기·엉덩이 등 신체의 주요한 부위를 노출하여 다른 사람에게 부끄러운 느낌이나 불쾌감을 준 사람(밑줄 저자).

다. 룸 안에는 100% 노래방 기기가 갖춰져 있다. 뿐만 아니라 J모씨의 가라오케에는 10여 명의 DJ를 보유하고 있다. 룸 안에서의 DJ 쇼는 공연법 위반이다. 일반음식점에서 접대부를 이용해 손님에게 흥을 돋워 주는 모든 행위는 불법사항이다. 결국 J모씨는 가라오케를 일반음식점으로 허가를 낸 뒤 유흥주점의 형태로 영업을 하며 부당이득을 취해 왔던 것이다. 유흥업소와 일반음식점은 세금납부의 체계부터 다르다. 일반음식점의 경우에는 소득에 부가세만 납부하면 되지만, 유흥주점은 부가세 10%, 개별소비세 10%, 교육세 3% 등 약 35~40%의 세금이 부과된다. J모씨는 불법영업을 하며 세금포탈을 해 온 셈이다. 오랜 기간 J모씨의 불법영업이 적발되지 않았던 것은 영업분류에 대한 법적 정의가 널리 알려지지 않았기 때문이다.

Ⅲ 적법절차원칙

리딩 케이스

사례 1 <음주측정 거부 사건>

2014년 2월 13일 '갑'은 술에 취한 상태에서 음주운전을 하다 잠이 들었고, 브레이크를 밟고 있던 오른발이 떨어져 도로 인근 담벼락과 충돌하게 되었다. 경찰관 P는 그의 의사에 반하여 '갑'을 경찰서로 데리고 갔고, '갑'에게서 술 냄새가 심하게 났기 때문에 음주측정을 요구하였으나, '갑'이 이를 거부하였다. 경찰관의 음주측정요구를 거부한 '갑'의 행위는 음주측정불응죄에 해당하는가?[18]

18) 이신영, "절차어긴 임의동행에서 음주측정 거부…대법 "무죄"", 연합뉴스 20015. 5. 29. (2024. 07. 30. 검색).

1. 의 의

"**적법절차원칙**"(Due Process of Law)이란 국가가 국민의 권리를 제한하거나 의무를 부과하는 경우에는 반드시 적법한 절차와 국회가 정한 법률에 의거하여야 한다는 원칙을 의미한다. **「헌법」 제12조 제1항 후문과 제3항**은 이러한 적법절차원칙을 규정하고 있다. 사실 「헌법」에서는 제12조 제1항의 처벌, 보안처분, 강제노역 및 제12조 제3항의 영장주의와 관련하여 적법절차원칙을 규정하고 있지만, 이것은 그 대상을 한정적으로 열거한 것이 아니라 그 적용대상을 예시한 것에 불과하다. 따라서 적법절차원칙은 형사절차상의 제한된 범위 내에서만 적용되는 것이 아니라 국가의 모든 작용, **특히 행정작용에도 적용**된다.[19]

헌법상 규정된 적법절차원칙을 어떻게 해석할 것인지와 관련하여서는 비록 표현상의 차이는 있지만, 대체로 적법절차원칙을 헌법상 원리의 하나로 수용하고 있으며, 법률이 정한 형식적 절차뿐만 아니라 그 실체적 내용이 모두 합리성과 정당성을 갖춘 적정한 것이어야 한다는 실질적 의미로 확대해석하고 있다.[20] 그리고 적법절차원칙이 구체적으로 어떤 절차를 어느 정도로 요구하는지는 일률적으로 말하기 어렵지만, 헌법재판소는 적법절차원칙에서 도출할 수 있는 가장 중요한 절차적 요청의 하나로서 당사자에게 적절한 고지(告知)를 행할 것을 들고 있다.[21]

2. 임의동행의 적법요건

한편 「경직법」 제3조 제1항에 따르면 경찰관은 수상한 행동이나 그 밖

19) 헌재 1992. 12. 24. 92헌가8; 1996. 12. 26. 94헌바1; 1998. 5. 28. 96헌바4; 2003. 7. 24. 2001헌가25; 2011. 10. 25. 2009헌마691.
20) 헌재 1989. 9. 8. 88헌가6; 1990. 11. 19. 90헌가48; 1992. 12. 24. 92헌가8.
21) 헌재 2003. 7. 24. 2001헌가25; 2007. 10. 4. 2006헌바91; 2011. 10. 25. 2009헌마691.

의 주위 사정을 합리적으로 판단해 볼 때 어떠한 죄를 범하였거나 범하려 하고 있다고 의심할 만한 상당한 이유가 있는 사람이나 이미 행하여진 범죄나 행하여지려고 하는 범죄행위에 관한 사실을 안다고 인정되는 사람을 정지시켜 질문할 수 있다. 그리고 경찰관은 불심검문 시에 그 장소(사람을 정지시킨 장소)에서 질문을 하는 것이 그 사람에게 불리하거나 교통에 방해가 된다고 인정되는 때에는 질문을 하기 위하여 가까운 경찰서 · 지구대 · 파출소 또는 출장소(지방해양경찰관서를 포함)로 동행할 것을 요구할 수 있으며, 이 경우 동행을 요구받은 사람은 그 요구를 거절할 수 있다(「경직법」 제3조 제2항). 이와 같이 「경직법」 제3조 제2항에 따른 동행은 상대방의 동의나 승낙이 있을 때에만 가능하기 때문에 이 경우의 동행을 일컬어 "**임의동행**"이라 한다.[22]

대법원은 일관된 판결에서 임의동행이 적법하기 위해서는 경찰관이 동행에 앞서 반드시 상대방에게 **임의동행 거부권**을 고지해야 함을 판시하고 있다. 즉 **대법원은 경찰관이 상대방을 경찰관서까지 동행하면서 임의동행 거부권을 고지하지 않았다면, 설령 경찰관이 상대방을 동행할 당시 물리력을 행사한 바 없고, 또한 상대방이 명시적인 거부의사를 밝히지 않았다 하더라도, 이것은 임의동행의 적법요건이 갖춰지지 않은 사실상의 강제연행 · 불법체포에 해당한다고 판시**하고 있다.[23]

사실 경찰관이 동의를 받는 형식으로 상대방을 경찰관서에 동행하는 것은 상대방의 신체의 자유가 제한되어 실질적으로 체포와 유사한 상태에 놓이게 됨에도, 아직 정식의 체포 · 구속단계 이전이라는 이유로 「헌법」과 「형사소송법」이 체포 · 구속된 피의자에게 부여하는 각종의 권리보장 장치가 제공되지 않는 등 「형사소송법」의 원리에 반하는 결과를 초래할 가능성이 높다. 그러므로 경찰관이 동행에 앞서 상대방에게 동행을 거부할 수

---

22) 수사상 임의동행에 관해서는 이영돈, "수사상 임의동행에 관한 법적 고찰", 서울법학 제24권 제1호, 2016, 259면 이하.

23) 대법원 2006. 7. 6. 선고 2005도6810 판결; 2011. 6. 30. 선고 2009도6717 판결; 2012. 9. 13. 선고 2012도8890 판결.

있음을 고지하였거나 동행한 상대방이 언제든지 자유로이 동행과정에서 이탈 또는 동행장소에서 퇴거할 수 있었음이 인정되는 등 오로지 상대방의 자발적 의사에 의하여 경찰관서에의 동행이 이루어졌음이 객관적인 사정에 의하여 명백하게 입증된 경우에 한하여 동행의 적법성이 인정된다.

케이스 해설

해설 1 <음주측정 거부 사건>

사례에서는 경찰관의 음주측정요구에 불응한 '갑'의 행위가 「도로교통법」 제148조의2 제2항 소정의 음주측정불응죄에 해당하는지 여부가 문제된다. 결론부터 말하자면 '갑'의 행위는 음주측정불응죄에 해당하지 않는다. 왜냐하면 경찰관 P의 음주측정요구는 사실상의 강제연행 · 불법체포 상태에서 이루어진 것이기 때문이다. 즉 경찰관 P는 만취운전을 하다 교통사고를 일으킨 '갑'에게 피의사실의 요지 및 현행범 체포의 이유와 변호인을 선임할 수 있음을 고지하고 변명의 기회를 제공한 다음 '갑'을 현행범으로 체포하였어야 함에도 '갑'에게 이러한 미란다 원칙(Miranda warning)을 고지하지 않은 채 현행범으로 체포하였다. 또한 경찰관 P가 '갑'에게 임의동행을 요구하는 경우에는 반드시 임의동행 거부권을 고지하였어야 함에도 이를 고지하지 않은 채 '갑'을 경찰서까지 동행하였다. 경찰관 P가 임의동행 거부권을 고지함이 없이 '갑'을 경찰서까지 동행한 것은 임의동행의 적법요건을 갖추지 못한 사실상의 강제연행 · 불법체포에 해당한다. 이 경우 경찰관 P가 '갑'을 동행할 당시 자신은 물리력을 행사한 바 없고, 또한 '갑'이 명시적 거부의사를 밝힌 것도 아니라고 항변해도 결과는 달라지지 않는다.[24] 따라서 경찰관 P가 현행범 체포와 임의동행의 요건을 갖추지 못한 상태에서 '갑'을 경찰서로 데리고 간 것은 위법한 체포에 해당하고, 이러한 위법한 체포에 이은 음주측정요구에 대하여 '갑'은 응할 의무가 없으므로, 설령 '갑'이 경찰관 P의 위법한 음주측정요구에 불응하였다 하더라도 '갑'은 음주측정불응죄로 처벌되지 않는다.

24) 대법원 2006. 7. 6. 선고 2005도6810 판결; 2011. 6. 30. 선고 2009도6717 판결.

Ⅳ 경찰책임의 원칙

리딩 케이스

사례 1 <자살기도 사건>

경찰관 P[1]과 P[2]는 다세대 주택에서 "자살을 시도한다"는 신고를 접수한 후 즉시 현장에 출동하였다. 현장에는 '갑'이 칼을 들고 자살을 시도하는 상황이었다. 경찰관들은 '갑'을 진정시키기 위하여 대화를 시도하면서 수차례 출입문 개방을 요구하였지만, '갑'은 이에 응하지 않았고, 오히려 칼로 자해를 시도하였다. 경찰관들은 창문을 파손 후 현장에 진입하였고, 마침내 '갑'의 자살시도를 막을 수 있었다. 이후 '갑'은 국가를 상대로 파손된 창문의 교체비용을 요구하고 있다. 국가는 '갑'에게 발생한 재산상의 손실을 보상하여야 하는가?

1. 의 의

"**경찰책임의 원칙**"(Grundsatz der polizeilichen Verantwortlichkeit)이란 경찰이 공공의 안녕이나 공공의 질서에 대한 위험의 방지나 장해의 제거를 위하여 개인에게 경찰권을 행사하는 경우 **우선적으로** 위험 또는 장해에 대하여 책임이 있는 사람, 즉 **경찰책임자**(Störer)**에게 경찰권을 행사하여야 한다는 원칙**을 의미한다. 경찰권 행사가 법률에 근거를 두고 있고 사실관계 또한 해당 법률에 규정된 요건을 충족시키는 경우에도 궁극적으로 경찰권 행사가 적법하기 위해서는 정당한 대상자에게 행사되어야 한다. 경찰책임의 원칙에 따르면 국가의 모든 구성원은 자신의 행위나 자신이 소유 또는 사실상 지배하고 있는 물건의 상태로부터 공공의 안녕이나 질서에 대한 위험 또는 장해가 발생하지 않도록 하여야 할 의무를 지는바, 만일 이러한 의무를 위반하여 위험 또는 장해를 야기하는 사람이 있다면 그 사람은 경찰책임자(행위책임자 또는 상태책임자)[25]로서 경찰권 행사의 대상이 된다. **비책임자에 대한 경찰권 행사는 경찰책임자에 대한 경찰권 행사가 불가능하거나 그 어떠한 성과도 기대할 수 없을 때에 단지 최후수단**(ultima ratio)**으로서만 고려**된다.

경찰책임의 헌법적 근거에 대해서는 학설상 이론이 있을 수 있지만, **헌법상의 기본권 조항**과 「**헌법**」 **제37조 제2항**에서 그 근거를 찾을 수 있다. 공공의 안녕이나 공공의 질서에 대한 위험 또는 장해가 존재하는 경우 경찰은 고유한 인적 또는 물적 수단을 사용하여 위험을 방지하거나 장해를 제거할 수도 있지만, 위해방지를 위하여 특정인에게 조치(특히 작위 · 부작위 · 수인하명)를 취할 수도 있다. 그러나 개인을 대상으로 하는 위해방지조치는 통상 기본권에 대한 제한을 가져오기 마련이므로, 위해방지조치의 대상이 되는 사람에게는 위험 또는 장해에 대하여 **책임**이 있어야 한다. 만일 누군가가 경찰책임자라면 그 사람은 위해방지조치(예: 경찰하명)의 대상이 될 수 있을 뿐만 아니라 위해방지를 통해 발생한 비용도 원칙적으로 부담하여야 한다. 만일 경찰이 경찰책임자를 대신해 위해를 방지하였다면 경찰은 경찰책임자에게 소요된 비용의 납부를 청구할 수 있다. 설령 위해를 방지하는 과정에서 경찰책임자에게 손실이 발생하더라도 경찰책임자는 원칙적으로 손실보상청구권을 갖지 못한다. 왜냐하면 **경찰책임자에 대한 위해방지조치는 행동의 자유의 한계(행위책임자)나 재산권의 사회적 기속성(상태책임자)을 구체화한 것에 지나지 않기 때문**이다. 이러한 점에서 경찰책임은 법치국가 경찰법의 본질적 요소이며, 법치국가적 이성의 또 다른 표현이라 일컬어진다.

다른 한편 개인에 대한 경찰권 행사는 매번 기본권 제한과 결부되어 있으므로, 그러한 기본권 제한이 정당화되기 위해서는 헌법이 요구하는 사항을 충족시켜야 한다. 「**헌법**」 **제37조 제2항**에 따르면 국가는 원칙적으로 국민의 자유와 권리를 침해하여서는 아니 되고, 예외적으로 국민의 기본권을 제한하는 경우에도 국가안전보장 · 질서유지 또는 공공복리를 위하여

25) 행위책임자와 상태책임자에 관하여 보다 상세한 것은 제3장 경찰작용의 대상자 제2절 행위책임자와 제3절 상태책임자 부분을 보기 바람.

필요한 경우에 한하며, 그 제한의 범위도 필요 최소한도에 그쳐야 한다. 이에 따라 경찰이 공공의 안녕이나 공공의 질서에 대한 위험의 방지나 장해의 제거를 위하여 위해방지조치를 취하는 경우 그 대상자는 위험방지의 목적달성에 적합한 사람이어야 하고, 만일 위험방지의 목적달성에 적합한 사람이 여러 사람 존재한다면 경찰은 가장 적은 침해를 가져다주는 사람에게 조치를 취해야 한다. (후술하겠지만) 이러한 후자의 원칙을 일컬어 **최소침해원칙** 또는 **침해최소성원칙**(Grundsatz des geringsten Eingriffs bzw. Grundsatz des mildesten Mittels)이라 한다. **최소침해원칙이 헌법의 요청인 이상, 공공의 안녕이나 공공의 질서에 대한 위험이 경찰책임자에 대한 조치를 통해서 충분히 방지될 수 있다면 경찰은 비책임자에게 조치를 취해서는 아니 된다**. 비책임자에 대한 조치는 비록 그것이 위험방지라는 목적달성에 적합한 조치라 하더라도 경찰책임자에 대한 조치보다 후순위에 머물러야 한다. 따라서 비책임자에 대한 조치는 경찰책임자에 대한 조치가 불가능하거나 그 어떠한 성과도 기대할 수 없을 경우에 한하여 최후수단으로서만 고려된다.

나아가 경찰이 긴급상황에서 비책임자에게 조치를 취하는 경우에도 (후술하는) **법익균형성원칙** 또는 **상당성원칙**(Grundsatz der Angemessenheit)의 당연한 결과로서 **위험방지 목적에 의해 추구되는 공익이 비책임자가 받게 되는 불이익보다 더 커야 한다**. 따라서 비책임자에 대한 조치는 사람의 생명, 신체, 건강 등과 같은 중대한 법익보호를 위해서만 허용된다. 이러한 점에서 **경찰책임의 원칙은 헌법상의 과잉금지원칙이 경찰법영역에서 구체화된 원칙**으로 볼 수 있다.

2. 경찰책임의 원칙이 갖는 법적 의미

(1) 경찰권 행사의 대상자

경찰책임의 원칙은 경찰권 행사의 대상이 되는 사람의 범위를 제한하고, 경찰권 행사의 방향을 제시해 준다는 점에서 중요한 의미를 갖는다. 사실 경찰법상의 수권조항들 가운데에는 경찰에게 위험방지나 장해제거를 위한 권한을 부여하면서도 "**누가**" 그 권한 행사의 대상이 될 수 있는지에 관하여 명확한 규정을 두지 않은 경우가 있다. **경찰법상의 개괄적 수권조항은 공공의 안녕이나 질서유지에 필요한 조치를 수권하지만, 정작 그러한 조치가 누구에게 취해져야 하는지에 관해서는 명확하게 규정하고 있지 않다**. 특별경찰법이나 일반경찰법상의 개별적 수권조항도 마찬가지이다. 예를 들어 위해방지를 위한 **가택출입**을 규정하고 있는 「경직법」 제7조 제1항은 경찰관에게 임박한 위해의 방지나 피해자의 구조를 위한 가택출입을 허용하고 있지만, "**누가**" 가택출입조치의 대상이 될 수 있는지, 즉 경찰관은 임박한 위해의 방지나 피해자의 구조를 위하여 누구의 가택에 출입할 수 있는지에 관하여 명확한 규정을 두고 있지 않다. 「경직법」 제7조 제1항의 법문에는 단지 "다른 사람"의 건물이라고만 규정되어 있을 뿐이다. 이러한 경우 **경찰책임의 원칙은 가택출입조치의 대상이 되는 대상자의 범위를 제한하고, 가택출입조치의 방향을 제시해 준다.** 이에 따라 경찰관이 임박한 위해의 방지나 피해자의 구조를 위하여 다른 사람의 가택에 출입하는 경우에는 우선적으로 위해에 대하여 책임이 있는 사람, 즉 경찰책임자(행위책임자 또는 상태책임자)의 가택에 출입하여야 한다. 위해에 대하여 책임이 없는 사람, 즉 비책임자의 가택에 출입하는 것은 경찰책임자의 가택에 출입함이 불가능하거나 그 어떠한 성과도 기대할 수 없을 때에 단지 최후수단(ultima ratio)으로서만 허용된다. 이러한 점에서 경찰책임자를 통한 위험방지나 장해제거는 원칙적으로 경찰의 고유한 인적 또는 물적 수단을 통한 위험방지나 장해제거보다 우선하며, 비책임자를 통한 위험방지나 장해제거는 이른바 "경찰긴급상황"(Polizeilicher Notstand)[26]의 엄격한

26) 공공의 안녕이나 공공의 질서에 대한 위험 또는 장해가 존재하는 경우 경찰은 원칙적으로 경찰책임자에게 조치를 취하거나 자신의 고유한 인적 또는 물적 수단을 사용하여 위험방지나 장해제거를 하여야 하지만, 급박하게 발생하는 위험이나 장해가 경찰책임자에 대한 조치나 경찰의 자력으로는 방지 또는 제거될 수 없는 경우가 있을 수 있다. 이러한 경우에는 예외적으로 비책임자에 대한 조치가 허용되는바,

요건 하에서 단지 예외적으로만 고려된다. 이를 도해하면 [표 2-2]와 같이 나타낼 수 있다.

표 2-2 경찰권 행사의 우선순위

1. 경찰책임자를 통한 위험방지 또는 장해제거	**우선순위** ⇩
2. 경찰의 고유한 인적 또는 물적 수단을 통한 위험방지 또는 장해제거	⇩
3. 비책임자를 통한 위험방지 또는 장해제거	⇩

(2) 비용부담과 손실보상

경찰책임의 원칙은 전술한 경찰권 행사의 대상자를 정하는 것을 넘어서 다음의 점에서도 중요한 의미를 갖는다. 그것은 경찰권 행사의 대상이 되는 경찰책임자에게는 원칙적으로 자신에게 발생한 손실이 보상되지 않는다는 점이다. 즉 누군가가 경찰책임자라면 그 사람은 경찰권 행사의 대상이 될 수 있고, 설령 경찰권 행사로 인하여 자신에게 손실이 발생한 경우에도 (비책임자와는 달리) 손실보상을 청구할 수 없다. 왜냐하면 경찰책임자에게 행하여진 경찰권 행사는 행동자유권의 한계(행위책임자)나 재산권의 사회적 기속성(상태책임자)을 구체화한 것에 지나지 않기 때문이다. 반면 **비책임자는 경찰권 행사로 인하여 발생한 손실에 대하여 국가에게 보상을 청구할 수 있다.** 나아가 경찰책임의 원칙은 경찰이 경찰책임자에게 비용을 청구하는 경우에도 중요한 의미를 갖는다. 즉 **위험방지나 장해제거에 비용이 발생하였다면 그 비용은 경찰책임자가 부담하여야** 하며, 만약 경찰이 경찰책임자를 대신하여 위험을 방지하거나 장해를 제거하였다면 경찰

이와 같이 경찰이 경찰책임자가 아닌 비책임자에게 조치를 취하는 경우를 일컬어 "경찰긴급상황"이라 한다. 비책임자에 대한 조치는 경찰책임자에 대한 조치와 비교할 때 아주 엄격한 요건 하에서만 허용되는바, 경찰긴급상황의 요건에 관해서는 제3장 경찰작용의 대상 제8절 경찰긴급상황 부분을 보기 바람.

은 경찰책임자에게 위험방지나 장해제거에 소요된 비용의 납부를 청구할 수 있다.

3. 적용범위

전술한 바와 같이 경찰책임의 원칙은 경찰법상의 수권조항이 경찰에게 위해방지권한을 부여하면서도 누가 그 권한 행사의 대상이 될 수 있는지에 관하여 명확한 규정을 두고 있지 않은 경우(「경직법」 제7조 제1항에 따른 가택출입의 경우가 바로 그러하다)에나 의미가 있으므로 **만약 입법자가 법문에 그 권한 행사의 대상자를 명시해 두고 있다면 경찰책임의 원칙은 더 이상 적용될 여지가 없다.** 예를 들어 「경직법」 제4조 제1항에 따른 **보호조치**의 경우가 바로 그러하다. 즉 「경직법」 제4조 제1항의 법문에는 보호조치를 필요로 하는 "**구호대상자**"가 명시되어 있으므로, 이러한 한도에서 경찰책임의 원칙은 더 이상 적용될 여지가 없다. 또한 「도로교통법」 제44조 제2항 전단에 따른 **일제단속식 음주단속**의 경우도 마찬가지이다. 즉 「도로교통법」 제44조 제2항 전단에 따른 일제단속식 음주단속은 원칙적으로 도로상의 특정 지점을 지나는 "**모든**" 운전자를 그 대상으로 하므로 이러한 한도에서 일제단속식 음주단속에는 경찰책임의 원칙이 더 이상 적용되지 않는다.

케이스 해설

해설 1 <자살기도 사건>

사례에서는 국가가 경찰관의 적법한 직무집행으로 인하여 재산상의 손실을 입은 '갑'에 대하여 보상을 해야 하는지를 묻고 있다. 경찰책임의 원칙에 따르면 경찰권 행사의 대상이 된 경찰책임자는 자신에게 손실이 발생한 경우에도 원칙적으로 국가에게 손실보상을 청구할 수 없다. 오히려 위험방지나 장해제거에 비용이 소요된다면 경찰책임자는 그 비용을 부담할 의무를 진다. 반면 비책임자는 경찰권 행사로 인하여 발생한 손실에 대하여 보상을 요구할 수 있다. 이에 따라 '갑'이 파손된 창문의 교체비용을 스스로 부담해야 하는지 또는 국가에게 그 비용을 청구할 수 있는지 여부는 '갑'이 경찰책임자인지 또는 비책임자인지에 달려 있다. 경찰책임의 원칙에 따르면 어떤 사람이 경찰법상의 책임자로 인정되기 위해서는 공공의 안녕이나 공공의 질서에 대한 위험 또는 장해가 그 사람의 행위나 그 사람의 지배하에 있는 물건의 상태에 의하여 직접 야기될 것이 요구된다. 사례에서 '갑'은 자해와 자살시도를 통하여 자신의 생명 또는 신체에 대한 위해를 직접 야기하고 있으므로 '갑'은 경찰책임자(행위책임자)로서 「경직법」 제7조 제1항에 따른 긴급출입의 대상이 되며, 설령 경찰관들이 자살을 시도하는 '갑'을 구조하기 위하여 가택에 출입하는 과정에서 창문을 파손한 경우에도 '갑'은 국가에게 손실보상을 청구할 수 없다. 오히려 파손된 창문의 교체비용은 '갑' 스스로 부담하여야 한다.

Ⅴ 과잉금지원칙

리딩 케이스

사례 1 <서울광장 통행제지 사건>

경찰청장은 노무현 전 대통령이 서거한 2009년 5월 23일 고인을 조문하고자 덕수궁 대한문 앞 시민분향소를 찾은 사람들이 그 건너편에 있는 서울광장에서 불법 · 폭력 집회나 시위를 개최하는 것을 막기 위하여 경찰버스로 서울광장을 둘러싸 이른바 차벽(車壁)을 만드는 방법으로 서울광장에의 출입을 제지하였다. 서울시민들이 서울광장을 가로질러 통행하려다 차벽에 의하여 통행을 하지 못하게 되자, 경찰청장의 서울광장통행제지행위가 자신들의 거주 · 이전의 자유와 일반적 행동자유권을 침해한다고 주장하며 그 위헌확인을 구하는 헌법소원심판청구를 하였다.[27)]

사례 2 <세월호 차벽사건>

2015년 4월 16일부터 4월 18일까지 2박 3일에 걸쳐 광화문 광장 및 서울광장 등에서는 '세월호 1주기 범국민행동 집회'(이하 '세월호 집회'라고 한다)가 개최되었다. 2015년 4월 18일 경찰은 약 6,000여 명의 미신고집회 참가자들이 도로를 점거하거나 집회금지 장소인 청와대 방면으로 진행하는 등 불법행위를 저지르는 것을 차단하고 치안을 유지하기 위하여 차벽과 안전펜스를 이용하여 폴리스라인을 구축하였다. 다만 세종문화회관 앞 길거리는 지형구조상 안전펜스로 모든 공간을 빠짐없이 방어하기 어려운 장소였을 뿐만 아니라, 시위와 관련 없이 통행을 원하는 시민들이 이동할 수 있도록 안전펜스를 느슨하게 하여 틈(속칭 '숨구멍')을 만들어 놓았다. '갑'은 '세월호 집회'에 참가하면서 폴리스라인 중 느슨한 부분을 뚫기 위하여 경찰의 머리를 때리고 복부를 가격하는 등 폭행을 가하고 채증 카메라를 망가뜨린 혐의로 기소되었다.[28)]

'갑'은 재판과정에서 '경찰의 차벽설치는 위법한 공무집행에 해당하므로 특수공무집행방해죄가 성립하지 않는다'고 주장하고 있다. '갑'은 경찰의 차벽설치에 대한 법적 근거가 존재하지 않는다는 점, 「경직법」 제10조 제3항("경찰관은 경찰장비를 함부로 개조하거나 경찰장비에 임의의 장비를 부착하여 일반적인 사용법과 달리 사용함으로써 다른 사람의 생명 · 신체에 위해를 끼쳐서는 아니 된다")에 따르면 경찰관은 경찰장비를 함부로 개조하거나 경찰장비에 임의의 장비를 부착하여 일반적인 사용법과 달리 사용함으로써 다른 사람의 생명 · 신체에 위해를 끼쳐서는 아니 된다는 점, 무엇보다 경찰의 차벽설치는 급박하고 명백하며 중대한 위험이 있는 경우에 한하여 취할 수 있는 거의 마지막 수단에 해당함에도, 이번 세월호 집회에서는 시위대의 행진이 시작되자마자 차벽을 설치하였다는 점에서 경찰의 차벽설치는 위법하다고 주장하고 있다.

이에 대하여 경찰은 당시 시위대는 경찰이 설치한 폴리스라인이나 질서유지에 관한 경찰의 경고를 모두 무시하였고, 그 숫자도 6,000여명에 달하여 경찰이 경찰병력이나 차벽을 이용하여 그 진행을 제지하는 외에는 시민들의 생명 · 신체나 재산에 대한 중대한 손해를 막을 수 있는 방법이 없었다는 점, 경찰이 차벽을 설치함에 있어서 시위대가 세종대로로 진출한 이후 시위대가 경고를 무시하자 시위대의 진행경로를 고려하여 비로소 순차적으로 차벽을 설치하였고, 이른바 '숨구멍'

> 을 만들어 놓아 시위대를 제외한 일반시민들이 통행할 수 있도록 하였다는 점, 그 후 경찰은 시위대가 광화문 광장 북단으로 진출한 이후부터 불법행위가 끝난 시간과 지점에 따라 차례로 신속하게 차벽을 해체하였다는 점에서 경찰의 차벽설치는 적법하다고 주장하고 있다. 차벽설치의 적법성 여부를 검토하라.

1. 의 의

"**과잉금지원칙**"(Übermaßverbot)이란 국가작용을 행함에 있어서는 달성하려는 목적과 그 수단 사이에 합리적 비례관계가 있어야 한다는 원칙으로 **광의의 비례원칙**(Grundsatz der Verhältnismäßigkeit im weiteren Sinne)이라고도 한다. 과잉금지원칙은 「경직법」 제1조 제2항("이 법에 규정된 경찰관의 직권은 그 직무수행에 필요한 최소한도에서 행사되어야 하며 남용되어서는 아니 된다")에 규정되어 있지만, 동 조항의 존재 여부와 관계없이 이미 「헌법」에 의거하여 적용되는 원칙이다. 왜냐하면 과잉금지원칙은 법치국가원칙의 본질적 구성요소에 해당할 뿐만 아니라, 국민의 자유와 권리는 국가안전보장 · 질서유지 또는 공공복리를 위하여 필요한 경우 법률로써 제한할 수 있으나, 이 경우에도 필요한 최소한도의 제한만을 허용하는 「**헌법**」 **제37조 제2항**에서 그 헌법적 근거를 찾을 수 있기 때문이다. 과잉금지원칙은 적합성원칙과 필요성원칙 및 상당성원칙을 그 내용으로 하는바, 이에 관하여 살펴보면 다음과 같다.

2. 적합성원칙

먼저 적합성원칙(Grundsatz der Geeignetheit des Mittels)은 국가가 일정한 목적을 실현하기 위해 투입하는 수단은 목적달성에 적합한 수단이어야 함을 의미한다. 이러한 원칙에 따르면 경찰이 위험방지를 위하여 투입

---

27) 헌재 2011. 6. 30. 2009헌마406.

28) 서울중앙지방법원 2015. 8. 13. 선고 2015고합373 판결.

하는 수단은 그것이 위험방지라는 목적달성에 적합한 경우에만 허용된다. 어떤 수단이 위험방지에 적합한지는 경찰의 사전적 시점(ex ante)에서 판단되어야 하는데, 이 경우에는 종종 위험방지의 효율성 때문에 경찰에게 적합성 여부를 심사할 충분한 시간이 주어지지 않는다는 점이 고려되어야 한다. 이로 인하여 경찰이 위험방지조치를 취하는 시점에서 사안을 합리적으로 판단해 볼 때 만일 그러한 조치의 투입이 위험방지에 적합하다고 볼 수 있었다면 설령 그러한 조치가 실제로는 위험방지에 적합하지 않았음이 (사후에) 밝혀진다 하더라도 해당 조치의 적법성에는 아무런 문제가 없다. 그리고 어떤 조치가 사실상 또는 법률상으로 불가능한 것을 그 목표로 하고 있다면 해당 조치는 이미 목적달성에 적합한 조치가 아니다. 예를 들어 경찰이 도심 집회의 참가자들에게 주변 보행자의 보행과 차량의 소통에 그 어떤 피해도 주지 말 것을 명령하는 경우가 바로 그러하다.

3. 필요성원칙

다음으로 **최소침해원칙 또는 침해최소성원칙**이라고도 불리는 **필요성원칙**(Grundsatz der Erforderlichkeit)은 국가가 목적달성을 위해 선택하는 수단이 비록 목적달성에 적합한 수단이라 하더라도 필요한 한도 이상으로 사용되어서는 아니 됨을 의미한다. 이에 따라 **목적달성에 적합한 수단이 다수 존재하는 경우 경찰은 상대방에게 최소한의 침해를 가져다 줄 것으로 예견되는 수단을 선택하여야 한다.** 예를 들어 주차금지 위반이 차량 이전(移轉)을 통해서도 충분히 제거될 수 있다면 차량 견인(牽引)은 허용되지 않으며, 붕괴의 위험이 있는 건축물에 대한 수리명령을 통해서도 위험이 충분히 방지될 수 있다면 건축물에 대한 철거명령을 내려서는 아니 된다.

어떤 조치가 상대방에게 최소한의 침해를 가져다주는 조치인지는 원칙적으로 객관적인 기준에 따라 판단되어야 하지만, 상대방이 목적달성에 (마찬가지로) 적합한 다른 수단의 투입을 요청하는 경우에는 설령 그러한 수단이 객관적으로 보았을 때 상대방에게 더 중한 침해를 가져다주더라도 그 수단의 투입만이 적법한 수단의 투입일 수 있다. 예를 들어 붕괴의 위험 때문에 행정청으로부터 수리명령을 받은 건물소유자가 그 대신에 철거명령을 요청하는 경우가 바로 그러하다. 이러한 경우 행정청은 수리명령을 고집하여서는 아니 되며, 그 대체수단인 철거명령을 받아들여야 한다. 만일 행정청이 상대방에게 발령한 수리명령을 취소하지 않는다면 행정청의 명령은 위법하게 된다. 따라서 일반인에게 더 큰 침해를 야기하지 않는 한도 내에서 상대방은 행정청에게 이미 투입된 수단과 마찬가지의 효과를 내는 다른 수단의 투입을 요청할 수 있다. 이러한 **대체수단의 제공요청**(Angebot eines Austauschmittels)은 외국의 입법례[29]와는 달리 우리 「경직법」에는 명문으로 규정되어 있지 않다. 그렇지만 대체수단의 제공은 이미 헌법상의 최소침해원칙으로부터 도출될 수 있는 것이기에, 비록 「경직법」에 명문으로 규정되어 있지 않더라도 요청된다고 보아야 한다.

4. 상당성원칙

마지막으로 **법익균형성원칙 또는 협의의 비례원칙**(Grundsatz der Verhältnismäßigkeit im engeren Sinn)이라고도 불리는 **상당성원칙**은 경찰이 최소한도의 침해를 주는 수단을 선택하는 경우에도 그러한 수단의 투입을 통해 달성되는 공익이 수단의 투입을 통해 받게 되는 상대방의 불이익보다 더 커야 함을 의미한다. 경찰작용이 상당성원칙에 위배되는지 여부는 세 단계에 걸쳐 심사된다. 첫 번째 단계에서는 개별사례에서 경찰작용의 영향을 받는 제(諸) 이익이 조사되어야 한다. 여기에는 침해받는 개인의 이익과 수익을 받는 개인의 이익과 더불어 위험방지를 통해 보호되는 공공의 안전에 대한 이익이 포함된다. 그 밖에 개별사례에서 이해관계 없는 제3자와 일반인에게 미치는 영향도 원칙적 고려사항이다. 두 번째 단계에

29) 예컨대 「바이에른 경찰법」 제5조 제2항 제2문이나 「베를린 경찰법」 제12조 제2항 제2문 또는 「브란덴부르크 경찰법」 제4조 제2항 제2문 등이 바로 그러하다.

서는 법질서의 평가에 따른 관련 이익의 중요성이 정해져야 한다. 법질서의 평가는 헌법, 특히 기본권과 그 밖에 헌법상 인정된 공동체 법익(국가안전보장, 질서유지, 공공복리)과, 다른 한편 법률규정과 이를 통해 인정된 법익에서 도출된다. 마지막 세 번째 단계에서는 관련 이익이 차지하는 법적 지위와 그 구체적 관련성(경찰작용이 미치는 영향의 종류와 범위)을 고려한 이익 상호간의 형량이 이루어져야 한다.30)

케이스 해설

해설 1 <서울광장 통행제지 사건>

사례에서는 경찰버스로 서울광장을 둘러싸는 이른바 차벽(車壁)을 만드는 방법으로 서울광장에의 출입을 제지한 경찰청장의 행위가 서울시민들의 거주 · 이전의 자유와 일반적 행동자유권을 침해하는지 여부가 문제된다.

우선 사례에서 경찰청장이 서울광장에의 출입이나 통행을 제지한 것은 청구인들의 거주 · 이전의 자유를 제한하지 않는다. 왜냐하면 서울광장은 생활형성의 중심지인 거주지나 체류지에 해당한다고 볼 수 없기 때문이다. 또한 청구인들이 서울광장에 출입하고 통행하는 행위가 그 장소를 중심으로 생활을 형성해 나가는 행위에 속한다고도 볼 수 없기 때문에, 이 사건에서 경찰청장이 한 서울광장통행제지행위는 청구인들의 거주 · 이전의 자유가 아니라, 서울광장을 개별적으로 통행하거나 그곳에서 자유롭게 여가활동이나 문화활동을 할 수 있는 권리인 일반적 행동자유권을 제한한다(아래 판례 참조).

판례

〈서울광장통행제지행위가 시민들의 거주 · 이전의 자유를 제한하는지 여부〉

거주 · 이전의 자유는 국가의 간섭 없이 자유롭게 거주지와 체류지를

30) Schenke, Polizei- und Ordnungsrecht, 2023, Rn. 410.

31) 이에 관해서는 헌재 2011. 6. 30. 2009헌마406(서울광장통행제지행위의 위헌성)

정할 수 있는 자유인바, 자유로운 생활형성권을 보장함으로써 정치·경제·사회·문화 등 모든 생활영역에서 개성신장을 촉진하게 하는 기능을 한다. 이러한 의미와 기능을 갖는 거주·이전의 자유는 국민이 원활하게 개성신장과 경제활동을 해 나가기 위하여는 자유로이 생활의 근거지를 선택하고 변경하는 것이 필수적이라는 고려에 기하여 생활형성의 중심지, 즉 거주지나 체류지라고 볼 만한 정도로 생활과 밀접한 연관을 갖는 장소를 선택하고 변경하는 행위를 보호하는 기본권으로서, 생활의 근거지에 이르지 못하는 일시적인 이동을 위한 장소의 선택과 변경까지 그 보호영역에 포함되는 것은 아니다. 이 사건에서 서울광장이 청구인들의 생활형성의 중심지라고 할 수 없을 뿐만 아니라 청구인들이 서울광장에 출입하고 통행하는 행위가 그 장소를 중심으로 생활을 형성해 나가는 행위에 속한다고 볼 수도 없으므로 청구인들이 서울광장을 출입하고 통행하는 자유는 헌법상의 거주·이전의 자유의 보호영역에 속한다고 할 수 없고, 따라서 이 사건 통행제지행위로 인하여 청구인들의 거주·이전의 자유가 제한된다고 할 수는 없다(헌재 2011. 6. 30. 2009헌마406).

경찰청장이 서울광장에의 출입이나 통행을 제지한 행위는 서울시민들의 일반적 행동자유권을 제한하기 때문에 이를 위해서는 먼저 법률상 근거가 있어야 하고, 다음으로 해당 행위가 필요 이상의 과잉조치가 되어서도 아니 된다. 먼저 대간첩작전수행 또는 소요사태의 진압을 위한 접근금지나 통행제한을 규정하고 있는 「경직법」 제5조 제2항은 경찰청장이 한 서울광장통행제지행위에 대한 법적 근거가 되지 못한다.

경찰관직무집행법 제5조(위험발생의 방지) ② 경찰관서의 장은 대간첩작전수행 또는 소요사태의 진압을 위하여 필요하다고 인정되는 상당한 이유가 있을 때에는 대간첩작전지역 또는 경찰관서·무기고 등 국가중요시설에 대한 접근 또는 통행을 제한하거나 금지할 수 있다.

주지하다시피 「경직법」 제5조 제2항은 “대간첩작전수행 또는 소요사태의 진압을 위하여 필요하다고 인정되는 상당한 이유가 있는 때”를 접근금지나 통행제한의 요건으로 하고 있고, 또한 접근금지나 통행제한의 장소와 관련하여서도 명시적으로 “대간첩작전지역 또는 경찰관서 · 무기고 등 국가중요시설”에 한정시키고 있다. 그리고 「경직법」 제5조 제2항이 규정하고 있는 “소요사태”란 다중이 집합하여 한 지방의 평화 또는 평온을 해할 정도에 이르는 폭행 · 협박 또는 손괴행위를 하는 사태를 의미하는데,[31] 노무현 전 대통령 서거 직후인 2009년 5월 23일 즈음부터 서울광장 주변에는 일부 시민들과 경찰 간에 산발적인 충돌이 있었고, 또한 2009년 5월 30일 경에는 서울광장에서 범국민대회를 개최하려는 시위대의 서울광장 인근도로 점거와 경찰버스에 대한 손괴 등 경찰과의 충돌이 있었던 것도 사실이지만, 이러한 충돌이 한 지방의 평화나 평온을 해할 우려가 있는 정도에 이르렀던 것으로 볼 수 없을 뿐더러, 적어도 서울광장통행제지행위가 있었던 2009년 6월 3일 당시에는 시위대와 경찰 간에 아무런 충돌도 없었기 때문에, “소요사태”의 존재를 접근금지나 통행제한의 요건으로 하고 있는 「경직법」 제5조 제2항은 경찰청장이 한 서울광장통행제지행위에 대한 법적 근거가 될 수 없다.[32]

오히려 사례에서는 경직법상의 개괄적 수권조항이 경찰청장이 한 서울광장통행제지행위에 대한 법적 근거가 될 수 있다. 즉 여기서는 경직법상의 개괄적 수권조항(「경직법」 제2조 제7호와 결합한 제5조 제1항 제3호)[33]이 경찰청장에게 서울광장에의 통행을 제지할 수 있는 권한을 부여한다. 실제로 당시 경찰과 시위대 간에는 충돌이 있었고, 또한 노무현 전 대통령의 서거에 따른 혼란스러운 정국 및 정부에 대한 반대 여론 등에 따른 서울광장에서의 불법 · 폭력 집회나 시위의 개연성이 충분히 있었던 것으로 사료된다. 만일 이러한 경우라면 경직법상의 개괄적 수권조항은 경찰청장에게 시민들의 생명 · 신체와 재산을 보호하기 위하여 서울광장에의 통행을 제지할 권한을 부여한다. 이에 따라 서울광장통행제지행위는 그 자체만 두고 보았을 때에는 경직법상의 개괄적 수권조항에 근거를 둔 경찰작용이라 할 수 있다.

그러나 이 경우에도 과잉금지원칙이 준수되어야 하므로 경찰청장은 일반시민들의 피해를 최소화하는 범위 내에서 그리고 법익형량이 이루어지는 가운데에서 서울광장에의 통행을 제지하여야 한다. 그러나 사례에 나타난 사실관계에 기초할 때 실제로 경찰청장의 조치는 서울광장에서 개최될 여지가 있는 일체의 집회를 금지하고 일반시민들의 통행조차 금지하는 전면적이고 광범위하며 극단적인 조치였다. 이러한 조치는 집회의 조건부 허용이나 개별적 집회의 금지나 해산으로는 방지될 수 없는 급박하고 명백하며 중대한 위험이 있는 경우에만 고려될 수 있는 최후수단(ultima ratio)에 해당한다. 하지만 당시의 상황에 비추어 보면 경찰청장의 조치는 필요 최소한의 조치였다고 보기 어렵다. 왜냐하면 경찰 측의 주장대로 서울광장 주변에 노무현 전 대통령을 추모하는 사람들이 많이 모여 있었다거나 일부 시민들이 서울광장 인근에서 불법적인 폭력행위를 저지른 적이 있었다 하더라도 단지 그러한 이유만으로는 폭력행위일로부터 4일 후까지 이러한 조치를 그대로 유지하여야 할 급박하고 명백한 불법·폭력 집회나 시위의 위험성이 있었다고 보기 어렵기 때문이다. 설령 전면적이고 광범위한 조치를 취할 필요성이 있었다 하더라도, 서울광장에의 출입을 전면통제할 경우 일반시민들의 통행이나 여가·문화활동 등의 이용까지 제한되므로 서울광장의 몇 군데라도 통로를 개설하여 경찰의 통제 하에 출입을 허용하거나 대규모의 불법·폭력 집회가 행해질 가능성이 적은 시간대라든지 서울광장 인근건물에의 출근이나 왕래가 많은 오전 시간대에는 일부 통제를 푸는 등 방법상의 한계도 준수했어야 했다. 그러나 경찰청장은 모든 시민의 광장통행을 전면적으로 제지하였는바, 이러한 경찰청장의 조치는 필요성원칙(=최소침해원칙)에 위배된다. 그뿐만 아니라 경찰청장의 조치는 상당성원칙(=법익균형성원칙)에도 위배된다. 왜냐하면 대규모의 불법·폭력 집회나 시위를 막아 시민들의 생명·신체와 재산을 보호한다는 공익이 중요한 것도 사실이지만, 그 공익이 전술한 일반시민들이 입은 불이익 보다 결코 크다고 할 수 없기 때문이다. 따라서 사례에서 경찰청장이 행한 조치는 과잉금지원칙에 위배되는 위헌적인 조치로 평가될 수 있다.

헌법재판소도 참여연대가 제기한 해당 사건에서 경찰이 서울광장을 전경버스로 완전히 에워싸 시민의 통행을 원천적으로 막은 조치는 행동자유권을 침해한 위헌이라고 결정한 바 있다. 헌법재판소는 불법·폭력집회나 시위가 될 가능성이 있어도 이를 방지하기 위한 조치는 최소한으로 이뤄져야 한다며, 지난 2009년 경찰이 노무현 전 대통령 추모 행사를 막기 위해 서울광장을 차벽으로 에워싼 조치는 과잉금지원칙에 위반된다고 결정하였다.[34]

판례

〈서울광장통행제지행위가 과잉금지원칙을 위반하여 시민들의 일반적 행동자유권을 침해한 것인지 여부〉

이 사건 통행제지행위는 서울광장에서 개최될 여지가 있는 일체의 집회를 금지하고 일반시민들의 통행조차 금지하는 전면적이고 광범위하며 극단적인 조치이므로 집회의 조건부 허용이나 개별적 집회의 금지나 해산으로는 방지할 수 없는 급박하고 명백하며 중대한 위험이 있는 경우에 한하여 비로소 취할 수 있는 거의 마지막 수단에 해당한다. 서울광장 주변에 노무현 전 대통령을 추모하는 사람들이 많이 모여 있었다거나 일부 시민들이 서울광장 인근에서 불법적인 폭력행위를 저지른 바 있다고 하더라도 그것만으로 폭력행위일로부터 4일 후까지 이러한 조치를 그대로 유지해야 할 급박하고 명백한 불법·폭력 집회나 시위의 위험성이 있었다고 할 수 없으므로 이 사건 통행제지행위는 당시 상황에 비추어 필요최소한의 조치였다고 보기 어렵고, 가사 전면적이고 광범위한 집회방지조치를 취할 필요성이 있었다고 하더라도, 서울광장에의 출입을 완전히 통제하는 경우 일반시민들의 통행이나 여가·문화 활동 등의 이용까지 제한되므로 서울광장의 몇 군데라도 통로를 개설하여 통제 하에 출입하게 하거나 대규모의 불법·폭력 집회가 행해질 가능성이 적은 시간대라든지 서울광장 인근 건물에의 출근이나 왕래가 많은 오전 시간대에는 일부 통제를 푸는 등 시민들의 통행이나 여가·문화활동에 과도한 제한을 초래하지 않으면서도 목적을 상당 부분 달성할 수 있는 수단이나 방법을 고려하였어야 함에도 불구하고 모든 시민의 통행을 전면적으로 제지한 것은 침해의 최소성을 충족한다고 할 수 없다. 또한 대규모의 불법·폭력 집회나 시위를 막아 시민들의 생명·신체와 재산을 보호한다는 공익은 중요한 것이지만, 당시의 상황에 비추어 볼 때 이러한 공익의 존재 여부나 그 실현 효과는 다소 가상적이고 추상적인 것이라고 볼 여지도 있고, 비교적 덜 제한적인 수단에 의하여도 상당 부분 달성될 수 있었던 것으로 보여 일반 시민들이 입은 실질적이고 현존하는 불이익에 비하여 결코 크다고 단정하기 어려우므로 법익의 균형성 요건도 충족하였다고 할 수 없다. 따라서 이 사건 통행제지행위는 과잉금지원칙을 위반하여 청구인들의 일반적 행동자유권을 침해한 것이다(헌재 2011. 6. 30. 2009헌마406).

해설 2 <세월호 차벽사건>

공무집행방해죄는 공무원의 직무집행이 적법한 경우에 성립하는 범죄이다. 따라서 사례에서는 경찰의 차벽설치가 적법한 직무집행으로 볼 수 있는지 여부가 문제된다. 결론적으로 사례에서 차벽을 설치한 경찰의 공무집행은 적법하다고 볼 수 있다.[35]

먼저 경찰의 차벽설치는 법적 근거가 존재하지 않는다는 '갑'의 주장에 대해서는 당시 경찰의 차벽설치는 「경직법」 제6조에 그 근거를 둔 공무집행이라는 점에서 반론이 제기될 수 있다. 주지하다시피 「경직법」 제6조는 "경찰관은 범죄행위가 목전에 행하여지려고 하고 있다고 인정될 때에는 이를 예방하기 위하여 관계인에게 필요한 경고를 하고, 그 행위로 인하여 사람의 생명·신체에 위해를 끼치거나 재산에 중대한 손해를 끼칠 우려가 있는 긴급한 경우에는 그 행위를 제지할 수 있다"고 규정하고 있는데, 이 규정에 따른 경찰관의 제지행위가 적법한 직무집행으로 평가될 수 있기 위해서는 형사처벌의 대상이 되는 행위가 눈앞에 막 이루어지려고 하는 것이 객관적으로 인정될 수 있는 상황이고, 그 행위를 당장 제지하지 않으면 곧 사람의 생명·신체에 위해를 끼치거나 재산에 중대한 손해를 끼칠 우려가 있는 상황이라 직접 제지하는 방법 외에는 그와 같은 결과를 막을 수 없는 절박한 사태이어야 한다.[36] 알려진 바에 따르면 당시 시위대 약 6,000여 명은 경찰의 폴리스라인을 무시하고 인도를 벗어나 세종대로로 진입하자 경찰이 시위대를 향하여 여러 차례 차도에서 벗어나 인도를 통하여 이동할 것을 경고하였음에도 시위대는 경찰의 경고를 무시하고 세종대로 전 차로를 점거한 채 광화문 누각 방향으로 미신고 행진을 하였고, 만일 시위대가 당시 광화문 누각에 있던 세월호 희생자 유가족들과 합류하게 되는 경우 청와대 경계지점으로부터 100미터 이

내의 접근을 차단하려는 경찰병력과 청와대 방향으로 진출하려는 약 6,000여 명의 시위대 및 유가족들이 경찰병력과 충돌하여 그로 인한 시민들의 생명·신체나 재산에 중대한 손해가 발생할 위험이 있었다. 그리고 당시 시위대는 경찰이 설치한 폴리스라인이나 질서유지에 관한 경찰의 경고를 모두 무시하였고, 그 숫자도 6,000여명에 달하여 경찰이 경찰병력이나 차벽을 이용하여 그 진행을 제지하는 외에는 시민들의 생명·신체나 재산에 대한 중대한 손해를 막을 수 있는 방법이 없었다. 이러한 점들을 고려해 볼 때, 경찰의 차벽설치는 「경직법」 제6조에서 정하고 있는 요건을 충족시키는 공무집행으로 볼 수 있다.

또한 경찰의 차벽설치는 「경직법」 제10조 제3항에 위반된다는 주장에 대해서는 비록 경찰버스가 일반적인 사용법과 달리 운송수단이 아닌 제지수단으로 사용되긴 하였으나, 경찰버스를 이어서 벽의 형태를 만든 행위를 두고 경찰장비를 함부로 개조하거나 경찰장비에 임의의 장비를 부착한 것으로 보기 어렵다는 점, 또한 경찰버스가 시위진압을 위한 적극적 유형력 행사로서 사용된 것이 아니라 경찰병력과 시위대의 직접적 충돌을 피하면서 시위대의 진행을 제지하기 위한 수단으로서 설치된 것이기 때문에 경찰의 차벽 그 자체가 다른 사람의 생명·신체에 위해를 끼친다고도 보기 어렵다는 점에서 「경직법」 제10조 제3항을 근거로 차벽설치의 위법을 주장할 수는 없을 것이다.

마지막으로 경찰의 차벽설치는 과잉금지원칙에 위배되어 위법하다는 주장과 관련하여서는 경찰이 차벽을 설치함에 있어서 시위대가 세종대로로 진출한 이후 시위대가 경고를 무시하자 시위대의 진행경로를 고려하여 비로소 순차적으로 차벽을 설치하였다는 점, 이른바 '숨구멍'을 만들어 놓아 시위대를 제외한 일반시민들이 통행할 수 있도록 하였다는 점, 또한 알려진 바에 따르면 경찰은 차벽을 동서로 평행으로 설치함으로써 동서 간의 교통소통을 확보하였다는 점, 그 후 경찰은 시위대가 광화문 광장 북단으로 진출한 이후부터 불법행위가 끝난 시간과 지점에 따라 차례로 신속하게 차벽을 해체하였다는 점에서 경찰의 차벽설치는 시위대의 진행을 제지하기 위한 적절한 수단에 해당한다고 볼 수 있다.[37]

에서 개진된 재판관 김종대, 재판관 송두환의 보충의견.

32) 이에 관해서는 헌재 2011. 6. 30. 2009헌마406(서울광장통행제지행위의 위헌성)에서 개진된 재판관 김종대, 재판관 송두환의 보충의견.

33) 현행법상 「경직법」 제2조 제7호와 결합한 제5조 제1항 제3호를 개괄적 수권조항으로 인정할 수 있다는 것에 관하여는 후술한다.

Ⅵ 과소보호금지원칙

리딩 케이스

사례 1 <취객 5시간 지구대 방치 사건>

2006년 12월 28일 저녁 회사동료들과 가진 회식자리에서 과음을 한 '갑'은 귀가도중 길바닥에 누워 잠이 들었고, 이 모습을 본 경찰관 P는 '갑'을 인근지구대로 이송하였다. '갑'은 지구대로 이송된 이후 고통을 호소하며 몸부림쳤고 신음소리를 내는가 하면 때로는 고함을 지르기도 하였다. 하지만 경찰관 P는 '갑'이 지구대로 이송된 지 5시간, 고통을 호소한 지 3시간 이상이 경과한 후에야 119구급대에 신고를 하였다. 결국 '갑'은 응급조치가 늦어져 사망하였고 사망한 '갑'의 유가족은 국가를 상대로 손해배상청구소송을 제기하였다.

1. 의 의

"**과소보호금지원칙**"(Untermaßverbot)이란 국가는 국민의 생명 · 신체를 보호하기 위하여 적절하고 효율적인 **최소한의 보호조치**를 취하여야 한다는 원칙을 말한다. 전술한 **과잉금지원칙이 국가가 필요 이상의 과잉조치를 취해서 문제가 된다면 과소보호금지원칙은 그 반대, 즉 국가가 국민의**

34) 이에 관한 언론기사로는 윤춘호, "헌법재판소 "서울광장 차벽 봉쇄는 위헌"", http://news.sbs.co.kr/news/endPage.do?news_id=N1000940435&plink=OLDURL&plink=COPYPASTE&cooper=SBSNEWSEND (2024. 07. 30. 검색).

35) 서울중앙지방법원 2015. 8. 13. 선고 2015고합373 판결.

36) 대법원 2013. 6. 13. 선고 2012도9937 판결. 다만 경찰관의 제지행위가 적법한지 여부는 제지행위 당시의 구체적 상황을 기초로 판단하여야 하고, 사후적으로 순수한 객관적 기준에서 판단할 것은 아니다.

37) 허솔지, "법원 "세월호 집회 경찰 차벽 설치는 적법"", KBS 뉴스 2015. 8. 19. http://news.kbs.co.kr/news/view.do?ncd=3132796&ref=A (2024. 07. 30. 검색).

생명 · 신체의 안전을 보호하기 위한 조치가 필요한 상황임에도 아무런 조치를 취하지 않아서 문제가 된다.

우리 **헌법**은 **제10조**에서 "국가는 개인이 가지는 불가침의 기본적 인권을 확인하고 이를 보장할 의무를 진다"고 규정함으로써 소극적으로 국가권력이 국민의 기본권을 침해하는 것을 금지하는 데 그치지 아니하고, 나아가 적극적으로 국민의 기본권을 타인의 위법한 침해나 침해의 위험으로부터 보호해야 할 의무를 부과하고 있다.[38] 이에 따라 국가는 국민의 기본권을 타인의 위법한 침해 또는 침해의 위험으로부터 보호해야 할 의무를 진다. 이러한 국가의 의무를 기본권 보호의무라고 한다. **국가의 기본권 보호의무**는 주로 사인인 제3자에 의한 개인의 생명이나 신체의 훼손에서 문제가 되는데, 이것은 타인에 의하여 개인의 생명이나 신체의 법익이 국가의 보호의무 없이는 무력화될 정도의 상황에서만 적용될 수 있다.[39]

사실 국가는 적극적으로 국민의 기본권을 보장하기 위한 제반 조치를 취할 의무가 있지만, 설령 그 보호의 정도가 국민이 바라는 이상적인 수준에 미치지 못한다고 하여 언제나 헌법에 위반한다고 볼 수 없다. 왜냐하면 국가는 기본권 보호의무의 이행과 관련하여 광범위한 재량을 갖기 때문이다.[40] 그러나 **국가가 국민의 생명 · 신체의 안전에 대한 보호의무의 이행과 관련하여 광범위한 재량을 갖는다 하더라도 그 보호의무의 이행 정도와 관련하여 헌법이 요구하는 최저한의 보호수준을 하회(下廻)하여서는 아니된다.**

헌법재판소는 국가가 국민의 생명 · 신체의 안전에 대한 보호의무를 다하지 않았는지 여부를 과소보호금지원칙, 즉 국가는 국민의 기본권 보호를 위하여 적어도 적절하고 효율적인 최소한의 보호조치를 취하였는가를 기준으로 심사하고 있다. 이에 따라 국민의 생명 · 신체의 안전을 보호하기 위한 조치가 필요한 상황임에도 불구하고 국가가 아무런 보호조치를 취하

38) 헌재 1997. 1. 16. 90헌마110 등.

39) 헌재 2009. 2. 26. 2005헌마764 등.

40) 헌재 1997. 1. 16. 90헌마110 등.

지 않았든지 또는 국가가 취한 조치가 법익을 보호하기에 전적으로 부적합하거나 매우 불충분한 것임이 명백한 경우에는 국가의 보호의무에 대한 위반을 인정하고 있다.41)

2. 재량의 영(zero)으로의 수축

경찰법상의 수권규정은 "경찰관은 ~ 할 수 있다"는 이른바 가능규정형식을 통해 경찰관에게 폭넓은 재량을 부여하고 있다. 예를 들어 「경직법」 제4조 제1항은 경찰관이 수상한 행동이나 그 밖의 주위 사정을 합리적으로 판단해 볼 때 정신착란을 일으키거나 술에 취하여 자신 또는 다른 사람의 생명 · 신체 · 재산에 위해를 끼칠 우려가 있는 사람 또는 자살을 시도하는 사람 등이 응급의 구호를 요한다고 믿을 만한 상당한 이유가 있는 상태에 있을 때에는 보건의료기관이나 공공구호기관에 긴급구호를 요청하거나 경찰관서에 보호하는 등 적절한 조치를 할 수 있음을 규정하고 있다. 이에 따라 경찰관이 경직법상의 보호조치를 취할 것인지 만일 보호조치를 취한다면 어떠한 보호조치를 취할 것인지(예: 119 긴급구호 또는 경찰관서에의 보호)는 경찰관의 재량에 맡겨져 있다.

경직법상의 보호조치가 경찰관의 재량에 맡겨져 있는 이상, 설령 「경직법」 제4조 제1항에 규정된 요건이 존재하는 경우에도 경찰관은 보호조치를 취하지 않을 수 있다. 그러나 경찰관이 보호조치를 취하지 않으면 종종 하자 있는 재량행사가 될 수 있다. 즉 경찰관의 재량은 개별사례에서 보호조치를 취하지 않으면 위법하게 되고, 보호조치를 취하는 것만이 적법한 것으로 여겨질 정도로 수축될 수 있다. 이러한 **재량의 영**(zero)**으로의 수축**(Ermessensschrumpfung auf Null)**은 특히 개인의 생명, 신체 또는 건강 등과 같이 특별히 높은 법익이 위험한 경우에 존재한다. 재량이 영으로 수축되는 경우 경찰관의 재량은 기속**(의무)**으로 변하게 된다**. 즉 개인의 생

41) 헌재 2009. 2. 26. 2005헌마764 등; 2008. 12. 26. 2008헌마419 등; 2008. 7. 31. 2004헌바81; 2008. 7. 31. 2006헌마711.

명, 신체 또는 건강 등과 같이 특별히 중요한 법익이 위협을 받고 있는 경우에는 일반적으로 경찰관에게 개입의무가 존재하므로 경찰관은 위험방지에 필요한 보호조치를 취해야 한다. 만일 경찰관이 보호조치를 취해야 할 의무가 있음에도 불구하고 보호조치를 취하지 않으면 경찰관의 부작위는 과소보호금지원칙에 위배되어 위법하게 된다. 만일 상대방에게 손해가 발생하였다면 국가에게는 경찰관의 직무상 불법행위로 인한 손해배상책임이 인정된다.

케이스 해설

해설 1 <취객 5시간 지구대 방치 사건>

사례에서는 경찰관 P의 직무상 불법행위로 인한 국가의 손해배상책임이 인정될 수 있는지 여부가 문제된다. 「경직법」 제4조 제1항 제1호는 "경찰관은 ~할 수 있다"는 이른바 가능규정형식을 통해 경찰관에게 폭넓은 재량을 부여하고 있는바, 이에 따라 경찰관이 경직법상의 보호조치를 취할 것인지 만일 보호조치를 취한다면 어떠한 보호조치를 취할 것인지(예: 119 긴급구호 또는 경찰관서에의 보호)는 경찰관의 재량에 맡겨져 있다. 그러나 사안에 따라 경찰관의 재량은 영(zero)으로 수축되어 경찰관이 보호조치를 취해야 할 의무가 발생하는 경우가 있다. 특히 개인의 생명이나 신체 또는 건강 등과 같이 특별히 높은 법익이 위험한 경우 경찰관의 재량은 영으로 수축되어 기속(의무)으로 변하게 된다. 이러한 경우 경찰관은 보호조치를 취해야 할 의무가 있다. 만일 경찰관이 보호조치를 취해야 할 의무가 있음에도 불구하고 보호조치를 취하지 않으면 경찰관의 부작위는 과소보호금지원칙에 위배되어 위법하게 된다. 만일 경찰관이 보호조치를 취하지 않아 상대방에게 손해가 발생하였다면 국가에게는 경찰관의 직무상 불법행위로 인한 손해배상책임이 인정된다. 사례에서와 같이 만취상태에 있던 '갑'이 고통을 호소하고 몸부림치며 신음소리를 내고 있었다면 '갑'의 생명이나 건강이 매우 위험할 수 있어 신속한 응급조치가 요구되는 상황이었다. 그럼에도 불구하고 '갑'이 지구대로 이송된 지 5시간, 고통을 호소한 지 3시간이 경과한 후에야 119에 신고를 하였다면 경찰관 P에게는 응급조치를 늦어지게 하여 '갑'을 사망에 이르게 한 과실이 인정된다. 따라서 사례에서는 경찰관 P의 직무상 불법행위로 인한 손해배상 책임이 인정되기 때문에 국가는 '갑'의 유가족에게 손해배상금을 지급하여야 한다.

Ⅶ 평등원칙

리딩 케이스

사례 1 <청원경찰 감축 사건>

A시장은 지방조직개편지침에 따라 A시에 소속된 청원경찰의 인원을 30% 이상 감축하기로 하였다. A시장은 그 대상자를 선정하기 위하여 청원경찰들의 의견을 들어보았으나 그 감축방법에 대한 적절하고 합리적인 안이 도출되지 않자, 시험을 실시하여 그 시험성적 80%와 일정한 자격에 대한 가점 10%, 훈·표창 가점 5%, 징계·문책 감점 5%를 합산한 평점이 낮은 순으로, 동점자일 경우에는 고연령 순으로 그 대상자를 선정하기로 하였다. 다만 시험문제 출제수준이 중학교 학력 수준임을 감안하여 감축대상 후보자들을 <초등학교 졸업 이하 학력소지자 집단>과 <중학교 중퇴 이상 학력소지자 집단>으로 나누어 <초등학교 졸업 이하 학력소지자 집단>에 속하는 8명 중 2명, <중학교 중퇴 이상 학력소지자 집단>에 속하는 109명 중 29명 등 합계 31명을 감축대상자로 선정하기로 하였다. 시험성적 80%(80점)에는 대학교수들에게 의뢰하여 출제되는 시정상식에 30점, A경찰서에 의뢰하여 출제되는 청원경찰 관련 법규·복무수칙·시설경비·방범 등에 50점을 각 배정하고, 자격가점은 국가기술자격법에 의한 자격의 범위 내에서 시정업무관련(환경, 토목, 기계, 통신, 전산, 대형장비작동분야)에 한하여 가산점을 10점까지 부여하며, 훈·표창 가점은 도지사, 시장, 지방경찰청장 표창은 1점, 그 외 훈·포장 5점에 이르기까지 5점의 범위 내에서 가장 유리한 가점 1종만 적용하기로 하고, 징계·문책 감점은 훈계·주의 2점에서부터 감봉 4월 이상은 5점까지 감하기로 하였다. 시험 실시 결과 '갑'은 54점을 얻었고, 여기에 도지사 표창 1점을 가산하여 총 점수 55점으로 총 117명 중 85등을 하였다. 그러나 '갑'은 고등학교 중퇴의 학력을 소지하고 있어 <중학교 중퇴 이상 학력소지자 집단>에 속하게 되었고

그 중에서는 84등이 되어 결국 감축대상자로 선정되게 되었다(<중학교 중퇴 이상 학력소지자 집단>에서는 80등까지만 감축대상자에서 제외됨). 이에 '갑'은 자신이 감축대상자로 선정된 것은 위법하다고 주장하며 행정소송을 제기하였다.[42]

「**헌법**」 **제11조 제1항**은 "모든 국민은 법 앞에 평등하다. 누구든지 성별 · 종교 또는 사회적 신분에 의하여 정치적 · 경제적 · 사회적 · 문화적 생활의 모든 영역에 있어서 차별을 받지 않는다"라고 하여 평등원칙(Gleichheitssatz)을 규정하고 있다. 이러한 평등원칙에 따라 경찰은 경찰작용을 행함에 있어 특별한 합리적 사유가 없는 한 상대방인 국민을 공평하게 처우하여야 한다. 환언하면 특별한 합리적 사유 없이 특정인을 차별하는 것은 허용되지 않는다. 평등원칙은 헌법상의 원칙으로서 이에 위반하는 경찰작용은 위법하게 된다.

케이스 해설

해설 1 <청원경찰 감축 사건>

사례에서는 '갑'을 감축대상자로 선정한 A시장의 조치가 위법한지 여부가 문제된다. 청원경찰의 배치인원을 감축하는 경우에는 합리적이고 공정한 기준에 의하여 그 대상자를 선별하여야 한다. 만약 A시장이 감축대상자를 시험이라는 방법을 통해 선정하기로 하였다면 모든 감축대상자를 상대로 공정하고 평등하게 청원경찰업무를 수행하면서 취득한 지식과 능력을 측정하고 평가하여 그 감축대상자를 선정하였어야 했다. 그럼에도 불구하고 A시장은 청원경찰을 임용할 때 <초등학교 졸업 이하 학력소지자 집단>과 <중학교 중퇴 이상 학력소지자 집단>으로 구분하여 임용한 바도 없고, 또한 청원경찰로서의 능력을 평가하는 데에 학력의 차별을 둘 만한 특별한 이유가 없음에도 합리적 근거 없이 시험문제 출제수준이 중학교 학력 수준이어서 <초등학교 졸업 이하 학력소지자 집단>이 상대적으로 불리할 것이라는 이유만으로 <초등학교 졸업 이하 학력소지자 집단>과 <중학교 중퇴 이상

42) 대법원 2002. 2. 8. 선고 2000두4057 판결.
43) 대법원 2002. 2. 8. 선고 2000두4057 판결.

> 학력소지자 집단>으로 구분하여 각 집단별로 같은 감원비율 상당의 인원을 선정하였다. 그 결과 <중학교 중퇴 이상 학력소지자 집단>에 속한 사람 중에는 총 점수가 56점인 사람이 감축대상자로 선정된 반면, <초등학교 졸업 이하 학력소지자 집단>에 속한 사람 중에는 총 점수가 33점인 사람이 감축대상자에서 제외되는 부당한 결과를 초래하게 되었다. A시장이 이러한 학력에 따라 구분하여 감축대상자를 선정한 것은 합리성과 공정성을 결여하였고, 만약 이와 같은 학력에 의한 구분이 없었다면 순위 86등(117명-31명) 이내에 있는 '갑'은 감축대상자에 해당하지 아니함에도 A시장은 '갑'을 감축대상자로 선정하였으므로 A시장의 조치는 평등원칙에 위배되는 위법한 조치로 평가될 수 있다.[43]

Ⅷ 요　약

경찰관이 위험방지를 위하여 경찰권을 행사할 때에는 경찰법상의 일반원칙에 특별한 주의를 기울여야 한다. 경찰권 행사가 적법하기 위해서는 특히 다음의 [표 2-3]에 언급된 사항이 심사되어야 한다. 심사 시에는 하나의 사안에 하나의 문제가 쟁점이 되는 경우도 있으나 대부분의 사안은 두 가지 이상의 문제가 쟁점이 된다.

표 2-3 경찰권 행사의 적법성 심사 공식

경찰권 행사는 법률에 근거를 둔 것인가?
경찰권 행사는 헌법이나 법률이 요구하는 적법절차를 준수하였는가?
경찰권은 정당한 대상자에게 행사되었는가?
경찰권 행사는 목적달성을 위한 필요 이상의 조치가 아니었는가?
국민의 기본권을 보호하기 위한 최소한의 보호조치를 다 하였는가?
차별대우 없이 국민을 공평하게 처우하였는가?

제2절

일반경찰법상의 개괄적 수권조항

Ⅰ 개 설

리딩 케이스

사례 1 <스토킹행위자에 대한 서면 경고장 발부 사건>

'갑'(男)과 '을'(女)은 한 때 연인관계에 있었지만, 지금은 헤어진 사이이다. 그럼에도 불구하고 '갑'은 재회를 요구하며, '을'을 지속적으로 괴롭히고 있다. '갑'은 '을'에게 전화나 문자메시지, 메신저 등으로 괴롭히는 것은 물론, 심지어 '을'의 일터나 주거지를 찾아오기도 하였다. 신변의 위협을 느낀 '을'은 결국 경찰에 신고를 하였다. 경찰은 '을'과 핫라인을 구축한 후 '을'을 112 긴급 신변보호 대상자 등록하고 '을'의 주거지 순찰을 강화하는 한편, '갑'에 대해서는 경찰서장 명의의 서면 경고장을 발부하는 조치를 취하였다. 서면 경고장에는 '타인의 생명, 신체에 대한 위해나 협박행위는 중대한 범죄행위로서 상대방에 대한 신변위협 행위를 시도·반복할 경우 관련법에 따라 엄중히 처벌되며, 상대방이 원하지 않는 연락이나 접근을 하는 행위도 형사처벌의 대상이 되므로, 향후 이와 같은 행위가 발생하지 않도록 유의하기 바란다'는 내용이 담겨 있었다. 여기서 경찰은 스토킹행위자인 '갑'에게 서면 경고장을 발부할 권한이 있는가?

사례 2 <청원경찰의 불법건축물 단속 사건>

청원경찰 P는 A군(郡)의 도시과 단속계 요원으로 근무하고 있다. 그러던 어느 날 청원경찰 P는 주민 '갑'이 A군수의 허가를 받지 않고 자신의 집 창고를 주택으로 개축한다는 제보를 받고 이를 단속하기 위하여 '갑'의 건축공사장에 출입하였다. 청원경찰 P의 출현에 몹시 흥분한 '갑'은 폭력을 사용하여 청원경찰 P의 단속을 방해하였다. 이 경우 청원경찰 P는 '갑'이 허가를 받지 않고 창고를 주택으로 개축하는 행위를 단속할 권한이 있는가? 만일 단속할 권한이 있다면 이에 대한 법적 근거는 무엇인가?[1]

사례 3 <3 · 1절 폭주방지 SMS 발송 사건>

경찰은 폭주족이 횡행하는 3 · 1절을 앞두고 과거 폭주전력이 있는 사람들에게 휴대폰 문자메시지(SMS)로 2~3회에 걸쳐 '3 · 1절 폭주 적발 시 엄중처벌방침'을 알렸다. 경찰이 발송한 문자메시지에는 '교통질서를 어지럽히고 반복된 폭주행위로 교통안전을 위협하는 행위에 대해서는 엄중처벌할 방침이므로 엄중처벌을 피하려면 주요 폭주시간대에는 운전을 하지 말 것'을 권고하는 내용이 담겨 있었다.[2] 경찰은 폭주전력자들에게 이와 같은 문자메시지를 발송할 권한이 있는가? 만일 권한이 있다면 이에 대한 법적 근거는 무엇인가?

사례 4 <로트와일러 사건>

'갑'은 맹견의 일종인 로트와일러(Rottweiler)[3]의 주인이다. '갑'의 개는 여러 차례 다른 개들을 물었고, 심지어 사람을 공격하기도 하였다.[4] 그럼에도 불구하고 '갑'은 개에게 목줄과 입마개를 착용시키지 않은 채 동네를 산책하곤 하였다. 그러던 어느 날 개를 동반하고 외출중인 '갑'을 목격한 주민 '을'이 경찰에 신고를 했고, 신고를 받고 출동한 경찰관 P는 '갑'에게 즉시 목줄과 입마개를 착용시킬 것을 명령하였다. 이 경우 경찰관 P는 '갑'에게 목줄과 입마개의 착용을 명령할 권한이 있는가? 만일 권한이 있다면 이에 대한 법적 근거는 무엇인가?

사례 5 <행락지에서의 취객난동 사건>

A시는 남해안에 위치한 작은 도시로 깨끗하고 도시환경이 비교적 잘 정비된 휴양지로 알려져 있다. 이곳은 여름철 휴양객들이 저녁시간을 조용히 보내는 장소로 애용되고 있다. 그러던 어느 날 저녁 20대 초반의 젊은 남성 5명이 이곳에 도착하였다. 이들은 이상야릇한 옷차림을 하고 끊임없이 음주를 하면서 라디오음악을 크게 틀어 놓았을 뿐만 아니라 주변휴양객들에게 욕설까지 일삼곤 하였다.[5] 이에 신고를 받고 출동한 경찰관 P는 5명의 남성에게 소란행위를 중지하고 이곳에서 즉시 떠나라는 퇴거명령을 내렸다. 그러나 이들은 경찰이 이러한 명령을 내릴 권한이 없다고 주장하며 떠나기를 거부하고 있다. 경찰관 P는 5명의 남성에게 퇴거명령을 내릴 권한이 있는가? 만일 권한이 있다면 이에 대한 법적 근거는 무엇인가?[6]

사례 6 <제노바(Genova) G 8 反세계화 시위 사건>

2001년 7월 20일부터 7월 22일까지 이탈리아 제노바(Genova)에서는 G 8 정상회담이 개최되었다. 경찰은 여러 경로를 통해 反세계화 폭력 시위대가 G 8 정상회담을 반대하기 위하여 제노바에 집결할 것이라는 정보를 입수하였다. 경찰이 이들의 동향을 주의깊에 살핀 이유는 과거 유사 행사에서 이들의 소행으로 간주된 일련의 사건이 발생하였기 때문이었다. 즉 2001년 6월 스웨덴 예테보리(Gothenburg)에서 한국인도 포함된 세계화 반대 시위대와 경찰 간에 대규모 폭력충돌이 있었고, 이 과정에서 많은 인명 및 재산상의 피해가 있었다. 스웨덴 경찰은 한국인 6명을 체포하였다. 또한 2001년 7월 오스트리아 잘츠부르크(Salzburg)에서 개최된 세계경제포럼 회의에서도 한국인이 연루된 폭력사태가 발생한 바 있었다.

'갑'은 극단주의 폭력집단의 일원이며, 이미 정치적 동기의 범죄로 인하여 세간의 이목을 집중시킨 인물이다. 경찰이 입수한 정보에 따르면 '갑'은 공용물 손괴와 상해를 이유로 2건의 범죄전과가 있다. 경찰은 제노바에서 G 8 정상회담이 열리는 기간에 맞추어 '갑'에게 2001년 7월 15일부터 7월 22일까지 매일 정오 12시까지 유효한 신분증명서를 지참하고, 경찰관서로 출석할 것을 명령하였다. 처분이유서에는 한국에서도 일부 극단주의 세력이 反세계화 시위에 동참할 것이 예견됨에 따라 폭력성향이 있는 '갑'이 예정된 시위에 참석하기 위하여 제노바로 갈 것으로 추정된다는 점이 적시되어 있었다. 다른 도시에서 있었던 대규모의 무력충돌을 고려할 때 극단주의자들의 높은 잠재적 폭력이 예견될 수 있으며, 이것은 해외에서 한국의 위상을 손상시킬 수 있다고 하였다. 이 경우 경찰은 '갑'에게 위험방지의 목적으로 출석명령을 내릴 권한이 있는가? 만일 권한이 있다면 이에 대한 법적 근거는 무엇인가?[7)]

사례 7 <상경(上京)차단 사건>

한미 자유무역협정(FTA) 저지 범국민운동본부는 한미 FTA 체결 저지를 목적으로 2007년 3월 10일 오후 3시경 서울시청 앞 광장 등에서 한미 FTA 반대집회 범국민대회를 개최할 예정이었다. 그런데 관할 경찰당국은 주최자에게 서울집회가 집단적 폭력시위가 될 것이 명백하고 교통소통을 위하여 제한이 필요하다는 등의 이유로 집회 금지를 통고함과 아울러 대규모 인원이 집회참가를 위하여 상경하는 것을 대비하여 각 지방에서 집회참가를 원천봉쇄하기로 하였다.

한편, 충북 제천시 농민회 소속 회원을 비롯한 농민관련 단체회원 약 20명은 서울집회에 참가하기 위하여 2007년 3월 10일 오전 9시 30분경 충북 제천시 봉양읍 주포리에 있는 봉양읍 주민자치센터 앞마당에 모여 그중 10여 명이 12인승 승합차 1대에 동승해 출발하려 하였다. 그러자 제천경찰서 소속 경찰관들은 서울집회가 금지통고 되었다는 이유로 집회참가를 저지하기 위하여 주민자치센터 정문의 양 기둥 사이에 교통순찰차 1대를 가로 세우고 경비 지프차 1대를 뒷부분이 자치센터 쪽으로 향하도록 세워 출입로를 봉쇄하는 방법으로 농민들이 승차한 승합차의 진출을 가로막았다. 이 경우 제천경찰서 소속 경찰관들은 농민들이 집회에 참가하기 위하여 상경하는 것을 원천봉쇄할 권한이 있는가? 만일 원천봉쇄할 권한이 있다면 이에 대한 법적 근거는 무엇인가?[8)]

---

1) 대법원 1986. 1. 28. 선고 85도2448 판결.

2) [사례 1] <3 · 1절 폭주방지 SMS 발송 사건>은 각색된 사례로서 경찰이 3 · 1절을 앞두고 폭주전력자에게 보낸 문자메시지의 실제내용은 이와 다르다. 실제 사례에 관해서는 양정우, "단속에 앞서 '폭주욕망' 잠재운다", 연합뉴스 2008. 2. 28. http://news.naver.com/main/read.nhn?mode=LSD&mid=sec&sid1=102&oid=001&aid=0001979172 (2024. 07. 30. 검색).

3) 로트와일러(Rottweiler)는 독일 로트와일러(Rottweiler) 시(市)에서 명명의 기원을

1. 개괄적 수권조항의 의의

경찰법에서 **개괄적 수권조항**(Generalklausel)이란 개별적 수권조항이 존재하지 않는 경우에 경찰에게 위험방지조치를 수권하는 법률조항을 의미한다.[9] 개괄적 수권조항의 규율형태는 나라마다 조금씩 차이가 있지만, 대체로 "경찰은 공공의 안녕 또는 공공의 질서에 대한 위험을 방지하기 위하여 필요한 조치를 취할 수 있다"는 내용을 담고 있다. (후술하겠지만) 현행법상 이런 내용을 담고 있는 조항으로는 「경직법」 제2조 제7호와 결합한 제5조 제1항 제3호를 들 수 있다. 동 조항은 공공의 안녕이나 공공의

찾는 검은색과 황색의 이중모를 가진 견종으로서 전 세계적으로 경찰견, 경호견으로 많이 애용되고 있다. 성격이 다소 강한 편이어서 낯선 사람과 다른 개들을 공격하는 성향을 보이기도 한다.

4) 관련 언론기사로는 이신영, "탈출한 맹견 주민 습격", SBS 뉴스 2009. 12. 31. http://news.sbs.co.kr/section_news/news_read.jsp?news_id=N1000691389 (2024. 07. 30. 검색).

5) 경찰청에 따르면 2009년 상반기에 술을 먹고 소란을 피우거나 거리에 오물을 버리는 등의 기초질서 위반행위에 대한 단속건수는 47만 3천 936건으로 2008년 동기(38만 1천 716건)에 비하여 24.1% 증가한 것으로 집계됐다. 2008년 동기 대비 가장 많이 증가한 법질서위반은 '인근소란행위'로 9만 2천 871건이 단속돼 67.1% 늘어났고, 공공장소에서 술을 먹고 행패를 부리는 '음주소란행위'도 4만1천298건으로 62.8% 증가한 것으로 나타났다. 윤종석, "제헌절 무색케 하는 '法 경시' 풍조", 연합뉴스 2009. 7. 16. (2024. 07. 30. 검색).

6) 유사한 사례로는 정하중, 행정법사례연구, 성민사, 1999, 384쪽.

7) 유사한 사례로는 BVerwGE 129, 142 ff.

8) 대법원 2008. 11. 13. 선고 2007도9794 판결.

9) 개괄적 수권조항의 고전적 형태는 1931년 「프로이센 경찰행정법」 제14조 제1항에서 찾을 수 있다. 동 조항은 다음과 같이 규정하고 있었다: "경찰관청은 현행법의 범위 내에서 공공의 안녕 또는 공공의 질서를 위협하는 위험으로부터 공중이나 개인을 보호하기 위하여 필요한 조치를 의무에 적합한 재량에 따라 취해야 한다." 사실 「프로이센 경찰행정법」은 입법기술상 직무규정을 별도로 두지 않고 개괄적 수권조항만을 두면서 그 속에서 직무할당을 행하는 규정방식을 택하였다. 그러나 오늘날 대부분의 경찰법은 「프로이센 경찰행정법」 제14조와 달리 직무규정과 개괄적 수권조항을 구분해서 규정하고 있다.

질서에 대한 위험 또는 장해가 존재하는 경우 경찰에게 위해방지에 필요한 조치를 수권한다. 개괄적 수권조항은 **경찰상의 하명**(예: 안전장치 없이 맹견을 데리고 동네를 활보하고 다니는 견주에게 내리는 목줄과 입마개 착용 명령이나 공공장소에 술에 취하여 이유 없이 다른 사람에게 행패를 부리는 음주소란행위자에 대한 퇴거명령)뿐만 아니라, **경찰상의 사실행위**(예: 엄중처벌을 피하려면 주요 폭주시간대에는 도로에서 운전을 하지 말라는 내용의 폭주전력자에 대한 권고나 스토킹 또는 데이트폭력 가해자에 대한 서면 경고장의 발부)에 대한 법률적 근거가 된다.

2. 개괄적 수권조항의 보충성

「경직법」은 경찰관이 위험방지의 직무를 수행함에 있어서 요구되는 전형적인 경찰작용인 "**표준조치**"를 수권하는 개별적 수권조항을 두고 있다. 예를 들어 「경직법」 제3조의 불심검문, 제4조의 보호조치, 제5조의 접근금지와 통행제한, 제7조의 위험방지를 위한 출입, 제8조의 사실조회와 출석요구, 제10조의 5의 경찰착용기록장치의 사용 등이 그 예이다. 물론 「경직법」 외에도 특별경찰법에는 위험방지의 직무수행과 관련된 수많은 개별적 수권조항이 존재한다. 「집회 및 시위에 관한 법률」 제20조 제1항에 따른 집회 또는 시위에 대한 해산명령, 「가정폭력범죄의 처벌 등에 관한 특례법」 제8조의2 제1항에 따른 사법경찰관의 긴급임시조치 또는 「풍속영업의 규제에 관한 법률」 제9조 제1항에 따른 풍속영업소에의 출입검사 등이 그 예이다.

특별경찰법이나 일반경찰법이 개별적 수권조항을 통해 경찰관에게 위험방지조치를 수권하고 있는 한 그러한 수권은 **종결적 성격**을 갖기 때문에 경찰관은 더 이상 개괄적 수권조항에 근거하여 위험방지조치를 취할 수 없다. 개별적 수권조항은 그 적용에 있어서 개괄적 수권조항보다 우선한다. 즉 **개괄적 수권조항은 개별적 수권조항이 존재하지 않는 경우에만 위험방지조치에 대한 수권근거로서 고려된다.** 이에 따라 경찰관이 위험방지의 직무를 수행함에 있어서는 먼저 개별적 수권조항, 즉 특별경찰법상의 개별적 수권조항과 일반경찰법상의 개별적 수권조항이 존재하는지 여부부터 살펴보아야 한다.

케이스 해설

해설 1 <스토킹행위자에 대한 서면 경고장 발부 사건>

사례에서는 경찰서장이 스토킹행위자 '갑'에게 서면 경고장을 발부할 권한이 있는지를 묻고 있다. 일반적으로 경고에는 규율적 성격을 갖는 경고(예: 대집행의 계고)와 단순히 위험상황을 알리는 경고가 있다. 전자는 경고 그 자체에서 직접 법률상의 효과가 발생하기 때문에 처분에 해당하지만, 후자는 법적 구속력 없이 사실상의 효과만을 갖기 때문에 사실행위에 불과하다. 사례에서 경찰서장이 '갑'에게 발부한 서면 경고장은 그 내용에 비추어 볼 때 후자의 사실행위에 해당한다. 사실 서면 경고장의 발부는 스토킹으로부터 피해자를 보호하기 위한 조치로서 「경직법」 제2조에 규정된 경찰의 직무에 해당하지만, 서면 경고장의 발부가 경찰의 직무에 해당한다고 해서 경찰이 서면 경고장을 발부할 권한도 당연히 갖는 것은 아니다. 사례에서 경찰이 발부한 서면 경고장은 '갑'의 기본권, 즉 일반적 인격권과 의사결정의 자유를 제한하기 때문에, 법률유보원칙에 따라 법률의 수권이 필요하다. 부연하면 사례에서 경찰이 스토킹행위자에게 서면 경고장을 발부한 배경에는 스토킹행위자가 그 이전부터 피해자를 지속적으로 전화나 문자, 메신저 등으로 괴롭히거나 심지어 피해자의 일터나 주거지로 찾아오는 등의 과거 전력으로 경찰의 주목을 받고 있었다는 사정이 자리잡고 있다. 따라서 경찰이 예의주시하던 '갑'에게 서면 경고장을 발부한 것은 그 자체가 이미 '갑'의 이미지에 부정적으로 작용할 수 있고, 이로써 서면 경고장의 발부는 '갑'의 일반적 인격권을 제한할 수 있다. 또한 서면 경고장 발부는 스토킹행위자로 하여금 지속적 괴롭힘을 그만두게 할 수 있고, 이러한 위하효과로 인하여 '갑'의 의사결정의 자유가 제한될 수 있다. 여하튼 경찰의 서면 경고장 발부는 '갑'의 헌법상 보장된 기본권을 제한하기 때문에, 경찰이 스토킹범죄 피해자를 보호하기 위하여 '갑'에게 서면 경고장을 발부하기 위해서는 법률유보원칙에 따라 법률의 수권이 필요하다는 점이 무엇보다 중요하다. 이 경우에는 최근 개정된 「스토킹범죄의 처벌 등에 관한 법률」 제3조 제1호가 경찰에게 스토킹행위자인 '갑'을 상대로 서면 경고장을 발부할 수 있는 권한을 부여한다.

스토킹범죄의 처벌 등에 관한 법률

제3조(스토킹행위 신고 등에 대한 응급조치) ① 사법경찰관리는 진행 중인 스토킹행위에 대하여 신고를 받은 경우 즉시 현장에 나가 다음 각 호의 조치를 하여야 한다.

1. 스토킹행위의 제지, 향후 스토킹행위의 중단 통보 및 스토킹행위를 지속적 또는 반복적으로 할 경우 처벌 서면경고
2. 스토킹행위자와 피해자등의 분리 및 범죄수사
3. 피해자등에 대한 긴급응급조치 및 잠정조치 요청의 절차 등 안내
4. 스토킹 피해 관련 상담소 또는 보호시설로의 피해자등 인도(피해자등이 동의한 경우만 해당한다.)

즉 「스토킹범죄의 처벌 등에 관한 법률」 제3조에 따르면 사법경찰관리는 진행 중인 스토킹행위에 대하여 신고를 받은 경우 즉시 현장에 나가 ① 스토킹행위의 제지, 향후 스토킹행위의 중단 통보 및 스토킹행위를 지속적으로 또는 반복적으로 할 경우 처벌 서면경고, ② 스토킹행위자와 피해자등의 분리 및 범죄수사, ③ 피해자등에 대한 긴급응원조치 및 잠정조치 요청의 절차 등 안내, ④ (피해자등이 동의한 경우) 스토킹 피해 관련 상담소 또는 보호시설로의 피해자등 인도하는 조치(이른바 응급조치)를 할 수 있으므로, 사례에서 경찰은 「스토킹범죄의 처벌 등에 관한 법률」 제3조 제1항 제1호에 근거하여 스토킹행위자인 '갑'에게 그와 같은 스토킹행위를 지속적 또는 반복적으로 할 경우 처벌받을 수 있다는 서면 경고장을 발부할 수 있다.

3. 개괄적 수권조항의 규범구조

(1) 조건부 규범구조

경직법상의 개괄적 수권조항(「경직법」 제2조 제7호와 결합한 제5조 제1항

제3호)은 공공의 안녕이나 공공의 질서에 대한 위험 또는 장해가 존재하는 경우 경찰관에게 위해방지에 필요한 조치를 수권한다. 이러한 점에서 경직법상의 개괄적 수권조항은 “If절 - 형식”, 즉 “만약 ~면 (또는 ~의 경우에는) ~ 할 수 있다”의 **조건부 규범구조**를 띠고 있다.

개괄적 수권조항의 **요건부분**은 두 가지 요건으로 구성되어 있다. 즉 ① **공공의 안녕** 또는 **공공의 질서**라는 **보호법익**과 ② 이러한 보호법익에 대한 **위험 또는 장해**가 바로 그것이다. 만일 이러한 요건이 충족된다면 경찰관은 위해방지에 필요한 조치를 할 수 있다. 또한 개괄적 수권조항은 **효과부분**에서 “경찰관은 ~ 할 수 있다”는 이른바 가능규정형식을 통해 경찰관에게 **재량**을 부여하고 있다. 이에 따라 경찰관은 법률이 부여한 권한을 행사할 것인지 여부를 결정해야 하고(**결정재량**), 다음으로 경찰이 권한을 행사하기로 결정했다면 위해방지를 어떻게 수행할 것인지에 관하여 선택해야 한다(**선택재량**). 여기서 선택재량은 경찰관이 투입할 수 있는 수단(=위해방지조치의 내용)과 관련이 있을 뿐만 아니라, 경찰책임자가 다수 존재하는 경우에는 위해방지조치의 대상자와도 관련이 있다. 결국 경직법상의 개괄적 수권조항은 **요건부분**에서는 **불확정 법개념**(공공의 안녕, 공공의 질서, 위험, 장해)을,[10] **효과부분**에서는 **재량**(결정재량과 선택재량)을 부여하는 규범구조를 취하고 있다. 이상을 도해하면 다음 [표 2-4]와 같이 나타낼 수 있다.[11]

10) 개괄적 수권조항의 요건부분에는 ‘공공의 안녕’, ‘공공의 질서’, ‘위험’, ‘장해’와 같은 불확정 법개념, 즉 해석을 요하는 법개념이 사용되고 있다. 이 경우 개괄적 수권조항의 요건부분에 불확정 법개념이 사용되고 있다고 해서 경찰에게 당연히 판단여지가 주어지는 것은 아니라는 점에 유의하여야 한다. 특히 경찰은 사전 예측적 판단을 내려야 한다는 사실로부터 판단여지가 도출될 수는 없다. 물론 개괄적 수권조항의 요건이 존재하는 경우에는 경찰이 개입할 것인지 만일 개입한다면 어떤 수단을 선택하여 개입할 것인지는 원칙적으로 경찰의 재량에 속한다. 이에 관해서는 Schenke, Polizei– und Ordnungsrecht, 2023, Rn. 54.

11) Schoch, Grundfälle zum Polizei– und Ordnungsrecht, JuS 1994, 570 (571).

표 2-4 개괄적 수권조항의 규범구조

<table>
<tr><th colspan="3">법률요건</th><th colspan="2">법률효과</th></tr>
<tr><td colspan="2">보호법익</td><td rowspan="2">위험 또는 장해</td><td rowspan="2">결정재량</td><td rowspan="2">선택재량
• 적절한 수단의 선택
• 적절한 대상자의 선택
(경찰책임자가 다수 존재하는 경우)</td></tr>
<tr><td>공공의 안녕</td><td>공공의 질서</td></tr>
</table>

(2) 개괄적 수권조항의 규범구조와 그 내용에 대한 이해의 필요성

(전술한 바와 같이) 개괄적 수권조항은 그 적용에 있어서 특별경찰법이나 일반경찰법에 있는 개별적 수권조항보다 후순위에 머문다. 그럼에도 불구하고 이하에서는 개괄적 수권조항을 중점적으로 살펴볼 것이다. 그 이유는 개괄적 수권조항의 규범구조와 그 내용에 대한 이해가 경찰법상의 수권조항에 대한 이해를 위하여 매우 중요하기 때문이다. 즉 개괄적 수권조항은 공공의 안녕이나 공공의 질서에 대한 위험 또는 장해를 그 요건으로 하며, 요건 충족 시에 경찰에게 위해방지에 필요한 조치를 수권한다. 「경직법」에 있는 표준조치를 수권하는 개별적 수권조항의 요건도 개괄적 수권조항과 마찬가지로 통상 두 부분으로 구성되어 있다. 즉 특정한 보호법익과 이러한 보호법익에 대한 위험 또는 장해가 바로 그것이다. 만일 표준조치를 수권하는 개별적 수권조항이 그 요건부분에 '공공의 안녕', '공공의 질서', '위험', '장해'를 언급하고 있다면 그 내용은 개괄적 수권조항의 내용과 동일하다. 나아가 특별경찰법상의 개별적 수권조항에도 동일한 것이 적용된다. 이러한 점에서 개괄적 수권조항은 그 규범구조상 이와 동일하거나 유사한 구조를 띠는 수많은 개별적 수권조항의 모범이 되는 기능을 수행한다. 이러한 이유로 이하에서는 개괄적 수권조항을 중점적으로 살펴보기로 한다.

4. 개괄적 수권조항과 관련된 세 가지 쟁점

개괄적 수권조항과 관련하여서는 다양한 문제가 제기되고 있지만, 제기된 문제를 살펴보면 결국 다음의 세 가지 범주에 포함될 수 있다. 첫째, 개괄적 수권조항은 개인의 권리를 제한하거나 의무를 부과하는 경찰작용에 대한 수권근거가 될 수 있는가(**개괄적 수권조항의 허용 여부**), 둘째, 만일 개괄적 수권조항이 개인의 권리를 제한하거나 의무를 부과하는 경찰작용에 대한 수권근거가 될 수 있다면 현행법상 어떤 법률조항을 개괄적 수권조항으로 인정할 수 있는가(**개괄적 수권조항의 인정 여부**), 셋째, 개괄적 수권조항이 적용되는 영역과 그 한계는 어디까지인가(**개괄적 수권조항의 적용과 한계**)의 문제가 바로 그것이다. 개괄적 수권조항과 관련하여 제기되는 세 가지 문제에 관해서는 아래에서 순차적으로 살펴보기로 한다.[12]

II 개괄적 수권조항의 허용 여부

개괄적 수권조항과 관련하여 제기되는 첫 번째 문제는 개괄적 수권조항은 개인의 권리를 제한하거나 의무를 부과하는 경찰작용에 대한 수권근거가 될 수 있는가 하는 점이다.

1. 학설의 상황

일부 견해[13]에 따르면 개괄적 수권조항은 **명확성원칙**에 반하기 때문에

---

12) 이에 관해서는 또한 손재영, "경찰법상의 개괄적 수권조항 - 개괄적 수권조항의 기능 및 적용영역을 중심으로 -", 법학논고 제31집 별호, 2009, 523쪽 이하; 정상원, "경찰법상의 개괄적 수권조항", 경북대학교 대학원 석사학위논문, 2010, 3쪽 이하.

13) 예를 들어 박윤흔, 최신행정법강의(하), 박영사, 2004, 325쪽이 바로 그러하다.

허용될 수 없다고 한다. 즉 개괄적 수권조항의 요건부분에는 '공공의 안녕', '공공의 질서', '위험', '장해'와 같은 불확정 법개념이 사용되고 있는 바, 이러한 개념의 사용은 법률유보원칙의 한 요소인 명확성원칙에 위배된다는 것이다. 문헌에서 **부정설**로 불리는 이러한 견해에 따르면 **경찰작용은 권력적이고 침해적인 성격을 갖기 때문에 경찰작용에 대한 수권방식은 "개별적" 수권방식이 되어야 한다**고 주장한다.[14] 이에 반하여 다수견해는 (타당하게도) 개괄적 수권조항은 원칙적으로 경찰작용에 대한 수권근거가 될 수 있다고 보고 있다.[15]

2. 개괄적 수권조항과 명확성원칙

(1) 학설과 판례에 의한 개괄적 수권조항의 명확화

일부 견해가 명확성원칙의 관점에서 개괄적 수권조항에 대하여 제기하고 있는 헌법적 의문은 타당하지 않은 것으로 판단된다. 왜냐하면 **개괄적 수권조항은 오늘날 학설과 판례에 의하여 동 조항 속에 규정된 수권의 목적과 내용 및 범위가 이미 충분히 명확해졌기 때문이다.**[16] 지난 수십 년간 학설과 판례는 개괄적 수권조항의 요건부분에 규정된 '공공의 안녕', '공공의 질서', '위험', '장해'의 개념을 해석해 왔고, 그 결과 경찰이 이러한 개념을 적용하고 법원이 그 적용을 통제할 수 있을 정도로 충분히 명확해졌다. 어떤 법률조항이 해석을 필요로 한다고 해서 해당 법률조항이 명확성원칙에 반하는 것은 결코 아닐 것이다. 헌법재판소 역시 일관된 결정에서 입법자가 불확정 법개념을 사용하는 것은 원칙적으로 헌법에 반하지 않는다는 입장을 고수하고 있다.

14) 이러한 견해에 입각한 것으로는 헌재 2011. 6. 30. 2009헌마406(서울광장통행저지행위의 위헌성)에서 개진된 재판관 김종대, 재판관 송두환의 보충의견.

15) 개괄적 수권조항과 명확성원칙과의 상호관계에 관해서는 이기춘, "경찰재량수권규범의 명확성통제에 관한 고찰", 법학연구 제21권 제2호, 2010, 125쪽 이하.

16) 같은 견해로는 정하중, 행정법개론, 법문사, 2016, 1108쪽.

판례

〈명확성원칙의 위배 여부〉

모든 법규범의 문언을 순수하게 기술적 개념만으로 구성하는 것은 입법기술적으로 불가능하고 또 바람직하지도 않기 때문에, 어느 정도 가치개념을 포함한 일반적·규범적 개념을 사용하지 않을 수 없다. 또한 당해 법률조항의 입법목적, 당해 법률의 체계 및 다른 규정들과의 상호관계를 고려하거나 이미 확립된 판례를 통한 해석방법을 통하여 그 규정의 해석 및 적용에 대한 신뢰성이 있는 원칙을 도출할 수 있어서 법률조항의 취지를 예측할 수 있는 정도의 내용이라면 그 범위 내에서 명확성의 원칙은 유지되고 있다고 보아야 할 것이고, 또한 법관의 보충적인 가치판단을 통한 법문의 해석으로 그 의미내용을 확인해 낼 수 있다면 명확성의 원칙에 반한다고 할 수 없을 것이다.[17]

(2) 경찰작용에 대한 입법자의 개별적 수권의무?

사실 개별적 수권방식은 법률의 홍수(Gesetzesflut) 또는 규범의 홍수(Normenflut)를 초래한다는 비판에도 불구하고 입법 정책적으로는 바람직한 것으로 볼 수 있다. 그렇지만 **입법자가 경찰작용에 대한 수권을 반드시 개별적 수권방식으로 하여야 할 헌법상의 의무는 존재하지 않는다.** 「헌법」 제37조 제2항에 따라 국민의 자유와 권리는 국가안전보장, 질서유지 또는 공공복리를 위하여 필요한 경우 "법률"로써 제한될 수 있지만, 이 경우의 법률이 반드시 개별적 수권조항이 되어야 하는 것은 아니다. 만일 이러한 의무를 헌법에서 도출해 내려는 견해가 있다면 이러한 견해는 헌법이 요구하는 사항을 과도하게 늘이는 견해가 될 것이다.

17) 헌재 1992. 2. 25. 89헌가104; 1998. 4. 30. 95헌가16; 2001. 6. 28. 99헌바31; 2004. 2. 26. 2003헌바4.

(3) 위험상황의 다양성에 따른 경찰의 탄력적 대응의 필요성

주지하다시피 명확성원칙은 모든 법률에 대하여 동일한 정도의 명확성을 요구하지 않는다. 명확성의 정도는 개개의 법률이나 법률조항의 성격에 따라 차이가 있을 수 있다.[18] 특히 경찰법의 영역에서는 방지되어야 하는 위험상황의 다양성 때문에 **경찰의 탄력적 대응이라는 측면**에 매우 중요한 의미가 부여된다.[19] 경찰이 다양한 위험상황을 고려하여 개별사안에 맞는 적합한 조치를 취할 수 있도록 입법자는 법률요건부분에 불확정 법개념(공공의 안녕, 공공의 질서, 위험, 장해)을 사용할 수 있고, 법률효과부분에서는 재량(결정재량과 선택재량)을 부여할 수 있다. **제아무리 완벽에 가까운 입법자라 하더라도 모든 위험상황을 사전에 예측하여 이를 개별적 수권조항에 일일이 열거한다는 것은 불가능하며 또한 바람직하지도 않다.** 입법보다 앞서가는 기술의 발전을 통해 위험상황은 끊임없이 새롭게 발생할 것이므로 입법자가 위험방지를 위하여 일련의 개별적 수권조항을 마련한다 해도 **입법상의 흠결**은 또다시 발생하기 마련이다. 이러한 경우 만일 개괄적 수권조항이 없다면 경찰은 자신에게 맡겨진 위험방지의 직무를 제대로 수행할 수 없게 될 것이다. 즉 가까운 장래에 손해가 발생할 충분한 개연성이 존재함에도 불구하고 경찰은 수권근거의 부재(不在)로 인하여 새로운 유형의 위험상황에 적절하게 대응하지 못한 채 이를 수수방관해야 하거나 어쩌면 위법을 모면하기 위하여 위험상황을 모른 체 해야 할지도 모른다.

(4) 전형적인 위험상황의 경우 입법자는 개별적 수권조항을 마련하여야 한다?

최근 일부 문헌[20]에서는 '일반적으로 개괄적 수권조항은 비정형적인

18) 헌재 2000. 2. 24. 98헌바37; 2002. 7. 18. 2000헌바57; 2004. 2. 26. 2003헌바4.
19) B. Kastner, Verdachtsunabhängige Personenkontrollen im Lichte des Verfassungsrechts, VerwArch. Bd. 92 (2001), 216 (243).
20) 예를 들어 Butzer, Flucht in die polizeiliche Generalklausel?, VerwArch. Bd. 93, 2002, 506 (523); Pieroth/Schlink/Kniesel, Polizei- und Ordnungsrecht,

위험상황에 대해서만 법적 근거가 될 수 있는 반면, 특정한 위험상황이 매번 발생하고 특정한 방식의 위험방지가 요구되는 경우에는 그와 결부된 기본권 제한이 본질적 사항에 해당하기 때문에 입법자는 개별적 수권조항을 마련하여야 할 의무가 있다'는 주장이 개진되고 있다. 그러나 이러한 견해는 너무 많이 나아간 견해라 할 수 있다. 왜냐하면 이러한 견해는 **의회유보원칙을 과도하게 늘이는 견해**이기 때문이다. 전술한 바와 같이 표준조치를 확대하거나 개별적 수권조항을 마련하는 것은 비록 이와 결부된 과잉입법(Übernormierung)의 문제에도 불구하고 입법 정책적으로는 바람직한 것으로 볼 수 있다. 하지만 그렇다고 해서 입법자에게 헌법상의 일반적인 입법의무가 존재하는 것은 아니다. **적어도 새로 만들어지는 개별적 수권조항이 내용적으로 개괄적 수권조항의 구성요건을 반복하고 있을 뿐이라면 입법자가 이것을 다시 한번 명시적으로 규정하더라도 법치국가의 발전을 가져오지 않는다.** 게다가 마치 헌법상의 원칙인 것으로 억지 주장된 견해, 즉 '전형적인 위험상황의 경우 입법자는 개별적 수권조항을 마련하여야 할 의무가 있다'는 견해는 비정형적인 위험상황과의 구별문제를 낳게 될 것이고, 그 결과 법적 안정성이라는 관점에서 새로운 헌법적 문제를 야기할 것이기 때문에 수용하기 어려운 견해이다.[21]

3. 소 결

개괄적 수권조항은 원칙적으로 경찰작용에 대한 수권근거가 될 수 있다. 개괄적 수권조항은 명확성원칙에 반하기 때문에 허용될 수 없다는 견해는 오늘날 학설과 판례에 의하여 동 조항 속에 규정된 수권의 목적과 내용 및 범위가 이미 충분히 명확해졌다는 점과, 경찰작용에 대한 수권근거로서 개괄적 수권조항이 갖는 유용성을 고려할 때, 설득력이 떨어지는 견해이다. 최근 위험방지를 위하여 특별법을 제정하려는 경향이 강하게 나

2010, § 7 Rn. 20이 바로 그러하다.

21) Schenke, Polizei- und Ordnungsrecht, 2023, Rn. 49.

타나고 있음에도 불구하고 오늘날 기술의 발전을 통해 새롭게 발생하는, 그래서 입법자가 입법과정에서 종종 예측할 수 없었던 위험상황과 경찰이 이러한 위험상황에 유연하게 대처하여야 함을 고려할 때 개괄적 수권조항이라는 수권방식을 완전히 포기할 수는 없을 것이다.

Ⅲ 개괄적 수권조항의 인정 여부

개괄적 수권조항과 관련하여 제기되는 두 번째 문제는 만일 개괄적 수권조항의 허용성과 필요성이 긍정된다면 현행법상 어떤 법률조항을 개괄적 수권조항으로 인정할 수 있는가 하는 점이다. 문헌에서는 현행법에도 (외국의 입법례에서 볼 수 있는) 개괄적 수권조항이 존재하는지 만일 존재한다면 어떤 법률조항을 개괄적 수권조항으로 인정할 수 있는지의 문제를 두고 다양한 견해가 개진되고 있다. 크게 두 가지 견해로 나누어 볼 수 있다. 즉 (1) 현행법에는 개괄적 수권조항이 존재하지 않는다고 보는 견해와 (2) 현행법에는 개괄적 수권조항이 존재한다고 보는 견해가 바로 그것이다. 전자의 입장에 서 있는 견해로는 입법필요설이 있고, 후자의 입장에서 있는 견해로는 ①「경직법」 제2조 제7호를 개괄적 수권조항으로 보는 견해, ②「경직법」 제2조 제7호 · 제5조 제1항 · 제6조를 개괄적 수권조항으로 보는 견해, ③「경직법」 제5조 제1항 제3호를 개괄적 수권조항으로 보는 견해, ④「경직법」 제5조 제1항 제3호의 유추적용을 주장하는 견해, ⑤「경직법」 제2조 제7호와 결합한 제5조 제1항 제3호를 개괄적 수권조항으로 보는 견해가 있다.

1. 현행법에는 개괄적 수권조항이 존재하지 않는다고 보는 견해

이른바 입법필요설에 따르면 개괄적 수권조항의 필요성은 인정되지만, 현행법에는 개괄적 수권조항으로 인정될 수 있는 법률조항이 존재하지 않으므로 결국 입법을 통해 개괄적 수권조항을 마련해야 한다고 주장한다. **입법필요설**은 현재 **다수설**의 지위를 점하고 있다.[22)]

그러나 입법필요설은 다음과 같은 점에서 문제가 있다. 즉 만일 입법필요설과 같이 현행법에는 개괄적 수권조항으로 인정될 수 있는 법률조항이 존재하지 않는다고 보게 되면 **현재 경찰이 위험방지나 장해제거를 목적으로 행하고 있는 경찰작용들 가운데 개별적 수권조항에 근거하지 않은 상당수의 경찰작용이 수권근거의 부재(不在)로 인하여 위법한 경찰작용이 된다**는 점이다. 예컨대 [사례 3 · 4 · 5]의 경우가 바로 그러하다. 즉 현행법에는 [사례 3 · 4 · 5]에서 경찰이 행한 조치에 대한 개별적 수권근거가 존재하지 않기 때문에 이러한 경우 입법필요설은 수권근거의 부재를 이유로 [사례 3 · 4 · 5]에서의 경찰작용을 위법하다고 볼 것이다. 이러한 점에서 입법필요설은 전술한 부정설과 결론을 같이한다.[23)] 왜냐하면 입법필요설과 부정설 모두 경찰은 개괄적 수권조항에 근거하여 [사례 3 · 4 · 5]에서와 같은 경찰작용을 행할 수 없다고 보기 때문이다. 단지 그 이유에 있어서 차이가 존재할 뿐이다. 즉 입법필요설은 현행법에는 개괄적 수권조항

22) 구형근, "한국 경찰법상 일반적 수권조항", 법학연구 제23집, 2006, 59쪽; 김동희, 행정법 II, 박영사, 2008, 211쪽; 김연태, 행정법사례연습, 홍문사, 2004, 738쪽; 김철용, 행정법 Ⅱ, 박영사 2009, 268쪽; 이기춘, "독일경찰질서법상 개괄적 수권조항 혹은 경찰일반조항의 고찰과 시사점의 도출", 법학연구 제59권 제1호, 2018, 22−23쪽; 정하중, 행정법개론, 법문사, 2020, 1062쪽; 홍정선, 경찰행정법, 박영사, 2010, 285쪽.

23) 부정설을 따르는 경우 [사례 1 · 2 · 3]에서 경찰이 행한 조치는 위법하다고 보아야 한다. 왜냐하면 현행법에는 각 사례에서 경찰이 행한 조치에 대한 개별적 수권조항이 존재하지 않기 때문이다.

에 해당하는 법률조항이 존재하지 않기 때문이라는 이유를 드는 반면, 부정설은 개괄적 수권조항의 존재 여부와 관계없이 동 조항은 권력적이고 침해적인 성격을 갖는 경찰작용에 대한 수권근거가 될 수 없기 때문이라는 이유를 든다. 이유 여하를 불문하고 결론적으로 [사례 3 · 4 · 5]에서의 경찰작용을 위법하다고 보는 점에서는 두 견해 모두 일치한다. 그 결과 경찰은 공공의 안녕에 대한 위험 또는 장해가 존재함에도 불구하고 위법한 경찰작용이 되는 것을 모면하기 위하여 [사례 3 · 4 · 5]에서와 같은 경찰작용을 행하여서는 아니 된다.

2. 현행법에는 개괄적 수권조항이 존재한다고 보는 견해

전술한 입법필요설과 달리 이하에서 소개되는 견해는 현행법에도 (외국의 입법례에서와 같은) 개괄적 수권조항이 존재한다고 본다. 다만 현행법상 어떤 법률조항을 개괄적 수권조항으로 인정할 수 있는지와 관련하여서는 다양한 견해가 존재한다.

(1) 「경직법」 제2조 제7호를 개괄적 수권조항으로 보는 견해

일부 견해[24]에 따르면 현행법에서는 「경직법」 제2조 제7호를 개괄적 수권조항으로 인정할 수 있다고 한다. 그러나 개괄적 수권조항의 인정 여부와 관련하여 개진된 여러 견해 가운데 적어도 「경직법」 제2조 제7호를 개괄적 수권조항으로 보는 견해는 다음을 이유로 받아들일 수 없다. 그것은 「경직법」 제2조의 제목(직무의 범위)에서도 알 수 있듯이 동 조는 경찰관이 수행하는 직무의 범위를 규정한 "직무규정"에 불과하고, 현재의 지배적인 견해에 따르면 이러한 직무규정에 근거한 경찰권 행사는 허용되지 않는다고 보기 때문이다.[25] 개인의 자유와 권리를 제한하지 않는 경찰작

24) 김남진/김연태, 행정법 II, 법문사, 2004, 260쪽; 류지태 · 박종수, 행정법신론, 박영사, 2011, 976쪽과 헌재 2011. 6. 30. 2009헌마406(서울광장통행저지행위의 위헌성)에서 개진된 재판관 이동흡, 재판관 박한철의 반대의견.

용(예: 범죄예방을 위한 순찰이나 대국민 홍보 또는 위험에 대한 일반적 경고 등) 만이 「경직법」 제2조 제7호와 같은 직무규정에 근거할 수 있다. 이에 반하여 경찰이 개인의 자유와 권리를 제한하는 경우 「헌법」 제37조 제2항은 반드시 법률의 수권을 요구하는바, 이 경우 「경직법」 제2조 제7호와 같은 직무규정은 「헌법」 제37조 제2항의 요구에 부합하는 수권근거가 되지 못한다. 「헌법」 제37조 제2항에서 말하는 "법률"은 경찰조직의 임무 또는 경찰관의 직무범위 등을 일반적으로 밝히는 조직법적 규정을 가리키는 것이 아니라 개별적 또는 구체적 사안에 적용할 작용법적 조항을 의미하는 것이다.26) 따라서 **경찰관의 직무범위를 개괄적으로 규정한 조직법 규정인 「경직법」 제2조 제7호는 경찰이 개인의 기본권을 구체적으로 제한할 수 있는 실체법적 근거로 삼을 수 없다.**27)

「경직법」 제2조 제7호와 같은 직무규정을 개괄적 수권조항으로 인정하려는 견해는 이미 오래전에 폐기되었던 견해, 즉 경찰에게 직무를 할당하는 규정(이른바 직무할당규정)에서 기본권 제한 권한을 도출해 낼 수 있다고 보던 견해와 별반 다를 바 없기 때문에 현재의 법치국가적 관점에서 도저히 받아들이기 어려운 견해이다. 「경직법」 제2조 제7호와 같은 직무규정은 다른 행정청과의 관계에서 직무의 한계를 설정하는 기능을 수행할 뿐, 개인의 기본권을 제한할 수 있는 권한을 부여하지 않기 때문에 이를 위해서는 별도의 수권규정(권한규정)이 필요하다.

(2) 「경직법」 제2조 제7호 · 제5조 제1항 · 제6조를 개괄적 수권조항으로 보는 견해

일부 견해28)에 따르면 「경직법」 제2조 제7호와 제5조 제1항 그리고

25) 같은 견해로는 박원규, "경찰의 신체부착형 영상촬영기기 사용에 관한 법적연구", 입법과 정책 제10권 제2호, 2018, 11쪽.

26) 헌재 2011. 6. 30. 2009헌마406(서울광장통행저지행위의 위헌성)에서 개진된 재판관 김종대, 재판관 송두환의 보충의견.

27) 헌재 2011. 6. 30. 2009헌마406(서울광장통행저지행위의 위헌성)에서 개진된 재판관 김종대, 재판관 송두환의 보충의견.

제6조를 각각 제1/제2/제3의 개괄적 수권조항으로 인정할 수 있다고 한다. 그러나 이 견해 역시 「경직법」 제2조 제7호를 개괄적 수권조항의 하나로 파악하고 있는 점에서 앞서 「경직법」 제2조 제7호를 개괄적 수권조항으로 인정하려는 견해에 대하여 가해진 비판이 동일하게 가해질 수 있다.[29] 즉 「경직법」 제2조 제7호는 경찰관의 직무범위를 규정한 직무규정에 불과하기 때문에 개인의 권리를 제한하거나 의무를 부과하는 경찰작용에 대한 수권근거가 될 수 없다.

(3) 「경직법」 제5조 제1항 제3호를 개괄적 수권조항으로 보는 견해

일부 견해[30]에 따르면 "경찰관은 사람의 생명 또는 신체에 위해를 끼치거나 재산에 중대한 손해를 끼칠 우려가 있는 천재(天災), 사변(事變), 인공구조물의 파손이나 붕괴, 교통사고, 위험물의 폭발, 위험한 동물 등의 출현, 극도의 혼잡, 그 밖의 위험한 사태가 있을 때에는 다음 각 호의 조치를 할 수 있다"라고 규정한 「경직법」 제5조 제1항을 개괄적 수권조항으로 인정할 수 있다고 한다. 그 이유는 「경직법」 제5조 제1항은 경찰작용에 대한 전제요건으로서 "**그 밖의 위험한 사태**"와 같은 포괄적 개념을 사용하고 있고, 또한 이러한 요건이 충족된 경우에는 제3호에서 "**위해를 방지하기 위하여 필요하다고 인정되는 조치**"를 취할 수 있다고 규정하여 경찰이 취할 수 있는 조치를 특정하고 있지 않기 때문이라고 한다.

어떤 법률조항이 개괄적 수권조항에 해당하는지 여부는 해당 조항이 전체적으로 어떠한 규정방식을 취하고 있는지에 따라 판단되어야 하는

---

28) 박정훈·정초영, "사권보호를 위한 경찰권 발동의 연구", 치안연구소 연구보고서, 2001, 22쪽 이하.

29) 서정범, "경찰권 발동의 근거", 중앙법학 제8집 제1호, 2006, 175쪽.

30) 이기우, "경찰작용법의 체계", 수사연구, 1990. 2, 98쪽; 홍준형, "경찰통합법에 관한 연구", 치안연구소 연구보고서, 1997, 196쪽 이하; 이기춘, "위험방지를 위한 협력의무로서 경찰책임의 귀속에 관한 연구", 고려대학교 대학원 박사학위논문, 2002, 42쪽; 이운주, "경찰법상의 개괄수권조항에 관한 연구", 서울대학교 대학원 박사학위논문, 2005, 200-203쪽; 서정범, "경찰권 발동의 근거", 중앙법학 제8집 제1호, 2006, 175쪽 이하.

바, 「경직법」 제5조 제1항 제3호의 규정방식을 고려할 때 적어도 다음의 한 가지 점만은 분명하다. 그것은 상당수의 문헌에서 주장되고 있듯이 설령 「경직법」 제5조 제1항 제3호를 엄격하게 해석하여 동 조항이 보호하려는 보호법익은 단지 개인적 법익에만 국한된다고 새기더라도 동 조항을 개별적 수권조항으로 볼 수 없다는 점이다. 왜냐하면 「경직법」 제5조 제1항 제3호는 그러한 개인적 법익을 보호하기 위하여 경찰이 취할 수 있는 조치를 특정해서 규정하고 있지 않기 때문이다. 즉 개괄적 수권조항은 경찰조치의 불특정성을 그 특징으로 하는바, 「경직법」 제5조 제1항 제3호는 "위해를 방지하기 위하여 필요하다고 인정되는 조치"라고만 규정하고 있을 뿐, 경찰이 취할 수 있는 조치의 구체적 형태, 즉 경찰은 위해방지를 위하여 어떤 형태의 조치(예: 퇴거명령 · 감식조치 · 소환)를 취할 수 있는지에 관해서는 구체적 언급을 하고 있지 않다. 이러한 **「경직법」 제5조 제1항 제3호의 규정방식은 전형적인 개괄적 수권조항의 규정방식에 해당한다.**

그러나 일부 문헌에서는 「경직법」 제5조 제1항이 개괄적 수권조항의 성격을 갖는다는 것에 대해서는 원칙적으로 동의하지만, 동 조항이 "공공의 안녕" 또는 "공공의 질서"라는 보호법익을 망라해서 규정하고 있지 않기 때문에 동 조항을 개괄적 수권조항으로 보기에는 다소 미흡하다는 점이 지적되고 있다. 특히 개괄적 수권조항의 보호법익인 "공공의 안녕"은 사람의 생명 · 신체 · 재산 등과 같은 개인적 법익뿐만 아니라 사회적 법익(법질서)과 국가적 법익(국가와 그 시설의 존속 및 기능)이 아무런 장해를 받지 않고 있는 상태를 의미하는데, 「경직법」 제5조 제1항은 보호법익을 단지 "개인적 법익"에만 국한시키고 있기 때문에 결과적으로 동 조항만을 개괄적 수권조항으로 인정하기 어렵다는 것이다. 그러나 **「경직법」 제5조 제1항이 단지 개인적 법익만을 보호하고 있다는 견해**[31]**에 대해서는 동의**

---

31) 예를 들어 박정훈 · 정초영, "사권보호를 위한 경찰권 발동의 연구", 치안연구소 연구보고서, 2001, 22쪽 이하; 박균성 · 김재광, 경찰행정법, 박영사 2023, 216-217쪽이 바로 그러하다.

할 수 없다. 왜냐하면 동 조항이 보호하려는 보호법익의 종류는 이미 법문에도 잘 나타나 있듯이 열거적인 것이 아니라 예시적인 것으로 볼 수 있기 때문이다. 즉 입법자는 「경직법」 제5조 제1항에 "그 밖의 위험한 사태"와 같은 포괄적 개념을 사용하고 있는바, 여기서 "그 밖의 위험한 사태"란 「경직법」 제2조 제7호("공공의 안녕과 질서 유지")와의 관련 속에서 도출될 수 있듯이 「경직법」 제5조 제1항에 예시된 개인적 법익 외에 그 밖의 보호법익, 즉 사회적 법익과 국가적 법익, 나아가 공공의 질서에 대한 위험한 사태를 의미하기 때문이다(이에 관해서는 후술한다).

물론 이에 대해서는 「경직법」 제5조 제1항에 규정된 **"그 밖의 위험한 사태"를** 동 조항에 언급된 사람의 생명 또는 신체에 위해를 끼치거나 재산에 중대한 손해를 끼칠 우려가 있는 천재, 사변, 인공구조물의 파손이나 붕괴, 교통사고, 위험물의 폭발, 위험한 동물 등의 출현, 극도의 혼잡 외에 **그 밖의 "개인적 법익"에 대한 위험한 사태로 제한적으로 해석하여야 한다는 반론**[32]이 제기될 수도 있다. 그러나 경찰이 "재산"과 같은 개인적 법익에 대한 위험이 존재하는 경우에는 「경직법」 제5조 제1항 제3호에 근거하여 위해방지에 필요한 조치를 취할 수 있는 반면, **"법질서"나 "국가의 존속" 등과 같은 재산보다 더 중요하다고 볼 수 있는 보호법익에 대한 위험이 존재하는 경우에는 동 조항에 근거하여 위해방지조치를 취할 수 없다는 것은 납득이 가지 않는다.** 사회적 법익과 국가적 법익, 나아가 공공의 질서를 보호할 필요성은 개인적 법익의 보호필요성과 본질적으로 차이가 없기 때문에 이러한 보호법익을 개인적 법익보다 경시하여 동 규정에서 배제시킬 이유는 없다고 본다.

그럼에도 불구하고 **「경직법」 제5조 제1항만을 개괄적 수권조항으로 인정하기 어렵다는 견해에 대해서는 결론적으로 동의할 수 있다.** 그러나 그것은 문헌에서 제시된 이유와는 다른 이유 때문인데, 그것은 입법자가

---

32) 예를 들어 김동희, 행정법 II, 박영사, 2008, 211쪽; 문병효, "경찰권발동의 근거와 한계에 관한 소고(小考) – 차벽과 물포 사용 등 공권력 행사와 관련하여 –" 강원법학 제48권, 2016, 282쪽이 바로 그러하다.

「경직법」 제5조 제1항의 요건부분에 사용하고 있는 **"그 밖의 위험한 사태"가 무엇을 의미하는지, 단지 동 조항만 갖고서는 불명확하기 때문이다.** 즉 여기에는 사람의 생명, 신체, 재산과 같은 개인적 법익 외에 그 밖의 공공의 안녕에 속하는 보호법익(사회적 법익과 국가적 법익)과 특히 공공의 질서에 대한 위험한 사태도 포함되는지 여부가 불명확하다. 참고로 외국의 입법례 가운데에는 "공공의 질서"를 개괄적 수권조항이 보호하는 법익으로 더 이상 언급조차 하지 않는 경우도 있다.[33] 그러나 후술하는 바와 같이 「경직법」 제5조 제1항에 규정된 "그 밖의 위험한 사태"의 의미와 관련하여 발생하는 불명확성은 경찰의 일반적 직무에 관하여 규정하고 있는 「경직법」 제2조 제7호를 함께 고려함으로써 해결될 수 있다고 본다. 왜냐하면 개괄적 수권조항은 직무규정과 밀접한 연관성을 갖기 때문이다.

(4) 「경직법」 제5조 제1항 제3호의 유추적용을 주장하는 견해

일부 견해[34]에 따르면 「경직법」 제5조 제1항 제3호는 개인적 법익(사람의 생명, 신체, 재산 등)에 대한 위험이 존재하는 경우 위험방지조치를 수권하는 규정이기 때문에 사회적 법익이나 국가적 법익 또는 공공의 질서에 대한 위험이 존재할 때에는 경찰이 위험방지조치를 취할 수 없는 문제점이 발생한다고 보고, 이러한 문제점을 해결하기 위하여 사회적 법익이나 국가적 법익 또는 공공의 질서에 대한 위험이 존재할 때에는 개인적 법익에 대한 위험이 존재할 때에 위험방지조치를 수권하는 「경직법」 제5조 제1항 제3호를 유추적용할 수 있다고 한다. 그러나 **개인에게 유리하게 작용하는 것이 아니라 불리하게 작용하는 유추적용이 이러한 경우에도 허용될 수 있을지는 의문이다.** 유추적용금지(Analogieverbot)는 법률유보원칙, 특

33) 예를 들어 독일 브레멘 경찰법(BremPolG) 제1조 제1항과 슐레스비히-홀스타인 행정절차법(SchlHLVwG) 제162조 제1항이 바로 그러하다.

34) 이기우, "경찰작용법의 체계, 수사연구", 1990. 2, 98쪽; 홍준형, "경찰통합법에 관한 연구", 치안연구소 연구보고서, 1997, 197쪽; 이기춘, "위험방지를 위한 협력의무로서 경찰책임의 귀속에 관한 연구", 고려대학교 대학원 박사학위논문, 2002, 43쪽; 서정범, "경찰권 발동의 근거", 중앙법학 제8집 제1호, 2006, 175-176쪽.

히 명확성원칙에서 도출될 수 있는바, 이러한 헌법상의 원칙을 고려할 때 개인에게 불리하게 작용하는 유추적용은 헌법상의 중대한 의문을 불러일으킬 수 있기 때문에 「경직법」 제5조 제1항 제3호의 유추적용을 주장하는 견해는 받아들이기 어려운 견해이다.

3. 판례의 태도

일부 견해[35]는 청원경찰이 허가 없이 창고를 주택으로 개축하는 것을 단속한 것이 문제된 사건에서 판례[36]가 「경직법」 제2조 제7호(구 「경직법」 제2조 제5호)를 개괄적 수권조항으로 인정하였다고 주장한다. 그러나 이 견해는 다음을 이유로 받아들일 수 없다. 왜냐하면 이 사건에서 **판례는 위법건축물을 단속하는 행위는 「경직법」 제2조에 의거할 때에 청원경찰의 직무에 해당한다는 것을 판시하였을 뿐, 청원경찰은 어떤 법률조항에 근거하여 단속행위를 행할 수 있는지를 구체적으로 언급하지 않았기 때문이다.**[37] 일부 견해의 주장처럼 만일 판례가 이 사건에서 「경직법」 제2조 제7호를 개괄적 수권조항으로 인정하였고 이를 단속에 대한 법적 근거로 보았다면 판례는 법리적으로 중대한 오류를 범한 것이 된다. 왜냐하면 설령 판례가 「경직법」 제2조 제7호를 개괄적 수권조항으로 인정하였다고 하더라도 당시에는 청원경찰이 위법건축물을 단속할 수 있는 특별한 수권근거가 구 「건축법」 제43조 제1항(현 「건축법」 제87조 제1항)[38]에 이미 존재하였기 때문에 **특별법우선의 원칙**에 따라 「경직법」 제2조 제7호는 이 사건에 적용될 수

35) 김남진, "경찰상의 개괄적 수권조항", 고시연구 1994년 7월호, 1994, 175쪽.
36) 대법원 1986. 1. 28. 선고 85도2448 판결.
37) 정하중, 행정법개론, 법문사, 2020, 1062쪽.
38) **구(舊) 건축법 제43조(보고 및 검사 등)** ① 건설부장관이나 도지사·시장·군수 또는 그 소속공무원은 건축물의 소유자, 관리자, 건축주 또는 공사감독자에게 필요한 자료 또는 보고의 제출을 요구하거나 건축물대지 또는 건축공사장에 출입하여 당해 건축물, 건축설비 또는 건축공사에 관계가 있는 물건을 검사하거나 필요한 시험을 할 수 있다.

없었기 때문이다. 법리적으로 개괄적 수권조항은 개별적 수권조항이 존재하지 않는 경우에만 기본권 제한조치에 대한 수권근거로서 고려될 수 있는데, 판례가 이러한 기본적 법리를 무시하고 동 판결을 내렸다고 보지 않는다. 결국 판례는 이 사건에서 「경직법」 제2조 제7호를 단속에 대한 수권근거로 보지 않았다는 점이 확정될 수 있다.[39] 만일 여기서와 반대되는 주장을 펴는 견해가 있다면 이 견해는 개별적 수권조항과의 관계에서 개괄적 수권조항이 갖는 의미를 충분히 고려하지 못한 견해가 될 것이다.

판례

〈청원경찰의 직무집행을 방해한 경우 공무집행방해죄의 성부〉

청원경찰법 제3조는 청원경찰은 청원주와 배치된 기관, 시설 또는 사업장 등의 구역을 관할하는 경찰서장의 감독을 받아 그 경비구역 내에 한하여 경찰관직무집행법에 의한 직무를 행한다고 정하고 있고, 한편 경찰관직무집행법 제2조에 의하면 경찰관은 범죄의 예방·진압 및 수사, 경비·요인경호 및 대간첩작전의 수행, 치안정보의 수집·작성 및 배포, 교통의 단속과 위해의 방지, 기타 공공의 안녕과 질서 유지 등을 그 직무로 하고 있는 터이므로 경상남도 양산군 도시과 단속계요원으로 근무하고 있는 청원경찰관인 공소 외 ○○○ 및 ○○○가 원심판시와 같이 1984. 12. 29. 경상남도 양산군 장안면 임랑리 115에 있는 피고인의 집에서 피고인의 형 공소 외 ○○○가 허가 없이 창고를 주택으로 개축하는 것을 단속한 것은 그들의 정당한 직무집행에 속한다고 할 것이므로, 이를 폭력으로 방해한 판시 소위를 공무집행방해죄로 다스린 원심조치는 정당하고, 이에 소론과 같은 위법이 있다고 할 수 없다(대법원 1986. 1. 28. 선고 85도2448 판결).

---

39) 같은 견해로는 박병욱, "이태원 참사로 본 경찰임무와 경찰책임 – 「경찰관직무집행법」 및 「재난 및 안전관리기본법」을 중심으로", 경찰법연구 제21권 제2호, 2023, 81쪽.

케이스 해설

해설 2 <청원경찰의 불법건축물 단속 사건>

사례에서는 청원경찰 P가 불법건축물을 단속할 권한이 있는지 만일 단속할 권한이 있다면 이에 대한 법적 근거가 무엇인지를 묻고 있다. 이 문제에 답하기 위해서는 먼저 불법건축물을 단속한 청원경찰 P의 행위가 청원경찰의 직무에 해당하는지부터 살펴보아야 한다. 「청원경찰법」 제3조는 "청원경찰은 제4조 제2항에 따라 청원경찰의 배치 결정을 받은 자와 배치된 기관 · 시설 또는 사업장 등의 구역을 관할하는 경찰서장의 감독을 받아 그 경비구역만의 경비를 목적으로 필요한 범위에서 「경찰관직무집행법」에 따른 경찰관의 직무를 수행한다"라고 규정하고 있고, 「경찰관직무집행법」 제2조 제7호는 "공공의 안녕과 질서 유지"를 경찰관의 직무로 규정하고 있으므로 불법건축물을 단속한 청원경찰 P의 행위는 청원경찰의 직무에 해당한다. 사실 사례에서는 '갑'이 자신의 집 창고를 주택으로 개축하는 행위가 공공의 안녕을 침해하는지 여부가 문제될 수 있지만, 결론적으로 이것은 긍정되어야 한다고 본다. 왜냐하면 '갑'의 행위는 「건축법」 제11조 제1항("건축물을 건축하거나 대수선하려는 자는 특별자치시장 · 특별자치도지사 또는 시장 · 군수 · 구청장의 허가를 받아야 한다")을 통해서도 알 수 있듯이 법률에 위반하는 행위이기 때문이다. 법률에 대한 위반은 언제나 공공의 안녕에 대한 침해를 가져온다. 따라서 불법건축물을 단속한 청원경찰 P의 행위는 법률위반으로 인하여 야기된 공공의 안녕에 대한 침해를 중지시키기 위한 행위로 볼 수 있기 때문에 청원경찰 P의 행위는 청원경찰의 직무에 해당한다. 그러나 불법건축물을 단속하는 행위가 청원경찰의 직무에 해당한다고 해서 청원경찰 P가 개인의 자유나 재산을 제한하는 조치를 취할 권한도 당연히 갖는 것은 아니다. 청원경찰 P가 불법건축물을 단속하기 위하여 '갑'의 건축공사장에 출입하는 행위는 '갑'의 재산권을 제한하기 때문에 법률유보원칙에 따라 법률의 수권이 필요하다. 이 경우 「건축법」 제87조 제1항은 "국토교통부장관, 시 · 도지사, 시장 · 군수 · 구청장, <u>그 소속 공무원</u>, 제27조에 따른 업무대행자 또는 제37조에 따른 건축지도원은 건축물의 건축주 등, 공사감리자, 공사시공자 또는 관계전문기술자에게 필요한 자료의 제출이나 보고를 요구할 수 있으며, 건축물 · 대지 또는 <u>건축공사장에 출입하여 그 건축물, 건축설비, 그 밖에 건축공사에 관련되는 물건을 검사하거나 필요한 시험을 할 수 있</u>

다"라고 규정하고 있으므로 A군 도시과 단속계 요원으로 근무하고 있는 청원경찰 P는 「건축법」 제87조 제1항에 근거하여 불법건축물을 단속할 목적으로 '갑'의 건축공사장에 출입할 수 있다. 일부 문헌[40]에서의 주장과 달리 사례에서 개괄적 수권조항은 단속에 대한 법적 근거로서 고려될 수 없다. 왜냐하면 청원경찰이 불법건축물을 단속할 수 있는 특별한 수권근거가 이미 「건축법」 제87조 제1항에 존재하기 때문이다. 법리적으로 개괄적 수권조항은 개별적 수권조항이 존재하지 않는 경우에만 기본권 제한조치에 대한 수권근거로서 고려된다.

4. 학설에 대한 평가

사견으로는 현행법에도 개괄적 수권조항으로 인정될 수 있는 법률조항이 존재하며, 이 경우에는 「**경직법**」 **제2조 제7호와 결합한 제5조 제1항 제3호가 개괄적 수권조항에 해당한다**고 본다(아래).[41]

경찰관직무집행법

제2조(직무의 범위) 경찰관은 다음 각 호의 직무를 수행한다.

7. 그 밖에 공공의 안녕과 질서 유지

제5조(위험발생의 방지) ① 경찰관은 사람의 생명 또는 신체에 위해를 끼치거나 재산에 중대한 손해를 끼칠 우려가 있는 천재, 사변, 인공구조물의 파손이나 붕괴, 교통사고, 위험물의 폭발, 위험한 동물 등의 출현, 극도의 혼잡, 그 밖의 위험한 사태가 있을 때에는 다음 각 호의 조치를 할 수 있다.

3. 그 장소에 있는 사람, 사물의 관리자, 그 밖의 관계인에게 위해를 방지하기 위하여 필요하다고 인정되는 조치를 하게 하거나 직접 그 조치를 하는 것

---

40) 김남진, "경찰상의 개괄적 수권조항", 고시연구 1994년 7월호, 1994, 175쪽.

41) 여기서와 같은 견해로는 이성용 · 심희섭, "스토킹에 대한 경찰법적 고찰", 경찰법연구 제13권 제1호, 2015, 75쪽; 박원규, "경찰의 신체부착형 영상촬영기기 사용에 관한 법적연구", 입법과 정책 제10권 제2호, 2018, 11쪽. 장재성, "데이트폭력에 대한 경찰 대응 방안의 법적 근거와 한계에 관한 연구 - 수권근거와 개괄적 수권조항의 적용 가능성을 중심으로 -", 한국치안행정논집 제17권 제1호, 2020, 149-150.

만일 입법필요설과 같이 현행법에는 개괄적 수권조항으로 인정될 수 있는 법률조항이 존재하지 않는다고 보게 되면 현재 경찰이 위험방지나 장해제거를 목적으로 행하고 있는 경찰작용 가운데 개별적 수권조항에 근거하지 않은 상당수의 경찰작용이 수권근거의 부재로 인하여 위법한 경찰작용이 되고 만다. 또한 입법필요설과 같이 현행법에는 개괄적 수권조항으로 인정될 수 있는 법률조항이 존재하지 않는다고 보게 되면 이것은 결국 「경직법」 제5조 제1항 제3호를 "개별적" 수권조항으로 인정하는 셈이 되는데, 「경직법」 제5조 제1항 제3호의 규정방식을 고려할 때 이러한 견해는 받아들이기 어렵다. 왜냐하면 「경직법」 제5조 제1항 제3호는 경찰작용을 위한 전제요건으로서 "기타 위험한 사태"와 같은 포괄적인 개념을 사용하고 있고, 또한 이러한 요건이 충족된 경우에는 "위해를 방지하기 위하여 필요하다고 인정되는 조치"를 할 수 있다고 규정하여 경찰이 할 수 있는 조치를 특정하고 있지 않기 때문이다. 이러한 **「경직법」 제5조 제1항 제3호의 규정방식은 전형적인 개괄적 수권조항의 규정방식에 해당한다.**[42] 만일 입법필요설을 비롯한 여타의 견해가 「경직법」 제5조 제1항 제3호를 개괄적 수권조항으로 인정하지 않으려고 한다면 '왜 「경직법」 제5조 제1항 제3호는 개괄적 수권조항에 해당하지 않는지', 환언하면 '왜 「경직법」 제5조 제1항 제3호는 개별적 수권조항에 해당한다고 보아야 하는지' 그 이유를 밝혀야 할 것이다. 그러나 아직까지 문헌에서는 이에 대한 타당한 이유를 발견하지 못하였다.

어떤 법률조항이 개괄적 수권조항에 해당하는지 여부는 해당 조항이 전체적으로 어떠한 규정방식을 취하고 있는지에 따라 판단되어야 하는바, 전술한 「경직법」 제5조 제1항 제3호의 규정방식을 고려할 때에 동 조항은 전형적인 개괄적 수권조항에 해당한다. 다만 「경직법」 제5조 제1항 제3호만을 개괄적 수권조항으로 인정하기에는 다소 무리가 있다고 본다. 왜냐하면 「경직법」 제5조 제1항 제3호의 요건부분에 규정된 "그 밖의 위험한 사태"

42) 다른 견해로는 박균성, 행정법론(하), 박영사, 2009, 511쪽.

가 무엇을 의미하는지, 단지 동 조항만 갖고서는 불명확하기 때문이다. 즉 여기에는 개인적 법익(사람의 생명, 신체, 재산) 외에 그 밖의 공공의 안녕에 속하는 사회적 법익(법질서)과 국가적 법익(국가와 그 시설의 존속 및 기능) 그리고 무엇보다 공공의 질서에 대한 위험한 사태도 포함되는지 여부가 불명확하다. 그러나 「경직법」 **제5조 제1항 제3호에 규정된 "그 밖의 위험한 사태"의 의미와 관련하여 발생하는 불명확성은 경찰의 일반적 직무에 관하여 규정하고 있는 「경직법」 제2조 제7호를 함께 고려함으로써 해결될 수 있다**. 왜냐하면 개괄적 수권조항은 직무규정과 밀접한 연관성을 갖기 때문이다.

주지하다시피 개괄적 수권조항의 규율형태는 각 나라마다 조금씩 차이가 있지만, 대체로 "경찰은 <u>공공의 안녕 또는 공공의 질서에 대한 위험을 방지</u>하기 위하여 필요한 조치를 취할 수 있다"는 내용을 담고 있다. 그리고 입법자는 이러한 개괄적 수권조항에 앞서 "경찰은 <u>공공의 안녕 또는 공공의 질서에 대한 위험을 방지</u>하는 것을 그 직무로 한다"는 직무규정을 두는 것이 일반적이다. 여기서 주목할 만한 것은 밑줄 친 경찰의 일반적 직무("공공의 안녕과 공공의 질서에 대한 위험의 방지")와 개괄적 수권조항의 구성요건("공공의 안녕과 공공의 질서에 대한 위험의 방지")이 광범위하게 일치하고 있다는 점이다. 즉 입법 기술적으로 경찰의 일반적 직무가 개괄적 수권조항의 구성요건이 되도록 함으로써 **개괄적 수권조항과 직무규정 간에 연계**가 행하여지고 있다는 점이다.[43] 이러한 입법태도는 경찰이 "공공의 안녕 또는 공공의 질서에 대한 위험의 방지"라는 직무를 수행하는 과정에서 발생할 수 있는 **직무수행의 공백을 없애기 위한 의도**인 것으로 보인다. 사실 입법자는 특별한 유형의 위험을 방지하기 위하여 경찰에게 특별한 권한을 부여하고 있지만, 입법기술상 모든 유형의 위험상황을 사전에 예측하여 이를 상세히 규율하는 데에는 일정한 한계가 있기 때문에 입법상의 흠결이 발생할 수 있다. 이러한 경우 입법자가 모든 유형의 위험상황을 포괄할 수 있는 "공공의 안녕 또는 공공의 질서에 대한 위험의 방지",

43) Schoch, Grundfälle zum Polizei– und Ordnungsrecht, JuS 1994, 479 (485).

즉 경찰의 일반적 직무를 그 구성요건으로 하는 개괄적 수권조항을 마련해 둔다면 경찰은 새로운 유형의 위험상황에 적절히 대처할 수 있고, 그렇게 함으로써 직무수행의 공백을 막을 수 있게 된다. 환언하면 **경찰이 위험방지라는 직무를 공백 없이 또는 흠결 없이 수행하기 위해서는 경찰의 일반적 직무가 개괄적 수권조항의 구성요건이 되는 입법상의 연계가 불가피한 것**이다. 바로 이러한 이유로 개괄적 수권조항은 통상 "경찰은 공공의 안녕 또는 공공의 질서에 대한 위험을 방지하기 위하여 필요한 조치를 취할 수 있다"는 내용을 담고 있다.[44] 이러한 점을 고려할 때에 「경직법」 제5조 제1항 제3호도 경찰의 일반적 직무에 관하여 규정하고 있는 「경직법」 제2조 제7호와의 관련 속에서 이해되어야 한다고 본다. 「경직법」 제2조 제7호를 함께 고려할 경우 「경직법」 제5조 제1항에 규정된 **"그 밖의 위험한 사태"**란 사람의 생명, 신체 또는 재산과 같은 개인적 법익 외에 그 밖의 공공의 안녕(사회적 법익, 국가적 법익)과 공공의 질서에 대한 위험한 사태로 이해될 수 있다. 그리고 이러한 이해에 기초할 때 「경직법」 제5조 제1항 제3호에 규정된 "위해를 방지하기 위하여 필요하다고 인정되는 조치"도 다음과 같이 이해될 수 있다. 즉 여기서 **"위해를 방지하기 위하여 필요하다고 인정되는 조치"**란 「경직법」 제2조 제7호에 규정된 경찰의 일반적 직무를 수행하기 위하여 필요하다고 인정되는 조치, 즉 공공의 안녕과 공공의 질서를 유지하기 위하여 필요하다고 인정되는 조치로 이해될 수 있다.

개괄적 수권조항이 반드시 하나의 법률조항만으로 구성되어야 하는 것은 아니다. 예컨대 독일 바덴-뷔르템베르그 州에서는 「경찰법」 제1조(경찰의 직무)와 제3조(경찰조치)를 개괄적 수권조항으로 인정하고 있다(아래). 이러한 점에서 보면 두 개의 법률조항, 즉 직무규정과 권한규정의 결합을 통해 개괄적 수권조항을 도출하는 것은 전혀 낯설거나 새로운 시도가 아니다. 우리나라에서도 「경직법」 제2조 제7호와 제5조 제1항 제3호의 결합을

44) 예를 들어 독일의 16개 란트(Land) 경찰법이 경찰법을 제·개정할 때 모범으로 삼고 있는 「통일경찰법 모범초안」(MEPolG) 제8조 제1항이 바로 그러하다.

통해 개괄적 수권조항을 인정할 수 있다고 본다.[45]

바덴-뷔르템베르그 경찰법(BWPolG)

제1조(경찰의 직무) ① 경찰은 공익상 필요한 경우 공공의 안녕 또는 공공의 질서를 위협하는 위험으로부터 개인이나 공동체를 보호하고 공공의 안녕이나 공공의 질서에 대한 장해를 제거하는 직무를 수행한다.

제3조(경찰조치) 경찰은 법이 정하는 한계 내에서 직무수행에 필요한 조치를 의무에 적합한 재량에 따라 취하여야 한다.

Ⅳ 개괄적 수권조항의 적용과 한계

이하에서는 개괄적 수권조항과 관련하여 제기되는 세 번째 문제로서 개괄적 수권조항의 적용과 한계에 관하여 살펴보기로 한다. 일부 견해[46]에 따르면 개괄적 수권조항의 필요성은 그리 크지 않다고 한다. 그 이유는 개별적 수권조항이 경찰상의 위험에 해당하는 대부분의 경우를 포괄하고 있기 때문이라고 한다. 그러나 이 견해를 따를 수 있을지는 의문이다. 아래에서는 개괄적 수권조항은 본질적으로 어떤 기능을 수행하고, 동 조항이 적용되는 영역은 주로 어디인지를 살펴봄으로써 이 견해가 타당하지 않다는 점을 지적하고자 한다.

1. 개괄적 수권조항의 적용

(1) 개 설

일정한 작위 또는 부작위 의무를 규정하고 있는 법률은 동시에 경찰이 경찰하명[47]을 통해 이러한 작위 또는 부작위 의무를 직접 이행시킬 수 있

45) 손재영, "경찰법상의 개괄적 수권조항", 법학논고 제31집 별호, 2009, 523쪽 이하.
46) 예를 들어 김동희, 행정법 II, 박영사, 2008, 211쪽이 바로 그러하다.

는 권한도 함께 규정해 두는 것이 일반적이다. 예를 들어 「도로교통법」은 술에 취한 상태에서 자동차를 운전하는 것을 금지하는 동시에(제44조 제1항), 특정인이 이러한 의무에 위반하여 주취운전을 하다 적발된 경우 경찰공무원은 주취운전자가 정상적으로 운전할 수 있는 상태에 이를 때까지 운전금지를 명령할 수 있음을 규정하고 있다(제47조 제2항). 또한 「집회 및 시위에 관한 법률」(이하 '집시법'이라 한다)은 옥외집회나 시위를 주최하려는 사람에게 사전 신고의무를 부과하는 동시에(제6조 제1항), 이러한 의무에 위반하여 신고를 하지 아니한 집회나 시위가 존재하는 경우 관할 경찰관서장이 해산명령을 내릴 수 있음을 규정하고 있다(제20조 제1항 제2호). 이와는 달리 **일정한 작위 또는 부작위 의무를 부과하고 있는 개별법 가운데에는 이러한 의무에 대한 위반이 있는 경우 형벌이나 과태료가 부과될 수 있음이 규정되어 있을 뿐, 경찰이 개별사례에서 이러한 의무를 경찰하명을 통해 직접 이행시킬 수 있는지에 관해서는 아무런 언급을 하고 있지 않는 경우**가 있다. 예를 들어 「동물보호법」은 맹견소유자가 월령이 3개월 이상인 맹견을 동반하고 외출할 때에는 농림축산식품부령으로 정하는 바에 따라 맹견에게 목줄 및 입마개 등 안전장치를 하거나 맹견의 탈출을 방지할 수 있는 이동장치를 할 의무를 부과하고 있지만(제21조 제1항 제2호), 만일 이러한 의무를 위반하는 경우 경찰이 맹견소유자에게 직접 안전장치나 이동장치의 착용을 명령할 수 있는지에 관해서는 아무런 언급을 하고 있지 않다. 다만 「동물보호법」 제101조 제2항 제2호는 맹견소유자가 이러한 의무에 위반한 경우 300만 원 이하의 과태료가 부과될 수 있음을 규정하고 있을 뿐이다.

47) 공공의 안녕이나 질서에 대한 위험 또는 장해가 존재하는 경우 경찰이 위험 또는 장해에 대하여 책임이 있는 사람에게 위험방지나 장해제거 의무를 부과하는 것을 그 내용으로 하는 행정행위를 일컬어 "경찰하명"이라 한다. 위법건축물에 대한 철거명령이나 불법집회에 대한 해산명령 등이 대표적인 예이다.

동물보호법

제21조(맹견의 관리) ① 맹견의 소유자 등은 다음 각 호의 사항을 준수하여야 한다.
2. 월령이 3개월 이상인 맹견을 동반하고 외출할 때에는 농림축산식품부령으로 정하는 바에 따라 목줄 및 입마개 등 안전장치를 하거나 맹견의 탈출을 방지할 수 있는 적정한 이동장치를 할 것

제101조(과태료) ② 다음 각 호의 어느 하나에 해당하는 자에게는 300만 원 이하의 과태료를 부과한다.
2. 제21조 제1항 각 호를 위반한 맹견의 소유자 등

맹견소유자가 목줄 및 입마개 등 안전조치를 하거나 맹견의 탈출을 방지할 수 있는 적정한 이동장치를 해야 할 의무를 위반한 경우 경찰관이 직접 안전장치나 이동장치의 착용을 명령할 수 있는 권한 규정의 부재

또한 「경범죄처벌법」은 일상생활과 밀접한 기초질서를 확립하기 위하여 46가지의 행위를 금지하고 있지만, 특정인이 경범죄처벌법상의 규정을 위반한 경우 경찰이 그 위반행위의 중지를 명령하거나 그 밖의 필요한 조치를 취할 수 있는지에 관해서 아무런 언급을 하고 있지 않다. 예를 들어 "악기 · 라디오 · 텔레비전 · 전축 · 종 · 확성기 · 전동기 등의 소리를 지나치게 크게 내거나 큰소리로 떠들거나 노래를 불러 이웃을 시끄럽게 한 행위"를 금지하고 있는 「경범죄처벌법」 제3조 제1항 제21호는 이러한 금지에도 불구하고 누군가가 인근을 소란하게 하는 행위를 하는 경우 해당 인근소란행위자에게 10만 원 이하의 벌금, 구류 또는 과료의 형이 부과될 수 있음을 규정하고 있을 뿐, 경찰이 인근소란행위자에게 소란행위의 중지를 명령하거나 소란장소에서 즉시 퇴거하라는 명령을 내릴 수 있는지에 관해서는 아무런 언급을 하고 있지 않다. 즉 「경범죄처벌법」 제3조 제1항 제21호에 대한 임박한 또는 계속된 위반은 공공의 안녕에 대한 위험 또는 장해를 의미함에도 「경범죄처벌법」에는 경찰에게 위해방지에 필요한 조치(예: 중지명령이나 퇴거명령)를 수권하는 법률조항이 결여되어 있다.

경범죄처벌법

제3조(경범죄의 종류) ① 다음 각 호의 어느 하나에 해당하는 사람은 10만원 이하의 벌금, 구류 또는 과료의 형으로 처벌한다.
21. (인근소란 등) 악기 · 라디오 · 텔레비전 · 전축 · 종 · 확성기 · 전동기 등의 소리를 지나치게 크게 내거나 큰소리로 떠들거나 노래를 불러 이웃을 시끄럽게 한 사람

경찰관이 인근소란행위자에게 소란행위의 중지를 명령하거나 소란을 피우고 있는 장소에서 즉시 퇴거하라는 명령을 내릴 수 있는 권한규정의 부재

이와 관련하여서는 두 가지 문제가 제기된다. 즉 ① 「동물보호법」 제21조 제1항 제2호나 「경범죄처벌법」 제3조 제1항에 규정된 명령 또는 금지는 과태료나 범칙금의 부과를 통해 단지 간접적으로만 강제될 수 있는지, 아니면 이와 더불어 예를 들어 [사례 4] <로트와일러 사건>에서와 같이 경찰은 사람의 생명, 신체 또는 재산에 대한 위험을 방지하기 위하여 맹견소유자인 '갑'에게 직접 목줄과 입마개의 착용을 명령하거나 [사례 5] <행락지에서의 취객난동 사건>에서와 같이 휴양지에서 소란을 피우고 있는 5명의 남성에게 퇴거명령을 내릴 수 있는지, ② 만일 경찰이 [사례 4]와 [사례 5]에서와 같은 경찰하명을 내릴 수 있다면 이에 대한 수권근거는 어디에서 찾을 수 있는지의 문제가 바로 그것이다. 여기서 제기된 두 가지 문제에 관해서는 아래에서 순차적으로 살펴보기로 한다.

(2) 개별법상의 일반적 명령과 금지의 경찰하명을 통한 구체화

전술한 바와 같이 「동물보호법」과 「경범죄처벌법」은 개인에게 일정한 작위 또는 부작위 의무를 부과하고 이에 대한 위반을 과태료나 형벌 하에 두고 있지만, 경찰이 개별사례에서 이러한 의무를 경찰하명을 통해 직접 이행시킬 수 있는 권한도 갖는지에 관해서는 아무런 언급을 하고 있지 않다. 이러한 경우 개별법상의 명령 또는 금지는 과태료나 형벌의 부과를 통

해 사실상 간접적으로 강제될 수 있을 뿐만 아니라, 경찰은 경찰하명을 통해 직접 관철시킬 수 있는 권한도 갖는다. 왜냐하면 **법률이 그 준수를 요구하는 의무를 위반한 관계인을 벌하는 것과 관계인에게 이러한 법률상의 의무를 준수할 것을 명하는 것은 서로 각기 다른 목적을 추구하고 있기 때문이다.**[48] 전자는 과거의 의무위반에 대하여 일정한 제재를 직접 가함으로써 처벌을 목적으로 하는 반면, 후자는 가까운 장래에 법률상의 의무를 위반하려 하거나 현재 위반하고 있는 경우 장래의 방향으로 그 이행을 실현하는 것에 그 목적이 있다. 따라서 양자는 **서로 배타적이지 않으며, 원칙적으로 함께 고려될 수 있다.** 이러한 점은 무엇보다 현행 「도로교통법」과 「집시법」에 잘 나타나 있다. 즉 「도로교통법」 제44조 제1항에 위반하여 술에 취한 상태에서 자동차를 운전하는 사람에 대해서는 주취운전자가 정상적으로 운전할 수 있는 상태에 이를 때까지 운전금지가 명해질 수 있을 뿐만 아니라(제47조 제2항), 주취운전자에게는 혈중알코올농도의 수치에 따라 징역 또는 벌금이 과해질 수 있다(제148조의2 제3항).

도로교통법

제44조(술에 취한 상태에서의 운전금지) ① 누구든지 술에 취한 상태에서 자동차등, 노면전차 또는 자전거를 운전하여서는 아니 된다.

> **제47조(위험방지를 위한 조치)** ② 경찰공무원은 제44조 및 제45조를 위반하여 자동차등 또는 노면전차를 운전하는 사람이나 제44조를 위반하여 자전거등을 운전하는 사람에 대하여는 정상적으로 운전할 수 있는 상태가 될 때까지 운전의 금지를 명하고 차를 이동시키는 등 필요한 조치를 할 수 있다.

제148조의2(벌칙) ③ 제44조제1항을 위반하여 술에 취한 상태에서 자동차등 또는 노면전차를 운전한 사람은 다음 각 호의 구분에 따라 처벌한다.

1. 혈중알코올농도가 0.2퍼센트 이상인 사람은 2년 이상 5년 이하의 징역이나 1천만원 이상 2천만원 이하의 벌금

---

48) v. Mutius, Die Generalklausel im Polizei– und Ordnungsrecht, Jura 1986, 649 (652).

2. 혈중알코올농도가 0.08퍼센트 이상 0.2퍼센트 미만인 사람은 1년 이상 2년 이하의 징역이나 500만원 이상 1천만원 이하의 벌금
3. 혈중알코올농도가 0.03퍼센트 이상 0.08퍼센트 미만인 사람은 1년 이하의 징역이나 500만원 이하의 벌금

그리고 「집시법」 제6조 제1항에 따른 사전 신고의무를 위반한 집회 또는 시위에 대해서는 해산명령이 내려질 수 있을 뿐 아니라(제20조 제1항 제2호), 집회나 시위를 주최한 사람에게는 2년 이하의 징역 또는 200만 원 이하의 벌금이 부과될 수 있다(제22조 제2항).

집회 및 시위에 관한 법률

제6조(옥외집회 및 시위의 신고 등) ① 옥외집회나 시위를 주최하려는 자는 그에 관한 다음 각 호의 사항 모두를 적은 신고서를 옥외집회나 시위를 시작하기 720시간 전부터 48시간 전에 관할경찰서장에게 제출하여야 한다.

제20조(집회 또는 시위의 해산) ① 관할경찰관서장은 다음 각 호의 어느 하나에 해당하는 집회 또는 시위에 대하여는 상당한 시간 이내에 자진해산할 것을 요청하고 이에 따르지 아니하면 해산을 명할 수 있다.
2. 제6조 제1항에 따른 신고를 하지 아니하거나 제8조 또는 제12조에 따라 금지된 집회 또는 시위

제22조(벌칙) ② 제5조 제1항 또는 제6조 제1항을 위반하거나 제8조에 따라 금지를 통고한 집회 또는 시위를 주최한 자는 2년 이하의 징역 또는 200만 원 이하의 벌금에 처한다.

사실 규범을 집행하는 처분의 가능성은 매우 중요한 의미를 갖는다. 경찰의 입장에서 보았을 때에 개별사례에서 경찰하명을 내릴 수 있다는 것은 형벌이나 과태료의 부과와 더불어, 규범의 실효성을 담보하기 위한 다른 수단이 존재함을 의미한다. 물론 형벌과 과태료가 과거의 의무 위반에 대하여 직접 가해지는 제재로서의 의미뿐만 아니라, 의무자에게 심리적

위압을 가함으로써 의무 이행을 촉진시키는 수단으로서의 의미도 갖는다. 하지만 이 경우에도 형벌과 과태료는 심리적 강제를 통해 의무자의 임의적 이행을 기대할 수밖에 없는 **간접적인 수단에 불과**하기 때문에 의무자에게 효과적인 강제가 되지 않을 수 있다. 또한 벌칙을 부과한다 해도 위반행위를 계속하고 있는 경우에는 이른바 **이중처벌금지원칙**이 적용되어 동일사실에 대하여 목적을 달성할 때까지 반복해서 부과하는 것이 허용되지 않으며, 위반행위에서 얻어지는 경제적 이익이 막대한 경우에는 그 강제효과가 희박할 뿐만 아니라 행정법규가 늘어감에 따라 행정벌칙도 증가하고 이에 따라 **전과자가 증대하는 문제점이** 있다.[49] 이에 따라 만일 경찰에게 경찰하명의 가능성이 주어진다면 경찰은 경찰하명과 뒤이은 직접강제를 통해서 법률에 대한 임박한 위반을 막을 수 있을 뿐만 아니라, 이미 법률을 위반하였지만 아직 종결되지 않은 채 계속되고 있는 상황을 중지시킬 수 있다. 말하자면 경찰은 법률이 금지하고 있는 행위의 계속을 막을 수 있는 것이다.[50] 이러한 점에서 [사례 4] <로트와일러 사건>에서 주민신고를 받고 출동한 경찰관 P는 타인의 생명, 신체 또는 재산에 대한 위험을 방지하기 위하여 맹견소유자인 '갑'에게 즉시 목줄과 입마개의 착용을 명령할 수 있고, 또한 [사례 5] <행락지에서의 취객난동 사건>에서도 경찰관 P는 휴양지에서 소란을 피우고 있는 5명의 남성에게 퇴거명령을 내릴 수 있다. 경찰이 범죄나 질서위반행위를 수사하고 소추하는 활동(범죄수사)과 법률에 대한 임박한 위반을 막기 위하여 개입하거나 이미 법률을 위반하였지만 아직 종결되지 않은 채 계속되고 있는 법률위반을 중지시키는 활동(위험방지)은 구별되어야 한다.

(3) 불완전한 개별법의 보충과 개괄적 수권조항

(전술한 바와 같이) 만일 개별법상의 명령 또는 금지가 형벌이나 과태료의 부과를 통해 사실상 간접적으로 강제될 수 있을 뿐만 아니라, 경찰이

---

49) 이에 관해서는 정하중, 행정법개론, 법문사, 2016, 488－489쪽.

50) Götz, Allgemeines Polizei－ und Ordnungsrecht, 2001, Rn. 581.

경찰하명을 통해 직접 관철시킬 수 있는 권한도 갖는다면, 여기서는 이에 대한 수권근거가 무엇인지의 문제가 제기된다. 이와 관련하여서는 학설상 다툼이 존재하는바, 살펴보면 다음과 같다.

1) 개별법상의 명령 또는 금지규범은 이에 상응하는 경찰하명 권한도 내포하고 있다고 보는 견해

일부 견해[51]에 따르면 개별법상의 명령 또는 금지규범은 경찰이 이에 상응하는 경찰하명을 내릴 권한도 내포하고 있다고 주장한다. 이러한 견해에 따르면 맹견소유자가 맹견을 동반하고 외출할 때에는 반드시 목줄과 입마개의 착용의무를 부과하고 있는 「동물보호법」 제21조 제1항 제2호가 [사례 4] <로트와일러 사건>에서 경찰관 P가 맹견소유자 '갑'에게 내린 하명에 대한 수권근거가 된다고 볼 것이다. 또한 불안감조성(제19호), 음주소란(제20호) 및 인근소란행위(제21호)를 금지하고 있는 「경범죄처벌법」 제3조 제1항도 [사례 5] <행락지에서의 취객난동 사건>에서 경찰관 P가 5명의 남성에게 내린 퇴거명령에 대한 수권근거가 된다고 볼 것이다([표 2-5] 참조).[52]

표 2-5

근거	내용
경범죄처벌법 제3조 제1항 제20호(음주소란행위 금지)	입법자의 불특정 다수인에 대한 음주소란 금지명령
	경찰관의 특정인에 대한 음주소란 금지명령
벌칙	의무 위반 시 10만원 이하의 벌금, 구류 또는 과료의 형으로 처벌

51) Maurer, Allgemeines Verwaltungsrecht, 2004, § 10. Rn. 5가 바로 그러하다.

52) 이러한 견해로는 정하중, 행정법개론, 법문사, 2020, 1073쪽: "경범죄처벌법이 비록 처벌규정이기는 하나 경찰은 당해 법규범의 집행에 대한 의무와 권한을 갖고 있기 때문에 동 법은 동시에 경찰하명에 대한 수권규정을 아울러 포함하고 있다."

2) 다수견해

이에 반하여 다수견해[53]는 개별법상의 명령 또는 금지규범은 그 자체로는 경찰하명에 대한 수권근거가 되지 못한다고 본다. 왜냐하면 **개별법상의 명령 또는 금지규범은 단지 규범적인 명령이나 금지만을 담고 있을 뿐, 경찰이 개별사례에서 이에 상응하는 경찰하명을 내릴 권한을 담고 있는 것은 아니기 때문이라고 한다**. 이러한 점에서 다수견해는 개괄적 수권조항의 보충적용이 필요하다고 한다. 즉 개별법상의 명령 또는 금지에 대한 임박한 또는 계속된 위반은 공공의 안녕에 대한 위험 또는 장해를 의미하므로 이 경우에는 **개괄적 수권조항이 경찰하명에 대한 수권근거가 된다**고 한다.

3) 학설에 대한 평가

개별법상의 명령 또는 금지규범은 이에 상응하는 경찰의 하명권한도 내포하고 있다고 보는 견해는 받아들이기 어려운 견해이다. 왜냐하면 **법률유보원칙은 경찰이 개별사례에서 법률상 의무를 어떠한 종류와 방식으로 이행시킬 것인지와 관련하여서도 적용되어야 하기 때문이다**.[54] 개별법상의 명령 또는 금지규범은 단지 규범적인 명령이나 금지만을 담고 있을 뿐, 경찰하명에 대한 수권까지 담고 있는 것은 아니기 때문에 경찰은 개별법상의 명령 또는 금지규범에 근거하여 경찰하명을 내릴 수 없다고 보는 다수견해가 타당하다. 개별법상의 명령 또는 금지에 대한 임박한 또는 계속된 위반은 공공의 안녕에 대한 위험 또는 장해를 의미하므로 이 경우에는 **개괄적 수권조항이 경찰에게 경찰하명을 통해 법률상 의무를 직접 이행시킬 수 있는 권한을 부여한다(아래 [표 2-6] 참조)**. 이와 같이 개괄적 수권조

53) BVerwG, NJW 1980, 1970; 1981, 242; DÖV 1981, 535 (536); v. Mutius, Die Generalklausel im Polizei- und Ordnungsrecht, Jura 1986, 649 (652); Schoch, Grundfälle zum Polizei- und Ordnungsrecht, JuS 1994, 479 (486); Götz, Allgemeines Polizei- und Ordnungsrecht, 2001, Rn. 581; Schenke, Polizei- und Ordnungsrecht, 2023, Rn. 62.

54) 다른 견해로는 Maurer, Allgemeines Verwaltungsrecht, 2004, § 10. Rn. 5.

항의 주된 적용영역은 임박한 또는 계속되고 있는 법률위반에 대하여 경찰이 예방적으로 개입할 수 있는 권한을 부여하고 있지 않은 개별법과 관련이 있고, 이러한 불완전한 개별법(lex imperfecta)을 보충하는 것에서 개괄적 수권조항의 본질적 기능을 찾을 수 있다.

표 2-6

근거	내용
경범죄처벌법 제3조 제1항 제20호(음주소란행위 금지)	입법자의 불특정 다수인에 대한 음주소란 금지명령
경찰법상의 개괄적 수권조항	경찰관의 특정인에 대한 음주소란 금지명령
벌칙	의무 위반 시 10만원 이하의 벌금, 구류 또는 과료의 형으로 처벌

케이스 해설

[사례 3 · 4 · 5]에서는 경찰이 위험방지를 위하여, 즉 임박한 법률위반을 막기 위하여 또는 법률에 반하는 행위를 중지시키기 위하여 개입할 수 있는지 만일 개입할 수 있다면 이에 대한 법적 근거가 무엇인지를 묻고 있다. 결론적으로 [사례 3 · 4 · 5]은 경찰작용에 대한 수권근거로서 개괄적 수권조항이 적용될 수 있는 전형적인 사례에 해당한다.

해설 3 <3 · 1절 폭주방지 SMS 발송 사건>

사례에서 경찰이 폭주전력자에게 발송한 문자메시지는 도로에서 운전을 하려는 폭주전력자의 의사결정의 자유와 일반적 인격권을 제한한다. 사실 의사결정에 영향을 미치는 경찰의 모든 조치가 의사결정의 자유를 제한하는 것은 아니다. 경찰이 폭주전력자를 상대로 구체적인 조치를 취했거나 계고(戒告)를 발한 것이 아니라, 단지 폭주전력자에게 장래에 있을 교통상의 위험과 헌법이 보호하는 운전의 자유를 행사하였을 때에 그 결과에 관하여 일반적으로 알렸을 뿐이라면 의사결정의 자유는 제한되지 않는다. 왜냐하면 폭주전력자에게는 모든 중요한 사정의 고려 하에 자신의 의사를 자유롭게 결정할 수 있는 여지가 충분히 남아 있기 때문이다. 이에 반하여 사례에서와 같이 경찰이 엄중처벌 방침을 알리면서 주요 폭주시간대에는 도로에서 아예 운전을 하지 못하게 할 의도로 폭주전력자에게 문자메시지를 발송하였다면 이 경우에는 폭주전력자의 의사결정의 자유가 제한될 수 있다. 왜냐하면 폭주전력자는 엄중처벌을 받을 수 있다는 두려움 때문에 주요 폭주시간대에는 아예 운전을 할 엄두를 내지 못할 것이기 때문이다. 물론 이에 대해서는 '사례에서 경찰은 폭주가 범죄이기 때문에 폭주행렬에 참여하지 말라는 구속력 없는 권고를 발한 것에 불과하므로 이러한 권고를 통해 폭주전력자의 기본권은 제한되지 않는다'는 반론이 제기될 수도 있다. 그러나 경찰은 사례에서와 같은 문자메시지의 발송을 통해 폭주전력자가 주요 폭주시간대에는 아예 운전을 하지 못하게 하려는 의도를 갖고 있었다. 이러한 의도는 경찰이 발송한 문자메시지에 잘 나타나 있다. 특히 다음의 문구, "엄중처벌을 피하려면 주요 폭주시간대에는 운전을 하지 말 것"에 잘 나타나 있다. 폭주전력자는 이 문구를 다음과 같이 이해할 것이다: '만약 경찰의 요구에 따르지 않는다면 자신은 경찰로부터 구체적인 조치를 받게 될 것이다.' 결국 경찰은 문자메시지에서 단순히 법적 상황을 지적하거나 구속력 없는 권고를 발한 것이 아니라 폭주전력자에게 3 · 1절 주요 폭주시간대에는 아예 운전을 단념할 것을 요구하고 있다. 환언하면 경찰은 문자메시지의 발송을 통해 의도적으로 그리고 직접적으로 폭주전력자의 의사결정의 자유를 제한하였다고 볼 수 있다. 또한 사례에서 경찰이 폭주전력자에게 문자메시지를 발송한 이유는 이들이 과거에 범한 폭주 전력으로 인하여 경찰의 주목을 받았기 때문이다. 자신이 폭주족 관리 대상(이른바 블랙리스트)에 올라 있고 그러한 연유로 경찰의 문자메시지를 받았다는 사실은 그 자체가 이미 부정적인 이미지를 가질 수 있고, 이로써 이들의 일반적 인격권이 제한될 수 있다. 여하튼 폭주전력자에 대한 경찰의 문자메시지 발송은 이들의 헌법상 보장된 기본권을 제한하기 때문에 경찰이 폭주전력자에게 사례에서와 같은 문자메시지를 발송하기 위해서는 법률유보원칙에 따라 법률의 수권이 필요하다는 점이 (무엇보다) 중요하다. 그러나 이에 대한 개별법상의 명시적 수권근거는 발견되지 않는다. 사실 개별적 수권조항만으로는 경찰이 장래에 발생하는 새로운 유형의 위험에 적절히 대처할 수 없고, 다른 한편 개인의 권리를 제한하는 위험방지조치는 법률유보원칙에 따라 수권근거를 필요로 하기 때문에 개괄적 수권조항의 필요성은 부인될 수 없다. 실무상 경찰이 경찰작용에 대한 수권근거로서 개괄적 수권조항을 필요로 한다는 점은 특히 사례에서 분명해진다. 「도로교통법」은 이른바 공동위험행위, 즉 도로에서 2명 이상이 공동으로 2대 이상의 자동차 등을 정당한 사유 없이 앞뒤로 또는 좌우로 줄지어 통행하면서 다른 사람에게 위해를 끼치거나 교통상의 위험을 발생하게 하는 행위를 금지하고(제46조 제1항), 이에 대한 위반이 있는 경우 형벌로써 벌하고 있지만(제150조 제1호), 경찰이 범죄의 예방을 위하여, 즉 법률이 금지하는 폭주를 사전에 막기 위하여 개입할 수 있는지에 관해서는 아무런 언급을 하고 있지 않다. 예를 들어 가까운 장래에 대규모의 폭주가 우려되는 경우 경찰이 임박한 폭주를 막기 위하여 과거 폭주전력이 있는 사람들에게 사례에서와 같은 문자메시지를 발송할 수 있는지에 관해서 아무런 언급을 하고 있지 않다.

도로교통법

제46조(공동위험행위의 금지) ① 자동차 등의 운전자는 도로에서 2명 이상이 공동으로 2대 이상의 자동차 등을 정당한 사유 없이 앞뒤로 또는 좌우로 줄지어 통행하면서 다른 사람에게 위해를 끼치거나 교통상의 위험을 발생하게 하여서는 아니 된다.

② 자동차 등의 동승자는 제1항에 따른 공동위험행위를 주도하여서는 아니 된다.

> 경찰이 임박한 공동위험행위를 사전에 방지하기 위하여 폭주전력자에게 [사례 1]과 같은 문자메시지를 발송할 수 있는 권한에 관한 규정의 부재

제150조(벌칙) 다음 각 호의 어느 하나에 해당하는 사람은 2년 이하의 징역이나 500만 원 이하의 벌금에 처한다.

1. 제46조 제1항 또는 제2항을 위반하여 공동위험행위를 하거나 주도한 사람

만일 「도로교통법」이 폭주전력자의 의사결정의 자유와 일반적 인격권을 제한하는 경찰작용에 대한 수권근거를 마련해 두고 있지 않다면 이 경우에는 일반경찰법인 「경직법」이 보충 적용된다. 즉 「도로교통법」 제46조에 대한 임박한 위반은 공공의 안녕에 대한 위험을 나타내기 때문에, 이 경우에는 경직법상의 개괄적 수권조항이 경찰에게 공공의 안녕에 대한 위험을 방지하기 위하여 폭주전력자를 상대로

사례에서와 같은 문자메시지를 발송할 수 있는 권한을 부여한다. 이에 따라 경찰은 경직법상의 개괄적 수권조항(「경직법」 제2조 제7호와 결합한 제5조 제1항 제3호)에 근거하여 폭주전력자에게 사례에서와 같은 문자메시지를 발송할 수 있다.[55)]

해설 4 <로트와일러 사건>

사례에서 경찰은 맹견소유자인 '갑'에게 목줄과 입마개를 착용시키라는 명령을 내렸는바, 이것은 경찰목적을 실현하기 위하여 개인에게 작위의무를 부과하는 경찰하명에 해당한다. 이러한 경찰하명은 '갑'의 일반적 행동자유권과 재산권을 제한하기 때문에 법률유보원칙에 따라 법률의 수권이 필요하다.[56)] 하지만 이에 대한 개별법상의 명시적 수권근거는 발견되지 않는다. 사실 「동물보호법」 제21조 제1항 제2호는 맹견소유자가 맹견을 동반하고 외출할 때 목줄과 입마개를 착용시킬 의무를 부과하고 있지만, 동 조항은 경찰이 맹견소유자에게 이러한 의무를 직접 명령하는 경찰하명에 대한 수권근거가 되지 못한다. 만일 '갑'의 개가 목줄과 입마개를 착용해야 하는 맹견임에도 불구하고 '갑'이 그와 같은 안전장치를 하지 않고 있다면 여기서는 이미 「동물보호법」 제21조 제1항 제2호에 대한 위반을 이유로 공공의 안녕에 대한 위해가 존재한다. 그럼에도 불구하고 「동물보호법」에는 전술한 「도로교통법」 제47조 제2항이나 「집시법」 제20조 제1항 제2호와 달리 위해방지조치를 수권하는 개별적 수권조항이 결여되어 있다. 만일 「동물보호법」에 위해방지조치를 수권하는 개별적 수권조항이 결여되어 있다면 이 경우에는 일반경찰법인 「경직법」이 보충 적용된다. 즉 「동물보호법」 제21조 제1항 제2호에 대한 위반은 공공의 안녕에 대한 위해를 의미하므로 이 경우에는 경직법상의 개괄적 수권조항(「경직법」 제2조 제7호와 결합한 제5조 제1항 제3호)이 경찰에게 사례에서와 같은 하명을 통해 직접 개입할 수 있는 권한을 부여한다.

해설 5 <행락지에서의 취객난동 사건>

사례에서 경찰관 P는 휴양지에서 소란을 피우고 있는 5명의 남성에게 소란행위를 중지하고 이곳에서 즉시 떠나라는 퇴거명령을 내렸다. 이것은 경찰목적을 실현하기 위하여 개인에게 작위의무를 부과하는 경찰하명에 해당한다. 이러한 경찰하명은 공공의 안녕을 유지하기 위한 것으로서 「경직법」 제2조 제7호에 언급된 경찰의 직무에 속한다. 그러나 경찰관 P가 내린 퇴거명령이 경찰의 직무에 속한다고 해서 경찰관 P가 퇴거명령을 내릴 권한도 당연히 갖는 것은 아니다. 경찰관 P가 5명의 남성에게 내린 퇴거명령은 이들의 일반적 행동자유권을 제한하기 때문에 법률유보원칙에 따라 법률의 수권이 필요하다. 그러나 「경범죄처벌법」에는 퇴거명령에 대한 명시적인 수권근거가 존재하지 않는다. 즉 사례에서 5명의 남성은 「경범죄처벌법」 제3조 제1항에 반하는 금지된 행위[불안감조성행위(제19호), 음주소란행위(제20호), 인근소란행위(제21호)]를 하고 있고, 「경범죄처벌법」 제3조 제1항에 대한 위반은 공공의 안녕에 대한 장해를 의미하지만, 「경범죄처벌법」에는 법률위반으로 인하여 야기된 공공의 안녕에 대한 장해를 중지시키거나 기타 위해를 방지하기 위하여 필요하다고 인정되는 조치, 이를테면 퇴거명령과 같은 조치를 수권하는 법률조항이 결여되어 있다.[57] 만일 장해제거와 관련된 개별법상의 수권조항이 결여되어 있다면 이 경우에는 일반경찰법인 「경직법」이 보충 적용된다. 즉 「경범죄처벌법」 제3조 제1항에 대한 위반은 공공의 안녕에 대한 장해를 의미하므로, 이 경우에는 경직법상의 개괄적 수권조항이 경찰에게 공공의 안녕에 대한 장해의 제거를 위하여 사례에서와 같은 퇴거명령을 내릴 수 있는 권한을 부여한다. 사실 개괄적 수권조항은 공공의 안녕에 대한 위험 또는 장해가 존재하는 경우 경찰에게 위해를 방지하기 위하여 필요하다고 인정되는 "조치"를 수권하고, 여기서의 "조치"는 경찰상의 처분뿐만 아니라 사실행위를 의미하므로, 개괄적 수권조항은 경찰상의 처분뿐만 아니라 사실행위에 대한 법적 근거도 된다는 것이 문헌에서의 일반적 견해이다.[58] 그리고 퇴거명령은 특별히 중대한 기본권 제한을 가져오는 경찰조치로 볼 수 없기 때문에 반드시 개별적 수권조항이 요구되는 것도 아니다. 따라서 경찰관 P는 경직법상의 개괄적 수권조항(「경직법」 제2조 제7호와 결합한 제5조 제1항 제3호)에 근거하여 주취난동을 부리는 5명의 남성에게 퇴거명령을 내릴 수 있다.

일부 견해[59]에 따르면 「경범죄처벌법」 제3조 제1항과 같은 명령 또는 금지규범은 경찰이 이에 상응하는 경찰하명을 내릴 권한도 내포하고 있다고 주장한다. 그러나 이러한 견해를 따를 수 있을지는 의문이다. 왜냐하면 「경범죄처벌법」 제3조 제1항과 같은 명령 또는 금지규범은 입법자가 불특정 다수인을 상대로 일정한 행위를 명령하거나 금지하는 입법상의 하명만을 담고 있을 뿐, 경찰이 개별사례에서 이러한 규범을 위반한 특정인에게 그 행위를 명령하거나 금지하는 경찰상의 하명에 대한 수권까지 담고 있는 것은 아니기 때문이다. 따라서 「경범죄처벌법」 제3조 제1항은 경찰하명에 대한 수권근거가 될 수 없다. 여기서는 오히려 개괄적 수권조항이 경찰에게 법률이 금지하고 있는 행위의 계속을 막기 위하여 개입할 권한을 부여한다. 이와 같이 개괄적 수권조항의 주된 적용영역은 임박한 또는 계속된 법률위반에 대하여 경찰이 예방적으로 개입할 수 있는 권한을 부여하고 있지 않은 개별법과 관련이 있고, 이러한 불완전한 개별법을 보충하는 기능을 수행한다는 점에서 개괄적 수권조항은 중요한 의미를 갖는다.

2. 개괄적 수권조항의 한계

(1) 개 설

전술한 바와 같이 경직법상의 개괄적 수권조항은 원칙적으로 경찰작용에 대한 수권근거가 될 수 있다. 그러나 **경직법상의 개괄적 수권조항이 경찰작용에 대한 수권근거가 될 수 있다고 해서 동 조항이 "모든" 경찰작용에 대한 수권근거가 될 수 있음을 의미하지 않는다.** 즉 개괄적 수권조항의 적용에는 일정한 한계가 존재한다. 만일 개괄적 수권조항의 적용에 일정한 한계가 존재한다면 여기서는 다음과 같은 의문이 제기된다. 즉 '위험방지를 위한 경찰작용 가운데 개괄적 수권조항에 근거할 수 없는 경찰작용에는 어떤 것이 있는지', 환언하면 '위험방지를 위한 경찰작용 가운데 반드시 개별적 수권조항에 그 근거를 두어야 하는 경찰작용에는 어떤 것이 있

55) 유사한 사례에 관해서는 OVG Lüneburg, NJW 2006, 391 (392).

56) 유사한 사례에 관해서는 OVG Lüneburg, NVwZ-RR 2001, 742 (743).

57) 다른 견해로는 정하중, 행정법개론, 법문사, 2020, 1073쪽: "경범죄처벌법이 비록 처벌규정이기는 하나, 경찰관은 당해 법규범의 집행에 대한 의무와 권한을 갖기 때문에 경찰하명에 대한 수권을 아울러 포함하고 있다."

58) v. Mutius, Die Generalklausel im Polizei- und Ordnungsrecht, JURA 1986, 649 ff.

59) Maurer, Allgemeines Verwaltungsrecht, 2004, § 10. Rn. 5가 바로 그러하다.

는지'의 의문이 바로 그것이다. 이하에서는 어떤 경찰작용의 경우 개별적 수권조항이 필요하고, 어떤 경찰작용에 대해서는 개괄적 수권조항으로도 충분할 수 있는지에 관하여 고찰하기로 한다.

(2) 위험사전대비의 경우

개괄적 수권조항은 경찰권 행사를 위한 요건으로서 공공의 안녕이나 공공의 질서에 대한 "구체적 위험"이 존재할 것을 요구한다. 즉 개괄적 수권조항에 의거한 경찰권 행사는 공공의 안녕이나 공공의 질서에 대한 구체적 위험이 존재하는 경우에만 허용된다. 이러한 요구는 「경직법」에 명문의 규정을 통해 규정되어 있지 않은 경우에도 비례원칙을 고려한 합헌적 법률해석의 방법으로 도출될 수 있다. 여기서 "구체적 위험"이란 「경직법」에 개념정의가 되어 있지 않기 때문에 그 의미와 관련하여서는 논쟁이 될 수 있지만, 개별사례에서 실제로 또는 최소한 경찰관의 사전적 시점(ex ante)에서 사안을 합리적으로 판단해 볼 때 가까운 장래에 손해가 발생할 충분한 개연성이 있는 상황을 의미한다. 이러한 구체적 위험을 방지하는 활동과는 달리 위험사전대비는, 현재까지는 (아직) 구체적 위험이 존재하지 않지만 장래에 발생할 수 있는 구체적 위험을 효과적으로 방지하기 위하여 위험발생 이전단계에서 위험에 대비하거나 위험발생 자체를 사전에 차단하는 경찰활동을 의미한다. 순찰, 음주운전단속, CCTV의 설치 · 운영, 위험의 예방을 위한 정보의 수집 · 작성 · 배포 등이 그 예이다.

위험사전대비는 이미 그 개념에 잘 나타나 있듯이 구체적 위험이 존재할 것을 전제요건으로 하지 않는다. 이에 따라 만일 경찰이 구체적 위험이 발생하기 이전에 개인정보를 수집 및 보관하여 사후에 발생할 수 있는 위험을 효과적으로 방지하려 한다면 개괄적 수권조항은 그러한 개인정보의 수집 및 보관에 대한 수권근거가 될 수 없다. **왜냐하면 개괄적 수권조항은 경찰권 행사의 전제요건으로서 구체적 위험이 존재할 것을 요구하고 있기 때문이다.** 이에 따라 경찰이 구체적 위험의 존재 여부와 관계없이 시행하는 신원확인조치(신원확인의 특별한 형태로서 도로를 차단하고 불특정 다수인을 상대로 실시하는 일제단속식 음주단속도 마찬가지이다)나 공공장소에 설치 · 운영되는 CCTV는 입법자가 별도의 수권을 통해 그러한 조치가 구체적 위험이 발생하기 이전에도 허용되는 것으로 규정하지 않는 한 개괄적 수권조항에 근거하여 행하여질 수 없다. 만일 경찰이 CCTV를 설치하여 장래에 발생할 수 있는 범죄를 예방하려 한다면 구체적 위험이 존재할 것을 감시요건으로 하지 않는 「개인정보보호법」 제25조 제1항 제2호와 같은 법률의 명시적 수권이 필요하다.[60]

(3) 기본권에 대한 중대한 제한을 가져오는 경찰조치의 경우

또한 기본권에 대한 중대한 제한이 존재하는 경우, 특히 관련된 기본권이 강화된 실질적 요건과 절차적 요건 하에서만 제한될 수 있는 경우 개괄적 수권조항의 적용은 제한된다. 이에 따라 기본권에 대한 중대한 제한을 가져오는 경찰조치들, 예컨대 장기간 동안의 감시, 신분을 위장한 경찰관과 비밀정보원의 투입 및 프로파일링(profiling) 기법을 활용한 범죄예방조치[61] 그리고 (후술하는) 체류금지와 상경차단조치(집회참가 원천봉쇄조치[62])와 같은 조치들은 개괄적 수권조항에 근거하여 행하여질 수 없다.[63] 왜냐하면 이러한 조치들은 기본권에 대한 중대한 제한을 가져오기 때문에 **입법자는 개별적 수권조항을 통해 그러한 제한의 요건과 한계를 보다 상세**

60) 손재영, "경찰의 사전대비활동", 공법학연구 제11권 제2호, 2010, 299쪽.

61) 이에 관해서는 또한 손재영, "프로파일링(profiling) 기법을 활용한 범죄수사와 범죄예방의 법적 문제", 토지공법연구 제36집, 한국토지공법학회, 2007, 367쪽 이하; 정향란, "예방경찰작용으로서의 프로파일링에 관한 연구", 한양대학교 대학원 석사학위논문, 2009. 8, 54쪽 이하.

62) "상경차단조치(집회참가 원천봉쇄조치)"란 경찰이 특정 지역에서의 불법집회에 참가하려는 것을 막기 위하여 시간적 · 장소적으로 근접하지 않은 다른 지역에서 집회 예정 장소로 출발 또는 이동하는 것을 제지하는 조치를 의미한다.

63) Son, Jae–Young, Heimliche polizeiliche Eingriffe in das informationelle Selbstbestimmungsrecht, Schriften zum Öffentlichen Recht Band 1013, Duncker & Humblot, 2006, S. 86 ff.

하게 규정하여야 하기 때문이다. 특히 집회의 자유에 대한 중대한 제한을 가져오는 **상경차단조치**의 경우 **명확성원칙**은 입법자로 하여금 그러한 제한의 요건과 한계를 보다 상세하게 규정해야 할 의무를 부과한다. 사실 서울집회와 같이 전국적 규모의 불법집회가 특정 장소에 예정된 경우에는 집회가 예정된 장소에 대규모 참가자들이 집결하기 전에 각 지역마다 비교적 소규모 참가자를 제지하여 분산시키는 원천봉쇄가 현실적으로 필요하고 효과적인 방법일 수 있다. 그러나 집회참가 원천봉쇄가 효과적이고 필요하다는 이유만으로 지방에 거주하는 집회참가자들이 그들의 정치적 의사를 표현하기 위하여 상경하려는 행위 그 자체를 예외 없이 차단해 버린다면 이것은 상대적으로 서울과 그 인근에 거주하며 집회에 참가하려는 사람들의 기본권 제한과 비교할 때 집회의 자유를 보다 강하게 제한하는 결과를 낳는다. 따라서 명확성원칙의 관점에서 개괄적 수권조항은 상경차단조치에 대한 수권근거가 될 수 없다.

상경차단조치가 개괄적 수권조항에 근거할 수 없는 또 다른 이유는 동 조항에 규정된 요건만으로는 그와 같은 중대한 기본권 제한을 정당화할 수 없기 때문이다. 즉 개괄적 수권조항의 한 요건인 "공공의 질서"에 대한 위반으로는 경찰이 집회참가를 원천봉쇄하기에 충분하지 않다. 말하자면 "선량한 풍속"에 반하는 행위를 한다는 이유만으로 경찰이 집회참가를 원천봉쇄할 수는 없는 것이다. **비례원칙**의 관점에서 그러한 중대한 기본권 제한조치에는 헌법적으로 높은 요구사항이 세워져야 한다. 따라서 "공공의 안녕"에 대한 강화된 위험을 전제요건으로 하는 개별적 수권조항이 존재하지 않는 한 경찰에 의한 집회참가 원천봉쇄조치는 허용되지 않는다.

케이스 해설

해설 6 <제노바(Genova) G 8 反세계화 시위 사건>

사례에서 경찰은 이탈리아 제노바(Genova)에서 G 8 정상회담이 열리는 기간에 맞추어 '갑'에게 2001년 7월 15일부터 7월 22일까지 매일 정오 12시까지 유효한 신분증명서를 지참하고, 경찰관서로 출석할 것을 명령하였는바, 이것은 경찰이 위험방지의 목적으로 개인에게 경찰관서에 출석할 의무를 부과하는 출석명령(Meldeauflage)에 해당한다. 위험방지를 위한 출석명령이란 경찰이 조사나 수사가 목적이 아닌, 위험방지의 목적으로 당사자에게 지정된 시간 또는 그 기간에 경찰관서에 출석을 명령하는 것을 말한다. 예를 들어 라이벌 팀 간의 축구경기 과정에서 난동이 우려되는 경우 폭력성향이 있는 극성팬 또는 훌리건이 난동에 참여하지 못하도록 경찰이 이들에게 행사가 열리는 시간 또는 그 기간에 경찰관서에 출석할 의무를 부과하거나 높은 잠재적 폭력이 예견된 시위에 참가하는 것을 막기 위하여 극우주의 내지 극좌주의 폭력집단의 일원에게 지정된 시간에 맞추어 경찰관서에 출석할 것을 명령하는 것이 그 예가 된다. 그 다양한 활용 가능성에도 불구하고 「경직법」은 출석명령을 표준조치 내지 표준적 직무조치의 하나로 규정하고 있지 않다. 사실 「경직법」 제8조 제2항[64]에 따르면 경찰관은 피의자나 참고인 또는 관계인에게 출석요구를 할 수 있지만, 동 조항에 따른 출석요구는 관계인으로부터 동 조항 각 호에 언급된 사실을 확인하기 위하여 시행된다. 그리고 여기서의 출석요구는 강제성이 없기 때문에 참고인이나 관계인은 경찰의 출석요구에 응할 의무가 없다. 반면 위험방지를 위한 출석명령은 사실확인 또는 진술을 듣기 위해서가 아니라, 특정인이 범죄자행이 예견된 행사장이나 장소(예: 축구경기장, 집회장소)에 참석하지 못하도록 하기 위해서 발령되며, 출석'명령'이라는 표현에도 잘 나타나 있듯이, 불출석 시에는 과태료 또는 이행강제금[65] 등이 부과된다. 만일 「경직법」이 출석명령에 대한 별도의 명시적인 수권근거를 마련해 두고 있지 않다면 이 경우에는 개괄적 수권조항이 출석명령에 대한 법적 근거가 될 수 있는지의 문제가 제기된다.

사례의 기초가 된 판결에서 독일 연방행정법원(BVerwG)은 해외에서 곧 개최 예정된 집회에서 폭력적으로 행동할 구체적 위험이 있는 자들이 출국해 범죄를 저지르는 것을 막기 위하여 경찰은 출석명령을 내릴 수 있으며, 이 경우에는 경찰법상의 개괄적 수권조항이 해당 출석명령에 대한 법적 근거가 된다고 판시한 바 있다.[66] 경찰법상의 개괄적 수권조항은 그와 같은 침해를 정당화하기에 충분하다고 하였다. 독일 연방행정법원은 해당 사건에서 출석명령을 정당화하는 공공의 안녕에 대한 위험이 존재한다고 보았다. 당시 독일 극단주의 진영은 인터넷과 전단을 통해 제노바에서 계획된 反세계화 시위에 참여를 요청받았고, 과거 유사한 대규모 행사에서 세계화 반대론자들에 의한 폭력난동이 반복적으로 발생하였으며, 또한 과거 원고가 저지른 정치적 동기의 범죄를 고려할 때 출석명령의 시점에는 원고가 제노바 세계화 반대시위에 참여할 경우 구체적 위험, 즉 폭력난동에 가담할 개연성이 충분했기 때문에, 당시 베를린 경찰청장이 원고에게 내린 출석명령은 적법하다고 판시하였다. 임박한 대규모 시위과정에서 특정인이 폭력을 행사할 위험성이 있는 경우 경찰의 입장에서는 언제나 출석명령이 고려된다고 하였다. 이와 관련하여 특별한 입법적 규율은 필요치 않다고 하였다.

그러나 (독일 연방행정법원의 견해와 달리) 위험방지를 위한 경찰의 출석명령은 일반적 행동자유권과 거주이전의 자유, 경우에 따라 집회의 자유를 강도 높게 침해할 수 있기 때문에, 경찰법상의 개괄적 수권조항은 출석명령에 대한 법률상 수권근거가 될 수 없다고 보는 것이 타당하다. 사실 출석명령은 그 상대방으로 하여금 경찰관서에 출석할 것을 강요함으로써 일반적 행동자유권을 침해할 뿐만 아니라, 매번 거주이전의 자유에 대한 침해와도 결부되어 있다. 또한 당사자로 하여금 집회에 참여하지 못하도록 하는 출석명령은 집회의 자유도 침해한다. 왜냐하면 집회의 자유의 보호범위는 현재의 집회참석에 국한되지 않으며, 모이는 과정(Vorgang des Sich-Versammelns)도 포함하기 때문이다. 여기에는 예정된 집회나 구성중인 집회에 접근하는 것도 포함된다. 이러한 기본권 침해는 경찰법상의 개괄적 수권조항에 따라 일반적으로 허용되는 침해의 정도를 이미 넘어선다. 그럼에도 불구하고 독일 연방행정법원은 출석명령이 원고의 집회의 자유를 침해하는 경우조차 특별한 수권근거는 필요치 않는다고 하였다. 그러나 출석명령과 결부된 기본권에 대한 중대한 침해는 특별한 수권근거를 요구하며, 그러한 침해에 대한 수권근거로서 경찰법상 개괄적 수권조항은 허용되지 않는다고 봄이 타당하다.

출석명령과 같이 기본권에 대한 중대한 침해가 존재하는 경우 명확성원칙은 입법자로 하여금 개별적 수권조항을 통해 그러한 침해의 실질적 요건과 절차적 요건 및 그 한계를 보다 명확하게 규정해야 할 의무를 부과한다. 특히 현행 「경직법」과 같이 경찰법에 특정형태의 표준조치(예: 「경직법」 제8조 제2항에 따른 출석요구)가 규정된 경우에는 동시에 이러한 조치 보다 더 중대한 조치의 추론적 배제가 존재할 수 있다는 점도 개괄적 수권조항이 출석명령에 대한 수권근거가 될 수 없는 또 하나의 이유가 된다. 입법자는 헌법상 보장된 기본권을 침해하는 출석명령을 입법을 통해 규율할 필요성이 강하게 제기되는바, 입법자가 경찰에게 위험방지를 위한 출석명령을 허용하는 명문의 규정을 마련하는 경우에는 명확성원칙과 과잉금지원칙 및 적법절차원칙을 충족하는 법률상 수권근거를 마련하는 것이 필요하다.[67)]

해설 7 <상경(上京)차단 사건>

사례에서 농민들이 서울집회에 참가하기 위하여 상경(上京)하는 것을 원천봉쇄한 경찰의 조치는 헌법상 농민들에게 보장된 집회의 자유를 제한하기 때문에 그러한 경찰의 조치는 법률유보원칙에 따라 법률의 수권을 필요로 한다. 그러나 「집시법」은 공공의 안녕질서를 유지하기 위하여 일정한 집회·시위를 절대적으로 금지하거나(제5조) 관할 경찰관서장으로 하여금 금지 또는 제한할 수 있도록 하면서(제8조) 이를 위반하여 집회·시위를 주최한 사람을 처벌하고 있지만(제22조 제2항), 그 미수행위 또는 예비·음모행위를 처벌하는 조항은 따로 두고 있지 않다. 또한 「집시법」 제20조는 집회·시위가 법률에 위반되는 경우 이를 이유로 사후에 그 집회·시위의 해산을 명령할 수 있도록 하면서 그 위반자를 처벌하고 있을 뿐(제24조 제5호), 그 집회·시위 자체를 사전에 제지하거나 봉쇄할 수 있는 근거조항을 따로 두고 있지 않다. 만일 「집시법」이 집회·시위 자체를 사전에 제지하거나 봉쇄할 수 있는 근거조항을 따로 두고 있지 않다면 이러한 조치는 경직법상의 수권조항에 근거하여 행하여질 수 있는지의 문제가 제기된다. 이 경우 최근 판례[68)]에서도 적절히 지적되었듯이 경직법상의 수권조항 가운데 「경직법」 제6조("경찰관은 범죄행위가 목전(目前)에 행하여지려고 하고 있다고 인정될 때에는 이를 예방하기 위하여 관계인에게 필요한 경고를 하고, 그 행위로 인하여 사람의 생명·신체에 위해를 끼치거나 재산에 중대한 손해를 끼칠 우려가 있는 긴급한 경우에는 그 행위를 제지할 수 있다")는 사례에서와 같은 집회참가 원천봉쇄조치에 대한 수권근거가 될 수 없다. 왜냐하면 집회참가 원천봉쇄조치는 「경직법」 제6조가 규정하고 있는 법률상의 요건을 충족시키지 못하기 때문이다: 먼저 농민들이 서울로 상경하려는 행위는 집회 예정시간인 오후 3시경으로부터 무려 5시간 30분 전인 오전 9시 30분경에 서울에서 150km나 떨어진 충북 제천에서 행하여졌다는 점에서 「경직법」 제6조가 규정하고 있는 "범죄행위가 목전에 행하여지려고 하고 있다고 인정될 때"에 해당하지 않을 뿐만 아니라, 또한 금지통고된 집회에 참가하려고 준비하는 행위에 불과한 상경행위(上京行爲)가 곧바로 범죄행위에 해당한다고도 볼 수 없으며, 나아가 그러한 상경행위가 그 자체로 "생명·신체에 위해를 끼치거나 재산에 중대한 손해를 끼칠 우려가 있는 긴급한 경우"에 해당한다고도 볼 수 없기 때문이다. 설령 「집시법」에 의하여 금지되어 그 주최 또는 참가행위가 형사처벌의 대상이 되는 위법한 집회·시위가 장차 특정 지역에서 개최될 것이 예상된다 하더라도, 이와 시간적·장소적으로 근접하지 않은 다른 지역에서 그 집회·시위에 참가하기 위하여 출발 또는 이동하는 행위를 제지한 것은 「경직법」 제6조에 따른 경찰관의 제지범위를 명백히 넘어서는 것으로서 위법한 직무집행으로 평가될 수 있다.[69] 「경직법」 제6조는 경찰관이 형사처벌의 대상이 되는 행위가 눈앞에서 막 이루어지려고 하는 것이 객관적으로 인정될 수 있는 상황이고, 그 행위를 당장 제지하지 않으면 곧 생명·신체에 위해를 미치거나 재산에 중대한 손해를 끼칠 우려가 있어 직접 제지하는 방법 외에는 그와 같은 결과를 달리 막을 수 없는 절박한 사태일 때에만 적용될 수 있다.[70] 이러한 점에서 볼 때 「경직법」 제6조는 집회참가 원천봉쇄조치에 대한 수권근거가 될 수 없다. 이 밖에도 경직법상의 개괄적 수권조항(「경직법」 제2조 제7호와 결합한 제5조 제1항 제3호)이 집회참가 원천봉쇄조치에 대한 수권근거가 될 수 있는지의 문제가 제기되지만, 결론적으로 부정되어야 한다고 본다. 왜냐하면 집회참가 원천봉쇄조치는 집회의 자유에 대한 중대한 제한을 가져오는 경찰조치에 해당하기 때문이다. 즉 집회의 자유에 대한 중대한 제한을 가져오는 경찰조치의 경우 입법자는 개별적 수권조항을 통해 그러한 제한의 실질적 요건과 절차적 요건 및 그 한계를 보다 상세하게 규정하여야 하고, 이를 경찰이나 법원에게 맡겨서는 아니 된다. 사실 서울집회와 같이 전국적 규모의 불법집회가 특정 장소에 예정된 경우에는 집회가 예정된 장소에 대규모 참가자들이 집결하기 전에 각 지역마다 비교적 소규모 참가자를 제지하여 분산시키는 원천봉쇄조치가 현실적으로 필요하고 효과적인 방법일 수 있다. 그러나 집회참가 원천봉쇄조치가 효과적이고 필요하다는 이유만으로 지방에 거주하는 집회참가자들이 그들의 정치적 의사를 표현하기 위하여 상경하려는 행위 그 자체를 예외 없이 차단해 버린다면 이것은 상대적으로 서울과 그 인근에 거주하며 집회에 참가하려는 사람들의 기본권 제한과 비교할 때 집회의 자유를 보다 강하게 제한하는 결과를 낳는다. 집회참가 원천봉쇄조치와 같이 집회의 자유에 대한 중대한 제한을 가져오는 경찰조치의 경우 입법자는 개별적 수권조항을 통해 그러한 제한의 실질적 요건과 절차적 요건 및 그 한계를 보다 상세하게 규정해야 할 의무가 있으므로 경직법상의 개괄적 수권조항은 집회참가 원천봉쇄조치에 대한 수권근거가 될 수 없다. 결국 사례에서 제천경찰서 소속 경찰관들이 행한 집회참가 원천봉쇄조치는 법률적 수권근거를 갖추지 못한 위법한 공무집행으로 평가될 수 있다.

3. 소 결

(1) 일정한 작위 또는 부작위 의무를 부과하고 있는 개별법 가운데에는 이러한 의무에 대한 위반이 있는 경우 형벌 또는 과태료가 부과될 수 있음이 규정되어 있지만, 경찰이 개별사례에서 이러한 의무를 경찰하명을 통해 직접 이행시킬 수 있는 권한도 갖는지에 관해서는 아무런 언급을 하고 있지 않는 경우가 있다. 이러한 경우 개별법상의 명령 또는 금지규범은

64) 경찰관직무집행법 ② 경찰관은 다음 각 호의 직무를 수행하기 위하여 필요하면 관계인에게 출석하여야 하는 사유·일시 및 장소를 명확히 적은 출석 요구서를 보내 경찰관서에 출석할 것을 요구할 수 있다.
1. 미아를 인수할 보호자 확인
2. 유실물을 인수할 권리자 확인
3. 사고로 인한 사상자(死傷者) 확인
4. 행정처분을 위한 교통사고 조사에 필요한 사실 확인

65) 독일의 란트경찰법이 바로 그러하다

66) BVerwGE 129, 142 ff.

67) 이에 관하여 보다 자세한 것은 손재영, "위험방지를 위한 출석명령", 한국공안행정학회보 제93호, 2023, 227쪽 이하.

68) 대법원 2008. 11. 13. 선고 2007도9794 판결; 2009. 6. 11. 선고 2009도2114 판결.

69) 판례에 대하여 비판적인 견해로는 김형율, "상경차단조치의 적법성에 관한 연구", 한국경찰학회보 제12권 제3호, 2010, 117쪽 이하; 이기춘, "집회참가를 위한 이동의 자유와 경찰제지조치", 공법연구 제40권 제3호, 2012, 223쪽 이하.

70) 대법원 2008. 11. 13. 선고 2007도9794 판결.

그 자체로는 경찰하명에 대한 수권근거가 되지 못한다. 왜냐하면 개별법상의 명령 또는 금지규범은 입법자가 불특정 다수인을 상대로 일정한 행위를 명령하거나 금지하는 입법상의 하명만을 담고 있을 뿐, 경찰이 개별사례에서 이러한 규범을 위반한 특정인에게 그 행위를 명령하거나 금지하는 경찰상의 하명에 대한 수권까지 담고 있는 것은 아니기 때문이다. 법률유보원칙은 경찰이 개별사례에서 법률상 의무를 어떠한 종류와 방식으로 이행시킬 것인지와 관련하여서도 적용되어야 한다. 개별법상의 명령 또는 금지에 대한 임박한 또는 계속된 위반은 공공의 안녕에 대한 위험 또는 장해를 의미하므로, 이 경우에는 개괄적 수권조항이 경찰에게 하명을 통해 법률상 의무를 직접 이행시킬 수 있는 권한을 부여한다. 이와 같이 개괄적 수권조항의 주된 적용영역은 임박한 또는 계속되고 있는 법률위반에 대하여 경찰이 예방적으로 개입할 수 있는 권한을 부여하고 있지 않은 개별법과 관련이 있고, 이러한 불완전한 개별법을 보충하는 기능을 수행한다는 점에서 개괄적 수권조항은 중요한 의미를 갖는다.

(2) 개괄적 수권조항은 원칙적으로 경찰작용에 대한 수권근거가 될 수 있지만, 그렇다고 해서 동 조항이 "모든" 경찰작용에 대한 수권근거가 될 수 있음을 의미하지 않는다. 즉 개괄적 수권조항의 적용에는 일정한 한계가 존재한다. 위험사전대비와 기본권에 대한 중대한 제한이 존재하는 경우가 바로 그러하다. 특히 관련된 기본권이 강화된 실질적 요건과 절차적 요건 하에서만 제한될 수 있는 경우에는 개괄적 수권조항의 적용은 제한된다. 이에 따라 예를 들어 장기간 동안의 감시, 신분을 위장한 경찰공무원과 비밀정보원의 투입 그리고 체류금지와 상경차단조치(집회참가 원천봉쇄조치)와 같은 경찰조치들은 개괄적 수권조항에 근거하여 행하여질 수 없다.

Ⅴ 개괄적 수권조항의 보호법익

1. 공공의 안녕

(1) 개인적 법익과 공동체 법익의 보호

개괄적 수권조항이 보호하는 보호법익[71]은 먼저 공공의 안녕이다. "**공공의 안녕**"(Öffentliche Sicherheit)이란 「경직법」에 정의가 되어 있지 않기 때문에 그 의미와 관련하여서는 논쟁이 될 수 있지만, 일반적으로 **법질서와 개인적 법익**(개인의 생명 · 신체 · 재산 등) **그리고 국가와 그 시설의 존속 및 기능이 아무런 장해도 받지 않고 있는 상태**를 의미한다.[72] 경찰법에 "공공의 안녕"을 개념정의하고 있는 외국의 입법례로는 독일의 작센-안할트 공공의 안녕과 질서에 관한 법률(SOG LSA) 제3조 제1호를 들 수 있다. 동 규정은 공공의 안녕을 "법질서와 개인의 주관적 권익 그리고 국가나 그 밖의 고권주체의 존속, 시설과 행사의 불가침"으로 정의하고 있다. 이에 따라 공공의 안녕이라는 개념을 통해 **개인적 법익**뿐만 아니라 **공동체의 법익**(사회적 법익과 국가적 법익)도 보호를 받는다.[73]

(2) 개인적 법익의 보호와 그 한계

리딩 케이스

사례 1 <데이트폭력 사건>

어느 날 '갑'은 오랫동안 연인관계를 유지해 오던 여자친구 '을'로부터 이별통보

71) 이에 관해서는 또한 손재영, "경찰법상의 보호법익", 법학논고 제36집, 2011, 303쪽 이하; 이상해, "경찰처분의 실질적 적법성에 관한 일고찰", 법학논고 제40집, 2012, 307쪽 이하.

72) Drews/Wacke/Vogel/Martens, Gefahrenabwehr, 1986, § 15.

73) 같은 견해로는 홍정선, 경찰행정법, 박영사, 2010, 16쪽.

74) 유사한 사례로는 Schenke, Polizei- und Ordnungsrecht, 2023, Rn. 43.

를 받았다. '을'의 이별통보에 분노한 '갑'은 '을'의 집을 찾아갔고, 집 안에 있는 집기를 부수려고 하였다. 이에 '을'은 자신의 집에서 당장 나갈 것을 요구하였지만, '갑'은 이러한 요구를 따르지 않았다. 마침내 '을'은 경찰에게 도움을 요청하였다. 이 경우 경찰의 개입은 적법한가?[74)]

사례 2 <가정폭력 사건>

2017년 12월 22일 A시에서는 부부 싸움 도중 남편이 아내의 얼굴을 수차례 구타한 사건이 발생하였다. 이 과정에서 8살 아들이 경찰에 신고를 하였고, 출동한 경찰은 다친 아내를 병원으로 인도한 후 남편을 주거에서 퇴거시키고 100m 이내의 접근금지를 명령하였다. 이후 두 사람은 화해를 하였고 아내는 다가오는 크리스마스를 가족과 함께 보내기를 원한다며 사법경찰관에게 접근금지의 취소를 요구하고 있다. 사법경찰관은 피해자인 아내의 요구를 들어주어야 하는가 아니면 아내의 요구를 무시해도 좋은가?

사례 3 <동굴탐험 사건>

탐험가인 '갑'은 A시 소재의 동굴을 탐험해 보고 싶어 한다. 하지만 A시에는 강풍을 동반한 폭우가 내리고 있었기 때문에 동굴이 범람할 위험성이 있었다. '갑'은 이러한 악천후를 한 번도 경험해 보지 못하였고 장비 또한 제대로 갖추지 못하였기 때문에 동굴에 들어가면 돌아오지 못하고 익사할 수 있는 위험한 상황이었다. 그래서 경찰은 '갑'이 동굴에 들어가려 하였을 때 동굴출입을 금지시켰다. 범람의 위험이 존재하는 기간 동안 동굴출입을 금지시킨 경찰의 행위는 적법한가?[75)]

사람의 생명, 신체 또는 재산 등과 같은 개인적 법익은 「경직법」 제5조 제1항[76)]이 명시적으로 보호하는 보호법익에 속한다. 그러나 경찰이 이

75) 유사한 사례로는 Schenke, Polizei- und Ordnungsrecht, 2023, Rn. 44.
76) **경찰관직무집행법 제5조(위험발생의 방지)** ① 경찰관은 사람의 생명 또는 신체에 위해를 끼치거나 재산에 중대한 손해를 끼칠 우려가 있는 천재(天災), 사변(事變), 인공구조물의 파손이나 붕괴, 교통사고, 위험물의 폭발, 위험한 동물 등의 출현, 극

러한 개인적 법익을 보호하기 위하여 경찰권을 행사할 때에는 특별한 주의를 요한다. 왜냐하면 개인적 법익의 보호는 (후술하는) **보충성원칙**(Subsidiaritätsgrundsatz)과 **공공의 안녕**이라는 개념에 의하여 일정한 제한을 받기 때문이다.

1) 보충성원칙

개인적 법익에 대한 첫 번째 제한은 **개인적 법익이 사권(私權)의 형태로 나타나는 한 이에 대한 보호는 우선적으로 법원의 권한에 속한다**는 점이다. 따라서 소유권, 저당권, 채권, 인격권 등과 같은 사권의 보호는 우선적으로 법원의 권한에 속한다. 예를 들어 채무자가 사법상의 금전채권을 변제하지 않고 있는 경우 금전채권의 존재 여부와 강제집행에 관한 결정은 민사법원의 권한에 속한다. 국가기관의 권한배분에 관한 규정에 따르면 이와 관련된 법원의 권한은 원칙적으로 경찰의 권한보다 우선한다.[77]

그러나 법원에 의한 권리보호가 적시에 달성될 수 없고, 또한 경찰의 도움 없이는 권리실현이 불가능하거나 설령 가능하다 하더라도 현저히 곤란한 경우(예를 들어 법원과 그 집행기관의 보호를 받지 못하는 '야간'이나 '주말'과 같은 경우가 바로 그러하다)**에는 경찰은 예외적으로 사권보호를 위하여 개입할 수 있다.** 물론 이 경우에도 경찰에게는 권리보전을 가능하게 하는 **잠정적인 조치만이 허용**된다. 예컨대 채권자가 도로상에서 도피중인 채무자를 우연히 만난 경우 그 현장에 있는 경찰관은 채권자의 요청이 있는 경우 그렇지 않으면 알아 낼 수 없는 채무자의 주소를 알아 낼 권한을 갖는다.[78] 또한 사법에 의하여 보호되는 개인적 법익에 대한 위험이 동시에

도의 혼잡, 그 밖의 위험한 사태가 있을 때에는 다음 각 호의 조치를 할 수 있다(밑줄 저자).

77) 현행 「경직법」에는 사권보호에 관한 규정이 존재하지 않는다. 이에 관한 표준적 모델을 제시하고 있는 외국의 입법례로는 독일 「통일경찰법 모범초안」(MEPolG) 제1조 제2항을 들 수 있다. 동 조항은 "사권은 법원에 의한 보호가 적시에 달성될 수 없고, 경찰의 도움 없이는 권리실현이 불가능하거나 현저히 곤란한 경우에만 이 법에 따라 경찰의 보호를 받는다"고 규정하고 있다.

공법, 특히 형법을 위반하는 경우라면 보충성원칙 때문에 경찰이 개입할 수 없는 것은 아니라는 점에 유의하여야 한다. 예를 들어 가옥에 대한 불법점거(「형법」 제319조의 주거침입죄)나 부양의무에 대한 위반(「형법」 제271조의 유기죄)의 경우가 바로 그러하다. 이 밖에도 형법은 사람의 생명이나 신체 · 건강 · 자유 · 명예 · 재산과 같은 개인적 법익을 보호하기 위한 규정을 두고 있는바, 이에 따라 **개인적 법익에 대한 침해가 존재하는 경우에는 동시에 형법에 대한 위반이 존재하는지 여부가 심사되어야 한다.** 공법 규정을 준수하지 않으면 언제나 공익이 침해된다는 점을 고려할 때, 해당 범죄가 친고죄인지 여부는 중요하지 않다. 왜냐하면 해당 범죄가 친고죄인지 여부는 단지 공소제기와 관련하여서만 의미가 있기 때문이다.[79]

2) 개인적 법익에 대한 보호가 공익상 필요한 경우

개인적 법익에 대한 두 번째 제한은 **개인적 법익은 이에 대한 보호가 공익상 필요한 경우에만 경찰의 보호를 받는다**는 점이다.[80] 이 같은 내용은 명문의 규정을 통해 규율되고 있는지 여부와 관계없이 이미 "**공공의 안녕**"**이라는 개념으로부터 도출**된다.[81] 이 경우 불특정 다수의 개인적 법익이 위험에 처하거나 위험에 처한 개인이 그 개성과 무관하게 일반인을 대표하고 있다면 개인적 법익보호에 대한 공익이 존재한다.[82] 하지만 개인적 법익이 재산적 가치가 있는 것이든(예: 과도한 명품구매로 인한 재산의 낭비) 또는 건강과 같이 비재산적인 것이든(예: 위험한 스포츠나 과도한 음주 또는 흡연으로 인한 건강의 손상) **자신의 행위로 단지 자신의 고유한 법익만을 침해하는, 이른바 "자초한 위험"**(Selbstgefährdung)**의 경우에는 경찰개**

78) OLG Düsseldorf, NJW 1990, 998.
79) Schenke, Polizei– und Ordnungsrecht, 2023, Rn. 58.
80) 다른 견해로는 Pieroth/Schlink/Kniesel, Polizei– und Ordnungsrecht, 2010, § 5 Rn. 15.
81) Schenke, Polizei– und Ordnungsrecht, 2023, Rn. 59.
82) Beljin/Micker, Besonderes Verwaltungsrecht im ersten Staatsexamen, JuS 2003, 556, 558 f.

입을 위한 공익은 존재하지 않는다.[83] 또한 부랑인이 자발적으로 노숙을 결정한 경우에도 경찰개입을 위한 공익은 존재하지 않는다.[84]

주지하다시피 우리 「헌법」이 예정하고 있는 인간상은 "자신이 스스로 선택한 인생관 · 사회관을 바탕으로 사회공동체 안에서 각자의 생활을 자신의 책임 하에 스스로 결정하고 형성하는 성숙한 민주시민"[85]이다. 또한 일반적 행동자유권은 개인이 자유로운 의사결정을 할 수 있는 한 원칙적으로 자기 자신을 위험하게 만드는 것을 허용한다. 이러한 점에서 국가는 개인의 무제한적 후견인이 될 수 없다. 설령 개인이 자기 스스로 위험을 자초(自招)하더라도 국가는 개인에게 보호를 강요하여서는 아니 된다. **그러나 자기 스스로 위험을 초래한 사람이 타인의 조력(助力)을 필요로 하는 상태에 있거나 자유로운 의사결정을 내릴 수 없는 정신상태에 있는 경우(예: 정신착란자 · 마약중독자 · 만취자) 또는 자신이 행한 행동의 결과를 예측할 수 없는 경우(예: 어린아이)에는 개인적 법익보호에 대한 공익이 존재한다.** 이러한 경우에는 개인의 자유는 제한될 수 있으며, 국가의 보호의무는 개인의 자유보다 우선한다. 이 밖에도 고차원적인 법익, 즉 개인의 생명 · 신체 · 건강에 대한 위험이 존재하는 경우(예: 수심이 깊어 수영하기에 적합하지 않은 강에서 수영을 하려는 경우[86])에도 국가의 보호의무와 「형법」 제122조(직무유기죄)를 근거로 경찰은 개입할 권한을 갖는다.

자살시도가 임박한 경우에는 언제나 법익보호에 대한 공익이 존재한다. 이것은 자살을 시도하는 사람이 대부분 심리적으로 비정상적인 정신상태

---

83) Schoch, Der Schutz privater Rechte im Polizei– und Ordnungsrecht, Jura 2013, 468 (473).

84) VGH Mannheim, NVwZ–RR 1995, 328; OVG Lüneburg, NVwZ 1992, 502, 503; Würtenberger/Heckmann/Tanneberger, Polizreirecht in Baden–Württemberg, 2017, § 5, Rn 333.

85) 우리 헌법상의 인간상에 관해서는 헌재 1998. 5. 28. 96헌가5; 2000. 4. 27. 98헌가16; 2002. 10. 31. 99헌바40, 2002헌바50(병합); 2003. 10. 30. 2002헌마518; 2006. 7. 27. 2005헌마1189; 2009. 11. 26. 선고 2008헌바58, 2009헌바191(병합).

86) VGH Mannheim, VBlBW 1998, 25.

(예: 우울증)에 있음으로 인하여 정당화된다.87) 이에 따라 경찰은 자살을 중지시킬 권한이 있다. 이러한 점은 사람의 생명 · 신체에 대한 위험이 존재하는 경우, 특히 자살을 시도하는 경우 경찰관이 보호조치할 수 있음을 규정하고 있는「경직법」제4조 제1항 제2호에 잘 나타나 있다. 또한 사망이라는 결과를 초래할 것이 거의 확실시되거나 일반적으로 사망이라는 결과가 발생할 고도의 개연성이 존재하는 경우에도 자살의 경우와 마찬가지로 법익보호에 대한 공익이 존재한다. 예를 들어 의학적 지식에 따를 때 그 정도의 양을 섭취할 경우에는 사망이라는 결과를 초래할 개연성이 매우 높음에도 독버섯 섭취를 통해 자신이 개발한 해독제의 성능을 증명하려 한 어느 아마추어 연구가에게 경찰이 독버섯 섭취를 금지시킨 것은 적법하다.88)

나아가 **자기 자신에 대한 위험이 동시에 제3자에 대한 위험을 초래하는 경우에도 법익보호에 대한 공익이 존재한다.**89) 예를 들어 수심이 깊어 위험한 강에서 수영을 한다면 자기 자신의 생명뿐만 아니라 위험에 처한 사람을 구조하기 위하여 강에 뛰어든 구조대원의 생명도 위험하게 할 수 있으므로, 경찰이 강에서의 수영을 금지시키는 것은 적법하다.90)

케이스 해설

해설 1 <데이트폭력 사건>

사례에서 경찰의 개입은 적법하다. 사실 경찰은 보충성원칙 때문에 사권의 보호를 위해서는 원칙적으로 개입할 권한을 갖지 못한다. 하지만 사례에서와 같이 법원에 의한 권리보호가 적시에 달성될 수 없고, 경찰의 도움 없이는 권리실현이

87) 같은 견해로는 서정범, "경찰법에 있어서의 공공의 안녕의 개념", 공법학연구 제9권 제2호, 2008, 338쪽.

88) Schenke, Polizei- und Ordnungsrecht, 2023, Rn. 60.

89) BGH, VerwRspr. 5, 319 ff.

90) VGH Mannheim, VBlBW 1998, 25.

91) 이에 관해서는 Schenke, Polizei- und Ordnungsrecht, 2023, Rn. 119.

불가능하거나 현저히 곤란한 경우에는 이와 다르다. 또한 경찰이 사권보호를 할 때 준수해야 하는 보충성원칙은 오로지 사익보호가 문제되는 경우에만 적용되기 때문에, 만일 사법규정에 대한 위반이 공법규정에 대한 위반과 결합되어 있다면 보충성원칙은 적용되지 않는다. 바로 이러한 점에 있어서도 경찰은 사례에서 개입할 권한을 갖는다. 즉 사례에서 남자친구 '갑'의 행위는 사법규정에 위반될 뿐만 아니라 범죄구성요건(재물손괴 · 주거침입)을 충족시키기 때문에 경찰은 개입할 권한을 갖는다.[91]

해설 2 <가정폭력 사건>

사례에서는 사법경찰관이 가정폭력행위자에게 재범의 위험성이 있는지 여부를 판단함에 있어서 피해자의 의사(意思)를 반영하여야 하는지를 묻고 있다. 일부 견해[92]에 따르면 재범의 위험성 판단에 있어서 (경찰조치를 반대하는) 피해자의 의사는 원칙적 고려사항이 아니라고 한다. 왜냐하면 이미 장기간 지속된 가정폭력의 피해자는 상황을 축소시키려 하고, 보복의 두려움이나 경제적, 감정적 종속 때문에 경찰로부터 가해자를 보호하려는 경향을 나타내는 것이 일반적이기 때문이라고 한다. 따라서 위험성 판단은 피해자의 의사와 관계없는 경찰의 독자적 결정이라고 한다. 또 다른 견해에 따르면 입법자는 「가정폭력범죄의 처벌 등에 관한 특례법」 제8조의2를 통하여 「헌법」 제10조 제2문에서 도출되는 국가의 보호의무를 다하였고, 개인은 이러한 보호를 포기할 수 없기 때문에 피해자의 의사는 고려되지 않는다고 한다. 그러나 이 문제는 구분해 고찰할 필요가 있다고 본다.

주지하다시피 우리 「헌법」이 예정하고 있는 인간상은 "자신이 스스로 선택한 인생관 · 사회관을 바탕으로 사회공동체 안에서 각자의 생활을 자신의 책임 하에 스스로 결정하고 형성하는 성숙한 민주시민"이다. 또한 일반적 행동자유권은 개인이 자유로운 의사결정을 할 수 있는 한 원칙적으로 자기 자신을 위험하게 만드는 것을 허용한다. 게다가 누군가가 어떠한 일이 있어도 그 배우자와 영원히 함께 하기로 결정하였다면 그 결정은 「헌법」 제36조 제1항(혼인과 가족의 보호) 내지 「헌법」 제10조(행복추구권)에 의하여 보호를 받는다. 이러한 점에서 국가는 개인의 무제한적 후견인이 될 수 없다. 설령 개인이 자기 스스로 위험을 자초(自招)하더라도 국가는 개인에게 보호를 강요하여서는 아니 된다.

그러나 자기 스스로 위험을 초래한 사람이 타인의 조력(助力)을 필요로 하는 상태에 있거나 자유로운 의사결정을 할 수 없는 정신상태에 있는 경우(예: 정신착란자, 마약중독자, 만취자) 또는 자기 자신에 대한 위험이 동시에 제3자에 대한 위험을 초래하는 경우라면 이와 다르다. 이러한 경우에는 개인의 자유는 제한될 수 있고, 국가의 보호의무는 개인의 자유보다 우선한다. 그리하여 만약 다음과 같은 경우라면 사법경찰관은 피해자의 의사를 무시해도 좋을 것이다. 예를 들어 피해자가 가정폭력행위자의 지속적인 폭행과 학대로 인하여 자유로운 의사결정을 할 수 없고 그 결과 피해자가 순전히 두려움 때문에 가정폭력행위자의 귀가를 요청하는 경우가 바로 그러하다. 또한 사례에서와 같이 주거 내에 제3자, 이를테면 미성년자인 어린 자녀가 함께 살고 있고 가정폭력행위자가 그 자녀의 안녕까지도 위험하게 만듦에도 피해자가 (퇴거당한) 가정폭력행위자의 귀가를 요청하는 경우도 마찬가지다. 만약 이러한 경우라면 사법경찰관은 피해자의 의사를 무시해도 좋을 것이다.

이에 반하여 피해자가 자유로운 의사결정으로 국가의 보호를 포기하였고, 이것이 적어도 피해자의 생명을 위험하게 만들지는 않는다면 사법경찰관은 피해자의 결정을 존중하여야 한다. 왜냐하면 피해자의 결정은 극도로 민감한 사적 영역과 관련되어 있을 뿐만 아니라, 피해자의 결정은 기본권에 의하여 보호를 받기 때문이다. 자유로운 의사결정을 할 수 있는 한 개인은 행동의 자유에 의해 보호를 받는다. 따라서 사법경찰관이 가정폭력행위자에게 주거로부터의 퇴거나 주거에서 100미터 이내의 접근금지를 명한 직후 피해자가 가정폭력행위자의 귀가나 접근에 동의하였고, 그 동의가 피해자의 자유로운 의사결정에 따른 것이라면 긴급임시조치에 대한 위반은 존재하지 않는다. 그러나 그 동의가 피해자의 자유로운 의사결정에 근거한 것인지 또는 가정폭력행위자에 대한 사회적 또는 경제적 의존성 때문인지 그 여부가 불명확하다면 피해자의 자기결정권보다 국가의 보호의무에 우선순위가 부여되므로 긴급임시조치는 유지되어야 한다.[93]

해설 3 <동굴탐험 사건>

사실 개인이 본인 소유의 재산이나 건강과 같은 고유한 법익을 자유로운 의사결정에 따라 스스로 위험하게 만드는, 이른바 "자초한 위험"의 경우에는 경찰개입에 필요한 공익은 존재하지 않는다. 그러나 사람의 생명이 위험할 수 있는 급박한 상황이라면 개인적 법익보호를 위한 경찰개입은 허용된다. 더욱이 '갑'은 동굴출입을 통하여 자기 자신의 생명뿐만 아니라 타인의 생명, 즉 사후에 '갑'을 구조하기 위하여 동굴에 투입되는 구조대원의 생명까지도 위험하게 만들 수 있기 때문에 사례에서 동굴출입을 금지시킨 경찰의 행위는 적법하다.[94]

(3) 공동체 법익의 보호

1) 국가와 그 시설의 존속 및 기능의 보호

리딩 케이스

사례 1 <이동식 과속단속 사건>

A시의 ○○터널은 평소 과속차량으로 교통사고가 빈번하게 발생하는 곳이다. 교통경찰은 스피드 건(speed gun)을 이용하여 터널 부근에서 이동식 과속단속을 행하곤 하였다. 그러던 어느 날 경찰의 과속단속이 언제 어느 곳에서 실시되는지를 잘 아는 '갑'이 단속지점 약 100m 앞에서 "과속단속 중이니 주의하세요!"라고 쓰인 팻말을 들고 다른 운전자들에게 경찰의 과속단속을 경고하였고, '갑'의 팻말을 본 운전자들은 속도를 줄여 경찰의 단속을 피할 수 있었다. 이 광경을 본 경찰관 P는 '갑'에게 팻말 경고를 중단하고, 이곳에서 즉시 떠날 것을 명령하였다. 경찰관 P가 '갑'에게 내린 퇴거명령은 적법한가?[95]

국가를 비롯한 공행정주체의 존속과 시설 및 행사(行事)는 개괄적 수권조항에 의하여 보호를 받는다. 이로써 모든 공행정주체와 그 기관 및 공행정주체 소유의 시설(예: 극장 · 박물관 · 도서관 · 청사 · 병사(兵舍) 등)과 공행

92) 이성용, "가정폭력에 대한 경찰권 발동에 관한 고찰", 형사정책연구 제18권 제1호, 2007, 283쪽.

93) 손재영, "가정폭력 피해자 보호를 위한 긴급임시조치의 법적 문제", 법학논총 제21집 제2호, 2014, 24쪽 이하.

94) 이에 관해서는 Schenke, Polizei- und Ordnungsrecht, 2023, Rn. 120.

95) 유사한 사례로는 OVG Münster, NJW 1997, 1596.

정주체가 주최하는 행사(예: 국빈방문 · 국장(國葬) · 영결식 · 군대훈련 · 퍼레이드 등)가 개괄적 수권조항에 의하여 보호를 받는다. 그러나 국가와 그 시설의 보호는 과거에 비하여 그 중요성을 잃어가고 있다. 그 이유는 앞서 예시된 보호법익은 오늘날 법률의 규정, 특히 형법규정(「형법」 제87조 이하)과 국가기관의 보호를 위하여 제정된 특별법 규정(예: 「집시법」 제11조)을 통해 이미 광범위한 보호를 받고 있기 때문이다. 예를 들어 **전직대통령의 영결식장에서 소란을 피운 행위**는 「형법」 제158조의 **장례식방해죄**[96]에 해당하기 때문에 이미 이것만으로 공공의 안녕을 보호하기 위한 경찰의 개입을 정당화시킨다.[97] 청사(廳舍)에 불법으로 진입 · 체재하는 행위(「형법」 제319조의 주거침입죄)나 「헌법」에 의하여 설치된 국가기관을 강압에 의하여 그 권능행사를 불가능하게 하는 행위(「형법」 제91조 제2호의 국헌문란죄) 또는 직무를 집행하는 공무원에 대한 폭행과 협박(「형법」 제136조의 공무집행방해죄)도 마찬가지이다. 여기에 구체적으로 열거할 수 없을 정도로 많은 법률규정이 존재한다는 점을 고려할 때 국가기관과 그 시설에 대한 위협이 동시에 법질서에 대한 위반이 되지 않는 경우란 찾기 힘들다.[98]

국가와 그 시설의 보호가 개괄적 수권조항에 의하여 보호되는 다른 법익에 비하여 상대적으로 중요성이 떨어지는 또 다른 이유는 공공기관은 평온한 직무수행을 위하여 저마다 고유한 출입통제권과 질서유지권을 행사하고 있기 때문이다. 만일 경찰이 공공건물과 공공시설을 보호하기 위하여 공공건물에의 출입을 통제하거나 질서유지권을 행사한다면 이것은 다

96) **형법 제158조(장례식 등의 방해)** 장례식, 제사, 예배 또는 설교를 방해한 자는 3년 이하의 징역 또는 500만 원 이하의 벌금에 처한다.

97) 전직대통령 영결식장에서 소란을 피운 혐의로 기소됐던 국회의원에 관한 기사로는 박성규, "'盧 장례식방해 혐의' 백원우 벌금 100만원". 뉴시스 2010. 6. 10. https://n.news.naver.com/mnews/article/003/0003283321?sid=102 (2024. 07. 30. 검색).

98) 그렇다고 해서 공공의 안녕이라는 개념에 포함되는 국가와 그 시설의 보호가 법질서의 보호에만 국한되는 것은 아니다. 국가와 그 시설의 보호는 법질서의 보호보다 더 넓은 범위를 보호한다. v. Mutius, Die Generalklausel im Polizei- und Ordnungsrecht, Jura 1986, 649 (653).

른 공공기관의 권한과 충돌할 수 있다. 또한 기본권에 의하여 허용된 행위는 경찰법에서 의미하는 공공의 안녕에 대한 위협을 나타내지 않는다는 점도 이에 대한 한 이유가 된다. 정부에 대한 비판(「헌법」 제21조)이나 평화로운 집회(「헌법」 제21조)로 인하여 국가의 통치자가 직무수행에 지장을 느끼더라도 경찰이 개괄적 수권조항에 근거하여 경찰력을 투입할 수 없는 것이다. 마지막으로 국가안전보장을 위하여 특별기관(국가정보원)이 설치되어 있다는 점도 국가와 그 시설의 보호가 다른 보호법익에 비하여 상대적으로 중요성이 떨어지는 또 하나의 이유가 된다.

케이스 해설

해설 1 <이동식 과속단속 사건>

사례는 경찰의 개입이 "국가의 기능보호"라는 관점에서 허용되는 전형적인 사례에 해당한다. 사례에서 '갑'은 팻말을 들고 다른 운전자에게 교통경찰의 과속단속을 경고하였는바, 이 경우 일부 견해[99]는 '갑'의 팻말 경고는 교통경찰이 「도로교통법」을 위반한 과속운전자에게 범칙금을 부과할 수 있는 기회, 즉 교통경찰의 공무수행을 방해한다고 보고 있다. 그러나 이러한 견해와 달리 이 문제는 더 이상 고려할 필요가 없다고 본다. 왜냐하면 '갑'이 과속단속을 경고하는 행위는 「도로교통법」에 대한 위반을 방지하는 기능을 수행하기 때문이다.[100] 최근에는 경찰 스스로 특정 도로에서 과속단속이 있음을 사전 고시(告示)하는 방향으로 나아가고 있음을 고려할 때,[101] 사인(私人)이 과속단속을 경고하는 행위와 경찰 스스로 사전 고시하는 행위 간에는 아무런 차이가 없다. 즉 양자 모두 「도로교통법」에 대한 위반을 방지하는 기능을 수행한다.

---

99) Drews/Wacke/Vogel/Martens, Gefahrenabwehr, 1986, § 15, S. 234; Götz, Allgemeines Polizei- und Ordnungsrecht, 2001, § 4 Rn. 118; OVG Münster, NJW 1997, 1596; VGH Mannheim, NVwZ-RR, 2003, 117.

100) 같은 견해로는 Denninger, in; Lisken/Denninger, Handbuch des Polizeirechts, 2001, E Rn. 16; Gusy, Polizeirecht, 2011, Rn. 83; Pieroth/Schlink/Kniesel, Polizei- und Ordnungsrecht, 2010, § 8 Rn. 42; Schenke, Polizei- und

2) 법질서의 보호

리딩 케이스

사례 1 <전두환 전 대통령 29만 원 풍자 사건 II>

팝아티스트 '갑'은 '2012년 5월 17일 서울 서대문구 소재 주택의 담벽 등에 수의와 수갑을 착용한 채 29만 원 수표를 들고 있는 전두환 전 대통령의 모습을 그린 포스터 55장을 청색테이프로 붙였다'는 범죄사실로 기소되었다. 구 「경범죄처벌법」 제1조 제13호(광고물 무단첩부 등)은 다른 사람의 집 등에 함부로 광고물 등을 붙이는 것을 금지하고, 위반 시에는 10만 원 이하의 벌금, 구류 또는 과료의 형으로 처벌함을 규정하고 있다. '갑'은 단속될 당시 이미 55장의 포스터를 타인의 담벼락에 붙였고, 그 외에 약 150여 장의 포스터를 더 소지하고 있었으며, '갑'이 포스터를 붙인 거리는 약 300m에 이르렀던 것으로 알려졌다. 그러나 '갑'은 포스터를 떼기 쉬운 청색테이프를 이용하여 붙였고, 해가 뜬 후 날이 밝아질 무렵 포스터를 제거할 의사를 가지고 있었으며, 무엇보다 포스터를 부착할 당시 주민들의 민원이 없었다. '갑'에 따르면 자신은 사회참여적인 풍자예술가로서 사회·정치적 풍자를 위한 작품 활동을 한 것일 뿐, 공공의 질서에 위해를 가하려는 의도가 없었으며, 행위의 의도나 시간, 태양 등에 비추어 볼 때 포스터를 부착한 행위는 사회공동체의 질서유지를 해치는 데까지 이르지 않았다고 주장하고 있다. 오히려 포스터를 붙인 행위는 예술의 자유를 실현하기 위한 것으로 정당행위에 해당하며, 예술행위를 처벌하는 것은 「경범죄처벌법」의 남용에 해당한다고 주장하고 있다. 팝아티스트 '갑'의 포스터 부착행위는 「경범죄처벌법」 위반으로 처벌할 수 있는가?[102)]

개괄적 수권조항은 법질서를 보호한다.[103)] 개괄적 수권조항의 적용범위에 법질서보호를 포함시키는 이유는 원칙적으로 법질서의 준수 없이는

Ordnungsrecht, 2023, Rn. 65.

101) 관련 언론기사로는 홍서표, "미시령터널 무인단속카메라 설치", 조선일보 2010. 11. 4. (2024. 07. 30. 검색).

102) 서울서부지법 2013. 10. 10. 선고 2013고정160 판결.

103) Drews/Wacke/Vogel/Martens, § 15, 2c.

국가와 그 시설의 존속 및 기능은 보장될 수 없기 때문이다.[104] 오늘날 거의 모든 생활영역이 법제화되어 있는 까닭에 법질서의 보호는 공공의 안녕이라는 보호법익 가운데 가장 중요한 보호법익이 되고 있다. **경찰은 법질서를 보호하는 직무와 이러한 직무를 수행하는 데에 필요한 권한을 갖는다.**[105] 형법도 법질서의 보호에 기여하지만, 경찰은 이미 자행된 범죄를 수사하는 한도에서 사후적으로, 즉 법익침해 이후에 활동하게 된다. 반면 경찰법은 위험방지에 관한 법으로서 여기서는 예방, 즉 법규위반과 법익침해의 방지가 문제된다. 지배적인 견해에 따르면 범죄의 예방도 위험방지의 직무에 속한다.[106] 개괄적 수권조항은 경찰에게 형법에 대한 위반(=공공의 안녕에 대한 침해)을 저지할 권한을 부여한다. 법률에 규정된 객관적 구성요건이 실현될 위험이 존재하는 경우에는 공공의 안녕에 대한 위험이 존재한다. 이 경우 책임능력이 있는 사람이 한 행위인지는 중요하지 않다.[107]

법질서의 보호는 무엇보다 공법규범과 관련이 있다. 기본권도 법질서의 한 부분으로서 공공의 안녕이라는 보호법익에 포함된다. 사법규범도 마찬가지로 공공의 안녕의 구성부분이지만, 이에 대한 보호는 일차적으로 민사법원과 집행기관(예: 집행관)에게 맡겨져 있으므로, 개괄적 수권조항은 단지 보충적으로만 적용된다. 사법규범은 개인적 법익보호라는 관점에서 보호되고, 또한 사법규범과 관련하여서는 전술한 보충성원칙에 따른 경찰작용의 제한이 고려되어야 하므로, 결국 법질서의 보호는 공법규범의 보호에 초점이 맞춰져 있다. **공법규범에 대한 위반은 언제나 공공의 안녕을 침해한다.**

전술한 바와 같이 일정한 작위 또는 부작위 의무를 부과하고 있는 개별법 가운데에는 이러한 의무에 대한 위반이 있는 경우 형벌 또는 과태료

---

104) Schenke, Polizei- und Ordnungsrecht, 2023, Rn. 61.

105) VG BW, NVwZ-RR, 1990, 561 (562).

106) 손재영, "경찰의 사전대비활동", 공법학연구 제11권 제2호, 2010, 296쪽.

107) Schoch, Grundfälle zum Polizei- und Ordnungsrecht, JuS 1994, 570 (572).

가 부과될 수 있음이 규정되어 있을 뿐, 경찰관이 개별사례에서 이러한 의무를 경찰하명을 통해 직접 이행시킬 수 있는지에 관해서는 아무런 언급을 하고 있지 않는 경우가 있다. 예를 들어 "악기 · 라디오 · 텔레비전 · 전축 · 종 · 확성기 · 전동기(電動機) 등의 소리를 지나치게 크게 내거나 큰소리로 떠들거나 노래를 불러 이웃을 시끄럽게 하는 행위"를 금지하고 있는 「경범죄처벌법」 제3조 제1항 제21호는 이러한 금지에도 불구하고 누군가가 인근을 소란하게 하는 행위를 하는 경우 해당 인근소란행위자에게는 10만 원 이하의 벌금, 구류 또는 과료의 형이 부과될 수 있음을 규정하고 있을 뿐, 경찰관이 인근소란행위자에게 소란행위의 중지를 명령하거나 소란장소에서 즉시 퇴거하라는 명령을 내릴 수 있는지에 관해서 아무런 언급을 하고 있지 않다. 즉 「경범죄처벌법」 제3조 제1항 제21호에 대한 임박한 또는 계속된 위반은 공공의 안녕에 대한 위험 또는 장해를 의미함에도 「경범죄처벌법」에는 경찰관에게 위해방지에 필요한 조치(예: 퇴거명령)를 수권하는 법률조항이 결여되어 있다.[108)]

일부 견해[109)]에 따르면 「경범죄처벌법」 제3조 제1항 제21호와 같은 명령 또는 금지규범은 경찰이 이에 상응하는 경찰하명을 내릴 권한도 내포하고 있다고 주장한다. 그러나 이러한 견해와 달리 **「경범죄처벌법」 제3조 제1항 제21호는 그 자체로는 경찰관이 내리는 경찰하명에 대한 수권근거가 되지 못한다. 왜냐하면 동 조항은 입법자가 불특정 다수인을 상대로 일정한 작위 또는 부작위 의무를 부과하는 입법상의 하명만을 담고 있을 뿐, 경찰관이 개별사례에서 동 조항에 규정된 의무를 위반한 특정인을 상대로 그 의무의 이행을 직접 명령하는 경찰상의 하명에 대한 수권까지 담고 있는 것은 아니기 때문이다.** 이러한 점에서 법률유보원칙은 경찰관이 개별사례에서 법률상의 의무를 어떠한 종류와 방식으로 이행시킬 것인지와 관련하여서도 적용되어야 한다. 만일 「경범죄처벌법」 제3조 제1항 제21호가 동 조항에 규정된 의무를 경찰하명을 통해 직접 이행시킬 수 있는 권한을 규정해 두

108) 다른 견해로는 정하중, 행정법개론, 법문사, 2020, 1073쪽.

109) 예를 들어 Maurer, Allgemeines Verwaltungsrecht, 2004, § 10. Rn. 5.

고 있지 않다면 이 경우에는 경직법상의 개괄적 수권조항이 경찰관에게 경찰하명에 대한 수권근거를 제공한다. 즉 「경범죄처벌법」 제3조 제1항 제21호에 대한 임박한 또는 계속된 위반은 공공의 안녕에 대한 위험 또는 장해를 의미하므로 이 경우에는 경직법상의 개괄적 수권조항이 경찰관에게 경찰하명을 통해 법률상의 의무를 직접 이행시킬 수 있는 권한을 부여한다(아래 [표 2-8] 참조). 이와 같이 개괄적 수권조항은 임박한 또는 계속되고 있는 법률위반에 대하여 경찰관이 예방적으로 개입할 수 있는 권한을 부여하고 있지 않은 개별법과 관련이 있고, 이러한 불완전한 개별법을 보충하는 기능을 수행한다는 점에서 중요한 의미를 갖는다.

표 2-7

근거	내용
경범죄처벌법 제3조 제1항 제21호(인근소란행위 금지)	입법상의 하명 (입법자가 불특정 다수인을 상대로 인근소란 금지의무 부과)
경직법상 개괄적 수권조항	경찰상의 하명 (경찰관이 특정인을 상대로 인근소란 금지의무 부과)
벌칙	의무 위반 시 10만원 이하의 벌금, 구류 또는 과료의 형으로 처벌

케이스 해설

해설 1 <전두환 전 대통령 29만 원 풍자 사건 II>

사례에서는 팝아티스트 '갑'의 포스터 부착행위를 「경범죄처벌법」 위반으로 처벌할 수 있는지 여부를 묻고 있다. 사례의 기초가 된 판결에서 대법원은 재산이 29만 원밖에 없다고 한 전두환 전 대통령을 풍자하는 포스터를 새벽에 서울 연희동 주택가 담벽 등에 붙인 혐의로 기소된 팝아티스트 이모씨에게 벌금 10만 원의 선고유예 판결을 내린 원심을 확정하였다. 대법원은 동 판결에서 팝아이트스 이모씨가 주택소유자 등의 동의를 받지 않고 포스터를 담벼락에 붙였고, 예술적 · 정치적 표현의 자유의 실현을 위한 다른 수단이나 방법이 없었다고 보이지 않는다고 판시하였다.[110] 이러한 대법원의 견해와 달리 팝아티스트 이모씨의 포스터 부착행위를 「경범죄처벌법」 위반으로 볼 수 있을지 의문이다. 그 이유로서는 첫째, 팝아티스트 이모씨의 포스터 부착행위는 상업적·영리적 목적을 위한 것이 아니라 예술적·정치적 표현을 목적으로 한 행위였다는 점, 둘째, 포스터는 일반인에게 혐오감을 주거나 불쾌감을 줄 정도의 내용은 아니었다는 점, 셋째, 팝아티스트 이모씨는 담벼락에 낙서를 하거나 접착제 등을 이용하여 포스터를 붙인 것이 아니라 제거하기 용이한 청색테이프를 이용하여 붙였다는 점, 넷째, 해가 뜬 후 날이 밝아질 무렵 이를 제거할 의사를 가지고 있었다는 점, 다섯째, 무엇보다 포스터를 부착할 당시에 주민들의 민원이 없었다는 점이 제시될 수 있다. 팝아티스트 이모씨가 포스터를 부착한 장소가 주택가 담벼락으로서 광고물 등을 붙이는 것을 목적으로 하는 장소가 아니어서 불특정 다수인의 재산권이 제한될 수 있음을 고려하더라도 결과는 달라지지 않는다. 팝아티스트 이모씨의 포스터 부착행위를 「경범죄처벌법」 위반으로 보는 것은 사회공동체의 질서유지를 위하여 반드시 필요하다고 보기 어렵다.[111]

3) 공동체 전체의 법익보호

개괄적 수권조항을 통한 공동체 전체의 법익보호는 오늘날과 같이 고도로 분화된 법질서 하에서는 더 이상 중요한 의미를 갖지 못한다. 왜냐하면 이러한 법익은 대부분 법질서를 통해 보호를 받고 있기 때문이다. 개괄적 수권조항에 따른 공동체 전체의 법익보호는 위험한 행위임에도 불구하고 법규범이 이를 금지하는 규정을 두고 있지 않는 경우에나 의미가 있다. 예를 들어 특정 주유회사가 급유과정에서 잘못하여 기름이 땅속으로 유입되었고 그 결과 지하수가 오염되었지만, 해당 지하수법에는 주유회사가 급

110) "선고유예"란 범행이 경미한 범인에 대하여 일정기간 형의 선고를 유예하고, 그 유예기간을 특정한 사고 없이 경과하면 형의 선고를 면하게 하는 제도이다. 말하자면 선고유예는 유죄는 인정되나, 범죄가 가벼워 당장 처벌하지 않고 일정기간(2년)이 지나면 형의 선고를 면해 주는 제도인 것이다. 이러한 점에서 팝아티스트 이모씨는 선고유예를 받긴 했지만, 무죄가 아닌 유죄로 확정된 것으로 볼 수 있다.

111) 황춘화, "전두환 풍자 유죄…설 곳 없어지는 풍자의 자유", 한겨레 2015. 12. 11. http://www.hani.co.kr/arti/society/society_general/721453.html (2023. 07. 30. 검색).

유과정에서 준수해야 할 사항에 관한 규정이 부재하거나 금지되는 행위에 관한 규정이 결여되어 있는 경우가 바로 그러하다. 이러한 경우에는 지하수오염을 이유로, 즉 공동체 전체의 법익인 '깨끗한 지하수공급'을 보호하기 위하여 관할행정청은 위해방지조치를 취할 수 있다.[112)]

2. 공공의 질서

리딩 케이스

사례 1 <남성용 자위기구 판매 사건>

'갑'은 2012년 6월부터 2013년 4월까지 자신이 운영하는 성인용품점에 여성의 성기 모양을 본 뜬 남성용 자위기구를 판매할 목적으로 진열하였다가 경찰단속에 적발되었다. 문제가 된 자위기구는 사람의 피부와 유사한 질감, 촉감, 색상을 가진 실리콘을 소재로 하여 여성의 특정 신체부위를 개괄적 형상과 단일한 재질, 색상을 이용하여 재현하고 있다. 남성용 자위기구는 음란한 물건 또는 풍속을 해치는 물품에 해당하는가?

(1) 선량한 풍속 기타 사회질서의 보호

전통적으로 공공의 질서는 공공의 안녕과 더불어 개괄적 수권조항이 보호하는 보호법익에 속한다. 「경직법」 제2조 제7호는 보호법익으로서 공공의 안녕 외에 공공의 질서를 규정하고 있다. 사실 공공의 질서는 실무상으로 별다른 역할을 하지 못하고 있다. 독일의 경우, 몇몇 란트(Land) 경찰법에서는 공공의 질서가 보호법익으로서 더 이상 언급조차 되지 않고 있다.[113)] 경찰법에 공공의 질서가 보호법익으로 규정되어 있는 란트에서 **"공공의 질서"**(Öffentliche Ordnung)는 **당시의 지배적인 사회적 · 윤리적**

112) Schoch, Grundfälle zum Polizei- und Ordnungsrecht, JuS 1994, 570 (574).
113) 예를 들어 독일 브레멘 경찰법(BremPolG) 제1조 제1항과 슐레스비히-홀스타인 행정절차법(SchlHLVwG) 제162조 제1항이 바로 그러하다.

가치관에 따를 때 인간의 유익한 공동생활을 위하여 그 준수가 필수불가결한 요건인 것으로 간주되는 규율의 총체로 정의되고 있다.[114] 따라서 여기서는 법규범의 보호가 문제되는 것이 아니라 **법규범 이외의 다른 사회규범**, 특히 **도덕과 윤리의 보호**가 문제된다.

(2) 공공의 질서라는 보호법익의 정당성

공공의 질서는 그 개념파악이 어려울 뿐만 아니라 설령 파악된다 하더라도 주관적으로 결정되기 마련이다. 예를 들어 사회적 약자를 조롱하는 행위나 종교행렬에 참여한 이들을 비난하는 행위 또는 아파트 공원에서 일광욕을 즐기기 위하여 상의를 탈의하는 행위,[115] 더 나아가 자연주의(나체주의)를 표방하는 동호회 회원들이 사유지에 모여 알몸으로 생활하며 자연을 즐기는 행위[116]는 공공의 질서에 반하는 행위인가? 독일의 경우 연방행정법원(BVerwG)은 **스트립쇼**(Peep-Show)를 일관되게 **선량한 풍속**(gute Sitten)에 반하는 것으로 보고 있으며, 심지어 유흥가에서조차 스트립쇼 영업허가는 선량한 풍속에 위배되어 무효라고 판시하고 있다.[117] 반면 독일 뮌헨행정법원(VG München)은 스트립쇼 영업을 법질서가 수인할 수 있는 관용의 범위 내에 있는 것으로 보고 있다.[118] 결국 이러한 사례들은 개별사례에서 공공의 질서에 대한 위반 여부를 결정하는 것이 얼마나

114) § 54 Nr. 2 ThürOBG.

115) 헌재 2016. 11. 24. 2016헌가3.

116) 남인우, "경찰, "누드펜션 공연음란죄 적용 어렵다" 결론", 서울신문 2017. 8. 8. http:// www.seoul.co.kr/news/newsView.php?id=20170808500122&wlog_tag3= naver# csidx0f890621f804a00ad400489fe927360; 안경무, "누드펜션 논란…"개인의 자유이기에 허용해야" vs "공연음란죄 소지로 불법"", 이투데이 2017. 8. 2. http://www.etoday .co.kr/news/section/newsview.php?idxno=1522545# csidx0d018b 580338285ac1d932bb4a63d62; 권용범, "제천 '누드 펜션' 운영자 1심서 무죄…"숙박업 아니다"", 중앙일보 2018. 7. 12. https://www.mbn.co.kr/ pages/vod/programView. mbn?bcastSeqNo=1187642 (2024. 07. 30. 검색).

117) BVerwGE 64, 274; BVerwG, NVwZ 1987, 411; 1990, 668.

118) VG München, NVwZ 1983, 175 f.

어려운 것인가를 잘 보여 준다.

〈독일의 판례가 공공의 질서에 위반된다고 판시한 사례〉

"살상행위를 모방한 '서바이벌 게임'(survival game, 이른바 모의 전쟁놀이)은 공공의 질서에 반한다."119)

"인간이 살상행위의 대상이 되는 '서바이벌 게임'은 특히 「독일기본법」 제1조(인간존엄)가 정하고 있는 인간상에 위배된다."120)

"나체로 다니는 것은 설령 그것이 예술적 표현이라 하더라도 공공의 질서에 위배된다. 왜냐하면 나체를 볼 것을 강요받은 사람들의 수치심을 해치기 때문이다."121)

"소매상에서 판매되는 술병에 음란한 이름과 외설적 상표가 붙어 있다면 이것은 여성을 비하하는 것이고 대단히 예의에 어긋나는 것이므로 선량한 풍속을 해치는 것이다."122)

사실 공공의 질서는 과거에 비하여 그 중요성을 잃어 가고 있다. 오늘날 공공의 질서가 별다른 의미를 갖지 못하게 된 데에는 근본적으로 두 가지 원인이 존재한다. 첫째, 도덕규범은 오늘날과 같이 다원화된 사회에서는 끊임없이 감소하고 있다는 점이다. 둘째, 오늘날 입법자는 공동체에 상당히 중요한 문제들에 대하여 이미 법률로써 규율을 행하였고, 이러한 한도에서 공공의 질서를 원용할 필요성이 더 이상 존재하지 않게 되었다는 점이다.123) 예를 들어 「경범죄처벌법」은 공공의 질서에 위배되는 행위

119) OVG Koblenz, NVwZ-RR, 1995, 30 f.와 OVG Münster, DÖV 1995, 1004.

120) OVG NW, DÖV 2001, 217 ff.; BVerwG, NVwZ 2002, 598 ff.

121) OVG Münster, NJW 1997, 180.

122) BGHZ, 130, 5.

123) Schenke/손재영(譯), "공공의 안녕에 관한 법(경찰법)에서 외관상 위험과 위험혐의", 토지공법연구 제32집, 2006, 24-25쪽.

에 대하여 벌금, 구류 또는 과료의 형으로 벌함을 규정하고 있고, 이러한 한도에서 공동체의 가치관을 담고 있는 선량한 풍속 기타 사회질서는 이미 '공공의 안녕'이라는 관점에서 충분한 보호를 받고 있다. 주요한 경범죄 몇 가지를 언급하면 다음과 같다.

경범죄처벌법

제3조(경범죄의 종류) ① 다음 각 호의 어느 하나에 해당하는 사람은 10만원 이하의 벌금, 구류 또는 과료의 형으로 처벌한다.

12. (노상방뇨 등) 길, 공원, 그 밖에 여러 사람이 모이거나 다니는 곳에서 함부로 침을 뱉거나 대소변을 보거나 또는 그렇게 하도록 시키거나 개 등 짐승을 끌고 와서 대변을 보게 하고 이를 치우지 아니한 사람
15. (자연훼손) 공원·명승지·유원지나 그 밖의 녹지구역 등에서 풀·꽃·나무·돌 등을 함부로 꺾거나 캔 사람 또는 바위·나무 등에 글씨를 새기거나 하여 자연을 훼손한 사람
18. (구걸행위 등) 다른 사람에게 구걸하도록 시켜 올바르지 아니한 이익을 얻은 사람 또는 공공장소에서 구걸을 하여 다른 사람의 통행을 방해하거나 귀찮게 한 사람
36. (행렬방해) 공공장소에서 승차·승선, 입장·매표 등을 위한 행렬에 끼어들거나 떠밀거나 하여 그 행렬의 질서를 어지럽힌 사람
40. (장난전화 등) 정당한 이유 없이 다른 사람에게 전화·문자메시지·편지·전자우편·전자문서 등을 여러 차례 되풀이하여 괴롭힌 사람

예전에는 공공의 질서의 대상으로 여겨져 왔던 수많은 사례들이 현재는 법률로써 규율되었고, 그로써 공공의 안녕이라는 개념에 포함되게 되었다. 따라서 공공의 질서라는 개념은 지금까지 알려져 있지 않은 새로운 유형에 해당하기 때문에 형법이나 질서위반법에서 아직 중요하게 다루어지지 않고 있는 위험이 문제되는 곳에서 그 의미를 갖는다.[124] 예를 들어 변

124) 서정범, "경찰법에 있어서의 공공의 질서의 개념", 경찰학연구 제8호, 2005, 24면; 이상해, "경찰처분의 실질적 적법성에 관한 일고찰", 법학논고 제40집, 2012, 314쪽.

태적인 성적 만족을 얻기 위하여 입던 중고 속옷이나 스타킹 등을 직거래하는 행위[125]나 문상객을 많이 모으기 위하여 장례식장에서 탱크 톱(tank top)과 짧은 하의를 입은 여성이 미풍양속을 해치는 춤을 추거나 쇼를 하는 행위[126] 또는 여성의 몸을 음란물로 규정하지 말라고 항의하며 벌인 상의탈의 시위[127] 등이 바로 그러하다.

그러나 오늘날과 같이 고도로 다원화된 사회에서 공공의 질서는 그 개념파악이 더욱 어렵게 되었다. 이에 따라 문헌에서는 **공공의 질서에 대한 위반을 이유로 경찰이 개입하는 것은 더 이상 허용되지 않는다는 견해**[128]가 개진되고 있다.[129] 그러나 이 견해는 너무 나아간 견해라 할 수 있다. 왜냐하면 이러한 견해는 사회적 · 윤리적 가치관은 이것이 법률에 규정될 때에만 구속력을 갖는다는 점을 그 논거로 삼고 있지만, **입법자는 종종 사회적 · 윤리적 가치관에 따라 법률을 제정한다는 사실을 간과**하고 있기 때문이다. 이러한 견해는 특히 사회적 · 윤리적 가치관에 반한다는 이유로 영업(「풍속영업규제에 관한 법률」 제3조 제2호)이나 수출입(「관세법」 제234조

125) 이필재, "“내가 입던 속옷 사세요” 은밀한 거래", 스포츠한국 2011. 1. 28. http://sports.hankooki.com/lpage/report/201101/sp20110128170145106190.htm(2024. 07. 30. 검색).

126) 이봉석, "장례식장서 스트립쇼 성행…중국 골머리", 연합뉴스 2015. 4. 25. http://www.yonhapnews.co.kr/video/2602000001.html?cid=MYH20150425004100038&input=1825m (2024. 07. 30. 검색).

127) 오세진, "경찰 "불꽃페미액션 '상의 탈의' 시위, 공연음란 · 경범죄 적용대상 아냐"", 서울신문 2018. 06. 04. https://www.seoul.co.kr/news/2018/06/04/20180604500128 (2024. 07. 30. 검색).

128) 예를 들어 Denninger, in; Lisken/Denninger, Handbuch des Polizeirechts, 2001, E Rn. 26; Götz, Allgemeines Polizei- und Ordnungsrecht, 2001, Rn. 127; Hebeler, Das polizeiliche Schutzgut der öffentlichen Ordnung, JA 2002, 521 ff.; Pieroth/Schlink/Kniesel, Polizei- und Ordnungsrecht, 2010, § 8 Rn. 48 ff.; Störmer, Renaissance der öffentlichen Ordnung?, Die Verwaltung 30 (1997), 233 ff.; Waechter, Die Schutzgüter des Polizeirechts, NVwZ 1997, 729 (730 f.)가 바로 그러하다.

129) 공공의 질서개념을 둘러싼 논쟁에 관하여 보다 자세한 것은 이기춘, "독일경찰질서법상 공공의 질서개념에 관한 논쟁의 개관과 평가", 토지공법연구 제30집, 2006, 371쪽.

제1호), 나아가 출입국(「출입국관리법」 제11조 제1항 제4호) 등에 일정한 제한을 가하는 특별법에 아무런 이의를 제기하지 않는다면 논리적 모순을 가져온다. 예를 들어 「풍속영업의 규제에 관한 법률」 제3조는 풍속영업을 하는 사람과 그 종업원이 풍속영업소에서 해서는 아니 되는 행위로서 "**음란행위**"(제2호)와 "**음란한 물건**"에 대한 반포 · 판매 · 대여나 관람 · 열람하게 하는 행위 등(제3호)을 규정하고 있는바, 이 경우에는 어떤 행위가 음란행위이며, 어떤 물건이 음란한 물건에 해당하는지의 문제가 제기된다.

풍속영업의 규제에 관한 법률

제1조(목적) 이 법은 풍속영업을 하는 장소에서 선량한 풍속을 해치거나 청소년의 건전한 성장을 저해하는 행위 등을 규제하여 미풍양속을 보존하고 청소년을 유해한 환경으로부터 보호함을 목적으로 한다.

제3조(준수사항) 풍속영업을 하는 자(허가나 인가를 받지 아니하거나 등록이나 신고를 하지 아니하고 풍속영업을 하는 자를 포함한다. 이하 "풍속영업자"라 한다) 및 대통령령으로 정하는 종사자는 풍속영업을 하는 장소(이하 "풍속영업소"라 한다)에서 다음 각 호의 행위를 하여서는 아니 된다.

2. 음란행위를 하게 하거나 이를 알선 또는 제공하는 행위
3. 음란한 문서 · 도화 · 영화 · 음반 · 비디오물, 그 밖의 음란한 물건에 대한 다음 각 목의 행위
   가. 반포 · 판매 · 대여하거나 이를 하게 하는 행위
   나. 관람 · 열람하게 하는 행위
   다. 반포 · 판매 · 대여 · 관람 · 열람의 목적으로 진열하거나 보관하는 행위

예를 들어 '유흥주점 여종업원들이 웃옷을 벗고 브래지어만 착용하거나 치마를 허벅지가 다 드러나도록 걷어 올리고 가슴이 보일 정도로 어깨끈을 밑으로 내린 채 손님을 접대한 행위'나 '나이트클럽 무용수가 무대에서 공연하면서 겉옷을 모두 벗고 성행위와 유사한 동작을 연출하거나 속옷에 부착되어 있던 모조 성기를 수차례 노출하는 행위'는 「풍속영업의 규제에 관한 법률」 제3조 제2호 소정의 음란행위에 해당하는가?[130]

또한 「관세법」 제234조 제1호는 수출입금지물품의 하나로서 **"풍속을 해치는 물품"**을 규정하고 있는바, 이 경우에도 마찬가지로 어떤 물건이 풍속을 해치는 물품에 해당하는지의 문제가 제기된다. 예를 들어 자위기구는 「관세법」 제234조 제1호 소정의 풍속을 해치는 물품에 해당하는가?[131]

관세법 제234조(수출입의 금지) 다음 각 호의 어느 하나에 해당하는 물품은 수출하거나 수입할 수 없다.

1. 헌법질서를 문란하게 하거나 공공의 안녕질서 또는 풍속을 해치는 서적 · 간행물 · 도화, 영화 · 음반 · 비디오물 · 조각물 또는 그 밖에 이에 준하는 물품

어떤 행위가 「풍속영업의 규제에 관한 법률」 제3조 제2호 소정의 음란행위에 해당하는지 여부나 어떤 물건이 「관세법」 제234조 제1호 소정의 풍속을 해치는 물품에 해당하는지 여부는 결국 개괄적 수권조항의 보호법익인 공공의 질서에 대한 위반 여부를 판단할 때와 마찬가지로 우리 사회

130) 대법원은 '유흥주점 여종업원들이 웃옷을 벗고 브래지어만 착용하거나 치마를 허벅지가 다 드러나도록 걷어 올리고 가슴이 보일 정도로 어깨끈을 밑으로 내린 채 손님을 접대한 행위'에 대해서는 음란행위에 해당하지 않는다고 판시한 반면(대법원 2009. 2. 26, 선고 2006도3119 판결), '나이트클럽 무용수가 무대에서 공연하면서 겉옷을 모두 벗고 성행위와 유사한 동작을 연출하거나 속옷에 부착되어 있던 모조 성기를 수차례 노출하는 행위'에 대해서는 음란행위에 해당한다고 판시한 바 있다(대법원 2011. 9. 8, 선고 2010도10171 판결).

131) 종래 대법원은 자위기구가 남성용이냐 여성용이냐에 따라 다른 판단을 내린 바 있다. 즉 남성의 성기를 묘사한 여성용 자위기구는 "일반인의 정상적인 성적 수치심을 해치고 선량한 성적 도의관념에 반한다고도 볼 수 없다"며 음란한 물건에 해당하지 않는다고 판시한 반면(대법원 2000. 10. 13. 선고 2000도3346 판결; 2009. 7. 6. 선고 2008두23689 판결), 남성용 자위기구인 모조 여성 성기에 대해서는 "사회통념상 그것을 보는 것 자체만으로도 성욕을 자극하거나 흥분시킬 수 있고 일반인의 정상적인 성적 수치심을 해치고 선량한 성적 도의관념에 반한다"며 음란한 물건에 해당한다고 판시하였다(대법원 2003. 5. 16. 선고 2003도988 판결). 그러나 최근 대법원은 연이은 판결을 통해 여성의 성기모양을 본 뜬 남성용 자위기구도 여성용 자위기구와 마찬가지로 음란한 물건에 해당하지 않는다고 판시한 바 있다(대법원 2014. 7. 24. 선고 2013도9228 판결; 2014. 5. 29. 선고 2014도3312 판결; 2014. 5. 29. 선고 2013도15643 판결).

의 평균인의 입장에서 그 시대의 건전한 사회통념과 가치질서, 헌법상 보장되고 있는 개인의 기본권에 미칠 영향 등을 고려하여 개별적·구체적으로 판단할 수밖에 없다.[132] 그리고 그 해당 여부를 판단하기란 결코 쉽지 않다. 이런 까닭에 **만약 "공공의 질서"가 그 개념파악의 어려움 때문에 개괄적 수권조항의 보호법익에서 제외되어야 한다면 "음란행위"와 "풍속을 해치는 물품"도 마찬가지의 이유에서 「풍속영업의 규제에 관한 법률」 제3조와 「관세법」 제234조에서 각각 제외되어야 한다.** 이러한 점에서 '사회적·윤리적 가치관은 확정하기 곤란하다'는 이유는 더 이상 공공의 질서를 개괄적 수권조항의 보호법익에서 제외시킬 만한 충분한 이유가 되지 못한다. 이것은 사회적·윤리적 가치관의 내용을 확정함에 있어서는 보다 주의 깊고 엄격한 실증을 요한다는 것에 대한 하나의 동기가 될 뿐이다.[133]

또한 일부 문헌에서 개진된 견해[134]에 따르면 공공의 질서가 개괄적 수권조항과 결합하는 경우에는 **명확성원칙**의 관점에서 문제가 되지만, 개별적 수권조항과 결합하는 경우에는 문제가 제기될 수 없다고 한다. 그러나 입법자가 공공의 질서나 선량한 풍속을 그 보호법익으로 하는 개별적 수권조항을 마련하더라도 전술한 「관세법」 제234조 제1호나 「출입국관리법」 제11조 제1항 제4호(아래) 등에서 볼 수 있는 바와 같이 입법자는 **입법기술상의 한계**로 인하여 개괄적 수권조항이 이미 제공하고 있는 것 이상의 구체화를 달성하기 어렵기 때문에, 법률의 명확성 정도를 보다 더 높이지도 못한 채 단순히 개괄적 수권조항의 구성요건이 새로 만들어지는 개별적 수권조항으로 이전하는 결과를 낳을 뿐이다. **새로 만들어지는 개별**

---

132) 대법원은 성생활용품을 수입하는 회사가 인천공항 국제우편세관장을 상대로 낸 수입통관보류처분 취소소송에서 "관세법 제234조 제1호가 규정하는 '풍속을 해치는'이란 특별한 사정이 없는 한 성풍속을 해치는 '음란성'을 의미한다"며 "표현물의 음란여부를 판단함에 있어서는 표현물 제작자의 주관적 의도가 아니라 사회의 평균인 입장에서 그 시대의 건전한 사회통념에 따라 객관적이고 규범적으로 평가하여야 한다"고 판시한 바 있다(대법원 2009. 7. 6. 선고 2008두23689 판결).

133) Schenke, Polizei- und Ordnungsrecht, 2023, Rn. 70.

134) 예를 들어 이성용, "독일 경찰법상 공공의 질서개념의 국내법적 수용", 경찰학연구 제12권 제2호, 2013, 19-20쪽이 바로 그러하다.

적 수권조항이 내용적으로 개괄적 수권조항의 구성요건을 반복하고 있을 뿐이라면 입법자가 이것을 다시 한번 명시적으로 규정하더라도 법치국가의 발전을 가져오지 않는다.[135]

출입국관리법 제11조(입국의 금지 등) ① 법무부장관은 다음 각 호의 어느 하나에 해당하는 외국인에 대하여는 입국을 금지할 수 있다.

4. 경제질서 또는 사회질서를 해치거나 선량한 풍속을 해치는 행동을 할 염려가 있다고 인정할 만한 상당한 이유가 있는 사람

케이스 해설

해설 1 <남성용 자위기구 판매 사건>

사례에서는 먼저 "공공의 안녕"이라는 관점에서 법질서에 대한 위반이 존재하는지 여부가 문제된다. 이와 관련하여 대법원은 2014년 연이은 판결[136]을 통해 여성의 성기모양을 본 뜬 남성용 자위기구는 음란한 물건에 해당하지 않는다고 판시한 바 있다. 이러한 대법원 판결에 따르면 사례에서는 음란한 물건의 판매를 금지하는 「형법」 제243조에 대한 위반은 존재하지 않는다. 다음으로 남성용 자위기구의 판매가 "공공의 질서"에 위반되는지 여부가 문제된다. 오늘날과 같이 고도로 다원화된 사회에서 공공의 질서에 대한 위반 여부를 결정함에 있어서는 보다 주의 깊은 실증이 요구되는바, 최근의 변화된 사회적 · 윤리적 가치관을 고려할 때 남성용 자위기구의 판매가 과연 공공의 질서에 위반된다고 볼 수 있을지는 의문이다. 자위기구의 모양이 실제 성기와 유사한지 여부는 공공의 질서에 대한 위반 여부를 판단하는 기준이 될 수 없다. 자위기구가 실제의 성기와 유사하면 공공의 질서에 위반되고, 실제의 성기와 상당한 차이가 있으면 공공의 질서에 위반되지 않는다고 보는 것은 그 기준이 모호할 뿐만 아니라, 자위기구의 본질적 기능과 목적에 비춰 볼 때 이러한 유사성의 정도가 그 기준이 되어야 하는지도 의문이다. 문제가 된 기구는 주로 남성의 자위 시에 사용되기는 하나, 남성의 자위행위 그 자체를 선량한 풍속 기타 사회질서에 반하는 것으로 볼 수 없고, 또한 자위기구는

---

135) 여기서와 다른 견해로는 이성용, "독일 경찰법상 공공의 질서개념의 국내법적 수용", 경찰학연구 제12권 제2호, 2013, 20쪽.

장애인 부부의 성문제 해결에 유용하게 사용될 수 있을 뿐만 아니라 정상적인 부부 사이에도 성행위 시에 보조기구로 사용되어 원만한 성생활을 유지할 수 있도록 도움을 준다. 비록 자위기구가 저속하거나 문란한 느낌을 준다 하더라도 이것이 인간의 존엄성과 가치를 심각하게 훼손하거나 왜곡한다고 보기 어렵다. 이러한 점을 고려할 때 자위기구가 우리 사회의 건전한 가치질서에 대한 중대한 위협이 된다고 볼 만한 뚜렷한 이유를 찾기 힘들다. 국민 개개인이 자위기구를 사용할 것인지 여부는 어디까지나 개인의 성적 자유에 속하는 문제이고, 그 용도 및 기능이 자위기구라는 이유만으로 판매를 금지시키는 것은 그 물품의 잠재적 소비자인 국민 개개인의 성적 자기결정권을 지나치게 간섭하는 것이 된다. 개인이 이런 기구를 구매해 활용하는 것은 성적 자기결정권이라는 측면에서 충분히 보장되어야 하므로, 만약 경찰이 "공공의 질서유지"라는 관점에서 자위기구의 활용과 같은 개인의 은밀한 사생활까지 간섭한다면, 성문화가 한층 발전한 오늘날의 시대상에 정면으로 반하는 결과를 초래하게 될 것이다.

참고

<자위기구는 음란한 물건에 해당하는가?>

2000년 대법원은 「형법」 제243조(음화반포 등)에 대한 위반 여부가 다투어진 사건에서 **여성용 자위기구**는 음란한 물건에 해당하지 않는다고 판시한 바 있다.[137] 또한 2009년에도 대법원은 사회통념상 성적 도의관념에 반한다고 볼 수 없으므로 여성용 자위기구는 음란한 물건에 해당하지 않는다고 판시하였다: "여성용 진동자위기구가 발기한 남성의 성기를 재현했다고는 하나 색상도 실제 사람의 피부색과 많은 차이가 있고 전체적인 모양도 일자(一字)형으로 남성의 성기를 개괄적으로 묘사한 것에 불과하다 …(생략)… 물품 자체로 남성의 성기를 연상케 하는 면이 있더라도 그 정도만으로 물품 자체가 사회통념상 일반 보통인의 성욕을 자극해 성적 흥분을 유발하고 정상적인 성적 수치심을 해쳐 성적 도의관념에 반하는

136) 대법원 2014. 7. 24. 선고 2013도9228 판결; 2014. 5. 29. 선고 2014도3312 판결; 2014. 5. 29. 선고 2013도15643 판결.

것이라고 보기 어렵다."(대법원 2009. 7. 6. 선고 2008두23689 판결).
반면, 대법원은 2003년 **남성용 자위기구**인 모조 여성 성기에 대하여 「형법」 제243조 소정의 음란한 물건에 해당한다는 판결을 내렸다가,[138] 2014년 연이은 판결[139]을 통해 여성의 성기모양을 본 뜬 남성용 자위기구는 음란한 물건에 해당하지 않는다고 판시하였다: "이 사건 물품은 남성용 자위기구로서의 기능과 목적을 위하여 사람의 피부와 유사한 질감, 촉감, 색상을 가진 실리콘을 소재로 하여 여성의 특정 신체부위를 개괄적인 형상과 단일한 재질, 색상을 이용하여 재현한 것일 뿐, 단순히 저속하다거나 문란한 느낌을 준다는 정도를 넘어서서 존중·보호되어야 할 인격을 갖춘 존재인 사람의 존엄성과 가치를 심각하게 훼손·왜곡하였다고 평가할 수 있을 정도로 노골적인 방법에 의하여 성적 부위를 적나라하게 표현 또는 묘사한 것으로 보이지 않는다."(대법원 2014. 5. 29. 선고 2014도3312 판결)
대법원이 종전의 태도를 바꾸어 자위기구가 남성용 또는 여성용이냐에 따라 다른 판단을 내리지 않았다는 점은 환영할 만한 일이나, 여전히 자위기구의 모양이 실제 성기와 유사한지 여부를 음란물의 판단기준으로 삼고 있는 점은 아쉬운 점이다.[140] 왜냐하면 자위기구가 실제 성기와 상당한 차이가 있으면 음란하지 않고, 실제와 유사하면 음란하다고 보는 것은 그 기준이 모호할 뿐만 아니라, 자위기구의 본질적 기능과 목적에 비춰 볼 때 이러한 유사성의 정도가 음란성의 기준이 되어야 하는지도 의문이기 때문이다.

---

137) "음란한 물건이라 함은 성욕을 자극하거나 흥분 또는 만족케 하는 물품으로서 일반인의 정상적인 성적 수치심을 해치고 선량한 성적 도의관념에 반하는 것을 가리킨다고 할 것인바, 여성용 자위기구나 돌출콘돔의 경우 그 자체로 남성의 성기를 연상케 하는 면이 있다 하여도 그 정도만으로 그 기구 자체가 성욕을 자극, 흥분 또는 만족시키게 하는 물건으로 볼 수 없을 뿐만 아니라, 일반인의 정상적인 성적 수치심을 해치고 선량한 성적 도의관념에 반한다고도 볼 수 없으므로 음란한 물건에 해당한다고 볼 수 없다."(대법원 2000. 10. 13. 선고 2000도3346 판결).

138) 대법원 2003. 5. 16. 선고 2003도988 판결.

139) 대법원 2014. 7. 24. 선고 2013도9228 판결; 2014. 5. 29. 선고 2014도3312 판결; 2014. 5. 29. 선고 2013도15643 판결.

140) 특히 대법원 2014. 7. 24. 선고 2013도9228 판결이 바로 그러하다: "기록에 의

3. 요 약

(1) "공공의 안녕"이란 법질서와 개인적 법익 그리고 국가와 그 시설의 존속 및 기능이 아무런 장해도 받지 않고 있는 상태를 의미한다. 이에 따라 공공의 안녕이라는 개념을 통해 개인적 법익(사람의 생명 · 신체 · 재산 등)뿐만 아니라 공동체의 법익(사회적 법익과 국가적 법익)도 보호를 받는다.

(2) 사권(私權)은 법원에 의한 권리보호가 적시에 달성될 수 없고, 경찰의 도움 없이는 권리실현이 불가능하거나 설령 가능하다 하더라도 현저히 곤란한 경우에만 경찰의 보호를 받는다.

(3) 오늘날 거의 모든 생활영역이 법제화되어 있는 까닭에 법질서의 보호는 공공의 안녕이라는 보호법익 가운데 가장 중요한 보호법익이 되고 있다. 경찰은 법질서를 보호하는 직무와 이러한 직무를 수행하는 데에 필요한 권한을 갖는다. 법질서의 보호는 무엇보다 공법규범과 관련이 있다. 공법규범에 대한 위반은 언제나 공공의 안녕을 침해한다.

하여 알 수 있는 다음과 같은 사정들, 즉 ① 이 사건 물건은 남성용 자위기구로서 그 일부는 성인 여성의 엉덩이 윗부분을 본 떠 실제 크기에 가깝게 만들어졌고 그 재료로는 사람의 피부에 가까운 느낌을 주는 색깔의 실리콘을 사용함으로써 여성의 신체 부분을 실제와 비슷하게 재현하고 있기는 하나, 부분별 크기와 그 비율 및 채색 등에 비추어 그 전체적인 모습은 실제 사람 형상이라기보다는 조잡한 인형에 가까워 보이는 점, ② 이 사건 물건 가운데 여성의 성기를 형상화한 부분에 별도로 선홍색으로 채색한 것이 있으나, 그 모양과 색상 등 전체적인 형상에 비추어 여성의 외음부와 지나치게 흡사하도록 노골적인 모양으로 만들어졌다고 할 수 없고, 오히려 여성의 성기를 사실 그대로 표현하였다고 하기에는 크게 부족해 보이는 점 등을 종합하여 보면, 이 사건 물건이 사회통념상 일반 보통인의 성욕을 자극하여 성적 흥분을 유발하고 정상적인 성적 수치심을 해하여 성적 도의관념에 반하는 것이라고 보기 어렵고, 이 사건 물건을 전체적으로 관찰하여 볼 때 그 모습이 상당히 저속한 느낌을 주는 것은 사실이지만 이를 넘어 사람의 존엄성과 가치를 심각하게 훼손 · 왜곡하였다고 평가할 수 있을 정도로 노골적으로 사람의 특정 성적 부위를 적나라하게 표현 또는 묘사한 것으로 보기는 어렵다."

(4) 일정한 작위 또는 부작위 의무를 부과하고 있는 개별법 가운데에는 이러한 의무에 대한 위반이 있는 경우 형벌 또는 과태료가 부과될 수 있음이 규정되어 있을 뿐, 경찰이 개별사례에서 이러한 의무를 경찰하명을 통해 직접 이행시킬 수 있는지에 관해서는 아무런 언급을 하고 있지 않는 경우가 있다. 개별법상의 명령 또는 금지규범에 대한 임박한 또는 계속된 위반은 공공의 안녕에 대한 위험 또는 장해를 의미하므로 이 경우에는 개괄적 수권조항이 경찰에게 경찰하명을 통해 법률상 의무를 직접 이행시킬 수 있는 권한을 부여한다.

(5) "공공의 질서"란 당시의 지배적인 사회적 · 윤리적 가치관에 따를 때 인간의 유익한 공동생활을 위하여 그 준수가 필수불가결한 요건인 것으로 간주되는 규율의 총체로 정의될 수 있다. 따라서 여기서는 법규범 외의 다른 사회규범, 특히 도덕과 윤리의 보호가 문제된다.

(6) 일부 문헌에서는 공공의 질서에 대한 위반을 이유로 경찰이 개입하는 것은 더 이상 허용되지 않는다는 견해가 개진되고 있지만, 이러한 견해는 너무 나아간 견해라 할 수 있다. 왜냐하면 이러한 견해는 사회적 · 윤리적 가치관은 이것이 법률에 규정된 경우에만 구속력을 갖는다는 점을 그 논거로 삼고 있지만, 입법자는 종종 사회적 · 윤리적 가치관에 따라 법률을 제정한다는 사실을 간과하고 있기 때문이다. 이러한 견해는 특히 사회적 · 윤리적 가치관에 반한다는 이유로 영업활동이나 수출입 또는 출입국 등에 일정한 제한을 가하는 특별법에 아무런 이의를 제기하지 않는다면 논리적 모순을 가져온다. 이러한 점에서 '사회적 · 윤리적 가치관은 확정하기 곤란하다'는 이유는 공공의 질서를 개괄적 수권조항의 보호법익에서 제외시킬 만한 충분한 이유가 되지 못한다. 이것은 사회적 · 윤리적 가치관의 내용을 확정함에 있어서는 보다 주의 깊고 엄격한 실증을 요한다는 것에 대한 하나의 동기가 될 뿐이다.

Ⅵ 위험의 개념

리딩 케이스

사례 1 <항공기 폭파 장난전화 사건>

G 20 정상회담을 앞둔 어느 날 '갑'은 인천공항 콜센터에 전화를 걸어 '미국행 비행기에 폭탄을 실었다'고 협박을 하였다. 이에 따라 경찰특공대와 폭발물 탐지요원, 보안검색요원 등 300여 명이 출동하여 해당 항공기를 수색하였고, 미주노선 항공기 13편의 출발이 지연되었다. 하지만 이것은 '갑'의 장난전화임이 밝혀졌다.[141]

사례 2 <로트와일러 사건 2>

'갑'은 맹견의 일종인 로트와일러(Rottweiler)의 주인이다. '갑'의 개는 여러 차례 다른 개를 물었고, 심지어 사람을 공격하기도 하였다. 그럼에도 불구하고 '갑'은 목줄 등 안전조치를 취하지 않은 채 동네를 산책하곤 하였다. 그러던 어느 날 개를 동반하고 외출 중인 '갑'을 목격한 주민이 경찰서에 신고를 하였고, 신고를 받고 출동한 경찰관 P는 '갑'에게 즉시 개에게 목줄과 입마개를 착용시킬 것을 명령하였다. 그러나 '갑'은 자신의 개가 온순하다고 주장하였고, 자신의 주장을 뒷받침하기 위하여 이웃주민을 내세웠다.[142]

사례 3 <복면강도 사건>

경찰관 P는 야간순찰 중에 얼굴을 마스크로 가린 채 총을 들고 달려가는 '갑'을 보았다. 경찰관 P는 예견되는 위험을 막기 위하여 총을 든 '갑'을 제압하였다. 그러나 실제로 이 장면은 영화배우인 '갑'이 플라스틱으로 만든 가짜 총을 들고 무장 강도역을 연기한 것에 불과하였다.[143]

사례 4 <차량절도 오인 사건>

치안센터 앞 노상에 주차된 차량에서 경보음이 울려 경찰관 P가 차량내부를 확인해 보니 '갑'이 차량 내부에서 뭔가를 뒤지고 있었다. 경찰관 P는 '갑'을 차량 절도범으로 생각하고 '갑'이 차량 뒷좌석에서 내리지 못하도록 발로 뒷문을 밀어 닫은 후 '갑'의 신분을 확인하였다. 확인 결과 '갑'은 차량의 소유주였으며, 경찰관 P가 '갑'을 차량 절도범으로 오인한 것으로 밝혀졌다.

사례 5 <복분자 사건>

2015년 6월 1일 오후 4시쯤 서울지방경찰청 상황실에 강남구 주민이라고 밝힌 한 남성의 다급한 신고 전화가 걸려 왔다. 서울청은 곧바로 강남경찰서와 청담파출소에 긴급출동 명령을 내렸다. 근처를 순찰 중이던 경찰차 2대가 막 청담사거리로 방향을 바꾸었을 때 서울지방경찰청 상황실엔 다른 주민의 신고 전화가 걸려 왔다. "스포츠머리를 한 30대 남성이 트렁크에서 피가 흐르는 고급 승용차를 몰고 한강 쪽으로 향한다"는 내용이었다. 강남경찰서는 형사기동대, 교통순찰대, 삼성1파출소에 출동지시를 하였고, 영동대교 북단을 담당하는 광진 경찰서에도 "혹시 차량이 넘어갈지 모른다"고 지원요청을 하였다. 총 6대의 경찰차가 출동하였고 '엽기살인' 가능성에 강남경찰서에 비상이 걸렸다. 오후 4시 30분 경 청담파출소 순찰차가 수상한 용의차량을 따라잡았고, 경찰관은 운전자인 '갑'에게 트렁크를 열어 보라는 명령을 내렸다. 그러나 '갑'이 트렁크 문을 연 순간 트렁크에는 검붉은 액체가 담긴 플라스틱 병이 여기저기 나뒹굴었고, 트렁크 바닥이 흥건하게 젖어 있었다. 경찰감식 결과 검붉은 액체는 복분자로 빚은 술로 밝혀졌다. 30℃에 이르는 무더운 날씨 때문에 플라스틱 병 안의 복분자 주(酒)에서 가스가 생성돼 병이 터진 것이다. 유흥업소 종업원이라는 '갑'은 주점에서 팔기 위하여 작년에 빚은 술이라고 설명하였다. 이 사례에서 경찰관의 애초 판단과 달리 검붉은 액체는 사람의 피가 아니라 복분자로 빚은 술로 밝혀졌음에도 경찰관이 '갑'에게 내린 하명은 적법한가?[144)]

---

141) 강창욱, "비행기 놓칠까봐 … 호기심에 … "항공기 폭파"", 국민일보 2010. 11. 4. http://news.kmib.co.kr/article/view.asp?arcid=0004291942&code=11131100

1. 개 설

경찰법에서 위험 개념은 오랜 전통을 갖고 있다. 이미 1953년 「경직법」 제4조(현 제5조)는 경찰관이 "**위험**"한 사태가 있을 때에만 위해 방지상 필요하다고 인정되는 조치를 취할 수 있음을 규정하고 있었다. 이후의 「경직법」도 이것을 모범으로 삼고 있는데, 이에 따라 경찰관은 위험이 존재하는 경우에만 원칙적으로 국민의 권리를 제한하거나 의무를 부과하는 조치를 취할 수 있다. 이러한 점에서 경찰관의 위해방지조치는 법적 의미의 위험이 존재할 것을 전제요건으로 한다. 사실 법문에는 단순히 "위험"이라고 규정되어 있을 뿐이지만, 학설의 절대 다수는 이때의 위험을 "**구체적 위험**", 즉 개별사례에 존재하는 공공의 안녕이나 공공의 질서에 대한 위험으로 이해하고 있다. 이에 따라 경찰관이 경직법상의 개괄적 수권조항에 근거하여 위해방지조치를 취하기 위해서는 원칙적으로 구체적 위험이 존재할 것이 요구된다.

구체적 위험의 개념은 **법치국가 경찰법을 이해하는 키워드**로서 동 개념에는 매우 중요한 의미가 부여된다.[145] 왜냐하면 이 개념은 경찰법상의 권한규범을 관통하는 구성요건이기 때문이다. 경찰법상의 권한규범에 따르면 경찰이 개인의 권리를 제한하거나 의무를 부과하는 경찰작용을 하기

(2024. 07. 30. 검색).

142) 유사한 사례로는 VG Münster, NWVBl 1991, 317.

143) 신기원, "영화배우, 촬영 중 무장 강도로 오인돼 피격 사망", MBC TV 2010. 11.2. http://imnews.imbc.com/replay/2010/nwtoday/article/2730678_18909.html (2024. 07. 30. 검색).

144) 윤동빈, "앞차 트렁크에서 검붉은 피가 줄줄", 조선일보 2015. 6. 3. http://news.chosun.com/site/data/html_dir/2015/06/03/2015060300139.html (2024. 07. 30. 검색).

145) Schoch, Abschied vom Polizeirecht des liberalen Rechtsstaats? – Vom Kreuzberg–Urteil des Preußischen Oberverwaltungsgerichts zu den Terrorismusbekämpfungsgesetzen unserer Tage, *Der Staat* 43, 2004, 347 (348 ff.).

위해서는 원칙적으로 구체적 위험이 존재할 것이 요구된다. 이러한 구체적 위험에 대한 요구는 경찰법상의 일반원칙과 더불어 경찰권 행사를 법치국가적으로 제한하는 데에 상당히 기여한 것으로 평가되고 있다. 위험개념을 포기하는 것은 법치국가에서 수인할 수 없는, 침해권한의 한계를 유월하는 결과로 나아가는 것이며, 따라서 구체적 위험이라는 개념을 통해 표현된 **법치국가적 한계**를 경시하는 것은 허용되지 않는다.[146] 이하에서는 법치국가적 한계를 나타내는 위험개념을 해명함으로써 경찰에게 허용되는 행위의 범위를 확정하고자 한다.[147] 이와 관련하여서는 문헌에서 사용되고 있는 **외관상 위험**과 **오상위험** 및 **위험혐의**[148]와 같은 개념이 법적으로 어떤 의미를 갖는지도 함께 고찰되어야 한다.

2. "손해발생의 충분한 개연성"으로서의 위험

(1) 위험의 개념

경찰법에서 "**위험**"(Gefahr)은 간략하게 **가까운 장래에 손해가 발생할 충분한 개연성이 있는 상황**으로 정의내릴 수 있다. 이로써 위험개념은 무엇보다 **손해**와 **개연성**을 그 개념적 요소로 한다. 이러한 손해와 개연성에 대해서는 경찰의 가치판단이 요구된다.[149]

1) 손 해

위험의 개념적 요소로서 "**손해**"(Schaden)란 현재의 법익이 외부의 영

---

146) Schenke, Polizeiliches Handeln bei Anscheinsgefahr und Gefahrverdacht. *JuS* 2018, 510 (516).

147) 이에 관해서는 손재영, "경찰법에서 '위험'의 개념", 계명법학 제15집, 2011, 147쪽 이하; 이상해, "경찰처분의 실질적 적법성에 관한 일고찰", 법학논고 제40집, 2012, 316쪽 이하; 김학경 · 이성용, "경찰의 메르스 자가격리 무단이탈자 위치추적에 대한 비판적 고찰", 경찰법연구 제13권 제2호, 2015, 31쪽 이하.

148) 손재영, "위험혐의와 위험조사", 법학논고 제68집, 2020, 83쪽 이하.

149) Brandt/Smeddinck, Der Gefahrenbegriff im Polizeirecht, JURA 1994, 225 (227).

향에 의하여 객관적으로 감손하거나 공공의 질서개념에 포함된 불문의 사회규범이 침해되는 것[150]을 의미한다. 손해가 인정되기 위해서는 본질적으로 **법익과 가치의 감손**(減損)이 요구된다. 이에 따라 경찰은 개별법상의 수권근거가 존재하지 않는 한 이익과 가치의 증진에 기여하는 조치, 특히 복리증진에 기여하는 조치를 취할 권한이 없다. 보호법익의 감손은 **현재의 이익**과 관련하여 발생하여야 한다. 장래의 기대이익은 여기에 포함되지 않는다.[151] 단순한 불편함이나 부담 또는 불리하다고 느끼는 것만으로는 법익의 감손으로 볼 수 없다.[152] 그러나 이와 손해를 구분하기란 쉽지 않다. 예를 들어 낮에는 그저 불편하게 느껴졌을 뿐인 소음의 정도가 밤에는 건강이라는 보호법익의 감손이나 수인가능성의 결여로 공공의 질서에 대한 위험 또는 장해가 될 수 있다. 보호법익이 **객관적으로** 감손하는 경우에만 손해가 인정될 수 있기 때문에 특별히 민감한 성격의 사람만이 불편함과 부담을 법익감손으로 느낀다면 위험은 인정되지 않는다. 또한 손해는 무엇에 의하여 야기되었는지가 중요하지 않다. 그로 인하여 손해는 특정인의 행위에 기인한 것임을 요하지 않는다. 말하자면 손해는 자연재해에 의해서도 야기될 수 있다. 나아가 손해의 개념에는 법익감손이 **외부의 영향에 의하여 야기**된다는 점이 내포되어 있다. 이에 따라 법익감손이 내부적 사정에 기인하거나 자연현상에 의하여 초래된 경우에는 위험은 인정되지 않는다. 예를 들어 상품이 부패된 경우가 바로 그러하다. 그러나 부패된 상품이 팔려 다른 사람의 건강을 위협한다면 위험이 인정될 수 있다.[153]

2) 개연성

위험은 가까운 장래에 손해가 발생할 충분한 개연성이 있을 것을 전제로 한다. 여기서 "**개연성**"(Wahrscheinlichkeit)이란 단순한 가능성 이상

150) Schenke, Polizei- und Ordnungsrecht, 2023, Rn. 74.
151) Drews/Wacke/Vogel/Martens, Gefahrenabwehr, 1986, § 13 2 a).
152) BVerwG, DVBl. 1969, 586 f.
153) Schenke, Polizei- und Ordnungsrecht, 2023, Rn. 81.

의 것이면서 100% 확실성에는 미치지 못하는 것을 의미한다. 개연성이 충분한지 여부에 대한 판단은 개연성의 정도뿐만 아니라, 어떤 법익에 대한 손해가 우려되는지 만일 경찰작용이 없다면 해당 법익은 어느 정도로 심각한 피해를 입게 되는지의 문제에도 의존한다. 이에 따라 개연성 판단은 위협받고 있는 보호법익이 무엇인지에 따라 구분되어야 한다. 즉 **보호법익이 특별히 높은 가치를 가지면 가질수록 그리고 이러한 보호법익을 위협하는 손해가 크면 클수록 손해발생의 개연성에는 비교적 낮은 정도가 요구될 수 있고,**[154] **이로써 경찰에게는 더 많은, 더 광범위한 침해권한이 부여된다.**[155] 이것을 일컬어 **"반비례공식"**(Je-desto-Formel)이라고 한다. 예를 들어 [사례 1] <항공기 폭파 장난전화 사건>에서와 같이 익명에 의한 폭탄테러의 위협이 존재하는 경우에는 경험칙상 이러한 폭탄테러의 위협과 결부된 손해발생의 개연성은 극도로 낮지만, 그럼에도 불구하고 경찰은 위해방지에 필요한 조치를 취하여야 한다. 왜냐하면 경찰의 예측과는 달리 실제로 위험이 실현된다면 손해는 너무도 막대해서 비록 손해발생의 극히 낮은 개연성에도 불구하고 경찰의 위해방지조치는 정당화될 수 있을 뿐만 아니라 심지어 요청되기 때문이다. 따라서 중대한 범죄의 자행으로 인하여 특별히 큰 규모의 손해가 발생할 위험이 존재하는 경우에는 범죄발생의 개연성이 비교적 낮더라도 경찰의 위해방지조치는 허용된다.[156] 개인의 생명이나 신체 또는 건강에 대한 위험이 문제되는 경우에는 재산에 대한 위험이 문제될 뿐인 경우와 동일한 정도의 높은 개연성이 요구되지 않는다.

(2) 위험의 존재 여부에 관한 판단 시에 고려되어야 하는 사항

경찰법에서 위험개념은 종종 경찰의 **예측**(Prognose)을 요구한다. 즉 위험개념은 어떠한 상황이 중단 없이 진행될 경우 손해발생의 상황으로

154) BVerwGE 45, 51, 61; 47, 31, 40.
155) BVerwG, DÖV 1970, 713 (715); SächsVerfGH, JZ 1996, 957 (960).
156) BVerwG, DÖV 1970, 713 (715).

나아갈 것이라는 경찰의 예측을 요구한다. 손해발생에 대한 100%의 확실성이 요구되는 것은 아니지만, 그렇다고 손해발생에 대한 막연한 가능성만으로는 위험을 인정하기에 충분하지 않다. 오히려 위험예측의 결과 손해발생의 충분한 개연성이 존재하여야 한다. 위험예측은 신중을 기하여야 하지만, 너무 오랫동안 심사숙고할 경우에는 위험방지조치가 늦어질 수 있고, 그 결과 위험이 실현될 수 있다. 따라서 비자발적 무숙(無宿)[157]은 건강에 대한 위험을 야기할 수 있기 때문에 이미 그 자체만으로 위험을 나타낸다.[158] 즉 각종 질병의 위협에 노출된 노숙자가 실제로 아픈 상태에 놓여 있어야 (비로소) 경찰이 개입할 수 있는 것은 아니다.

한편 위험예측은 사실관계에 대한 경찰의 **진단**(Diagnose)을 전제로 한다. 이러한 점에서 사실관계에 대한 경찰의 인지(認知)와 평가는 위험예측의 기초가 된다. 경찰은 실제로 일어난 사건과 경험을 통해 얻은 지식 및 학문적 · 기술적 지식 그리고 때때로 일반적 경험칙에 의거하여 위험을 예측한다. 위험예측의 근거는 사실에 기초한 정확한 지식이 되어야 한다.

위험의 존재 여부를 판단함에 있어서는 **어느 시점**과 **누구의 판단**이 기준이 되어야 하는지의 문제가 제기되는데, 이 경우에는 사전적 시점과 평균적 경찰관이 위험판단의 기준이 된다. 이에 따라 법관의 사후적 시점(ex post)이 아니라 경찰관이 위험방지조치를 취할 때의 **사전적 시점**(ex ante)이 위험의 존재 여부를 판단하는 시점이 되며, 장래에 일어날 모든 일을 알고 있는 전지적 관찰자가 아니라 위험방지조치를 취하는 **경찰관 평균인**이 위험의 판단기준이 된다. 사실 위험의 판단기준은 위험방지조치를 취하는 경찰관이 되지만, 위험방지조치는 **객관적으로** 존재하는 위험상황을 전제로 하므로 전문적 지식을 가진 경찰관 평균인이 사전적 시점에서 사안을 합리적으로 판단해 볼 때 손해발생의 충분한 개연성이 인정될 수 있어야 한다. 구체적 위험방지조치를 취하는 경찰관의 개인적 상상은 중요하지

157) 무숙(無宿)이란 '잘 곳이 없음'을 의미한다.

158) 이에 관해서는 OVG Lüneburg, NVwZ 1992, 502 (503); OVG Schleswig, NJW 1993, 413; VGH Mannheim, NVwZ 1993, 1220; OVG Bremen, DÖV 1994, 221.

않다. 오히려 위험방지의 직무를 수행하는 **경찰관 평균인**이 위험방지조치를 취하는 시점에서 알 수 있는 인식수준이 위험의 존재 여부를 판단하는 기준이 된다. 이러한 점에서 경찰법에서 위험개념은 경찰관이 특정 사안에 대한 인식을 바탕으로 장래에 일어날 일에 대하여 **사전적이며 객관적인 판단**을 내릴 것을 요구한다.[159]

이 밖에도 위험이 인정되기 위해서는 **가까운 장래**에 손해가 발생할 충분한 개연성이 있어야 하므로, 먼 훗날의 어느 시점에 이르러서야 비로소 손해가 발생할 개연성이 있는 경우에는 위험이 존재한다고 말할 수 없다. 또한 자동차 운전과 같이 기본권 행사를 나타내는 행위는 그것이 갖는 위험성에도 불구하고 법질서에 의하여 원칙적으로 수인되고 있는바, **위험의 존재 여부를 판단함에 있어서는 법질서가 특정 행위나 특정 물건의 상태와 결부된 위험을 얼마만큼 수인하고 있는지도 고려되어야** 한다.[160]

(3) 위험의 종류

1) 구체적 위험

(가) 의 의

경직법상의 개괄적 수권조항(「경직법」 제2조 제7호와 결합한 제5조 제1항 제3호)은 경찰관이 개인의 권리를 제한하거나 의무를 부과하는 위해방지조치를 취하기 위한 전제요건으로서 공공의 안녕이나 공공의 질서에 대한 "구체적 위험"이 존재할 것을 요구한다. 즉 경직법상의 개괄적 수권조항에 의거한 경찰관의 위해방지조치는 공공의 안녕이나 공공의 질서에 대한 구체적 위험이 존재하는 경우에만 허용된다. 이러한 요구는 「경직법」에 명문의 규정을 통해 규정되어 있지 않은 경우에도 비례원칙을 고려한 합헌적 법률해석의 방법으로 도출될 수 있다. 여기서 "**구체적 위험**"(Konkrete

159) Schoch, Die "Gefahr" im Polizei- und Ordnungsrecht, JURA 2003, 472 (473).

160) Schenke, Polizei- und Ordnungsrecht, 2023, Rn. 82.

Gefahr)이란 「경직법」에 개념정의가 되어 있지 않기 때문에 그 의미와 관련하여서는 논쟁이 될 수 있지만, 개별사례에서 실제로 또는 최소한 경찰관의 사전적 시점(ex ante)에서 사안을 합리적으로 판단해 볼 때 가까운 장래에 공공의 안녕이나 공공의 질서에 대한 손해가 발생할 충분한 개연성이 있는 상황을 의미한다.

(나) 구체적 위험과 위험사전대비

경찰관이 경직법상의 개괄적 수권조항에 근거하여 개인의 권리를 제한하는 위해방지조치를 취하기 위해서는 **구체적 위험**, 즉 **개별사례에 존재하는 위험**이 요구되지만, 최근에는 특정경찰작용의 경우 "구체적 위험"이라는 요건이 포기되고 있다. 예를 들어 대도시의 공공장소에 설치 · 운영되고 있는 CCTV가 바로 그러하다. 입법자가 CCTV의 설치 · 운영에 대한 법적 근거를 마련하는 경우에는 적어도 부분적으로는 절차적 안전장치가 마련되어 있어야 한다(「개인정보보호법」 제25조 제3항). 그리고 CCTV가 갖는 권리 제한적 특성을 고려하여 그것의 설치 · 운영은 특별한 정당화사유를 필요로 한다. 이에 따라 만일 CCTV가 장래에 범죄가 자행될 개연성이 매우 높은 장소, 즉 우범지역에 설치된다면 문제가 되지 않지만, CCTV를 통해 특정 지방자치단체의 구역 대부분을 감시한다면 이것은 정당화될 수 없다.

경찰관이 경직법상의 개괄적 수권조항에 근거하여 개인의 권리를 제한하는 위험방지조치를 취하기 위해서는 구체적 위험이 요구되는 것에 반하여, 개인의 권리를 제한하지 않는 경찰활동은 구체적 위험이 요구되지 않는다. 오히려 이러한 활동이 위험방지에 기여한다는 것만으로 충분하다. 현재까지는 (아직) 구체적 위험이 존재하지 않지만, 차후에 발생할 수 있는 구체적 위험을 효과적으로 방지하기 위하여 경찰이 구체적 위험이 발생하기 이전단계에서 위험에 대비하거나 위험발생 자체를 사전에 차단하는 **위험사전대비**도 그러한 경찰활동에 속한다.[161] 범죄예방을 위한 순찰활동이 그 예이다. 실제로 구체적 위험을 방지하는 활동은 위험사전대비와 같은

161) 손재영, "경찰의 사전대비활동", 공법학연구 제11권 제2호, 2010, 296쪽.

사전적 활동이 없이는 효율적으로 수행될 수 없는바, 이러한 구체적 위험 방지활동과의 밀접한 연관관계로부터 위험사전대비의 허용성이 도출된다. 또한 예전부터 위험사전대비는 위험방지의 목적에 포섭될 수 있음을 이유로 이와 같은 결론이 도출되어 왔다.

하지만 음주운전단속이나 CCTV를 통한 감시와 같은 위험사전대비조치에 대해서는 일정한 제한이 가해질 수 있다. 왜냐하면 이러한 조치들은 개인의 권리를 제한하기 때문이다. 따라서 「도로교통법」 제44조 제2항이나 「개인정보보호법」 제25조와 같은 개별적 수권조항이 존재하지 않는 한 음주운전단속이나 CCTV를 통한 감시와 같은 위험사전대비조치는 허용되지 않는다.

2) 추상적 위험

(가) 의 의

전술한 구체적 위험은 경찰상 법규명령의 제정을 위하여 요구되는 추상적 위험과 구별되어야 한다.[162] 구체적 위험은 개별사례에 존재하는 위험을 말하며, 개괄적 수권조항에 근거를 둔 개개의 위험방지조치(특히 경찰하명)를 위한 전제요건이 된다. 이에 반하여 "**추상적 위험**"(Abstrakte Gefahr)은 특정한 행동방식이나 물건의 상태를 일반적 · 추상적으로 고찰하였을 때 개별사례에서 손해가 발생할 충분한 개연성이 있기 때문에 이러한 위험을 일반적 · 추상적 규율, 특히 경찰상의 법규명령으로써 방지해야 할 필요성이 있다는 결론에 도달한 경우에 존재한다.[163] 구체적 위험은 **특정사안**과 관련되어 있고, 추상적 위험은 **불특정 다수의 사안**과 관련되어 있다는 점에서 양자는 구별될 뿐, 손해발생의 개연성 정도와 관련하여 구체적 위험과 추상적 위험에는 동일한 요구사항이 세워져야 한다.[164]

162) 추상적 위험과 구체적 위험의 구별에 관해서는 또한 김성태, "예방적 경찰작용에서의 추상적 위험 · 구체적 위험", 행정법연구 제9호, 2003, 257쪽 이하.

163) BVerwG, DÖV 1970, 713 (715); BVerwG, DVBl 2002, 1562 (1564).

164) 다른 견해로는 BayVerfGH, NVwZ 2006, 1284 (1287).

(나) 추상적 위험과 맹견

추상적 위험의 예로서는 「동물보호법」과 「같은 법 시행규칙」에 규정된 **맹견**을 들 수 있다. 최근 개정된 동물보호법에 따르면 맹견의 소유자는 월령이 3개월 이상인 맹견을 동반하고 외출할 때에는 목줄 및 입마개 등 안전장치를 하거나 맹견의 탈출을 방지할 수 있는 적정한 이동장치를 하여야 하고(「동물보호법」 제21조 제1항 제2호), 만일 이를 위반하여 안전장치 및 이동장치를 하지 아니한 경우에는 맹견의 소유자에게는 300만 원 이하의 과태료가 부과된다(「동물보호법」 제101조 제2항 제2호). 여기서 "맹견"이란 「동물보호법」 제2조 제5호에 따르면 가. 도사견, 핏불 테리어, 로트와일러 등 사람의 생명이나 신체에 위해를 가할 우려가 있는 개로서 농림축산식품부령으로 정하는 개와 나. 사람의 생명이나 신체 또는 둥물에 위해를 가할 우려가 있어 제24조 제3항에 따라 시 · 도지사가 맹견으로 지정한 개를 의미하며, 농림축산식품부령인 「동물보호법 시행규칙」 제2조는 「동물보호법」 제2조 제5호 가목에 따른 맹견을 다음과 같이 규정하고 있다.

「동물보호법」

제2조(정의) 이 법에서 사용하는 용어의 뜻은 다음과 같다.
5. "맹견"이란 다음 각 목의 어느 하나에 해당하는 개를 말한다.
가. 도사견, 핏불테리어, 로트와일러 등 사람의 생명이나 신체 또는 동물에 위해를 가할 우려가 있는 개로서 농림축산식품부령으로 정하는 개
나. 사람의 생명이나 신체 또는 동물에 위해를 가할 우려가 있어 제24조 제3항에 따라 시 · 도지사가 맹견으로 지정한 개

「동물보호법 시행규칙」

제2조(맹견의 범위)「동물보호법」제2조 제5호 가목에 따른 "농림축산식품부령으로 정하는 개"란 다음 각 호를 말한다.
1. 도사견과 그 잡종의 개
2. 핏불테리어(아메리칸 핏불테리어를 포함한다)와 그 잡종의 개

3. 아메리칸 스태퍼드셔 테리어와 그 잡종의 개
4. 스태퍼드셔 불 테리어와 그 잡종의 개
5. 로트와일러와 그 잡종의 개

여기에 명시된 맹견은 일반적인 경험칙이나 전문기관의 지식에 따를 때 성격이 다소 강한 편이어서 사람이나 다른 개를 공격하는 성향이 있는 개이다. 언론을 통해 종종 보도가 되고 있듯이 로트와일러와 같은 맹견은 (제대로 된 시설에서 보호받지 못하고 사육될 경우) 실제로 사람을 공격하여 노인 또는 어린아이가 상해 또는 사망에 이르기도 한다. 「동물보호법」 제2조 제5호와 「동물보호법 시행규칙」 제2조에 명시된 맹견은 개별사례에서 사람의 생명, 신체, 재산에 손해를 끼칠 충분한 개연성이 있기 때문에 이러한 위험을 방지할 목적으로 「동물보호법」 제21조 제1항 제2호는 월령이 3개월 이상인 맹견의 소유자에게 외출 시 안전장치(목줄과 입마개)나 이동장치를 요구하고 있다.

구체적 위험과 추상적 위험은 종종 동시에 발생한다. 그러나 일반적으로 위험하다고 볼 수 있는 사안이 인식 가능한 제반사정에 기초할 때 손해를 야기하기에 적합하지 않다면 위험은 아직 구체화되지 않았기 때문에 개괄적 수권조항은 위험방지조치에 대한 법적 근거가 되지 못한다. 그러나 이러한 **행위가 경찰상의 법규명령이나 기타 금지규범의 대상이 된다면 비록 개별사례에서 그러한 규범의 보호법익이 규범위반을 통하여 위험하게 되지 않더라도 이미 규범에 대한 위반만으로 구체적 위험이 인정될 수 있다**는 점에 유의하여야 한다. 예를 들어 야간에 인적이 드문 도로상에서 운전자가 교통신호를 준수하지 않은 경우가 바로 그러하다(「도로교통법」 제5조에 대한 위반). 교통신호의 미준수가 실제로 교통상의 위험을 초래하지 않더라도 이미 「도로교통법」에 대한 위반만으로 구체적 위험이 인정될 수 있다. [사례 2] <로트와일러 사건 2>의 경우도 마찬가지이다. 사례에서와 같이 '갑' 소유의 개가 맹견에 해당함에도 불구하고 '갑'이 외출 시에 목줄과 입마개를 착용시키지 않았다면 「동물보호법」 제21조 제1항 제2호에 대한 위반을 이유로 공공의 안녕에 대한 구체적 위험이 인정될 수 있다. 즉 '갑'의 행위가 「동물보호법」에 의하여 금지되고 있다면 실제로 사람의 생명이나 신체 또는 재산이 위험하게 되지 않더라도 이미 「동물보호법」에 대한 위반만으로 구체적 위험이 인정될 수 있다.

3) 정리

이상을 정리하면 [표 2-9]와 같이 나타낼 수 있다.

표 2-8 추상적 위험과 구체적 위험 및 장해의 구별

추상적 위험	구체적 위험	장해
[예시] 로트와일러에 의한 사고가 여러 차례 발생하였고, 인명 피해를 방지하기 위하여 법령의 개정을 촉구하는 목소리가 높아진 상황 **(입법적인 조치가 필요한 상황)**	[예시] '갑'이 개정된 법률을 위반하여 목줄·입마개의 착용 없이 로트와일러를 데리고 동네를 활보하고 다녀 주민이 경찰에 신고를 한 상황 **(구체적인 조치가 필요한 상황)**	[예시] '을'이 기르던 로트와일러 3마리가 사육장을 탈출하여 노인과 아동을 공격한 후 동네를 배회하고 다녀 또 다른 인명 피해가 예상되는 급박한 상황 **(즉각적인 조치가 필요한 상황)**
⇩	⇩	⇩
이후 입법자가 법령의 개정을 통해 모든 로트와일러 소유자에게 외출 시에 목줄·입마개 착용 의무를 부과함 [입법상의 하명]	신고를 받고 출동한 경찰관이 '갑'에게 목줄·입마개 착용 의무를 명함 [경찰상의 하명]	신고를 받고 출동한 경찰관이 '을' 소유의 로트와일러를 포획 및 사살함 [경찰상의 즉시강제][165]

165) "경찰상의 즉시강제"란 눈앞의 급박한 장해를 제거하여야 할 필요가 있고 의무를 명할 시간적 여유가 없거나 그 성질상 의무를 명하는 방법으로는 목적달성이 어려운 경우에 경찰이 직접 개인의 신체·재산에 실력을 행사하여 경찰상 필요한 상태를 실현하는 작용을 의미한다. 경찰목적은 통상 하명의 형식으로 작위 또는 부작위 의무를 부과한 후 그 의무의 불이행이 있는 경우에 강제력을 행사함으로써

4) 그 밖의 위험개념

개별법에서는 경찰의 특정조치를 위하여 한층 강화된 위험이 요구되기도 한다. 예를 들어 「112신고의 운영 및 처리에 관한 법률(약칭: 112신고처리법 또는 112기본법)」 제8조 제3항에는 "**급박한 위험**"(Dringende Gefahr)라는 개념이 사용되고 있는바, 이로써 한층 높아진 손해발생의 개연성 및 위험발생과의 특별한 시간적 근접성이 요구된다. 또한 「집시법」 제8조 제1항 단서에 따른 금지통고는 집회 또는 시위가 집단적인 폭행, 협박, 손괴, 방화 등으로 공공의 안녕 질서에 "**직접적인 위험**"(Unmittelbare Gefahr)을 초래할 것을 그 요건으로 하는바, 이로써 위험발생과의 특별한 시간적 근접성과 높은 손해발생의 개연성이 요구된다. 이러한 위험발생과의 특별한 시간적 근접성은 "현재의 위험"에도 요구된다. "**현재의 위험**"(Gegenwärtige Gefahr)이란 손해를 입히는 사건의 영향이 이미 시작되었거나 이러한 영향이 매우 가까운 장래에 임박할 것이 거의 확실시되는 경우를 의미한다.[166] 경찰이 비책임자에게 조치를 취하기 위한 전제요건으로 요구되는 "**중대한 위험**"(Erhebliche Gefahr)은 법익침해의 중대성과 관련이 있다. 이에 따라 경찰이 경찰긴급상황에서 비책임자에게 조치를 취하기 위해서는 중요한 법익(예: 개인의 생명, 신체 또는 건강 등)에 대한 위험이 존재해야 한다. 또한 "**긴급한 위험**"(Gefahr im Verzug)은 손해를 저지하기 위하여 즉시 개입해야 하고, 관할행정청이 개입할 때까지 기다

달성하는 것이 원칙이다. 그러나 의무를 명할 시간적 여유가 없거나 그 성질상 의무를 명하는 방법으로 목적달성이 어려운 경우에는 의무불이행을 전제로 하지 아니하고 경찰이 직접 개인의 신체 · 재산에 실력을 행사하는 경우가 있는데, 이것을 일컬어 경찰상의 즉시강제라고 한다. 사육장을 탈출한 맹견이 사람을 공격한 후 동네를 배회하고 다녀 또 다른 인명피해를 막기 위하여 경찰이 맹견을 포획하거나 사살하는 행위가 그 대표적인 예이다.

166) 예를 들어 니더작센 경찰청과 질서청법(NPOG) 제2조 제2호; 작센 경찰관직무집행법(SächsPVDG) 제4조 제3호; 작센-안할트 공공의 안녕과 질서에 관한 법률(SOG LSA) 제3조 제3호의b; 튀링엔 질서청법(ThürOBG) 제54조 제3호의b에 있는 "현재의 위험"에 관한 정의규정이 바로 그러하다.

린다면 위험방지의 효율성이 의문시되거나 위험방지의 효율성이 감소되는 경우 존재한다. 나아가 "**공공의 위험**"(Gemeine Gefahr)은 불특정 다수인 또는 중요한 재산적 가치에 대한 손해발생이 임박하고, 가늠할 수 없는 잠재적 위험이 도사리고 있을 때에 존재한다.[167] (전술한 바와 같이) "**오상위험**"(Scheingefahr) 혹은 "가상위험"(Putativgefahr)은 위험이 아니다.

3. 외관상 위험

(1) 의　의

"**외관상 위험**"(Anscheinsgefahr)이란 경찰관이 경찰작용을 하는 사전적 시점에서 사안을 합리적으로 판단하였을 때에는 가까운 장래에 손해가 발생할 충분한 개연성이 있었지만, 실제로는 이러한 손해가 발생하지 않은 경우를 의미한다. 문헌에서는 경찰관이 경찰작용을 하는 사전적 시점에서 가까운 장래에 손해가 발생할 충분한 개연성이 있었지만, 실제로는 이러한 손해가 발생될 수 없었고 그 사실이 사후에야 비로소 밝혀졌다면 경찰관이 행한 경찰작용은 적법하다고 볼 수 있을지 여부를 두고 견해대립이 존재한다.

외관상 위험에 관한 전형적인 사례로는 [사례 3] <복면강도 사건>을 들 수 있다. 이 사건에서 경찰관 P는 야간순찰 중에 얼굴을 마스크로 가린 채 총을 들고 달려가는 '갑'을 보았고, 예견되는 위험을 막기 위하여 총을 든 '갑'을 제압하였지만, 실제로 이 장면은 영화배우인 '갑'이 플라스틱으로 만든 가짜 총을 들고 무장 강도 역을 연기한 것에 불과하였다. 이러한 외관상 위험에 관한 전형적인 사례는 경찰관이 영화촬영중임을 쉽게 알 수 있었던 사례, 즉 영화촬영 카메라를 누구나 볼 수 있었거나 '영화촬영중이니 방해하지 마세요'라고 쓰인 대형팻말이 세워져 있어 경찰관이 합리적으로 판단해 볼 때 영화촬영에 불과하다는 사실을 쉽게 알 수 있었던

167) Schenke, Polizei- und Ordnungsrecht, 2023, Rn. 83.

사례와 구별된다. 후자의 경우에는 "**오상위험**" 또는 "**가상위험**"(Schein- oder Putativgefahr)이 존재하는바, 이러한 오상위험은 외관상 위험과 달리 전문적 지식을 가진 경찰관 평균인이 사안을 합리적으로 판단해 볼 때 실제로 손해가 발생할 충분한 개연성이 존재하지 않는다는 것을 쉽게 알 수 있었던 경우를 일컫는다.

(2) 외관상 위험도 진정한 의미의 위험으로 볼 수 있는가?

개괄적 수권조항에 근거한 경찰작용이 적법하기 위해서는 구체적 위험이 존재할 것이 요구되는바, 전술한 오상위험이 존재하는 경우에는 경찰이 개괄적 수권조항에 의거해 경찰작용을 할 수 없다는 점에 대하여 학설은 일치된 견해를 보이고 있다. 이에 반하여 **외관상 위험이 존재하는 경우 경찰이 개입을 한다면 경찰의 개입은 적법하다고 볼 수 있는지,** 예를 들어 [사례 3] <복면강도 사건>에서 경찰관 P가 '갑'에게서 총을 빼앗거나 물리력을 사용해 '갑'을 제압하였다면 경찰관 P의 행위는 적법하다고 볼 수 있는지 여부와 관련하여서는 견해대립이 존재한다.

1) 객관설

이른바 '**객관적 위험개념**'(Objektiver Gefahrenbegriff)을 지지하는 사람들은 [사례 3] <복면강도 사건>에서 경찰관 P가 행한 행위를 위법하다고 본다.[168] 위험이 인정되기 위해서는 **실제로** 손해의 발생이 임박할 것이 요구되는데, <복면강도 사건>에서는 이것이 결여되어 있다는 것이다.

2) 주관설

이에 반하여 (일부 문헌[169]에서 종종 '주관적 위험이론'으로 표현되고 있

---

168) 이러한 견해를 따르고 있는 국내문헌은 현재까지 발견되지 않는다. 이러한 견해를 따르고 있는 독일의 문헌으로는 Schwabe, Anmerkung zu OVG Münster (Urt. v. 10.6.1981), DVBl. 1982, 655 ff.; Poscher, Gefahrverdacht, NVwZ 2001, 141 ff.; Pieroth/Schlink/Kniesel, Polizei- und Ordnungsrecht, 2014, § 4 Rn. 35 ff.

169) 예를 들어 Denninger, in: Lisken/Denninger, Handbuch des Polizeirechts,

는) 다수견해는 경찰관이 경찰작용을 하는 사전적 시점에서 사안을 합리적으로 판단해 볼 때 가까운 장래에 손해가 발생할 충분한 개연성이 있었다면 실제로 손해가 발생하지 않았다 하더라도 해당 경찰작용을 적법하다고 본다.[170] 이로써 다수견해는 외관상 위험을 진정한 의미의 위험으로 파악하며, [사례 3] <복면강도 사건>에서 행하여진 경찰관 P의 행위를 적법하다고 본다.

3) 학설에 대한 평가

(가) 주관적 위험이론?

다수견해가 타당하다고 본다. 물론 일부 문헌에서 쓰고 있는 '주관적 위험이론'(Subjektive Gefahrentheorie)이라는 표현은 다소 협소한 표현이고 자칫 오해를 불러일으킬 소지가 있기 때문에 이러한 표현은 사용하지 않는 것이 바람직하다. 다수견해에 따르면 위험을 판단하는 기준은 경찰작용을 하는 경찰관이 된다. 즉 손해발생과 관련된 모든 사정을 알고 있는 전지(全知)한 관찰자가 아니라, 위험상황에 관한 경찰관의 인식이 위험판단의 기준으로서 고려된다. 다수견해는 오로지 이러한 한도에서만 주관적이다. 하지만 다수견해는 구체적으로 경찰작용을 하는 경찰관의 개인적 판단을 고려하는 것이 아니라, 전문적 지식을 가진 **경찰관 평균인**이 경찰작용을 하는 시점에서 자신이 알고 있는 모든 사정을 합리적으로 판단해 볼 때 가까운 장래에 손해가 발생할 충분한 개연성이 있었는지를 고려하기 때문에 언제나 **객관적**이라 할 수 있다.[171]

2001, E, Rn. 36가 그렇게 표현하고 있다.

170) 이기춘, "경찰질서법상 위험개념 및 표현위험과 위험의 의심", 공법연구 제31권 제4호, 2003, 384쪽; 이성용, "경찰책임자의 비용상환에 관한 연구", 경찰학연구 제8권 제1호, 2008, 69쪽; 이호용, "경찰권 발동에 관한 외관상위험과 위험혐의의 법적 평가와 손실보상", 한국공안행정학회보 제23호, 2006, 94-95쪽; 홍정선, 경찰행정법, 박영사, 2010, 24쪽.

171) 이에 관해서는 Schenke/손재영 역(譯), "공공의 안녕에 관한 법(경찰법)에서 외관상 위험과 위험혐의", 토지공법연구 제32집, 2006, 27쪽.

(나) 위험은 실제로 손해가 발생한 경우에만 인정된다?

위험방지조치는 위험의 존재 여부에 관한 경찰의 **예측**을 전제로 한다. 이러한 위험예측과 관련하여서는 무엇보다 다음의 점이 고려되어야 한다. 그것은 위험의 존재 여부에 관한 경찰의 예측이 고도의 주의 하에 어떠한 이의도 제기될 수 없는 방식으로 행하여진 것이라 하더라도, 개별사례에서 경찰에 의하여 예측된 손해는 경찰이 인식할 수 없었거나 예견할 수 없었던 사유로 인하여 발생하지 않을 수 있다는 점이다. **위험의 존재 여부에 관한 경찰의 예측에는 필연적으로 불확실성**(Unsicherheiten)**이 내재되어 있기 때문에 사전적으로 행해져야 하는 위험예측의 정확성에 대하여 사후에 밝혀진 사실에 근거하여 이의를 제기하는 것은 모순이다**. 따라서 위험예측에 기하여 내려진 경찰작용은 설령 개별사례에서 예측된 손해가 실제로 발생하지 않더라도 적법할 수 있다는 점이 인정되어야 한다.[172]

(다) 사전적 · 객관적 판단

만일 객관설이 외관상 위험을 진정한 의미의 위험으로 파악하지 않으려 한다면 이것은 다음의 경우에나 가능할 것이다. 즉 위험이 객관적으로 존재하는지 여부에 관한 판단을 내릴 때 경찰작용을 하는 경찰관의 인식뿐만 아니라 경찰작용을 하는 시점에서 다른 사람의 인식도 함께 참작하거나 심지어 인간의 인식능력으로는 도저히 알 수 없는 숨겨진 상황이 존재함도 고려하는 경우에나 가능할 것이다. 그러나 후자는 처음부터 고려되어서는 아니 된다. 왜냐하면 위험의 존재 여부에 관한 판단에 객관적으로 충족될 수 없는 사항을 요구하는 것이기 때문이다. 장래에 손해가 발생하지 않을 것이라는 것을 확실히 알 수 있는 사람은 아마도 전지(全知)한 관찰자뿐일 것이다. 따라서 **위험의 존재 여부를 판단함에 있어서는 경찰작용을 하는 경찰관의 사전적 시점과 경찰관이 인식할 수 있었거나 적어도 적절한 주의를 기울였다면 분명히 인식할 수 있었던 상황만이 중요하다.**[173]

172) 이에 관해서는 손재영, “외관상 경찰책임자의 경찰법상 책임”, 경찰학연구 제10권 제1호, 2010, 4쪽.

(라) 위험방지의 효율성

만일 경찰작용의 적법성이 항상 손해발생이 실제로 임박하였는지 여부에 따라 결정된다면 위험방지의 효율성은 현저히 축소되고 말 것이다. 이와 관련하여서는 다음의 점도 중요한데, 그것은 **경찰관이 위험방지조치를 취할 것인지 여부를 결정할 때에는 종종 시간적 압박을 받기 때문에 경찰관에게는 실제로 손해발생이 임박했는지 여부를 상세히 조사할 시간적 여유가 없다는 점**이다. 만일 이에 대한 해명이 있은 후에야 비로소 위험방지조치를 취할 수 있다면 경찰관의 위험방지조치는 너무 늦은 것이 될 것이다. 따라서 긴급을 요하는 결정을 내릴 때에는 경찰직무의 적절한 수행을 보장하기 위하여 경찰관이 경찰작용을 하는 시점에서 자신이 알고 있거나 적어도 알 수 있었던 사정을 합리적으로 판단하였을 때 가까운 장래에 손해가 발생할 충분한 개연성이 있었다면 위험은 존재한다고 보아야 한다.[174] 이상과 같은 이유에서 위험예측에 기하여 내려진 경찰작용은 설령 개별사례에서 예측된 손해가 실제로 발생하지 않더라도 적법할 수 있다는 점이 인정되어야 한다.

4. 위험혐의와 위험조사

(1) 개　　설

경찰법상의 개괄적 수권조항에 의거한 경찰작용은 개별적 수권조항과 마찬가지로 원칙적으로 공공의 안녕이나 공공의 질서에 대한 "**위험**"이 존재할 것을 전제로 한다. 그러나 최근 경찰법의 영역에서는 위험이 존재하는 것이 아니라, 단지 위험에 대한 "**의심**"이나 "**혐의**"만 존재하는 경우에

173) Schenke/손재영 역(譯), "공공의 안녕에 관한 법(경찰법)에서 외관상 위험과 위험혐의", 토지공법연구 제32집, 2006, 28－29쪽.

174) Schenke/손재영 역(譯), "공공의 안녕에 관한 법(경찰법)에서 외관상 위험과 위험혐의", 토지공법연구 제32집, 2006, 30쪽.

경찰은 어떻게 해야 하는지를 두고 논쟁이 되고 있다. 즉 경찰법상의 수권 조항은 위험에 대한 의심이나 혐의가 존재하는 경우에도 경찰에게 위험조사와 (만일 이것이 충분치 않다면) 위험방지조치[175]를 취할 권한을 부여하는지, 환언하면 경찰법에 규정된 경찰작용을 하기 위해서는 단지 위험에 대한 의심이나 혐의가 존재하는 것만으로 이미 충분한지의 문제를 두고 논쟁이 되고 있다. 이 문제는 최근 경찰법의 영역에서 가장 논쟁이 되고 있는 문제들 가운데 하나에 속하며, 그에 상응하여 문헌[176]에서는 다양한 견해 표명이 이어지고 있다. 이에 따라 이하에서는 **위험이 존재하는 상황이 아니라, 단지 위험이 의심되거나 우려되는 상황일 뿐인 경우에도 경찰은 위험조사와 더불어 (경우에 따라) 위험방지조치를 취할 권한이 있는지 만일 권한이 있다면 어느 정도로 있는지 그리고 이러한 조치는 누구에게 취해질 수 있는지의 문제**를 고찰하기로 한다.[177] 위험혐의 내지 위험의심이 존재할 때 경찰작용의 허용 여부에 관한 입장을 표명하기에 앞서, 여기서는 먼저 **위험혐의** 내지 **위험의심**의 개념에 대한 해명이 요구되므로, 이에 관하여 살펴보기로 한다.

---

175) 예를 들어 경찰은 위험조사의 시행과정에서 관계인의 영업장소나 생산시설에의 출입을 요구하거나 심지어 생산시설의 일시적 중단이나 잠정적 폐쇄도 요구할 수 있다.

176) 위험혐의 내지 위험의심(Gefahrenverdacht)에 관해서는 정하중, "독일경찰법의 체계와 한국 경찰관직무집행법의 개선방향(상)", 사법행정 (1994. 2.), 16쪽; 이기춘, "경찰질서법상 위험개념 및 표현위험과 위험의 의심", 공법연구 제31권 제4호, 2003, 363쪽 이하; 이호용, "경찰권 발동에 관한 외관상 위험과 위험혐의의 법적 평가와 손실보상", 한국공안행정학회보 제23호, 2006, 95쪽 이하; 김남진, "경찰상의 위험과 위험의 혐의 등", 고시연구 2009년 1월호, 87쪽 이하; 구형근, "독일경찰법상 외관상 위험과 위험의 혐의", 법학논총 제17집 제1호, 2010, 521쪽 이하; 이상해, "경찰처분의 실질적 적법성에 관한 일고찰", 법학논고 제40집, 2012, 319쪽 이하; 김성태, "위험에 대한 의심과 위험여부의 확인", 행정법연구 제51호, 2017, 157쪽 이하.

177) 이에 관해서는 또한 손재영, "위험혐의와 위험조사", 법학논고 제68집, 2020, 83쪽 이하.

(2) 위험혐의

1) 의 의

“**위험혐의**” 내지 “**위험의심**”(Gefahrenverdacht)이란 경찰이 위험을 나타내는 근거를 갖고 있지만, 사정을 합리적으로 판단해 볼 때 그 근거만으로는 실제로 손해가 발생할 것이라거나 적어도 손해가 발생할 충분한 개연성이 있다는 판단을 내리기에 불충분하고, 경찰도 이것을 자각하고 있는 경우를 의미한다.[178] 즉 위험을 나타내는 근거가 있지만, 경찰의 입장에서 보았을 때 아직 이러한 근거만으로는 손해가 발생할 충분한 개연성이 있다고 말할 수 없는 그런 상황을 나타낸다.[179] 특히 환경법이나 농식품법 또는 감염병예방법의 영역에서는 위험의 존재 여부가 불명확한 상황이 빈번하게 발생하고 있는바, 이와 같이 위험의 존재 여부에 대한 판단을 내리는 시점에서 위험할 수도 있고 위험하지 않을 수도 있는 그런 상황을 나타내기 위하여 문헌에서는 “위험혐의” 내지 “위험의심”이라는 개념이 사용되고 있다(이하에서는 논의의 편의상 “위험혐의”라는 단일개념을 사용하고자 한다).

2) 위험과의 구별

사실 입법자는 일반경찰법의 영역에서 “위험혐의”라는 개념을 사용한 바가 없다. 즉 위험혐의라는 개념은 일반경찰법에서 사용되고 있지 않으며, 그저 「식품위생법」 제15조 제1항 등과 같은 특별법의 영역에서 산발적으로 등장하고 있을 뿐이다(아래 참조).

식품위생법 제15조(위해평가) ① 식품의약품안전처장은 국내외에서 유해물질이 함유된 것으로 알려지는 등 위해의 우려가 제기되는 식품 등이 제4조 또는 제8조에 따른

---

178) Brandt/Smeddinck, Der Gefahrenbegriff im Polizeirecht, JURA 1994, 225 (230); Schenke, Gefahrenverdacht und polizeirechtliche Verantwortlichkeit, FS Friauf, 1996, S. 455 ff.; Poscher, Gefahrverdacht, NVwZ 2001. 141 ff.

179) BVerwG, DVBl. 2002, 1562.

식품 등에 해당한다고 의심되는 경우에는 그 식품 등의 위해요소를 신속히 평가하여 그것이 위해식품 등인지를 결정하여야 한다.
② 식품의약품안전처장은 제1항에 따른 위해평가가 끝나기 전까지 국민건강을 위하여 예방조치가 필요한 식품 등에 대하여는 판매하거나 판매할 목적으로 채취 · 제조 · 수입 · 가공 · 사용 · 조리 · 저장 · 소분 · 운반 또는 진열하는 것을 일시적으로 금지할 수 있다. 다만, 국민건강에 급박한 위해가 발생하였거나 발생할 우려가 있다고 식품의약품안전처장이 인정하는 경우에는 그 금지조치를 하여야 한다.

물론 「경직법」 제3조 제1항 제1호는 경찰관이 수상한 행동이나 그 밖의 주위 사정을 합리적으로 판단해 볼 때 어떠한 죄를 범하였거나 범하려하고 있다고 의심할 만한 상당한 이유가 있는 사람을 정지시켜 질문할 수 있음을 규정하고 있고, 또한 같은 법 제10조의4 제1항 제2호 가목은 경찰관이 사형 · 무기 또는 장기 3년 이상의 징역이나 금고에 해당하는 죄를 범하거나 범하였다고 의심할 만한 충분한 이유가 있는 사람이 경찰관의 직무집행에 항거하거나 도주하려고 할 때 그 행위를 방지하거나 그 행위자를 체포하기 위하여 무기를 사용하지 않고는 다른 수단이 없다고 인정되는 상당한 이유가 있을 경우에는 사람에게 위해를 끼치는 무기를 사용할 수 있음을 규정하고 있다. 그러나 입법자가 「경직법」 제3조 제1항 제1호나 같은 법 제10조의4의 제1항 제2호 가목에서 "의심"이라는 표현을 사용하고 있다고 해서 입법자가 일반경찰법의 영역에서 위험혐의라는 개념을 사용하였다거나 위험혐의가 존재할 때의 위험조사나 위험방지에 필요한 조치를 허용한 예로 파악할 수 없다. 왜냐하면 경찰관이 「경직법」 제3조 제1항 제1호에 따른 불심검문을 하거나 같은 법 제10조의4의 제1항 제2호 가목에 따른 무기를 사용하기 위해서는 단지 죄가 의심되는 정도로는 부족하고, "죄를 범하였거나 범하려 하고 있다고 의심할 만한 상당한 이유"가 있거나 "죄를 범하거나 범하였다고 의심할 만한 충분한 이유"가 있을 것을 요구하고 있기 때문이다. 그렇다면 「경직법」 제3조 제1항 제1호와 제10조의4의 제1항 제2호 가목에서 의미하는 "경찰관이 불심검문을 하거

나 무기사용을 위하여 요구되는 상황"이란 단순히 범죄자행이 의심되는 상황이 아니라 범죄자행의 충분한 개연성이 존재하는 상황, 즉 "구체적 위험"이 존재하는 상황과 같은 의미로 새겨야 할 것이다. 이러한 점에서 「경직법」 제3조 제1항 제1호와 제10조의4 제1항 제2호 가목을 위험혐의가 존재할 때의 위험조사나 위험방지조치를 허용한 예로 파악하는 것은 적절하지 않은 태도라고 생각한다.[180]

사실 "위험혐의"의 개념은 문헌에서 다양하게 정의되고 있고, 제각각 상이하게 이해되고 있음으로 인하여 결국 이와 관련하여 제기되는 핵심적인 문제, 즉 **위험혐의가 존재할 때에도 위험에 대한 해명과 그 방지에 기여하는 침익적 경찰작용이 허용되는가**의 문제는 그 해결에 어려움을 겪고 있다. 즉 위험혐의와 관련된 논쟁은 논쟁에 참여한 사람들 간에 이러한 개념이 어떠한 내용을 담고 있는지에 관하여 의견의 일치를 보지 못함으로써 논의의 진전에 어려움을 겪고 있다. 일부 문헌[181]에서는 경찰이 예측결정을 내릴 때 그 개연성 판단이 불확실성과 결부되어 있음을 인지하고 있는가에 따라 구분하는 견해가 발견된다. 이러한 견해에 따르면 만일 경찰이 위험에 관한 예측결정을 내릴 때 그 개연성 판단이 불확실성과 결부되어 있음을 인지하고 있다면 언제나 위험혐의가 존재한다고 보고 있는바, 이는 타당하지 않은 견해이다. 왜냐하면 **위험은 손해발생의 충분한 개연성을 요구할 뿐, 그 확실성을 요구하는 것은 아니므로, 그러한 불확실성 내지 불명확성은 진정한 의미의 위험상황에서도 존재함이 일반적이기 때문이다.** 만약 위험혐의를 그런 식으로 이해를 할 경우에는 위험혐의의 개념은 이론적으로 아무런 의미를 갖지 못하게 될 것이다. 왜냐하면 그런 식으로 위험혐의의 개념을 이해하는 것은 필연적으로 개념사용을 무의미하게 만드는 개념의 확장으로 나아갈 것임에 틀림없고, 그런 식의 확장된 개념이해

180) 다른 견해로는 김성태, "위험에 대한 의심과 위험여부의 확인", 행정법연구 제51호, 2017, 169쪽.

181) 예를 들어 Knemeyer, Polizei- und Ordnungsrecht, 2007, Rn. 96가 바로 그러하다.

는 위험혐의와 결부되어 제기되는 법적 문제에 대한 적절한 해결을 가능케 하지 않을 것이기 때문이다.

일상적인 언어사용에 따르면 위험에 대한 의심이나 혐의라는 개념은 종종 넓은 의미로 이해되며, 더불어 위험인정에 요구되는 손해발생의 개연성은 수많은 사정에 의존하기 때문에 경찰법에서 위험혐의와 위험 간에 명확한 한계를 설정하기란 쉽지 않은 것이 사실이다. 그럼에도 불구하고 경찰법에서 위험혐의의 개념은 다음과 같이 정의될 때에만 그 논의가 의미 있을 수 있다. 즉 **위험혐의의 개념을 경찰이 위험을 나타내는 근거를 갖고 있지만, 사정을 합리적으로 판단해 볼 때 단지 그러한 근거만으로는 실제로 손해가 발생할 것이라거나 적어도 손해가 발생할 충분한 개연성이 있다는 판단을 내릴 수 없고, 그 때문에 경찰도 구체적 위험을 인정하기에 충분치 않음을 자각하고 있는 경우**로 이해하는 것이 바로 그것이다.[182] 하지만 이러한 개념이해와 달리 일부 문헌[183]에서는 위험혐의의 개념을 '직무를 수행하는 공무원의 관점에서 사정을 합리적으로 판단해 볼 때 손해발생의 충분한 개연성이 있는 경우'까지 확장하고 있다. 그러나 엄밀히 말해서 그런 경우라면 위험혐의뿐만 아니라 위험도 인정될 수 있다(특히 외관상 위험이 인정될 수 있다).[184] **위험혐의는 경찰이 인식하지 못한 구체적 위험이 존재하는 경우에도 인정될 수 있으나, 반드시 구체적 위험을 전제로 하지 않는다.** 오히려 위험혐의는 이미 일어난 사정이 아직 구체적 위험을 인정하기에 충분치 않고, 그 밖의 사정이 부가될 것이 요구되는 경우에도 인정될 수 있다. 이로 인해 위험혐의는 위험의 사전단계에서도 존재할 수 있으며, 심지어 위험의 사전단계에 존재하는 것이 일반적이다. 이에 반하여 외관상 위험이 문제되는 곳에서는 위험혐의가 아니라 구체적 위험이 존재한다. 왜냐하면 여기서는 이미 손해발생의 충분한 개연성이 존재하기

182) Schenke, Polizei- und Ordnungsrecht, 2023, Rn. 89.

183) 예컨대 Poscher, Der Gefahrverdacht, NVwZ 2001, 141 (143), Pieroth/Schlink/Kniesel, Polizei- und Ordnungsrecht, 2014, § 4 Rn. 59.

184) Schenke, Polizei- und Ordnungsrecht, 2023, Rn. 89.

때문이다. 이러한 이유로 (전술한) 일부 견해[185]가 '직무를 수행하는 공무원의 관점에서 사정을 합리적으로 판단해 볼 때 손해발생의 충분한 개연성이 있는 경우'에도 위험혐의가 존재한다고 본다면 이것은 타당하지 않은 견해이다. 왜냐하면 이러한 견해는 (경찰이 인식하지 못한 구체적 위험이 존재하는 경우에도 인정될 수 있으나 반드시 구체적 위험을 전제로 하지 않는) 위험혐의의 개념과 배치될 뿐만 아니라, 진정한 의미의 위험혐의가 문제되는 경우와의 본질적인 차이를 은폐시키는 견해이기 때문이다.[186] 후술하는 바와 같이 위험조사와 결부된 법적 문제는 진정한 의미의 위험혐의가 문제되는 곳에서만 제기될 뿐, 구체적 위험(외관상 위험을 포함)이 존재하는 곳에서는 이미 위험조사와 더불어 위험방지조치가 허용된다. 왜냐하면 후자의 경우에는 구체적 위험의 조사와 그 방지에 관한 일반경찰법의 규정이 적용될 수 있기 때문이다. 따라서 **위험혐의는 위험을 나타내는 몇몇의 근거에도 불구하고, 경찰의 관점에서 보았을 때 손해발생의 충분한 개연성이 결여된 경우에만 인정하는 것이 타당하다.**[187]

3) 외관상 위험과의 구별

위험혐의는 "외관상 위험"(Anscheinsgefahr)과 구별된다. "외관상 위험"이란 경찰이 경찰작용을 하는 사전적 시점에서 사정을 합리적으로 판단해 볼 때 가까운 장래에 손해가 발생할 충분한 개연성이 있었지만, 실제로는 이러한 손해가 발생하지 않은 경우를 의미한다. 이러한 외관상 위험은 다음과 같은 점에서 위험혐의와 구별된다. 즉 외관상 위험의 경우에는 경찰이 객관적 근거 하에서 위험이 존재한다는 것에 대하여 의문이 제기되지 않는 반면(물론 실제로는 위험이 존재하지 않는다), 위험혐의의 경우에는 위험이 존재하지 않을 수 있음을 경찰이 자각하고 있다는 점이다.

185) Poscher, Der Gefahrverdacht, NVwZ 2001, 141 (143), Pieroth/Schlink/Kniesel, Polizei- und Ordnungsrecht, 2014, § 4 Rn. 59가 바로 그러하다.
186) Schenke, Polizei- und Ordnungsrecht, 2023, Rn. 89.
187) 같은 견해로는 Würtenberger/Heckmann/Tanneberger, Polizeirecht in Baden-Württemberg, 2017, § 5, Rn 279.

4) 우려되는 위험과의 구별

다른 한편 위험혐의는 “우려되는 위험”(Drohende Gefahr)과도 구별된다. 최근 독일 바이에른 경찰직무법(BayPAG)은 새로운 위험개념을 창설한 바 있다.[188] 즉 개별사례에 존재하는 공공의 안녕이나 공공의 질서에 대한 위험, 즉 구체적 위험과 더불어 동 법 제11조 제3항에는 “우려되는 위험”이라는 새로운 위험개념이 등장하였다.[189]

바이에른 경찰직무법(BayPAG)

제11조(일반권한) ③ 경찰은 제1항과 제2항에도 불구하고 만일 특정 사안에서 다음 각 호의 어느 하나에 해당하고, 그에 따라 가까운 장래에 상당한 강도나 영향력이 있는 공격이 예상될 수 있다면 (이른바 우려되는 위험), 동 법 제12조 내지 제48조가 경찰의 권한을 특별히 규정하고 있지 않는 한, 사실관계를 해명하기 위하여 그리고 중요한 법익에 대한 위험의 발생을 저지하기 위하여 필요한 조치를 취할 수 있다.

1. 특정인의 개별행위가 구체적 개연성을 정당화하는 경우 또는
2. 준비행위가 그 자체를 두고 보았을 때 또는 그 밖의 특정사실과 결합하여 그 속성상 구체화된 사건발생을 추론케 하는 경우

여기서 중요한 법익이란 다음 각 호와 같다:

1. 연방 또는 주의 존속이나 안전
2. 생명, 건강 또는 자유
3. 성적 자기결정
4. 중요한 재산상의 지위
5. 그 보존이 특별한 공익적 가치가 있는 물건

---

188) Gesetz zur effektiveren Überwachung gefährlicher Personen vom 27. 07. 2017, GVBl. 2017, S. 388.

189) 이에 관해서는 손재영, “새로운 위험개념과 경찰법의 위기 – 독일 바이에른 경찰직무법(PAG)의 개정에 따른 위헌 논란을 중심으로 –”, 한국치안행정논집 제17권 제1호, 2020, 33쪽 이하.

바이에른 경찰직무법(BayPAG) 제11조 제3항은 “우려되는 위험”이라는 새로운 개념에 관한 정의규정을 두고 있는데, 이에 따르면 **“우려되는 위험**”이란 특정 사안에서 특정인의 개별행위가 구체적 개연성을 정당화하거나 또는 준비행위가 그 자체를 두고 보았을 때 또는 그 밖의 특정 사실과 결합하여 그 속성상 구체화된 사건의 발생을 추론케 하며, 그에 따라 가까운 장래에 상당한 강도나 영향력 있는 공격이 예견될 수 있는 경우를 의미한다. 여기서 우려되는 위험과 관련될 수 있는 권리와 법익의 범위는 바이에른 경찰직무법(BayPAG) 제11조 제3항에 규정된 “중요한 법익”에 제한된다. “중요한 법익”이란 연방이나 란트의 존속 또는 안전(제1호), 생명, 건강 또는 자유(제2호), 성적 자기결정(제3호), 중요한 재산권적 지위(제4호) 또는 그 보유가 특별한 공익적 가치가 있는 물건(제5호)을 의미한다.

바이에른 경찰직무법(BayPAG) 제11조 제3항과 같이 법률상의 수권규정이 경찰작용에 대한 전제요건으로서 단지 “우려되는 위험”만을 요구하는 경우에는 구체적 위험은 필요치 않다.[190] 제한적 형용사인 “우려되는”을 통해 알 수 있듯이 여기서는 구체적 위험이 존재할 필요가 없고, 구체적 위험이 인정되기 위해서는 그 밖의 추가적 사정이 요구된다. 따라서 우려되는 위험은 구체적 위험이 아니며, 구체적 위험의 전단계에 위치해 있다고 볼 수 있다.[191] 바이에른의 입법자는 다른 위험방지조치의 경우 사용하지 않는 “우려되는 위험”이라는 표현을 통해 여기서는 구체적 위험이 존재할 필요가 없음을 나타내고 있다. 이에 따라 다른 란트에서와 달리 **바이에른에서는 경찰직무법**(BayPAG) **제11조 제3항에 따라 구체적 위험이 존재할 필요가 없고, 단지 구체적 위험이 “우려”됨에 불과한 경우에도 경찰에게 위험조사와 더불어 위험방지조치가 허용된다**. 환언하면 바이에른 경찰이 위험조사와 위험방지에 필요한 조치를 취하기 위해서는 구체적 위험이 “우려”되는 상황이 존재하는 것만으로 이미 충분하다. 입법연혁을 보더

190) Schenke, Polizei- und Ordnungsrecht, 2023, Rn. 102.
191) Ralf P. Schenke, Die “drohende Gefahr”: Gefährdung eines rechtsstaatlichen Polizeirechts?, 토지공법연구 제87집, 2019, 1097쪽.

라도 바이에른 경찰직무법의 새로운 규정은 경찰의 권한을 전통적 위험방지에서 사전단계로 확장하는 것을 그 목표로 하고 있다.[192] 이러한 점에서 우려되는 위험과 위험혐의 간에는 중첩이 존재한다.[193] 즉 양자는 위험의 사전단계에서 존재한다는 점에서 공통점이 있다.

그러나 다른 한편 바이에른 경찰직무법(BayPAG) 제11조 제3항 제1문은 위험조사뿐만 아니라, 위험발생을 저지하는 조치도 수권한다.[194] 즉 위험혐의가 존재하는 경우에는 위험조사만이 허용되지만, 우려되는 위험이 존재하는 경우에는 위험조사뿐만 아니라 위험방지조치까지 허용한다는 점에서 양자 간에 차이가 존재한다.[195]

5) 소 결

전술한 이유로 인해 위험혐의는 위험을 나타내는 몇몇의 근거에도 불구하고, 경찰의 관점에서 보았을 때 손해발생의 충분한 개연성이 결여된 경우에만 인정하는 것이 타당하다. 따라서 "위험혐의"란 경찰이 위험을 나타내는 근거를 갖고 있지만, 사정을 합리적으로 판단해 볼 때 단지 그러한 근거만으로는 실제로 손해가 발생할 것이라거나 적어도 손해가 발생할 충분한 개연성이 있다는 판단을 내릴 수 없고, 그 때문에 경찰도 구체적 위험을 인정하기에 충분하지 않음을 자각하고 있는 경우를 의미한다. 이와 같은 개념이해에 따를 때 위험혐의가 문제되는 곳에서는 위험이 존재한다는 결론이 내려질 수도 있고, 위험이 존재하지 않는다는 결론이 내려질 수도 있다. 따라서 이 경우에는 (아래 [표 2-10]에서 볼 수 있는 바와 같이) 실제로 위험이 존재하는지를 확인하기 위하여 그리고 위험이 존재한다면 위험

192) LT－Drs. 17/16299, S. 9.

193) Ralf P. Schenke, Die "drohende Gefahr": Gefährdung eines rechtssta－atlichen Polizeirechts?, 토지공법연구 제87집, 2019, 1098쪽.

194) 비판적 견해로는 Waechter, Bayern: Polizeirecht in neuen Bahnen, NVwZ 2018, 458.

195) 박원규, "독일 경찰법의 최근 동향 － 바이에른 경찰법상 '우려되는 위험' 개념의 도입을 중심으로 －", 경찰법연구 제17권 제2호, 2019, 118쪽.

방지에 필요한 조치를 취하기 위하여 경찰은 어느 정도까지 사안을 해명할 권한이 있는지의 문제를 살펴보는 것이 무엇보다 중요하다. 이 경우 만일 후술하는 위험조사가 개인의 권리를 제한하지 않는다면 법치국가적 관점에서 아무런 의문도 제기되지 않는다. 그러한 위험조사의 시행은 위험방지의 직무에 속하며, 경찰의 일반적 직무에 관하여 규정하고 있는 「경직법」 제2조와 같은 직무규정에 근거하여서도 얼마든지 가능하다. 만일 특별히 높은 가치를 갖는 법익과 관련된 사안의 해명이 문제된다면 경찰은 해당 사안을 해명해야 할 의무가 있다. 반면 위험조사가 개인의 권리를 제한한다면 이러한 위험조사가 과연 어느 정도까지 허용될 수 있는지의 문제가 제기된다. 이에 관해서는 아래에서 자세히 살펴보기로 한다.

표 2-9 위험혐의와 위험조사

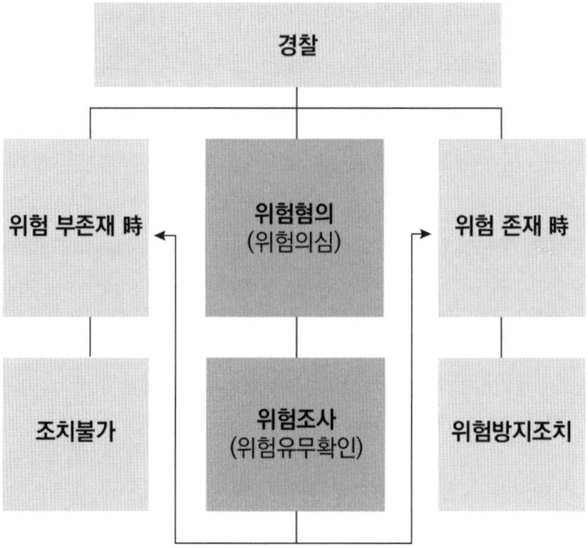

(3) 위험조사

1) 의 의

"**위험조사**"(Gefahrerforschung)란 직접적으로 위험의 제거에 목표를 둔 종국적인 위험방지조치가 아니라, 사안을 조사하고 종국적인 위험방지조치를 취하기 위하여 준비를 하는 잠정적인 조치를 의미한다.[196] 환경에 대한 위험이 특정 행위나 특정 물건에서 기인하고 있는지 만일 기인하고 있다면 어느 정도인지를 규명하기 위하여 시추와 측량을 행하는 것이 그 예가 된다. 위험의 존재 여부가 불명확한 경우에는 원칙적으로 잠정적인 조치만이 허용되지만, 일반 공중이나 특별히 높은 가치를 갖는 사람의 생명, 신체, 건강 등과 같은 개인적 법익에 대한 중대한 손해가 달리 방지될 수 없는 예외적인 상황에서는 종국적인 조치가 취해질 수도 있다.[197]

문헌에서는 위험조사가 "위험존재확인조치",[198] "위험확인조치",[199] "위험의 존재여부를 확인하기 위한 조치",[200] "위험여부확인조치"[201] 등으로 다양하게 명명되고 있는바, 이러한 조치는 위험의 존재 여부가 불명확한 경우(즉 위험혐의가 존재하는 경우)뿐만 아니라, 위험(외관상 위험을 포함)이 존재하는 경우에도 취해질 수 있다는 점에서 적절한 표현은 아니라

---

196) 보다 상세한 것은 Schenke, Gefahrenverdacht und polizeirechtliche Verant－wortlichkeit, FS Friauf, 1996, 455 (496 ff.); Schenke/Ruthig, Rechtss－cheinhaftung im Polizeirecht － Zur Problematik des sog. Anscheinsstö rers －, VerwArch. Bd 87 (1996), 329 ff.

197) 이기춘, "경찰질서법상 위험개념 및 표현위험과 위험의 의심", 공법연구 제31권 제4호, 2003, 389쪽.

198) Schenke 저/ 서정범 역, 독일경찰법론, 세창출판사, 1998, 51쪽; 이기춘, "경찰질서법상 위험개념 및 표현위험과 위험의 의심", 공법연구 제31권 제4호, 2003, 388쪽.

199) 이호용, "경찰권 발동에 관한 외관상 위험과 위험혐의의 법적 평가와 손실보상", 한국공안행정학회보 제23호, 2006, 97쪽; 이상해, "경찰처분의 실질적 적법성에 관한 일고찰", 법학논고 제40집, 2012, 320쪽.

200) Kugelmann 저/ 서정범 · 박병욱 역, 독일경찰법, 세창출판사, 2015, 145쪽.

201) 김성태, "위험에 대한 의심과 위험여부의 확인", 행정법연구 제51호, 2017, 167쪽.

고 생각한다. 즉 **위험조사는 위험이 존재하는 경우에도 그 위험의 종류와 범위 및 위험방지의 가능성에 관하여 보다 상세한 정보를 얻기 위하여 시행될 수 있다.**[202] 그 예로서는 「경직법」 제8조의2 제1항에 따라 위험예방뿐만 아니라 "위험대응"[203]을 위해서도 허용되는 정보수집 및 사실확인과 「도로교통법」의 규정에 따라 호흡측정이나 혈액 검사 등의 방법으로 운전자가 술에 취한 상태에서 운전하였는지를 조사하는 것을 들 수 있다. 특히 「도로교통법」 제44조 제2항에 따르면 경찰공무원은 "교통의 안전과 위험방지를 위하여 필요하다고 인정하거나 제1항의 규정에 위반하여 술에 취한 상태에서 자동차 등, 노면전차 또는 자전거를 운전하였다고 인정할 만한 상당한 이유가 있는 경우"에는 운전자가 술에 취하였는지를 **호흡조사**로 측정할 수 있는바, 여기서 밑줄 친 후단의 "제1항의 규정에 위반하여 술에 취한 상태에서 자동차를 운전하였다고 인정할 만한 상당한 이유가 있는 경우"란 경찰법상의 위험개념에 관한 일반적 이해에 따르면 **구체적 위험상황**을 나타낸다. 이러한 구체적 위험상황에서 경찰공무원은 운전자가 실제로 주취상태에서 운전하였는지 만일 주취상태에서 운전하였다면 운전이 금지되는 주취상태에 있었는지(혈중알코올농도 0.03퍼센트 이상), 주취상태의 운전이 운전면허의 정지 또는 취소 가운데 어느 사유에 해당하는지 등을 확인하기 위하여 호흡측정의 방법으로 조사를 할 수 있다. 호흡조사의 결과 혈중알코올농도가 허용기준을 넘는 경우에는 음주운전과 같은 위험행위를 한 사람은 운전면허 정지 또는 취소 처분을 통해 도로교통에서 배제된다. 이러한 점에서 경찰공무원이 「도로교통법」의 규정에 따라 호흡측정 또는 혈액 검사 등의 방법으로 운전자가 술에 취한 상태에서 운전하였는지를 조사하는 것은 수사기관과 행정기관의 지위를 겸하는 주체가 형사소송에서 사용될 증거를 수집하기 위한 범죄수사로서의 성격을 가

202) Schenke, Polizei- und Ordnungsrecht, 2023, Rn. 95.

203) "위험의 예방"이란 위험발생 이전단계에서 위험에 대비하거나 위험발생 자체를 사전에 차단하는 경찰활동을 의미한다. 이에 반하여 "위험의 대응"이란 구체적 위험발생에 맞추어 경찰이 일정한 행동이나 조치를 취하는 것을 의미한다.

짐과 아울러 교통상의 위험방지를 목적으로 하는 운전면허 정지 · 취소의 행정처분을 위한 자료를 수집하는 행정조사의 성격을 동시에 갖는다고 할 수 있다.[204)]

2) 위험조사에 대한 법적 근거

(가) 문제에의 입문

문헌에서는 위험혐의가 존재하는 경우 경찰은 위험조사를 할 수 있는지 만일 경찰에게 위험조사가 허용된다면 어느 정도까지 허용되는지의 문제를 두고 논쟁이 되고 있다. (전술한 바와 같이) 만일 위험조사가 개인의 권리를 제한하지 않는다면 위험조사는 「경직법」 제2조와 같은 직무규정에 근거하여 얼마든지 가능하다. 이에 반하여 개인의 권리를 제한하는 위험조사, 즉 침익적 위험조사는 법률유보원칙에 따라 법률의 수권을 필요로 한다. 이 경우 만일 침익적 위험조사에 대한 특별법상의 수권조항이 존재하지 않는다면 일반경찰법에 따른 위험조사의 허용여부는 원칙적으로 **구체적 위험**이 존재하는지 여부에 달려 있다. 왜냐하면 일반경찰법상의 개괄적 수권조항은 원칙적으로 경찰작용에 대한 전제요건으로 구체적 위험을 요구하고 있기 때문이다. 만일 구체적 위험이 존재함에도 불구하고 경찰이 위험의 종류와 정도 및 그 방지 가능성에 관한 상세한 정보를 갖고 있지 않다면 이때 시행되는 위험조사에 대해서는 법적으로 아무런 문제도 제기

---

204) 대법원 2016. 12. 27. 선고 2014두46850 판결. 만일 경찰이 도로교통법의 규정에 따라 호흡측정 또는 혈액 검사 등의 방법으로 운전자가 술에 취한 상태에서 운전하였는지를 조사한다면 그 목적은 형사소송에서 사용될 유죄의 증거를 수집하기 위함이기도 하지만, 운전면허 정지 · 취소의 행정처분을 위한 자료수집이기도 하다. 여기서 경찰의 호흡측정이나 채혈은 범죄수사의 목적뿐만 아니라 위험방지의 목적에도 기여한다. 즉 경찰의 호흡측정이나 채혈은 음주운전이라는 범죄행위에 대한 증거수집과 제재에도 기여하지만(범죄수사), 음주운전과 같은 위험행위를 한 전력이 있는 사람을 도로에서 배제시킴으로써 교통의 안전을 확보하고자 하는 목적도 있다(위험방지). 이에 관해서는 또한 손재영, “위법하게 획득한 혈액감정 결과에 근거한 운전면허 정지 · 취소 처분의 효력”, 「공법학연구」 제19권 제4호, 2018, 574쪽.

되지 않는다. 왜냐하면 구체적 위험이 존재할 때의 위험조사는 일반경찰법상의 개괄적 수권조항에 의거할 때에도 이미 가능하기 때문이다. 설령 위험조사의 결과, 위험이 실제로 존재하지 않았음이 사후에 밝혀진다 하더라도 위험조사의 적법성에는 아무런 문제가 없다. 왜냐하면 외관상 위험도 진정한 의미의 위험이고 경찰법에서 의미하는 위험개념에 포섭될 수 있기 때문이다. 반면 경찰이 알고 있는 사정을 합리적으로 판단해 볼 때 실제로 손해가 발생할 우려가 있는지 여부가 충분히 확인되지 않아 (아직) 구체적 위험이 인정될 수 없는 경우에는 문제가 된다. 이에 따라 아래에서는 **구체적 위험이 존재하지 않는 경우, 즉 진정한 의미의 위험혐의가 존재하는 경우에 경찰은 침익적 위험조사를 시행할 권한이 있는지 만일 권한이 있다면 어느 정도로 있는지 그리고 이때의 위험조사는 누구에게 시행될 수 있는지**의 문제를 중점적으로 살펴보기로 한다.

(나) 특별법상의 수권근거

위험혐의가 존재할 때 침익적 위험조사는 어느 정도까지 허용되는가? 예를 들어 「식품위생법」 제15조 제1항에 따르면 식품의약품안전처장은 국내외에서 유해물질이 함유된 것으로 알려지는 등 <u>위해의 우려가 제기되는 식품 등이 제4조 또는 제8조에 따른 유해식품 등에 해당한다고 의심되는 경우</u>에는 그 식품 등의 위해요소를 신속히 평가하여 그것이 위해식품 등인지를 결정하여야 하는바, 이로써 동 조항은 식품의약품안전처장에게 위험혐의가 존재할 때의 위험조사(위해평가)를 수권하고 있다. 사실 식품의약품안전처장이 「식품위생법」 제15조 제2항에 따른 위해방지조치(예: 위해식품의 제조 · 판매금지)를 취하기 위해서는 손해발생을 나타내는 중요한 사실적 근거가 요구되지만, 위해방지조치의 시점에서는 손해발생의 충분한 개연성을 정당화하는 정보나 근거가 부족할 수 있다. 이러한 경우 식품의약품안전처장은 「식품위생법」 제15조 제1항에 따라 위해의 우려가 제기되는 식품이 위해식품에 해당하는지 여부를 확인하기 위하여 위해평가를 시행할 수 있다. 여기서 주목할 만한 점은 「식품위생법」 제15조 제1항이 위해평가의 시행을 “위해의 우려가 제기되는 식품이 위해식품에 해당한다고 의심되는 경우”라는 요건에 기속시키고 있다는 점이다. 위험의 존재가 아니라, 단지 “위험의 의심”만이 요구되는 경우에는 구체적 위험이 필요치 않다. 입법자는 위험혐의를 나타내는 다양한 표현을 사용할 수 있는바, 다른 위험방지조치의 경우 사용하지 않는 그러한 표현을 통하여 여기서는 구체적 위험이 존재할 필요가 없음을 나타내고 있다. 이러한 점에서 「**식품위생법**」 **제15조 제1항에 따른 위해평가는 위험혐의를 전제로 하고 있다**고 할 수 있다.

(다) 일반법상의 수권근거

만일 (전술한) 「식품위생법」 제15조 제1항과 같은 위험조사에 대한 특별법상의 수권근거가 존재하지 않는다면 위험혐의가 존재할 때의 위험조사는 「행정조사기본법」에 의거하여 시행될 수 있는지의 문제가 제기된다. 왜냐하면 「행정조사기본법」 제2조 제1호에 따르면 “**행정조사**”란 행정기관이 정책을 결정하거나 직무를 수행하는 데 필요한 정보나 자료를 수집하기 위하여 현장조사 · 문서열람 · 시료채취 등을 하거나 조사대상자에게 보고요구 · 자료제출요구 및 출석 · 진술요구를 하는 활동을 의미하는데, 만약 경찰기관이 위험방지의 직무를 수행하는 데에 필요한 정보나 자료를 수집하기 위하여 현장조사, 시료채취, 진술요구, 자료제출요구 등의 활동을 위험조사라고 본다면 **위험조사도 행정조사의 일종**으로 볼 수 있기 때문이다. 그러나 「**행정조사기본법**」**의 규정은 위험혐의가 존재할 때 위험에 대한 해명과 그 방지에 기여하는 경찰작용에 대한 수권근거로서 고려될 수 없다.** 왜냐하면 「행정조사기본법」 제5조는 “행정기관은 법령 등에서 행정조사를 규정하고 있는 경우에 한하여 행정조사를 실시할 수 있다”고 규정하여 **행정조사 법정주의**를 채택하고 있기 때문이다. 이에 따라 개인의 권리를 제한하는 위험조사는 단지 「행정조사기본법」의 규정만으로는 일반적으로 허용되지 않는다.

경찰관직무집행법 제8조의2조(정보의 수집 등) ① 경찰관은 범죄 · 재난 · 공공갈등 등 공공안녕에 대한 위험의 예방과 대응을 위한 정보의 수집 · 작성 · 배포와 이에 수반되는 사실의 확인을 할 수 있다.
② 제1항에 따른 정보의 구체적인 범위와 처리 기준, 정보의 수집 · 작성 · 배포에 수반되는 사실의 확인 절차와 한계는 대통령령으로 정한다.

최근 입법자는 「경직법」 제8조의2 제1항의 신설을 통해 경찰관에게 범죄 · 재난 · 공공갈등 등 공공안녕에 대한 위험의 예방과 대응을 위하여 정보의 수집 · 작성 · 배포와 이에 수반되는 사실을 확인할 수 있는 권한을 부여한 바 있다(위 참조). 사실 경찰이 위험방지조치를 취하기 위해서는 손해발생을 나타내는 중요한 사실적 근거가 요구되지만, 위험방지조치의 시점에서는 손해발생의 충분한 개연성을 정당화하는 정보나 근거가 부족할 수 있다. 이러한 경우 신설된 「경직법」 제8조의2 제1항은 경찰에게 범죄 · 재난 · 공공갈등 등 공공안녕에 대한 위험의 예방과 대응을 위하여 정보수집과 이에 수반되는 사실확인, 즉 "팩트체크"(fact check)를 할 수 있는 권한을 부여한다. 이와 관련하여서는 여러 가지 문제가 제기되지만, 여기서는 무엇보다 신설된 「**경직법**」 **제8조의2 제1항이 위험혐의가 존재할 때 경찰에게 위험조사권한을 부여하는 법률상의 수권근거로서 고려될 수 있는지의 문제**가 제기된다.

주지하다시피 「경직법」 제8조의2 제1항과 같은 법률상의 수권규정이 경찰작용의 요건으로서 "**위험의 예방**"을 요구하는 경우에는 구체적 위험은 필요치 않다. 왜냐하면 경찰법에서 "위험의 예방"은 위험발생 이전단계에서 위험에 대비하거나 위험발생 자체를 사전에 차단하는 경찰활동을 의미하기 때문이다. 즉 여기서는 **구체적 위험이 발생하기 이전단계에서의 경찰활동**, 환언하면 **위험사전단계에서의 경찰활동**이 문제된다. 이로써 「경직법」 제8조의2 제1항에 따른 위험예방을 위한 정보수집과 사실확인은 구체적 위험의 존재를 요구하지 않으며, 그 이전단계에서도 허용된다. 그 결과 여기서는 구체적 위험이 인정되기 위해 요구되는 "손해발생의 충분한 개연성"이 존재할 필요가 없거나 경찰관이 인식할 수 있는 정도에까지 이르지 않아도 된다. 이에 따라 **위험의 사전단계, 특히 장래에 손해가 발생할 것이라는 근거가 있지만, 아직 그 개연성이 충분하다고 볼 수 없는 위험혐의가 존재할 때에도 경찰에게 위험조사(정보수집과 사실확인)가 허용된다.** 그동안 경찰이 구체적 위험이 존재하지 않는 경우에는 위험조사와 관련하여 손발이 묶여 있었다면 이제 「경직법」의 개정에 따라 구체적 위험이 존재하지 않는 경우에도 개입할 수 있게 되었다. 즉 경찰은 이제 위험의 사전단계에서도 위험조사를 시행할 수 있게 된 것이다.

사실 범죄 · 재난 · 공공갈등 등 공공의 안녕에 대한 위험의 예방을 위하여 경찰에게 정보수집과 사실확인을 허용하는 법률적 수권근거를 마련해야 할 필요성은 부인될 수 없다. 범죄나 재난 또는 공공갈등으로 인한 공공의 안녕에 대한 위험의 경우, 여기서 우려되는 사람의 생명과 신체 및 다른 높은 가치를 갖는 법익에 대한 손해 때문에 이미 위험의 사전단계에서부터 경찰이 개입하거나 조치를 취해야 할 필요성이 존재한다. 그러나 **입법자가 기본권 제한을 가져오는 경찰작용에 대하여 원칙적으로 요구되는 "구체적 위험"이라는 요건에 (아직) 이르지 않았음에도 불구하고 그러한 침익적 경찰작용을 허용하려고 한다면 중요한 법익보호를 위하여 허용하는 경우에만 헌법적 의문에 직면하지 않게 된다.** 즉 입법자는 원칙적으로 중요한 법익의 보호를 위해서만 경찰개입의 한계를 낮출 수 있고, 그 결과 개인의 권리를 제한하는 경찰개입은 구체적 위험이 존재하지 않는 경우에도 허용될 수 있다. 따라서 사전단계에서의 위험조사는 원칙적으로 중요한 법익보호를 위해서만 허용될 수 있다. 단순한 위험만으로는 사전단계에서의 위험조사를 정당화할 수 없다. 입법자는 사전단계에서의 위험조사를 모든 위험의 예방을 위해 허용할 것이 아니라, **강화된 위험**을 전제요건으로 하는 수권규정을 마련하여야 한다. 이 경우 신설된 「경직법」 제8조의2 제1항은 경찰관에게 공공의 질서에 대한 위험이 아니라, 강화된 위험, 즉 **"공공의 안녕"**에 대한 위험의 예방을 위해서만 정보수집과 사실확인을 허용하고 있다.[205] 특히 동 조항에 예시된 범죄나 재난 또는 공공갈등으로부터 발생하는 공공의 안녕에 대한 위험은 상당하다. 입법자는 전형적으로 공공의 안녕을 강하게 침해하는 범죄와 재난 및 공공갈등의 지적을 통해 경찰관의 정보수집과 사실확인은 중요한 법익의 보호를 위해서만 허용된다는 점을 강조하고 있다. 이러한 점에서 「경직법」 제8조의2 제1항은 각 위험의 정도에 따라 구분된 수권규정을 마련하라는 헌법적 요구사항을 따르고 있다.

물론 「경직법」 제8조의2 제1항의 법문에 사용된 "위험예방"은 개념적으로 위험은 물론 위험에 대한 의심이나 혐의조차 필요 없는 경우를 포함한다. 그러나 이것이 다른 수권규정의 요건이나 법체계적 관점 또는 적어도 합헌적 해석으로부터 도출될 수 있듯이 해당 경찰작용은 위험혐의를 전제로 함을 배제하지 않는다. 오히려 「경직법」 제8조의2 제1항과 같은 광범위한 수권은 비례원칙을 고려하여 엄격한 해석을 필요로 하며, 그로 인해 경찰의 정보수집과 사실확인은 위험혐의를 전제요건으로 하는 경우에만 헌법에 합치될 수 있다. 따라서 **구체적 위험이 요구되지는 않으나 적어도 강화된 위험에 대한 의심이나 혐의가 존재하여야 한다**. 만일 공공의 안녕을 강하게 침해하는 범죄나 재난 또는 공공갈등 등으로 인하여 중요한 법익이 위험하게 될 우려나 의심이 드는 상황이라면 설령 입법자가 정보수집과 사실확인의 요건으로서 (구체적 위험이 아닌) 위험혐의의 존재만을 요구한다고 하여 비례원칙의 관점에서 이의가 제기될 수 없을 것이다.

나아가 위험혐의가 존재할 때 위험조사를 허용하는 수권규정은 해당 조사가 누구에게 시행될 수 있는지에 관해서도 함께 규정하는 것이 일반적이다. 그러나 **「경직법」 제8조의2 제1항은 "누가" 위험예방을 위한 정보**

205) 물론 「경직법」 제8조의2 제1항은 공공의 안녕에 대한 "모든" 위험과 관련되어 있다. 다만 이러한 위험은 「경직법」 제8조의2 제1항에 예시된 "범죄, 재난, 공공갈등"에 상응하는 위험이어야 한다는 점에서는 제한적이다. 「경직법」 제8조의2 제1항과 관련하여서는 비례원칙에 중요한 의미가 부여된다. 적어도 법률의 집행단계에서는 동 조항의 재량수권이 신중히 사용될 필요성이 있다.

수집과 사실확인의 대상이 될 수 있는지에 관하여 아무런 언급을 하고 있지 않다. 이 경우 경찰책임의 원칙을 직접 적용하는 것은 허용되지 않는다. 왜냐하면 행위책임자뿐만 아니라 상태책임자는 "구체적 위험"과 결부되어 있고, 이른바 경찰긴급상황에서의 비책임자에 대한 조치는 "중대한 위험"을 전제요건으로 하기 때문이다. 따라서 **경찰책임의 원칙은 "위험혐의"에는 직접 적용될 수 없다**. 위험혐의를 위험의 하부개념으로 파악하는 것도 허용되지 않는다. 그렇다고 해서 이것이 모든 사람에 대한 일거수일투족 감시가 사실상 가능함을 의미하지 않는다. 즉 「경직법」 제8조의2에 대하여 제기되는 헌법적 의문에도 불구하고, 모든 사람에 대한 일거수일투족의 감시라고 말할 수 없을 것이다. 위험예방을 위한 정보수집과 사실확인이 "모든 사람"에게 실시될 수 있다고 보는 것은 너무 나아간 견해이다. 위험과 아무런 관련성이 없음에도 불구하고 모든 사람이 위험예방을 위하여 기본권 침해를 수인해야 한다는 것은 받아들일 수 없는 견해이다. 이러한 견해는 과잉금지원칙을 통해 제한 및 보충되어야 한다는 점을 간과하고 있다. 이와 관련하여 제기되는 헌법적 의문을 완화시키기 위해서는 「경직법」 제8조의2 제1항에 대한 합헌적 해석이 요청된다. 만일 「경직법」 제8조의2 제1항이 위험예방을 위한 정보수집과 사실확인의 대상자에 관한 명문규정을 두고 있지 않다면 과잉금지원칙으로부터 일정 부분 규명이 될 수 있다. 따라서 과잉금지원칙으로부터는 다음과 같은 결론이 도출될 수 있다. 즉 **「경직법」 제8조의2 제1항에 따른 위험예방을 위한 정보수집과 사실확인은 단지 위험혐의 내지 위험의심을 받고 있는 사람, 즉 피혐의자에게만 허용되며, 이해관계 없는 제3자에게는 허용되지 않는다.** 하지만 「경직법」 제8조의2 제1항에 따른 위험예방을 위한 정보수집과 사실확인이 이해관계가 없는 제3자에게 취해져서는 아니 됨을 명확히 하기 위하여 향후 「경직법」을 개정할 때 이 점을 명문으로 규정할 필요성이 있다고 본다.

5. 요 약

(1) “구체적 위험”이란 「경직법」에 개념정의가 되어 있지 않기 때문에 그 의미와 관련하여서는 논쟁이 될 수 있지만, 개별사례에서 실제로 또는 최소한 경찰관의 사전적 시점(ex ante)에서 사안을 합리적으로 판단해 볼 때 가까운 장래에 공공의 안녕이나 공공의 질서에 대한 손해가 발생할 충분한 개연성이 있는 상황을 의미한다.

(2) “외관상 위험”이란 경찰관이 개입을 하는 사전적 시점에서 해당 상황을 위험한 상황으로 판단하였고 또한 위험의 존재를 긍정하는 객관적 근거도 있었지만, 실제로는 위험이 존재하지 않았음이 (사후에) 밝혀졌을 때에 인정된다. 다수견해는 이러한 경우에도 경찰법상의 수권규정이 의미하는 위험이 존재한다고 보고 있는바, 타당한 견해라 할 수 있다. 위험방지조치는 위험의 존재 여부에 관한 경찰의 예측(Prognose)을 전제로 한다. 위험의 존재 여부에 관한 경찰의 예측에는 필연적으로 불확실성이 내재되어 있기 때문에 사전적으로 행해져야 하는 위험예측의 정확성에 대하여 사후에 밝혀진 사실에 근거하여 이의를 제기하는 것은 모순이다. 위험예측과 관련된 경찰작용의 적법 여부는 경찰관의 사전적 시점(ex ante)에서 판단되어야 하며, 법관의 사후적 시점(ex post)에서 판단되어서는 아니 된다. 또한 경찰작용의 적법성이 항상 손해발생이 실제로 임박하였는지 여부에 따라 결정된다면 위험방지의 효율성은 현저히 축소되고 말 것이다. 이러한 이유로 위험예측에 기하여 내려진 경찰작용은 설령 개별사례에서 예측된 손해가 실제로 발생하지 않더라도 적법할 수 있다는 점이 인정되어야 한다.

(3) 위험혐의의 개념은 위험을 나타내는 몇몇의 근거에도 불구하고 경

찰의 관점에서 보았을 때 손해발생의 충분한 개연성이 결여된 경우에만 인정하는 것이 타당하다. 따라서 "위험혐의"란 경찰이 위험을 나타내는 근거를 갖고 있지만, 사정을 합리적으로 판단해 볼 때 단지 그러한 근거만으로는 실제로 손해가 발생할 것이라거나 적어도 손해가 발생할 충분한 개연성이 있다는 판단을 내릴 수 없고, 그 때문에 경찰도 구체적 위험을 인정하기에 충분하지 않음을 자각하고 있는 경우를 의미한다. 이와 같은 개념이해에 따를 때 위험혐의가 문제되는 곳에서는 위험이 존재한다는 결론이 내려질 수도 있고, 위험이 존재하지 않는다는 결론이 내려질 수도 있다. 따라서 이 경우에는 실제로 위험이 존재하는지를 확인하기 위하여 그리고 위험이 존재한다면 위험방지에 필요한 조치를 취하기 위하여 경찰은 어느 정도까지 사안을 해명할 권한이 있는지의 문제를 살펴보는 것이 무엇보다 중요하다.

(4) "위험조사"란 직접적으로 위험의 제거에 목표를 둔 종국적인 위험방지조치가 아니라 사안을 조사하고 종국적인 위험방지조치를 취하기 위하여 준비를 하는 잠정적인 조치를 의미한다. 위험조사는 위험의 존재 여부가 불명확한 경우(즉 위험혐의가 존재하는 경우)뿐만 아니라, 위험(외관상 위험을 포함)이 존재하는 경우에도 그 위험의 종류와 범위 및 위험방지의 가능성에 관하여 보다 상세한 정보를 얻기 위하여 시행될 수 있다. 위험조사와 결부된 법적 문제는 진정한 의미의 위험혐의가 문제되는 곳에서만 제기되는 반면, 구체적 위험(외관상 위험을 포함)이 존재하는 곳에서는 위험조사와 더불어 위험방지조치가 이미 허용된다. 왜냐하면 후자의 경우에는 구체적 위험의 조사와 그 방지에 관한 일반경찰법의 규정이 적용될 수 있기 때문이다. 진정한 의미의 위험혐의만이 존재할 때, 즉 아직 구체적 위험이 존재하지 않을 때 개인의 권리를 제한하는 침익적 위험조사가 어느 정도까지 허용되는지는 오로지 입법자의 결정에 맡겨져 있다. 따라서 경찰이 위험혐의가 존재할 때 침익적 위험조사를 시행하기 위해서는 법률유보

원칙에 따라 법률의 명시적인 수권이 필요하다.

(5) 최근 입법자는 「경직법」 제8조의2의 신설을 통해 경찰에게 범죄 · 재난 · 공공갈등 등 공공의 안녕에 대한 "위험의 예방"을 위하여 정보수집과 사실확인을 할 수 있는 권한을 부여하였다(제1항). 이로써 장래에 손해가 발생할 것이라는 근거가 있지만, 아직 그 개연성이 충분하다고 볼 수 없는 경우, 즉 위험혐의가 존재할 때에도 경찰에게 위험조사(정보수집과 사실확인)가 허용된다. 「경직법」 제8조의2 제1항에 따른 위험의 예방을 위한 정보수집과 사실확인은 단지 위험혐의 내지 위험의심을 받고 있는 사람, 즉 피혐의자에게만 허용되며, 이해관계 없는 제3자에게는 허용되지 않는다.

(6) 이상의 논의를 도해하면 [표 2-11]과 같이 나타낼 수 있다.

표 2-10 위험조사와 위험방지의 구별

구분	위험조사	위험방지
일반조항	「경직법」 제8조의2 제1항	「경직법」 제2조 제7호와 결합한 제5조 제1항 제3호
전제요건	위험혐의의 존재	구체적 위험의 존재
대상자	피혐의자	경찰책임자
조치범위	위험유무확인	위험방지조치

Ⅶ 장해의 개념

경찰작용은 위험이 존재할 때에만 허용되는 것은 아니다. 위험이 이미 실현되었을 때, 즉 현재의 법익이나 공공의 질서개념에 포함된 사회규범에 대한 침해가 이미 발생하여 계속되고 있는 경우에도 경찰작용은 허용된다. **장해는 위험의 하위개념을 나타내기 때문에 비록 명문으로 규정되어 있지 않더라도 장해가 존재하는 경우에는 경찰은 경직법상의 개괄적 수권조항에 근거하여 장해제거조치를 취할 수 있다.** 협의의 위험방지를 위하여 취해지는 경찰조치가 예방적인 것과는 달리 장해제거를 위한 경찰조치는 진압적이다. 이와 같은 장해가 형법위반에 기인하는 경우에는 경찰은 위험방지를 위하여 예방활동을 할 수 있을 뿐만 아니라, 범죄수사를 위하여 진압활동도 할 수 있다. 위험방지조치는 가벌적 행위의 저지를 목적으로 하는 반면, 범죄수사조치는 형사절차의 실현과 준비에 기여한다. 그러나 범죄행위가 종료되고 이로부터 위법한 법익감소가 더 이상 계속되고 있지 않다면 범죄수사만이 고려된다. 예를 들어 속도제한규정에 대한 위반상태가 종료된 경우가 바로 그러하다.

표 2-11 각 단계별 경찰조치의 범위

단계	위험발생의 전단계		위험 또는 장해의 발생	
	위험의 부존재	위험혐의	위험	장해
조치범위	조치불가	위험조사	위험방지	장해제거

케이스 해설

해설 1 <항공기 폭파 장난전화 사건>

사례에서는 경찰개입을 정당화하는 공공의 안녕에 대한 위험이 인정된다. 사실 사례에서는 실제로 손해가 발생하지 않았다. 하지만 경찰관이 경찰작용을 하는 사전적 시점(ex ante)에서 사안을 합리적으로 판단하였을 때에는 개인의 생명·신체 또는 재산에 대한 중대한 손해가 발생할 충분한 개연성이 있었다. 여기에는 개인의 생명이나 신체와 같이 특별히 높은 가치를 갖는 법익이 문제되고 있는 경우에는 손해발생의 개연성에 높은 요구사항이 세워질 수 없다는 점이 덧붙여질 수 있다. 외관상 위험도 진정한 의미의 위험이고, 경찰법에서 말하는 위험개념에 포섭될 수 있기 때문에, 사례에서는 경찰에 의한 즉각적인 조치가 요구되는 공공의 안녕에 대한 위험이 인정된다.

해설 2 <로트와일러 사건 2>

만일 '갑' 소유의 개가 맹견에 해당함에도 불구하고 '갑'이 외출 시에 개에게 목줄과 입마개를 착용시키지 않았다면 사례에서는 「동물보호법」 제21조 제1항 제2호에 대한 위반을 이유로 공공의 안녕에 대한 구체적 위험이 인정될 수 있다. 즉 '갑'의 행위가 동물보호법에 의하여 금지되고 있다면 실제로 사람의 생명이나 신체 또는 재산이 위험하게 되지 않더라도 이미 동물보호법에 대한 위반만으로도 구체적 위험이 인정될 수 있다. 경직법상의 개괄적 수권조항은 공공의 안녕에 대한 구체적 위험이 존재하는 경우 경찰에게 위해방지에 필요한 조치를 수권하므로, 사례에서 경찰관 P는 위해방지를 위하여 '갑'에게 즉시 목줄과 입마개의 착용을 명령할 수 있다.

해설 3 <복면강도 사건>

사례에서 경찰관 P는 야간순찰 중에 얼굴을 마스크로 가린 채 총을 들고 달려가는 '갑'을 보았다. 이 경우 단순한 장난에 불과하다는 명확한 근거가 존재하지 않았기 때문에 경찰관 P는 예견되는 위험을 저지하기 위하여 총을 든 '갑'을 제압할 수 있었다. 오히려 이와 같은 사정에서는 위협받고 있는 법익이 개인의 생명이나 신체·건강과 같이 매우 중요한 가치를 갖는 법익임을 고려하여 경찰관 P는 개입하여야 한다. 이 경우에는 실제로 습격의 위험이 존재하는지 여부를 조사할 시간적 여유가 없다. '갑'의 습격이 실제로는 영화촬영을 위한 것이었음이 사후에 밝혀졌다 하더라도 경찰개입의 적법성에는 아무런 문제가 없다. 왜냐하면 외관상 위험도 진정한 의미의 위험이고, 경찰법에서 말하는 위험개념에 포섭될 수 있기 때문이다.

해설 4 <차량절도 오인 사건>

사례에서도 경찰개입을 정당화하는 공공의 안녕에 대한 위험이 인정된다. 여기서는 "외관상 위험"이 문제된다. 사실 사례에서는 실제로 '갑'이 차량을 절도하려는 상황이 아니었다. 그러나 이러한 경우에도 경찰개입의 적법성에는 아무런 문제가 없다. 왜냐하면 외관상 위험도 진정한 의미의 위험이고, 경찰법에서 말하는 위험개념에 포섭될 수 있기 때문이다. 외관상 위험은 경찰관이 개입을 하는 사전적 시점에서 해당 상황을 위험한 상황으로 판단하였고 또한 위험의 존재를 긍정하는 객관적 근거도 있었지만, 실제로는 위험이 존재하지 않았음이 (사후에) 밝혀졌을 때에 인정된다. 사례에서는 차량에서 울린 경보음과 차량내부에서 뭔가를 뒤지는 수상쩍은 '갑'의 행동이 '갑'을 차량 절도범으로 판단하게 만든 객관적 근거가 되었다. 이러한 경우 경찰관 P는 사례에서와 같은 조치, 즉 '갑'이 차량 뒷좌석에서 내리지 못하도록 뒷문을 밀어 닫거나 신분을 확인하는 조치를 할 수 있다. 위험예측과 관련된 경찰작용의 적법 여부는 경찰관의 사전적 시점(ex ante)에서 판단되어야 하며, 법관의 사후적 시점(ex post)에서 판단되어서는 아니 된다. 위험방지조치는 경찰관에게 위험의 존재 여부에 관한 예측을 요구하지만, 이러한 위험예측에는 필연적으로 불확실성이 내재되어 있기 때문에 사전적으로 행해져야 하는 위험예측의 정확성에 대하여 사후에 밝혀진 사실에 근거하여 이이를 제기하는 것은 모순이다. 만일 경찰관 평균인이 사전적 시점에서 사안을 합리적으로 판단하였을 때 위험의 존재를 긍정할 수 있다면 설령 예측된 손해가 실제로는 발생하지 않더라도 위험은 존재한다고 보아야 한다.

해설 5 <복분자 사건>

사례에서는 경찰관이 '갑'에게 차량을 정차시키고 트렁크를 열어보라는 하명을 내렸는바, 이는 경찰목적을 실현하기 위하여 개인에게 작위의무를 부과하는 경찰하명에 해당한다. 이러한 경찰하명은 '갑'의 일반적 행동자유권과 재산권을 제한하기 때문에 법률유보원칙에 따라 법률의 수권을 필요로 한다. 따라서 사례에서 경찰하명은 개별적 수권조항이나 개괄적 수권조항에 그 근거를 둔 것이어야 한다. 주지하는 바와 같이 현행법에는 사례에서와 같은 경찰하명을 수권하는 개별적 수권조항이 존재하지 않는다. 여기서는 경직법상의 개괄적 수권조항(「경직법」 제2조 제7호와 결합한 제5조 제1항 제3호)이 경찰관에게 위해방지를 위하여 사례에서와 같은 경찰하명을 내릴 수 있는 권한을 부여한다. 그러나 경직법상의 개괄적 수권조항에 근거한 경찰하명이 적법하기 위해서는 "구체적 위험"이 존재하여야 하는바, 결론적으로 사례에서는 경찰하명을 정당화하는 구체적 위험이 존재한다. 사실 사례에서 경찰관은 수상한 용의 차량의 트렁크에서 흘러나온 검붉은 액체를 사람의 피라고 여겼지만, 감식 결과 검붉은 액체의 정체는 사람의 피가 아니라 복분자로 빚은 술인 것으로 밝혀졌다. 그러나 이러한 경우에도 경찰하명의 적법성에는 아무런 문제가 없다. 왜냐하면 외관상 위험도 진정한 의미의 위험이고, 경찰법에서 말하는 위험개념에 포섭될 수 있기 때문이다. 외관상 위험은 경찰관이 경찰작용을 행하는 시점에서, 즉 사전적 시점(ex ante)에서 해당 상황을 위험한 상황으로 판단하였고 또한 위험의 존재를 긍정하는 객관적 근거도 있었지만, 실제로는 위험이 존재하지 않았음이 (사후에) 밝혀졌을 때에 존재한다. 위험예측과 관련된 경찰작용의 적법 여부는 경찰관의 사전적 시점(ex ante)에서 판단되어야 하며, 법관의 사후적 시점(ex post)에서 판단되어서는 아니 된다. 검붉은 액체를 사람의 피라고 여긴 경찰관의 판단이 주관적이거나 자의적 판단이 아니었음은 주민에 의한 두 차례의 신고전화가 말해 준다. 또한 경찰관에게는 실제로 위험이 존재하는지 여부를 조사할 시간적 여유가 없었다. 따라서 사례에서 경찰관은 예견되는 위험을 막기 위하여 검붉은 액체가 흐르는 수상한 용의 차량의 소유자 '갑'에게 차량을 정차시키고 트렁크를 열어 보라는 하명을 내릴 수 있었다. 오히려 이와 같은 사정에서는 위협받고 있는 법익이 개인의 생명, 신체 등과 같이 매우 높은 가치를 갖는 법익임을 고려하여 경찰관은 '갑'에게 차량 정지와 트렁크 오픈을 명령하여야 한다. 따라서 사례에서 경찰관이 '갑'에게 내린 하명은 적법한 하명으로 평가될 수 있다.

Ⅷ 편의주의원칙과 경찰의 재량

리딩 케이스

사례 1 <불법건축물 양성화 사건>

A시에는 타인의 사유지에 허가 없이 지어진 불법건축물이 다수 존재한다. 현재 A시에서는 A시와 주민자치회 간에 불법건축물 문제를 해결하기 위한 정치적 협상이 진행되고 있다. 타인의 사유지에 대한 무단점유에도 불구하고 경찰은 불법건축물 문제에 개입하지 않기로 결정하였다. 경찰의 결정은 적법한가?[206)]

사례 2 <검사임용 거부사건>

'갑'은 제27회 사법시험에 합격하여 사법연수원 제18기로 그 수습과정을 수료하고, 다른 지원자들과 함께 법무부장관에게 검사임용신청을 하였다. 그러나 '갑'은 성적 순위 미달로 검사로 임용을 받지 못했다. 이에 '갑'은 임용거부처분은 재량권을 남용한 위법한 처분이므로 취소되어야 한다고 주장하며 행정소송을 제기하였다. 이 경우 법무부장관은 '갑'을 검사로 임용하여야 할 의무가 있는가?[207)]

사례 3 <빈집 노숙자 출몰 사건>

'갑'은 아주 오래된 건물 하나를 소유하고 있다. '갑'은 예전에 이 건물에 살았지만 지금은 비워 두고 있다. '갑'은 차후에 건물을 철거하고 이곳에 새 건물을 지으려 계획 중이다. 그런데 이 집에는 자신이 알지 못하는 사람들이 들어와 거주하곤 하였고 매번 거주민도 바뀌었다. 이에 따라 '갑'은 경찰에게 일정한 조치를 취해 줄 것을 요청하였지만, 경찰은 '갑'의 요청을 들어주지 않았다. 왜냐하면 사권보호를 위하여 개입하는 것은 경찰의 직무가 아니라고 보았기 때문이다. 이 경우 경찰의 부작위는 위법한가? 만일 위법하다면 '갑'은 경찰개입을 요구할 수 있는 청구권을 갖는가?[208]

사례 4 <음주운전 면허취소 사건>

'갑'은 A회사의 운전직 사원이다. '갑'은 2009년 11월 4일 제1종 보통운전면허를 취득한 이래 10년 8개월 동안 한 번도 교통사고를 낸 적이 없다. 그러나 2020년 7월 8일 새벽 1시경 '갑'은 술에 취한 상태에서 자신의 승용차를 운전하다 ○○경찰청 소속 단속경찰관에게 적발되어 음주측정을 실시하였고, 측정결과 혈중 알코올농도 수치가 0.087%로 측정되었다. 다행히 '갑'의 음주운전으로 인적·물적 피해는 발생하지 않았다. ○○경찰청장은 '갑'이 혈중 알코올 농도 0.087%의 술에 취한 상태에서 운전을 하였다는 이유로 '갑'의 제1종 보통운전면허를 취소하는 처분을 하였다.[209]

사례 5 <김제 트랙터 방치 사건>

김제시의 농민 300여 명은 2006년 11월 3일 22시 30분경 김제시 소재 편도 1차선 도로에서 쌀협상 국회비준에 반대하며, 트랙터 2대를 앞세워 차도를 점거한 채 김제시청으로 진행하며 시위를 벌였다. 이를 저지하기 위하여 김제경찰서 소속 경찰관들은 농민들로부터 트랙터 2대의 열쇠를 빼앗았고, 더 이상 시내로 진입하지 않겠다는 약속을 받은 후에야 열쇠를 되돌려 주었다. 그러나 트랙터를 운전하던 농민 A와 B는 경찰이 트랙터열쇠를 강제로 빼앗는 바람에 트랙터의 유압벨브장치가 고장이 났다고 주장하며, 이를 보상하겠다는 각서를 써 줄 것을 요구하였다. 경찰관들이 이를 거절하자 농민 A와 B는 트랙터 2대를 도로상에 세워 둔 채 귀가해 버렸다. 경찰관들은 교통방해를 염려하여 농민 A가 운전하던 소형 트랙터는 들어서 도로 옆 공터로 옮겨 놓았으나 농민 B가 운전하던 대형트랙터는 너무 무거워 옮겨 놓을 수가 없었다. 경찰관들은 아무런 사고 예방조치도 취하지 아니한 채 그대로 방치하고 그곳에서 철수해 버렸다. 다음날 새벽 3시 45분경 '갑'이 승용차를 운전하여 이 지점을 지나던 중 전방에 트랙터가 주차되어 있는 것을 뒤늦게 발견하고 충돌을 피하기 위하여 급히 핸들을 왼쪽으로 돌리다 도로를 이탈하여 왼쪽 공터에 옮겨 놓은 다른 트랙터와 충격하여 상해를 입는 사고가 발생하였다. '갑'은 국가를 상대로 손해배상을 청구하고자 한다.210)

사례 6 <집주인 살해 사건>

집주인 '갑'은 1993년 6월 20일 서울 소재 자신의 집 지하방을 '병'에게 1년간 임대하였다. 세입자 '병'은 입주 후 이틀 날부터 '갑'의 집 앞에서 아무 이유 없이 무릎 꿇고 앉아 절을 하며 용서를 비는 등 비정상적인 행동을 하였다. 어느 늦은 밤에는 '병'이 현관문을 발로 차면서 "씨를 말려 버릴 것이다. 죽여 버린다"고 고함치며 소란을 피웠고, '갑'의 신고로 파출소로 연행이 되었으나 뚜렷한 죄목이 없어 훈방되기도 하였다. 이후에도 '병'은 계속해서 이상한 행동을 보이다 1993년 9월 24일 11시 30분에는 톱으로 출입문과 유리창을 파손하고 방을 들쑤셔 놓기도 하였다. 톱을 들고 오는 '병'을 발견하고 무서워 3시간 동안 피신해 있다가 집으로 돌아온 '갑'의 아내 '을'이 세입자 '병'에게 항의하였으나 '병'은 오히려 "죽여 버리려 했는데, 더 이상 말 시키지 말고 가라"고 하였다. 도저히 견딜 수 없다고 여긴 '을'은 인근 파출소를 찾아가 이와 같은 사실을 신고하면서 적절한 조치를 요청함과 동시에, 경찰의 협조와 선처를 바란다는 내용의 진술서를 작성 · 제출하였다. 경찰관들은 '병'을 검거한 후 즉시 서울시립 정신병원에 입원시켰으나, '병'은 10여 일간 치료받고 퇴원하였으며, 그 후에도 소란을 피우고 기름보일러에 연탄을 올려 놓고 연탄불을 피우는 등 이상행동을 보여 '을'이 다시 2회에 걸쳐 파출소에 신고하였다. 이 과정에서 '을'은 '병'이 정신질환자이고 가족들 모두 불안에 떨고 있다는 내용의 진술서를 작성 · 제출하였다. 1993년 10월 20일 경찰관들은 '병'을 파출소로 데려와 강력교양이라는 명목으로 훈계를 한 뒤 귀가조치 시키는 한편, '병'을 정신병원에 장기 입원시키기 위하여 '병'의 가족을 만나 입원을 권유하였으나 '병'의 가족이 입원비 때문에 난색을 표하자 생활보호대상자의 경우 월 10만원으로 치료받을 수 있는 경기도 용인 소재 정신병원을 소개해 주고, 1993년 11월 17일에는 생활보호대상자로의 지정요청 공문을 보내기도 하였다. 그러나 1994년 1월 9일 고장난 보일러를 고쳐주지 않는다는 이유로 '갑'과 다투고 집을 나온 '병'은 '갑'을 살해하기로 마음먹고 칼 세 자루를 준비하여 집 부근을 배회하다 '갑'과 마주쳤다. '갑'이 '병'을 집안으로 데려가 남겨 둔 짐을 모두 가져가라고 소리치며 짐을 집어던지자 '병'은 칼을 꺼내 '갑'을 찔러 살해한 뒤, '갑'의 아내('을')와 아들('병') 및 장모('정') 그리고 인근 슈퍼마켓 주인('무')까지 모두 5명을 차례로 살해하였다. '갑'의 유족들은 사법경찰관리의 수사 미개시와 긴급구호권의 불행사를 이유로 국가배상청구소송을 제기하였다.[211]

사례 7 <목포 테이큰 사건>

'갑'은 부녀자를 납치해 금품을 요구하기로 마음먹고 2003년 6월 3일 19:00경 과도를 구입한 후, 같은 날 19:30 경 전남 목포시 하당 소재의 회집 앞에 열쇠가 꽂힌 채 주차되어 있던 승합차를 발견하고 이를 절취하였다. 같은 날 21:30 경 도난차량 소유자는 인근 파출소에 도난신고를 하였고, 파출소에서는 즉시 해당 승합차를 도난차량으로 수배처리하고, 목포경찰서장에게 도난차량 수배보고를 하였다. '갑'은 훔친 승합차를 운전하고 다니면서 범행대상을 물색하던 중, 같은 날 22:10 경 전남 목포시 소재 △△학원 뒤 노상에서 학원수업을 마치고 귀가하던 여중생(14세, 여)을 폭행하고 납치한 뒤 목포시 대양검문소를 지나 굴다리 밑 차 안에서 과도로 여중생을 협박하여 1회 강간하였다. 아버지 '을'은 귀가시간이 지났음에도 딸이 귀가하지 않자 23:09 경 딸의 휴대폰으로 연락을 했고, 딸의 전화를 받은 '갑'이 "내가 당신 딸을 데리고 있으니 1억원을 준비하라. 그렇지 않으면 당신 새끼는 날아간다"고 협박하였다. 아버지 '을'이 요구액이 너무 많다며 3천만원을 마련해 보겠다고 하자, '갑'은 3천만원을 마련하라고 지시하면서 그렇게 하지 않으면 엽총으로 딸을 죽이고 본인도 자살해 버리겠다고 협박하고, 이 사실을 경찰에게 알리지 말 것을 경고하였다.

한편, 납치된 여중생의 어머니는 2003년 6월 3일 23:18 경 목포경찰서에 112로 전화를 걸어 납치신고를 하였고, 아버지 '을'은 가능한 현금 440만원과 돈 크기로 잘라 만든 신문지를 섞어 돈뭉치를 만들고 이를 보자기에 쌓아 2003년 6월 4일 00:58 경 '갑'에게 전화를 걸었다. '갑'이 약속장소를 목포시 하당동 소재 △△은행으로 지정함에 따라 아버지 '을'은 보호장구를 착용하지 않은 채 아내가 준 사제 가스총과 돈을 차량에 싣고 목포경찰서 소속 경찰관 2명과 함께 약속장소로 이동하였다. 그리고 경찰관 3명(추적조)이 다른 승용차를 이용하여 '을'의 차량과 일정한 거리를 유지한 채 뒤를 따랐다. 아버지 '을'의 차량에 동승한 2명의 경찰관과 3명의 경찰 추적조 외에도 현장에는 매복조가 있었고, 당시 경찰서장과 수사과장은 지휘체계를 가동하고 있었다.212)

'갑'은 경찰들을 따돌리기 위하여 약속장소를 △△은행에서 여러 차례 변경하였고, 최종적으로는 전남 OO군 OO면 OO마을 철길 앞 교통시설물이 있는 장소에 현금을 갖다 놓으라고 지시하였다. 이에 아버지 '을'은 납치범 '갑'이 지정한 장소에 돈 보자기를 내려놓고, 차량을 목포 방면으로 진행시키다가 '갑'이 돈 보자기를 가져가는 것을 보고 이대로 돈을 가져가게 되면 자신의 딸이 위험에 처하게 될 것으로 생각하고 딸을 구하기 위하여 목포 방면으로 진행하던 자신의 차량을 되돌려 '갑'의 승합차로 돌진하였고, 충격 후에 차에서 내린 아버지 '을'은 승합차의 운전석으로 뛰어가 창문 안으로 양손을 넣어 '갑'의 멱살을 잡고 "너 죽고 나 죽자"라고 말하며, 주먹으로 '갑'의 오른쪽 눈, 코 부위를 때리며 차 안에 있던 딸에게 "빨리 도망가라"고 소리쳤다. 그 때문에 딸은 다행히도 승합차 조수석 문을 열고 밖으로 탈출할 수 있었다. 이후 아버지 '을'이 '갑'의 멱살을 잡아 승합차 밖으로 끌어내려고 하자, '갑'은 '을'로부터 벗어나 도망가기 위하여 과도를 꺼내 '을'의 가슴, 복부 및 왼팔 부위를 약 11회 정도 찌른 후 도주하였다. 이후 '갑'은 1시간 동안의 추격 끝에 경찰에 검거되었으나, '갑'이 휘두른 칼에 찔려 의식을 잃고 쓰러진 아버지 '을'은 병원으로 이송되어 치료를 받던 중 2003년 6월 9일 07:25경 다장기부전, 패혈증, 흉부복부자상 등으로 사망하였다. 이에 유족들은 경찰의 허술한 작전, 현장상황의 신속한 보고나 전파의 부재와 그로 인한 늦장대응 및 방검복 등 안전을 위한 보호장구를 착용시켜야 함에도 이를 하지 않는 등의 과실로 인하여 아버지 '을'이 사망하였다고 주장하며 국가를 상대로 손해배상청구소송을 제기하였다.213)

---

206) 유사한 사례로는 VG Berlin, NJW 1981, 1748.

207) 대법원 1991. 2. 12. 선고 90누5825 판결.

208) 유사한 사례로는 Schenke, Polizei- und Ordnungsrecht, 2023, Rn. 47.

209) 유사한 사례로는 중앙행정심판위원회 2009. 11. 3. 자 200920028 재결.

210) 대법원 1998. 8. 25. 선고 98다16890 판결.

211) 대법원 1996, 10. 25. 선고 95다45927 판결.

212) 당시 경찰서장은 목포경찰서에, 수사과장은 OO파출소에 위치하면서 사건에 대한 수사지휘를 하였고, 현장에는 총기를 소지한 수사과 형사들을 요소에 배치하여 범인이 수시로 약속장소를 바꾸는 것에 대하여 아버지의 차량에 동승한 경찰들에게 연락을 받아 상황을 유지하였고, 동시에 딸의 휴대폰 위치추적을 하여 범인의 위

1. 편의주의원칙

「경직법」 제2조 제7호에 따르면 경찰은 공공의 안녕과 질서 유지의 직무를 수행한다. 즉 경찰은 공공의 안녕이나 질서를 위협하는 위험으로부터 개인과 공동체를 보호하고, (이미 발생한) 장해를 제거하는 직무를 수행한다. 그러나 **경찰이 위험방지의 직무를 수행한다는 사실에서 경찰은 위험방지조치를 취해야 할 의무가 있다는 결론이 곧바로 도출될 수는 없다.**[214] 「경직법」 제2조 제7호는 위험방지의 직무가 경찰에게 귀속됨을 규율하고 있을 뿐이다. 「경직법」 제2조 제7호는 위험방지의 직무를 경찰에게 귀속시키고 있지만, 직무수행의 여부와 방식에 대해서는 함구(緘口)하고 있다.

한편 경직법상의 개괄적 수권조항은 공공의 안녕이나 공공의 질서에 대한 위험 또는 장해가 존재하는 경우 경찰에게 위해방지에 필요한 조치를 수권한다. 이 경우 경직법상의 개괄적 수권조항의 요건은 두 부분으로 구성되어 있다. 즉 보호법익(공공의 안녕 또는 공공의 질서)과 이러한 보호법익에 대한 위험 또는 장해가 바로 그것이다. 이러한 두 가지 요건이 충족된 경우 경찰은 위해방지에 필요한 조치를 취할 수 있다. 그러나 이 경우에도 경찰은 위해방지조치를 취할 수 있지만, 반드시 취해야 하는 것은 아니다. 즉 **개괄적 수권조항의 요건이 충족된 경우에도 경찰은 위해방지조치를 취해야 할 의무는 없다.**

경직법상의 권한규정은 직무할당을 전제로 경찰이 직무를 수행함에 있

치를 대강 파악하였으며, 실제로 아버지와 범인의 격투가 벌어진 장소에도 목포 방면으로 약 290m 지점, 일로 방면으로 약 300m 지점에 각각 경찰들(매복조)이 전방 · 후방으로 매복하고 있었다.

213) 대법원 2007. 10. 25. 선고 2005다23438 판결.

214) 다른 견해로는 Knemeyer, Der Schutz der Allgemeinheit und der individuellen Rechte durch die polizei- und ordnungsrechtlichen Handlungsvollmachten der Exekutive, VVDStRL 35 (1977), 221 (236 ff.).

어서 필요한 권한을 규정하고 있지만, 직무를 수행해야 할 법적 의무를 규정하고 있지는 않다. 위험방지조치에는 이른바 **편의주의원칙**(Opportunitätsprinzip)이 적용된다. 바로 이 점에서 위험방지조치는 범죄수사조치와 구별된다. 즉 위험방지조치에는 편의주의원칙이 적용되는 반면, 범죄수사조치에는 **합법주의원칙**(Legalitätsprinzip)이 적용된다는 점에서 양자는 구별된다. 범죄수사조치에는 합법주의원칙이 적용되는 결과 경찰은 범죄의 혐의가 있다고 사료하는 때에는 범인, 범죄사실과 증거를 수사해야 하고, 실체적 진실을 규명해야 할 **의무**가 있다.[215)]

경찰관직무집행법 제5조(위험발생의 방지) ① 경찰관은 사람의 생명 또는 신체에 위해를 끼치거나 재산에 중대한 손해를 끼칠 우려가 있는 천재, 사변, 인공구조물의 파손이나 붕괴, 교통사고, 위험물의 폭발, 위험한 동물 등의 출현, 극도의 혼잡, 그 밖의 위험한 사태가 있을 때에는 다음 각 호의 조치를 할 수 있다.

형사소송법 제197조(사법경찰관리) ① 경무관, 총경, 경정, 경감, 경위는 사법경찰관으로서 범죄의 혐의가 있다고 사료하는 때에는 범인, 범죄사실과 증거를 수사한다.

위험방지조치에 **편의주의원칙**이 적용된다는 것은 법이론적으로 위험방지조치는 경찰의 **재량**에 속함을 의미한다. 이것은 법문에 명확히 표현되어 있다. 즉 개괄적 수권조항은 효과부분에 "~하여야 한다" 또는 "~ 할 의무가 있다"가 아니라, "~ 할 수 있다"는 표현을 사용하고 있다. 규범구조적 측면에서 보았을 때 개별적 수권조항(특별경찰법상의 개별적 수권조항과 일반경찰법상의 개별적 수권조항)에 따른 위험방지조치에도 동일한 것이 적용된다.[216)] 해당 규정을 살펴보면 경찰에게 재량을 부여하고 있음을 알 수가 있다. 이러한 이유로 이하에서 개괄적 수권조항과 관련하여 기술되는 재량이론은 개별적 수권조항에도 유용할 수 있다.

215) 같은 견해로는 홍정선, 경찰행정법, 박영사, 2013, 81쪽.

216) 손재영, "편의주의원칙과 경찰의 재량", 법과정책 제17집 제2호, 2011, 192쪽.

2. 경찰의 재량

(1) 재량의 종류

공공의 안녕 또는 공공의 질서에 대한 위험 또는 장해가 존재하는 경우 경찰은 개입할 것인지 만일 개입한다면 어떻게 개입할 것인지에 관하여 결정을 내려야 한다. 이러한 점에서 위험방지와 관련하여 경찰에게 인정되는 재량은 두 가지이다. 즉 경찰작용을 할 것인지 여부(Ob)에 관한 **결정재량**과 어떻게(Wie) 할 것인지에 관한 **선택재량**이 바로 그것이다. 경찰은 먼저 개입 여부에 관한 결정을 내려야 한다. 그리고 개입결정을 내린 경우에는 어떻게 개입할 것인지(예: 개입의 종류, 방식, 시점, 범위)에 관하여 결정을 내려야 한다.[217] 결정재량과 선택재량은 동일한 법적 구속 하에 있고, 그 준수 여부는 법원에 의하여 통제될 수 있다(「행정소송법」 제27조).

1) 결정재량

(가) 이른바 무관용경찰활동[218]

경찰은 결정재량의 범위 내에서 위해방지조치를 취할 것인지 여부를 결정해야 한다. (전술한) 편의주의원칙은 이에 관한 결정을 경찰에게 맡기고 있다. 이 경우 공공의 안녕이나 공공의 질서에 대한 위험 또는 장해가

---

217) v. Mutius, Die Generalklausel im Polizei- und Ordnungsrecht, Jura 1986, 649 (656).

218) "무관용경찰활동"(Zero Tolerance Policing)이란 사소한 위법행위도 엄격하게 처벌하는 경찰활동을 의미한다. 이러한 경찰활동은 깨진 유리창을 방치하게 되면 나중에는 그 일대의 도시가 무법천지로 전락하게 된다는 "깨진 유리창 이론"(Broken Window Theory)에 입각하고 있다. 깨진 유리창 이론은 낙서·유리창 파손 등 경미한 범죄를 방치하게 되면 더 큰 범죄로 이어진다는 범죄심리학 이론이다. 깨진 유리창을 방치하는 것은 곧 법질서의 부재를 반증하고 잠재적인 범법자를 부추기는 결과를 초래하기 때문에 지하철무임승차 등과 같은 경범죄부터 발본색원(拔本塞源)해야만 치안이 확립될 수 있다고 한다.

존재하는 경우에도 경찰이 개입하지 않는 것이 적법할 수 있다. 이러한 이유로 **무관용원칙**(zero tolerance) **또는 불법필벌(不法必罰)의 모토에 따라 경미한 법질서 위반에 대해서도 개입과 엄벌을 요구하는 경찰의 정책은 허용되지 않는다.**[219] 왜냐하면 모든 법질서 위반에 대하여 개입하라는 요구는 사실상 **편의주의원칙**의 포기로 나아갈 뿐만 아니라[220] **과잉금지원칙**이 경찰작용에 설정하고 있는 헌법적 한계와도 일치될 수 없기 때문이다.[221] 그러나 경찰에게는 원칙적으로 재량이 인정됨에도 불구하고 경찰의 재량은 개별사례에서 오로지 개입하는 것만이 적법한 것이 될 정도로 수축될 수 있다.

(나) 재량의 영(zero)으로의 수축

사실 공공의 안녕이나 공공의 질서에 대한 위험 또는 장해가 존재함에도 불구하고 경찰은 위해방지조치를 취하지 않을 수 있지만, 경찰이 위해방지조치를 취하지 않으면 종종 하자 있는 재량행사가 될 수 있다. 즉 경찰의 재량은 개별사례에서 경찰이 위해방지조치를 취하지 않으면 위법하게 되고, (오로지) 위해방지조치를 취하는 것만이 적법한 것으로 여겨질 정도로 수축될 수 있다. 이러한 **재량의 영**(zero)**으로의 수축**은 공공의 안녕이나 공공의 질서에 대한 위험 또는 장해가 이른바 "**수인 가능한 유해성의 한계**"(Schädlichkeitsgrenze)를 넘는 경우 존재한다. 그러나 여기서 **수인 가능한 유해성이 언제 그 한계를 유월하는지, 환언하면 경찰의 부작위가 언제 과소보호금지원칙에 위반되는지**가 문제되는바, 수인 가능한 유해성이 그 한계를 넘었는지 여부는 우선적으로 위협받고 있는 **법익의 중요성**과 **위험의 정도**(위험의 정도가 높으면 높을수록 재량도 축소된다) 그리고 **경**

219) 이에 관해서는 또한 Erbel, Öffentliche Sicherheit und Ordnung, DVBl 2001, 1714 (1722); Dolderer, Verfassungsfragen der "Sicherheit durch Null-Toleranz", NVwZ 2001, 113 ff.

220) 같은 견해로는 이기춘, "깨어진 창이론(Broken-Window-Theory)과 무관용경찰활동(Zero-Tolerance-Policing)의 경찰법적 문제점에 관한 고찰", 토지공법연구 제34집, 2006, 182쪽.

221) 같은 견해로는 Schenke, Polizei- und Ordnungsrecht, 2023, Rn. 113.

찰작용과 결부된 리스크에 비추어 판단되어야 한다. 또한 재량행사와 관련하여 경찰의 개입에 **과중한 부담**이 요구되는지 그리고 경찰이 다른 의무를 위반하지 않고서도 개입할 수 있는지의 관점도 중요하다. 나아가 경찰개입이 요구되는 위법행위가 처벌 가능한 범죄인지 그리고 그 범죄가 친고죄라면 형사고소가 있었는지의 문제도 중요할 수 있다.[222)]

개인의 생명, 신체 또는 건강[223)]과 같이 특별히 중요한 법익이 위협받고 있는 경우에는 경찰에게 개입의무가 존재한다. 이에 따라 [사례 6] <김제 트랙터 방치 사건>에서와 같이 경찰이 농민들의 시위를 진압하고 시위과정에서 도로상에 방치되어 있던 트랙터 1대를 도로 밖으로 옮기거나 이것이 어려우면 야간에 다른 차량에 의한 추돌사고를 방지하기 위하여 트랙터 후방에 안전표지판을 설치하는 것과 같은 「경직법」 제5조가 규정하고 있는 위험발생방지조치를 취해야 할 법적 의무가 있음에도 불구하고 트랙터가 무거워 옮기지 못한다는 등의 이유로 아무런 사고예방조치도 취하지 아니한 채 그대로 방치하고 철수해 버린 결과 야간에 그 도로를 진행하던 운전자가 방치된 트랙터를 피하려다 다른 트랙터에 부딪혀 상해를 입었다면 경찰의 부작위는 위법을 면하지 못한다.[224)]

반면 [사례 7] <집주인 살해 사건>에서와 같이 파출소 경찰관들이 피해자의 신고에 따라 세입자 '병'을 데려가 정신병원에 입원시키는 등 「경직법」 제4조가 정한 긴급구호 등의 조치를 취하고, '병'이 퇴원하자 그로 하여금 정신병원에 입원하여 장기치료를 받는 데에 도움이 되도록 생활보호대상자로의 지정 의뢰를 하는 등 그 나름의 조치를 한 이상, 설령 경찰관들이 '병'에 의한 범행의 가능성을 막을 수 있는 다른 조치를 취하지 못하였다 하더라도, 이것을 두고 현저하게 불합리한 긴급구호권한의 불행사

222) Schenke, Polizei- und Ordnungsrecht, 2023, Rn. 114.

223) 물론 결정재량은 개인의 생명, 신체 또는 건강과 같이 특별히 높은 가치를 갖는 법익이 침해될 우려가 있는 경우에만 제한되는 것은 아니다. 재산에 대한 위험 또는 장해도 경찰의 재량을 축소시킨다. 이에 따라 경찰의 개입의무는 중요한 재산적 가치가 있는 법익이 침해될 우려가 있는 경우에도 존재한다.

224) 대법원 1998. 8. 25. 선고 98다16890 판결.

로서 법령에 위반된다고 보기는 어렵다. 왜냐하면 정신병원에의 장기입원이나 사회로부터의 장기격리와 같은 조치는 「경직법」이 정하고 있는 경찰관의 권한을 이미 넘어서는 것이고, 또한 경찰관들이 '병'에 의한 범행의 가능성을 차단하기 위하여 할 수 있는 다른 적절한 방법이 없는데다가, 무엇보다 '병'이 살인범행에 앞서 피해자의 집에서 나가기까지 생명침해에 대한 구체적 위험이 객관적으로 존재한다고 보기 어렵기 때문이다. 또한 경찰관들이 그러한 위험을 알았거나 알 수 있었다고 할 수도 없다. 따라서 [사례 7] <집주인 살해 사건>에서 경찰관들의 행위는 법령상 의무에 위배되는 행위라거나 재량권 행사가 현저히 합리성을 결하여 사회적 타당성이 없다고 인정될 정도로 재량권의 한계를 넘은 행위로 평가될 수 없다.[225)]

최근 학설은 경찰의 개입의무가 인정되는 범위를 더욱 확대시킴으로써 경찰의 재량을 축소시키려는 경향에 있지만, 이러한 경향은 곧 반대에 부딪치게 될 것이다. 왜냐하면 입법자가 경찰에게 원칙적 개입의무를 인정하고자 하였다면 재량규정("경찰은 ~할 수 있다")이 아니라 마땅히 기속규정("경찰은 ~ 하여야 한다")을 두었어야 했을 것이기 때문이다.

2) 선택재량

만일 경찰이 위해방지를 위하여 개입하기로 결정하였다면 다음으로 **위해방지의 종류와 방식, 시점, 범위를 정하는 것이 중요**하다. 이 경우 경찰은 적법하고 타당한 그리고 합목적적인 선택을 하여야 한다. 즉 경찰에게는 선택재량이 부여된다. 이러한 선택재량은 특히 **수단의 선택**(위험방지의 목적달성을 위한 경찰조치가 다수 존재하는 경우)과 **경찰책임자의 선택**(위험상황에 대하여 책임 있는 사람이 다수 존재하는 경우)에 적용된다.

(가) 수단의 선택

수단의 선택과 관련하여 개괄적 수권조항은 간결하게 "위해를 방지하기 위하여 필요하다고 인정되는 조치"를 할 수 있음을 규정하고 있다. "위

225) 대법원 1996. 10. 25. 선고 95다45927 판결.

해를 방지하기 위하여 필요하다고 인정되는 조치"가 구체적으로 무엇을 의미하는지는 개별사례에 따라 판단되어야 한다. 물론 **과잉금지원칙으로부터는 일정한 한계가 도출될 수 있다**. 이에 따라 경찰의 조치가 위해방지라는 목적달성에 부적합하거나(적합성원칙에 반하는 조치), 필요한 한도 이상으로 행하여지거나(필요성원칙에 반하는 조치) 또는 위해방지의 이익보다 상대방이 받는 불이익이 더 크다면(상당성원칙에 반하는 조치), 그러한 조치는 "위해를 방지하기 위하여 필요하다고 인정되는 조치"라고 할 수 없다.

(나) 다수 경찰책임자 간의 선택

a) 의 의

다수인이 하나의 위험상황에 대하여 경찰책임을 지는 경우가 종종 있다. 동일한 시점에서 한 사람은 행위책임을, 다른 사람은 상태책임을 부담하는 경우가 존재할 수 있으며, 다수의 행위책임자나 다수의 상태책임자가 존재하는 경우도 생각해 볼 수 있다. 나아가 이중책임자(한 사람이 행위책임자이면서 동시에 상태책임자인 경우)가 다른 행위책임자나 상태책임자와 경합하는 경우도 존재할 수 있다.

b) 재량행사의 기준으로서 위험방지의 효율성

문헌에서는 다수인이 경찰상의 위험에 대하여 전적으로 책임이 있다면 경찰은 모든 경찰책임자에게 경찰권을 행사할 수 있는지 아니면 경찰의 선택재량은 제한될 수 있는지의 문제가 논의되고 있다. 이러한 문제는 특히 위험상황이 행위책임자뿐만 아니라 상태책임자에 의해서도 야기되는 경우 논의되고 있다. **하나의 위험상황이 다수의 경찰책임자에 의하여 야기되는 경우 경찰은 누구에게 경찰권을 행사하여야 하는가?** 사실 「경직법」에는 경찰책임자 선택의 명확한 기준이 규정되어 있지 않다. 그렇다고 경찰에게 무제한적 선택재량이 인정되는 것은 아니다. 법치국가에서 경찰의 재량은 법적 기속 하에 놓여 있다(「행정기본법」 제21조와 「행정소송법」 제27조 참조). 경찰책임자의 선택은 경찰의 재량에 속하지만, 경찰은 경찰권을 의무에 적합한 재량에 따라 행사하여야 한다. 경찰책임자의 선택과 관련하여서는 (무엇보다) **위험방지의 효율성**이라는 관점에 중요한 의미가 부여된다. 즉 **경찰은 위험상황을 가장 신속하고 효과적으로 제거할 수 있는 경찰책임자에게 경찰권을 행사하여야 한다.**226) 대체로 시간적 · 장소적으로 위험상황에 가장 근접한 사람이 경찰권 행사의 대상이 된다. 이에 반하여 최근 일부 문헌227)에서 받아들여지고 있는 견해, 즉 '경찰은 원칙적으로 상태책임자보다 행위책임자에게 우선적으로 경찰권을 행사하여야 한다'는 견해는 비록 이것이 국민의 일반적인 법감정에는 부합하는 견해일지 모르나 견지될 수 없는 견해이다. 왜냐하면 법률에서 이러한 우선관계가 도출될 수 없을 뿐만 아니라, 설령 개별사례에서 행위책임자가 상태책임자보다 우선적으로 선택되어야 한다면 그 이유는 과잉금지원칙 때문이지, 일부 문헌에서의 주장과 같이 경찰은 원칙적으로 상태책임자보다 행위책임자에게 우선적으로 경찰권을 행사하여야 한다는 원칙 때문이 아니기 때문이다(이에 관하여 보다 자세한 것은 본서 제3장 제6절 다수의 경찰책임자 부분을 보기 바람).

(2) 무하자재량행사청구권

경찰은 결정재량과 선택재량을 행사함에 있어서 하자 없는 재량을 행사해야 할 의무가 있기 때문에, 경찰이 재량행사에 적용되는 법원칙을 위반하여 개인에게 위해방지조치를 취한다면 그러한 위해방지조치는 개인의 권리를 침해하게 된다. 이러한 문제는 제3자가 경찰작용을 요구할 수 있는 청구권을 갖는지 만일 갖는다면 어느 정도 갖는지의 문제와 구별되어야 한다. 예전의 지배적인 견해는 경찰작용은 단지 공익의 보호에만 그 목적이 있기 때문에 경찰작용에 대한 주관적 권리는 인정될 수 없다고 보았다. 하지만 헌법상의 기본권 목록에도 잘 나타나 있듯이 국가에 대한 국민의 지위는 변화하였고, 그 결과 오늘날의 지배적인 견해는 개인적 법익에 대

226) Garbe, Die Störerauswahl und das Gebot der gerechten Lastenverteilung, DÖV 1998, 632 ff.; Gorning/Hokema, Störerauswahl – VGH München, NVwZ 2001, 458, JuS 2002, 21 (22 f.).

227) 예컨대 Rasch, Allgemeines Polizei- und Ordnungsrecht, 1982, § 5 MEPolG Rn. 21; VGH München, BayVBl. 1979, 307 (309)가 바로 그러하다.

한 침해로부터 공공의 안녕이나 공공의 질서에 대한 위험 또는 장해가 발생하는 경우에는 주관적 권리를 인정하고 있다. 무엇보다 국가의 기본권 보호의무를 통하여 그러한 주관화가 나타났다. 이에 따라 **개인은 경찰개입에 관하여 하자 없는 재량결정을 내려 줄 것을 요구할 수 있는 청구권, 즉 무하자재량행사청구권**(Anspruch auf ermessensfehlerfreie Entscheidung)(**형식적 · 주관적 공권으로서 무하자재량행사청구권**)**을 가지며, 심지어 재량이 영**(zero)**으로 수축하는 경우에는 경찰작용을 요구할 수 있는 청구권, 즉 경찰개입청구권**(Aanspruch auf polizeiliches Einschreiten)(**실질적 · 주관적 공권으로서 경찰개입청구권**)**을 갖는다.** 예를 들어 정당집회의 참가자에게는 반대집회 참가자에 의한 폭력으로부터 경찰의 보호를 요청할 수 있는 청구권이 인정된다. 만일 경찰이 사설경비업체의 투입가능성을 고려하여 개인보호를 원칙적으로 거부한다면 경찰의 거부는 하자 있는 재량행사로 간주될 수 있다.[228)]

3. 재량권의 한계와 재량하자

(1) 재량권의 한계

법률이 경찰에게 재량을 부여하고 있다고 해서 경찰은 위험상황에 개입할 것인지 만일 개입한다면 어떻게 개입할 것인지를 자유롭게 결정할 수 있음을 의미하지 않는다. 법질서 하에서 자유재량이란 존재하지 않는다. 경찰은 재량을 행사해야 하고,[229)] 재량을 행사함에 있어서는 그 한계를 준수하여야 한다. 「**행정기본법**」 **제21조는 "행정청은 재량이 있는 처분을 할 때에는 관련 이익을 정당하게 형량하여야 하며, 그 재량권의 범위를 넘어서는 아니 된다."고 규정하는 한편,** 「**행정소송법**」 **제27조는 "행정청의 재량에 속하는 처분이라도 재량권의 한계를 넘거나 그 남용이 있는 때에는**

228) Schenke, Polizei- und Ordnungsrecht, 2023, Rn. 118.
229) 물론 이것이 경찰은 위험상황에 반드시 개입해야 함을 의미하는 것은 아니라는 점에 유의하여야 한다.

법원은 이를 취소할 수 있다"고 규정하고 있다. 이에 따라 경찰에게 재량이 부여되는 경우에도 재량은 일정한 한계 내에서 행사되어야 하며, 경찰의 재량행사가 그 한계를 넘은 경우에는 위법한 재량행사가 되어 법원에 의하여 취소될 수 있다. **반면 경찰이 재량권의 한계 내에서 재량을 행사한 경우에는 설령 경찰의 재량행사가 부당하더라도 법원은 이를 취소할 수 없다.** 경찰에게 허용된 재량권의 한계 내에서 행하여진 행위는 적법하고, 이 경우 법원은 경찰의 재량행사를 그 자체로서 존중하여야 한다. 특히 법원은 재량행위의 합목적성 내지 부당성에 관하여 판결을 내려서는 아니 된다. 왜냐하면 경찰에게 허용된 재량권의 한계 내에서 행사되었지만, 합목적적이지 못한 행위, 즉 부당한 재량행위는 위법성이 결여되어 있기 때문이다. 물론 경찰의 부당한 재량행위는 행정의 자기통제절차인 행정심판절차에서 취소 또는 변경될 수 있다.

(2) 부당한 재량처분

현행법은 재량처분의 경우 부당한 처분과 위법한 처분으로 구분하여 규율하고 있다. 이 점은 「행정심판법」 제1조와 제5조 제1호에 잘 나타나 있다. 특히 「행정심판법」 제5조 제1호는 취소심판을 "행정청의 위법 또는 부당한 처분을 취소하거나 변경하는 행정심판"으로 규정하고 있는바, 이로써 취소심판을 통해서는 행정청의 위법한 재량처분은 물론 부당한 재량처분까지도 취소 또는 변경될 수 있다. 행정심판은 처분의 합법성과 합목적성을 행정권 스스로 확보하려는 자율적 통제에 그 중점이 놓여 있다. 이러한 점에서 행정심판은 오로지 위법한 처분만을 그 대상으로 하고 행정의 합법성보장에 그 중점이 놓여 있는 행정소송과 구별된다.

행정심판법

제1조(목적) 이 법은 행정심판 절차를 통하여 행정청의 위법 또는 부당한 처분이나 부작위로 침해된 국민의 권리 또는 이익을 구제하고, 아울러 행정의 적정한 운영을

꾀함을 목적으로 한다.

제5조(행정심판의 종류) 행정심판의 종류는 다음 각 호와 같다.

1. 취소심판: 행정청의 위법 또는 부당한 처분을 취소하거나 변경하는 행정심판

행정소송법

제1조(목적) 이 법은 행정소송절차를 통하여 행정청의 위법한 처분 그 밖에 공권력의 행사·불행사 등으로 인한 국민의 권리 또는 이익의 침해를 구제하고, 공법상의 권리관계 또는 법적용에 관한 다툼을 적정하게 해결함을 목적으로 한다.

제4조(항고소송) 항고소송은 다음과 같이 구분한다.

1. 취소소송: 행정청의 위법한 처분 등을 취소 또는 변경하는 소송

그러나 문제는 행정심판의 대상이 되는 "부당한" 재량처분은 언제 존재하는가 하는 점이다. 즉 **행정소송을 통해서는 구제될 수 없지만, 행정심판을 통해서는 구제될 수 있는 행정청의 부당한 재량처분은 언제 존재하는가** 하는 점이다. 개념적으로 부당한 재량처분은 행정청이 재량을 행사함에 있어서 다소 그르치게 행사하였으나 재량권의 한계를 벗어나지는 않은 경우에 존재한다. 환언하면 부당한 재량처분은 행정청의 재량처분이 재량권의 한계 내에서 행해졌기 때문에 합법적이지만, 다소 그르친 재량행사로 말미암아 합목적적이지 못하게 된 경우에 존재한다(아래 [표 2-13]에서 짙은 색으로 표시된 부분이 바로 그러하다).

표 2-12 재량권의 한계와 재량하자

적 법		위 법	
정 당	부 당	취 소	무 효
	행정심판을 통해 구제가능	행정심판 또는 행정소송을 통해 구제가능	

⇧

재량권의 한계

부당한 재량처분의 예로서는 운전면허를 발급받은 사람이 운전면허 취소기준치(혈중 알코올농도 0.08%)를 약간 넘은 술에 취한 상태에서 자동차를 운전하였지만, 운전면허를 취득한 이래 오랫동안 사고 없이 운전을 하여 왔고 음주운전으로 아무런 인적 · 물적 피해가 발생하지 않았으며, 나아가 운전자에게 운전은 생계에 직결되어 있어 운전을 하지 않으면 아니 되는 상황임에도 관할행정청이 운전자의 운전면허를 취소하는 경우를 생각해 볼 수 있다(이에 관해서는 [해설 4] <음주운전 면허취소 사건>).

(3) 위법한 재량처분

경찰은 자신에게 부여된 재량을 인식하고, 구체적인 사례에서 법적 하자 없이 재량을 행사하여야 한다. 경찰의 재량행사가 그 한계를 넘은 경우에는 위법한 재량행사가 되어 법원에 의하여 취소될 수 있다. 과거 일부 문헌[230]에서 개진된 '경찰의 재량행사는 완전한 사법심사를 받을 수 있어야 한다'는 견해는 권력분립원칙에 의하여 보장되는 행정의 독자적 관할과 그에 상응하는 사법의 본질적 한계를 충분히 고려하지 못한 견해로 평가될 수 있다.[231] 법원은 재량 통제에 일반적으로 적용되는 법원칙에 의거하여 경찰에 의한 재량행사가 그 한계를 넘었는지에 대해서만 통제할 수 있다. 이에 따라 법원은 경찰이 법률에 의하여 부여받은 재량을 전혀 행사하지 않았는지(**재량의 불행사**), 재량을 일탈하였는지(**재량의 일탈**) 또는 재량을 부여한 수권 법률의 목적 · 취지에 부합하지 않는 방식으로 재량을 행사하였는지(**재량의 남용**)에 대해서만 통제할 수 있다.

1) 재량의 불행사

재량의 불행사는 재량행사의 의무가 있음에도 불구하고 경찰이 법률에 의하여 부여된 재량을 전혀 행사하지 않은 경우에 존재한다. 경찰은 자신에게 재량(결정재량과 선택재량)이 부여되어 있음을 인식해야 하고, 권한행

230) H. H. Rupp, Ermessensspielraum und Rechtsstaatlichkeit, NJW 1969, 1273 ff.
231) Schenke, Polizei- und Ordnungsrecht, 2023, Rn. 118.

사의 여부와 그 방식에 관한 재량을 행사해야 한다. 만일 경찰이 이러한 요구를 따르지 않는다면 재량의 불행사가 존재하게 된다.[232]

재량의 불행사는 무엇보다 경찰이 경찰법상 수권조항의 요건이 존재한다는 사실을 전혀 인식하지 못한 경우에 존재한다. 이것은 특히 경찰이 **사실의 착오**나 **법률의 착오**를 한 나머지 공공의 안녕에 대한 위험이 존재하고, 재량에 따라 조치를 취할 수 있음을 전혀 인식하지 못한 경우에 인정될 수 있다. 최근 개정된 동물보호법령에 따르면 맹견소유자는 맹견을 동반하고 외출할 때에는 맹견에게 목줄과 입마개를 착용시켜야 하며(「동물보호법」 제21조 제1항 제2호), 맹견소유자가 이를 위반하여 안전조치를 취하지 아니할 때에는 300만 원 이하의 과태료에 처해지게 된다(「동물보호법」 제101조 제2항 제2호). 여기서 "맹견"이란 「동물보호법」 제2조 제5호에 따르면 가. 도사견, 핏불 테리어, 로트와일러 등 사람의 생명이나 신체에 위해를 가할 우려가 있는 개로서 농림축산식품부령으로 정하는 개와 나. 사람의 생명이나 신체 또는 동물에 위해를 가할 우려가 있어 제24조 제3항에 따라 시 · 도지사가 맹견으로 지정한 개를 의미하며, 이 경우 농림축산식품부령인 「동물보호법 시행규칙」 제2조는 「동물보호법」 제2조 제5호 가목에 따른 맹견을 다음과 같이 규정하고 있다.

「동물보호법」

제2조(정의) 이 법에서 사용하는 용어의 뜻은 다음과 같다.

5. "맹견"이란 다음 각 목의 어느 하나에 해당하는 개를 말한다.

가. 도사견, 핏불테리어, 로트와일러 등 사람의 생명이나 신체 또는 동물에 위해를 가할 우려가 있는 개로서 농림축산식품부령으로 정하는 개

나. 사람의 생명이나 신체 또는 동물에 위해를 가할 우려가 있어 제24조 제3항에 따라 시 · 도지사가 맹견으로 지정한 개

---

232) Schoch, Grundfälle zum Polizei- und Ordnungsrecht, JuS 1994, 756.

「**동물보호법 시행규칙**」

제2조(맹견의 범위)「동물보호법」제2조 제5호 가목에 따른 “농림축산식품부령으로 정하는 개”란 다음 각 호를 말한다.

1. 도사견과 그 잡종의 개
2. 핏불테리어(아메리칸 핏불테리어를 포함한다)와 그 잡종의 개
3. 아메리칸 스태퍼드셔 테리어와 그 잡종의 개
4. 스태퍼드셔 불 테리어와 그 잡종의 개
5. 로트와일러와 그 잡종의 개

이러한 규정에도 불구하고 만일 경찰이 개의 품종을 잘못 알았거나 개의 품종은 알았지만, 그 품종이 동물보호법령에 규정된 맹견의 종류에 해당한다는 사실을 알지 못한 나머지 (맹견에게 목줄과 입마개를 착용시키지 않은 채 거리를 활보하고 있는) 맹견소유자에게 위해방지에 필요한 조치를 취하지 않았다면 재량의 불행사가 존재하게 된다.

또한 재량의 불행사는 경찰에게 재량이 주어져 있음에도 불구하고, 행위를 할 의무가 있다고 오인하였거나 재량행사에 요구되는 복수행위 간의 선택을 전혀 하지 않은 경우에도 존재한다. 예를 들어 「도로교통법」 제93조 제1항에 따르면 시 · 도 경찰청장은 운전면허를 발급받은 사람이 술에 취한 상태에서 자동차 등을 운전한 때에는 ① 운전면허를 취소하거나 ② 1년 이내의 범위에서 운전면허의 효력을 정지시킬 수 있음에도 불구하고, 자신에게 재량이 없다고 오인한 나머지 다른 처분(운전면허의 효력정지)을 전혀 고려하지 않은 채 운전면허 취소처분을 하였다면 이는 재량의 불행사로서 그 자체로 해당 처분을 취소하여야 할 위법사유가 된다.

판례

〈재량행위와 재량권 불행사〉

처분의 근거 법령이 행정청에 처분의 요건과 효과 판단에 일정한 재량을

부여하였는데도, 행정청이 자신에게 재량권이 없다고 오인한 나머지 처분으로 달성하려는 공익과 그로써 처분상대방이 입게 되는 불이익의 내용과 정도를 전혀 비교형량하지 않은 채 처분을 하였다면, 이는 재량권 불행사로서 그 자체로 재량권 일탈·남용으로 해당 처분을 취소하여야 할 위법사유가 된다.[233] 병무청장이 법무부장관에게 '가수 갑이 공연을 위하여 국외여행허가를 받고 출국한 후 미국 시민권을 취득함으로써 사실상 병역의무를 면탈하였다'는 이유로 입국 금지를 요청함에 따라 법무부장관이 갑의 입국금지결정을 하였는데, 갑이 재외공관의 장에게 재외동포(F-4) 체류자격의 사증발급을 신청하자 재외공관장이 처분이유를 기재한 사증발급 거부처분서를 작성해 주지 않은 채 갑의 아버지에게 전화로 사증발급이 불허되었다고 통보한 사안에서, 갑의 재외동포(F-4) 체류자격 사증발급 신청에 대하여 재외공관장이 6일 만에 한 사증발급 거부처분이 문서에 의한 처분 방식의 예외로 행정절차법 제24조 제1항단서에서 정한 '신속히 처리할 필요가 있거나 사안이 경미한 경우'에 해당한다고 볼 수도 없으므로 사증발급 거부처분에는 행정절차법 제24조 제1항을 위반한 하자가 있음에도, 외국인의 사증발급 신청에 대한 거부처분이 성질상 행정절차를 거치기 곤란하거나 불필요하다고 인정되는 처분에 해당하여 행정절차법의 적용이 배제된다고 판단하고, 재외공관장이 자신에게 주어진 재량권을 전혀 행사하지 않고 오로지 13년 7개월 전에 입국금지결정이 있었다는 이유만으로 그에 구속되어 사증발급 거부처분을 한 것이 비례의 원칙에 반하는 것인지 판단했어야 함에도, 입국금지결정에 따라 사증발급 거부처분을 한 것이 적법하다고 본 원심판단에 법리를 오해한 잘못이 있다(대법원 2019. 7. 11. 선고 2017두38874 판결: 스티브유 판결).

2) 재량의 일탈

재량의 일탈 또는 재량의 유월은 경찰이 법질서에 의하여 결과적으로

---

233) 대법원 2016. 8. 29. 선고 2014두45956 판결, 대법원 2017. 8. 29. 선고 2014두10691 판결 등 참조

거부된 결정을 내리는 경우 존재한다. 경찰작용을 위한 전제요건은 존재하지만, 개별사례에서 취해진 경찰의 조치가 수권규범에 의해 더 이상 허용되지 않는 경우, 즉 법률규정이 A · B · C 가운데 어느 하나를 선택할 수 있는 재량을 부여하고 있음에도 경찰이 D나 E와 같은 법률규정 밖의 것을 선택하는 경우가 바로 그러하다.[234] 예를 들어 (전술한) 운전면허를 발급받은 사람이 술에 취한 상태에서 운전을 한 경우 「도로교통법」 제93조 제1항에 따르면 1년 이내의 범위에서 운전면허의 효력을 정지시킬 수 있음에도 시 · 도 경찰청장이 1년 6개월의 운전면허 정지처분을 하는 경우를 생각해 볼 수 있다. 이 밖에도 **기본권에 대한 침해**는 재량의 일탈이라는 결과를 초래할 수 있다. 이와 관련하여서는 **과잉금지원칙과 평등원칙**에 특별한 의미가 부여된다. 사람의 생명, 신체, 건강 등과 같이 특별히 높은 가치를 갖는 법익이 위험하고, 수인 가능한 유해성이 그 한계를 유월하는 경우에는 **과소보호금지원칙**의 관점에서 재량의 일탈이 존재할 수 있다. 예를 들어 경찰이 이미 다수의 사람을 공격하여 상해를 입힌 전력이 있는 개의 위험성에 대하여 알고 있었지만, 그럼에도 불구하고 개의 소유자에게 아무런 조치(예: 입마개 착용명령)를 취하지 않은 경우가 바로 그러하다.

표 2-13 재량의 일탈

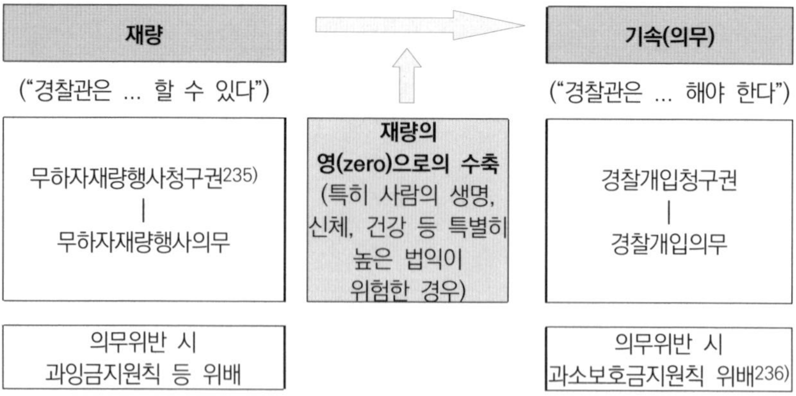

---

234) 김남진/김연태, 행정법 I, 법문사, 2006, 197쪽.

3) 재량의 남용

재량의 남용은 경찰이 재량을 행사함에 있어서 공익과 사익 등과 같이 본질적으로 중요한 관점을 고려하지 않은 경우나 위험방지의 관점에서 더 이상 허용되지 않는, 타당하지 않은 고려 하에 재량결정을 내리는 경우에 존재한다. 예를 들어 지역의 숙박업소를 지원하기 위하여 텐트야영을 금지시키는 경우[237]나 특정 정파의 집회를 금지시키는 경우[238]가 바로 그러하다.

---

235) 「행정기본법」 제21조는 "행정청은 재량이 있는 처분을 할 때에는 관련 이익을 정당하게 형량하여야 하며, 그 재량권의 범위를 넘어서는 아니 된다."고 규정하는 한편, 「행정소송법」 제27조는 "행정청의 재량에 속하는 처분이라도 재량권의 한계를 넘거나 그 남용이 있는 때에는 법원은 이를 취소할 수 있다."고 규정하고 있다. 이에 따라 경찰에게 재량이 부여되는 경우에도 경찰은 그 재량을 행사함에 있어서 일정한 한계 내에서 행사하여야 할 의무, 환언하면 하자 없는 재량행사를 해야 할 의무(무하자 재량행사 의무)가 있으며, 그 상대방은 경찰에 대하여 하자 없는 재량행사를 요구할 수 있는 권리, 즉 무하자재량행사청구권를 갖는다.

236) 경찰법상의 수권규정은 "경찰관은 ~ 할 수 있다"는 이른바 가능규정형식을 통해 경찰관에게 폭넓은 재량을 부여하고 있다. 이에 따라 공공의 안녕이나 공공의 질서에 대한 위험 또는 장해가 존재함에도 불구하고 경찰관은 위해방지조치를 취하지 않을 수 있다. 그러나 경찰관이 위해방지조치를 취하지 않으면 종종 하자 있는 재량행사가 될 수 있다. 즉 경찰관의 재량은 개별사례에서 오로지 위해방지조치를 취하는 것만이 적법한 조치로 여겨질 만큼 수축될 수 있다. 이러한 재량의 영(zero)으로의 수축은 특히 사람의 생명, 신체 또는 건강과 같이 특별히 높은 법익이 위험한 경우에 존재한다. 재량이 영으로 수축되는 경우 경찰관의 재량은 기속(의무)으로 변하게 된다. 즉 개인의 생명, 신체 또는 건강과 같이 특별히 중요한 법익이 위협받고 있는 경우에는 일반적으로 경찰관에게 개입의무가 존재하므로, 경찰관은 위해방지조치를 취해야 한다. 그러나 이러한 개입의무에도 불구하고 만일 경찰관이 위해방지조치를 취하지 않는다면 경찰관의 부작위는 과소보호금지원칙에 위배되어 위법하게 된다.

237) Schenke, Polizei- und Ordnungsrecht, 2023, Rn. 112.

238) 정하중, 행정법개론, 법문사, 2020, 166쪽.

케이스 해설

해설 1 <불법건축물 양성화 사건>

경찰법상의 수권규정은 “경찰은 ~할 수 있다”는 이른바 가능규정형식을 통해 경찰에게 폭넓은 재량을 부여하고 있지만, 경찰의 재량은 개별사례에서 오로지 위해방지조치를 취하는 것만이 법적으로 하자 없는 재량행사로 여겨질 만큼 축소되는 경우가 있다. 이 경우에는 “재량의 영(zero)으로의 수축”이 존재한다. 재량의 영으로의 수축은 개인의 생명, 신체 또는 건강과 같이 특별히 중요한 법익에 대한 침해의 우려가 있는 경우에 존재한다. 재량이 영으로 수축되는 경우 경찰의 재량은 기속(의무)으로 변하게 된다. 즉 개인의 생명 · 신체 · 건강 등 특별히 중요한 법익에 대한 위험 또는 장해가 존재하여 재량이 영으로 수축되는 경우 경찰은 개입해야 할 의무가 있다. 만약 재량이 영으로 수축됨에도 불구하고 경찰이 개입하지 않기로 결정한다면 그러한 결정은 하자 있는 재량행위로서 위법하다. 그러나 사례에서는 재량의 영으로의 수축은 존재하지 않는다. 불법건축물 문제를 평화롭게 해결하기 위한 정치적 협상이 진행되고 있다는 점과 무허가 건물을 강제로 철거할 경우에는 마찰이 우려된다는 점을 고려할 때, 설령 경찰이 개입하지 않기로 결정하더라도 경찰의 결정은 적법할 수 있다. 물론 공공의 안녕에 대한 장해, 즉 타인의 사유지에 대한 무단점유가 계속되고 추후에 정치적 협상이 결렬될 경우에는 재량이 영으로 수축되는 결과가 초래될 수 있다.[239)]

해설 2 <검사임용 거부사건>

행정청이 재량을 행사할 때에 개인이 행정청에 대하여 하자 없는 재량행사를 요구할 수 있는 공권을 일컬어 “무하자재량행사청구권”이라고 한다. 종래 재량행정의 영역에서는 개인에게 공권이 인정될 수 없다는 것이 지배적인 견해였으나, 재량이론의 발전에 따라 행정청은 재량을 임의로 자유롭게 행사할 수 있는 것이 아니라, 일정한 한계 내에서 하자 없이 행사해야 할 의무가 있다는 인식이 관철되었다. 이러한 점은 무엇보다 「행정기본법」 제21조와 「행정소송법」 제27조에 명문화되어 있다. 이에 따라 행정청은 재량을 행사함에 있어서 하자 없는 재량행사를 해야 할 의무가 있으며, 그 상대방에게는 행정청에 대하여 하자 없는 재량행사를 요구할 수 있는 권리, 즉 무하자재량행사청구권이 인정된다. 문헌에서는 무하자재량행사청구권을 다른 여타의 공권과 구별하여 "형식적 공권"이라는 표현이 사용되고 있다. 무하자재량행사청구권과 다른 여타 공권과의 차이는 행정청이 그의 결정에 있어서 법에 완전히 기속되어 하나의 결정을 내려야만 하는지 아니면 재량이 주어지기 때문에 여러 개의 적법한 결정이 가능한지에 있다. 그러나 무하자재량행사청구권도 재량이 영(zero)으로 수축되는 경우에는 특정한 행위를 요구할 수 있는 청구권(실질적 공권으로서의 행정개입청구권)으로 변하게 된다. 사례에서 검사의 임용 여부는 임용권자인 법무부장관이 합목적성과 공익적합성의 기준에 따라 판단할 재량에 속하는 사항이다. 즉 임용권자가 검사신규임용의 기회에 '갑'을 비롯한 다수의 검사 지원자들로부터 임용신청을 받아 전형을 거쳐 자체적으로 정한 임용기준에 따라 이들 가운데 일부만을 선정하여 검사로 임용하는 경우, 임용권자가 임용여부에 관하여 어떤 내용의 응답을 할 것인지(임용 또는 임용거부)는 임용권자의 재량에 속하는 사항이다. 그러므로 임용권자가 일단 임용거부라는 응답을 한 이상, 설령 그 응답내용이 부당하더라도 사법심사의 대상으로 삼을 수 없는 것이 원칙이다. 그러나 「행정소송법」 제27조에 따라 행정청의 재량에 속하는 처분일지라도 재량권의 한계를 넘거나 그 남용이 있을 때에는 위법한 처분으로서 취소될 수 있으므로 적어도 재량권의 한계를 넘지 않는, 즉 위법하지 않은 응답을 할 의무가 임용권자에게 있고, 이에 대응하여 임용신청자로서도 재량의 일탈이나 남용이 없는 적법한 응답을 요구할 권리가 있다. 따라서 사례에서 법무부장관은 '갑'의 임용요구에 기속을 받아 '갑'을 검사로 임용해야 할 의무는 없고, '갑'도 임용을 요구할 권리는 없다. 그렇지만 법무부장관은 적어도 하자 없는 응답을 해야 할 의무가 있고, 이에 대응하여 '갑'도 하자 없는 응답을 요구할 권리(무하자재량행사청구권)를 갖는다.

판례

〈검사의 임용에 있어서 임용신청자에게 재량권의 한계 일탈이나 남용이 없는 적법한 응답을 요구할 권리가 있는지 여부〉

검사의 임용여부는 임용권자가 합목적성과 공익적합성의 기준에 따라 판단할 자유재량에 속하는 사항으로서 원고의 임용요구에 기속을 받아 원고를 임용하여야 할 의무는 없는 것이고, 원고로서도 자신의 임용을 요구할 권리가 있다고 할 수 없는 것이다. 그러나 이 사건과 같이 임용권자가 동일한 검사신규임용의 기회에 원고를 비롯한 다수의 검사지원자들로부터 임용신청을 받아 전형을 거쳐 자체에서 정한 임용기준에 따라 이들 중 일부만을 선정하여 검사로 임용하는 경우에 있어서, 법령상 검사임용신청 및 그 처리의 제도에 관한 명문규정이 없다고 하여도 조리상 임용권자는 임용신청자들에게 전형의 결과에 대한 응답, 즉 임용여부의 응답을 해줄 의무가 있다고 보아야 하고 원고로서는 그 임용신청에 대하여 임용여부의 응답을 받을 권리가 있다고 할 것이며, 응답할 것인지의 여부조차도 임용권자의 편의재량사항이라고는 할 수 없다(그러므로 아무런 응답이 없을 때에는 그 부작위의 위법확인을 소구할 수 있을 것이다). 그런데 (검사의 임용에 있어서) 임용권자가 임용여부에 관하여 어떠한 내용의 응답을 할 것인지는 앞에서 본 바와 같이 임용권자의 자유재량에 속하므로 일단 임용거부라는 응답을 한 이상 설사 그 응답내용이 부당하다고 하여도 사법심사의 대상으로 삼을 수 없는 것이 원칙이나, 다만 자유재량에 속하는 행위일지라도 재량권의 한계를 넘거나 남용이 있을 때에는 위법한 처분으로서 항고소송의 대상이 되는 것이므로(행정소송법 제27조), 적어도 이러한 재량권의 한계일탈이나 남용이 없는 위법하지 않은 응답을 할 의무가 임용권자에게 있고 이에 대응하여 원고(임용신청자)로서도 재량권의 한계일탈이나 남용이 없는 적법한 응답을 요구할 권리가 있다고 할 것이며, 원고는 이러한 응답신청권에 기하여 재량권남용의 위법한 거부처분에 대하여는 항고소송으로서 그 취소를 구할 수 있다고 보아야 한다(대법원 1991. 2. 12. 선고 90누5825).

해설 3 <빈집 노숙자 출몰 사건>

사례에서 경찰의 부작위는 위법하다. 왜냐하면 경찰은 보충성원칙을 잘못 이해한 나머지 여기서는 경찰개입을 위한 요건이 존재한다는 사실을 간과하였기 때문이다. 주거침입은 형법상의 범죄(｢형법｣ 제319조)에 해당하고, 또한 ‘갑’이 거주민을 상대로 민사소송을 제기하여 효과적인 권리구제를 받는 것도 가능하지 않기 때문에 사례에서는 경찰개입을 위한 요건인 “공공의 안녕”에 대한 위험이 존재한다. 그럼에도 불구하고 경찰은 보충성원칙을 잘못 이해한 나머지 이 점을 간과하였기 때문에 경찰의 부작위는 위법하다고 볼 수 있다. 게다가 중대한 법익침해가 존재하는 경우(사례에서의 주거침입죄의 경우가 바로 그러하다)에는 경찰의 결정재량은 영(zero)으로 수축될 수 있다. 재량이 영으로 수축되는 경우 경찰의 재량은 기속(의무)으로 변하게 된다. 따라서 사례에서 경찰은 개입할 의무가 있고, ‘갑’은 경찰에게 개입을 요구할 수 있는 청구권(경찰개입청구권)을 갖는다. 다만 경찰에게는 가장 적절한 개입시점을 선택할 수 있다는 의미에서의 선택재량이 부여된다. 따라서 사례에서 ‘갑’은 개입시점과 관련하여서는 하자 없는 재량행사를 요구할 수 있는 청구권을 갖는 데에 그친다.[240]

해설 4 <음주운전 면허취소 사건>

사례에서 ‘갑’에 대한 운전면허 취소처분은 부당한 재량처분으로 볼 수 있다. 사실 ‘갑’은 단속경찰관에게 적발되어 음주측정을 실시한 결과 혈중 알코올농도가 0.087%로 측정되었다. 이로써 ‘갑’은 운전면허 취소기준치(혈중 알코올농도 0.08%)를 넘은 주취상태에서 운전을 하였기 때문에, 설령 ○○경찰청장이 ‘갑’의 운전면허를 취소하더라도 운전면허 취소처분은 재량권의 한계를 벗어난 위법한 재량처분으로 볼 수 없다.[241] 오늘날 자동차가 급증하고 자동차운전면허도 대형으로 발급되어 교통상황이 날로 혼잡해져 감에 따라 교통법규를 엄격히 준수해야 할 필요성은 더욱 커지고 있다. 주취운전으로 인한 교통사고 역시 빈번하게 발생하고 그 결과가 참혹한 경우가 많아 주취운전을 엄격하게 단속하여야 할 필요성이 절실한 것이 사실이다. 그러나 사례에서 ‘갑’은 운전면허를 취득한 이래 10년 8개월 동안 사고 없이 운전을 해 왔고, ‘갑’의 음주운전으로 인하여 아무런 인적·물적 피해가 발생하지 않았으며, 나아가 ‘갑’에게 운전은 생계에 직결되어 있어 운전을 하지 않으면 아니 되는 상황임을 고려할 때, ‘갑’에 대한 ○○경찰청장의 운전면허 취소처분은 다소 가혹하다고 볼 여지가 있다. 즉 운전면허 취소처분을 통해 달성하려는 공익(교통사고발생의 큰 원인이 되는 음주운전을 방지하여 도로 교통의 안전 및 질서를 확립하고자 하는 공익)과 사건 당시 음주운전으로 아무런 인적 · 물적 피해도 야기하지 않은 '갑'이 운전면허 취소처분으로 인하여 입게 되는 불이익을 비교형량해 볼 때에 '갑'의 운전면허를 취소한 것은 다소 가혹하다고 볼 여지가 있다. 따라서 만일 '갑'이 운전면허 취소처분은 위법하다는 취지로 행정소송(취소소송)을 제기한다면 그 인용가능성은 낮지만,[242] '갑'이 운전면허 취소처분은 부당하다는 취지로 행정심판(취소심판)을 청구한다면 '갑'의 청구는 일부 인용되어 운전면허 정지처분으로 변경될 수 있다.

[사례 4] <음주운전 면허취소사건>의 기초가 된 사건애서 청구인(운전직사원)은 운전면허 취소처분을 110일의 운전면허 정지처분으로 변경을 구하는 행정심판을 청구하였고, 이에 대하여 중앙행정심판위원회는 청구인의 청구를 인용하는 재결을 하였다(중앙행정심판위원회 2009. 11. 3.자 200920028 재결). 또한 이와 유사한 사례에서 혈중 알코올농도 0.128%의 운전면허 취소기준치를 넘어 술에 취한 상태에서 원동기장치 자전거를 운전하였다는 이유로 운전면허가 취소된 청구인(운수업종사자)이 운전면허 취소처분의 취소를 구하는 행정심판을 청구하였는데, 중앙행정심판위원회는 "청구인은 운전면허 취소기준치를 넘어 술에 취한 상태에서 원동기장치 자전거를 운전한 사실이 분명하나, 운전면허를 취득한 이래 26년 3개월 동안 사고 없이 운전한 점, 이 사건 음주운전으로 아무런 피해가 발생하지 않은 점 등을 고려할 때 이 사건 처분은 다소 가혹하다"는 이유로 청구인의 청구를 일부 인용하여 운전면허 취소처분을 110일의 운전면허 정지처분으로 변경하는 재결을 하였다(중앙행정심판위원회 2007. 10. 9.자 200710645 재결).

해설 5 <김제 트랙터 방치 사건>

경찰법상의 수권규정은 "경찰관은 ~할 수 있다"는 이른바 가능규정형식을 통해 경찰관에게 폭넓은 재량을 부여하고 있다. 이에 따라 공공의 안녕이나 공공의 질서에 대한 위험 또는 장해가 존재함에도 불구하고 경찰관은 위해방지조치를 취하지 않을 수 있다. 그러나 경찰관이 위해방지조치를 취하지 않으면 종종 하자 있는 재량행사가 될 수 있다. 즉 경찰관의 재량은 개별사례에서 오로지 위해방지조치를 취하는 것만이 적법한 조치로 여겨질 만큼 수축될 수 있다. 이러한 재량의 영(zero)으로의 수축은 특히 개인의 생명, 신체 또는 건강과 같이 특별히 높은 법익이 위험한 경우에 존재한다. 재량이 영으로 수축되는 경우 경찰관의 재량은 기속(의무)으로 변하게 된다. 즉 개인의 생명, 신체 또는 건강과 같이 특별히 중요한 법익이 위협받고 있는 경우에는 일반적으로 경찰관에게 개입의무가 존재하므로 경찰관은 위해방지조치를 취해야 한다. 그러나 이러한 개입의무에도 불구하고 만일 경찰관이 위해방지조치를 취하지 않는다면 경찰관의 부작위는 과소보호금지원칙에 위배되어 위법하게 된다. 만일 타인에게 손해가 발생하였다면 국가에게는 경찰관의 직무상 불법행위로 인한 손해배상책임이 인정된다. <김제 트랙터 방치 사건>이 바로 그러하다. 즉 이 사건에서와 같이 경찰관들이 농민들의 시위를 진압하고 시위과정에서 도로상에 방치된 트랙터 1대를 도로 밖으로 옮기거나 이것이 어려우면 야간에 다른 차량에 의한 추돌사고를 방지하기 위하여 트랙터 후방에 안전표지판을 설치하는 등 「경직법」 제5조가 규정하는 위험발생방지의 조치를 취하여야 할 법적 의무가 있음에도 불구하고, 트랙터가 무거워 옮기지 못한다는 등의 이유로 아무런 사고예방조치도 취하지 아니한 채 그대로 방치하고 철수하여 버린 결과 야간에 그 도로를 진행하던 운전자 '갑'이 방치된 트랙터를 피하려다가 다른 트랙터에 부딪혀 상해를 입었다면 국가는 경찰관의 부작위로 인한 손해배상책임을 면할 수 없다.[243]

판례

〈경찰관이 경찰관직무집행법 제5조에 규정된 위험발생방지조치를 취하지 아니하였음을 이유로 국가배상책임을 인정한 사례〉

경찰관직무집행법 제5조는 경찰관은 인명 또는 신체에 위해를 미치거나 재산에 중대한 손해를 끼칠 우려가 있는 위험한 사태가 있을 때에는 그 각 호의 조치를 취할 수 있다고 규정하여 형식상 경찰관에게 재량에 의한 직무수행권한을 부여한 것처럼 되어 있으나, 경찰관에게 그러한 권한을 부여한 취지와 목적에 비추어 볼 때 구체적인 사정에 따라 경찰관이 그 권한을 행사하여 필요한 조치를 취하지 아니하는 것이 현저하게 불합리하다고 인정되는 경우에는 그러한 권한의 불행사는 직무상의 의무를 위반한 것이 되어 위법하게 된다.
경찰관이 농민들의 시위를 진압하고 시위 과정에 도로 상에 방치된 트랙터 1대를 도로 밖으로 옮기는 등 도로의 질서 및 교통을 회복하는 조치를 취하던 경찰관들로서는 도로교통의 안전을 위하여 나머지 트랙터 1대도 도로 밖으로 옮기거나 그것이 어려우면 야간에 다른 차량에 의한 추돌사고를 방지하기 위하여 트랙터 후방에 안전표지판을 설치하는 등 경찰관직무집행법 제5조가 규정하는 위험발생방지의 조치를 취하여야 할 의무가 있는데도 위 트랙터가 무거워 옮기지 못한다는 등의 이유로 아무런 사고예방조치도 취하지 아니한 채 그대로 방치하고 철수하여 버린 것은 직무상의 의무를 위반한 것으로 위법하다.

해설 6 <집주인 살해 사건>

사례에서는 경찰관의 수사 미개시 및 긴급구호권의 불행사로 인한 국가의 배상책임이 인정될 수 있는지 여부가 문제된다. 사실 사례에서 경찰관들은 세입자 '병'의 행동이 범죄라고 볼 수 없는 비정상적인 행동에 그치고, 기타 주위 사정을 합리적으로 판단해 볼 때 '병'이 응급구호를 요한다고 믿을 만한 상당한 이유가 있는 사람에 해당한다고 보아 「경직법」 제4조 제1항에 따른 긴급구호조치를 취하였을 뿐, '병'을 입건 및 수사하지 않았다. 그러나 이것만을 두고 경찰관들의 행위가 법령에 위반하는 행위에 해당한다고 볼 수는 없다. 왜냐하면 당시 상황에 비추어 볼 때 '병'의 행위는 피해자의 처벌의사 유무에 관계없이 수사기관에서 반드시 입건하여 수사해야 할 정도에 이르렀다고 보기 어렵기 때문이다. 집주인 '갑'의 아내 '을'이 파출소에 세입자 '병'의 행위에 관하여 신고한 목적과 취지는 '병'의 범죄사실을 알리고 이에 대한 수사와 처벌을 촉구하는 데에 있었다기보다 오히려 '병'이 정신질환을 앓고 있어 '을'의 가족을 비롯한 주민들에게 위해를 가할 우려가 크므로 경찰에서 적절한 조치를 해 달라고 요청하는 데에 있었다. 설령 수사를 개시하지 아니한 경찰관들의 행위가 위법하다고 볼 여지가 있더라도 피해자들의 사망이라는 결과발생에 대하여 국가의 책임을 묻기 위해서는 경찰관들의 행위 외에도 경찰관들의 행위와 결과 사이에 인과관계, 특히 결과발생에 대한 예견 가능성이 인정되어야 한다.

그런데 사례에서는 '병'에게 구속사유 내지 보호구속 사유가 있었다거나 '병'이 법원에서 실형 또는 치료감호를 선고받아 살인을 저지를 즈음에 피해자들과 격리되어 있었을 것으로 인정되기 어려우므로 경찰관들이 '병'을 입건 및 수사하지 아니한 것과 피해자의 사망이라는 결과 사이에 인과관계를 인정할 수 없다.

물론 「경직법」 제4조 제1항에 따른 경찰관의 긴급구호권한은 일반적으로 경찰관의 전문적 판단에 기한 합리적 재량에 맡겨져 있지만, 그렇다 하더라도 구체적 상황 하에서 경찰관에게 그러한 권한을 부여한 취지와 목적에 비추어 볼 때 그 권한의 불행사가 현저하게 불합리하다고 인정되는 경우에는 법령에 위반하는 행위에 해당하게 되어 국가배상법상의 다른 요건이 충족되는 한 국가는 그로 인하여 피해를 입은 사람에 대하여 배상책임을 지게 된다. 그러나 <집주인 살해 사건>은 경찰관들의 긴급구호권한 불행사로 인한 국가배상책임이 인정되는 사례로 보기는 어렵다. 왜냐하면 정신병원에의 장기입원이나 사회로부터의 장기격리와 같은 조치는 「경직법」이 정하고 있는 경찰관의 권한을 이미 넘어서는 것이고, 또한 경찰관들이 '병'에 의한 범행의 가능성을 차단하기 위하여 할 수 있는 다른 적절한 방법이 없는데다가, 무엇보다 '병'이 살인범행에 앞서 피해자의 집에서 나가기까지 생명침해에 대한 구체적 위험이 객관적으로 존재한다고 보기 어렵기 때문이다. 또한 경찰관들이 그러한 위험을 알았거나 알 수 있었다고 할 수도 없다. 이러한 구체적 상황 하에서 경찰관들이 피해자의 신고에 따라 '병'을 데려가 정신병원에 입원시키는 등 「경직법」 제4조가 정하고 있는 긴급구호 등의 조치를 하고, '병'이 퇴원하자 그로 하여금 정신병원에 입원하여 장기치료를 받는 데에 도움이 되도록 생활보호대상자로의 지정 의뢰를 하는 등 그 나름의 조치를 한 이상, 설령 경찰관들이 '병'에 의한 범행가능성을 막을 수 있는 다른 조치를 취하지 못하였다 하더라도, 이것을 두고 현저하게 불합리한 긴급구호권한의 불행사로서 법령에 위반된다고 보기는 어렵다. 따라서 사례에서 경찰관들의 행위는 법령상 의무에 위배한 행위라거나 재량권의 행사가 현저히 합리성을 결하여 사회적 타당성이 없다고 인정될 정도로 재량권의 한계를 넘은 행위로 평가될 수 없다.[244)]

해설 7 <목포 테이큰 사건>

사례에서는 경찰관들이 인질구출 및 납치범의 검거직무를 수행하는 과정에서 범인에게 돈을 전달하기로 한 인질의 아버지가 피살된 것에 대하여 국가에게 사망한 아버지와 그 유족들이 입은 손해를 배상할 책임이 있는지를 묻고 있다. 이 사건의 기초가 된 판결에서 원심법원(광주고등법원)은 목포경찰서 소속 경찰관들의 상황판단 미숙과 안이한 상황대처, 허술한 작전, 현장상황의 신속한 보고나 전파의 부재와 그로 인한 늦장 대응 등의 과실로 인하여 납치된 여중생의 아버지가 사망에 이르게 되었으므로, 국가(대한민국)는 사망한 아버지와 그 유족들이 입은 손해를 배상할 책임이 있다고 판시하였다. 먼저 원심법원은 (1) 경찰의 초기 대응과정의 미흡과 관련하여, 사건 당시 범인은 절취한 차량을 이용하여 여중생을 납치한 후 목포시 대양동 소재의 대양검문소 앞을 통과하였는데, 이는 경찰이 도난신고 후 40분이 지났음에도 도난차량 수배상황을 정상적으로 전파하지 않아 검문소 검색이 제대로 실시되지 않았기 때문이며, 경찰은 차량 도난신고와 여학생 납치신고의 관련 가능성을 인지하여 도난차량을 용의차량으로 고지하여 우선 검색을 실시하였어야 함에도 적절한 조치를 취하지 못한 과실이 있다고 하였다. 또한 (2) 차량 추적조의 구성이나 운영과 관련하여, 최소 두 팀 이상의 차량 추적조를 출동시켜 범인에게 돈을 전달하기로 한 아버지의 승용차를 은밀히 추적하는 한편, 차량 추적조는 아버지가 정차한 장소를 관찰할 수 없는 먼 거리에서 대기할 것이 아니라 현장에 근접 및 이동을 했어야 한다고 지적하였으며, (3) 인질의 안전을 확보하는 작전수립과 관련하여, 범인이 요구한 3,000만 원은 현금 440만 원과 신문지를 잘라 만든 다발을 섞어 위장한 것이기 때문에, 범인이 위장한 돈 보자기의 내용을 확인할 경우 인질인 여중생에게 위해를 가할 수 있으므로, 범인이 돈 보자기를 갖고 현장을 이탈하기 전에 인질의 안전을 확보하는 작전을 수립했어야 함에도, 경찰은 아무런 대책을 수립하지 않았다고도 하였다. 뿐만 아니라 (4) 아버지의 승용차에 동승한 경찰관들은 범인과의 통화내용이나 전개되는 상황을 지휘부나 부근 경찰관들에게 알렸어야 함에도, 승용차에서 내린 이후에도 핸드폰이나 무전기를 이용한 연락을 하지 않았고, 또한 다른 경찰관들도 동승 경찰관들에게 우선적으로 연락을 취하지 아니 하는 등 현장에서의 상호 연락이 제대로 이루어지지 않았다고 하였다. 게다가 (5) 아버지가 돈 보자기를 내려놓은 곳으로부터 약 311.9m 떨어진 마을 입구에서 승용차에 탑승한 채 대기하던 두 명의 경찰관들은 아버지의 승용차 번호조차 모르고 있었고, 면밀히 관찰하였다면 아버지의 승용차가 정지하고 돈 보자기를 내려놓는 것을 볼 수 있었을 것임에도 이를 보지 못했으며, 동승 경찰관들은 대기장소 약 31m 건너편에서 아버지의 승용차로부터 하차했을 때 당연히 이를 목격하여 함께 이동하는 등 대처를 했어야 함에도 협조가 제대로 이루어지지 않았다고 하였다. 마지막으로 (6) 안전을 위한 보호장구 착용과 관련하여, 원심법원은 범인이 무장한 것으로 파악되었으므로 범인과의 조우에 대비하여 여중생 아버지에게 안전을 위한 보호장구를 착용시켰어야 함에도, 경찰이 이를 하지 아니한 과실 등이 있다고 전제한 뒤, 목포경찰서 소속 경찰관들의 상황판단 미숙과 안이한 상황대처, 허술한 작전, 현장상황의 신속한 보고나 전파의 부재와 그로 인한 늦장 대응 등의 과실로 인하여 아버지가 사망에 이르게 되었으므로, 피고(대한민국)는 사망한 아버지와 그 유족들이 입은 손해를 배상할 책임이 있다고 하였다.[245)]

반면, 대법원은 목포경찰서 소속 경찰관들은 구체적·개별적 상황 하에서 인질구출 및 납치범 검거를 위한 최선의 조치를 취하였다고 판시하였다. 그 추적의 개시 및 방법 등 직무의 수행이 합리성 내지 상당성을 현저히 결여하였다거나 합리적 판단 기준에서 현저히 잘못된 것이라고 볼 수 없으므로, 경찰권의 행사가 부적절하였다거나 완벽한 조치를 취하지 아니한 부작위가 있다는 등의 이유를 내세워 이 사건 인질구출 및 납치범 검거에 관한 직무수행 행위가 법령에 위반하는 행위에 해당한다고 볼 수 없다고 하였다. 각 쟁점별로 원심법원과 대조하여 살펴보면 먼저 (1) 경찰의 초기 대응과정 미흡과 관련하여, 대법원은 대도시에서 도난차량 수배건수가 적지 않을 것으로 쉽게 예상할 수 있어 그와 같은 단순 차량 도난신고와 여학생 납치신고의 관련 가능성을 인지한다는 것은 어려울 뿐만 아니라, 납치는 도난신고 40분 후에 이루어졌으므로, 그 도난차량 수배가 하달된 시점과의 선후관계를 명확히 확인할 수 없다는 점을 고려할 때 경찰이 수배상황을 정상적으로 전파하지 않았다거나 검문소 검색이 제대로 이루어지지 않았다고 보기 어렵다고 하였다. 또한 (2) 차량 추적조의 구성이나 운용상의 문제와 관련하여, 사건 당시 차량 추적조 외에 승용차 매복조와 대기조가 한 팀 더 있었고, 아버지의 승용차에 동승한 경찰관도 2명이 있었으며, 한편 현장은 시야에 막힘이 없는 지역으로 노출의 위험 때문에 차량으로 근접할 수 없었을 뿐만 아니라, 범인이 접선장소를 자주 변경하고 마지막 순간까지 범죄현장이 특정되지 못했기 때문에 차량 추적조의 구성이나 운용에 있어서 경찰의 과실을 인정하지 않았다. 나아가 (3) 인질의 안전을 확보하는 작전의 미수립과 관련하여, 경찰은 발생 가능한 모든 상황에 대비하여 경찰관 11명을 아버지와 범인 간의 통화 내용과 핸드폰 발신지 통보에 근거하여 범인이 있을 것으로 추정되는 세 지역에 나누어 배치하는 한편, 차량 매복조와 대기조까지 배치하였고 범인이 돈을 놓아두는 장소를 계속 변경하던 상황이었을 뿐만 아니라, 아버지와 범인이 격투한 현장은 시야가 트인 광활한 농촌지역으로 미리 현장에 경찰관을 배치하거나 출동할 수 없었으며, 아버지가 돈 보자기를 내려놓은 때부터 범인이 격투를 하고 도주할 때까지 극히 짧은 시간이었기 때문에 경찰이 수행한 각 대비책 외에 추가 작전이나 대책을 요구하기는 어려웠다고 하였다. 뿐만 아니라 (4) 두 명의 경찰관이 아버지의 승용차에서 내린 직후 차량 충돌 소리를 듣고 현장으로 뛰어 갔으며 그 전체시간은 겨우 1분 남짓이었으므로, 두 경찰관이 지휘부나 부근 경찰관에게 상황을 알릴 겨를이 없었을 뿐만 아니라, 승용차에 탑승하고 있는 동안에는 아버지가 범인과 계속 통화를 하고 있어 상부와의 통화 내지 교신이 어려웠으므로, 이와 같은 연락상의 문제점이 경찰의 과실이라고는 볼 수 없다고 하였다. 게다가 (5) 경찰 상호 간의 협조의 부재와 관련하여서도, 당시는 달도 없는 어두운 밤으로 현장 도로변에 가로등마저 없어 60m가 채 되지 못하는 거리에서도 사람 얼굴의 구체적인 모습을 알아볼 수 없었고, 대략적인 형체만 보이는 정도인 상황이었으므로, 돈 보자기가 놓인 곳으로부터 약 311.9m 떨어진 곳에서 대기하던 두 명의 경찰관으로서는 아버지가 돈 보자기를 내려놓는 것을 보기 어려웠을 것이며, 또한 두 명의 경찰관이 승용차에서 내리는 것을 목격하였다 하더라도 반드시 그 상황을 알아보고 함께 이동해야 하는 것은 아니라는 점에서, 경찰에게 서로 협조하여 행동하지 아니하였다는 과실이 있다고 볼 수 없다고 하였다. 마지막으로 (6) 안전을 위한 보호장구 미착용과 관련하여, 대법원은 경찰이 아버지에게 보호장구를 착용시키지 아니하였다고 하더라도 아버지가 위험을 자초하여 범인과 싸우게 되었던 이상, 아버지의 사망이라는 결과에 대하여 경찰에게 책임을 묻기는 어렵다고 하였다. 덧붙여 경찰이 어머니의 납치신고 이후 대응조치를 소홀히 하였거나 적절히 대처하지 못하였다고 볼 만한 사정을 찾아볼 수 없고, 오히려 순찰차 및 형사기동대의 현장 출동, 수사과 형사계 전원의 비상소집, 전남지방경찰청 등 상부에 대한 사건 및 상황 보고, 납치된 딸의 핸드폰 발신지 추적을 위한 실시간 위치확인등록 요청, 인근 경찰서 등지에 사건을 통보하여 주요길목을 차단하고 검문·검색을 실시하도록 한 조치 등 인질 구출 및 납치범 검거에 관한 초기 대응 및 이후의 작전 과정에서 적절히 대처하였고 거기에 어떠한 잘못이 있다고 볼 수 없으며, 특히 도난차량과 관련하여서도 차량수배의 전산처리

등 직무 처리에 과실이 있다고 볼 수 없다고 하였다.246)

사견으로는 대법원의 견해가 타당하다고 본다. 사실 납치범에 의하여 아버지가 피살되는 과정에서 목포경찰서 소속 경찰관들이 아버지에 대한 보호의무를 위반하였고 그것이 객관적인 정당성을 상실하여 현저하게 불합리하다고 인정될 수 있어야 비로소 법령에 위반되는 행위라고 할 수 있는데, 아버지가 이 사건에 관여하게 된 것은 아버지가 딸의 핸드폰으로 연락한 안부전화를 받게 된 범인이 아버지에게 현금을 직접 가지고 나오라고 요구하였기 때문이며, 범인이 딸로 하여금 아버지가 맞는지 여부를 미리 확인시킬 수도 있었던 만큼 경찰이 아버지에게 승용차를 운전하여 현장에 직접 가도록 한 것에 경찰의 과실이 있었다고 볼 수 없다. 또한 아버지가 범인을 만나러 가는 과정에서 경찰관 두 명을 승용차 뒷좌석에 동승시켜 안전을 확보하였고, 경찰관들이 범인 검거를 위하여 승용차에서 하차하게 되었을 때 아버지에게 목포로 돌아가라고 지시하여 현장에서 벗어나도록 함으로써 아버지가 범인과 직접 대면하지 않도록 한 이상, 목포경찰서 소속 경찰관들로서는 이 사건 인질 구출 및 납치범 검거 과정에서 아버지가 피해를 입게 될 위험한 상황에 처하지 않도록 최대한 노력을 한 것으로 볼 수 있다. 그리고 (대법원의 지적과 같이) 범인 검거는 경찰의 업무이지 아버지의 업무는 아닐 뿐만 아니라, 작전 개시 전에 경찰은 아버지에게 사건에 개입하지 말고 경찰이 지시한 대로 따르라고 당부하였음에도, 아버지는 범인이 요구한 바에 따라 돈 보자기를 내려놓고 현장을 떠난 후에 목포로 돌아가라는 경찰의 지시에 반하여 돌발적으로 차를 몰고 다시 현장으로 돌아가 범인의 승합차를 충격하였고, 여중생이 승합차에서 내려 도주한 후에도 범인 체포를 위하여 격투를 계속하면서 승합차 운전석 문을 잡고 따라가기까지 하였으며, 비록 범인이 전달된 돈이 위장된 것임을 확인하면 여중생에게 위해를 가할 것으로 우려하였기 때문이라는 아버지로서의 행위 동기는 이해할 수 있지만, 범죄 진압에 전문적 경험과 지식을 보유한 경찰을 제쳐두고 자신의 처가 건네준 가스총을 사용하지도 않은 채 엽총 등 흉기를 소지하고 있을 것으로 예상된 범인과 격투를 벌이는 무모한 행동을 함으로써 자신의 생명·신체에 대한 침해를 자초한 측면이 있다. 아버지가 돈 보자기를 내려놓고 현장을 벗어난 후에는 경찰이 아버지의 피살과 관련하여 아버지에게 어떠한 위험이 발생하리라고 예견할 수 있는 가능성도 없었다. 따라서 아버지가 돈 보자기를 내려놓고 현장을 벗어난 후에는 더 이상 아버지가 범인과 싸우게 될 경우에 대비하여 아버지를 보호하는 조치를 취하여야 할 직무상 주의의무가 있다고 보기 어렵고, 그 후 아버지가 위험을 자초하면서까지 범인과 싸우게 되어 발생한 결과에 대하여 경찰에게 책임을 지울 수는 없다. 그러므로 비록 경찰이 아버지에게 보호장구를 착용시키지 아니하였다고 하더라도, 그와 같은 사정이 국가에게 법적 책임을 물을 사유는 되지 못한다고 판단된다.247)

239) 같은 견해로는 VG Berlin, NJW 1981, 1748.

240) Schenke, Polizei- und Ordnungsrecht, 2023, Rn. 123.

241) 물론 혈중 알코올농도가 특정 수치를 넘었는지 여부가 운전면허 취소처분 또는 운전면허 정지처분을 결정하는 절대적 기준이 되는 것은 아니다.

242) 대법원 1990. 11. 9. 선고 90누4495 판결: "대학교수가 혈중 알코올농도 0.11%의 주취상태에서 승용차를 운전한 경우 교통사고를 야기하지 않았더라도 면허취소사유에 해당한다."(대법원 1996. 10. 11. 선고 96누10812 판결). "원고가 비록 교회 장로로서 10년 이상 별다른 교통사고 없이 자동차를 운전하여 왔더라도 음주상태에서 같은 교회의 교인들을 집에까지 태워다 주기 위하여 먼 거리를 거리낌 없이 운전하다가 단속경찰관에게 차선위반으로 적발되어 음주측정을 받은 결과 혈액 1밀리리터당 알코올 1.2밀리그램의 술에 취한 상태로 나타난 것이라면 교통사고발생의 큰 원인이 되는 음주운전을 방지하여 도로교통의 안전 및 사회안녕질서를 확립하고자 하는 공공의 이익을 비교하여 볼 때, 원고에 대한 이 사건 자동차운전면허 취소처분은 적정한 것이다."

243) 대법원 1998. 8. 25. 선고 98다16890 판결.

244) 대법원 1996, 10. 25. 선고 95다45927 판결.

245) 광주고법 2005. 4. 13. 선고 2004나5371 판결.

246) 대법원 2007. 10. 25. 선고 2005다23438 판결.

247) 대법원 2007. 10. 25. 선고 2005다23438 판결.

제3절

일반경찰법상의 개별적 수권조항

「경직법」은 문헌상 "표준조치" 또는 "표준적 직무조치" 혹은 "개별적 직무조치" 등으로 명명되고 있는 일련의 경찰작용을 위한 개별적 수권조항을 마련해 두고 있다(이하 "표준조치"로 명명하기로 한다). **"표준조치"**(Standardmaßnahmen)란 위험방지 또는 장해제거를 위하여 요구되는 전형적인 경찰작용을 경찰법에 유형화해 둔 것을 의미한다. 「경직법」에 규정된 표준조치로는 불심검문(제3조), 보호조치(제4조), 피난조치와 접근금지 및 통행제한(제5조), 위험방지를 위한 출입(제7조), 사실조회와 출석요구(제8조), 경찰착용기록장치의 사용(제10조의5) 등이 있다. 「경직법」이 표준조치를 개별적 수권조항을 통해 규율하고 있는 한 그러한 규율은 **종결적 성격**을 갖기 때문에 경찰은 더 이상 개괄적 수권조항에 근거하여 위해방지조치를 취할 수 없다. 개괄적 수권조항은 개별적 수권조항이 존재하지 않는 경우에만 그 흠결을 메우기 위하여 보충적으로 적용될 수 있을 뿐이다.

Ⅰ 불심검문

리딩 케이스

사례 1 <자전거 날치기 검문 사건>

인천 부평경찰서 역전지구대 소속 경위 P^1, 경사 P^2, 순경 P^3는 2009년 2월 15일 새벽 1시경, 인천 부평구 부평동 소재 ○○○ 앞길에서 경찰관 근무복 차림으로 검문을 하던 중, '자전거를 이용한 핸드백 날치기 사건발생 및 자전거에 대한 검문검색 지령'을 무전으로 전파받았다. 이에 따르면 범인의 인상착의는 '30대 남자, 찢어진 눈, 짧은 머리, 회색바지, 검정잠바 착용'인 것으로 알려졌다. 무전을 청취한 지 얼마 지나지 않아 경찰관들은 자전거를 타고 검문 장소로 다가오는 '갑'을 발견하고(당시 '갑'은 검은 잠바, 검은 바지를 착용하고, 자전거 앞 바구니에 검정색 가방을 싣고 있었음), 경사 P^2가 '갑'에게 다가가 정지를 요구하였다. 그러나 '갑'은 자전거를 멈추지 않은 채 경사 P^2를 지나쳤다. 이에 순경 P^3가 경찰봉으로 '갑'의 앞을 가로막고 자전거를 세워 줄 것을 요구하면서 소속과 성명을 고지한 후, "인근 경찰서에서 자전거를 이용한 날치기가 있었는데 인상착의가 비슷하니 검문에 협조해 달라"는 취지로 말하였음에도 '갑'은 "평상시에 그곳에서 한 번도 검문을 받은 적이 없다"고 말하며 검문에 불응하고 그대로 1~2m 전진하였다. 이에 순경 P^3가 따라갔고 '갑'이 나아가지 못하게 계속 경찰봉으로 앞을 가로 막고 검문에 응할 것을 요구하였다. 순경 P^3의 제지로 더 이상 진행을 할 수 없게 된 '갑'은 경찰관들이 자신을 범인 취급한다고 느껴 순경 P^3의 멱살을 잡아 밀치고 경위 P^1, 경사 P^2에게 욕설을 하는 등 거세게 항의하였고, 이에 경찰관들은 '갑'을 공무집행방해죄의 현행범인으로 체포하였다. '갑'에게는 공무집행방해죄가 성립하는가?[1)]

사례 2 <"제복이 곧 신분증입니다" 사건>

'갑'은 2006년 9월 14일 대구광역시 소재 국채보상공원 내 벤치에서 쉬고 있었다. ○○경찰서 △△지구대 소속 경찰관 P^1과 P^2는 112순찰차 근무 중, 기소중지자 일제검문 검거기간(2006. 9. 11. ~ 2006. 10. 31.)을 맞아 국채보상공원 내의 벤치에서 의복이 남루하고 얼굴이 창백하며 거동이 수상해 보이는 '갑'을 검문하게 되었다. 당시 경찰관 P^2는 '갑'에게 다가가 "감사합니다. △△지구대 경사 ○○○입니다"라고 신분과 소속을 밝히고, 이어 "기소중지자 일제검문 검거기간 중 공원 내 범죄예방을 위하여 잠시 검문검색을 하겠습니다"라고 검문이유를 고지한 후, '갑'으로부터 신분증을 받아 수배조회를 마쳤다. 그러나 경찰관들이 다른 사람을 상대로 검문을 하려고 하였을 때, '갑'이 "경찰관은 신분증 안 보여줍니까?"라고 하여 경찰관들에게 신분증 제시를 요구하였다. 그러자 경찰관들은 "제복(경찰복)이 곧 신분증입니다"라고 대답하였다. 이 경우 경찰관들의 '갑'에 대한 불심검문은 적법한가?[2)]

사례 3 <술값 시비 사건>

2013년 2월 21일 새벽 3시 10분 경 경기분당경찰서 수내파출소 소속 경찰공무원 순경 P^1과 경사 P^2는 경기도 성남시 분당구 소재의 A카페에서 술값 문제로 시비가 있다는 경비업체의 지원요청 신고를 받았다. 현장에 출동한 순경 P^1과 경사 P^2는 카페 여종업원과 여사장으로부터 손님 '갑'이 술값을 내지 않고 가려다 여종업원과 실랑이가 있었다는 경위를 들었다. 여종업원이 피 묻은 휴지를 얼굴에 대고 있는 것을 보자, 순경 P^1이 '갑'에게 확인하려 질문을 시도하였다. 그러나 '갑'은 질문에 응하지 않고 계산대 쪽으로 피했고 재차 질문을 받자 이번에는 출입문 쪽으로 나가려고 하였다. 순경 P^1이 음식점 밖으로 나가려는 '갑'의 앞을 막으며 "상황을 설명해 주십시오"라고 말하자, "야이 ××들아. 너희 업주랑 한편이지? 내가 너희 거꾸로 매달아 버릴 거야. 내가 누군지 알아?"라고 소리를 지르며 순경 P^1의 멱살을 잡아 흔들고, 경사 P^2가 '갑'을 제지하기 위하여 뒤쪽에서 '갑'의 어깨를 잡자 "넌 뭐야"라고 말하고 머리와 몸을 돌리면서 오른쪽 팔꿈치로 경사 P^2의 턱을 1회 가격하였다. 이에 경찰관들은 '갑'에게 피의사실의 요지 및 현행범인 체포의 이유와 변호인을 선임할 수 있음을 고지하고 변명의 기회를 제공한 다음 '갑'을 공무집행방해죄의 현행범으로 체포하였다. '갑'은 출동한 경찰관들이 신분증을 제시하지 아니하였으므로 경찰관들의 불심검문은 위법한 공무집행에 해당하고, 이러한 위법한 공무집행에서 벗어나기 위하여 몸싸움을 벌이다 상해를 가한 것은 정당행위에 해당한다고 주장하고 있다. 이에 대하여 경찰관들은 검문 당시 자신들은 정복차림이었고, '갑'이 자신들에게 신분증 제시를 요구한 적도 없으며, 자신들이 경찰관이라는 사실을 '갑'은 알고 있었다고 주장하고 있다.[3] '갑'의 행위는 공무집행방해죄에 해당하는가?

사례 4 <이발소 주인 자해 사건>

'갑'은 A시에서 이발소를 운영하고 있다. 그런데 최근 '갑'의 아들이 의문의 변사체로 발견되는 사고가 발생하였다. 무안경찰서 소속 경찰관 3명이 '갑'의 이발소를 찾아 왔고, 이들은 아들의 변사사건을 조사하기 위하여 '갑'에게 무안경찰서에의 동행을 요구하였다. 그러나 '갑'은 면도칼을 들고 이발소 안방으로 피하여 문을 잠그고 앞가슴과 목 부분을 위에서 아래로 5~6차례 긁어 피를 보이며, "나는 폭력전과자로 형무소에 가게 되느니 차라리 여기서 죽어 버리겠다. 나 죽어 버리면 그만이다"라고 외치며 경찰관들의 동행요구에 격렬히 저항하였다. '갑'의 행위는 공무집행방해죄에 해당하는가?[4]

사례 5 <술 마시다 강제연행 사건>

'갑'은 2010년 3월 24일 20시경 시장에서 술을 마시고 있었다. 그런데 경찰관 2명이 다가와 경찰관 신분증을 제시한 후, 최근 발생한 절도사건과 관련하여 몇 가지 조사할 사항이 있다며 '갑'의 양쪽 팔을 낀 상태로 팔을 꺾어 강제로 경찰차에 태워 경찰서로 동행하였다. '갑'을 경찰서 형사계로 데려온 후, 경찰관들은 두 시간이 넘도록 조사도 하지 않고 내보내 달라고 해도 들어주지도 않은 채 절도범이라고 지목한 사람이 경찰서로 오고 있으니 그저 기다리라고만 하였다. 경찰관들이 '갑'을 경찰서까지 동행한 것은 적법한가?[5]

사례 6 <PC방 검문 사건>

'갑'은 2010년 3월 PC방에서 불심검문을 받았다. 경찰관들은 PC방에서 나이가 들고 점잖아 보이는 사람은 제외하고, 나머지 젊은 사람을 대상으로 선별적으로 불심검문을 실시하였다. 검문 당시 경찰관들은 '갑'에게 소속과 성명을 밝히지 않았고, 검문의 목적과 이유를 설명하지 않았으며, "검문에 불응하면 지구대로 가서 신분을 확인할 수도 있습니다"라고 말하기까지 하였다. 경찰관들의 행위는 적법한가?

1. 개 설

"불심검문"[6]이란 경찰관이 행동수상자나 범죄사실을 안다고 인정되는 사람을 정지시켜 조사하는 것을 의미한다. 「경직법」은 헌법상 보장된 일반적 행동자유권과 개인정보자기결정권을 제한할 수 있는 불심검문을 위하여 제3조에 별도의 명문규정을 두고 있다. 「경직법」 제3조가 규정하고 있는 불심검문의 방법으로는 ① 직무질문과 ② 임의동행 및 ③ 흉기소지 여부의 조사가 있다.

1) 대법원 2012. 9. 13. 선고 2010도6203 판결.
2) 국가인권위원회 2007. 2. 21.자 06진인2076 결정.
3) 대법원 2014. 12. 11. 선고 2014도7976 판결.
4) 대법원 1976. 3. 9. 선고 75도3779 판결.
5) 국가인권위원회 2010. 11. 26.자 10진정124000 결정.
6) 이에 관해서는 김택수, "불심검문의 실효성 확보와 인권보호의 조화방안", 경찰법연구 제6권 제2호, 2008, 160쪽 이하; 성홍재, "경찰 신원확인조치 실효성 확보방안에 대한 연구", 경찰학연구 제10권 제1호, 2010, 31쪽 이하; 이성용, "불심검문 개정논의에 관한 소고", 경찰학연구 제10권 제3호, 2010, 3쪽 이하; 박병욱, "위험방지영역의 불심검문과 실효성 확보방안", 형사정책연구 제24권 제4호, 2013, 79쪽 이하; 이영돈, "불심검문에서의 '신원확인'에 관한 법적 고찰", 경찰법연구 제13권 제1호, 2015, 3면 이하; 강기정 · 류병관, "불심검문의 문제점과 개선방안", 법학논총 제40권 제2호, 2016, 107쪽 이하; 고헌환, "불심검문에 관한 비교법적 고찰", 국제법무 제8집 제2호, 2016, 1쪽 이하.

2. 직무질문

경찰관직무집행법 제3조(불심검문) ① 경찰관은 다음 각 호의 어느 하나에 해당하는 사람을 정지시켜 질문할 수 있다.

1. 수상한 행동이나 그 밖의 주위 사정을 합리적으로 판단하여 볼 때 어떠한 죄를 범하였거나 범하려 하고 있다고 의심할 만한 상당한 이유가 있는 사람
2. 이미 행하여진 범죄나 행하여지려고 하는 범죄행위에 관한 사실을 안다고 인정되는 사람

「경직법」 제3조 제1항에 따르면 경찰관은 행동이 수상하거나 그 밖의 주위 사정을 합리적으로 판단해 볼 때 범죄자로 의심할 만한 상당한 이유가 있는 사람이나 범죄에 관한 사실을 안다고 인정되는 사람을 정지시켜 행선지, 용건, 성명, 주소, 연령 등을 물어 볼 수 있다. 이것을 일컬어 "직무질문"이라 한다.

(1) 정 지

경찰관이 「경직법」 제3조 제1항에 언급된 사람을 상대로 직무상 필요한 질문을 하기 위해서는 먼저 상대방의 정지가 요구된다. 여기서 **"정지"**란 보행자일 경우에는 불러서 세우고, 자동차 · 오토바이 · 자전거를 타고 있는 경우에는 정차시키는 것을 말한다. 이 경우 **경찰관이 직무상 필요한 질문을 하기 위하여 상대방에게 정지를 요구하였으나, 상대방이 이에 불응하더라도 경찰관은 상대방을 강제로 정지시킬 수 없다.** 왜냐하면 「경직법」에는 경찰관의 정지요구를 관철시킬 수 있는 강제수단이 결여되어 있기 때문이다.[7]

하지만 불심검문제도의 목적 · 취지에 비추어 볼 때 정지 여부를 명백하게 결정하지 못한 사람에게 경찰관이 일정 거리를 따라가면서 말로써

---

7) 목적달성에 필요한 최소한의 범위 내에서 실력행사를 가능하게 하는 입법이 요구된다는 견해에 대해서는 배종대/이상돈, 형사소송법, 홍문사 2004, 204쪽.

질문에 협조하여 줄 것을 설득하는 정도의 것은 행동의 자유에 대한 제약이 되지 않는 한 허용된다고 보아야 한다.[8] 또한 [사례 1]<자전거 날치기 검문 사건>에서와 같이 정지요구에 불응한 상대방이 앞으로 나아가지 못하게 그 앞을 가로막거나 가볍게 팔을 붙잡으며 검문에 응할 것을 요구하는 정도의 유형력 행사도 허용된다고 보아야 한다.[9] 그러나 정지의 목적인 질문에 답변하는 것이 상대방의 임의에 맡겨져 있는 이상, 답변을 거부할 의사를 밝힌 상대방에게 수갑을 채우거나 소지품을 돌려주지 않는 등의 방법으로 그 장소를 떠나지 못하게 하는 것은 상대방에게 사실상의 답변을 강요하는 것이 되므로 허용되지 않는다.

(2) 직무질문의 법적 성격

「경직법」 제3조 제1항에 따르면 경찰관은 동 조항에 언급된 사람을 정지시켜 직무상 필요한 질문을 할 수 있다. 이 경우 **「경직법」 제3조 제1항에 규정된 직무질문은 예방경찰작용으로서의 성격뿐만 아니라 진압경찰작용으로서의 성격도 갖는다.**[10]

진압경찰작용은 그 목적에 있어서 범죄수사에 기여한다는 점에서 위험방지에 기여하는 예방경찰작용과 구별된다. 이에 반하여 경찰작용이 '구체적인 범죄혐의에 근거를 둔 것인지'[11] 또는 '수사에 착수하기 전단계에서의 행위인지'[12] 여부는 진압경찰작용과 예방경찰작용을 구분하는 결정적인 기준이 되지 못한다. 왜냐하면 이러한 견해에 따르면 범죄혐의 유무를 밝히는 내사단계에서의 행위도 예방경찰작용으로서의 성격을 갖는다고 보

8) 인천지방법원 2010. 4. 30. 선고 2009노4018 판결.

9) 같은 견해로는 대법원 2012. 9. 13. 선고 2010도6203 판결; 김동희, 행정법 II, 박영사 2008, 199쪽; 신동운, 형사소송법, 법문사 2005, 76쪽; 정하중, 행정법개론, 2020, 1064쪽; 홍정선, 경찰행정법, 박영사 2010, 247쪽.

10) 같은 견해로는 성홍재, "불심검문 경찰관의 신분증 제시의무에 대한 법적 검토", 경찰학연구 제8권 제1호, 2008, 82쪽.

11) 예컨대 Kastner, Verdachtsunabhängige Personenkontrollen im Lichte des Verfassungsrechts, VerwArch. Bd. 92 (2001), 216 (235)가 바로 그러하다.

12) 예컨대 배종대/이상돈, 형사소송법, 홍문사 2004, 203쪽이 바로 그러하다.

아야 하기 때문이다. 진압경찰작용은 이미 행해진 법익침해에 대한 규명과 제재에 제1차적인 목적이 있다. 이에 반하여 예방경찰작용은 법익침해의 결과를 저지하는 것에 주된 목적이 있다. 따라서 자행된 범죄가 이미 종료되었고 더 이상 위법한 법익감소가 발생하지 않는다면 진압경찰작용만이 문제되며, 계획은 하였으나 아직 실행에 착수하지 않은 범죄나 현재 실행되고 있지만 아직 종료되지 않은 범죄가 계속되고 있는 경우에는 진압경찰작용뿐만 아니라 예방경찰작용도 문제된다.

「경직법」 제3조 제1항 제1호에 규정된 "어떠한 죄를 범하려 하고 있다고 의심할 만한 상당한 이유가 있는 사람"에 대한 질문과 동 조항 제2호에 규정된 "행하여지려고 하는 범죄행위에 관한 사실을 안다고 인정되는 사람"에 대한 질문은 분명 위험방지의 목적에 기여하는 예방경찰작용으로서의 성격을 갖는다. 특히 동 조항은 예비 · 음모행위를 처벌하는 규정이 존재하는지 여부와 관계없이 누군가가 장래에 어떠한 죄를 범하려 하고 있다고 의심할 만한 상당한 이유가 있는 경우에도 질문을 허용하고 있으므로 여기서의 직무질문은 의문의 여지없이 **예방경찰작용으로서의 성격**을 갖는다. 이에 반하여 「경직법」 제3조 제1항 제1호에 함께 규정되어 있는 "어떠한 죄를 범하였다고 의심할 만한 상당한 이유가 있는 사람"에 대한 질문과 동 조항 제2호에 규정된 "이미 행하여진 범죄에 관한 사실을 안다고 인정되는 사람"에 대한 질문은 범죄수사의 목적에 기여하는 **진압경찰작용으로서의 성격**을 갖는다. 왜냐하면 여기서의 질문은 아직 범죄가 발각되지 않은 경우에는 수사의 단서를 제공해 줄 수 있고, 특정 범죄의 범인이 아직 검거되지 않은 경우에는 범인발견의 계기를 제공해 줄 수 있기 때문이다. 따라서 「경직법」 제3조 제1항에 규정된 직무질문은 예방경찰작용 외에도 진압경찰작용으로서의 성격도 (아울러) 갖는다고 보아야 한다.[13]

물론 진압경찰작용과 예방경찰작용이 항상 명확하게 구별되는 것은 아니며, 동시에 행하여지기도 한다. 예를 들어 **연쇄살인사건**의 경우가 바로

13) 다른 견해로는 김태진, "불심검문의 법적 근거", 공법학연구 제4권 제1호, 2002, 96쪽.

그러하다. 이러한 경우에는 이미 자행된 범죄를 규명하기 위한 진압경찰작용이 고려될 수 있을 뿐만 아니라, 또한 가까운 장래에 있을 또 다른 살인을 막기 위한 예방경찰작용도 고려될 수 있다. 만일 이러한 경우 불심검문이 행하여진다면 불심검문은 이미 자행된 살인범죄의 규명에 기여할 뿐만 아니라 추가적인 살인을 막는 데에도 기여할 수 있다. 「경직법」 제3조는 경찰관에게 범죄수사뿐만 아니라 위험방지의 목적으로도 불심검문을 허용하고 있으므로 경찰관은 개별사례에서 범죄수사뿐만 아니라 위험방지를 위해서도 불심검문을 고려할 수 있다. 이 경우 **「경직법」 제3조는 이중적 성격(범죄수사와 위험방지)을 갖는 경찰작용에 대한 법적 근거가 된다.**

(3) 직무질문의 주체

「경직법」 제3조에 따라 불심검문의 주체는 **경찰관**이 된다. 여기서 "경찰관"이란 통상 경찰공무원법이 규정하고 있는 국가경찰공무원을 의미하나, 「제주특별자치도 설치 및 국제자유도시 조성을 위한 특별법」 제96조는 자치경찰공무원이 자치경찰사무를 수행함에 있어서는 「경직법」 제3조를 준용함을(제1항), 「경직법」을 준용함에 있어서는 경찰관을 자치경찰공무원으로 간주함을(제2항) 규정하고 있으므로 **자치경찰공무원도 불심검문의 주체가 된다.**

(4) 직무질문의 대상자

「경직법」 제3조 제1항에 따르면 경찰관은 ① 수상한 행동이나 그 밖의 주위 사정을 합리적으로 판단해 볼 때 어떠한 죄를 범하였거나 범하려 하고 있다고 의심할 만한 상당한 이유가 있는 사람(이하 "행동수상자"라 한다)과 ② 이미 행하여진 범죄나 행하여지려고 하는 범죄행위에 관한 사실을 안다고 인정되는 사람(이하 "범죄사실을 안다고 인정되는 사람"이라 한다)을 정지시켜 질문할 수 있다. 이에 따라 불심검문의 대상자는 ① 행동수상자(제1호)와 ② 범죄사실을 안다고 인정되는 사람(제2호)이다.

1) 행동수상자

(가) 의 의

「경직법」 제3조 제1항 제1호에 따르면 경찰관은 행동수상자를 상대로 직무상 필요한 질문을 할 수 있다. 여기서 **"행동수상자"**란 수상한 행동이나 그 밖의 주위 사정을 합리적으로 판단해 볼 때 어떠한 죄를 범하였거나 범하려 하고 있다고 의심할 만한 상당한 이유가 있는 사람을 의미한다. 이때 "수상한 행동"이란 자연스럽지 못한 동작, 언어, 모습, 소지품 등으로 미루어 보아 통상적인 활동에서 벗어난, 범죄와 관련이 있는 것으로 판단될 수 있는 의심스러운 행동과 태도를 의미하며, "그 밖의 주위의 사정"이란 주간 또는 야간인가에 따른 시간적 상황, 위험한 물건인지 여부에 따른 물적 상황, 주변 사람들의 태도와 같은 인적 상황 등 수상한 행동 외의 주변상황을 의미한다. 이러한 제반 사정을 합리적으로 판단해 볼 때 누군가가 어떤 범죄를 자행하였거나 자행하려 하고 있다고 의심할 만한 상당한 이유가 있는 경우 경찰관은 불심검문을 할 수 있다.[14)]

(나) 행동수상자에 해당하는지 여부의 판단기준

행동수상자인지 여부는 일률적으로 판단할 수 없고 개별사안에 따라 달리 판단되어야 한다. 예를 들어 경찰관을 보고 도주하거나 급히 숨거나 옆길로 빠지거나 되돌아가는 경우, 빈집이나 다세대 주택 또는 여성전용 원룸 등을 기웃거리거나 가방을 들고 방황하거나 위험한 물건을 소지하고 있는 경우 또는 신체나 의복류에 피가 묻어 있는 경우 등과 같이 범죄와 관련이 있는 것으로 판단될 수 있는 의심스러운 행동과 태도를 보이는 경우에는 행동수상자로 볼 수 있을 것이다. **특히 범죄에 사용되었다고 인정하기에 충분한 흉기나 그 밖의 물건을 소지하고 있을 때나 신체 또는 의복류에 증거가 될 만한 뚜렷한 흔적이 있을 때에는 불심검문의 대상이 될 수**

14) 인천지방법원 2010. 4. 30. 선고 2009노4018 판결.

있을 뿐만 아니라, 현행범인으로 간주되어 체포될 수 있음에 유의하여야 한다(「형사소송법」 제211조 제2항, 제212조).

형사소송법 제211조(현행범인과 준현행범인) ① 범죄를 실행하고 있거나 실행하고 난 직후의 사람을 현행범인이라 한다.
② 다음 각 호의 어느 하나에 해당하는 사람은 현행범인으로 본다.
1. 범인으로 불리며 추적되고 있을 때
2. 장물이나 범죄에 사용되었다고 인정하기에 충분한 흉기나 그 밖의 물건을 소지하고 있을 때
3. 신체 또는 의복류에 증거가 될 만한 뚜렷한 흔적이 있을 때
4. 누구냐고 묻자 도망하려고 할 때

형사소송법 제212조(현행범인의 체포) 현행범인은 누구든지 영장 없이 체포할 수 있다.

한편 **행동수상자인지 여부는 구체적 상황을 고려하여 경찰관 평균인을 기준으로 판단하되, 그 판단은 불심검문의 목적과 취지에 비추어 현저히 불합리하여서는 아니 된다**. 예를 들어 [사례 6] <PC방 검문 사건>이 바로 그러하다. 이 사건에서 경찰관들은 '나이가 들고 점잖아 보이는 사람은 제외하고 나머지 젊은 사람'을 대상으로 선별적으로 불심검문을 실시하였는바, 경찰관들의 이러한 행위는 「경직법」 제3조 제1항이 불심검문의 대상자를 구체적으로 규정하여 권한을 남용하지 않도록 한 취지를 넘어선 위법한 불심검문으로 볼 수 있다. 이에 반하여 [사례 1] <자전거 날치기 검문 사건>에서 경찰관들이 '갑'을 대상으로 한 불심검문은 적법한 불심검문으로 볼 수 있다. 왜냐하면 불심검문 당시 인근 지역에서 자전거를 이용한 날치기 사건이 발생하여 해당 경찰관들에게도 검문검색 지령이 내려진 상황이었고, '갑'의 인상착의가 날치기 사건의 용의자와 매우 흡사하였을 뿐만 아니라, 사건 발생시점, 검문장소, 검문검색 지령의 내용 등 기타 주위의 사정을 합리적으로 판단해 볼 때 당시 경찰관들로서는 '갑'을 날치기의 범인으로 볼 만한 충분한 사정이 있었기 때문이다.[15)]

다른 한편 판례는 순찰차의 정지지시를 무시하고 도주한 교통법규위반 차량의 운전자를 거동수상자(현 행동수상자)로 본 바 있다.

판례

〈순찰차의 정지지시를 무시하고 도주한 교통법규 위반 차량의 운전자를 행동수상자로 볼 수 있는지 여부〉

교통법규위반 차량이 순찰차의 정지지시를 무시하고 그 추적을 피하여 과속으로 신호를 위반하면서 도주하다가 교통사고를 일으킨 경우, 교통법규 위반 차량이 정지지시를 무시하고 도주한 것은 소위 거동수상자로서 다른 어떤 범죄에 관계가 있는 것이라고 판단할 수 있는 상황으로서 추적의 필요성 및 상당성이 인정되고, 또한 사고 당시는 야간으로서 인적이나 차량의 통행이 한산하여 제3자의 피해가 발생할 수 있는 구체적 위험성을 예측할 수 있었다고 볼 수 없고, 다른 순찰차량과의 공조체제 등 다른 조치를 취할 가능성이 희박한 점 등을 고려할 때, 경찰관의 위 추적행위는 직무를 벗어난 위법한 과잉추적으로 보기 어려우므로 피해자에 대한 국가의 손해배상 책임은 인정되지 않는다(광주지법 1994. 4. 22 선고 97가합9989, 98가합187 판결).

2) 범죄사실을 안다고 인정되는 사람

「경직법」 제3조에 따른 경찰관의 직무질문은 그 대상에 있어서 행동수상자에 한정될 것이 요구되지 않는다. 즉 직무질문은 이미 행하여진 범죄나 행하여지려고 하는 범죄행위에 관한 사실을 안다고 인정되는 사람에게도 가능하다. 여기서 "이미 행하여진 범죄나 행하여지려고 하는 범죄행위에 관한 사실을 안다고 인정되는 사람"이란 (전술한) **행동수상자를 제외한 제3자를 의미한다.** 이들은 범죄에 대한 혐의나 책임이 있는 사람이 아니며, 피해자나 목격자 등과 같이 범죄와 무관한 사람으로서 단순히 범죄

15) 대법원 2012. 9. 13. 선고 2010도6203 판결.

사실을 아는 사람에 불과하다. 경찰관이 이들에게 질문을 하기 위해서는 이들이 어떤 범죄에 관하여 알고 있음이 구체적 사실을 통해 인정될 수 있어야 한다.

(5) 직무질문의 절차

경찰관직무집행법 제3조(불심검문) ④ 경찰관은 제1항이나 제2항에 따라 질문을 하거나 동행을 요구할 경우 자신의 신분을 표시하는 증표를 제시하면서 소속과 성명을 밝히고 질문이나 동행의 목적과 이유를 설명하여야 하며, 동행을 요구하는 경우에는 동행장소를 밝혀야 한다.
경찰관직무집행법 시행령 제5조(신분을 표시하는 증표) 법 제3조 제4항 및 법 제7조 제4항의 신분을 표시하는 증표는 경찰공무원의 공무원증으로 한다.

1) 증표의 제시 등

「경직법」 제3조 제4항에 따르면 경찰관이 행동수상자와 범죄사실을 안다고 인정되는 사람에게 직무상 필요한 질문을 하거나 동행을 요구할 때에는 자신의 신분을 표시하는 증표를 제시하면서 소속과 성명을 밝히고, 질문이나 동행의 목적과 이유를 설명해야 하며, 동행을 요구하는 경우에는 동행장소를 밝혀야 한다. 여기서 "**신분을 표시하는 증표**"란 **경찰공무원의 공무원증**을 의미한다(「경직법 시행령」 제5조).

2) 주민등록법상의 예외

한편 「주민등록법」 제26조 제2항은 "사법경찰관리는 제1항에 따라 신원 등을 확인할 때 친절과 예의를 지켜야 하며, **정복근무 중인 경우 외에는** 미리 신원을 표시하는 증표를 지니고 이를 관계인에게 내보여야 한다"라고 규정하고 있다(아래 참조).

주민등록법 제26조(주민등록증 등의 제시요구) ① 사법경찰관리(司法警察官吏)가 범인을 체포하는 등 그 직무를 수행할 때에 17세 이상인 주민의 신원이나 거주 관계를 확인할 필요가 있으면 주민등록증의 제시를 요구할 수 있다. 이 경우 사법경찰관리는 주민등록증을 제시하지 아니하는 자로서 신원을 증명하는 증표나 그 밖의 방법에 따라 신원이나 거주 관계가 확인되지 아니하는 자에게는 범죄의 혐의가 있다고 인정되는 상당한 이유가 있을 때에 한정하여 인근 관계 관서에서 신원이나 거주 관계를 밝힐 것을 요구할 수 있다.

② 사법경찰관리는 제1항에 따라 신원 등을 확인할 때 친절과 예의를 지켜야 하며, 정복근무중인 경우 외에는 미리 신원을 표시하는 증표를 지니고 이를 관계인에게 내보여야 한다.

「주민등록법」 제26조 제2항을 반대로 해석하면 사법경찰관리가 정복근무 중일 때에는 미리 그 신원을 표시하는 증표를 관계인에게 내 보이지 않아도 됨을 의미한다. 「경직법」 제3조 제4항과는 달리, 사법경찰관리가 정복근무 중일 때에 한하여 증표제시의무를 면제시키고 있는 「주민등록법」 제26조 제2항으로 말미암아 경찰관은 불심검문 시에 정복을 착용한 경우에도 피검문자에게 신분증을 제시해야 할 의무가 있는지의 문제가 제기되는바, 이에 관해서는 긍정설과 부정설의 견해대립이 존재한다.16)

3) 경찰관은 정복을 착용 중인 경우에도 신분증을 제시해야 할 의무가 있는가?

(가) 긍 정 설

먼저 긍정설은 검문 시에 정복을 착용한 경우라도 경찰관은 피검문자에게 신분증을 제시해야 할 의무가 있다고 보고 있다. 긍정설은 ① 경찰관에게 신분증 제시의무를 부과한 것은 경찰관 자신의 검문행위가 정당한 경찰활동임을 피검문자에게 알리기 위한 것이라는 점, ② 또한 경찰관의 행위가 불법행위일 경우 피검문자에게 이후 책임을 물을 대상을 명확히

16) 이에 관하여 보다 자세한 것은 성홍재, "불심검문 경찰관의 신분증 제시의무에 대한 법적 검토", 경찰학연구 제8권 제1호, 2008, 81-109쪽.

밝히는 것이기도 하다는 점, ③ 특히 검문을 하는 경찰관의 소속과 성명은 신분증제시를 통해서 그 확인이 가능하다는 점을 들어 검문 전의 신분증 제시는 필수적이라고 한다. 국가인권위원회는 일관된 결정에서 긍정설의 입장을 따르고 있다.

[국가인권위원회 결정]

〈부당한 불심검문에 의한 인권침해〉

이러한 절차를 둔 취지는 경찰관에게는 자신의 검문행위가 정당한 경찰활동임을 피검문자에게 알리기 위한 행위인 한편, 경찰관 자신의 행위가 불법일 경우 피검문자에게 이후 책임을 물을 대상을 명확히 밝히는 것이며, 검문의 목적과 이유를 고지함으로써 피검문자가 질문내용을 이해하고 방어할 수 있도록 준비하게 해주는 데 그 목적이 있다. 특히 검문을 행하는 경찰관의 소속과 성명은 신분증제시를 함으로써 확인이 가능하고, 검문절차의 준수 여부에 대한 오해나 시비를 없애기 위해서라도 반드시 검문 전 신분증 제시는 필수적인 절차이다(국가인권위원회 2007. 2. 21.자 06진인2076 결정).

(나) 부 정 설

반면 부정설은 ① 경찰관이 정복착용을 한 경우 피검문자는 정복에 부착된 명찰과 흉장을 통해 경찰관의 신분을 확인할 수 있다는 점, ② 일반인에게는 정복이 신분증보다 직무 중인 경찰임을 인식하는 데에 더 효과적인 수단이라는 점, ③ 신분증은 일반인이 진위 여부를 확인하기 어려우므로 인권침해예방이나 사후구제의 효과가 낮다는 점, ④「주민등록법」제26조 제2항은 사법경찰관리가 정복근무 중일 때에 한하여 증표제시의무를 면제시키고 있다는 점 등을 들어 경찰관이 검문 시 정복을 착용한 경우에는 피검문자에게 신분증을 제시해야 할 의무가 없다고 보고 있다.[17] 이와 관련하

17) 부정설에 관해서는 또한 성홍재, "불심검문 경찰관의 신분증 제시의무에 대한 법적

여 최근 대법원은 긍정설의 입장을 따르는 판결을 내린 바 있다.

판례

〈경찰관이 신분증을 제시하지 않고 불심검문을 하였으나, 검문하는 사람이 경찰관이고 검문하는 이유가 범죄행위에 관한 것임을 피고인이 알고 있었던 경우 그 불심검문이 위법한 공무집행인지 여부〉

경찰관직무집행법 제3조 제4항은 경찰관이 불심검문을 하고자 할 때에는 자신의 신분을 표시하는 증표를 제시하여야 한다고 규정하고, 경찰관직무집행법 시행령 제5조는 위 법에서 규정한 신분을 표시하는 증표는 경찰관의 공무원증이라고 규정하고 있는데, 불심검문을 하게 된 경위, 불심검문 당시의 현장상황과 검문을 하는 경찰관들의 복장, 피고인이 공무원증 제시나 신분 확인을 요구하였는지 여부 등을 종합적으로 고려하여, 검문하는 사람이 경찰관이고 검문하는 이유가 범죄행위에 관한 것임을 피고인이 충분히 알고 있었다고 보이는 경우에는 신분증을 제시하지 않았다고 하여 그 불심검문이 위법한 공무집행이라고 할 수 없다(대법원 2014. 12. 11. 선고 2014도7976 판결).

(다) 학설에 대한 평가

사견으로는 사법경찰관리가 신원확인이나 거주관계 확인을 목적으로 17세 이상의 주민에게 주민등록증 제시를 요구할 때에 **만약 정복근무 중이라면 사법경찰관리는 「주민등록법」 제26조 제2항에 따라 관계인에게 신분을 표시하는 증표를 미리 내보이지 않아도 된다고 본다**. 왜냐하면 법리적으로 보았을 때 「주민등록법」은 「경직법」과의 관계에서 특별법적 지위에 있으므로 만일 「주민등록법」이 경찰관의 직무수행과 관련하여 특별규정을 두고 있다면 **"특별법 우선의 원칙"**에 따라 「주민등록법」은 경찰관의

검토", 경찰학연구 제8권 제1호, 2008, 82쪽; 이성용, "경찰관직무집행법 개정논의에 관한 소고: 불심검문을 중심으로", 인권보장을 위한 경찰관직무집행법의 개선방향 국회토론회 자료집, 2010, 55−56쪽.

직무수행에 관한 일반법인 「경직법」보다 우선 적용되기 때문이다. 즉 「주민등록법」은 제26조에서 17세 이상 주민의 신원이나 거주관계의 확인을 위한 사법경찰관리의 주민등록증 제시요구와 동행요구에 관한 사항을 특별히 규정하고 있으므로 이러한 한도에서 동 규정은 「경직법」 제3조보다 우선 적용된다.

그러나 **사법경찰관리는 「주민등록법」 제26조 제2항에 따라 관계인에게 신분증을 "미리" 내보이지 않아도 될 뿐, 관계인의 요구가 있다면 비록 정복근무 중이라 하더라도 사법경찰관리는 신분증을 내 보여야 한다.** 또한 「주민등록법」 제26조 제2항은 사법경찰관리에게 증표제시의무만을 면제시키고 있으므로 **사법경찰관리는 「경직법」 제3조가 요구하는 그 밖의 의무사항을 준수해야 한다.** 따라서 사법경찰관리가 신원이나 거주관계의 확인을 위하여 17세 이상의 주민에게 주민등록증의 제시를 요구할 때에는 관계인에게 자신의 소속과 성명을 밝히고, 그 목적과 이유를 설명하여야 한다(제3조 제4항). 나아가 사법경찰관리가 주민등록증 제시요구를 넘어서 관계인에게 경찰관서에의 동행을 요구할 때에도 이와 관련된 「경직법」 제3조의 적용을 받는다. 따라서 사법경찰관리가 관계인에게 동행을 요구할 때에는 동행장소를 밝혀야 하고(제3조 제4항), 관계인이 동행한 경우에는 그의 가족 또는 친지 등에게 동행한 경찰관의 신분, 동행장소, 동행목적과 이유를 고지하거나 본인으로 하여금 즉시 연락할 수 있는 기회를 부여하여야 하며, 변호인의 조력을 받을 권리가 있음을 고지하여야 한다(제3조 제5항). 또한 관계인을 6시간을 초과하여 경찰관서에 머물게 할 수 없다(제3조 제6항).

긍정설은 검문을 하는 경찰관의 소속과 성명은 신분증을 제시함으로써 확인 가능하고, 경찰관의 행위가 불법행위일 경우 피검문자에게 이후 책임을 물을 대상을 명확히 밝히기 위하여 검문 전의 신분증 제시는 필수적이라고 주장하나, 피검문자는 정복에 부착된 명찰과 흉장을 통해서 일차적으로 경찰관의 신분을 확인할 수 있을 뿐만 아니라, 경찰관은 검문 시에 반드시 자신의 소속과 성명을 피검문자에게 밝혀야 하므로 피검문자는 이 과정에서 경찰관의 신분을 재차 확인할 수 있기 때문에, '경찰관은 정복착용 중인 경우에도 검문 전에 반드시 신분증을 제시해야 한다'고 보는 것은 너무 나아간 견해라 할 수 있다. 또한 긍정설은 경찰관이 아닌 사람이 정복을 착용하고 경찰관을 사칭하는 것을 막기 위해서라도 경찰관은 검문 전에 반드시 신분증을 제시해야 한다고 주장하나, 이 주장도 설득력이 약하기는 마찬가지이다. 왜냐하면 경찰관을 사칭하는 사람들은 제복뿐만 아니라 신분증도 위조해서 사용하기 때문이다.[18]

(6) 직무질문의 내용

「경직법」 제3조 제1항은 "경찰관은 다음 각 호의 어느 하나에 해당하는 사람을 정지시켜 질문할 수 있다"라고 규정하고 있을 뿐, 구체적인 질문의 내용에 관해서는 함구하고 있다. 그러나 경찰관은 상대방의 임의적 답변을 요구할 수 있을 뿐, 강요는 할 수 없으므로 질문의 내용이 법문에 한정되지 않았다 하여 특별히 문제가 되는 것은 아니다.[19] 물론 불심검문의 목적 · 취지를 고려할 때에 질문의 내용은 경찰관의 직무수행에 필요한 사항(예를 들면 성명, 연령, 주소, 행선지, 용건, 소지품의 내용 등)이 되어야 할 것이다.

(7) 직무질문의 한계

「경직법」 제1조 제2항은 "이 법에 규정된 경찰관의 직권은 그 직무수행에 필요한 최소한도 내에서 행사되어야 하며, 이를 남용하여서는 아니 된다"라고 규정하고 있다. 이에 따라 **경찰관은 목적 달성에 필요한 최소한의 범위 내에서 사회통념상 용인될 수 있는 상당한 방법으로 「경직법」 제3**

18) 연쇄살인범 유영철도 위조된 경찰신분증을 사용하였다고 한다. 배재만, "연쇄살인범이 위조해 사용한 경찰신분증", 연합뉴스 2004. 7. 18. https://news.naver.com/main/read.nhn?mode=LSD&mid=sec&sid1=102&oid=001&aid=0000705983 (2024. 07. 30. 검색).

19) 홍정선, 경찰행정법, 박영사, 2010, 249쪽.

조 제1항 제1호와 제2호에 규정된 사람을 정지시켜 의심되는 사항에 관하여 질문할 수 있고, 또한 질문에 수반하여 흉기소지 여부도 조사할 수 있다.[20]

판례

〈불심검문의 적법요건 및 그 내용〉

경찰관은 경찰관직무집행법 제3조 제1항에 규정된 대상자에게 질문을 하기 위하여 범행의 경중, 범행과의 관련성, 상황의 긴박성, 혐의의 정도, 질문의 필요성 등에 비추어 목적 달성에 필요한 최소한의 범위 내에서 사회통념상 용인될 수 있는 상당한 방법으로 대상자를 정지시킬 수 있고, 질문에 수반하여 흉기의 소지 여부도 조사할 수 있다(대법원 2012. 9. 13. 선고 2010도6203 판결).

또한 불심검문은 상대방의 임의에 맡겨져 있으므로 질문에 응한 상대방은 형사소송에 관한 법률에 의하지 아니하고는 신체를 구속당하지 아니하며, 그 의사에 반하여 답변을 강요당하지 아니한다. 따라서 **경찰관이 답변을 거부할 의사를 밝힌 상대방에게 강제력을 행사하여 사실상의 답변을 강요하는 것은 불심검문의 한계를 벗어난 위법한 직무집행으로 허용되지 않는다.** 이 점은 「경직법」 제3조 제7항에 명시되어 있다.

경찰관직무집행법 제3조(불심검문) ⑦ 제1항부터 제3항까지의 규정에 따라 질문을 받거나 동행을 요구받은 사람은 형사소송에 관한 법률에 따르지 아니하고는 신체를 구속당하지 아니하며, 그 의사에 반하여 답변을 강요당하지 아니한다.

20) 대법원 2012. 9. 13. 선고 2010도6203 판결.

3. 임의동행

경찰관직무집행법 제3조(불심검문) ② 경찰관은 제1항에 따라 같은 항 각 호의 사람을 정지시킨 장소에서 질문을 하는 것이 그 사람에게 불리하거나 교통에 방해가 된다고 인정될 때에는 질문을 하기 위하여 가까운 경찰서 · 지구대 · 파출소 또는 출장소(지방해양경찰관서를 포함하며, 이하 "경찰관서"라 한다)로 동행할 것을 요구할 수 있다. 이 경우 동행을 요구받은 사람은 그 요구를 거절할 수 있다.

(1) 의 의

「경직법」 제3조 제2항 제1문에 따르면 경찰관은 그 장소에서 질문을 하는 것이 그 사람에게 불리하거나 교통에 방해가 된다고 인정될 때에는 질문을 하기 위하여 가까운 경찰서 · 지구대 · 파출소 또는 출장소에 동행할 것을 요구할 수 있다. 이 경우 동행을 요구받은 사람은 그 요구를 거절할 수 있다(「경직법」 제3조 제2항 제2문). 「경직법」 제3조 제2항에 따른 동행은 상대방의 동의나 승낙이 있을 때에만 가능하기 때문에 이 경우의 동행을 일컬어 **"임의동행"**이라 한다.

동행은 상대방의 동의나1 승낙을 요하기 때문에 경찰관으로부터 동행요구를 받았다 하더라도 상대방은 이를 거절할 수 있고, 동행을 한 경우에도 언제든지 경찰관서에서 나올 수 있다. 즉 **임의동행은 상대방의 동의나 승낙을 그 요건으로 하므로 경찰관으로부터 임의동행 요구를 받은 경우 상대방은 이를 거절할 수 있을 뿐만 아니라, 임의동행 후에도 언제든지 경찰관서에서 퇴거할 자유가 있다.**[21]

21) 대법원 1997. 8. 22. 선고 97도1240 판결.

판례

〈임의동행의 의의〉

임의동행은 상대방의 동의 또는 승낙을 그 요건으로 하는 것이므로 경찰관으로부터 임의동행 요구를 받은 경우 상대방은 이를 거절할 수 있을 뿐만 아니라 임의동행 후 언제든지 경찰관서에서 퇴거할 자유가 있다(대법원 1997. 8. 22. 선고 97도1240 판결).

상대방은 경찰관의 동행요구를 언제든지 거절할 수 있으므로 상대방이 동행요구에 응하지 않더라도 경찰관은 상대방을 강제로 연행할 수 없다. 만일 경찰관이 임의동행 요구에 응하지 않은 상대방을 강제로 연행하기 위하여 양 팔을 잡아끌거나 손목을 잡고 뒤로 꺾어 올리는 등의 제압행위를 하였다면 그러한 행위는 위법한 공무집행이 된다.[22] 이 경우 상대방이 이러한 불법연행에 저항하더라도 공무집행방해죄를 구성하지 않는다.[23] 왜냐하면 「형법」 제136조의 공무집행방해죄는 경찰관의 "적법한" 직무집행을 전제로 하기 때문이다. 또한 상대방이 불법연행에서 벗어나기 위하여 저항한 행위는 정당행위로서 설령 저항과정에서 경찰관에게 경미한 상해를 입혔다 하더라도 위법성이 조각되어 상해죄로 처벌받지 아니한다.[24]

판례

〈임의동행요구에 저항하는 과정에서 경찰관에게 경미한 상해를 입힌 경우 위법성이 조각되는지 여부〉

경찰관이 임의동행을 요구하며 손목을 잡고 뒤로 꺾어 올리는 등으로 제압하자, 거기에서 벗어나려고 몸싸움을 하는 과정에서 경찰관에게 경미한

22) 대법원 1992. 5. 26. 선고 91다38334 판결.
23) 대법원 1976. 3. 9. 선고 75도3779 판결.
24) 대법원 1999. 12. 28. 선고 98도138 판결.

상해를 입힌 경우 위법성이 결여된 행위이다(대법원 1999. 12. 28. 선고 98도138 판결).

판례

〈경찰관의 임의동행요구에 저항한 행위가 정당한 행위인지 여부〉

경찰관이 임의동행요구에 응하지 않는다 하여 강제연행하려고 대상자의 양팔을 잡아 끈 행위는 적법한 공무집행이라고 할 수 없으므로, 그 대상자가 이러한 불법연행으로부터 벗어나기 위하여 저항한 행위는 정당한 행위라고 할 것이고, 이러한 행위에 무슨 과실이 있다고 할 수 없다(대법원 1992. 5. 26. 선고 91다38334 판결).

판례

〈경찰관의 임의동행요구를 받은 사람이 자해행위를 한 경우 공무집행방해죄에 해당하는지 여부〉

경찰관의 임의동행을 요구받은 피고인이 자기 집 안방으로 피하여 문을 잠갔다면 이는 임의동행요구를 거절한 것이므로 피요구자의 승낙을 조건으로 하는 임의동행하려는 직무행위는 끝난 것이고, 피고인이 문을 잠근 방안에서 면도칼로 앞가슴 등을 그어 피를 보이면서 자신이 죽어 버리겠다고 불온한 언사를 농하였다 하여도 이는 자해자학행위는 될지언정 위 경찰관에 대한 유형력의 행사나 해악의 고지표시가 되는 폭행 또는 협박으로 볼 수 없다(대법원 1976. 3. 9. 선고 75도3779 판결).

(2) 임의동행의 적법요건

경찰관직무집행법 제3조(불심검문) ② 경찰관은 제1항에 따라 같은 항 각 호의 사람을 정지시킨 장소에서 질문을 하는 것이 그 사람에게 불리하거나 교통에 방해가 된다고 인정될 때에는 질문을 하기 위하여 가까운 경찰서·지구대·파출소 또는 출장소(지방해양경찰관서를 포함하며, 이하 "경찰관서"라 한다)로 동행할 것을 요구할 수 있다. <u>이 경우 동행을 요구받은 사람은 그 요구를 거절할 수 있다(밑줄 저자).</u>
④ 경찰관은 제1항이나 제2항에 따라 질문을 하거나 동행을 요구할 경우 자신의 신분을 표시하는 증표를 제시하면서 소속과 성명을 밝히고 질문이나 동행의 목적과 이유를 설명하여야 하며, 동행을 요구하는 경우에는 동행장소를 밝혀야 한다.
⑤ 경찰관은 제2항에 따라 동행한 사람의 가족이나 친지 등에게 동행한 경찰관의 신분, 동행장소, 동행 목적과 이유를 알리거나 본인으로 하여금 즉시 연락할 수 있는 기회를 주어야 하며, 변호인의 도움을 받을 권리가 있음을 알려야 한다.

---

1) 임의동행 거부권의 고지

경찰관이 임의동행을 요구하는 경우에는 상대방에게 동행을 거부할 수 있음을 고지하여야 하고, 상대방은 동행에 동의한 경우라도 원할 경우에는 언제든지 자유로이 동행과정에서 이탈 또는 동행장소에서 퇴거할 수 있어야 한다. 대법원은 일관된 판결에서 임의동행이 적법하기 위해서는 경찰관이 동행에 앞서 반드시 상대방에게 **"임의동행 거부권"**을 고지하여야 함을 판시하고 있다.[25] 이에 따라 **경찰관이 상대방을 경찰관서까지 동행하면서 임의동행 거부권을 고지하지 않았다면, 설령 경찰관이 상대방을 동행할 당시 물리력을 행사한 바 없고, 또한 상대방이 명시적 거부의사를 밝히지 않았다 하더라도, 이것은 임의동행의 적법요건이 갖춰지지 않은 사실상의 강제연행·불법체포에 해당한다.** 사실 경찰관이 동의를 받는 형식으로 관계인을 경찰관서에 동행하는 것은 관계인의 신체의 자유가 제한되어 실질적으로 체포와 유사한 상태에 놓이게 됨에도 아직 정식의 체포·구속단계 이전이라는 이유로 「헌법」과 「형사소송법」이 체포·구속된 피의자에게 부여하는 각종의 권리보장 장치가 제공되지 않는 등 「형사소송법」의 원리에 반하는 결과를 초래할 가능성이 매우 높다. 따라서 경찰관이 경찰관서

25) 대법원 2006. 7. 6. 선고 2005도6810 판결; 2011. 6. 30. 선고 2009도6717 판결; 2012. 9. 13. 선고 2012도8890 판결.

로 동행하기에 앞서 상대방에게 동행을 거부할 수 있음을 고지하였거나 동행한 상대방이 언제든지 자유로이 동행과정에서 이탈 또는 동행장소에서 퇴거할 수 있었음이 인정되는 등 오로지 상대방의 자발적인 의사에 의하여 경찰관서에의 동행이 이루어졌음이 객관적인 사정에 의하여 명백하게 입증된 경우에 한하여 동행의 적법성이 인정된다.[26]

2) 그 밖의 절차적 요건

한편 상대방에게 동행을 요구할 경우 경찰관은 자신의 신분을 표시하는 증표를 제시하면서 소속과 성명을 밝히고, 그 목적과 이유를 설명하여야 하며, 동행장소를 밝혀야 한다(「경직법」 제3조 제4항). 또한 상대방이 동행을 한 경우 경찰관은 그 가족 또는 친지 등에게 동행한 경찰관의 신분, 동행장소, 동행목적과 이유를 고지하거나 본인으로 하여금 즉시 연락할 수 있는 기회를 부여하여야 하며, 변호인의 조력을 받을 권리가 있음을 고지하여야 한다(「경직법」 제3조 제5항). 경찰관이 동행 시에 요구되는 고지의무를 위반하거나 직권을 남용하여 다른 사람에게 해를 끼친 경우에는 1년 이하의 징역이나 금고에 처해질 수 있다(「경직법」 제12조).

판례

〈임의동행의 적법요건〉

수사관이 수사과정에서 당사자의 동의를 받는 형식으로 피의자를 수사관서 등에 동행하는 것은, 상대방의 신체의 자유가 현실적으로 제한되어 실질적으로 체포와 유사한 상태에 놓이게 됨에도, 영장에 의하지 아니하고 그 밖에 강제성을 띤 동행을 억제할 방법도 없어서 제도적으로는 물론 현실적으로도 임의성이 보장되지 않을 뿐만 아니라, 아직 정식의 체포·구속단계 이전이라는 이유로 상대방에게 헌법 및 형사소송법이 체포·구속된 피의자에게 부여하는 각종의 권리보장 장치가 제공되지 않는 등 형사

26) 대법원 2006. 7. 6. 선고 2005도6810 판결.

소송법의 원리에 반하는 결과를 초래할 가능성이 크므로, 수사관이 동행에 앞서 피의자에게 동행을 거부할 수 있음을 알려 주었거나 동행한 피의자가 언제든지 자유로이 동행과정에서 이탈 또는 동행장소로부터 퇴거할 수 있었음이 인정되는 등 오로지 피의자의 자발적인 의사에 의하여 수사관서 등에의 동행이 이루어졌음이 객관적인 사정에 의하여 명백하게 입증된 경우에 한하여, 그 적법성이 인정되는 것으로 봄이 상당하다(대법원 2006. 7. 6. 선고 2005도6810 판결).

(3) 한 계

경찰관직무집행법 제3조(불심검문) ⑥ 경찰관은 제2항에 따라 동행한 사람을 6시간을 초과하여 경찰관서에 머물게 할 수 없다.
⑦ 제1항부터 제3항까지의 규정에 따라 질문을 받거나 동행을 요구받은 사람은 형사소송에 관한 법률에 따르지 아니하고는 신체를 구속당하지 아니하며, 그 의사에 반하여 답변을 강요당하지 아니한다.

「경직법」 제3조 제6항은 상대방이 동행한 경우에도 **6시간**을 초과하여 경찰관서에 머물게 할 수 없음을 규정하고 있다. 그러나 **「경직법」 제3조 제6항이 임의동행한 상대방을 6시간을 초과하여 경찰관서에 머물게 할 수 없음을 규정하고 있다고 하여 동 규정이 임의동행한 사람을 6시간 동안 경찰관서에 구금하는 것을 허용하는 것은 아니라는 점에 유의하여야 한다.**[27] 이에 위반 시에는 불법체포 · 감금죄(「형법」 제124조)에 해당될 수 있으며, 범죄성립이 인정될 경우 경찰관은 7년 이하의 징역과 10년 이하의 자격정지로 처벌받을 수 있다.

27) 대법원 1997. 8. 22. 선고 97도1240 판결.

판례

〈경직법 제3조 제6항이 임의동행한 자를 6시간 동안 경찰관서에 구금하는 것을 허용하는지 여부〉

경찰관직무집행법 제3조 제6항이 임의동행한 경우 당해인을 6시간을 초과하여 경찰관서에 머물게 할 수 없다고 규정하고 있다고 하여 그 규정이 임의동행한 자를 6시간 동안 경찰관서에 구금하는 것을 허용하는 것은 아니다(대법원 1997. 8. 22. 선고 97도1240 판결).

그리고 경찰관의 동행요구에 응한 상대방은 형사소송에 관한 법률에 의하지 아니하고는 신체를 구속당하지 아니하며, 그 의사에 반하여 답변을 강요당하지 아니한다(「경직법」 제3조 제7항).

4. 흉기소지 여부의 조사

경찰관직무집행법 제3조(불심검문) ③ 경찰관은 제1항 각 호의 어느 하나에 해당하는 사람에게 질문을 할 때에 그 사람이 흉기를 가지고 있는지를 조사할 수 있다.

(1) 의 의

「경직법」 제3조 제3항에 따르면 경찰관은 행동수상자나 범죄사실을 안다고 인정되는 사람에게 질문을 할 때에 그 사람이 흉기를 가지고 있는지를 조사할 수 있다. **「경직법」 제3조 제3항의 입법취지는 공무를 수행하는 경찰관의 생명이나 신체의 안전을 보장하기 위함이다.** 사실 「경직법」 제3조 제3항에 따른 흉기소지 여부의 조사는 「헌법」 제12조 제3항의 "수색"에 해당하기 때문에 경찰관이 흉기소지 여부를 조사할 때에는 원칙적으로 법관이 발부한 영장을 제시해야 하지만, 여기서는 흉기로부터 경찰관의 생명이나 신체의 안전을 보장하기 위한 긴급을 요하는 경우에 해당하기 때문에 영장주의의 예외가 인정되고 있다.

(2) 흉기 외의 소지품도 검사할 수 있는지 여부

「경직법」 제3조 제3항은 분명 검문 시에 흉기소지 여부를 조사할 수 있다고 규정하고 있다. 그러나 문헌에서는 흉기 외의 소지품도 검사할 수 있는지 여부를 두고 다툼이 되고 있다. 일부 견해[28]에 따르면 소지품 검사는 불심검문자의 안전을 확보하거나 질문의 실효성을 확보하기 위하여 불심검문에 수반된 행위이므로, 경찰관은 「경직법」 제3조에 근거하여 흉기 외의 소지품도 검사할 수 있다고 주장한다. 그러나 이러한 견해는 명시적으로 "흉기소지 여부"라고 규정한 「경직법」 제3조 제3항의 법문을 뛰어넘는 해석이며, 그러한 해석을 통해 영장주의(「헌법」 제12조 제3항, 「형사소송법」 제215조)를 무의미하게 만들 우려가 있기 때문에 받아들이기 어려운 견해이다.[29] 따라서 **경찰관이 행동수상자나 범죄사실을 안다고 인정되는 사람에 대한 질문 시에 하는 조사는 "흉기소지 여부"의 조사에 국한되어야 한다.**

5. 요 약

(1) 경찰관은 「경직법」 제3조 제1항에 따라 수상한 행동이나 그 밖의 주위 사정을 합리적으로 판단해 볼 때 어떠한 죄를 범하였거나 범하려 하고 있다고 의심할 만한 상당한 이유가 있는 사람을 정지시켜 질문할 수 있다. 경찰관은 「경직법」 제3조 제1항에 규정된 대상자에게 질문을 하기 위하여 범행의 경중, 범행과의 관련성, 상황의 긴박성, 혐의의 정도, 질문의 필요성 등에 비추어 경찰관은 목적 달성에 필요한 최소한의 범위 내에서 사회통념상 용인될 수 있는 상당한 방법으로 대상자를 정지시켜 의심되는 사항에 관하여 질문할 수 있고, 또한 질문에 수반하여 흉기소지 여부

28) 예를 들어 이재상, 형사소송법, 박영사 2014, 205쪽; 장규원, 불심검문과 소지품검사, 고시계 제49권 제8호, 2004. 7, 112-113쪽.

29) 같은 견해로는 김형준, "불심검문의 주체·대상·방법", 고시계 제50권 제1호, 2004. 12, 122-123쪽; 신동운, 형사소송법, 법문사 2005, 79쪽; 배종대/이상돈, 형사소송법, 홍문사 2004, 206쪽.

도 조사할 수 있다.

(2) 불심검문제도의 목적과 취지에 비추어 볼 때 정지 여부를 명백하게 결정하지 못한 사람에게 경찰관이 일정 거리를 따라가면서 말로써 질문에 협조하여 줄 것을 설득하는 정도의 것은 행동의 자유에 제약을 가하지 않는 한 허용된다고 보아야 한다. 또한 정지요구에 불응한 상대방이 앞으로 나아가지 못하게 그 앞을 가로막거나 가볍게 팔을 붙잡으며 검문에 응할 것을 요구하는 정도의 유형력 행사도 허용된다고 보아야 한다. 그러나 정지의 목적인 질문에 답변하는 것이 상대방의 임의에 맡겨져 있는 이상, 답변을 거부할 의사를 밝힌 상대방에게 수갑을 채우거나 소지품을 돌려주지 않는 등의 방법으로 그 장소를 떠나지 못하게 하는 것은 상대방에게 사실상의 답변을 강요하는 것이 되므로 허용되지 않는다.

(3) "행동수상자"란 수상한 행동이나 그 밖의 주위 사정을 합리적으로 판단해 볼 때 어떠한 죄를 범하였거나 범하려 하고 있다고 의심할 만한 상당한 이유가 있는 사람을 의미한다. 행동수상자인지 여부는 일률적으로 판단할 수 없고 개별사안에 따라 달리 판단되어야 한다. 예를 들어 경찰관을 보고 도주하거나 급히 숨거나 옆길로 빠지거나 되돌아가는 경우, 빈집이나 다세대 주택 또는 여성전용 원룸 등을 기웃거리거나 가방을 들고 방황하거나 위험한 물건을 소지하고 있는 경우 또는 신체나 의복류에 피가 묻어 있는 경우 등과 같이 범죄와 관련이 있는 것으로 판단될 수 있는 의심스러운 행동과 태도를 보이는 경우에는 행동수상자로 볼 수 있을 것이다. 특히 범죄에 사용되었다고 인정하기에 충분한 흉기나 그 밖의 물건을 소지하고 있을 때나 신체 또는 의복류에 증거가 될 만한 뚜렷한 흔적이 있을 때에는 불심검문의 대상이 될 수 있을 뿐만 아니라, 현행범인으로 간주되어 체포될 수 있다. 한편 행동수상자인지 여부는 구체적 상황을 고려하여 경찰관 평균인을 기준으로 판단하되, 그 판단은 불심검문의 목적과

취지에 비추어 현저히 불합리하여서는 아니 된다.

(4) 경찰관이 검문 시에 정복을 착용한 경우에도 피검문자에게 신분증을 제시해야 할 의무가 있는지 여부와 관련하여서는 긍정설과 부정설의 견해대립이 존재한다. 이 경우 국가인권위원회는 긍정설을, 대법원은 부정설의 입장을 따르고 있다. 국가인권위원회의 견해에 따르면 검문을 하는 경찰관의 소속과 성명은 신분증 제시를 통해 확인이 가능하고, 검문절차의 준수 여부에 대한 오해나 시비를 없애기 위해서라도 반드시 검문 전의 신분증 제시는 필수적이라고 한다. 이에 반하여 대법원은 불심검문을 하게 된 경위, 불심검문 당시의 현장상황과 검문을 하는 경찰관들의 복장, 피검문자가 공무원증 제시나 신분확인을 요구하였는지 여부 등을 종합적으로 고려하여 검문하는 사람이 경찰관이고, 검문하는 이유가 범죄행위에 관한 것임을 피검문자가 충분히 알고 있었다고 보이는 경우에는 경찰관이 신분증을 제시하지 않았다고 하여 그 불심검문을 위법한 공무집행으로 볼 수 없다고 판시하고 있다.

(5) 경찰관이 임의동행을 요구하는 경우에는 상대방에게 동행을 거부할 수 있음을 고지하여야 하고, 상대방은 동행에 동의한 경우에도 그가 원할 경우에는 언제든지 자유로이 동행과정에서 이탈 또는 동행장소에서 퇴거할 수 있어야 한다. 대법원은 일관된 판결에서 임의동행이 적법하기 위해서는 경찰관이 동행에 앞서 반드시 상대방에게 "임의동행 거부권"을 고지하여야 함을 판시하고 있다. 이에 따라 경찰관이 상대방을 경찰관서까지 동행하면서 임의동행 거부권을 고지하지 않았다면, 설령 경찰관이 상대방을 동행할 당시 물리력을 행사한 바 없고, 또한 상대방이 명시적 거부의사를 밝히지 않았다 하더라도, 이것은 임의동행의 적법요건이 갖춰지지 않은 사실상의 강제연행 · 불법체포에 해당한다.

케이스 해설

해설 1 <자전거 날치기 검문 사건>

「형법」 제136조의 공무집행방해죄는 공무원의 직무집행이 "적법한" 경우에 한하여 성립하는 범죄이다.[30] 따라서 사례에서는 경찰관들의 '갑'에 대한 불심검문이 적법한 직무집행으로 볼 수 있는지 여부가 문제된다. 사례의 기초가 된 판결에서 원심법원(인천지방법원)은 불심검문이 상대방의 임의에 맡겨져 있는 이상, 질문에 대한 답변을 거부할 의사를 밝힌 '갑'에게 경찰관들이 유형력을 행사하여 그 진행을 막는 등의 방법은 사실상의 답변을 강요하는 것이 되므로 허용되지 않고, 따라서 순경 P^3의 제지행위는 불심검문의 한계를 벗어난 위법한 직무집행에 해당한다고 보았다.[31] 이에 반하여 대법원은 경찰관들의 '갑'에 대한 불심검문은 적법한 불심검문에 해당한다고 보았다. 즉 대법원은 범행 장소 인근에서 자전거를 이용한 날치기 사건이 발생한 직후, 검문을 실시 중이던 경찰관들이 날치기 사건의 범인과 흡사한 인상착의의 '갑'을 발견하고 앞을 가로막으며 진행을 제지한 행위는 범행의 경중, 범행과의 관련성, 상황의 긴박성, 혐의의 정도, 질문의 필요성 등에 비추어 그 목적 달성에 필요한 최소한의 범위 내에서 사회통념상 용인될 수 있는 상당한 방법으로 「경직법」 제3조 제1항에 규정된 사람에게 의심되는 사항에 관한 질문을 하기 위하여 정지시킨 것으로서 적법한 불심검문에 해당한다고 보았다.[32]

사견으로는 대법원의 견해가 타당하다고 본다. 사실 불심검문이 상대방의 임의에 맡겨져 있는 이상, 답변을 거부할 의사를 밝힌 상대방에게 경찰관이 수갑을 채우거나 소지품을 돌려주지 않는 등의 방법으로 그 장소를 떠나지 못하게 하는 것은 상대방에게 사실상의 답변을 강요하는 것이 되므로 허용되지 않는다. 그러나 사례에서와 같이 자전거를 이용한 날치기 사건이 발생한 직후, 범행 장소 인근에서 검문 중이던 경찰관들이 날치기 사건의 범인과 매우 흡사한 인상착의의 '갑'을 발견하고 의심되는 사항을 질문하기 위하여 그 앞을 가로막으며 진행을 제지한 행위를 두고 불심검문의 한계를 벗어난 위법한 직무집행으로 볼 수 있을지는 의문이다. 사례에서 '갑'은 날치기 사건의 범인으로 의심할 만한 상당한 이유가 있으므로 경찰관들이 정지요구에 불응하고 막무가내로 전진하려 하는 '갑'이 나아가지 못하게 그 앞을 가로막거나 자전거를 붙잡으며 검문에 협조해 줄 것을 요청하는 정도의 유형력 행사는 허용된다고 보아야 한다. 따라서 사례에서 경찰관들의 '갑'

에 대한 불심검문은 범행의 경중, 범행과의 관련성, 상황의 긴박성, 혐의의 정도, 질문의 필요성 등에 비추어 그 목적달성에 필요한 최소한의 범위 내에서 방법상의 한계를 준수하여 행하여진 "적법한" 직무집행으로 평가될 수 있다.

해설 2 <"제복이 곧 신분증입니다" 사건>

경찰관이 검문 시에 정복을 착용한 경우에도 피검문자에게 신분증을 제시해야 할 의무가 있는지 여부에 관해서는 긍정설과 부정설의 견해대립이 존재한다(자세한 것은 본서 해당 부분을 보기 바람). 이와 관련하여 국가인권위원회는 일관된 결정에서 긍정설의 입장을 따르고 있다. 즉 국가인권위원회는 검문을 하는 경찰관의 소속과 성명은 신분증을 제시함으로써 확인이 가능하고, 검문절차의 준수 여부에 대한 오해나 시비를 없애기 위해서라도 반드시 검문 전의 신분증 제시는 필수적이라고 한다. 사례의 기초가 된 사건에서도 국가인권위원회는 경찰관이 불심검문을 하면서 신분증을 제시하지 아니한 행위는 「경직법」 제3조 제4항에 규정된 절차를 위반한 것이고, 나아가 「헌법」 제12조의 적법절차원칙을 위반한 것이라고 결정하였다.[33] 이미 본서 해당 부분에서도 밝혔듯이 정복차림의 경찰관은 검문 시에 피검문자에게 신분증을 "미리" 제시해야 할 의무는 없지만, 사례에서와 같이 만일 피검문자가 경찰관에게 신분증 제시를 요구하고 있는 상황이라면 비록 경찰관이 정복차림이었다 하더라도 경찰관은 피검문자에게 신분증을 제시하여야 한다. 따라서 사례에서는 '갑'이 신분증 제시를 요구하였음에도 불구하고 경찰관들은 "제복이 곧 신분증입니다"라며 신분증 제시를 거부하였기 때문에 경찰관들의 행위는 "위법한" 공무집행으로 평가될 수 있다.

해설 3 <술값 시비 사건>

「형법」 제136조의 공무집행방해죄는 공무원의 직무집행이 "적법한" 경우에 한하여 성립하는 범죄이다. 따라서 사례에서는 경찰관들이 카페에서 나가려는 '갑'의 진로를 가로막고 상황설명을 요청할 때에 신분증을 제시하지 않은 행위가 적법한 직무집행으로 볼 수 있는지 여부가 문제된다. 주지하다시피 경찰관이 검문 시에 정복차림 중인 경우에도 피검문자에게 신분증을 제시해야 할 의무가 있는지의 문제와 관련하여서는 긍정설과 부정설의 견해대립이 존재한다. 사견으로는 부정설이 타당하다고 본다. 긍정설은 검문을 하는 경찰관의 소속과 성명은 신분증을 제시함으로써 확인이 가능하고, 경찰관의 행위가 불법행위일 경우 피검문자에게 이후 책임을 물을 대상을 명확히 밝히기 위하여 검문 전의 신분증 제시는 필수적이라고 주장하나, 피검문자는 정복에 부착된 명찰과 흉장을 통해 경찰관의 신분을 일차적으로 확인할 수 있을 뿐만 아니라, 경찰관은 검문 시에 반드시 자신의 소속과 성명을 피검문자에게 밝혀야 하므로 피검문자는 이 과정에서 경찰관의 신분을 재차 확인할 수 있기 때문에, '경찰관은 정복착용 중인 경우에도 검문 전에 반드시 신분증을 제시해야 한다'고 보는 것은 너무 나아간 견해라 할 수 있다. 따라서 경찰관이 정복차림이어서 신분증을 제시하지 않았다 하더라도 정황상 검문하는 사람이 경찰관임을 충분히 알 수 있었고, 또한 피검문자가 경찰관에게 신분증 제시를 요구한 적도 없었다면 경찰관이 검문 당시 피검문자에게 신분증을 제시하지 않았다 하더라도 그 불심검문을 위법한 공무집행으로 볼 수는 없다. 대법원도 사례의 기초가 된 사건에서 불심검문을 하게 된 경위, 불심검문 당시의 현장상황과 검문을 하는 경찰관들의 복장, 피검문자가 공무원증 제시나 신분확인을 요구하였는지 여부 등을 종합적으로 고려하여 검문하는 사람이 경찰관이고, 검문하는 이유가 범죄행위에 관한 것임을 피검문자가 충분히 알고 있었다고 보이는 경우에는 경찰관이 신분증을 제시하지 않았다 하여 그 불심검문을 위법한 공무집행으로 볼 수 없다고 판시한 바 있다.[34)]

해설 4 <이발소 주인 자해 사건>

「경직법」 제3조 제2항에 따른 동행은 상대방의 동의나 승낙을 그 요건으로 한다. 즉 동행은 상대방의 동의나 승낙이 있을 때에만 가능하다. 그러나 사례에서와 같이 경찰관의 동행요구를 받은 '갑'이 자기 집 안방으로 피하여 문을 잠갔다면 이것은 경찰관의 동행요구를 거절한 것으로 볼 수 있다. '갑'이 동행요구를 거절하더라도 경찰관은 '갑'을 강제로 연행할 수 없다. 사례에서 '갑'은 경찰관의 동행요구에 맞서 문을 잠근 방안에서 면도칼로 앞가슴 등을 그어 피를 보이면서 죽어버리겠다고 저항하였는바, 이러한 '갑'의 행위는 공무집행방해죄에 해당하지 않는다. 왜냐하면 「형법」 제136조의 공무집행방해죄는 직무를 집행하는 공무원에 대한 폭행 또는 협박을 그 요건으로 하는데, '갑'의 행위는 자해행위로 볼 수 있을지언정 경찰관에 대한 폭행 또는 협박 행위로는 볼 수 없기 때문이다.[35]

해설 5 <술 마시다 강제연행 사건>

경찰관이 임의동행을 요구하는 경우에는 상대방에게 동행을 거부할 수 있음을 고지하여야 하고, 상대방은 동행에 동의한 경우에도 그가 원할 경우에는 언제든지 자유로이 동행과정에서 이탈 또는 동행장소에서 퇴거할 수 있어야 한다. 사실 경찰관이 동의를 받는 형식으로 관계인을 경찰관서에 동행하는 것은 관계인의 신체의 자유가 제한되어 실질적으로 체포와 유사한 상태에 놓이게 됨에도 아직 정식의 체포·구속단계 이전이라는 이유로 「헌법」과 「형사소송법」이 체포·구속된 피의자에게 부여하는 각종의 권리보장 장치가 제공되지 않는 등 「형사소송법」의 원리에 반하는 결과를 초래할 가능성이 매우 높다. 따라서 경찰관서에 동행하는 것은 경찰관이 그에 앞서 상대방에게 동행을 거부할 수 있음을 고지하였거나 동행한 상대방이 언제든지 자유로이 동행과정에서 이탈 또는 동행장소에서 퇴거할 수 있었음이 인정되는 등 오로지 상대방의 자발적인 의사에 의하여 경찰관서에의 동행이 이루어졌음이 객관적인 사정에 의하여 명백하게 입증된 경우에 한하여 동행의 적법성이 인정된다.[36] 사례에서 경찰관들은 동행에 앞서 '갑'에게 "임의동행 거부권"을 고지하지 않았고, 동행 이후에도 언제든지 자유로이 경찰서에서 퇴거할 수 있었음이 인정되지 아니하므로 경찰관들이 '갑'을 경찰서까지 동행한 것은 사실상의 강제연행, 즉 불법체포에 해당한다.

해설 6 <PC방 검문 사건>

「경직법」 제3조 제1항에는 불심검문 대상자를 "수상한 행동이나 그 밖의 주위 사정을 합리적으로 판단하여 볼 때 어떠한 죄를 범하였거나 범하려 하고 있다고 의심할 만한 상당한 이유가 있는 사람 또는 이미 행하여진 범죄나 행하여지려고 하는 범죄행위에 관한 사실을 안다고 인정되는 사람"으로 규정하고 있다. 그러나 사례에서와 같이 '나이 들고 점잖아 보이는 사람을 제외하고 나머지 젊은 사람'을 대상으로 선별적으로 검문검색을 실시한 경찰관의 행위는 「경직법」 제3조 제1항이 불심검문 대상자를 구체적으로 규정하여 권한을 남용하지 않도록 한 취지를 넘어선 위법한 불심검문으로 볼 수 있다. 또한 경찰관들이 검문 당시 '갑'에게 소속과 성명을 밝히지 않았고, 검문의 목적과 이유를 설명하지 않았던 것도 적법한 불심검문 개시절차를 준수하지 않은 것으로서 「경직법」 제3조 제4항을 위반한 것이다. 나아가 경찰관이 임의동행을 요구하는 경우에는 상대방에게 동행을 거부할 수 있음을 고지하여야 하고, 상대방이 동행에 동의한 경우에도 그가 원할 경우에는 언제든지 퇴거할 수 있도록 하여야 함에도 경찰관들이 '갑'에게 "검문에 불응하면 지구대로 가서 신분을 확인할 수도 있습니다"고 말한 것은 임의동행의 적법요건을 갖추지 못한 위법한 동행요구로 볼 수 있다.

Ⅱ 보호조치

1. 개 설

(1) 문제에의 입문

「경직법」 제4조 제1항에 따르면 경찰관은 수상한 행동이나 그 밖의 주위 사정을 합리적으로 판단해 볼 때 정신착란을 일으키거나 술에 취하여 자신 또는 다른 사람의 생명 · 신체 · 재산에 위해를 끼칠 우려가 있는 사람 또는 자살을 시도하는 사람 등이 응급의 구호를 요한다고 믿을 만한 상당한 이유가 있는 상태에 있을 때에는 보건의료기관 또는 공공구호기관에 긴급구호를 요청하거나 경찰관서에 보호하는 등의 적절한 조치를 취할 수 있다. 보호조치를 규정하고 있는 「경직법」 제4조 제1항과 관련하여서

30) 대법원 2006. 9. 8. 선고 2006도148 판결.
31) 인천지방법원 2010. 4. 30. 선고 2009노4018 판결.
32) 대법원 2012. 9. 13. 선고 2010도6203 판결.
33) 국가인권위원회 2007. 2. 21.자 06진인2076 결정.
34) 대법원 2014. 12. 11. 선고 2014도7976 판결.
35) 대법원 1976. 3. 9. 선고 75도3779 판결.
36) 대법원 2006. 7. 6. 선고 2005도6810 판결.

는 (무엇보다) 다음과 같은 의문이 제기된다. 즉 「경직법」 제4조 제1항 제1호에 따르면 경찰관은 "술에 취하여 자신 또는 다른 사람의 생명 · 신체 · 재산에 위해를 끼칠 우려가 있는 사람"에게 보호조치를 취할 수 있는데, 그렇다면 **「경직법」 제4조 제1항 제1호에 규정된 "술에 취한 상태"란 구체적으로 어떠한 상태를 의미하는지의 문제**가 제기된다. 또한 「도로교통법」 제44조 제2항에 따르면 경찰관은 교통의 안전과 위험방지를 위하여 필요하다고 인정하거나 운전자가 술에 취한 상태에서 자동차 등을 운전하였다고 인정할 만한 상당한 이유가 있고, 운전자의 음주운전 여부를 확인하기 위하여 필요한 경우에는 운전자에게 음주측정을 요구할 수 있는데, 그렇다면 **경찰관은 「경직법」 제4조 제1항 제1호에 따라 보호조치 된 운전자에게도 음주측정을 요구할 수 있는지의 문제**도 제기된다. 나아가 연고자 파악과 통지절차를 규정하고 있는 **「경직법」 제4조 제4항은 보호조치를 취한 경찰관이 준수하여야 하는 강행규정에 해당하는지 아니면 임의규정에 불과한지의 문제**도 제기된다. 이하에서는 이러한 「경직법」 제4조의 보호조치와 관련하여 제기되는 법적 문제를 고찰하기로 한다. 이를 위해서는 개별사례를 통한 문제에의 접근이 요구된다. 왜냐하면 추상적인 개념고찰만으로는 「경직법」 제4조에 따른 보호조치의 요건과 한계를 명확히 할 수 없기 때문이다. 이에 따라 구체적인 사례와의 관련 속에서 보호조치의 요건과 한계를 명확히 할 필요성이 있다. 여기서는 우선 다음에 언급된 사례의 도움으로 보호조치와 관련하여 제기되는 법적 문제를 보다 명확히 하고자 한다.[37]

---

37) 그동안 「경직법」 제4조에 규정된 보호조치와 관련한 학계의 연구는 주로 입법론적 관점(de lege ferenda)에서 이른바 주폭(酒暴)의 척결을 위한 제도상 및 운영상의 문제점과 그 개선방안에 집중되어 있었다. 이에 비하여 현행법적 관점(de lege lata)에서 「경직법」 제4조에 따른 보호조치의 요건과 한계를 관련 사례를 들어 고찰한 문헌은 그리 많지 않았다. 이러한 문제의식을 바탕으로 구체적인 사례와의 관련 속에서 보호조치의 요건과 한계에 관한 해명을 시도한 문헌으로는 손재영, "경찰관직무집행법 제4조의 보호조치에 관한 최근 판례의 동향", 계명법학 제17집, 2013, 79쪽 이하.

(2) 관련 사례

리딩 케이스

사례 1 <경찰관 폭행 사건>

'갑'은 경찰관을 폭행하여 상해를 입힌 행위로 경찰서로 연행된 후 보호실에 유치되었다. 이후 '갑'은 "내가 무슨 잘못을 하였기에 여기에 있어야 하느냐"며, 보호실문을 열고 밖으로 나오려고 하였다. 이에 경찰관 P가 '갑'을 제지하였고, '갑'은 저항하는 과정에서 경찰관 P의 얼굴을 때려 상처를 입히게 되었다. 이 경우 '갑'의 행위는 공무집행방해죄에 해당하는가? 사실관계를 확인해 본 결과 '갑'은 경찰서로 연행될 당시 범죄사실의 요지와 체포이유 및 변호사를 선임할 수 있음을 고지 받지 못하였고, 변명할 기회도 갖지 못하였다. 또한 보호실에 유치될 당시 '갑'은 술에 취한 상태로 인하여 자기 또는 타인의 생명, 신체와 재산에 위해를 미칠 우려가 있었다거나 자살을 기도하였다거나 응급의 구호를 요한다고 믿을 만한 상당한 이유가 없었으며, 보호실에 유치된 사실은 '갑'의 가족, 친지 기타 연고자에게 통보되지도 않았다.[38)]

사례 2 <맥도널드 사건>

'갑'은 2009년 11월 3일 00시 30분 경 경기도 고양시 일산서구 탄현동 439에 있는 맥도널드 앞 도로의 편도 2차로 중 1차로에서 자신의 차량에 시동을 켠 채로 그대로 정차하여 운전석에서 잠들어 있었다. '갑'의 차량이 도로 가운데 정차되어 있어 통행을 방해하고 있다는 신고를 받고 경찰관 P^1과 P^2가 현장에 출동하였다. 경찰관 P^1은 운전석에 앉아 자고 있는 '갑'을 발견하고 깨우기 위하여 운전석 창문을 두드리자 잠에서 깬 '갑'은 차에서 내려 경찰관 P^1에게 욕설을 하면서 양 주먹으로 경찰관 P^1의 얼굴 및 목 뒷덜미 부위를 3, 4차례 폭행하였다. 당시 '갑'은 술 냄새가 나고 혈색이 붉으며, 말을 할 때 혀가 심하게 꼬이고 비틀거리며 걷는 등 술에 취한 것으로 보였다. 경찰관 P^1은 '갑'에게 그곳은 위험하여 다칠 수 있으니 안전한 곳으로 가자고 하면서 '갑'을 순찰차 뒷자리에 태운 뒤 일산경찰서 탄현지구대로 데려왔고, 현장에서 '갑'에게 별도로 음주측정을 요구하지는 않았다. 경찰관 P^1이 작성한 단속경위서에는 '심하게 술 냄새가 나므로 음주운전혐의로 탄현지구대로 임의동행 후'라고 기재되어 있으나 '갑'으로부터 임의동행 동의서를 받는 등 임의동행 관련 서류가 작성되지는 않았다. '갑'은 탄현지구대에 도착한 뒤 경찰관 P^3으로부터 약 20분간 3차례에 걸쳐 음주측정요구를 받았으나 술을 마시고 운전을 하지 않았다고 주장하며 음주측정에 불응하였다. '갑'의 행위는 음주측정불응죄에 해당하는가?[39)]

사례 3 <돼지국밥 사건>

'갑'은 2010년 8월 27일 11시 45분경 A시 소재 돼지국밥 식당 인근 편도 2차선 도로의 갓길에 자신의 차량을 시동을 켠 채 정차하여 두고 그 앞 횡단보도 위에 누워 있었다. 그러다 음주운전을 하는 차량이 있다는 신고를 받고 출동한 경찰관 P^1과 P^2가 '갑'을 도로 밖으로 끌어내려 하였고, '갑'은 이에 저항하며 경찰관들에게 욕설을 하였다. 경찰관 P^1과 P^2는 '갑'이 술에 만취하여 대화도 제대로 하지 못하고 오줌을 싸며 혼자서 걷지도 못하자 '갑'을 「경직법」 제4조 제1항에 따른 보호조치 대상자로 보고 순찰차 뒷자리에 태운 뒤 파출소로 데려왔다. 경찰관 P^2는 파출소에 도착한 직후인 2010년 8월 27일 12시 25분부터 12시 45분까지 사이에 '갑'에게 3회에 걸쳐 음주측정을 요구하였지만, '갑'은 이에 응하지 않았다. '갑'의 행위는 음주측정불응죄에 해당하는가?[40)]

사례 4 <불봉 사건>

2010년 4월 13일 23시 10분경 '갑'은 아내와 함께 어느 모임에 참석하였다가 음주를 한 후, 자신 소유의 봉고 화물차를 몰고 귀가 중이었다. 마침 음주단속을 하던 A경찰서 교통관리계 소속 의경이 '갑'을 발견하고 경찰용 불봉을 흔들며 정지를 유도하였으나 '갑'은 정지하지 않았고, 오히려 화물차로 의경의 불봉을 들이받아 부수고는 약 3㎞ 정도 도주하였다. 그러다 순찰차에 가로막혀 더 이상 진행하지 못하게 되자 차량을 세운 후 운전석에서 뛰어내려 도주하려다 A경찰서 교통관리계 소속 경장 P^1에 의하여 검거되었다. 경장 P^1은 '갑'의 입에서 술 냄새가 많이 나므로 '갑'이 술에 취한 상태에서 운전을 하였다고 판단하여 음주측정을 요구하였으나, '갑'은 이에 응하지 않고 계속 도망가려고 하였다. 이에 경장 P^1이 '갑'

의 옷을 잡아 도망가지 못하게 하자 '갑'은 근처에 있던 컴퓨터 가게 간판에 머리를 부딪치며 자해를 시도하였다. 경장 P[1]이 '갑'의 자해를 말리는 와중에 차량에 동승하였던 '갑'의 아내가 경장 P[1]의 멱살을 잡아 '갑'의 도주를 도왔다. '갑'은 반대편 차도를 향해 도주하다 다리가 꼬여 넘어졌고, 경장 P[1]은 '갑'을 그대로 두면 다시 차도로 뛰어들어 사고가 발생할 우려가 있었기 때문에 넘어져 있던 '갑'을 위에서 누르고 더 이상 도망가지 못하게 제압하였다. 곧이어 동료 경찰관들이 현장에 도착하였고, 경장 P[1]은 '갑'이 돌발행동으로 사고의 우려가 높아 현장에서는 음주측정이 힘들다고 판단하여 동료 경찰관들에게 '갑'을 가까운 지구대로 데려가라고 말하며 가는 도중 '갑'의 자해 위험성이 높으니 주의하라고 일렀다. 경장 P[1]은 '갑'을 지구대로 보낸 후 '갑'의 아내에게 이 사실을 알렸다. 한편, 지구대에 도착한 '갑'은 A경찰서 교통관리계 소속 경사 P[2]로부터 음주측정기에 입김을 불어넣는 방법으로 음주측정에 응할 것을 요구받았으나 '갑'은 이를 거부하였다. 경사 P[2]가 "선생님, 음주측정을 거부하면 불이익이 있습니다"라는 말과 함께 2차 음주측정을 요구하였으나 이 역시 거부하였다. '갑'의 행위는 음주측정불응죄에 해당하는가?41)

사례 5 <보호조치 후 가족에게 미고지(未告知) 사건>

'갑'은 정신지체 3급 장애인으로 2004년 행방불명된 사람이다. 2012년 8월 22일 밤 23시 18분경 경찰서 112상황실에는 노상에서 술 취한 사람이 괴성을 지르고 있다는 내용의 신고가 접수되었다. 이에 경찰관 2명이 곧바로 사건 현장으로 출동하였다. 때마침 사건 현장에는 비가 내리고 있었다. 사건 현장에서 '갑'은 "오늘 돈을 못 벌었다. 나는 죽어야 한다"고 고함을 치며 천원 권을 바닥에 뿌리고 철 담장으로 뛰어드는 등 이상행동을 하고 있었다. 인적 사항을 묻는 경찰관들의 질문에 '갑'은 대답하지 않았고 소리를 지르며 스스로 넘어지는 등 통제 불능의 상태가 계속되자 경찰관들은 난폭한 행동을 제지한 후 '갑'을 순찰차에 탑승시켰다. 순찰차에서 이름과 거주지를 물었으나 '갑'은 대답하지 않았고, 운전석을 발로 차는 등 정신질환을 의심하게 하는 행동을 함에 따라 인근 병원으로 후송조치하였다. 후송조치 후, 경찰관들은 정신보건법령에 따라 '갑'을 입원의뢰하였다. '갑'은 입원되는 과정에서 병원 관계자에게 자신의 주민등록번호와 이름을 말하였고,

병원 관계자는 '갑'에 대한 주민등록조회를 통해 주소지를 확보하였다. 이 과정에서 경찰관들도 '갑'의 이름과 주민등록상의 주소지를 알게 되었다. 그러나 '갑'이 가족에게 보호조치된 사실을 알리기를 원하지 않아 경찰관들은 '갑'의 연고자 파악 및 보호조치 사실 통지를 하지 않았다. 한편, '갑'을 진료한 의사가 '갑'에게서 지각이나 사고의 이상 및 자살이 우려되는 행동상의 문제가 더 이상 관찰되지 않는다고 진단함에 따라 해당 병원은 '갑'의 입원사실을 알리는 서면을 등기우편물로 '갑'의 주소지로 송부하는 한편, 입원 36시간 후인 2012년 8월 24일 14시 40분 '갑'을 퇴원조치하였다. 이후 병원에서 보낸 입원사실통지서를 통해 '갑'의 입원사실을 알게 된 가족들이 병원을 찾았으나 '갑'은 이미 퇴원 조치된 상태였다. 가족들은 경찰관들이 '갑'을 입원조치하면서 자신들에게 아무런 통보를 하지 않은 것은 위법하다고 주장하고 있다.[42)]

사례 6 <겨울철 동사(凍死) 사건>

영화 15도의 추운 겨울날 '갑'은 친구들과 함께 술을 마신 후 집으로 돌아가다 새벽 1시경 ○○파출소 부근의 도로상에서 잠이 들었다. ○○파출소 근무자인 경찰관 P는 도로상에서 잠든 '갑'을 보았으나 아무런 조치를 취하지 않고 그냥 지나쳐 버렸다. '갑'은 새벽 6시경 추위로 사망하였다. '갑'의 유가족은 국가를 상대로 손해배상을 청구하고자 한다. 이 경우 국가에게는 불법행위책임이 인정되는가?[43)]

사례 7 <도계검문소 음주단속 사건>

'갑'은 2010년 7월 29일 22시 50분경 창원경찰서 도계검문소에서 단속경찰관 P에 의하여 음주운전으로 적발되었다. 경찰관 P는 차량을 도로변에 정차시키고 '갑'에게서 운전면허증과 차량열쇠를 건네받은 후 창원경찰서에 가서 음주측정을 실시하였다. 혈중 알코올농도는 0.09%로 측정되었다. '갑'은 검문소로 다시 돌아온 후 경찰관 P에게 자신의 차량을 다른 차들의 교통에 방해가 되지 않도록 도로 밖으로 이동시키겠다며 차량열쇠의 반환을 요구하였다. 이에 경찰관 P는 '갑'에게 음주운전을 하여서는 아니 된다고 말하며 '갑'에게 차량열쇠를 반환하였다. '갑'은 차량을 검문소에서 약 20m 정도 떨어진 곳으로 이동시킨 후, 약 20분 정도 차에 앉아 단속경찰관들의 동태를 살피다가 몰래 차량을 운전해 검문소를 이탈하였다. '갑'은 00시 30분경 편도 2차선 국도에 이르러 마침 도로를 횡단하던 '을'을 차량 앞부분으로 충격하였고, '을'은 현장에서 사망하였다. 사고지점은 도계검문소에서 자동차로 약 45분 정도 걸리는 거리에 있었고 편도 2차선의 직선도로로서 시야의 장애는 없었다. 하지만 '갑'은 제한속도를 시속 28km나 초과하여 과속운행을 하였고, 사고 직후 자신이 사고를 일으켰는지도 제대로 기억하지 못하였다. 사망한 '을'의 유가족은 국가를 상대로 손해배상 청구소송을 제기하였다.44)

2. 보호조치의 의의

경찰관이 응급의 구호를 필요로 하는 정신착란자, 만취자, 자살기도자, 미아, 병자, 부상자 등을 발견하였을 때 보건의료기관 또는 공공구호기관에 긴급구호를 요청하거나 24시간을 초과하지 않는 범위 내에서 경찰관서에 보호하는 것을 일컬어 "**보호조치**"라고 한다. 현행 「경직법」은 「헌법」 제12조에 보장된 신체의 자유를 제한할 수 있는 경찰관의 보호조치에 대하여 제4조에 별도의 명문규정을 두고 있다.

경찰관직무집행법 제4조(보호조치 등) ① 경찰관은 수상한 행동이나 그 밖의 주위 사정을 합리적으로 판단해 볼 때 다음 각 호의 어느 하나에 해당하는 것이 명백하고 응급구호가 필요하다고 믿을 만한 상당한 이유가 있는 사람(이하 "구호대상자"라 한다)을 발견하였을 때에는 보건의료기관이나 공공구호기관에 긴급구호를 요청하거나 경찰관서에 보호하는 등 적절한 조치를 할 수 있다.

1. 정신착란을 일으키거나 술에 취하여 자신 또는 다른 사람의 생명·신체·재산에

38) 대법원 1994. 3. 11. 선고 93도958 판결.
39) 대법원 2012. 2. 9. 선고 2011도4328 판결.
40) 대법원 2012. 3. 29. 선고 2011도10012 판결.
41) 대법원 2012. 12. 13. 선고 2012도11162 판결.
42) 국가인권위원회 2013. 2. 21.자 12진정0671500 결정.
43) 제17회 입법고시 기출문제.
44) 대법원 1998. 5. 8. 선고 97다54482 판결.

위해를 끼칠 우려가 있는 사람
2. 자살을 시도하는 사람
3. 미아, 병자, 부상자 등으로서 적당한 보호자가 없으며 응급구호가 필요하다고 인정되는 사람. 다만, 본인이 구호를 거절하는 경우는 제외한다.

경직법상의 보호조치는 현행범이 아닌 사람을 영장 없이 즉각 인신 구속할 수 있게 하는 조치이므로 인권침해의 가능성이 매우 높다. 따라서 보호조치는 불가피한 최소한도의 범위 내에서만 행하여지도록 그 행사요건을 엄격하게 해석하여야 한다. **만일「경직법」제4조에 따른 보호조치의 요건이 갖추어지지 않았음에도 불구하고 실제로는 범죄수사를 목적으로 피의자에 해당하는 사람을 "구호대상자"로 삼아 그의 의사에 반하여 경찰관서에 데려간다면 그러한 행위는 현행범체포나 임의동행 등의 적법요건을 달리 갖추지 않은 한 위법한 체포에 해당한다.**[45] 그리고 피의자가 그러한 위법상태로부터 벗어나기 위하여 경찰관에게 물리력을 행사하더라도 피의자의 행위는 공무집행방해죄에 해당하지 않는다.

3. 보호조치의 종류

「경직법」제4조 제1항은 보호조치를 두 가지로 나누어 규정하고 있다. 동 조항 제1호와 제2호에 따른 보호조치를 "**강제보호**", 제3호에 따른 보호조치를 "**임의보호**"라고 한다.

(1) 강제보호

경찰관은「경직법」제4조 제1항 제1호와 제2호에 근거하여 수상한 행동이나 그 밖의 주위 사정을 합리적으로 판단해 볼 때 정신착란을 일으키거나 술에 취하여 자신 또는 다른 사람의 생명 · 신체 · 재산에 위해를 끼칠 우려가 있는 사람(제1호) 또는 자살을 시도하는 사람(제2호)이 응급의

45) 대법원 2012. 12. 13. 선고 2012도11162 판결.

구호를 요한다고 믿을 만한 상당한 이유가 있는 상태에 있을 때에는 보건의료기관 또는 공공구호기관에 긴급구호를 요청하거나 경찰관서에 보호하는 등의 적절한 조치를 취할 수 있다. 「경직법」 제4조 제1항 제1호와 제2호는 (동 조항 제3호와 달리) 구호대상자가 구호를 거절하면 경찰관이 보호조치를 할 수 없도록 하는 **단서조항**("다만, 본인이 구호를 거절하는 경우는 제외한다")을 두고 있지 않다. 그러므로 「경직법」 제4조 제1항 제1호와 제2호에 따른 보호조치는 구호대상자가 구호를 거절하는 경우에도 허용된다. 이것은 「경직법」 제4조 제1항 제1호와 제2호에 따른 보호조치의 대상자인 정신착란자와 만취자 및 자살기도자가 통상적인 의사능력과 판단능력 및 통제력을 상실한 상태에 있다는 점에서 정당화될 수 있다. 문헌에서는 이 경우의 보호조치를 "강제보호"라고 부르고 있다.[46)]

(2) 임의보호

「경직법」 제4조 제1항 제3호는 경찰관이 수상한 행동 그 밖의 주위 사정을 합리적으로 판단해 볼 때 미아 · 병자 · 부상자 등으로서 적당한 보호자가 없는 사람이 응급의 구호를 요한다고 믿을 만한 상당한 이유가 있는 상태에 있을 때에는 보건의료기관 또는 공공구호기관에 긴급구호를 요청하거나 경찰관서에 보호하는 등의 적절한 조치를 취할 수 있음을 규정하는 한편, 구호대상자가 구호를 거절하면 경찰관이 보호조치를 할 수 없도록 하는 단서조항을 두고 있다. 이에 따라 「경직법」 제4조 제1항 제3호에 따른 보호조치는 (동 조항 제1호와 제2호에 따른 보호조치와 달리) 구호대상자가 거절의 의사표시를 하지 않은 경우에만 허용된다. 문헌에서는 이 경우의 보호조치를 "임의보호"라고 부르고 있다.[47)]

46) 홍정선, 경찰행정법, 박영사 2010, 258쪽 이하.

47) 홍정선, 경찰행정법, 박영사 2010, 258쪽 이하.

4. 보호조치의 적법요건

(1) “술에 취한 상태”의 의미

「경직법」 제4조 제1항 제1호는 경찰관이 수상한 행동 그 밖의 주위 사정을 합리적으로 판단해 볼 때 “술에 취하여 자신 또는 다른 사람의 생명 · 신체 · 재산에 위해를 끼칠 우려가 있는 사람”이 응급의 구호를 요한다고 믿을 만한 상당한 이유가 있는 상태에 있을 때에는 보건의료기관 또는 공공구호기관에 긴급구호를 요청하거나 경찰관서에 보호하는 등의 적절한 조치를 취할 수 있음을 규정하고 있다. 이 경우에는 「경직법」 제4조 제1항 제1호에 규정된 “술에 취한 상태”란 구체적으로 어떠한 상태를 의미하는지의 문제가 제기된다. **판례에 따르면** 동 조항에 규정된 **“술에 취한 상태”란 구호대상자가 술에 만취(滿醉)하여 정상적인 판단능력이나 의사능력을 상실할 정도에 이른 것**[48]**을 의미한다.** 예를 들어 [사례 2] <맥도널드 사건>에서 ‘갑’의 경우처럼 술 냄새가 나고 혈색이 붉으며 말을 할 때 혀가 심하게 꼬이고 비틀거리며 걷는 경우[49]나 [사례 3] <돼지국밥 사건>에서 ‘갑’의 경우처럼 술에 만취하여 대화도 제대로 하지 못하고 오줌을 싸며 혼자서 걷지도 못하는 경우[50]가 바로 그러하다. 이러한 점에서 [사례 2] <맥도널드 사건>과 [사례 3] <돼지국밥 사건>에서 경찰관들이 ‘갑’을 보호조치의 대상자로 보아 순찰차 뒷자리에 태운 뒤 파출소로 데려 온 조치는 적법한 보호조치로 볼 수 있다. 이에 반하여 [사례 4] <불봉 사건>에서 경찰관들이 ‘갑’을 지구대로 데려간 행위는 적법한 보호조치로 볼 수 없다. 왜냐하면 ‘갑’은 술에 취한 상태이기는 하였으나 차량을 운전할 정도의 의사능력과 음주단속에 따른 처벌을 피하기 위하여 도주하려 할 정도의 판단능력을 가지고 있었기 때문이다. 덧붙여 경찰관들이 ‘갑’에게

48) 대법원 2012. 12. 13. 선고 2012도11162 판결.
49) 대법원 2012. 2. 9. 선고 2011도4328 판결.
50) 대법원 2012. 3. 29. 선고 2011도10012 판결.

「경직법」 제4조 제1항 제1호에 따른 보호조치를 하고자 하였다면 당시 '갑'의 아내가 옆에 있었으므로 '갑'을 그의 아내에게 인계를 하였어야 함에도 불구하고 아내에게는 단지 지구대로 데려간다는 말만 하고 '갑'을 데려간 점은 경찰관들의 행위를 적법한 보호조치로 볼 수 없게 하는 또 하나의 이유가 된다. **경찰관이 구호대상자를 그 가족 등에게 인계할 수 있다면 특별한 사정이 없는 한 구호대상자를 경찰관서에 보호조치하는 것은 허용되지 않는다.**[51]

(2) "구호대상자"에 해당하는지 여부의 판단기준

「경직법」 제4조 제1항 제1호에 따른 보호조치를 필요로 하는 이른바 **구호대상자에 해당하는지 여부는 구체적인 상황을 고려하여 경찰관 평균인을 기준으로 판단하되, 그 판단은 보호조치의 목적과 취지에 비추어 현저히 불합리하여서는 아니 된다.**[52] 예를 들어 [사례 4] <불봉 사건>이 바로 그러하다. 이 사건에서 '갑'은 음주단속 현장에서부터 경찰관에 의하여 추적되어 검거되었고 검거된 이후에도 계속 도주하려 하였으며, 차량에 동승하였던 '갑'의 아내가 경찰관을 붙잡고 '갑'의 도주를 도와주자 실제로 차도방향으로 도주하려다 넘어져 제압당한 상황이었다. 만약 이러한 상황이라면 평균적인 경찰관들로서는 '갑'이 「경직법」 제4조 제1항 제1호에 따라 보호조치를 필요로 하는 상태, 즉 "술에 만취하여 정상적인 판단능력이나 의사능력을 상실한 상태"에 있었다고 판단하지 않았을 것이다.[53]

51) 대법원 2012. 12. 13. 선고 2012도11162 판결.
52) 대법원 2012. 12. 13. 선고 2012도11162 판결.
53) 대법원 2012. 12. 13. 선고 2012도11162 판결.

판례

〈경찰관직무집행법 제4조 제1항에 규정된 술에 취한 상태의 의미와 경찰관의 보호조치를 필요로 하는 이른바 구호대상자에 해당하는지 여부의 판단기준〉

이 사건 조항의 술에 취한 상태라 함은 피구호자가 술에 만취하여 정상적인 판단능력이나 의사능력을 상실할 정도에 이른 것을 말하고, 이 사건 조항에 따른 보호조치를 필요로 하는 피구호자에 해당하는지는 구체적인 상황을 고려하여 경찰관 평균인을 기준으로 판단하되, 그 판단은 보호조치의 취지와 목적에 비추어 현저하게 불합리하여서는 아니 되며, 피구호자의 가족 등에게 피구호자를 인계할 수 있다면 특별한 사정이 없는 한 경찰관서에서 피구호자를 보호하는 것은 허용되지 않는다(대법원 2012. 12. 13. 선고 2012도11162 판결).

(3) 절 차

1) 연고자 파악과 통지절차

경찰관직무집행법 제4조(보호조치 등) ④ 경찰관은 제1항의 조치를 하였을 때에는 지체 없이 구호대상자의 가족, 친지 또는 그 밖의 연고자에게 그 사실을 알려야 하며, 연고자가 발견되지 아니할 때에는 구호대상자를 적당한 공공보건의료기관이나 공공구호기관에 즉시 인계하여야 한다.

경찰관이 보호조치를 한 때에는 지체 없이 그 사실을 구호대상자의 가족 · 친지 기타 연고자에게 통지하여야 한다(「경직법」 제4조 제4항). 「경직법」 제4조 제4항이 보호조치 후에는 연고자를 파악하여 그 사실을 알리도록 규정한 것은 보호조치가 현행범이 아닌 사람을 영장 없이 즉각 인신 구속할 수 있게 하는 조치이므로 인권침해의 가능성이 매우 높고 구호대상자의 상태가 가족의 조력이 시급한 경우가 많기 때문이다. **판례에 따르면 연고자 파악과 통지절차를 규정하고 있는 「경직법」 제4조 제4항은 보호조치**

를 취한 경찰관이 준수하여야 하는 강행규정에 해당하므로 경찰관은 연고자에 대한 통지를 임의로 생략할 수 없다.[54)]따라서 경찰관이 보호조치를 한 후에 합리적 사유 없이 구호대상자의 가족에게 보호조치 사실을 통지하지 않는 것은 적법절차를 위반한 위법한 조치로 평가될 수 있다.[55)]

한편 「경직법」 제4조 제4항은 경찰관이 보호조치를 실시한 경우 구호대상자의 연고자에게 즉시 그 사실을 통지하여야 함을 규정하고 있지만, 연고자의 발견방법에 관해서는 함구하고 있다. 만일 구호대상자가 의식이 명료한 상태에 있지 않은 만취자나 정신착란자 또는 중환자인 경우에는 경찰관이 질문을 통해 연고자를 알아 낼 수 없으므로 이 경우에는 예외적으로 연고자의 발견을 위한 소지품 검사를 할 수 있다고 보아야 한다. 그렇지 않으면 경찰관에게 객관적으로 이행될 수 없는 의무를 부과한 것이 된다. 소지품 검사를 통해서도 연고자가 발견되지 아니할 때에는 구호대상자를 적당한 공중보건의료기관이나 공공구호기관에 즉시 인계하여야 한다(「경직법」 제4조 제4항).

판례

〈경찰관직무집행법상 경찰관서에 보호조치 하는 경우의 통지의무〉

경찰관직무집행법 제4조 제1항, 제4항에 의하면 경찰관은 수상한 거동 기타 주위의 사정을 합리적으로 판단하여 술취한 상태로 인하여 자기 또는 타인의 생명·신체와 재산에 위해를 미칠 우려가 있는 자에 해당함이 명백하며, 응급의 구호를 요한다고 믿을 만한 상당한 이유가 있는 자를 발견한 때에는 24시간을 초과하지 아니하는 범위 내에서 동인을 경찰관서에 보호하는 등 적절한 조치를 취할 수 있으나, 이 경우에도 경찰관이 이러한 조치를 한 때에는 지체 없이 이를 피구호자의 가족, 친지 기타의 연고자에게 그 사실을 통지하여야 한다(대법원 1994. 3. 11. 선고 93도958 판결).

54) 대법원 1994. 3. 11. 선고 93도958 판결.
55) 국가인권위원회 2013. 2. 21.자 12진정0671500 결정.

2) 무연고자 처리절차

경찰관직무집행법 제4조(보호조치 등) ④ 경찰관은 제1항의 조치를 하였을 때에는 지체 없이 구호대상자의 가족, 친지 또는 그 밖의 연고자에게 그 사실을 알려야 하며, 연고자가 발견되지 아니할 때에는 구호대상자를 적당한 공공보건의료기관이나 공공구호기관에 즉시 인계하여야 한다.
⑤ 경찰관은 제4항에 따라 구호대상자를 공공보건의료기관이나 공공구호기관에 인계하였을 때에는 즉시 그 사실을 소속 경찰서장이나 해양경찰서장에게 보고하여야 한다.
⑥ 제5항에 따라 보고를 받은 소속 경찰서장이나 해양경찰서장은 대통령령으로 정하는 바에 따라 구호대상자를 인계한 사실을 지체 없이 해당 공공보건의료기관 또는 공공구호기관의 장 및 그 감독행정청에 통보하여야 한다.

경찰관이 연고자를 발견하지 못한 때에는 구호대상자를 적당한 공중보건의료기관이나 공공구호기관에 즉시 인계하여야 한다(「경직법」 제4조 제4항). 그리고 경찰관이 구호대상자를 공중보건의료기관 또는 공공구호기관에 인계한 때에는 즉시 그 사실을 소속 경찰서장 또는 지방해양경찰관서의 장에게 보고하여야 한다(「경직법」 제4조 제5항). 보고를 받은 소속 경찰서장 또는 지방해양경찰관서의 장은 대통령령이 정하는 바에 의하여 구호대상자를 인계한 사실을 지체 없이 해당 공중보건의료기관 · 공공구호기관의 장 및 그 감독행정청에 통보하여야 한다(「경직법」 제4조 제6항).

5. 긴급구호요청과 경찰관서에서의 보호

(1) 긴급구호요청

경찰관직무집행법 제4조(보호조치 등) ② 제1항에 따라 긴급구호를 요청받은 보건의료기관이나 공공구호기관은 정당한 이유 없이 긴급구호를 거절할 수 없다.

「경직법」 제4조 제1항 전단에 따라 경찰관은 응급구호를 필요로 하는 정신착란자, 만취자, 자살기도자, 미아, 병자, 부상자 등을 발견한 때에는 보건의료기관 또는 공공구호기관에 긴급구호를 요청할 수 있다. 이 경우 긴급구호요청을 받은 보건의료기관이나 공공구호기관은 정당한 이유 없이 긴급구호를 거절할 수 없다(「경직법」 제4조 제2항). 여기서 "보건의료기관"이란 보건의료인이 공중(公衆) 또는 특정 다수인을 위하여 보건의료서비스를 행하는 보건기관, 의료기관, 약국, 그 밖에 대통령령으로 정하는 기관을 의미하며(「보건의료기본법」 제3조 제4호), "공공구호기관"이란 국가 또는 지방자치단체가 설립·운영하는 아동보호소, 부녀보호소, 갱생원, 양로원, 고아원 등의 기관을 의미한다. **만일 응급의료종사자가 정당한 사유 없이 응급의료를 거부 또는 기피하면 3년 이하의 징역 또는 3천만 원 이하의 벌금에 처해질 수 있다**(아래 참조).

응급의료에 관한 법률

제6조(응급의료의 거부금지 등) ② 응급의료종사자는 업무중에 응급의료를 요청받거나 응급환자를 발견한 때에는 즉시 응급의료를 행하여야 하며, 정당한 사유 없이 이를 거부하거나 기피하지 못한다.

제60조(벌칙) ③ 다음 각 호의 어느 하나에 해당하는 사람은 3년 이하의 징역 또는 3천만 원 이하의 벌금에 처한다.
1. 제6조 제2항을 위반하여 응급의료를 거부 또는 기피한 응급의료종사자

---

(2) 경찰관서에서의 보호

경찰관직무집행법 제4조(보호조치 등) ⑦ 제1항에 따라 구호대상자를 경찰관서에서 보호하는 기간은 24시간을 초과할 수 없고, 제3항에 따라 물건을 경찰관서에 임시로 영치하는 기간은 10일을 초과할 수 없다.

「경직법」 제4조 제1항 후단에 따라 경찰관은 응급구호를 필요로 하는

정신착란자, 만취자, 자살기도자, 미아, 병자, 부상자 등을 발견한 때에는 경찰관서에 보호할 수 있다. 그러나 **경찰관서에서의 보호는 24시간을 초과할 수 없다**(「경직법」 제4조 제7항). 사실 보호실은 영장대기자나 즉결대기자 등의 도주방지와 경찰업무의 편의 등을 위한 수용시설로서 경찰서에 설치 · 운영되고 있지만, 현행법에는 그 설치근거나 운영 및 규제에 관한 규정이 존재하지 않는다. 보호실은 그 시설 및 구조에 있어서 통상 철창으로 된 방으로 되어 있기 때문에 그 안에 대기하고 있는 사람들이나 가족들의 출입이 제한되어 있는 등 일단 보호실에 유치되는 사람은 그 의사에 기함이 없이 일정한 장소에 구금되는 결과를 초래한다.[56] 그러나 「헌법」 제12조는 모든 국민에게 신체의 자유를 보장하고 있다. 신체의 자유는 「헌법」이 보장하고 있는 가장 기본적인 권리의 하나이며, 헌법과 법률이 정하는 적법절차에 의하지 아니하고는 이를 제한하거나 박탈할 수 없다. 이러한 취지를 반영하여 「형사소송법」 제200조의2 제1항과 제201조 제1항은 수사기관이 피의자를 체포 · 구속할 때에는 법관이 발부한 영장에 의하도록 하고 있다. 만일 수사기관이 피의자를 수사하는 과정에서 이러한 적법절차를 무시하고 체포 · 구속영장 없이 피의자를 함부로 구금하여 신체의 자유를 박탈한다면 이것은 직권을 남용한 불법체포 · 감금죄(「형법」 제124조)에 해당한다. 따라서 ① 경직법상 정신착란자, 만취자, 자살기도자 등 응급구호를 필요로 하는 사람을 24시간을 초과하지 아니하는 범위 내에서 경찰관서에 **보호조치**할 수 있는 시설로 제한적으로 운영하는 경우(「경직법」 제4조 제1항, 제7항), ② 형사소송법상 영장 없이 할 수 있는 **현행범체포**(「형사소송법」 제212조)나 **긴급체포**(「형사소송법」 제200조의3)의 적법요건을 갖춘 경우 또는 ③ 경직법상 **임의동행**의 적법요건을 갖춘 경우를 제외하고는 체포 · 구속영장 없이 피의자를 보호실에 유치하는 것은 영장주의에 위배되는 위법한 구금에 해당한다.[57]

---

56) 대법원 1994. 3. 11. 선고 93도958 판결.
57) 대법원 1994. 3. 11. 선고 93도958 판결.

판례

〈현행범의 체포와 긴급체포의 적법요건〉

피의자를 구속영장 없이 현행범으로 체포하든지 긴급구속하기 위하여는 체포 또는 긴급구속 당시에 헌법 및 형사소송법에 규정된 바와 같이 피의자에 대하여 범죄사실의 요지, 체포 또는 구속의 이유와 변호인을 선임할 수 있음을 말하고 변명할 기회를 준 후가 아니면 체포 또는 긴급구속 할 수 없다(대법원 1994. 3. 11. 선고 93도958 판결).

판례

〈임의동행의 적법요건〉

수사관이 수사과정에서 당사자의 동의를 받는 형식으로 피의자를 수사관서 등에 동행하는 것은 … 수사관이 동행에 앞서 피의자에게 동행을 거부할 수 있음을 알려 주었거나 동행한 피의자가 언제든지 자유로이 동행과정에서 이탈 또는 동행장소로부터 퇴거할 수 있었음이 인정되는 등 오로지 피의자의 자발적인 의사에 의하여 수사관서 등에의 동행이 이루어졌음이 객관적인 사정에 의하여 명백하게 입증된 경우에 한하여, 그 적법성이 인정되는 것으로 봄이 상당하다(대법원 2006. 7. 6. 선고 2005도6810 판결).

이 경우 피의자가 보호실유치를 거부하더라도 공무집행방해죄(「형법」 제136조)는 성립하지 않으며, 오히려 유치행위 그 자체가 불법체포 · 감금죄(「형법」 제124조)에 해당할 수 있다.[58)]

58) 배종대/이상돈, 형사소송법, 홍문사 2004, 224쪽.

판례

〈법정의 절차 없이 피해자를 경찰서보호실에 감금한 행위가 불법감금에 해당하는지 여부〉

법정의 절차 없이 피해자를 경찰서보호실에 감금한 행위는 수사목적달성을 위하여 적절한 행위라 믿고 한 정당행위라 할 수 없고, 직무상의 권능을 행사함에 있어서 법정의 조건을 구비하지 아니하고 이를 행사한 것은 곧 직권을 남용하여 불법감금한 것에 해당한다(대법원 1971. 3. 9. 선고 70도2406 판결).

판례

〈수사기관이 구속영장 없이 피의자를 구금한 경우, 불법감금죄의 성립 여부〉

수사기관이 피의자를 수사하는 과정에서 구속영장 없이 피의자를 함부로 구금하여 피의자의 신체의 자유를 박탈하였다면, 직권을 남용한 불법감금의 죄책을 면할 수 없고, 수사의 필요상 피의자를 임의동행한 경우에도 조사 후 귀가시키지 아니하고 그의 의사에 반하여 경찰서조사실 또는 보호실 등에 계속 유치함으로써 신체의 자유를 속박하였다면, 이는 구금에 해당한다(대법원 1985. 7. 29. 선고 85모16 결정).

판례

〈구속영장 없이 경찰서 조사대기실에 유치하는 행위의 위법성 여부〉

경찰서 조사대기실이 조사대기자 등의 도주방지와 경찰업무의 편의 등을 위한 수용시설로서 그 안에 대기하고 있는 사람들의 출입이 제한되는 시설이라면, 일단 그 장소에 유치되는 사람은 그 의사에 기하지 아니하고 일정장소에 구금되는 결과가 되므로 경찰관직무집행법상 정신착란자, 주취자, 자살기도자 등 응급의 구호를 요하는 자를 24시간을 초과하지 아니하는 범위 내에서 경찰관서에 보호조치할 수 있는 시설로 제한적으로 운

> 영되는 경우를 제외하고는 구속영장을 발부받음이 없이 조사대기실에 유치하는 것은 영장주의에 위배되는 위법한 구금이라 하지 않을 수 없다(대법원 1995. 5. 26. 선고 94다37226 판결).

(3) 보호조치와 음주측정요구

(전술한 바와 같이) 「도로교통법」 제44조 제2항에 따르면 경찰관은 교통의 안전과 위험방지를 위하여 필요하다고 인정하거나 운전자가 술에 취한 상태에서 자동차 등을 운전하였다고 인정할 만한 상당한 이유가 있고, 운전자의 음주운전 여부를 확인하기 위하여 필요한 경우에는 운전자에게 음주측정을 요구할 수 있는바, 그렇다면 **경찰관은 「경직법」 제4조 제1항 제1호에 따라 보호조치 된 운전자에게도 음주측정을 요구할 수 있는지의 문제가 제기된다.** 이 경우에는 경찰관이 보호조치 된 운전자에게 음주측정을 요구할 시점에는 이미 그에 대한 보호조치는 종결된 것으로 보아야 하기 때문에, 보호조치가 종결된 운전자에게 음주측정을 요구하는 것은 위법한 체포 상태에서 이루어진 음주측정에 해당하므로, 설령 운전자가 이에 응하지 않더라도 음주측정불응죄로 처벌할 수 없는지, 아니면 운전자가 보호조치 된 사람이라고 하여 달리 볼 것은 아니므로 만일 보호조치 된 운전자가 경찰관의 음주측정요구에 불응하면 「도로교통법」 제148조의2 제2항 소정의 음주측정불응죄로 처벌할 수 있는지가 문제된다.[59]

1) 부정설

먼저 부정설에 따르면 **경찰관은 보호조치 된 운전자에게 음주측정을 요구할 수 없다고 한다. 그 이유는 경찰관이 보호조치 된 운전자에게 음주측정을 요구할 시점에는 이미 그에 대한 보호조치는 종결된 것으로 보아야**

59) 손재영, "경찰관직무집행법 제4조의 보호조치에 관한 최근 판례의 동향", 계명법학 제17집, 2013, 90쪽 이하.

하기 때문이라고 한다. 설령 술에 취한 상태에서 자동차를 운전한 것으로 보이는 운전자를 보호조치의 대상자로 보아 경찰관서로 데려온 것을 적법한 보호조치로 보더라도, 그 후 경찰관이 음주운전 여부를 밝히기 위하여 음주측정을 요구할 시점에는 운전자에 대한 보호조치가 이미 종결되고 (비로소) 음주운전이라는 범죄행위에 대한 증거 수집을 위한 수사절차가 개시된 것으로 보아야 하기 때문에, 만일 경찰관이 보호조치 된 운전자에게 경찰관서에서 자유롭게 퇴거할 수 있음을 고지하거나 그에 대한 체포영장을 발부받는 등의 방법으로 적법한 강제처분 절차를 거치지 않았다면 보호조치 된 운전자에 대한 음주측정요구는 위법한 체포 상태에서 이루어진 것이므로, 설령 보호조치 된 운전자가 이에 불응하더라도 「도로교통법」 제148조의2 제2항 소정의 음주측정불응죄로 처벌할 수 없다고 한다.[60]

2) 긍정설

반면 긍정설에 따르면 **운전자가 보호조치 된 사람이라고 하여 달리 볼 것은 아니므로 경찰관은 보호조치 된 운전자에게도 음주측정을 요구할 수 있다고 한다.** 이와 관련하여 **대법원은 일관된 판결에서 경찰관이 「경직법」 제4조 제1항 제1호에 따라 보호조치 된 운전자에게 음주측정을 요구하였다는 이유만으로 그 음주측정요구가 당연히 위법하다거나 그 보호조치가 당연히 종료된 것으로 볼 수 없다고 판시함으로써 긍정설의 입장을 따르고 있다.**[61] 이에 따르면 경찰관이 보호조치 된 운전자에게 음주측정을 요구하는 것은 「도로교통법」 제44조 제2항에 따른 조치이므로 위법한 보호조치 상태를 이용하여 음주측정요구가 이루어졌다는 등의 특별한 사정이 없는 한 이에 불응한 운전자의 행위는 음주측정불응죄에 해당하게 된다. 이러한 대법원의 입장에 따르면 이제 보호조치 된 운전자에 대한 음주측정

60) 의정부지방법원 2011. 4. 1. 선고 2010노2057 판결; 울산지법 2011. 7. 8. 선고 2011노133 판결은 부정설의 입장을 따라 판결을 내린 바 있다.

61) 대법원 2012. 2. 9. 선고 2011도4328 판결; 대법원 2012. 3. 29. 선고 2011도10012 판결.

불응죄의 성립에 있어서는 경찰관이 술에 취한 상태에서 운전한 것으로 보이는 운전자를 경찰관서로 데려온 것을 "적법한" 보호조치로 볼 수 있는지 여부가 중요한 문제가 된다. 왜냐하면 보호조치 된 운전자에게 음주측정불응죄가 성립하는지 여부는 보호조치의 적법 여부에 달려 있기 때문이다. 따라서 만일 보호조치가 적법하다면 경찰관은 보호조치 된 운전자에게도 음주측정을 요구할 수 있지만, 보호조치가 위법하다면 경찰관은 음주측정을 요구할 수 없고 설령 운전자가 이에 불응하더라도 음주측정불응죄는 성립하지 않게 된다.

판례

〈경찰관이 음주측정을 요구할 시점에는 보호조치가 이미 종결된 것으로 보아야 하는지 여부〉

경찰관직무집행법 제4조에 따라 경찰공무원이 보호조치 된 운전자에 대하여 음주측정을 요구하였다는 이유만으로 음주측정요구가 당연히 위법하다거나 보호조치가 당연히 종료된 것으로 볼 수는 없다 … 경찰관이 지구대로 보호조치 된 피고인에게 음주측정을 요구한 것은 도로교통법 제44조 제2항에 따른 것으로서, 위법한 보호조치 상태를 이용하여 음주측정요구가 이루어졌다는 등의 특별한 사정이 없는 한 이에 불응한 피고인의 행위는 음주측정불응죄에 해당한다고 보아야 하는데도, 이와 달리 보호조치가 경찰관이 음주측정을 요구할 시점에 이미 종결된 것으로 보아야 한다는 전제 아래 음주측정요구가 위법한 체포상태에서 이루어진 것으로 보아 음주측정불응죄가 성립하지 아니한다고 본 원심판결에는 경찰관직무집행법상의 보호조치와 음주측정불응죄에 관한 법리오해 및 보호조치 종료 여부에 관한 심리미진의 위법이 있다(대법원 2012. 2. 9. 선고 2011도4328 판결; 2012. 3. 29. 선고 2011도10012 판결).

3) 학설에 대한 평가

경찰관은 보호조치 된 운전자에게도 음주측정을 요구할 수 있는지 여부가 문제되지만, 운전자가 보호조치 된 사람이라고 하여 달리 볼 것은 아니므로 경찰관은 보호조치 된 운전자에게도 음주측정을 요구할 수 있다고 보는 **긍정설이 타당하다**고 본다. 즉 경찰관이 보호조치 된 운전자에게 음주측정을 요구하였다는 이유만으로 그 음주측정요구가 당연히 위법하다거나 그 보호조치가 당연히 종료된 것으로 볼 수 없다. 부정설은 경찰관이 보호조치 된 운전자에게 음주측정을 요구할 시점에는 이미 그에 대한 보호조치는 종결된 것으로 보아야 한다고 주장하지만, 그러한 **부정설을 따르게 되면 경찰관서에 보호조치 될 만큼 술에 만취한 상태에서 음주운전을 한 운전자에 대한 경찰관의 음주측정요구는 위법하고, 그 정도에 이르지 않은 통상적인 운전자에 대한 음주측정요구는 적법하게 되는 불합리한 결과가 발생하게 된다.** 또한 부정설은 경찰관이 음주운전 여부를 밝히기 위하여 음주측정을 요구할 시점에는 보호조치는 이미 종결되고 비로소 음주운전의 범죄행위에 대한 증거 수집을 위한 수사절차가 개시된 것으로 보아야 하기 때문에, 보호조치를 마치고 수사를 개시하는 경찰관으로서는 강제력 없이 상대방의 동의나 승낙을 받아서 행하는 임의수사를 위하여 음주운전의 피의자로 조사하는 것에 대한 협조를 구하고 수사관서에서 자유롭게 퇴거할 수 있음을 고지하는 방법 등으로 운전자에게 자발적으로 수사에 응할 것을 요구하는 절차를 밟거나 이에 응하지 않는 운전자에 대한 강제수사를 위하여 체포 등 형사소송법상의 적법한 강제처분에 대한 절차를 밟아야 한다고 주장하지만, **경찰관이 운전자에게 수사관서에서 자유롭게 퇴거할 수 있음을 고지할 경우 임의로 남아서 음주측정에 자발적으로 응할 운전자를 기대하기 어렵고, 또한 음주측정에 응하지 않는 운전자에게 체포영장을 영장 발부받는 방법 등으로 강제처분절차를 밟을 경우 영장 청구와 영장 발부 사이의 시간적 간극으로 인하여 자칫 음주측정 자체가 무의미해**

질 우려가 있으며, 이로써 음주측정 거부를 처벌하려는 입법의 목적, 즉 음주측정을 강제함으로써 교통안전을 도모하고 음주운전에 대한 입증과 처벌을 용이하게 하려는 입법목적의 달성이 위태로워질 수 있다. 이러한 점을 고려할 때 경찰관이 보호조치 된 운전자에게 음주측정을 요구하는 것은 「도로교통법」 제44조 제2항에 따른 조치이므로 위법한 보호조치 상태를 이용하여 음주측정요구가 이루어졌다는 등의 특별한 사정이 없는 한 이에 불응한 운전자의 행위는 음주측정불응죄에 해당한다고 보는 것이 타당하다.

6. 임시영치

경찰관직무집행법 제4조(보호조치 등) ③ 경찰관은 제1항의 조치를 하는 경우에 구호대상자가 휴대하고 있는 무기·흉기 등 위험을 일으킬 수 있는 것으로 인정되는 물건을 경찰관서에 임시로 영치(領置)하여 놓을 수 있다.
⑦ 제1항에 따라 구호대상자를 경찰관서에서 보호하는 기간은 24시간을 초과할 수 없고, 제3항에 따라 물건을 경찰관서에 임시로 영치하는 기간은 10일을 초과할 수 없다.

보호조치를 하는 경우 구호대상자가 휴대하고 있는 무기·흉기 등 위험을 야기할 수 있는 것으로 인정되는 물건은 「경직법」 제4조 제3항에 따라 경찰관서에 **임시영치**할 수 있다. 여기서 **"영치"**란 물건에 대하여 정당한 권원을 갖는 사람(소유자 또는 점유자)의 사실상의 지배를 종료시키고 물건에 대한 새로운 점유를 취득하는 것을 의미한다.[62] 이러한 영치는 자살이나 자상(自傷) 또는 타인의 생명이나 건강을 해치거나 타인의 물건에 손상을 가하는 것을 막는 데에 기여할 수 있다. **임시영치의 기간은 10일을 초과할 수 없다**(「경직법」 제4조 제7항).

62) 이에 관하여 보다 자세한 것은 손재영, "경찰법상 위험방지를 위한 영치", 법학논고 제87집, 2024, 235쪽 이하.

7. 보호조치와 국가배상책임

「경직법」 제4조 제1항은 "경찰관은 ~할 수 있다"는 이른바 가능규정 형식을 통해 경찰관에게 재량을 부여하고 있다. 이에 따라 「경직법」 제4조 제1항의 요건이 존재함에도 불구하고 경찰관은 보호조치를 취하지 않을 수 있다. 하지만 경찰관이 보호조치를 취하지 않으면 종종 하자 있는 재량행사가 될 수 있다. 즉 경찰관의 재량은 개별사례에서 보호조치를 취하지 않으면 위법하게 되고, (오로지) 보호조치를 취하는 것만이 적법한 것으로 여겨질 정도로 수축될 수 있다. 이러한 재량의 영(zero)으로의 수축은 특히 개인의 생명, 신체 또는 건강과 같이 특별히 높은 법익이 위험한 경우에 존재한다. 재량이 영으로 수축되는 경우 경찰관의 재량은 기속(의무)으로 변하게 된다. 즉 개인의 생명, 신체 또는 건강과 같이 특별히 중요한 법익이 위협을 받고 있는 경우에는 일반적으로 경찰관에게 개입의무가 존재하므로, 경찰관은 위험방지에 필요한 보호조치를 취하여야 한다. 만일 경찰관이 보호조치를 취하여야 할 의무가 있음에도 불구하고 보호조치를 취하지 않는다면 경찰관의 부작위는 과소보호금지원칙에 위배되어 위법하게 된다. 만일 타인에게 손해가 발생하였다면 국가는 경찰관의 직무상 불법행위로 인한 손해배상책임을 진다.

판례

〈경찰관의 긴급구호권 불행사로 인한 국가배상책임 성립요건〉

긴급구호권한과 같은 경찰관의 조치권한은 일반적으로 경찰관의 전문적 판단에 기한 합리적인 재량에 위임되어 있는 것이나, 그렇다고 하더라도 구체적 상황하에서 경찰관에게 그러한 조치권한을 부여한 취지와 목적에 비추어 볼 때, 그 불행사가 현저하게 불합리하다고 인정되는 경우에는 그러한 불행사는 법령에 위반하는 행위에 해당하게 되어 국가배상법상의 다

> 른 요건이 충족되는 한 국가는 그로 인하여 피해를 입은 자에 대하여 국가배상책임을 부담한다(대법원 1996. 10. 25. 선고 95다45927 판결).

8. 요 약

(1) 「경직법」 제4조에 따른 보호조치의 요건이 갖추어지지 않았음에도 불구하고 실제로는 범죄수사를 목적으로 피의자에 해당하는 사람을 구호대상자로 삼아 그의 의사에 반하여 경찰관서에 데려간다면 그러한 행위는 현행범체포나 임의동행 등의 적법요건을 달리 갖추지 않은 한 위법한 체포에 해당한다.

(2) 「경직법」 제4조 제1항 제1호에 규정된 "술에 취한 상태"란 구호대상자가 술에 만취하여 정상적인 판단능력이나 의사능력을 상실할 정도에 이른 것을 의미한다. 예를 들어 술 냄새가 나고 혈색이 붉으며 말을 할 때 혀가 심하게 꼬이고 비틀거리며 걷는 경우 또는 술에 만취하여 대화도 제대로 하지 못하고 오줌을 싸며 혼자서 걷지도 못하는 경우가 바로 그러하다. 「경직법」 제4조 제1항 제1호에 따른 보호조치를 필요로 하는 구호대상자에 해당하는지 여부는 구체적인 상황을 고려하여 경찰관 평균인을 기준으로 판단하되, 그 판단은 보호조치의 목적과 취지에 비추어 현저히 불합리하여서는 아니 된다. 만일 경찰관이 구호대상자를 그 가족 등에게 인계할 수 있다면 특별한 사정이 없는 한 구호대상자를 경찰관서에 보호조치하는 것은 허용되지 않는다.

(3) 경찰관이 보호조치를 한 경우에는 지체 없이 그 사실을 구호대상자의 가족 · 친지 기타 연고자에게 통지하여야 한다(「경직법」 제4조 제4항). 연고자 파악과 통지절차를 규정한 「경직법」 제4조 제4항은 보호조치를

취한 경찰관이 준수하여야 하는 강행규정에 해당하므로 경찰관은 연고자에 대한 통지를 임의로 생략할 수 없다. 따라서 경찰관이 보호조치를 한 후에 합리적 사유 없이 구호대상자의 가족에게 보호조치 사실을 통지하지 않는 것은 적법절차를 위반한 위법한 조치로 평가될 수 있다.

(4) 경직법상 정신착란자, 만취자, 자살기도자 등 응급구호를 필요로 하는 사람을 24시간을 초과하지 아니하는 범위 내에서 경찰관서에 보호조치 할 수 있는 시설로 제한적으로 운영하는 경우(「경직법」 제4조 제1항, 제7항), 형사소송법상 영장 없이 할 수 있는 현행범체포(「형사소송법」 제212조)나 긴급체포(「형사소송법」 제200조의3)의 적법요건을 갖춘 경우 또는 경직법상 임의동행의 적법요건을 갖춘 경우를 제외하고는 체포 · 구속영장 없이 피의자를 보호실에 유치하는 것은 영장주의에 위배되는 위법한 구금에 해당한다.

(5) 경찰관은 보호조치 된 운전자에게도 음주측정을 요구할 수 있는지 여부가 문제되지만, 운전자가 보호조치 된 사람이라고 하여 달리 볼 것은 아니므로 경찰관은 보호조치 된 운전자에게도 음주측정을 요구할 수 있다고 보아야 한다. 즉 경찰관이 보호조치 된 운전자에게 음주측정을 요구하였다는 이유만으로 그 음주측정요구가 당연히 위법하다거나 그 보호조치가 당연히 종료된 것으로 볼 수 없다. 경찰관이 보호조치 된 운전자에게 음주측정을 요구하는 것은 「도로교통법」 제44조 제2항에 따른 조치이므로 위법한 보호조치 상태를 이용하여 음주측정요구가 이루어졌다는 등의 특별한 사정이 없는 한 이에 불응한 운전자의 행위는 음주측정불응죄에 해당한다.

케이스 해설

해설 1 <경찰관 폭행 사건>

사례에서는 '갑'의 행위가 공무집행방해죄에 해당하는지 여부가 문제된다. '갑'의 행위가 공무집행방해죄에 해당하기 위해서는 그 전제로서 '갑'을 보호실에 유치한 경찰관의 행위가 "적법한" 직무집행이어야 한다. 사실 사례에서 '갑'은 법원의 체포·구속영장에 의하여 보호실에 유치된 것이 아니었다. 물론 '갑'은 경찰서로 연행되기 이전에 경찰관을 폭행하여 상해를 가하였기 때문에 영장 없이 현행범으로 체포되어 보호실에 유치될 수 있었다. 하지만 이를 위해서는 체포 당시 「헌법」과 「형사소송법」의 규정에 따라 범죄사실의 요지와 체포이유 및 변호인을 선임할 수 있음이 고지되고, 변명의 기회가 주어지는 등 절차가 준수되어야 한다(「헌법」 제12조 제5항, 「형사소송법」 제213조의2, 제209조). 그러나 '갑'이 경찰서에 연행될 당시 이러한 절차는 준수되지 않았으므로 '갑'은 현행범으로 적법하게 체포된 것으로 볼 수 없다. 물론 「경직법」 제4조 제1항과 제7항에 따르면 경찰관은 수상한 행동 그 밖의 주위 사정을 합리적으로 판단해 볼 때 술에 취하여 자신 또는 다른 사람의 생명·신체·재산에 위해를 끼칠 우려가 있거나 자살을 시도하는 사람이 응급의 구호를 요한다고 믿을 만한 상당한 이유가 있는 상태에 있을 때에는 24시간을 초과하지 아니하는 범위 내에서 경찰관서에 보호하는 등 적절한 조치를 취할 수 있다. 그러나 '갑'은 보호실에 유치될 당시 술에 취하여 자신 또는 다른 사람의 생명·신체·재산에 위해를 끼칠 우려가 있었다거나 자살을 시도하였다거나 응급의 구호를 요한다고 믿을 만한 상당한 이유가 없었으며, 또한 보호실에 유치된 이후 그 사실이 '갑'의 가족 등에게 지체 없이 통지되지도 않았다. 따라서 '갑'은 적법하게 보호조치된 것이 아니었으므로 설령 '갑'이 적법한 공무집행으로 볼 수 없는 보호실유치에 항의하면서 보호실에서 나오려는 자신을 제지하는 경찰관을 폭행하였다 하더라도 '갑'의 행위는 공무집행방해죄에 해당하지 않는다.[63)]

해설 2 <맥도널드 사건>

사례에서는 경찰관의 음주측정요구에 불응한 '갑'의 행위가 「도로교통법」 제

148조의2 제2항 소정의 음주측정불응죄에 해당하는지 여부가 문제된다. 문제의 해결을 위해서는 먼저 경찰관 P1이 '갑'을 지구로 데려간 행위를 「경직법」 제4조 제1항 제1호에 따른 보호조치로 볼 수 있는지 또는 동 법 제3조 제2항에 따른 임의동행으로 볼 수 있는지의 문제부터 해명되어야 한다. 왜냐하면 경찰관 P1의 행위를 보호조치 또는 임의동행 중 어느 하나로 보느냐에 따라 '갑'에 대한 음주측정불응죄의 성립 여부가 달라지기 때문이다. 즉 대법원 판례에 따르면 경찰관은 보호조치 된 운전자에게도 음주측정을 요구할 수 있으므로 만일 경찰관 P1의 행위를 보호조치로 볼 경우에는 음주측정요구에 불응한 '갑'의 행위는 음주측정불응죄에 해당하게 된다. 반면 경찰관 P1의 행위를 임의동행으로 볼 경우에는 음주측정요구에 불응한 '갑'에게 음주측정불응죄는 성립하지 않는다. 왜냐하면 경찰관 P1이 '갑'에게 동행의 목적이 음주측정을 위함이라거나 동행을 거부할 수 있음을 고지하지 않은 채 '갑'을 지구대로 데려간 것은 사실상의 강제연행 · 불법체포에 해당하고, 이러한 위법한 체포 상태에서 음주측정요구에 불응한 '갑'에게는 음주측정불응죄가 성립하지 않기 때문이다. 따라서 사례에서는 경찰관 P1이 '갑'을 지구로 데려간 행위를 보호조치로 볼 수 있는지 또는 임의동행으로 볼 수 있는지 여부가 중요하다.

당시의 사정을 종합적으로 고려해 볼 때 경찰관 P1은 '갑'을 음주운전의 피의자로서가 아니라 보호조치의 대상자로서 지구대로 데려간 것으로 볼 수 있다. 그 이유는 ① 사건 당시 '갑'은 술에 취한 상태에서 도로에 차량을 세워둔 채 잠을 자고 있었고, ② 현장에 출동하였던 경찰관 P1이 '갑'에게 현장은 위험하여 다칠 수 있으니 안전한 곳으로 가자고 하면서 지구대로 데려갔으며, ③ 경찰관 P1이 현장에서 '갑'에게 별도로 음주측정을 요구하지 않았고 지구대로의 동행목적이 음주측정을 위한 것임을 고지한 바 없었을 뿐만 아니라 ④ 경찰관 P1이 지구대에 와서도 '갑'에 대한 임의동행 관련 서류를 전혀 작성하지 않았기 때문이다. 만약 경찰관 P1이 '갑'을 지구대로 데려간 것을 보호조치로 본다면 경찰관 P3이 보호조치 된 '갑'에게 음주측정을 요구한 것은 「도로교통법」 제44조 제2항에 따른 조치이므로 그러한 음주측정요구에 불응한 '갑'의 행위는 위법한 보호조치 상태를 이용하여 음주측정요구가 이루어졌다는 등의 특별한 사정이 없는 한 음주측정불응죄에 해당한다.[64)]

해설 3 <돼지국밥 사건>

사례에서도 경찰관의 음주측정요구에 불응한 '갑'의 행위가 「도로교통법」 제148조의2 제2항 소정의 음주측정불응죄에 해당하는지 여부가 문제된다. 「도로교통법」 제44조 제2항에 따르면 경찰관은 교통의 안전과 위험방지를 위하여 필요하다고 인정하거나 운전자가 술에 취한 상태에서 자동차 등을 운전하였다고 인정할 만한 상당한 이유가 있고, 운전자의 음주운전 여부를 확인하기 위하여 필요한 경우에는 운전자에게 음주측정을 요구할 수 있다. 만일 운전자가 이에 불응하면 「같은 법」 제148조의2 제2항 소정의 음주측정불응죄가 성립한다. 대법원 판례[65]에 따르면 이러한 법리(法理)는 운전자가 「경직법」 제4조 제1항 제1호에 따라 보호조치 된 경우에도 동일하게 적용되므로 경찰관이 보호조치 된 운전자에게 음주측정을 요구하였다는 이유만으로 그 음주측정요구가 당연히 위법하다거나 그 보호조치가 당연히 종료된 것으로 볼 수 없다. 따라서 사례에서 경찰관 P^2가 보호조치 된 '갑'에게 음주측정을 요구한 것은 「도로교통법」 제44조 제2항에 따른 조치이므로 경찰관의 음주측정요구에 불응한 '갑'의 행위는 음주측정불응죄에 해당한다. 만일 '갑'에 대한 보호조치가 「경직법」을 위반한 것으로서 위법하다면 그 예외가 인정될 수 있겠으나, 경찰관들이 술에 만취하여 대화도 제대로 하지 못하고 오줌을 싸며 혼자서 걷지도 못하는 상태에 있던 '갑'을 「경직법」 제4조 제1항 제1호에 따른 보호조치의 대상자로 보아 순찰차에 태운 뒤 파출소로 데려 온 것을 두고 위법한 보호조치로 보기는 어렵다.[66]

해설 4 <불봉 사건>

사례에서도 경찰관의 음주측정요구에 불응한 '갑'의 행위가 「도로교통법」 제148조의2 제2항 소정의 음주측정불응죄에 해당하는지 여부가 문제된다. 「도로교통법」 제44조 제2항에 따르면 경찰관은 교통의 안전과 위험방지를 위하여 필요하다고 인정하거나 운전자가 술에 취한 상태에서 자동차 등을 운전하였다고 인정할 만한 상당한 이유가 있고, 운전자의 음주운전 여부를 확인하기 위하여 필요한 경우에는 운전자에게 음주측정을 요구할 수 있고, 운전자가 이에 불응한 경우에는 「같은 법」 제148조의2 제2항 소정의 음주측정불응죄가 성립한다. 대법원 판례에 따르면 이러한 법리는 운전자가 「경직법」 제4조 제1항 제1호에 따라 보호조치 된 경우에도 동일하게 적용되므로 경찰관이 보호조치 된 운전자에게 음주측정을 요구하였다는 이유만으로 그 음주측정요구가 당연히 위법하다거나 그 보호조치가 당연히 종료된 것으로 볼 수 없다. 그러나 보호조치 된 운전자의 행위가 음주측정불응죄에 해당하기 위해서는 그 전제로서 경찰관이 위법한 보호조치 상태를 이용하여 운전자에게 음주측정을 요구하였다는 등의 특별한 사정이 존재하지 않아야 한다. 즉 사례에서 '갑'의 행위가 음주측정불응죄에 해당하기 위해서는 그 전제로서 경찰관들이 '갑'을 지구대로 데려간 행위가 "적법한" 보호조치에 해당하여야 한다. 그러나 경찰관들이 '갑'을 보호조치의 대상자로 보아 지구대로 데려간 행위는 적법한 보호조치로 볼 수 없다. 왜냐하면 사건 당시 '갑'은 「경직법」 제4조 제1항 제1호에 따라 경찰관의 보호조치를 필요로 하는 "구호대상자"에 해당하지 않았기 때문이다. 먼저 사건 당시 '갑'은 술에 취한 상태이기는 하였으나 차량을 운전할 정도의 의사능력과 음주단속에 따른 처벌을 피하기 위하여 도주하려 할 정도의 판단능력을 가지고 있었으므로 「경직법」 제4조 제1항 제1호의 "술에 취한 상태", 즉 술에 만취하여 정상적인 판단능력이나 의사능력을 상실할 정도[67]에 이르렀다고 보기 어렵다. 또한 경찰관들이 '갑'에게 「경직법」 제4조 제1항 제1호에 따른 보호조치를 하고자 하였다면 사건 당시 '갑'의 아내가 함께 있었으므로 '갑'의 아내에게 인계를 하였어야 함에도 '갑'의 아내에게는 지구대로 데려간다는 말만 하고 '갑'을 데려간 점은 경찰관들의 행위를 적법한 보호조치로 볼 수 없게 하는 또 하나의 이유가 된다. 경찰관이 구호대상자를 그 가족 등에 인계할 수 있다면 특별한 사정이 없는 한 구호대상자를 경찰관서에 보호조치하는 것은 허용되지 않는다. '갑'은 보호조치의 대상자가 아니었을 뿐만 아니라 현행범으로 적법하게 체포되었다거나 임의동행에 관한 동의를 얻는 등의 적법요건을 갖추었다고도 볼 수 없으므로 경찰관들이 '갑'을 지구대로 데려간 행위는 위법한 체포에 해당한다. 그리고 그와 같은 위법한 체포 상태에서 이루어진 경찰관의 음주측정요구도 위법하다. 결국 '갑'은 위법한 음주측정요구에 응할 의무가 없으므로 음주측정요구에 불응하더라도 음주측정불응죄는 성립하지 않는다.[68]

해설 5 <보호조치 후 가족에게 미고지(未告知) 사건>

사례에서는 경찰관들이 '갑'을 입원시킨 조치가 위법한 보호조치에 해당하는지 여부가 문제된다. 사건 당시 '갑'이 현장에서 고성을 지르고 돈을 바닥에 뿌리는 등의 행위를 한 점과 사건 당시 자정이 가까운 시각이었고 비가 내리고 있었던 점 그리고 지나가던 행인이 '갑'의 언동을 보고 위험하다고 판단하여 112상황실에 신고한 점에 비추어 보면 경찰관들이 '갑'을 경직법상의 보호조치가 요구되는 "구호대상자"로 판단하여 인근 병원에 응급입원시킨 조치는 위법한 보호조치로 보기 어렵다. 하지만 「경직법」 제4조 제4항과 제5항은 경찰관이 보호조치를 실시한 경우 지체 없이 구호대상자의 가족·친지 기타의 연고자를 파악하여 그 사실을 통지하도록 하고, 만일 경찰관이 구호대상자의 연고자를 파악하지 못하였을 때에는 그 사실을 경찰서장에게 보고하여야 할 의무를 부과하고 있다. 따라서 경찰관들이 '갑'을 응급입원시키는 과정에서 병원 관계자로부터 '갑'의 이름과 주민등록번호 및 주민등록상의 주소지를 파악하였다면 지구대로 돌아온 즉시 해당 주소지를 관할하는 파출소나 지구대의 협조를 얻어 '갑'의 연고자를 파악하여 보호조치 사실을 통지했어야 함에도 경찰관들은 이를 행하지 않았다. 경찰관들은 그 이유로서 '갑'이 알리기를 원하지 않았다는 점을 들고 있으나 정신착란이 의심되어 보호조치 한 '갑'의 요구를 그대로 받아들여 통지를 하지 않았다는 것은 납득이 되지 않는다. 연고자 파악과 통지절차를 규정한 「경직법」 제4조 제4항은 보호조치를 취한 경찰관이 준수해야 하는 강행규정에 해당함에도 경찰관들이 '갑'의 가족에게 임의로 통지하지 않은 것은 문제가 있다. 따라서 경찰관들이 '갑'에 대한 보호조치 후에 합리적 사유 없이 가족에게 보호조치 사실을 통지하지 않은 것은 적법절차를 위반한 위법한 보호조치로 볼 수 있다.[69]

해설 6 <겨울철 동사(凍死) 사건>

「경직법」 제4조 제1항은 경찰관이 수상한 행동이나 그 밖의 주위 사정을 합리적으로 판단해 볼 때 정신착란을 일으키거나 술에 취하여 자신 또는 다른 사람의 생명·신체·재산에 위해를 끼칠 우려가 있는 사람 또는 자살을 시도하는 사람 등이 응급의 구호를 요한다고 믿을 만한 상당한 이유가 있는 상태에 있을 때에는 보건의료기관이나 공공구호기관에 긴급구호를 요청하거나 경찰관서에 보호하는 등 적절한 조치를 할 수 있음을 규정하고 있다. 이 경우 보호조치를 취할 것인지 여부는 경찰관의 재량에 속한다. 그러나 사례에서와 같이 영하 15도의 추운 겨울 날씨에 만취한 사람을 그대로 방치할 경우에는 생명, 신체 또는 건강에 대한 위험이 우려되기 때문에 재량은 영(zero)로 수축되어 경찰관은 보호조치를 취해야 할 의무가 있다. 그럼에도 불구하고 경찰관 P는 '갑'에게 아무런 조치를 취하지 않은 채 그냥 지나쳐 버렸기 때문에 국가에게는 경찰관 P의 부작위로 인한 직무상 불법행위책임이 인정된다.

해설 7 <도계검문소 음주단속 사건>

「경직법」 제4조 제1항과 제7항에 따르면 경찰관은 수상한 행동 그 밖의 주위 사정을 합리적으로 판단해 볼 때 술에 취하여 자신 또는 다른 사람의 생명 · 신체 · 재산에 위해를 끼칠 우려가 있는 사람이 응급의 구호를 요한다고 믿을 만한 상당한 이유가 있는 상태에 있을 때에는 24시간을 초과하지 아니하는 범위 내에서 경찰관서에 보호하는 등 적절한 조치를 취할 수 있다. 특히 술에 취한 상태에서의 운전은 「도로교통법」 제44조에 의하여 금지되는 범죄임이 명백하고 이로 인하여 자신 또는 다른 사람의 생명 또는 신체에 위해를 끼칠 위험성이 대단히 크므로, 경찰관은 주취운전자가 정상적으로 운전할 수 있는 상태에 이를 때까지 운전금지를 명하고 그 밖의 필요한 조치를 취할 수 있다(「도로교통법」 제47조 제2항). 주취운전을 적발한 단속경찰관이 운전의 계속을 막기 위하여 취할 수 있는 조치로는 단순히 운전의 계속을 금지하는 것 외에 다른 사람이 대신 운전을 하게 하거나(예: 대리운전), 주취운전자가 임의로 제출한 차량열쇠를 일시 보관하면서 가족에게 연락을 취하여 주취운전자와 차량을 인수하게 하거나 주취정도가 심할 경우에는 경찰관서에 보호하는 등의 조치가 고려될 수 있다. 그러나 사례에서 '갑'은 음주운전으로 적발되었고 주취정도를 측정한 결과 혈중 알코올농도가 0.09%임이 밝혀졌음에도 경찰관 P는 '갑'의 요구에 따라 차량을 이동할 수 있도록 보관 중이던 차량열쇠를 교부하였을 뿐만 아니라, 차량이동 이후에도 '갑'이 주취운전을 감행할 수 있도록 방치하였다. 당시 '갑'은 만취상태로 인하여 과속운전의 가능성이 매우 높았고, 그런 상태로 운전을 감행한다면 자신 또는 다른 사람의 생명 또는 신체에 위해를 미칠 위험이 현저한 상황이었다. 이러한 사정을 합리적으로 판단해 볼 때 경찰관 P에게는 '갑'이 정상적으로 운전할 수 있는 상태에 이를 때까지 주취운전을 못하도록 적절한 조치를 취해야 할 의무가 있었음에도 경찰관 P는 이러한 조치를 취하지 않은 채 주취상태에서 운전을 계속할 수 있도록 '갑'에게 보관중이던 차량열쇠를 교부하였으므로 경찰관 P는 직무상의 의무를 위배한 것으로 볼 수 있다. 따라서 사례에서는 경찰관 P의 직무상 불법행위로 인한 손해배상책임이 인정되므로 국가는 '을'의 유가족에게 손해배상금을 지급하여야 한다.[70]

III 위험방지를 위한 퇴거명령과 체류금지 및 주거로부터의 퇴거명령

1. 개 설

(1) 문제에의 입문

경찰법에서 **퇴거명령**(Platzverweisung)[71]은 경찰이 위험방지를 목적으로 특정인이나 불특정 다수인에게 어느 장소에서 퇴거할 것을 명령하거나 그 장소에의 출입을 금지시키는 것을 의미한다. 퇴거명령은 일반적으로 퇴거(退去)라는 단어가 갖는 사전적(辭典的) 의미, 즉 특정인이나 불특정 다수

63) 대법원 1994. 3. 11. 선고 93도958 판결.

64) 대법원 2012. 2. 9. 선고 2011도4328 판결

65) 대법원 2012. 2. 9. 선고 2011도4328; 2012. 3. 29. 선고 2011도10012 판결.

66) 대법원 2012. 3. 29. 선고 2011도10012 판결.

67) 대법원 2012. 12. 13. 선고 2012도11162 판결.

68) 대법원 2012. 12. 13. 선고 2012도11162 판결.

69) 국가인권위원회 2013. 2. 21.자 12진정0671500 결정.

70) 대법원 1998. 5. 8. 선고 97다54482 판결.

71) 이에 관해서는 손재영, "위험방지를 위한 퇴거명령과 체류금지 및 주거로부터의 퇴거명령에 대한 법적 근거", 법제연구 제40호, 2011, 241쪽 이하; 이장희, "공공장소 퇴거명령과 무관용경찰활동론의 헌법적 문제점 – 노숙인의 기본권 제한 문제를 중심으로 – ", 공법학연구 제19권 제3호, 2018, 31쪽 이하.

인을 어느 장소에서 물러나게 하는 것뿐만 아니라 그 장소에의 출입을 금지시키는 것도 포함하는 개념이다.[72] 이러한 퇴거명령은 특정인이나 불특정 다수인에게 장기간 동안(예: 3개월) 일정한 장소(예: 도시의 일정구역)에의 체류를 금지시키는 **체류금지**(Aufenthaltsverbot)와 구별되어야 한다. 사실 퇴거명령과 체류금지는 특정인이나 불특정 다수인을 어느 장소에서 퇴거시키거나 그 장소에의 출입을 금지시킨다는 점에서 공통점을 갖지만, 양자는 (무엇보다) 기간의 장 · 단에 있어서 차이점이 존재한다. 즉 **퇴거명령은 단기간 동안 명해질 수 있는 반면, 체류금지는 장기간 동안 명해질 수 있다.**[73]

현행 「경직법」은 위험방지를 위한 퇴거명령과 체류금지에 대한 명시적 수권근거를 마련해 두고 있지 않다. 만일 「경직법」에 (단기간의) 퇴거명령과 (장기간의) 체류금지에 대한 명시적 수권근거가 존재하지 않는다면 이러한 조치들은 개괄적 수권조항에 근거하여 명해질 수 있는지의 문제가 제기된다.[74] 이에 따라 이하에서는 **개괄적 수권조항이 위험방지를 위한 퇴거명령과 체류금지에 대한 각각의 법적 근거가 될 수 있는지의 문제**를 고찰하기로 한다. 여기서는 우선 다음에 언급된 사례의 도움으로 이와 관련된 문제를 보다 명확히 하고자 한다.

(2) 관련 사례

리딩 케이스

사례 1 <가정폭력 사건 2>

어느 날 저녁 사법경찰관 P는 한 가정집으로 긴급 출동하라는 명령을 받았다. 왜냐하면 이곳에서 부부싸움이 일어났는데, 싸움 도중 흥분한 남편 '갑'이 부인과

72) Götz, Allgemeines Polizei- und Ordnungsrecht, 2001, Rn. 287; Gusy, Polizeirecht, 2011, Rn. 276; Knemeyer, Polizei- und Ordnungsrecht, 2004, Rn. 212.

73) Schenke, Polizei- und Ordnungsrecht, 2023, Rn. 145.

74) 이에 관해서는 또한 손재영, "위험방지를 위한 퇴거명령과 체류금지 및 주거로부터의 퇴거명령에 대한 법적 근거", 법제연구 제40호, 2011, 242쪽 이하.

아이들에게 폭력을 행사하고 있다는 신고를 받았기 때문이다. 사법경찰관 P는 즉시 현장에 임하여 남편 '갑'의 폭력행위를 제지하였지만, 가정폭력이 또다시 재발할 우려가 있었기 때문에 부인과 아이들을 보호하기 위하여 '갑'에게 주거에서 즉시 퇴거하라는 명령을 내렸다. 이 경우 사법경찰관 P가 '갑'에게 내린 퇴거명령에 대한 법적 근거는 무엇인가?

사례 2 <화재현장 출입금지 사건>

A시에 있는 유명 레스토랑에서 전기합선으로 인한 화재가 발생하였다. 거리에 있던 수많은 행인들이 화재현장으로 몰려들어 소방차와 구급차의 진입이 방해받고 있었다. 화재연락을 받고 현장에 제일 먼저 도착한 경찰관 P는 부상자를 안전한 곳으로 옮기고 화재의 확산을 막기 위하여 화재현장에 소방활동구역을 정한 후 행인들이 그 구역 안으로 출입하지 못하도록 하였다. 이 경우 경찰관 P가 소방차와 구급차의 진입을 방해하는 행인들에게 한 출입금지조치에 대한 법적 근거는 무엇인가?

사례 3 <행락지에서의 히피족(hippie) 난동 사건>

A시는 남해안에 위치한 작은 도시로서 깨끗하고 도시환경이 비교적 잘 정비된 휴양지로 알려져 있다. 도심에는 타원형의 큰 녹지대광장이 설치되어 있고 작은 호수와 나무 · 잔디 · 화초로 아름답게 꾸며져 있다. 이곳은 여름철에 휴양객들이 저녁시간을 조용히 보내는 장소로 애용되고 있다. 여름휴가가 절정인 어느 날 저녁 히피족 6명이 이곳에 도착하였다. 이들은 이상야릇한 옷차림을 하고 끊임없이 음주를 하면서 음악을 크게 틀어 놓았을 뿐만 아니라 주변휴양객들에게 짓궂은 언사를 일삼곤 하였다. 이에 따라 휴양객들은 적지 않게 기분이 상하였고 다음 날부터 이곳을 찾는 것을 꺼려하였다. 경찰관 P는 6명의 히피족에게 이곳에서 즉시 떠나라는 퇴거명령을 내렸다. 그러나 히피족은 경찰관 P가 이러한 명령을 내릴 권한이 없다고 주장하며 떠나기를 거부하고 있다. 이들의 주장은 타당한가?[75]

사례 4 <강남역 체류금지 사건>

경찰이 최근 입수한 정보에 따르면 강남역은 마약밀매의 접선장소로 이용되고 있다. 경찰은 수차례의 마약전과가 있는 '갑'에게 강남역에서의 체류를 금지시켰다. 왜냐하면 '갑'은 최근 4년 동안 마약관련 법률위반을 이유로 총 26차례나 수사를 받은 전력이 있고, 현재도 강남역 주변에서 마약거래를 계속하고 있다는 정보를 입수하였기 때문이다. 경찰이 '갑'에게 명한 체류금지는 적법한가?[76]

2. 퇴거명령과 체류금지의 의의

(1) 퇴거명령

"**퇴거명령**"이란 특정인이나 불특정 다수인에게 어느 장소에서 잠시 떠나 있을 것을 명령하거나 그 장소에의 출입을 금지시키는 것을 의미한다. 퇴거명령의 예로서는 폭탄테러의 위협이 있는 항공기의 승객이나 해일 · 홍수 · 지진 등으로 침수 내지 붕괴될 위험성이 있는 가옥의 거주자에게 대피를 명하거나 그 장소에의 출입을 금지시키는 경우, 공작물이 손괴될 위험성이 있어 보행자의 통행을 일시적으로 차단하는 경우 또는 훌리건(Hooligan)에게 특정 경기장의 방문을 금지시키는 경우, 나아가 불법 · 폭력 집회나 시위를 개최하는 것을 막기 위하여 광장에의 출입이나 통행을 제한 또는 금지시키는 경우 등을 들 수 있다.

퇴거명령에서 말하는 **장소의 개념**은 통상 음식점, 극장, 축구경기장, 광장 등과 같이 눈으로 관망할 수 있는 제한된 공간을 의미하지만, 예를 들어 해일이나 홍수, 산불, 산사태, 지진 등과 같은 재난이 발생한 경우에는 위험이 상당히 넓은 지역에 미칠 수 있으므로 퇴거명령에서 말하는 장소의 정확한 공간적 윤곽은 문제가 된 위험의 성격을 고려하여 개별적으

75) 이 사례는 정하중, 행정법사례연구, 성민사, 1999, 384쪽에서 발췌한 것임.
76) 유사한 사례로는 OVG Bremen, NVwZ 1999, 314,

로 결정되어야 한다.[77]

퇴거명령은 비교적 짧은 기간 동안 명해질 수 있는 **잠정적인 조치**로 이해되고 있다.[78] 이와 관련하여서는 **퇴거명령이 얼마의 기간 동안 명해질 수 있는지의 문제**가 제기된다. 이 문제는 특히 장기간 명해질 수 있는 체류금지와의 구별을 위하여 중요한데, 문헌에서는 퇴거명령은 단지 몇 시간 동안만 명해질 수 있다는 견해에서부터 그 기간이 2주 이내라면 (체류금지가 아니라) 퇴거명령에 해당한다는 견해,[79] 심지어 퇴거명령은 시간적 관점에서 이미 위험이 방지되었거나 위험이 오랫동안 존속하거나 퇴거명령을 통해서는 위험이 방지될 수 없음이 확정된 경우에야 비로소 종결된다는 견해[80] 등 다양한 견해가 개진되고 있다. 생각건대 퇴거명령은 「헌법」 제10조에 의하여 보호되는 일반적 행동자유권[81]을 제한하지만, 체류금지는 「헌법」 제14조의 거주 · 이전의 자유를 제한한다는 점을 고려하여 적어도 24시간 이상 소요되는 퇴거 및 출입금지는 더 이상 퇴거명령이 아니라 체류금지에 해당한다고 보아야 한다.

(2) 체류금지

(전술한) 퇴거명령은 경찰이 불법적인 마약거래의 퇴치를 위하여 또는 스킨헤드(skin head)와 같은 폭력집단에 의하여 야기될 수 있는 소요를 예방하기 위하여 명령하는 체류금지와 구별되어야 한다.[82] 체류금지는 다음의 두 가지 점에서 퇴거명령과 구별된다.

첫째, 장소의 범위와 관련하여 퇴거명령은 특정 도로나 무도장, 광장

77) Götz, Allgemeines Polizei- und Ordnungsrecht, 2001, Rn. 287.

78) Schenke, Polizei- und Ordnungsrecht, 2023, Rn. 145.

79) 예를 들어 Latzel/Lustina, Aufenthaltsverbot – Eine neue Standardmaßnahme neben der Platzverweisung?, Die Polizei 1995, 131 (134)가 바로 그러하다.

80) 예를 들어 Schmidbauer, Polizeiliche Gefahrenabwehr bei Gewalt im so-zialen Nahraum, BayVBl. 2002, 257 (263)가 바로 그러하다.

81) 「헌법」 제10조 전문의 행복추구권에는 그 구체적인 표현으로서 일반적 행동자유권이 포함된다는 것에 관해서는 헌재 2003. 10. 30. 2002헌마518.

82) Knemeyer, Polizei- und Ordnungsrecht, 2004, Rn. 213.

등에 명해지는 반면, 체류금지는 그러한 제한된 특정 장소뿐만 아니라 과잉금지원칙에 대한 주의 하에 도시의 일정구역에도 명해질 수 있다.

둘째, 기간과 관련하여 퇴거명령은 단기간 동안 명해질 수 있는 반면, 체류금지는 장기간 동안 명해질 수 있다.[83] 물론 체류금지도 명확성원칙과 과잉금지원칙에 위배되지 않으려면 그 기간이 정해져 있어야 한다. 체류금지는 대개 3개월을 넘지 않는 범위 내에서 명해진다.[84]

표 2-14 퇴거명령과 체류금지의 구별

구분	퇴거명령	체류금지
기 간	단기간 (최장 24시간 이내)	장기간 (최장 3개월 이내)
장 소	제한된 특정 장소	도시의 일정구역에도 가능
제한되는 기본권	일반적 행동자유권	거주·이전의 자유
법적 근거	개괄적 수권조항으로도 충분	개별적 수권조항이 필요

참고

〈주거로부터의 퇴거명령(Wohnungsverweisung)〉

(전술한) 퇴거명령은 경찰이 가정폭력으로부터 피해자를 보호하기 위하여 가해자에게 일정 기간 동안(예: 7~8일) 주거나 점유하는 방실로부터 퇴거나 100미터 이내의 접근을 금지시키는 조치와도 구별되어야 한다. 만일 어느 가정의 남편이 같은 집에 살고 있는 부인이나 자녀에게 폭력을 행사하고 있다면 가정폭력의 피해자인 부인과 자녀는 그로부터 보호를 받아야

83) Gusy, Polizeirecht, 2011, Rn. 281.

84) 예컨대 「바덴-뷔르템 베르그 경찰법」 제30조 제2항 제3문, 「노르트라인-베스트팔렌 경찰법」 제34조 제2항 제4문 및 「튀빙엔 경찰법」 제18조 제3항 제4문.

하는바, 입법자는 1997년 12월 13일 제정된 「가정폭력범죄의 처벌 등에 관한 특례법」(이하 '가특법'이라 한다)을 통해 이것을 고려하였다. 즉 「가특법」 제29조 제1항에 따르면 "판사"는 피해자의 보호를 위하여 필요하다고 인정한 때에는 결정으로 가해자에게 피해자 또는 가정구성원의 주거 또는 점유하는 방실로부터의 퇴거 등 격리(제1호), 피해자 또는 가정구성원의 주거, 직장 등에서 100미터 이내의 접근금지(제2호), 피해자 또는 가정구성원에 대한 「전기통신기본법」 제2조 제1호의 전기통신을 이용한 접근금지(제3호), 의료기관 기타 요양소에의 위탁(제4호), 국가경찰관서의 유치장 또는 구치소에의 유치(제5호)와 같은 임시조치를 할 수 있다.

가정폭력범죄의 처벌 등에 관한 특례법

제29조(임시조치) ① 판사는 가정보호사건의 원활한 조사, 심리 또는 피해자의 보호를 위하여 필요하다고 인정한 때에는 결정으로 행위자에게 다음 각 호의 1에 해당하는 임시조치를 할 수 있다.

1. 피해자 또는 가정구성원의 주거 또는 점유하는 방실로부터의 퇴거 등 격리
2. 피해자 또는 가정구성원의 주거, 직장 등에서 100미터 이내의 접근금지
3. 피해자 또는 가정구성원에 대한 전기통신기본법 제2조 제1호의 전기통신을 이용한 접근금지
4. 의료기관 기타 요양소에의 위탁
5. 국가경찰관서의 유치장 또는 구치소에의 유치

그러나 이 경우 실제로는 판사뿐만 아니라 "경찰"이 가정폭력 가해자에게 주거나 점유하는 방실로부터 퇴거나 100미터 이내의 접근금지를 명령할 필요성이 있다. 예를 들어 판사가 임시조치를 결정할 수 없는 **야간**이나 **주말**과 같은 경우가 바로 그러하다. 설령 야간이나 주말이 아니더라도 판사가 결정을 내리는 임시조치는 일정한 시간(7~8일)이 소요되므로 가정폭력의 피해자는 적시(適時)에 판사로부터 보호를 받을 수 없게 된다. 이러한 점에서 경찰이 가정폭력 가해자를 주거나 점유하는 방실로부터 퇴거나 100미터 이내의 접근금지를 명령할 실제적 필요성은 판사가 임시조치를 결정하기 전까지의 기간에 존재한다고 볼 수 있다. 하지만 종전의 「가

특법」에 따르면 경찰은 판사가 임시조치 결정을 내리기 전까지 응급조치(제5조)를 하거나 가정폭력범죄가 재발될 우려가 있다고 인정되는 때에는 검사에게 임시조치를 신청할 수 있을 뿐(제8조), 가해자가 재범의 위험성이 높더라도 주거나 점유하는 방실로부터 퇴거나 100미터 이내의 접근을 금지시킬 수 없었다. 즉 피해자가 또 다른 가정폭력에 노출되더라도 경찰은 가해자에게 즉각적인 퇴거명령이나 접근금지를 명령할 수 없었다. 이러한 이유로 「가특법」은 폭력을 경험한 피해자를 재발의 위험성에 노출시키고 있다는 비판과 함께 판사가 퇴거명령과 접근금지 결정을 내리기 전까지의 시간적 공백을 메우기 위하여 경찰도 그와 같은 조치를 할 수 있어야 한다는 주장이 제기되었고 그 결과 2011년 7월 25일 「가특법」이 일부 개정되었다.[85] **사실 경찰이 가정폭력을 예방하기 위하여 가해자에게 일정 기간 동안(예: 7~8일) 주거나 점유하는 방실로부터 퇴거나 100미터 이내의 접근금지를 명하는 경우에는 「헌법」 제14조의 거주 · 이전의 자유와 「헌법」 제23조의 재산권 및 「헌법」 제36조의 혼인과 가족의 보호가 제한될 수 있다.**[86] 때문에 경찰이 이러한 명령을 내리기 위해서는 법률유보원칙에 따라 법률의 특별한 수권이 필요하다. 이 경우 개정된 「가특법」 제8조의2는 경찰이 가정폭력으로부터 피해자를 보호하기 위하여 가정폭력 가해자에게 주거나 점유하는 방실로부터의 퇴거를 명하는 행위에 대한 법적 근거를 제공한다.

가정폭력범죄의 처벌 등에 관한 특례법

제8조의2(긴급임시조치) ① 사법경찰관은 제5조에 따른 응급조치에도 불구하고 가정폭력범죄가 재발될 우려가 있고, 긴급을 요하여 법원의 임시조치 결정을 받을 수 없을 때에는 직권 또는 피해자나 그 법정대리인의 신청에 의하여 제29조 제1항 제1호부터 제3호까지의 어느 하나에 해당하는 조치(긴급임시조치)를 할 수 있다.

② 사법경찰관은 제1항에 따라 긴급임시조치를 한 경우에는 즉시 긴급임시조치결정서를 작성하여야 한다.

③ 제2항에 따른 긴급임시조치결정서에는 범죄사실의 요지, 긴급임시조치가

필요한 사유 등을 기재하여야 한다.

제8조의3(긴급임시조치와 임시조치의 청구) ① 사법경찰관이 제8조의2 제1항에 따라 긴급임시조치를 한 때에는 지체 없이 검사에게 제8조에 따른 임시조치를 신청하고, 신청받은 검사는 법원에 임시조치를 청구하여야 한다. 이 경우 임시조치의 청구는 긴급임시조치를 한 때부터 48시간 이내에 청구하여야 하며, 제8조의2 제2항에 따른 긴급임시조치결정서를 첨부하여야 한다.
② 제1항에 따라 임시조치를 청구하지 아니하거나 법원이 임시조치의 결정을 하지 아니한 때에는 즉시 긴급임시조치를 취소하여야 한다.

[사례 1] <가정폭력 사건 2>에서 사법경찰관 P가 남편 '갑'에게 내린 주거로부터의 퇴거명령은 「헌법」 제14조의 거주·이전의 자유와 「헌법」 제23조의 재산권 및 「헌법」 제36조의 혼인과 가족보호에 대한 제한을 가져오기 때문에 사법경찰관 P가 이러한 명령을 내리기 위해서는 법률유보원칙에 따라 법률의 특별한 수권이 필요하다. 이 경우 개정된 「가특법」 제8조의2는 사법경찰관 P가 남편 '갑'에게 내린 주거로부터의 퇴거명령에 대한 법적 근거를 제공한다. 즉 개정된 「가특법」 제8조의2 제1항에 따르면 사법경찰관은 「같은 법」 제5조에 따른 응급조치에도 불구하고 가정폭력범죄가 재발될 우려가 있고, 긴급을 요하여 법원의 임시조치 결정을 받을 수 없을 때에는 직권 또는 피해자나 그 법정대리인의 신청에 의하여 ① 피해자 또는 가정구성원의 주거 또는 점유하는 방실로부터의 퇴거 등 격리 ② 피해자 또는 가정구성원의 주거, 직장 등에서 100미터 이내의 접근금지 ③ 피해자 또는 가정구성원에 대한 「전기통신기본법」 제2조 제1호의 전기통신을 이용한 접근금지 가운데 어느 하나에 해당하는 조치(이른바 긴급임시조치)를 할 수 있으므로, 사법경찰관 P는 개정된 「가특법」 제8조의2 제1항에 따라 남편 '갑'에게 주거에서 즉시 퇴거하라는 명령을 내릴 수 있다.[87]

85) 이성용, "가정폭력에 대한 경찰권 발동에 관한 고찰", 형사정책연구 제69호, 2007, 302쪽 이하; 김재민, "경찰의 가정폭력 위기개입과 관련된 법적 문제점 검토", 형사정책 제18권 제2호, 2006, 190쪽 이하.

86) 그러나 일부 문헌에서의 주장과 달리, 경찰이 「가특법」 제8조의2 제1항에 따라 가

3. 법적 근거

(1) 기본권 제한

문헌에서는 퇴거명령과 체류금지가 헌법상 어떤 기본권을 제한하는지가 논쟁이 되고 있다. 이 경우 다수견해는 (타당하게도) **퇴거명령**은 그 기간이 단기간임을 이유로 **일반적 행동자유권**을 제한한다고 보고 있다. 반면 경찰이 **체류금지**를 통해 특정인이나 불특정 다수인에게 장기간 어느 장소에 머무는 것과 그 장소에 출입하는 것을 금지시킨다면 **거주 · 이전의 자유**가 제한된다고 보고 있다.[88]

주지하다시피 「**헌법**」 **제14조의 거주 · 이전의 자유**는 국민이 국가의

정폭력 가해자에게 내리는 주거나 점유하는 방실로부터의 퇴거나 100미터 이내의 접근금지는 「헌법」 제16조의 주거의 자유를 제한하지 않는다. 왜냐하면 「헌법」 제16조의 주거의 자유는 주거에 대한 소유권이나 점유권을 보호하는 것이 아니라, 주거 내에서의 사생활을 보호하는 기본권인데, 경찰이 가정폭력 가해자에게 주거나 점유하는 방실로부터의 퇴거나 100미터 이내의 접근금지를 명하더라도 「헌법」 제16조가 보호하는 사생활은 여전히 불가침으로 남기 때문이다. 또한 「헌법」 제16조의 주거의 자유는 모든 외부의 침입으로부터 사생활의 공간적 영역을 보호하지만, 주거에 대한 사실상의 이용 가능성을 보호하는 것은 아니라는 점도 주거의 자유에 대한 제한이 부정되는 또 하나의 이유가 된다. 만일 그렇지 않으면 경찰이 가해자를 체포하는 경우에도 주거의 자유에 대한 제한이 긍정되어야 할 것이다. 왜냐하면 가해자는 체포됨으로 인하여 당분간 자신의 주거를 이용할 수 없는 상태에 놓이기 때문이다. 이에 반하여 주거나 점유하는 방실로부터의 퇴거나 100미터 이내의 접근금지에 의해서는 주거에 대한 소유나 점유가 중지될 수 있기 때문에 「헌법」 제23조의 재산권이 제한될 수 있다. 이에 관해서는 손재영, "위험방지를 위한 퇴거명령과 체류금지 및 주거로부터의 퇴거명령에 대한 법적 근거", 법제연구 제40호, 2011, 253쪽.

87) 보다 상세한 것은 손재영, "가정폭력 피해자를 위한 긴급임시조치의 법적 문제", 법학논총 제21집 제2호, 3쪽 이하.

88) 같은 견해로는 예컨대 OVG Münster, DÖV 2001, 216; OVG Bremen, NVwZ 1999, 314 (315); Alberts, Freizügigkeit als polizeiliches Problem, NVwZ 1997, 45 (47); Hecker, Aufenthaltsverbote im Bereich der Gefahrenabwehr, NVwZ 1999, 261 (262); Rachor, in: Lisken/Denninger, Handbuch des Polizeirechts, 2001, Kap. F Rn. 449.

간섭을 받지 않고 자신이 **원하는 장소에 거주하거나 체류하고, 또한 그 장소를 변경할 수 있는 자유**를 보호한다.[89] 이때 거주란 민법상의 주소개념으로 이해될 수 있다(「민법」 제18조). 즉 **"거주"**(居住)란 생활의 근거지로 삼으려는 의사를 갖고서 일정한 곳에 계속 정주하는 것을 의미한다. 이에 반하여 **"체류"**(滯留)란 일정한 곳에 임시로 머무는 것을 의미한다. 이 경우 「헌법」 제14조가 의미하는 체류의 개념은 어느 정도의 시간적 기간을 전제로 하는지가 문제되지만, 어느 장소에 짧은 시간 동안 머무는 것은 「헌법」 제14조가 의미하는 체류에 해당하지 않는다. 왜냐하면 「헌법」 제14조가 의미하는 체류는 어느 정도의 시간적 계속성을 요구하고 있기 때문이다.[90] 따라서 경찰이 퇴거명령을 통해 특정인이나 불특정 다수인에게 단기간 어느 장소를 떠나 있을 것을 명령하거나 그 장소에의 출입을 금지시키더라도 거주 · 이전의 자유가 제한되지 않는다.[91] 퇴거명령에 의해서는 단지 일반적 행동자유권이 제한될 뿐이다.[92] 게다가 거주 · 이전의 자유에 대한 제한이 인정되기 위해서는 해당 장소가 **"거주지"** 또는 **"체류지"**로 볼 만한 정도로 생활과 밀접한 연관성을 갖는 장소이어야 한다. 즉 **「헌법」 제14조의 거주 · 이전의 자유는 생활형성의 중심지, 즉 거주지나 체류지를 선택하고 변경하는 행위를 보호하는 기본권이므로 생활의 근거지에 이르지 못하는 일시적 이동을 위한 장소의 선택과 변경은 그 보호범위에 포함되지 않는다.** 이러한 점에서 볼 때, (전술한) <서울광장 통행제지 사건>에서 경찰청장이 서울광장에의 출입이나 통행을 제지하는 것은 청구인들의 거주 · 이전의 자유를 제한하지 않는다. 왜냐하면 **서울광장은 생활형성의 중심지인 거주지나 체류지에 해당한다고 볼 수 없기 때문**이다.[93] 또한 **청구인들이 서울광장에 출입하고 통행하는 행위가 그 장소를 중심으**

89) 헌재 2011. 6. 30. 2009헌마406.

90) 계희열, 헌법학(중), 박영사 2004, 499쪽.

91) Rasch, Polizei und Grundrechte, DVBl. 1987, 194 (196).

92) 같은 견해로는 Würtenberger/Heckmann, Polizeirecht in Baden-Württemberg, 2005, Rn. 308.

93) 헌재 2011. 6. 30. 2009헌마406.

로 생활을 형성해 나가는 행위에 속한다고도 볼 수 없기 때문에 <서울광장 통행제지 사건>에서 경찰청장이 한 서울광장통행제지행위는 청구인들의 거주 · 이전의 자유가 아니라 서울광장을 개별적으로 통행하거나 그곳에서 자유롭게 여가활동이나 문화활동을 할 수 있는 권리인 일반적 행동자유권을 제한한다. 여하튼 퇴거명령과 체류금지는 헌법상 보호되는 기본권을 제한하기 때문에 경찰이 위험방지를 목적으로 퇴거명령이나 체류금지를 명령하기 위해서는 법률유보원칙에 따라 법률의 수권이 필요하다는 점이 무엇보다 중요하다.

(2) 개별적 수권근거

1) 특별경찰법상의 개별적 수권근거

현행법에는 퇴거 및 출입금지에 대한 개별적 수권근거가 존재한다. 예를 들어 「재난 및 안전관리기본법」 제41조 제1항과 「소방기본법」 제23조 제2항이 그 대표적인 예이다.

재난 및 안전관리기본법 제41조(위험구역의 설정) ① 시장 · 군수 · 구청장과 지역통제단장(대통령령으로 정하는 권한을 행사하는 경우에만 해당한다.)은 재난이 발생하거나 발생할 우려가 있는 경우에 사람의 생명 또는 신체에 대한 위해 방지나 질서의 유지를 위하여 필요하면 위험구역을 설정하고, 응급조치에 종사하지 아니하는 사람에게 다음 각 호의 조치를 명할 수 있다.
1. 위험구역에 출입하는 행위나 그 밖의 행위의 금지 또는 제한
2. 위험구역에서의 퇴거 또는 대피

소방기본법 제23조(소방활동구역의 설정) ① 소방대장은 화재, 재난 · 재해, 그 밖의 위급한 상황이 발생한 현장에 소방활동구역을 정하여 소방활동에 필요한 사람으로서 대통령령으로 정하는 사람 외에는 그 구역에 출입하는 것을 제한할 수 있다.
② 경찰공무원은 소방대가 제1항에 따른 소방활동구역에 있지 아니하거나 소방대장의 요청이 있을 때에는 제1항에 따른 조치를 할 수 있다.

특히 「소방기본법」 제23조 제2항은 소방대가 소방활동구역에 있지 아

니하거나 소방대장의 요청이 있는 때에는 경찰공무원에게 소방활동구역에의 출입을 제한할 수 있는 권한을 부여하고 있는바, 이러한 점에서 「소방기본법」 제23조 제2항은 [사례 2] <화재현장 출입금지 사건>에서 경찰관 P가 행한 출입금지조치에 대한 법적 근거가 된다. 이 경우 경찰관 P의 출입금지조치는 행인들이 소방대원이나 구급대원의 활동을 적극적으로 방해할 것을 요하지 않는다. 즉 소극적으로 소방활동구역에 머무는 것만으로도 화재진압에 방해가 될 수 있다면 행인들은 이미 경찰책임자가 되고, 경찰에 의한 출입금지조치의 대상이 될 수 있다.[94]

2) 일반경찰법상의 개별적 수권근거

이와 같이 특정 영역에서는 위험방지를 목적으로 경찰에게 퇴거 및 출입금지 권한을 부여하는 「가정폭력범죄의 처벌 등에 관한 특례법」 제8조의2 제1항이나 「소방기본법」 제23조 제2항과 같은 개별적 수권조항이 존재하지만, 위험방지에 관한 일반법인 「경직법」은 퇴거 및 출입금지에 대한 명시적인 수권근거를 마련해 두고 있지 않다. 즉 「경직법」은 표준조치를 수권하는 개별적 수권조항을 두고 있지만, 이 가운데 퇴거명령은 표준조치의 하나로 명시되고 있지 않다.[95] 물론 「경직법」에도 넓은 의미의 퇴거명령에 속하는 피난조치와 접근금지 및 통행제한에 대한 법률조항이 존재한다. 「경직법」 제5조 제1항 제2호와 「같은 법」 제5조 제2항이 바로 그러하다.

경찰관직무집행법 제5조(위험발생의 방지) ① 경찰관은 사람의 생명 또는 신체에 위해를 끼치거나 재산에 중대한 손해를 끼칠 우려가 있는 천재(天災), 사변(事變), 인공구조물의 파손이나 붕괴, 교통사고, 위험물의 폭발, 위험한 동물 등의 출현, 극도의 혼잡, 그 밖의 위험한 사태가 있을 때에는 다음 각 호의 조치를 할 수 있다.

---

94) Gusy, Polizeirecht, 8. Aufl., 2011, Rn. 276.

95) 위험방지를 위한 퇴거 및 출입금지의 개정권고안에 관해서는 김성태 · 김연태 · 박병욱 · 서정범 · 손재영 · 이성용(공저), 경찰관직무집행법 – 인권과 법치를 위한 개정권고안 –, 박영사, 2020, 38쪽.

2. 매우 긴급한 경우에는 위해를 입을 우려가 있는 사람을 필요한 한도에서 억류하거나 피난시키는 것

먼저 「경직법」 제5조 제1항 제2호에 따르면 경찰관은 사람의 생명 또는 신체에 위해를 끼치거나 재산에 중대한 손해를 끼칠 우려가 있는 천재, 사변, 인공구조물의 파손이나 붕괴, 교통사고, 위험물의 폭발, 위험한 동물 등의 출현, 극도의 혼잡, 그 밖의 위험한 사태가 있을 때, 특히 긴급을 요할 때에는 위해를 받을 우려가 있는 사람을 필요한 한도 내에서 억류하거나 피난시키는 조치를 할 수 있는바, 이 경우 후자의 **피난조치**에는 경찰관이 위해를 받을 우려가 있는 사람에게 위험한 장소에서 몸을 피하여 안전한 장소로 옮겨 가도록 명령하는 것도 포함되기 때문에 「경직법」 제5조 제1항 제2호는 퇴거명령에 대한 부분적 수권근거가 될 수 있다. 그렇지만 「경직법」 제5조 제1항 제2호는 퇴거명령에 대한 충분한 수권근거가 되지 못한다. 왜냐하면 「경직법」 제5조 제1항 제2호는 피난조치의 대상자를 명시적으로 "**위해를 입을 우려가 있는 사람**"으로 한정시키고 있기 때문이다. 그 결과 경찰관은 「경직법」 제5조 제1항 제2호에 근거하여 "**위해를 야기하는 사람**", 즉 경찰책임자에게 퇴거명령을 내릴 수 없게 된다. 예를 들어 경찰관은 「경직법」 제5조 제1항 제2호에 근거하여 공공장소에서 술을 마시고 행패를 부리는 음주소란행위자에게 그곳에서 즉시 퇴거하라는 명령을 내릴 수 없다.

경찰관직무집행법 제5조(위험발생의 방지) ② 경찰관서의 장은 대간첩작전수행 또는 소요사태의 진압을 위하여 필요하다고 인정되는 상당한 이유가 있을 때에는 대간첩작전지역 또는 경찰관서·무기고 등 국가중요시설에 대한 접근 또는 통행을 제한하거나 금지할 수 있다.

또한 대간첩작전수행 또는 소요사태의 진압을 위한 접근금지나 통행제

한을 규정하고 있는 「경직법」 제5조 제2항도 퇴거명령에 대한 충분한 수권근거가 되지 못하기는 마찬가지이다. 사실 퇴거명령은 퇴거라는 단어가 갖는 사전적 의미를 넘어서 특정인이나 불특정 다수인에게 어느 장소에 접근 또는 통행하는 것을 제한하거나 금지시키는 것도 포함하는 개념이기 때문에, 「경직법」 제5조 제2항도 퇴거명령에 대한 부분적 수권근거가 될 수 있다. 그렇지만 「경직법」 제5조 제2항은 "대간첩작전수행 또는 소요사태의 진압을 위하여 필요하다고 인정되는 상당한 이유가 있는 때"를 접근금지나 통행제한의 요건으로 하고 있고, 또한 접근금지나 통행제한의 장소와 관련하여서도 명시적으로 "대간첩작전지역 또는 경찰관서 · 무기고 등 국가중요시설"에 한정시키고 있기 때문에, 경찰관서의 장은 「경직법」 제5조 제2항에 근거하여 대간첩작전이나 소요사태가 존재하지 않는 때와 대간첩작전지역 또는 국가중요시설이 아닌 곳에서는 퇴거명령을 내릴 수 없게 된다. 예를 들어 (전술한) <서울광장 통행제지 사건>에서 경찰청장이 한 서울광장통행제지행위가 바로 그러하다. 즉 「경직법」 제5조 제2항이 규정하고 있는 "**소요사태**"란 **다중이 집합하여 한 지방의 평화 또는 평온을 해할 정도에 이르는 폭행 · 협박 또는 손괴행위를 하는 사태**를 의미하는데,[96] 노무현 전 대통령 서거 직후인 2009년 5월 23일 즈음부터 서울광장 주변에는 일부 시민들과 경찰 간에 산발적인 충돌이 있었고, 또한 2009년 5월 30일 경에는 서울광장에서 범국민대회를 개최하려는 시위대의 서울광장 인근도로 점거와 경찰버스에 대한 손괴 등 경찰과의 충돌이 있었던 것도 사실이지만, 이러한 충돌이 한 지방의 평화나 평온을 해할 우려가 있는 정도에 이르렀던 것으로 볼 수 없을 뿐더러, 적어도 서울광장통행제지행위가 있었던 2009년 6월 3일 당시에는 시위대와 경찰 간에 아무런 충돌도 없었기 때문에, "소요사태"의 존재를 접근금지나 통행제한의 요건으로 하고 있는 「경직법」 제5조 제2항은 경찰청장이 한 서울광장통행제지행위에 대한 법적 근거가 되지 못한다.[97] 이러한 점에서 「경직법」 제5

96) 이에 관해서는 헌재 2011. 6. 30. 2009헌마406(서울광장통행제지행위의 위헌성)에서 개진된 재판관 김종대, 재판관 송두환의 보충의견.

조 제2항은 전술한 제5조 제1항 제2호와 마찬가지로 위험방지를 위한 퇴거명령에 대한 충분한 수권근거가 되지 못한다.

다른 한편 「경직법」에는 "체류금지"에 대한 명시적 수권근거도 존재하지 않는다. 즉 「경직법」은 체류금지를 표준조치의 하나로 명시하고 있지 않다. 이 경우 「경직법」 제5조 제1항 제2호(피난조치)와 「같은 법」 제5조 제2항(대간첩작전수행 또는 소요사태의 진압을 위한 접근금지나 통행제한)은 경찰관이 불법적인 마약거래를 퇴치하기 위하여 특정인에게 장기간(예: 3개월) 일정한 장소에의 체류를 금지시킬 수 있는 권한을 포함하고 있지 않다. **만일 단기간의 퇴거명령과 장기간의 체류금지가 개별적 수권조항을 통해 규율되고 있지 않다면 위험방지에 기여하는 이러한 조치들은 개괄적 수권조항에 근거하여 명해질 수 있는지의 문제**가 제기된다.

(3) 개괄적 수권조항의 적용과 한계

1) 개괄적 수권조항의 적용

(가) 개괄적 수권조항의 허용성과 필요성

(이미 전술한 바와 같이) 개괄적 수권조항이 경찰권 행사에 대한 수권근거가 될 수 있는지 여부와 관련하여서는 학설상 다툼이 존재한다. 일부 견해[98]에 따르면 개괄적 수권조항은 그 요건부분에 사용되고 있는 '공공의 안녕', '공공의 질서', '위험' 등과 같은 불확정 법개념을 이유로 명확성원칙에 반하기 때문에 허용될 수 없다고 한다. 이러한 견해는 경찰작용은 권력적이고 침해적인 성격을 갖기 때문에 경찰작용에 대한 수권방식은 개별적 수권방식이 되어야 한다고 주장한다. 그러나 개괄적 수권조항은 명확성원칙에 반하기 때문에 허용될 수 없다는 견해는 오늘날 학설과 판례에 의

97) 이에 관해서는 헌재 2011. 6. 30. 2009헌마406(서울광장통행제지행위의 위헌성)에서 개진된 재판관 김종대, 재판관 송두환의 보충의견.

98) 예컨대 박윤흔, 최신행정법강의(하), 박영사, 2004, 325쪽이 바로 그러하다. 또한 이 견해에 입각한 것으로는 헌재 2011. 6. 30. 2009헌마406(서울광장통행제지행위의 위헌성)에서 개진된 재판관 김종대, 재판관 송두환의 보충의견.

하여 동 조항 속에 규정된 수권의 목적과 내용 및 범위가 이미 충분히 명확해졌다는 점과 경찰작용에 대한 수권근거로서 개괄적 수권조항이 갖는 유용성을 고려할 때 설득력이 떨어지는 견해이다. 최근 위험방지를 위하여 특별법을 제정하려는 경향이 강하게 나타나고 있음에도 불구하고 오늘날 기술의 발전을 통해 새롭게 발생하는, 그래서 입법자가 입법과정에서 종종 예측할 수 없었던 위험상황과 경찰이 이러한 위험상황에 유연하게 대처하여야 함을 고려할 때 개괄적 수권조항이라는 수권방식을 완전히 포기할 수는 없을 것이다. 이러한 점에서 개괄적 수권조항은 원칙적으로 경찰작용에 대한 수권근거가 될 수 있다.

(나) 퇴거명령의 경우

[사례 3] <행락지에서의 히피족(hippie) 난동 사건>은 개괄적 수권조항이 적용될 수 있는 전형적인 사례에 해당한다. 이 사건에서 경찰관 P는 광장 녹지대에 머물고 있는 히피족에게 이곳에서 즉시 떠나라는 퇴거명령을 내렸다. 이것은 경찰목적을 실현하기 위하여 개인에게 작위의무를 부과하는 경찰하명에 해당한다. 이러한 경찰하명은 공공의 안녕을 유지하기 위한 것으로서 「경직법」 제2조 제7호에 언급된 경찰의 직무에 속한다. 그러나 경찰관 P가 내린 퇴거명령이 경찰의 직무에 속한다고 해서 경찰관 P는 퇴거명령을 내릴 권한도 당연히 갖는 것은 아니다. 경찰관 P가 히피족에게 내린 퇴거명령은 이들의 일반적 행동자유권을 제한하기 때문에 법률유보원칙에 따라 법률의 수권이 필요하다. 그러나 「경범죄처벌법」에는 퇴거명령에 대한 명시적 수권근거가 결여되어 있다. 즉 사례에서 히피족은 「경범죄처벌법」 제3조 제1항에 반하는 금지된 행위[(불안감조성행위(제19호), 음주소란행위(제20호), 인근소란행위(제21호)]를 하고 있고, 「경범죄처벌법」 제3조 제1항에 대한 계속된 위반은 공공의 안녕에 대한 장해를 의미하지만, 「경범죄처벌법」에는 법률위반으로 인하여 야기된 공공의 안녕에 대한 장해를 중지시키거나 그 밖의 필요한 조치(예: 퇴거명령)를 수권하는 법률조항이 결여되어 있다. 만일 장해제거와 관련된 개별법상의 수권조항이 결여

되어 있다면 이 경우에는 일반경찰법인 「경직법」이 보충 적용된다. 즉 「경범죄처벌법」 제3조 제1항에 대한 계속된 위반은 공공의 안녕에 대한 장해를 의미하므로, 이 경우에는 경직법상의 개괄적 수권조항이 경찰에게 공공의 안녕에 대한 장해의 제거를 위하여 사례에서와 같은 퇴거명령을 내릴 수 있는 권한을 부여한다. 결국 경찰관 P는 경직법상의 개괄적 수권조항(「경직법」 제2조 제7호와 결합한 제5조 제1항 제3호)에 근거하여 퇴거명령을 내릴 수 있다.

2) 개괄적 수권조항의 한계

전술한 바와 같이 개괄적 수권조항은 원칙적으로 경찰권 행사에 대한 수권근거가 될 수 있지만, 그렇다고 해서 동 조항이 개인의 권리를 제한하거나 의무를 부과하는 "모든" 경찰권 행사에 대한 수권근거가 될 수 있음을 의미하지 않는다. 즉 개괄적 수권조항의 적용에는 일정한 한계가 존재한다.

(가) 기본권에 대한 중대한 제한이 존재하는 경우

특히 기본권에 대한 중대한 제한이 존재하는 경우, 즉 관련된 기본권이 단지 강화된 실질적 요건과 절차적 요건 하에서만 제한될 수 있는 경우에는 개괄적 수권조항의 적용은 제한된다. 이에 따라 기본권에 대한 중대한 제한을 가져오는 경찰조치들, 예컨대 장기간 동안의 감시, 신분을 위장한 경찰공무원과 비밀정보원의 투입과 같은 경찰조치들은 개괄적 수권조항에 근거하여 행해질 수 없다. 왜냐하면 이러한 조치들은 기본권에 대한 중대한 제한을 가져오기 때문에 입법자는 개별적 수권조항을 통해 그러한 제한의 실질적 요건과 절차적 요건 및 그 한계를 보다 상세하게 규정해야 하기 때문이다. 기본권에 대한 중대한 제한을 가져오는 경찰조치의 경우 **명확성원칙**은 입법자로 하여금 그러한 제한의 요건과 한계를 보다 상세하게 규정해야 할 의무를 부과한다. 이것은 (무엇보다) **체류금지**에 적용된다. 이에 따라 개괄적 수권조항은 위험방지를 위한 체류금지에 대한 수권근거가 될 수 없다. 체류금지가 개괄적 수권조항에 근거할 수 없는 또 다른 이유는 동 조항에 규정된 요건만으로는 그와 같은 중대한 기본권 제한을 정당화할 수 없기 때문이다. 즉 체류금지는 기본권에 대한 중대한 제한을 가져오기 때문에 개괄적 수권조항의 한 요건인 공공의 질서에 대한 위반을 이유로 명해질 수 없고, 단지 "공공의 안녕"에 대한 강화된 위험이 존재하는 경우에만 정당화될 수 있다. **비례원칙**의 관점에서 그와 같은 중대한 기본권 제한조치에는 헌법적으로 높은 요구사항이 세워져야 한다. 따라서 공공의 안녕에 대한 강화된 위험을 전제요건으로 하는 개별적 수권조항이 존재하지 않는 한 위험방지를 위한 체류금지는 허용되지 않는다.

이 밖에도 「경직법」에 특정 형태의 표준조치(예: 「경직법」 제5조 제1항 제2호에 따른 피난조치와 「같은 법」 제5조 제2항에 따른 대간첩작전수행 또는 소요사태의 진압을 위한 접근금지나 통행제한)가 규정된 경우에는 동시에 이러한 조치보다 더 중대한 조치의 **추론적 배제**가 존재할 수 있다는 점도 체류금지가 개괄적 수권조항에 근거할 수 없는 또 하나의 이유가 된다. 즉 **「경직법」이 제5조 제1항 제2호에서 "피난조치"를, 「같은 법」 제5조 제2항에서 "대간첩작전수행 또는 소요사태의 진압을 위한 접근금지나 통행제한"에 관한 규정만을 두고 있다면 이것은 곧 피난조치나 접근금지 및 통행제한보다 더 중대한 경찰조치인 체류금지를 배제하고 있는 것이고, 이것은 결국 경찰관이 개괄적 수권조항에 근거하여 체류금지를 명령하는 것을 불허(不許)함을 의미한다.** 그렇지 않으면 입법자가 피난조치나 접근금지 및 통행제한에 관한 요건은 상세히 규정하면서도 이러한 조치들보다 더 중대한 기본권 제한을 담고 있는 체류금지에 대해서는 이것을 행하지 않았다는 **가치모순적 결과**를 낳게 된다. 따라서 「경직법」 제5조 제1항 제2호의 피난조치에 관한 규정과 「같은 법」 제5조 제2항의 대간첩작전수행 또는 소요사태의 진압을 위한 접근금지나 통행제한에 관한 규정은 동시에 (「경직법」에 명시적으로 규정되지 않은) 체류금지를 배제하고 있다고 보아야 한다.

(나) 체류금지의 경우

[사례 4] <강남역 체류금지 사건>에서 경찰이 '갑'에게 내린 명령은 퇴거명령이 아니라 체류금지이다. 체류금지는 「헌법」 제14조의 거주 · 이전의 자유를 제한하기 때문에 법률유보원칙에 따라 법률의 수권이 필요하다. 그러나 「경직법」에는 체류금지에 대한 명시적인 수권근거가 존재하지 않는다. 여기서는 체류금지가 개괄적 수권조항에 근거하여 명해질 수 있는지의 문제가 제기된다.[99] 이 경우 체류금지는 (퇴거명령과 달리) 개괄적 수권조항에 근거하여 명해질 수 없다. 왜냐하면 **명확성원칙**의 관점에서 체류금지와 같은 기본권에 대한 중대한 제한이 존재하는 경우 입법자는 체류금지의 요건과 한계를 보다 상세하게 규정해야 하며, 이러한 임무를 경찰이나 법원에게 맡겨서는 아니 되기 때문이다. 기본권에 대한 제한이 중대하면 할수록 입법자는 그러한 제한의 종류와 범위를 특정 요건 하에 규정하여야 한다.

체류금지가 개괄적 수권조항에 근거하여 명해질 수 없는 또 다른 이유는 개괄적 수권조항이 경찰권 행사의 요건으로 요구하고 있는 "단순한 위험의 존재"는 체류금지와 같은 중대한 기본권 제한을 정당화할 수 없기 때문이다. 개괄적 수권조항의 한 요건인 "공공의 질서"에 대한 위반만으로는 경찰이 체류금지를 명령하기에 충분하지 않다. 즉 누군가가 "선량한 풍속"에 위반되는 행위를 한다는 이유만으로 경찰이 그에게 체류금지를 명

99) 체류금지는 개괄적 수권조항에 근거할 수 있다고 보는 견해로는 Ruder, Platz- bzw. Hausverweis, Betretungs- und Rückkehrverbot für gewalttätige Ehepartner?, VBlBW 2002, 11 (14); Würtenberger/Heckmann, Polizeirecht in Baden-Württemberg, 2005, Rn. 307; Micker, Die Anwendung ordnungsrechtlicher Generalklauseln auf Aufenthaltsverbote zur Bekämpfung der Drogenszene, VR 2003, 89 (91 f.); VGH Mannheim, DÖV 1998, 252. 반면 체류금지는 개별적 수권조항이 필요하다고 보는 견해로는 Cremer, Aufenthaltsverbote und offene Drogenszene, NVwZ 2001, 1218 (1221 f.); Hecker, Neue Rechtsprechung zu Aufenthaltsverboten im Polizei- und Ordnungsrecht, NVwZ 2003, 1334 (1335); Wuttke, Polizeiliche Wohnungsverweise, JuS 2005, 779 (782).

령할 수는 없는 것이다. **비례원칙**의 관점에서 체류금지에는 헌법적으로 높은 요구사항이 세워져야 한다. 따라서 체류금지는 공공의 질서에 대한 위반을 이유로 명해질 수 없고, 단지 "공공의 안녕"에 대한 강화된 위험이 존재하는 경우에만 정당화될 수 있다.

나아가 「경직법」에 특정 형태의 표준조치(예: 「경직법」 제5조 제1항 제2호에 따른 피난조치와 「같은 법」 제5조 제2항에 따른 대간첩작전수행 또는 소요사태의 진압을 위한 접근금지나 통행제한)가 규정된 경우에는 동시에 이러한 조치 보다 더 중대한 조치의 **추론적 배제**가 존재할 수 있다는 점도 체류금지가 개괄적 수권조항에 근거할 수 없는 또 하나의 이유가 된다. 즉 「경직법」이 제5조 제1항 제2호에서 "피난조치"를, 「같은 법」 제5조 제2항에서 "대간첩작전수행 또는 소요사태의 진압을 위한 접근금지나 통행제한"에 관한 규정만을 두고 있다면 이것은 곧 피난조치나 접근금지 및 통행제한보다 더 중대한 경찰조치인 체류금지를 배제하고 있는 것이고, 이것은 결국 경찰관이 개괄적 수권조항에 근거하여 체류금지를 명령하는 것을 불허함을 의미한다. 그렇지 않으면 입법자가 피난조치나 접근금지 및 통행제한에 관한 요건은 상세히 규정하면서도 이러한 조치들보다 더 중대한 기본권 제한을 담고 있는 체류금지에 대해서는 이것을 행하지 않았다는 **가치모순적 결과**를 낳게 된다. 따라서 개괄적 수권조항(「경직법」 제2조 제7호와 결합한 제5조 제1항 제3호)은 <강남역 체류금지 사건>에서 경찰이 '갑'에게 명령한 체류금지에 대한 수권근거가 될 수 없다.

그러나 여기서 본인과 다른 견해를 취하는 경우조차 <강남역 체류금지 사건>에서와 같이 **체류금지가 그 기간이 정해져 있지 않다**면 체류금지는 **과잉금지원칙에 대한 위반**을 이유로 위법한 조치로 간주될 수 있다. 설령 체류금지가 표준조치의 하나로 「경직법」에 명시된 경우라 하더라도 경찰이 체류금지를 명령할 경우에는 그 기간이 정해져 있어야 한다. 즉 체류금지의 요건이 존재하는 경우에도 체류금지가 그 기간이 정해져 있지 않다면 해당 조치는 위법을 면하지 못한다. 따라서 <강남역 체류금지 사건>

에서 경찰이 '갑'에게 명한 체류금지는 위법하다.

4. 요 약

(1) 개괄적 수권조항은 위험방지를 위한 퇴거명령에 대한 수권근거가 될 수 있다. 이에 반하여 위험방지를 위한 체류금지는 개괄적 수권조항에 근거하여 명해질 수 없다.

(2) 기본권에 대한 중대한 제한을 가져오는 경찰조치의 경우 입법자는 그러한 조치의 요건과 한계를 보다 상세하게 규정해야 할 의무가 있으며, 이러한 임무를 경찰이나 법원에게 맡겨서는 아니 된다. 이것은 무엇보다 기본권에 대한 중대한 제한을 가져오기 때문에 공공의 질서에 대한 위반을 이유로 명해질 수 없고, 단지 공공의 안녕에 대한 강화된 위험이 존재하는 경우에만 정당화될 수 있는 "체류금지"에 적용된다. 이 밖에도 「경직법」에 특정 형태의 표준조치가 규정된 경우에는 동시에 이러한 조치보다 더 중대한 조치의 추론적 배제가 존재할 수 있다는 점도 체류금지가 개괄적 수권조항에 근거할 수 없는 또 하나의 이유가 된다. 즉 「경직법」이 제5조 제1항 제2호에서 "피난조치"를, 「같은 법」 제5조 제2항에서 "대간첩작전수행 또는 소요사태의 진압을 위한 접근금지나 통행제한"에 관한 규정만을 두고 있다면 이것은 곧 피난조치나 접근금지 및 통행제한보다 더 중대한 경찰조치인 체류금지를 배제하고 있는 것이고, 이것은 결국 경찰관이 개괄적 수권조항에 근거하여 체류금지를 명령하는 것을 불허함을 의미한다. 그렇지 않으면 입법자가 피난조치나 접근금지 및 통행제한에 관한 요건은 상세히 규정하면서도 이러한 조치들보다 더 중대한 기본권 제한을 담고 있는 체류금지에 대해서는 이것을 행하지 않았다는 가치모순적 결과를 낳게 된다. 따라서 「경직법」 제5조 제1항 제2호의 피난조치와 「같은 법」 제5조 제2항의 대간첩작전수행 또는 소요사태의 진압을 위한 접근금

지나 통행제한은 동시에 (「경직법」에 명시적으로 규정되지 않은) 체류금지를 배제하고 있다고 보아야 한다.

Ⅳ 위험방지를 위한 출입

1. 개 설

(1) 문제에의 입문

「경직법」 제7조는 '위험방지를 위한 출입'이라는 제목 하에 제1항에서 "경찰관은 제5조 제1항 · 제2항 및 제6조에 따른 위험한 사태가 발생하여 사람의 생명 · 신체 또는 재산에 대한 위해가 임박한 때에 그 위해를 방지하거나 피해자를 구조하기 위하여 부득이하다고 인정하면 합리적으로 판단하여 필요한 한도에서 다른 사람의 토지 · 건물 · 배 또는 차에 출입할 수 있다"라고 규정하는 한편, 제2항에서 "흥행장(興行場), 여관, 음식점, 역, 그 밖에 많은 사람이 출입하는 장소의 관리자나 그에 준하는 관계인은 경찰관이 범죄나 사람의 생명 · 신체 · 재산에 대한 위해를 예방하기 위하여 해당 장소의 영업시간이나 해당 장소가 일반인에게 공개된 시간에 그 장소에 출입하겠다고 요구하면 정당한 이유 없이 그 요구를 거절할 수 없다"라고 규정하고 있다. 「경직법」 제7조에 규정된 위험방지를 위한 출입과 관련하여서는 다음과 같은 의문이 제기된다. 그 의문은 (무엇보다) 「경직법」 제7조의 법문에 사용된 **출입(出入)의 개념**과 관련되어 있다. 즉 「경직법」 제7조는 경찰관에게 위험방지를 목적으로 다른 사람의 건물, 배, 차, 흥행장, 여관, 음식점 등에 출입할 수 있는 권한을 부여하고 있는바, 그렇다면 「경직법」 제7조는 경찰관에게 - 순수한 사전적 의미로 - 다른 사람의 건물, 배, 차, 흥행장, 여관, 음식점 등에 드나드는 것만을 허용하는가? 아니면 경찰관이 그 장소에 드나드는 것은 물론 일정한 행위도 허용하는가? 만일 일정한 행위도 허용한다면 어느 정도까지 허용하는가? 예를 들어 **경찰관이 사람이나 물건을 발견할 목적으로 다른 사람의 건물 · 배 · 차 · 흥행장 · 여관 · 음식점 등에서 그 장소 내부를 체계적으로 뒤져 찾는 것도 허용하는가?**

나아가 「경직법」 제7조는 경찰관에게 위험방지를 목적으로 다른 사람의 건물 · 배 · 차 · 흥행장 · 여관 · 음식점 등에 **직접 드나드는 물리적 출입만을 허용하는가?** 아니면 물리적 출입 없이도 출입의 효과를 낼 수 있는 방법들, 예를 들면 **경찰관이 건물 밖에서 기술적 장치를 이용하여 건물 안을 감시하는 이른바 간접출입도 허용하는가?** 이러한 질문에 대한 답은 결국 「경직법」 제7조의 법문에 사용된 출입의 개념을 어떻게 이해하느냐에 달려 있다. 즉 출입의 개념은 일정한 장소에 드나드는 것뿐만 아니라 사람이나 물건을 발견할 목적으로 그 장소 내부를 체계적으로 뒤져 찾는 것도 포함한다거나 출입의 개념은 반드시 물리적 출입을 전제로 하지 않는다고 이해할 경우에는 앞서 던진 질문에 긍정의 답을 할 수 있게 된다. 이와 같이 「경직법」 제7조의 법문에 사용된 출입의 개념을 어떻게 이해하느냐에 따라 동 규정이 경찰관에게 허용하는 행위의 범위도 달라지기 때문에 출입의 개념은 중요한 의미를 갖는다. 그러나 그 중요성에 비해 그동안 경찰법 문헌에서는 출입의 개념에 관한 논의가 거의 이루어지지 않았다. 이러한 문제의식에서 출발하여 이하에서는 「경직법」 제7조의 법문에 사용된 출입의 개념을 해명함으로써 동 규정이 경찰관에게 허용하는 행위의 범위를 확정하고자 한다. 이를 위해서는 **개별사례를 통한 문제에의 접근**이 요구된다. 왜냐하면 추상적인 개념고찰만으로는 출입의 개념에 대한 정확한 이해를 구할 수 없고, 설령 출입에 대한 개념정의가 가능하더라도 개별사례에서 출입과 그 밖의 행위(예: 수색)를 구별하기란 결코 쉽지 않기 때문이다. 따라서 구체적인 사례와의 관련 속에서 출입의 개념을 발전시킬 필요성이 있다. 이에 따라 아래에서는 먼저 「경직법」 제7조가 경찰관에게 허용하는 출입에 관한 기본사례를 통해 출입의 개념을 개관한 후, 다음으로 그 허용 여부가 의문시될 수 있는 사례를 이와 비교함으로써 출입의

개념을 보다 명확히 하고자 한다.[100]

(2) 관련 사례

리딩 케이스

사례 1 <어린남매 아사(餓死) 사건>

A경찰서에 한 건의 주민신고가 접수되었다. 이웃집에서 "밤낮을 가리지 않고 인터폰으로 '엄마, 엄마' 하는 아이의 울음소리가 들린다"는 것이었다. 신고를 받고 출동한 경찰관 P는 초인종을 눌러 보았지만 인기척이 없었다. 경찰관 P는 아파트 관리회사에 전화를 걸었지만, 관리회사는 "빌린 집을 다시 빌린 형태여서 현재 누가 사는지 알 수 없다"고 밝혔다. 동사무소에도 연락을 취해 보았지만, 주민등록이 되어 있지 않아 집주인의 이름을 알 수가 없었다. 아파트 베란다와 현관문 앞에는 대량의 쓰레기가 쌓여 있었고 이상한 냄새까지 났기 때문에 결국 경찰관 P는 현관문을 부수고 아파트 안으로 들어갔다. 아파트 안에는 알몸으로 숨져 있는 어린 남매가 발견되었다. 부패가 상당히 진행된 점에 비추어 아이들은 숨진 지 한 달 이상 지난 것으로 밝혀졌다.[101] 이 경우 경찰관 P는 법관이 발부하는 영장 없이도 아파트 안으로 들어갈 수 있었는가? 만일 들어갈 수 있었다면 이에 대한 법적 근거는 무엇인가?

사례 2 <오원춘사건 II>

2012년 4월 1일 22시 32분경 한국계 중국인(조선족) 남성 오원춘이 경기도 수

100) 이에 관해서는 손재영, "경찰관직무집행법 제7조에 따른 위험방지를 위한 출입에 있어서 '출입'의 개념", 공법연구 제39집 제2호, 2010, 519쪽 이하; 이기춘, "행정법상 행정단속에 관한 연구", 법학논총, 제33집 제1호, 2013, 295쪽 이하; 성홍재, "위해방지를 위한 경찰의 주거수색권 신설의 입법적 검토", 홍익법학 제13권 제4호, 2012, 499쪽 이하; 백창현, "경찰상 즉시강제로서의 출입에 관한 연구", 한국경찰연구 제13권 제2호, 2014, 147쪽 이하; 송민헌, "위험방지를 위한 경찰관의 가택출입권에 관한 정당성과 입법적 개선방안 ", 치안정책연구 제33권 제1호, 2019, 7쪽 이하; 김성태, "위험 방지를 위한 출입– 경찰관 직무집행법 제7조의 현황과 개정 방향에 대한 고찰 –", 홍익법학 제20권 제4호, 2019, 415쪽.

원시 팔달구 소재 자신의 거주지 대문 앞에서 휴대전화 부품공장에서 일을 마치고 귀가하던 피해여성 곽모씨(당시 28세)를 밀쳐 넘어뜨린 후 강제로 주거지로 끌고 가 강간하려 하였다. 오원춘이 화장실을 간 사이 피해여성은 문을 걸어 잠근 후 직접 휴대전화로 112에 전화를 걸어 “모르는 아저씨에게 성폭행을 당하고 있다. 아저씨가 나간 사이 문을 잠그고 전화한다. 집은 주변 지동초등학교 지나 못골놀이터 가는 길쯤이다”며 자신이 집안에서 누군가로부터 성폭행을 당하고 있음을 신고하였다. 신고를 접수한 경기청과 수원중부서 소속 경찰관들이 현장에 출동하였으나 피해여성의 위치추적에 실패한 나머지, 결국 경찰관들은 정확한 범행 장소를 알지 못하였다. 언론을 통해 알려진 바에 따르면 사건 당시 경찰관들은 밤이 늦어 주민들의 취침에 방해될 것을 염려해 주변 불이 켜진 주택가에 귀 기울여 여자 비명소리 유무 등만을 확인하고 적극적인 가택출입을 실시하지 않았다고 한다. 그러자 현장에 있던 피해여성의 남동생이 “누나가 건물 안에 있다면 주민들을 다 깨우더라도 집집마다 문을 두드려 가며 샅샅이 뒤져야 하는 것 아니냐”고 따져 물었으나, 경찰관들은 밤이 늦어 이것이 현실적으로 어렵다는 말만 되풀이하였다고 한다. 사건 당시 경찰관들은 밤늦은 시간임에도 피해여성을 긴급구조하기 위하여 가택에 출입할 수 있었는가?

사례 3 <베트남아내 살해 사건>

경찰청은 최근 부산으로 시집을 온 베트남여성이 입국 8일 만에 정신질환이 있는 한국인 남편에게 흉기에 찔려 살해된 사건을 계기로 2010년 7월 19일부터 8월 18일까지 한 달 동안 국제결혼 중개업소의 불법행위에 대한 일제단속을 벌이기로 하였다. 중점단속대상으로는 관할 시 · 도지사에게 등록을 하지 않고 국제결혼을 알선하는 미등록영업행위를 비롯하여 등록증대여 및 허위 · 과장광고행위 등이며, 특히 결혼중개이용자에게 상대방의 혼인경력 · 건강상태 등 개인신상정보를 허위로 제공하는 행위, 국가 · 인종 · 성별 · 연령 등을 이유로 차별하거나 편견을 조장할 우려가 있는 내용을 표시하는 광고행위에 대해서는 적극 단속하여 사법처리할 방침이라고 밝혔다.[102] 이 경우 경찰은 국제결혼 중개업소의 불법행위를 일제 단속할 수 있는가? 만일 일제 단속할 수 있다면 이에 대한 법적 근거는 무엇인가?

사례 4 <동의대 사건>

1989년 5월 입시부정에 항의하던 동의대 학생들이 전투경찰 5명을 납치 · 폭행하고 학내에 감금하는 사건이 발생하였다. 대학생들은 전경들을 불법으로 납치 · 감금하고 있으면서 경찰의 여러 차례에 걸친 석방요구에도 불가능한 조건을 내세워 석방요구에 응하지 않았다. 경찰은 납치된 전경 5명을 구출하기 위하여 농성장소인 동의대 도서관 건물에 진입하기로 하고 진압 직전에 이 사실을 총장에게 알렸다. 이에 총장이 학생들을 설득하였지만 학생들이 이에 응하지 않자 결국 경찰은 전경들의 불법감금상태를 제거하기 위하여 도서관 건물에 진입하였다.[103] 이 경우 「경직법」 제7조는 경찰이 납치 · 감금된 전경들을 구조하기 위하여 도서관 건물에 진입한 행위에 대한 법적 근거가 될 수 있는가?

사례 5 <철거민 강제진압 사건>

S시는 도시정비사업의 일환으로 A구역 일대를 재개발하는 사업을 추진하기로 하였다. 이에 따라 A구역에서 상가를 임차해 장사를 해 오던 세입자들은 다른 곳으로 이전을 하여야 했다. 세입자들은 재개발조합이 주는 보상비와 주거이전비가 너무 적다며 반발하였지만 이들의 요구는 받아들여지지 않았다. 그러던 어느 날 세입자들은 S시가 최소한의 보상도 없이 철거를 밀어붙이고 있다고 주장하며 집회를 개최하였고 경찰은 이에 맞서 경비병력 3개 중대 300여 명을 투입하였다. 집회를 마친 철거민들은 경찰에게 돌을 던지는 등 점점 폭력적으로 변해 갔다. 경찰은 철거민들에게 해산을 명령하였음에도 철거민들이 이에 응하지 않자 살수(撒水)를 시작하였다. 경찰의 진압이 시작되자 일부 철거민들은 인근 오피스텔 건물로 도주하였고, 건물 위층에서 돌과 병을 던지며 저항하였다. 경찰은 시민의 안전을 위협하는 돌과 병의 투척을 막기 위하여 - 건물 관리인의 만류가 있었음에도 - 건물 안으로 진입하였고 몇몇 열려 있는 방 안에 들어가기도 하였다. 경찰은 건물 안에 있던 철거민들에게 건물 밖으로 나갈 것을 명령하였다.[104] 이 경우 「경직법」 제7조는 경찰이 오피스텔 건물에 진입하고 방안에 들어간 행위에 대한 법적 근거가 될 수 있는가?

사례 6 <연쇄방화 사건>

최근 N시에서는 3건의 연쇄방화 사건이 발생하였다. 세 건 모두 가연성물질을 이용한 동일범의 소행으로 추정되었다. 인근주민들은 또 다른 방화로 인하여 사람의 생명, 신체와 재산에 대한 막대한 피해가 발생하지 않을까를 우려하였다. 경찰은 중요한 단서를 근거로 '갑'을 유력한 방화혐의자로 지목하였다. 경찰은 '갑'이 방화범임을 밝히고 이를 통해 또 다른 방화를 저지하기 위하여 '갑'이 살고 있는 건물 맞은편에 카메라를 설치하였다. 경찰이 설치한 카메라는 고성능카메라였기 때문에 경찰은 건물 안에 출입하지 않고서도 마치 건물 안에 있는 것처럼 건물내부공간을 훤히 들여다볼 수 있었다. 하지만 '갑'은 이를 의식하지 못하였다. 감시카메라는 2009년 7월 28일부터 11월 20일까지 그리고 고장으로 교체된 후에는 2009년 12월 9일부터 2010년 1월 19일까지 작동하였다. 작동시간대는 2009년 8월 5일까지는 저녁 8시부터 다음 날 아침 8시까지였고, 그 후로는 오후 4시 30분부터 다음 날 아침 8시까지 작동하였다.[105] 이 경우 「경직법」 제7조는 경찰이 건물 밖에 고성능카메라를 설치하고 이를 통해 '갑'이 살고 있는 건물 안을 감시한 행위에 대한 법적 근거가 될 수 있는가?

2. 위험방지를 위한 출입의 의의와 그 유형

(1) 의 의

1) 표준조치의 일종으로서 위험방지를 위한 출입

「경직법」은 표준조치를 수권하는 일련의 개별적 수권조항을 두고 있는

101) 김창원, "귀찮아서…" 두 자녀 굶겨 죽인 '비정한 엄마', 동아일보 2010. 8. 2. http://news.donga.com/3/all/20100802/30256215/1 (2024. 07. 30. 검색).
102) 경찰청 2010. 7. 19. 보도자료("국제결혼 중개업체 불법행위 일제단속 실시").
103) 대법원 1990. 6. 22. 선고 90도767 판결.
104) 이 사례는 용산참사와 BVerfGE, 47, 31 = NJW 1975, 130을 참조하여 만든 사례임.
105) 이 사례는 BGH, NJW 1991, 2651을 참조하여 만든 사례임.

바,「경직법」 제7조에 따른 위험방지를 위한 출입도 그러한 표준조치 가운데 하나이다.「경직법」 제7조는 제1항에서 "경찰관은 제5조 제1항 · 제2항 및 제6조에 따른 위험한 사태가 발생하여 사람의 생명 · 신체 또는 재산에 대한 위해가 임박한 때에 그 위해를 방지하거나 피해자를 구조하기 위하여 부득이하다고 인정하면 합리적으로 판단하여 필요한 한도에서 다른 사람의 토지 · 건물 · 배 또는 차에 출입할 수 있다"라고 규정하는 한편, 제2항에서 "흥행장(興行場), 여관, 음식점, 역, 그 밖에 많은 사람이 출입하는 장소의 관리자나 그에 준하는 관계인은 경찰관이 범죄나 사람의 생명 · 신체 · 재산에 대한 위해를 예방하기 위하여 해당 장소의 영업시간이나 해당 장소가 일반인에게 공개된 시간에 그 장소에 출입하겠다고 요구하면 정당한 이유 없이 그 요구를 거절할 수 없다"라고 규정하고 있다.

2)「경직법」 제7조의 적용범위

물론「경직법」 외에도 특별경찰법에는 경찰관에게 위험방지를 목적으로 일정한 장소에 출입할 수 있는 권한을 부여하는 개별적 수권조항이 존재한다.「가정폭력방지 및 피해자보호 등에 관한 법률」 제9조의4 제2항과「풍속영업의 규제에 관한 법률」 제9조 제1항이 그 대표적인 예이다.

가정폭력방지 및 피해자보호 등에 관한 법률 제9조의4(사법경찰관리의 현장출동 등)
② 제1항에 따라 출동한 사법경찰관리는 피해자를 보호하기 위하여 신고 된 현장 또는 사건 조사를 위한 관련 장소에 <u>출입</u>하여 관계인에 대하여 조사를 하거나 질문을 할 수 있다.
④ 제2항에 따라 출입, 조사 또는 질문을 하는 사법경찰관리는 그 권한을 표시하는 증표를 지니고 이를 관계인에게 내보여야 한다.

풍속영업의 규제에 관한 법률 제9조(출입) ① 경찰서장은 특별히 필요한 경우 경찰공무원에게 풍속영업소에 <u>출입</u>하여 풍속영업자와 대통령령으로 정하는 종사자가 제3조의 준수 사항을 지키고 있는지를 검사하게 할 수 있다.

② 제1항에 따라 풍속영업소에 출입하여 검사하는 경찰공무원은 그 권한을 표시하는 증표를 지니고 이를 관계인에게 내보여야 한다.

또한 2024월 1월 2일 제정되어 2024년 7월 3일부터 시행되고 있는 「112신고의 운영 및 처리에 관한 법률(약칭: 112신고처리법 또는 112기본법)」 제8조 제3항은 「경직법」 제7조의 요건과 조치의 범위를 달리하고, 처벌 규정도 마련하고 있음은 주목할 만하다. 즉 동 조항에 경찰관은 접수된 112신고에 따른 필요한 조치(위험발생의 방지, 범죄의 예방 · 진압, 구호대상자의 구호 등)를 할 때 사람의 생명 · 신체 또는 재산에 대한 급박한 위해가 발생할 우려가 있는 경우에는 그 위해를 방지하거나 피해자를 구조하기 위하여 부득이하다고 인정하면 합리적으로 판단하여 필요한 한도에서 다른 사람의 토지 · 건물 · 배 또는 차에 출입하는 것은 물론, 다른 사람의 토지 · 건물 또는 그 밖의 물건을 일시사용, 사용의 제한 또는 처분을 할 수 있도록 하고, 정당한 사유 없이 동 조항에 따른 토지 · 물건 등의 일시사용, 사용의 제한, 처분 또는 토지 · 건물 · 배 또는 차에 출입을 거부 또는 방해한 사람에게는 300만원 이하의 과태료를 부과할 수 있도록 하고 있다.

112신고의 운영 및 처리에 관한 법률 제8조(112신고에 대한 조치) ③ 경찰관은 제1항에 따른 필요한 조치를 할 때 사람의 생명 · 신체 또는 재산에 대한 급박한 위해가 발생할 우려가 있는 경우에는 그 위해를 방지하거나 피해자를 구조하기 위하여 부득이하다고 인정하면 합리적으로 판단하여 필요한 한도에서 다른 사람의 토지 · 건물 또는 그 밖의 물건을 일시사용, 사용의 제한 또는 처분을 하거나 다른 사람의 토지 · 건물 · 배 또는 차에 출입할 수 있다.

112신고의 운영 및 처리에 관한 법률 제18조(과태료) ② 정당한 사유 없이 제8조제3항에 따른 토지 · 물건 등의 일시사용, 사용의 제한, 처분 또는 토지 · 건물 · 배 또는 차에 출입을 거부 또는 방해한 자에게는 300만원 이하의 과태료를 부과한다.

이 경우 「가정폭력방지 및 피해자보호 등에 관한 법률」 제9조의4 제2항이나 「풍속영업의 규제에 관한 법률」 제9조 제1항 또는 「112신고의 운영 및 처리에 관한 법률」 제8조 제3항과 같은 규정은 특별법은 일반법에 우선한다는 원칙(lex specialis derogat legi generali)에 따라 「경직법」 제7조보다 우선 적용된다. 이와 같이 특별경찰법이나 일반경찰법이 위험방지를 위한 출입을 개별적 수권조항을 통해 규율하고 있는 한, 그러한 규율은 종결적 성격을 갖기 때문에 경찰관은 더 이상 개괄적 수권조항에 근거하여 일정한 장소에 출입할 수 없다. 개괄적 수권조항은 개별적 수권조항이 존재하지 않는 경우에만 그 흠결을 메우기 위하여 보충적으로 적용될 수 있다.

3) 출입의 개념

「경직법」 제7조는 경찰관에게 위험방지 목적으로 일정한 장소, 즉 다른 사람의 토지 · 건물 · 배 · 차 · 흥행장 · 여관 · 음식점 · 역 등에 출입할 수 있는 권한을 부여하고 있다. 「경직법」 제7조는 동 규정에 언급된 장소에 있는 소유자, 점유자 또는 관리인에게 경찰관의 출입을 수인해야 할 의무를 부과할 뿐만 아니라, 그 장소를 개방해야 할 의무도 부과한다. 여기서 **"출입"**이란 **경찰관이 「경직법」 제7조에 언급된 장소에 들어가 그 장소에 체재하며 장소 내에 있는 사람, 물건 또는 상태를 피상적으로 둘러보는 것**을 의미한다.[106)]

4) 수색과의 구별

「경직법」 제7조는 경찰관에게 위험방지를 목적으로 동 조항에 언급된 장소에 출입할 수 있는 권한을 부여하고 있지만, 그 내부를 수색할 수 있는 권한을 부여하고 있지 않다. 이에 반하여 「형사소송법」 제215조는 수사기관에게 압수할 물건이나 피의자를 발견할 목적으로 일정한 장소를 수색할 수 있는 권한을 부여하고 있다.[107)] 여기서 **"수색"**이란 **관계인이 외부**

---

106) Schenke, Polizei- und Ordnungsrecht, 2023, Rn. 167.

107) 사실 「형사소송법」 제215조는 수사기관에게 '수색권한'을 부여하고 있지만, 일정

에 공개하지 않으려고 숨겨 둔 사람이나 물건을 발견할 목적으로 수사기관이 일정한 장소 내부를 체계적으로 뒤져 찾는 것을 의미한다.[108] 사실 수색이 범죄수사의 목적에만 국한된 조치는 아니다. 일반적으로 수색이라고 하면 범죄수사를 위한 수색을 떠올리지만, 위험방지를 위한 수색도 생각해 볼 수 있다. 외국의 입법례 가운데에는 경찰법에 위험방지를 위한 출입뿐만 아니라 위험방지를 위한 수색도 표준조치의 하나로 규정한 경우도 있다.[109] 하지만 「**경직법**」 **제7조는 경찰관에게 위험방지를 목적으로 출입권한만을 부여하고 있을 뿐 수색권한을 부여하고 있지 않으므로, 경찰관은 관계인의 동의나 승낙 없이는 위험방지를 목적으로 동 조항에 언급된 장소 내부를 수색할 수 없다.**

(2) 유 형

「경직법」 제7조는 위험방지를 위한 출입의 유형을 두 가지로 구분하여 규정하고 있다. ① 다수인이 출입하지 않는 장소에의 출입과 ② 다수인이 출입하는 장소에의 출입이 바로 그것이다.

1) 다수인이 출입하지 않는 장소에의 출입

경찰관직무집행법 제7조(위험방지를 위한 출입) ① 경찰관은 제5조 제1항 · 제2항 및 제6조에 따른 위험한 사태가 발생하여 사람의 생명 · 신체 또는 재산에 대한 위해가 임박한 때에 그 위해를 방지하거나 피해자를 구조하기 위하여 부득이하다고 인정하면 합리적으로 판단하여 필요한 한도에서 다른 사람의 토지 · 건물 · 배 또는 차에 출입할 수 있다.
④ 경찰관은 제1항부터 제3항까지의 규정에 따라 필요한 장소에 출입할 때에는 그 신분을 표시하는 증표를 제시하여야 하며, 함부로 관계인이 하는 정당한 업무를 방해해서는 아니 된다.

한 장소의 수색은 그 장소에의 출입을 전제로 하는 것이므로, 동 규정은 수사기관에게 출입권한도 함께 부여하고 있는 것으로 보아야 한다.

108) BVerfGE 47, 31, 37.
109) 예를 들어 독일 「바덴-뷔르템베르그 경찰법」(BWPolG) 제31조 제2항.

(가) 의 의

「경직법」 제7조가 경찰관에게 허용하고 있는 첫 번째 출입유형은 **다수인이 출입하지 않는 장소에의 출입**이다. 이 유형의 출입은 「경직법」 제7조 제1항에 규정되어 있다. 동 조항에 따르면 경찰관은 제5조 제1항 · 제2항 및 제6조 제1항에 규정된 위험한 사태가 발생하여 사람의 생명, 신체 또는 재산에 대한 위해가 임박한 때에 그 위해를 방지하거나 피해자를 구조하기 위하여 부득이하다고 인정하면 합리적으로 판단하여 필요한 한도에서 다른 사람의 토지 · 건물 · 배 또는 차에 출입할 수 있다. 문헌에서는 이러한 유형의 출입을 "**긴급출입**"이라 부르고 있다.[110]

(나) 출입의 요건

a) 실질적 요건

「경직법」 제7조 제1항에 따른 긴급출입은 **사람의 생명 · 신체 또는 재산에 대한 위해가 임박한 때** 그 위해를 방지하거나 피해자를 구조하기 위해서만 가능하다. 그것도 위해를 방지하거나 피해자를 구조하기 위하여 "**부득이하다고 인정되는 경우**", 즉 사람의 생명 · 신체 또는 재산에 대한 임박한 위해의 방지나 피해자의 구조가 다른 사람의 토지 · 건물 · 배 또는 차에 출입하지 않고서는 불가능하거나 지극히 곤란한 경우에만 허용된다. 「경직법」 제7조 제1항에 표현된 출입의 보충성은 비례원칙의 발로(發露)라 할 수 있다. 비례원칙은 목적달성에 적합한 수단이 다수 존재하는 경우 상대방에게 최소한의 침해를 가져다 줄 것으로 예견되는 수단을 선택할 것을 요구한다(최소침해원칙). 이에 따라 「경직법」 제7조 제1항에 따른 경찰관의 출입은 비례원칙에 대한 주의 하에 단지 최후수단(ultima ratio)으로서만 허용된다. 나아가 그 출입이 사람의 생명 · 신체 또는 재산에 대한 임박한 위해를 방지하거나 피해자의 구조를 위하여 불가피하게 요청되는 경우에도 "**필요한 한도에서**"만 허용된다.

110) 홍정선, 경찰행정법, 박영사, 2010, 272쪽.

표 2-15 긴급출입과 긴급조치의 구별

구분	긴급출입	긴급조치
근거	「경직법」 제7조 제1항	「112기본법」 제8조 제3항
요건	제5조 제1항·제2항 및 제6조에 따른 위험한 사태가 발생한 때	접수된 112신고에 따른 필요한 조치를 할 때
	사람의 생명·신체 또는 재산에 대한	
	임박한 위해의 존재	급박한 위해의 존재[111]
범위	출입	출입·일시사용·사용제한·처분
벌칙	없음	정당한 이유 없이 거부·방해 시 300만원 이하의 과태료

b) 절차적 요건

「경직법」 제7조 제4항은 "경찰관은 제1항부터 제3항까지의 규정에 따라 필요한 장소에 출입할 때에는 그 신분을 표시하는 증표를 제시하여야 하며, 함부로 관계인이 하는 정당한 업무를 방해해서는 아니 된다"(밑줄 저자)라고 규정하고 있다. 이러한 점에서 「경직법」 제7조 제4항은 경찰관이 사람의 생명 · 신체 또는 재산에 대한 임박한 위해를 방지하거나 피해자를 구조하기 위하여 다른 사람의 토지 · 건물 · 배 또는 차에 출입할 때에는 그 신분을 표시하는 증표를 제시하여야 함을 규정하고 있을 뿐, 법관이 발부하는 영장을 제시하여야 함을 규정하고 있지 않다. 후술하는 바와 같이 **「헌법」 제16조 제2문에 따른 영장주의의 적용은 경찰관의 행위가 주거에 대한 "수색"에 해당하는지 여부에 달려 있기 때문에 주거수색에 해당하지 않는 주거출입에는 영장주의가 적용되지 않는다.** 이에 따라 경찰관은 사람의 생명 · 신체 또는 재산에 대한 임박한 위해의 방지나 피해자의 구조를

111) 「112기본법」 제8조 제3항은 사람의 생명·신체 또는 재산에 대한 "급박한 위해"가 발생할 우려가 있는 경우에 긴급조치를 허용하고 있는바, 이로써 한층 높아진 손해발생의 개연성 및 위험발생과의 특별한 시간적 근접성이 요구된다.

위하여 다른 사람의 주거에 출입할 때에는 법관이 발부하는 영장을 제시하지 않아도 된다.

(다) 출입의 시간

한편 「경직법」 제7조 제1항은 - 영업시간 또는 공개시간 내의 출입을 허용하고 있는 「경직법」 제7조 제2항과는 달리 - 시간상의 제한을 두고 있지 않다. 이에 따라 경찰관은 「경직법」 제7조 제1항에 규정된 요건을 충족하는 경우, 즉 사람의 생명 · 신체 또는 재산에 대한 임박한 위해를 방지하거나 피해자의 구조를 위하여 부득이하다고 인정될 때에는 **야간에도** 다른 사람의 토지 · 건물 · 배 또는 차에 출입을 할 수 있다. 이 경우 경찰관이 출입하는 시점에 반드시 다른 사람이 토지 · 건물 · 배 또는 차에 있어야 하는 것은 아니다.[112]

(라) 기본사례

[사례 1] <어린남매 아사(餓死) 사건>은 「경직법」 제7조 제1항에 따른 긴급출입이 적용되는 전형적인 사례에 해당한다. 사건에 나타난 사실관계에 기초할 때, 여기서는 사람의 생명 또는 신체에 대한 위해가 임박하였고, 경찰관 P가 아파트 안에 출입하지 않고서는 그 위해의 방지가 불가능하거나 적어도 지극히 곤란한 상황이었다. 이러한 경우 「경직법」 제7조 제1항은 경찰관에게 다른 사람의 건물(여기서는 아파트)에 출입할 수 있는 권한을 부여한다.

[사례 2] <오원춘사건 Ⅱ>도 「경직법」 제7조 제1항에 따른 긴급출입이 적용되는 전형적인 사례에 해당한다. 사건에 나타난 사실관계는 「경직법」 제7조 제1항에 규정된 요건, 즉 "사람의 생명 · 신체 또는 재산에 대한 임박한 위해를 방지하거나 피해자의 구조를 위하여 부득이하다고 인정되는 경우"라는 요건을 충족시킨다. 즉 성폭행을 당하고 있는 피해여성의 생명 또는 신체에 대한 위해가 임박하였고, 경찰관들로서는 성폭

112) 홍정선, 경찰행정법, 박영사, 2010, 273쪽.

행이 자행되고 있는 가택 내에 출입하지 않고서는 달리 그 위해의 방지나 피해자의 구조가 불가능하거나 지극히 곤란한 상황이었다. 이러한 경우 「경직법」 제7조 제1항은 경찰관에게 위험방지를 목적으로 다른 사람의 가택에 출입할 수 있는 권한을 부여한다. 특히 <오원춘사건 Ⅱ>에서 밤늦은 시간이었다는 점은 가택출입의 허용 여부를 결정함에 있어서 하등의 역할을 하지 못한다. 왜냐하면 「경직법」 제7조 제1항은 - 동 조 제2항과 달리 - 긴급출입 시에 시간상의 제한을 두고 있지 않기 때문이다. 이에 따라 사건 당시 경찰관들은 야간이었음에도 불구하고 가택출입을 할 수 있었다. 그러나 언론을 통해 알려진 바에 따르면 사건 당시 현장에 출동한 경찰관들은 밤이 늦어 주민의 취침에 방해될 것을 염려해 주변 불이 켜진 주택가에 귀를 기울여 여자 비명소리 유무 등만을 확인하고 적극적인 가택출입을 실시하지 않았다고 한다. 생각건대, 당시 경찰관들이 밤늦은 시간이었음을 이유로 적극적인 가택출입을 실시하지 않았던 이유는 "일출 전, 일몰 후에는 압수 · 수색영장에 야간집행을 할 수 있는 기재가 없으면 그 영장을 집행하기 위하여 타인의 주거, 간수자 있는 가옥, 건조물, 항공기 또는 선차 내에 들어가지 못한다"라고 규정하여 수색의 야간집행을 원칙적으로 제한하고 있는 「형사소송법」 제125조, 제219조 때문인 것으로 풀이된다. 말하자면 사람의 생명 또는 신체에 대한 임박한 위해로부터 피해여성을 긴급구조하기 위하여 경직법상의 가택출입 조치가 절실히 요구되는 상황이었음에도 경찰관들은 형사법적인 사고의 틀에 갇힌 나머지 이를 적극적으로 실시하지 않았던 것이다. 그러나 (전술한 바와 같이) 「경직법」 제7조 제1항은 이러한 야간집행의 제한을 두고 있지 않으므로 사건 당시 경찰관들은 밤늦은 시간이었음에도 가택출입을 할 수 있었다. 더군다나 「형사소송법」은 제125조, 제219조에서 수색의 야간집행을 원칙적으로 제한하면서도 긴급을 요하는 이른바 **요급처분**의 경우에는 제220조에서 그 예외를 인정하고 있으므로(아래 참조), <오원춘사건 Ⅱ>에서 밤늦은 시간이었다는 점은 가택출입의 허용여부를 결정함에 있어서 하등의 역할을 하지 못한다.

형사소송법 제220조(요급처분) 제216조의 규정에 의한 처분을 하는 경우에 급속을 요하는 때에는 제123조 제2항, 제125조의 규정에 의함을 요하지 아니한다.

---

2) 다수인이 출입하는 장소에의 출입

경찰관직무집행법 제7조(위험방지를 위한 출입) ② 흥행장(興行場), 여관, 음식점, 역, 그 밖에 많은 사람이 출입하는 장소의 관리자나 그에 준하는 관계인은 경찰관이 범죄나 사람의 생명·신체·재산에 대한 위해를 예방하기 위하여 해당 장소의 영업시간이나 해당 장소가 일반인에게 공개된 시간에 그 장소에 출입하겠다고 요구하면 정당한 이유 없이 그 요구를 거절할 수 없다.
③ 경찰관은 대간첩 작전 수행에 필요할 때에는 작전지역에서 제2항에 따른 장소를 검색할 수 있다.
④ 경찰관은 제1항부터 제3항까지의 규정에 따라 필요한 장소에 출입할 때에는 그 신분을 표시하는 증표를 제시하여야 하며, 함부로 관계인이 하는 정당한 업무를 방해해서는 아니 된다.

(가) 의 의

「경직법」 제7조가 경찰관에게 허용하고 있는 두 번째 출입유형은 **다수인이 출입하는 장소에의 출입**이다. 이러한 유형의 출입은 「경직법」 제7조 제2항과 제3항에 규정되어 있다. 이에 따르면 경찰관은 범죄나 사람의 생명, 신체와 재산에 대한 위해를 예방하기 위하여 영업시간이나 공개시간에 흥행장 · 여관 · 음식점 · 역 기타 다수인이 출입하는 장소에 출입할 수 있으며(제2항), 대간첩작전수행에 필요할 때에는 작전지역에서 제2항에 규정된 장소, 즉 흥행장 · 여관 · 음식점 · 역 기타 다수인이 출입하는 장소 안을 검색할 수 있다(제3항). 문헌에서는 이러한 유형의 출입을 **"예방출입"**(제2항)과 **"대간첩작전검색"**(제3항)이라 부르고 있다.[113]

(나) 출입의 요건

「경직법」 제7조 제2항에 따른 경찰관의 예방출입은 "범죄나 사람의 생명 · 신체 · 재산에 대한 위해를 예방하기 위하여" 가능하고, 「같은 법」 제7조 제3항에 따른 경찰관의 대간첩작전검색은 "대간첩작전수행에 필요할 때"에 가능하다.

한편 「경직법」 제7조 제4항은 "제1항부터 제3항까지의 규정에 따라 필요한 장소에 출입할 때에는 그 신분을 표시하는 증표를 제시하여야 하며, 함부로 관계인이 하는 정당한 업무를 방해해서는 아니 된다"(밑줄 저자)고 규정하고 있다. 그러므로 경찰관은 범죄나 사람의 생명 · 신체와 재산에 대한 위해를 예방하기 위하여(제2항) 또는 대간첩작전의 수행을 위하여(제3항) 흥행장 · 여관 · 음식점 · 역 기타 다수인이 출입하는 장소에 출입할 때에는 제1항에 따른 긴급출입의 경우와 마찬가지로 그 신분을 표시하는 증표를 제시하면 될 뿐, 법관이 발부하는 영장을 제시하지 않아도 된다.

(다) 출입의 시간

전술한 바와 같이 「경직법」 제7조 제1항은 **긴급출입**과 관련하여 시간상의 제한을 두고 있지 않다. 이에 따라 경찰관은 특정 사안이 「경직법」 제7조 제1항에 규정된 구성요건을 충족시키는 경우, 즉 사람의 생명, 신체 또는 재산에 대한 임박한 위해를 방지하거나 피해자의 구조를 위하여 부득이하다고 인정되는 경우에는 "**야간에도**" 다른 사람의 토지 · 건물 · 배 또는 차에 출입할 수 있다.

이에 반하여 「경직법」 제7조 제2항은 **예방출입**과 관련하여 시간상의 제한을 두고 있다. 즉 「경직법」 제7조 제2항은 경찰관에게 범죄나 사람의 생명, 신체와 재산에 대한 위해를 예방하기 위하여 흥행장 · 여관 · 음식점 · 역 기타 다수인이 출입하는 장소에 출입할 수 있는 권한을 부여하고

113) 홍정선, 경찰행정법, 박영사, 2010, 273－274쪽.

있지만, 그 출입은 단지 “**영업시간 또는 공개된 시간**”에만 가능하다.

(라) 기본사례

[사례 3] <베트남아내 살해 사건>은 「경직법」 제7조 제2항에 따른 예방출입이 적용되는 전형적인 사례에 해당한다. 이 사건에서는 경찰이 국제결혼 중개업소의 불법행위를 일제단속할 수 있는지 만일 일제 단속할 수 있다면 이에 대한 법적 근거가 무엇인지를 묻고 있다. 일반적으로 “단속”이란 법령 등에서 금지된 사항을 준수하고 있는지를 검사하는 것을 의미한다. 이러한 점에서 국제결혼 중개업소의 불법행위에 대한 경찰의 일제단속은 법규위반 시 사법처리를 목적으로 하는 수사로서의 성격도 갖지만, 법규위반과 법익침해를 방지함으로써 결혼중개업 이용자의 피해를 예방하고 그 이용자를 보호하기 위한 사전예방 경찰활동으로도 볼 수 있다. 「경직법」 제2조는 범죄의 예방 · 진압 및 수사, 기타 공공의 안녕과 질서유지를 경찰의 직무로 규정하고 있으므로, 국제결혼 중개업소의 불법행위에 대한 일제단속같은 경찰활동 역시 경찰의 직무에 속한다. 그러나 국제결혼 중개업소의 불법행위에 대한 일제단속이 경찰의 직무에 속한다고 해서 경찰이 중개업소를 일제 단속할 권한도 당연히 갖는 것은 아니다. 경찰의 일제 단속은 업주의 영업의 자유를 제한하기 때문에 이를 위해서는 법률유보원칙에 따라 경찰에게 단속권한을 부여하는 법률의 수권이 필요하다. 경찰의 일제 단속에 대한 수권근거로서는 「경직법」 제7조 제2항이 고려될 수 있다. 즉 관할 시 · 도지사에게 등록을 하지 않고 국제결혼을 알선하는 미등록영업행위(제4조)를 비롯하여 등록증대여(제9조) 및 허위 · 과장광고행위(제12조), 특히 결혼중개이용자에게 상대방의 혼인경력 · 건강상태 등 개인신상정보를 허위로 제공하는 행위, 국가 · 인종 · 성별 · 연령 등을 이유로 차별하거나 편견을 조장할 우려가 있는 내용을 표시하는 광고행위는 「결혼중개업의 관리에 관한 법률」에 의하여 금지되고, 「같은 법」 제26조에 의하여 처벌되는 범죄에 해당하는바, 「경직법」 제7조 제2항은 경찰관에게 이러한 범죄의 예방을 목적으로 다수인이 출입하는 장소(여기서는 국

제결혼 중개업소)에 출입할 수 있는 권한을 부여한다.

3. 주거출입과 주거수색

(1) 주거출입과 주거의 자유

경찰이 개인의 사적 공간에 출입하는 문제는 예나 지금이나 가장 논쟁이 되고 있는 문제들 가운데 하나이다. 특히 주거는 전통적으로 개인의 최후 은신처(隱身處)로서 경찰이 이러한 공간에 출입하는 경우에는 특별한 문제를 야기한다. 그러나 다른 한편 주거공간을 절대적으로 보호할 경우에는 이곳에서 범죄행위를 비롯한 공동체에 해악을 끼치는 그 밖의 행위를 안전하게 준비하고 실현할 수 있는 결과를 초래한다. 주거공간이 외부의 침입으로부터 강하게 보호되면 될수록 주거공간은 사회에 해악을 끼치는 금지된 행위를 위한 마지막 보루(堡壘)로서 기능할 수 있다.[114] 뿐만 아니라 최근 일본사회를 경악하게 만든 <어린 남매 아사(餓死) 사건>이나 우리나라의 <오원춘사건>에서도 볼 수 있듯이 응급구호가 필요한 사람이 주거 내에 있음에도 불구하고, 경찰은 어떠한 경우에도 주거에 출입할 수 없다고 보게 되면 국민의 생명 · 신체 또는 재산을 보호해야 할 경찰이 그 맡은 바 임무를 다하지 못하게 되는 문제가 발생할 수 있다. 이러한 점에서 경찰에 의한 주거출입은 불가피하게 요청된다고 볼 수 있다. 그러나 경찰이 위험방지를 목적으로 거주인의 동의나 승낙 없이 주거에 출입한다면 「헌법」 제16조에 의하여 보호되는 주거의 자유가 제한될 수 있으므로 경찰이 다른 사람의 주거에 출입할 때에는 「헌법」이 요구하는 제한의 요건과 한계를 준수하여야 한다.

114) Guttenberg, Die heimliche Überwachung von Wohnungen, NJW 1993, 567 f.

1) 「헌법」 제16조의 보호범위

(가) 주거의 개념

「헌법」 제16조는 개인에게 인간존엄과 인격의 자유로운 발현을 위한 생활공간을 보장하고 있다. 이 경우 「헌법」 제16조에 사용된 주거(住居)의 개념은 넓은 의미로 이해된다. 즉 그것이 **개인의 체재장소(滯在場所)로서 기능하는 한 일반인에게 출입이 개방되어 있지 않은 모든 공간이 주거개념을 통해 보호된다.** 이에 따라 본래의 주거공간(예: 침실 · 거실 · 욕실 · 부엌) 외에도 그 부속공간(예: 창고 · 지하실 · 작업실)과 안마당, 경계가 그어진 정원(庭園)도 주거개념에 포함된다. 또한 주거는 반드시 담벼락이나 울타리가 처져 있을 것을 요하지 않으므로 예를 들어 캠핑용 자동차[115]나 텐트 또는 선박(선박의 객실)과 같은 **동산**(動産)도 주거개념에 포함된다. 나아가 주거는 그것이 어떠한 법률관계 하에서 이용되고 있는지와 관계없이 보호를 받기 때문에 주거에 대하여 직접적 권리를 갖는 주거소유자뿐만 아니라 **세입자나 임차인**도 「헌법」 제16조의 보호를 받는다. 호텔, 여관 또는 펜션 등과 같은 숙박업소의 투숙객도 마찬가지이다.[116]

(나) 사무실이나 사업장 또는 영업장소도 주거개념에 포함되는지 여부

문헌에서는 사무실이나 사업장 또는 영업장소도 주거의 개념에 포함되는지 여부가 논쟁이 되고 있다. 결론적으로 이것은 긍정되어야 한다고 본다. 사실 「헌법」 제16조에 사용된 주거개념의 사전적 의미는 사무실이나 사업장 또는 영업장소를 주거개념에 포함시키는 것을 반대한다. 왜냐하면 사무실이나 사업장 또는 영업장소는 개인이 노동이나 직업 또는 영업활동을 하는 곳이지, 주거(住居)를 하는 곳은 아니기 때문이다. 하지만 「헌법」 제16조의 보호목적은 개인에게 인간존엄과 인격의 자유로운 발현을 위한

---

115) 통상의 자동차는 여기에 포함되지 않는다.

116) 같은 견해로는 김성태, "위험방지를 위한 출입 -경찰관직무집행법 제7조의 현황과 개정방향에 대한 고찰 -", 홍익법학 제20권 제4호, 2019, 433쪽.

생활공간을 보장하는 데에 있다는 점, 그리고 노동이나 직업 또는 영업활동은 개인의 자아실현, 즉 인격의 자유로운 발현을 위하여 매우 중요한 의미를 갖는데, 사무실이나 사업장 또는 영업장소가 바로 이러한 인격의 자유로운 발현을 위한 매개체(媒介體)로서의 기능을 수행한다는 점에서 사무실이나 사업장 또는 영업장소도 주거개념에 포함된다고 보아야 한다.[117]

물론 「**헌법**」 **제16조의 보호를 받는 사무실이나 사업장 또는 영업장소는 일반인에게 출입이 개방되어 있지 않은 곳에 국한되어야 한다.**[118] 따라서 일반인에게 출입이 개방된 사무실이나 사업장 또는 영업장소는 그 영업시간 또는 공개된 시간 동안에는 「헌법」 제16조의 보호를 받지 못한다. 그러나 그 영업시간 또는 공개된 시간 동안이라 하더라도 공무원이 영업자가 지켜야 할 사항의 준수상태를 검사하기 위하여 영업장소(예를 들어 「경직법」 제7조 제2항에 언급된 흥행장, 여관, 음식점 등이 바로 그러하다)에 출입한다면 영업자의 영업활동에 지장을 초래할 수 있기 때문에 「헌법」 제15조에 보장된 **영업의 자유**가 제한될 수 있다.

(다) 토지도 주거개념에 포함되는지 여부

나아가 밭 · 목장 등과 같은 토지도 주거개념에 포함되는지 여부가 문제된다. 토지는 체재장소(滯在場所)와의 관련성이 희박하기 때문에 주거개념을 인정하기에는 무리가 있다고 본다.[119] 하지만 공무원이 토지소유자의 동의나 승낙 없이 단속을 목적으로 다른 사람의 토지에 출입한다면 「헌법」 제23조에 의해 보호되는 **재산권**이 제한될 수 있다. 예를 들어 공무원이 허가 없이 지어진 위법건축물을 단속하기 위하여 건축공사장에 출입하거나[120] 양귀비나 대마의 밀경작을 단속하기 위하여 다른 사람의 경작지에 출입하는 경우[121]가 바로 그러하다.

---

117) 같은 견해로는 권영성, 헌법학원론, 법문사, 2004, 458쪽; 김철수, 헌법학개론, 박영사, 2004, 596쪽; 허영, 한국헌법론, 박영사, 2004, 364쪽.

118) 계희열, 헌법학(중), 박영사, 2004, 402쪽.

119) 계희열, 헌법학(중), 박영사, 2004, 402쪽.

120) 대법원 1986. 1. 28 선고 85도2448 판결.

2) 주거의 자유에 대한 제한

「경직법」 제7조에 따르면 경찰관은 위험방지를 목적으로 다른 사람의 건물, 배, 차 또는 여관, 흥행장, 음식점 등에 출입할 수 있다. 「헌법」 제16조는 개인의 사적 공간을 국가기관에 의한 모든 형태의 침입으로부터 보호하기 때문에, 만일 경찰관이 거주인의 동의나 승낙 없이 건물이나 선박 · 여관의 객실에 출입하거나 흥행장 · 음식점 등과 같이 다수인이 출입하는 장소라 하더라도 그 영업시간 또는 공개된 시간 외의 시간에 출입한다면 「헌법」 제16조에 의하여 보호되는 주거의 자유가 제한될 수 있다.

(2) 주거의 자유에 대한 제한과 영장주의

헌법 제16조 모든 국민은 주거의 자유를 침해받지 아니한다. 주거에 대한 압수나 수색을 할 때에는 검사의 신청에 의하여 법관이 발부한 영장을 제시하여야 한다.

「헌법」 제16조는 개인의 사생활을 공간적으로 보호하기 위하여 모든 국민은 주거의 자유를 침해받지 아니함을 규정하면서(제1문) 주거에 대한 압수나 수색을 할 때에는 검사의 신청에 의하여 법관이 발부한 영장을 제시하여야 함을 규정하고 있다(제2문). 이 경우 「헌법」 제16조 제2문에 규정된 "주거에 대한 압수"는 주거를 압수한다는 의미가 아니라 주거 내부에 있는 물건을 압수한다는 의미이다. 시간적으로 수색이 압수에 선행하는 것이 보통이고 압수는 물건에 대하여 정당한 권원을 갖는 사람(소유자 또는 점유자)의 사실상의 지배를 종료시키고 물건에 대한 점유를 취득하는 행위이므로, 엄밀히 말하면 압수는 주거의 자유에 대한 제한이 아니라 주거의 자유에 대한 제한 이후에 행해지는 재산권 제한행위로 볼 수 있다. 이러한 점에서 주거의 자유에 대한 제한은 다음의 두 가지로 나누어 살펴볼 수

---

121) 이강일, "경북경찰, 양귀비 등 밀경작 사범 51명 적발", 연합뉴스 2010. 7. 22. http://news.naver.com/main/read.nhn?mode=LSD&mid=sec&sid1=102&oid=001&aid=0003588592 (2024. 07. 30. 검색).

있다. ① 주거에 대한 수색과 ② (주거수색 외의) 주거의 자유에 대한 그 밖의 제한이 바로 그것이다.

1) 주거수색과 영장주의

「헌법」 제16조 제2문에 따르면 "주거에 대한 수색"은 검사의 신청에 의하여 법관이 발부한 영장의 제시 하에서만 가능하다. 이러한 점에서 「헌법」 제16조는 주거수색에 대해서는 주거의 자유에 대한 그 밖의 제한(예: 주거출입)보다 더 강화된 요구사항을 정하고 있다. 사실 주거는 침해되어서는 아니 되는 개인의 기초적 생활공간이지만, 주거공간이 범죄자나 범죄와 관련된 물건의 은닉장소로 이용될 수 있기 때문에 국가기관에 의한 주거수색은 불가피하게 요청된다고 할 수 있다.[122] 하지만 주거수색은 국가기관이 주거의 자유를 제약하는 가장 전형적인 예가 되어 왔기 때문에 「헌법」 제16조 제2문은 주거수색의 남용을 막고 주거의 자유를 보다 강하게 보호하기 위하여 주거수색을 할 때에는 검사의 신청에 의하여 법관이 발부한 영장을 제시하도록 하고 있다.[123] 물론 법관으로부터 영장을 발부받을 시간적 여유가 없는 긴급상황에서는 영장주의의 예외가 인정될 수 있다. 이러한 **영장주의는** 개인의 기초적 생활공간에 대한 국가기관의 부당한 침해를 방지함으로써 개인의 사생활을 보장하기 위한 것이므로 **범죄수사를 위한 수색은 물론 위험방지를 위한 수색에도 당연히 적용되어야** 한다.

2) 주거출입에는 영장주의가 적용되지 않는다.

주거의 자유에 대한 제한이 항상 주거수색을 의미하는 것은 아니기 때문에 주거수색에 해당하지 않는 주거의 자유에 대한 그 밖의 제한에는 영장주의가 적용되지 않는다. 예를 들어 경찰관이 위험방지를 목적으로 **주거에 "출입"**하는 경우가 바로 그러하다. 이를 반영하듯이 「경직법」 제7조 제4항은 "제1항부터 제3항까지의 규정에 따라 필요한 장소에 출입할 때에는

122) 계희열, 헌법학(중), 박영사, 2004, 408쪽.
123) 계희열, 헌법학(중), 박영사, 2004, 408쪽.

그 신분을 표시하는 증표를 제시하여야 하며, 함부로 관계인이 하는 정당한 업무를 방해해서는 아니 된다"(밑줄 저자)라고 규정하여 경찰관이 사람의 생명 · 신체 또는 재산에 대한 임박한 위해를 방지하거나 피해자를 구조하기 위하여 다른 사람의 주거에 출입할 때에는 그 신분을 표시하는 증표를 제시하여야 함을 규정하고 있을 뿐, 법관이 발부하는 영장을 제시하여야 함을 규정하고 있지 않다.[124] 사실 **경찰관이 거주자의 동의나 승낙을 받지 않고 다른 사람의 주거에 "출입"하는 경우에는 주거의 자유가 제한될 수 있지만, 이것이 곧 주거수색을 의미하는 것은 아니기 때문에 주거출입에는 영장주의가 적용되지 않는다.** 즉 「헌법」 제16조 제2문에 따른 영장주의의 적용은 경찰관의 행위가 "주거수색"에 해당하는지 여부에 달려 있기 때문에 주거수색에 해당하지 않는 "주거출입"에는 영장주의가 적용되지 않는다. 이에 따라 경찰관은 사람의 생명 · 신체 또는 재산에 대한 임박한 위해의 방지나 피해자의 구조를 위하여 다른 사람의 주거에 출입할 때에는 법관이 발부하는 영장을 제시하지 않아도 된다.[125]

---

124) 「가정폭력방지 및 피해자보호 등에 관한 법률」 제9조의4 제2항도 "제1항에 따라 출입이나 조사를 하는 사법경찰관리는 그 권한을 표시하는 증표를 지니고 이를 관계인에게 내보여야 한다"라고 규정하여 경찰관이 가정폭력범죄의 피해자를 보호를 위하여 신고 된 가택에 출입할 때에는 그 권한을 표시하는 증표를 제시하여야 함을 규정하고 있을 뿐, 법관이 발부하는 영장을 제시하여야 함을 규정하고 있지 않다.

125) 「헌법」에서 요구하고 있는 영장주의가 행정상 즉시강제에도 적용되어야 하는지의 문제는 학설상 논쟁이 되고 있다(영장불요설 · 영장필요성 · 절충설). 그러나 영장주의의 적용은 문제가 되고 있는 경찰작용이 행정상 즉시강제에 해당하는지 여부가 아니라, 주거에 대한 수색에 해당하는지 여부에 달려 있다는 점, 그리고 주거수색에 해당하지 않는 주거출입에는 그것이 행정상 즉시강제에 해당하는지 여부와 관계없이 영장주의가 적용되지 않는다는 점에서 문제의 본질을 바르게 이해하지 못한 무의미한 논쟁이라 할 수 있다. 같은 견해로는 허영, 헌법이론과 헌법, 박영사, 2005, 501쪽.

(3) 주거출입과 주거수색

1) 의 의

「경직법」 제7조는 경찰관에게 위험방지 목적으로 주거에 출입할 수 있는 권한을 부여하고 있는바, 이 경우 **"주거출입"**(Betreten von Wohnungen)은 **경찰관이 주거 내에 들어가 그곳에 체재하며 주거 내부에 있는 사람이나 물건 또는 상태를 피상적으로 둘러보는 것**을 의미한다. 이에 반하여 **"주거수색"**(Durchsuchen von Wohnungen)은 **수사기관이 거주자가 외부에 공개하지 않으려고 숨겨 둔 사람이나 물건을 발견할 목적으로 주거 내부를 체계적으로 뒤져 찾는 것**을 의미한다. 앞서 살펴본 바와 같이 양자에 대해서는 헌법상 상이한 요구사항이 세워져 있다. 즉 **"주거수색"은 「헌법」 제16조 제2문에 따라 원칙적으로 법관이 발부한 영장의 제시 하에서만 가능하지만, "주거출입"에는 이러한 영장주의가 적용되지 않는다.** 그러나 개별사례에서 주거수색과 주거출입을 구별하기란 결코 쉽지 않다. 일부 견해에 따르면 모든 주거출입은 출입 그 자체로 끝나는 것이 아니라 출입 이후에는 특정 목적이 추구되기 마련이므로 모든 주거출입은 외형적으로 이미 주거수색에 해당한다고 한다.[126] 즉 경찰관이 거주자의 동의나 승낙 없이 주거에 출입하는 것만으로 이미 주거수색에 해당한다는 것이다. 그러나 주거에 출입한다고 해서 반드시 주거 내에 있는 사람이나 물건을 체계적으로 뒤져 찾는 조치로 나아가는 것은 아니기 때문에 이러한 견해를 따를 수 있을지는 의문이다.

주거수색은 무엇보다 「형사소송법」 제215조에 규정되어 있다. 동 규정은 수사기관에게 압수할 물건이나 피의자를 발견하기 위한 목적으로 주거 내부를 체계적으로 뒤져 찾는 것을 허용한다.

---

126) BVerfGE 47, 31 f.에 적시된 베를린 고등행정법원 판결.

형사소송법 제215조(압수, 수색, 검증) ① 검사는 범죄수사에 필요한 때에는 피의자가 죄를 범하였다고 의심할 만한 정황이 있고 해당 사건과 관계가 있다고 인정할 수 있는 것에 한정하여 지방법원판사에게 청구하여 발부받은 영장에 의하여 압수, 수색 또는 검증을 할 수 있다.
② 사법경찰관이 범죄수사에 필요한 때에는 피의자가 죄를 범하였다고 의심할 만한 정황이 있고 해당 사건과 관계가 있다고 인정할 수 있는 것에 한정하여 검사에게 신청하여 검사의 청구로 지방법원판사가 발부한 영장에 의하여 압수, 수색 또는 검증을 할 수 있다.

주거수색은 주거 내에 있는 사람이나 물건을 뒤져 찾는 것을 그 개념징표로 한다. 즉 주거수색은 수사기관이 거주자가 외부에 공개하지 않으려고 숨겨 둔 사람이나 물건을 발견할 목적으로 주거 내부를 체계적으로 뒤져 찾는 것을 그 개념징표로 한다. 이에 따라 경찰관이 주거 내에 들어가 그곳에 체재하며 그 내부를 피상적으로 둘러보는 것만으로는 주거수색에 해당하지 않는다. 사실 주거출입이 있다고 해서 필연적으로 주거 내에 있는 사람이나 물건을 뒤져 찾는 조치로 나아가는 것은 아니다. 주거출입은 다른 직무수행을 위해서도 행해질 수 있다. 예를 들어 영업자가 법률에 의하여 지켜야 할 사항을 준수하고 있는지 여부를 확인 · 검사하기 위하여 공무원이 영업장소에 들어가 그곳에 체재하며 장소 내부를 둘러보는 것이 그 예이다. 주거수색은 거주자가 외부에 공개하지 않으려고 숨겨 둔 사람이나 물건을 발견할 목적으로 국가기관이 주거 내부를 체계적으로 뒤져 찾는 것을 의미하므로, 공무원이 경찰 · 소방 · 위생 · 세무 · 영업 감독 등의 목적으로 영업장소에 들어가 그곳에 체재하며 장소 내부를 둘러보는 것만으로는 주거수색에 해당하지 않는다. 주거수색을 통해서는 인격의 자유로운 발현을 위하여 중요한 사생활영역과 경우에 따라서 관계인의 내밀한 사생활영역까지 조사될 수 있는데, 공무원이 경찰 · 소방 · 위생 · 세무 · 영업 감독 등의 목적으로 영업장소에 들어가 그곳에 체재하며 장소 내부를 둘러보았다고 해서 그러한 영역이 조사되었다고 볼 수 없다. 설령 공무원이 영업장소에 출입하는 과정에서 불가피하게 그 장소 내에 있는 사람이나 물건 또는 상태를 인지하였다고 하더라도 이것만으로는 주거수색에 해당하지 않는다. **주거수색이 인정되기 위해서는 경찰관이 어떤 목적과 의도를 갖고서 주거 내에 몸을 숨긴 사람이나 숨겨둔 물건을 체계적으로 뒤져 찾을 것이 요구된다.** 주거에 출입해서 단순히 그 내부를 피상적으로 둘러보는 것만으로는 충분하지 않다. 주거수색이 인정되기 위해서는 주거 내에서의 일정한 행위가 요구된다. 예컨대 경찰관이 주거 내에 있는 사람이나 물건을 발견할 목적으로 다락방부터 지하실까지 주거 내부를 체계적으로 샅샅이 뒤진다거나 닫힌 방문[127]이나 장롱, 서랍 등을 열고 벽과 바닥을 뜯어내는 것 등의 행위가 바로 그러하다.[128]

2) 사안에의 적용

[사례 1] <어린남매 아사(餓死) 사건>에서는 경찰관 P가 아파트 안에 들어간 행위가 주거수색에 해당하는지 여부가 문제된다. 그러나 경찰관 P의 행위는 주거수색에 해당하지 않는다. 그 이유는 경찰관 P는 아파트 거주자가 외부에 공개하지 않으려고 숨겨 둔 사람이나 물건을 발견할 목적으로 아파트 안에 들어간 것이 아니기 때문이다. 경찰관 P는 사람의 생명

---

127) 이러한 점에서 볼 때, [사례 2] ＜오원춘사건 Ⅱ＞에서 경찰관들은 「경직법」 제7조 제1항에 근거하여 다른 사람의 주거에 들어가 그곳에 체재하며 그 내부를 피상적으로 둘러보는 것은 허용되지만, 이것을 넘어서 닫힌 방문을 열고 그 내부를 체계적으로 샅샅이 뒤져 찾는 것은 허용되지 않는다. 하지만 ＜오원춘사건 Ⅱ＞는 성폭행을 당하고 있는 피해여성을 긴급 구조하여야 하는 상황이었을 뿐만 아니라 현행범인을 체포하여야 하는 상황이기도 하였다는 점에 그 특수성이 있다. 이러한 "예방"과 "진압"의 이중적 상황이 문제되는 곳에서는 「경직법」에 따른 예방경찰작용이 고려될 수 있을 뿐만 아니라, 「형사소송법」에 따른 진압경찰작용도 고려될 수 있다. 즉 「형사소송법」 제216조 제1항 제1호에 따르면 경찰관은 현행범인을 체포하는 경우 필요한 때에는 영장 없이 타인의 주거에 들어가 그 내부를 수색할 수 있으므로, 설령 이 사건에서 경찰관들이 – 피의자가 있을 개연성이 있는 – 집안에 들어가 닫힌 방문을 열고 그 내부를 체계적으로 샅샅이 뒤져 찾았다 하더라도, 경찰관들의 행위는 「형사소송법」 제216조 제1항 제1호에 그 법적 근거를 둔 적법한 직무집행으로 평가될 수 있다.

128) Ruthig, Die Unverletzlichkeit der Wohnung (Art. 13 GG n.F.), JuS 1998, 506 (508).

또는 신체에 대한 임박한 위해를 방지하기 위하여 또는 피해자를 구조하기 위하여 부득이하게 아파트 안으로 들어갔다. 이를 통해서는 아파트 거주자의 내밀한 사생활영역이 침해되지 않는다. 설령 경찰관 P가 아파트 안으로 들어가는 과정에서 불가피하게 아파트의 내부 상태를 인지하였다 하더라도 이것만으로는 주거수색에 해당하지 않는다. 따라서 **<어린남매아사(餓死) 사건>에서 경찰관 P가 법관이 발부하는 영장 없이도 아파트 안으로 들어갈 수 있었던 것은 법관으로부터 사전에 영장을 발부받을 시간적 여유가 없는 긴급상황이었기 때문이 아니라, 법관으로부터 영장을 발부받을 필요가 없는 "주거출입"에 해당하였기 때문이다.** 즉 경찰관 P는 아파트 안을 수색한 것이 아니라 (사람의 생명 또는 신체에 대한 임박한 위해를 방지하거나 피해자를 구조하기 위하여) 아파트 안에 "출입"한 것에 불과하기 때문에, 경찰관 P는 「경직법」 제7조 제4항에 따라 영장 없이도 아파트 안으로 들어갈 수 있었다.

[사례 2] <오원춘사건 Ⅱ>에도 동일한 것이 적용된다. 즉 이 사건에서 경찰관들은 「경직법」 제7조 제4항에 따라 영장 없이도 집안에 들어갈 수 있었다. 설령 경찰관들이 성폭행을 당하고 있는 피해여성을 긴급구조하기 위하여 집안에 들어가 그 내부를 피상적으로 둘러보더라도 이것은 주거수색이 아니라 주거출입에 불과하기 때문에 경찰관들은 「경직법」 제7조 제4항에 따라 영장 없이도 집안에 들어갈 수 있었다.[129] 「헌법」 제16조 제2문에 따른 영장주의의 적용은 경찰관의 행위가 주거수색에 해당하는지 여부에 달려 있기 때문에 주거수색에 해당하지 않는 주거출입에는 영장주의

129) 사실 <오원춘사건>에서 경찰관들이 타인의 집안에 들어간다면 그 목적은 성폭행을 당하고 있는 피해여성을 신속히 구조하기 위해서이기도 하겠지만, 현행범인을 체포하기 위해서이기도 하다. 하지만 후자의 경우에도 경찰관들은 영장 없이 집안에 들어갈 수 있었다. 왜냐하면 경찰관들은 「형사소송법」 제216조 제1항 제1호에 따라 현행범인을 체포하는 경우 필요한 때에는 영장 없이 타인의 집안에 들어가 피의자의 발견을 위한 수색을 할 수 있기 때문이다. <오원춘사건>에서는 현행범인을 체포할 긴급한 필요가 있었으므로 경찰관들은 영장 없이도 피의자가 있을 개연성이 있는 집안에 들어가 피의자의 발견을 위한 수색을 할 수 있었다.

가 적용되지 않는다.

「형사소송법」 제215조에 따르면 수사기관은 압수할 물건이나 피의자를 발견할 목적으로 일정한 장소, 즉 타인의 주거, 타인이 간수하는 가옥 · 건조물 · 항공기 · 선차(船車) 내에 들어가 그 내부를 체계적으로 뒤져 찾을 수 있다. 수사기관이 「형사소송법」 제215조에 따른 수색을 할 때에는 원칙적으로 사전에 법관으로부터 영장을 발부받아야 한다. 그러나 긴급을 요하는 경우에는 영장 없이도 수색할 수 있다. 즉 수사기관은 피의자를 체포 또는 구속하거나 현행범인을 체포하는 경우 필요한 때에는 「형사소송법」 제216조 제1항 제1호에 따라 영장 없이 타인의 주거, 타인이 간수하는 가옥 · 건조물 · 항공기 · 선차 내에 들어가 피의자의 발견을 위한 수색을 할 수 있다(아래).

형사소송법 제216조(영장에 의하지 아니한 강제처분) ① 검사 또는 사법경찰관은 제200조의2 · 제200조의3 · 제201조 또는 제212조의 규정에 의하여 피의자를 체포 또는 구속하는 경우에 필요한 때에는 영장없이 다음 처분을 할 수 있다.
1. 타인의 주거나 타인이 간수하는 가옥, 건조물, 항공기, 선차 내에서의 피의자 수사

이것은 곧 체포 · 구속하고자 하는 피의자가 타인의 주거 · 가옥 · 건조물 · 항공기 · 선차 내에 숨어 있을 개연성이 인정되는 때에 영장 없이 피의자를 수색할 수 있음을 의미한다. 이 경우 **수사기관이 피의자를 추적하는 과정에서 피의자를 쫓아 주거 · 건조물 등에 들어가는 것은 체포 · 구속에 포함되고 영장 없는 수색에 해당될 문제는 아니다.**[130] **왜냐하면 「형사소송법」 제216조 제1항 제1호에 따른 "피의자수색"**[131]**은 피의자의 발견을 위한 행위인데, 피의자를 추적하다 주거 내에 들어가는 것은 피의자의 발견이 필요한 경우에 해당하지 않기 때문이다.** 이 점은 문헌과 판례에서 종종 간과되고 있다. [사례 4] <동의대 사건>에서 경찰은 법관이 발부하는 사

130) 배종대/이상돈, 형사소송법, 홍문사, 2004, 309쪽.

131) 형사소송법 제216조의 법문은 '피의자수사'라는 용어를 사용하고 있지만, 학설의 다수는 피의자수사를 '피의자수색'으로 해석하는 것이 타당하다고 보고 있다.

전영장 없이 도서관 건물에 진입하였다. 만일 경찰이 도서관 건물에 진입한 행위가 수색에 해당한다면 해당 조치는 (전술한) 「형사소송법」 제216조 제1항 제1호의 요건 하에서만 허용된다. 사실 [사례 4] <동의대 사건>의 기초가 된 판결에서 대법원은 경찰이 도서관 건물에 진입한 행위는 "수색"에 해당한다고 보았다. 다만 현재의 불법감금상태를 제거하고 범인을 체포할 긴급한 필요가 있었으므로 경찰이 압수수색영장 없이 도서관 건물에 진입한 행위는 적법한 직무집행이라고 판시하였다(아래).

판례

〈대학생들에 의하여 납치, 감금된 전경들을 구출하기 위하여 경찰이 압수수색영장 없이 대학교 도서관에 진입한 것이 적법한 공무집행에 해당하는지 여부〉

대학생들인 피고인들이 전경 5명을 불법으로 납치·감금하고 있으면서 경찰의 수회에 걸친 즉시 석방요구에도 불구하고 불가능한 조건을 내세워 이에 불응하고, 경찰이 납치된 전경들을 구출하기 위하여 농성장소인 대학교 도서관 건물에 진입하기 직전 동 대학교 총장에게 이를 통고하고 이에 동 총장이 설득하였음에도 불구하고 이에 응하지 아니한 상황 아래에서는 현행의 불법감금 상태를 제거하고 범인을 체포할 긴급한 필요가 있다고 보이므로, 경찰이 압수수색영장 없이 도서관 건물에 진입한 것은 적법한 공무원의 직무집행이라 할 것이다(대법원 1990. 6. 22. 선고 90도767 판결).

하지만 **대법원의 견해와 달리 경찰이 도서관 건물에 진입한 행위는 수색에 해당하지 않는다. 왜냐하면 경찰이 범인과 대치한 상태에서 범인을 체포하기 위하여 도서관 건물에 진입한 것은 체포·구속에 포함되고, 영장 없는 수색에 해당될 문제는 아니기 때문이다. 「형사소송법」 제216조 제1항 제1호에 따른 "피의자수색"은 피의자를 발견하기 위한 행위인데, 피의자와 대치한 상태에서 피의자를 체포하기 위하여 도서관 건물에 진입한 것**

은 피의자의 발견이 필요한 경우에 해당하지 않는다. 수색은 거주자가 외부에 공개하지 않으려고 숨겨 둔 사람이나 물건을 발견할 목적으로 수사기관이 건물 내부를 체계적으로 뒤져 찾는 것을 의미하는데, <동의대 사건>은 이러한 경우에 해당하지 않는다. 이 사건에서 경찰이 도서관 건물에 진입한 목적은 범인을 체포하기 위해서이기도 하지만, 현재의 불법감금 상태를 제거하여 납치 · 감금된 전경들을 구조하기 위해서이기도 하다. 이러한 경우 「경직법」 제7조 제1항은 경찰관에게 사람의 생명 또는 신체에 대한 임박한 위해를 방지하거나 피해자를 구조하기 위하여 다른 사람의 건물에 출입할 수 있는 권한을 부여하므로, 동 조항은 경찰이 납치 · 감금된 전경들을 구조하기 위하여 도서관 건물에 진입한 행위에 대한 법적 근거가 될 수 있다.

[사례 5] <철거민 강제진압 사건>에서도 경찰이 오피스텔 건물에 진입하고 방안에 들어간 행위가 수색에 해당하는지 여부가 문제된다. 수색은 거주자가 외부에 공개하지 않으려고 숨겨 둔 사람이나 물건을 발견할 목적으로 수사기관이 건물 내부를 체계적으로 뒤져 찾는 것을 의미한다. 이러한 수색이 인정되기 위해서는 수사기관이 건물에 출입하여 그 내부를 단순히 둘러보는 것만으로는 충분하지 않고 건물 내에서의 일정한 행위가 요구된다. 예를 들어 경찰관이 증거를 발견할 목적으로 다락방부터 지하실까지 건물 내부를 체계적으로 샅샅이 뒤진다거나 닫힌 방문이나 장롱, 서랍 등을 열고 벽과 바닥을 뜯어내는 것 등의 행위가 바로 그러하다. 그러나 <철거민 강제진압 사건>은 이러한 경우에 해당하지 않는다. 특히 경찰이 닫힌 방안에 들어가지 않았다는 점은 경찰의 행위가 수색에 해당하지 않는다는 결정적인 이유가 된다. 수색에 의해서는 인격의 자유로운 발현을 위하여 중요한 사생활영역과 경우에 따라서 거주인의 내밀한 사생활영역까지 조사될 수 있는데, <철거민 강제진압 사건>에서와 같이 경찰이 오피스텔 건물과 열려 있던 방안에 들어간 행위에 의해서는 이러한 영역이 조사되었다고 볼 수 없다. 경찰이 오피스텔 건물과 열려 있던 방안에 들어간

목적은 범인을 체포하기 위해서이기도 하지만, 철거민들을 건물 밖으로 나가게 하고 시민의 안전을 위협하는 돌과 병의 투척을 저지하기 위해서이기도 하다. 이 경우 「경직법」 제7조 제1항은 경찰관에게 사람의 생명 · 신체 또는 재산에 대한 임박한 위해를 방지하기 위하여 다른 사람의 건물에 출입할 수 있는 권한을 부여하므로, 동 조항은 경찰이 시민의 안전을 위협하는 돌과 병의 투척을 저지하기 위하여 오피스텔 건물에 진입하고 열려 있던 방안에 들어간 행위에 대한 법적 근거가 될 수 있다.

4. 이른바 간접출입의 허용 여부

나아가 「**경직법**」 **제7조는** 경찰관에게 위험방지 목적으로 다른 사람의 건물이나 배, 차 또는 흥행장, 여관, 음식점 등에 **직접 드나드는 물리적 출입만을 허용하는지** 아니면 물리적 출입 없이도 출입의 효과를 낼 수 있는 방법들, 예컨대 **경찰관이 건물 밖에서 기술적 장치를 이용해 건물 안을 감시하는 이른바 간접출입도 허용하는지의 문제**가 제기된다. 이하에서는 간접출입의 허용 여부에 관하여 살펴보기로 한다.

(1) 간접출입과 주거의 자유

현대의 과학기술의 발전은 과거와는 사뭇 다른 방식으로 주거에 출입할 수 있는 가능성을 열어 주고 있다. 고성능 망원카메라나 적외선카메라는 직접 주거에 출입하지 않고서도 마치 주거에 출입한 것과 동일한 효과를 낼 수 있게 하고 있다. 현재의 급속한 과학기술의 발전을 감안할 때에 먼 장래에는 현재와는 또 다른 방식의 주거출입을 가능하게 할 것이다. 이와 관련하여 문헌에서는 **주거 밖에서 기술적 장치를 이용해 주거 안을 감시하는 행위는 헌법 제16조의 주거의 자유에 대한 제한에 해당하는지 아니면 헌법 제17조의 사생활의 비밀에 대한 제한에 불과한지의 문제**를 두고 논쟁이 되고 있다.[132] 즉 공권력주체가 거주자의 동의나 승낙을 받지 않고 직접 주거 내에 들어가 그곳에 체재하며 도청장치를 설치하거나 설치된 장치를 이용해 도청하는 것은 주거의 자유에 대한 제한에 해당한다는 점에 대해서는 학설상 이론이 없지만,[133] 공권력주체가 주거 내에 들어가지 않고 주거 밖에서 기술적 장치(예: 레이저 도청장치)를 이용해 주거 내에서 이루어지는 대화를 몰래 엿듣는 행위도 주거의 자유에 대한 제한에 해당하는지에 대해서는 학설상 견해의 대립이 존재한다.[134]

1) 주거의 자유에 대한 제한을 부정하는 견해

일부 견해[135]에 따르면 주거 내에 들어가지 않고 주거 밖에서 창문을 통해 흘러나오는 대화를 도청하는 행위는 사생활의 비밀에 대한 제한은 될지언정 주거의 자유에 대한 제한은 인정되지 않는다고 한다. 왜냐하면 「**헌법」 제16조의 보호범위는 공간적으로 주거 내에서 이미 끝나기 때문**이라고 한다. 이러한 견해에 따르면 경찰이 도청장치를 설치하기 위하여 주거에 출입하는 것은 주거의 자유에 대한 제한에 해당하지만, 주거에의 출입 없이 주거 밖에서 기술적 장치를 이용해 주거 내에서 이루어지는 대화를 도청하는 행위는 주거의 자유에 대한 제한에 해당하지 않는다고 보게 된다.

---

132) 이에 관해서는 또한 손재영, "주거 외부에서 행해지는 주거도청의 헌법적 한계", 중앙법학 제8집 제1호, 2006, 37쪽 이하.

133) 허영, 헌법이론과 헌법, 박영사, 2005, 501쪽; 계희열, 헌법학(중), 박영사, 2004, 405쪽; 권영성, 헌법학원론, 법문사, 2004, 458쪽; 장영수, 헌법학 II, 기본권론, 홍문사, 2003, 302쪽; 이준일, 헌법학강의, 홍문사, 2005, 577－578쪽.

134) 주거의 자유에 대한 제한을 긍정하는 견해로는 예컨대 김철수, 헌법학개론, 박영사, 2005, 611쪽; 권영성, 헌법학원론, 법문사, 2004, 458쪽; 장영수, 헌법학 II, 기본권론, 홍문사, 2003, 302쪽; 이준일, 헌법학강의, 홍문사, 2005, 578쪽. 주거의 자유에 대한 제한을 부정하는 견해로는 예컨대 허영, 헌법이론과 헌법, 박영사, 2005, 501쪽; 계희열, 헌법학(중), 박영사, 2004, 405쪽.

135) 예를 들어 허영, 헌법이론과 헌법, 박영사, 2005, 501쪽이 바로 그러하다.

2) 주거의 자유에 대한 제한을 긍정하는 견해

그러나 「헌법」 제16조의 보호범위는 공간적으로 주거 내에서 끝난다고 보는 견해, 즉 주거 내에 들어가지 않고서는 주거의 자유에 대한 제한은 인정되지 않는다고 보는 견해는 받아들일 수 없다. 왜냐하면 「**헌법」 제16조의 보호목적은 주거 공간 그 자체를 보호하는 데에 있는 것이 아니라, 주거 공간 내에서의 "사생활"을 보호하는 데에 있기 때문이다.** 「헌법」 제16조는 사생활의 공간적 영역을 국가기관에 의한 모든 종류의 침입으로부터 보호한다. 주거의 자유에 대한 제한은 반드시 주거 내부로의 물리적 출입을 전제로 하지 않는다. 이에 따라 기술적 장치가 주거 안에 설치되었는지 혹은 주거 밖에 설치되었는지에 관계없이 주거 내에서 일어나는 일을 엿보거나 엿듣는 행위는 모두 주거의 자유에 대한 제한으로 평가할 수 있다. 왜냐하면 개인에게는 주거 내에서 방해받지 않고 조용히 쉴 수 있는 권리가 보장되어야 하기 때문이다. 「헌법」 제16조는 주거를 그 기능적 측면에서, 즉 개인이 방해받지 않고 조용히 쉴 수 있는 장소로서 보호한다. 이러한 사생활을 파괴하는 모든 종류의 침입은 주거의 자유에 대한 제한으로 볼 수 있다.[136] 따라서 **주거 내부로의 물리적 출입 없이도 출입의 효과를 낼 수 있는 방법, 즉 주거 밖에서 기술적 장치를 이용해 주거 안을 감시하는 간접출입도 주거의 자유에 대한 제한으로 평가될 수 있다.**

사실 기술적 장치가 주거 안에 설치되었는지 혹은 주거 밖에 설치되었는지에 관계없이 주거공간에 대한 모든 형태의 음향적 또는 시각적 감시는 「헌법」 제16조의 주거의 자유에 대한 제한으로 볼 수 있고, 이런 식으로 「헌법」 제16조의 보호범위를 확대시킬 필요성은 사생활의 공간적 영역을 과거와는 다른 방식으로 침입할 수 있게 한 기술의 발전 때문이다. 즉 「헌법」 제16조의 보호목적은 헌법이 제정될 당시만 하더라도 일차적으로는 공권력주체가 거주자의 동의 또는 승낙 없이 주거공간에 직접 출입하

136) 이에 관해서는 또한 손재영, "주거 외부에서 행해지는 주거도청의 헌법적 한계", 중앙법학 제8집 제1호, 2006, 39쪽.

고 그곳에 체재하는 것으로부터 거주자를 보호하는 데에 있었다. 하지만 이후 사생활의 공간적 영역을 위험하게 만드는 새로운 기술적 가능성이 출현하게 되었다. 기술적 장치를 통해 건물 밖에서도 건물 안을 감시할 수 있게 되었음에도 불구하고 만일 「헌법」 제16조가 그러한 감시로부터 개인을 보호하지 않는다면 「헌법」 제16조는 그 보호목적을 충분히 달성할 수 없게 될 것이다.[137)]

(2) 간접출입과 영장주의

만일 주거에 직접 출입하지 않고서도 기술적 장치를 이용해 마치 주거에 출입한 것과 동일한 효과를 낼 수 있는 간접출입이 「헌법」 제16조의 주거의 자유에 대한 제한에 해당한다면 이러한 **간접출입도 (주거수색과 마찬가지로) 법관이 발부하는 영장을 필요로 하는지의 문제**가 제기된다. 문헌에서의 지배적인 견해는 이것을 긍정하고 있다. 다만 주거 밖에서 기술적 장치를 이용해 주거 안을 감시하는 행위에 대해서는 「헌법」 제16조 제2문이 직접적용되어야 하는지 아니면 「헌법」 제16조 제2문이 유추적용되어야 하는지와 관련하여 견해의 대립이 존재한다.

1) 「헌법」 제16조 제2문의 직접적용을 주장하는 견해

일부 견해[138)]에 따르면 기술적 장치를 통해 주거 밖에서 주거 안을 감시하는 행위는 주거 내부의 숨겨진 정보를 얻거나 사람 또는 물건을 발견할 목적으로 실시된다는 점에서 **주거수색과 그 목표방향이 같기 때문에 주거수색과 동일하게 다루어져야 한다**고 한다. 이 견해에 따르면 주거수색의 경우에는 주거 내부로의 물리적 출입이 중요하지 않으며, 주거 밖에서 기술적 장치의 도움으로 주거 안에서 나누는 사적인 대화를 도청하거나 주거 내부를 몰래 촬영하는 행위는 각각 음향적 · 시각적 수색에 해당하기

---

137) BVerfG, NJW 2004, 999 (1001).

138) 예를 들어 Guttenberg, Die heimliche Überwachung von Wohnungen, NJW 1993, 567 (569 f.)가 그러하다.

때문에, 이를 위해서는 「헌법」 제16조 제2문의 직접적용 하에 법관이 발부한 영장을 제시하여야 한다고 한다.

2) 「헌법」 제16조 제2문의 유추적용을 주장하는 견해

반면 「헌법」 제16조 제2문의 유추적용을 주장하는 다른 견해에 따르면 **주거수색은 주거에 직접 출입하는 경우에만 존재할 수 있다**[139]고 한다. 이 견해는 분명 과거 헌법제정권자의 생각과 일치하는 것이라 할 수 있다. 사실 헌법을 제정할 당시만 하더라도 헌법제정권자는 현재 볼 수 있는, 주거감시의 새로운 가능성을 알지 못하였다. 그러나 현대의 과학기술의 발전은 과거와 사뭇 다른 방식으로 주거수색을 가능하게 하고 있다. 즉 주거에 직접 출입하지 않고서도 주거수색과 동일한 목적을 달성할 수 있는 기술적 발전이 나타나고 있는 것이다. 이러한 이유로 일부 문헌[140]에서는 그간의 새로운 과학기술의 발전을 고려하여 종래의 주거수색 개념을 더 이상 고수하지 말고, 그 대신 주거수색 개념을 기술적 관점에서 오늘날의 상황에 맞추려는 시도가 행해지고 있다.

3) 학설에 대한 평가

「헌법」 제16조 제2문의 유추적용을 주장하는 견해가 타당하다고 생각한다. 일부 견해[141]와 달리 **주거 내에 들어가지 않고 주거 밖에서 기술적**

139) 주거수색은 주거에 직접 출입하는 경우에만 존재할 수 있다고 보는 견해로는 예를 들어 Beier, Geheime Überwachungsmaßnahmen zu Staatssicherheitszwecken außerhalb des Gesetzes zur Beschränkung von Art. 10 GG (G 10), 1988, Berlin, S. 41 u. 46; Gusy, Befugnisse des Verfassungsschutzes zur Informationserhebung, DVBl. 1991, 1288 (1292 f.); Deutsch, Die heimliche Erhebung von Informationen und deren Aufbewahrung durch die Polizei, 1992, Heidelberg, S. 124 f.

140) 전술한 Guttenberg, Die heimliche Überwachung von Wohnungen, NJW 1993, 567 (570)가 바로 그러하다.

141) 전술한 Guttenberg, Die heimliche Überwachung von Wohnungen, NJW 1993, 567 (570)가 바로 그러하다.

장치를 이용하여 주거 안을 감시하는 행위는 「헌법」 제16조 제2문이 의미하는 주거수색으로 볼 수 없다. 왜냐하면 주거수색은 주거 내부로의 물리적 출입을 전제로 하기 때문이다. 또한 주거수색은 수사기관이 사람과 물건을 발견할 목적으로 공개적으로 실시한다는 점도 비공개로 실시되는 주거감시와 구별되는 점이다.

그러나 비밀성으로 인하여 주거감시가 (공개적인) 주거수색보다 더 강하게 주거의 자유를 제한할 수 있기 때문에 주거감시에 대해서는 「헌법」 제16조 제2문의 유추적용이 있어야 할 것으로 본다.[142] 사실 **주거감시는 개인의 사생활영역에 대한 가장 강도 높은 제한으로 볼 수 있다.** 주거감시는 거주자 몰래 은밀히 수행된다는 점에 그 특징이 있는 바, 몰래 촬영되고 녹음되기 때문에 감시받고 있다는 사실을 모르는 거주자는 자신의 사생활을 거리낌 없이 표현할 것이다. 그 결과 거주자의 가장 내적인 사생활영역도 침해될 수 있다. **만일 영장주의가 「헌법」 제16조 제2문에 따라 주거수색에 적용된다면 주거수색보다 더 강하게 주거의 자유를 제한하는 주거감시에도 마찬가지로 영장주의가 적용되어야 한다.** 따라서 기술적 장치를 이용하여 주거 밖에서 주거 안을 감시하는 간접출입은 「헌법」 제16조 제2문의 유추적용에 의하여 법관이 발부하는 영장의 제시 하에서만 가능하고, 만일 간접출입을 허용하는 법률규정이 법원의 허가를 받도록 하는 규정을 두지 않는다면 그 법률규정은 위헌으로 평가될 수 있다.[143]

(3) 간접출입의 허용 여부

「경직법」 제7조는 주거 내부로의 물리적 출입 없이도 출입의 효과를 낼 수 있는 방법, 즉 주거 밖에서 기술적 장치를 이용하여 주거 안을 감시하는 간접출입에 대한 법적 근거가 될 수 없다. 그 이유는 **명확성원칙**의 관점에서 간접출입과 같이 주거의 자유에 대한 강도 높은 제한이 존재하

---

142) 손재영, "주거 외부에서 행해지는 주거도청의 헌법적 한계", 중앙법학 제8집 제1호, 2006, 43쪽.

143) 같은 견해로는 김철수, 헌법학개론, 박영사, 2005, 611쪽.

는 경우 입법자는 그 제한의 실질적 요건과 절차적 요건 및 그 한계를 명확하게 규정하여야 하며, 이것을 경찰이나 법원에게 맡겨서는 아니 되기 때문이다. 즉 기본권에 대한 제한이 중대하면 중대할수록 입법자는 그 제한의 종류와 범위 및 한계를 보다 상세하게 규정하여야 한다. 특히 간접출입과 같이 주거공간을 비밀리에 감시하는 경우 기본권은 그러한 비공개 감시조치를 규범적으로 제한하기 위하여 그리고 관계인의 이익을 충분히 고려하기 위하여 절차에 관한 특별규정을 요구한다.[144] 왜냐하면 여기서는 기본권에 대한 침해가 존재함에도 불구하고 관계인의 부지(不知)로 인하여 권리구제가 적어도 처음에는 가능하지 않기 때문이다.[145] 관계인은 기껏해야 사후적으로, 즉 이러한 조치에 관하여 사후적으로 통지를 받은 이후에야 비로소 법원에 의한 권리구제를 받을 수 있거나 심지어 전혀 받지 못할 수도 있다. 이러한 이유로 간접출입과 같이 주거의 자유에 대한 비공개 내지 은밀한 제한이 존재하는 경우에는 적절한 기본권보장을 위하여 입법자가 **절차에 관한 특별규정**을 둘 것이 요구된다.[146] 특히 "간접출입을 위해서는 법원의 허가가 필요하다"는 규정은 그러한 목적에 기여할 수 있다. 따라서 절차에 관한 특별규정을 통해 고려되어야 하는 주거의 자유가 충분히 고려되지 못하고 있기 때문에 「경직법」 제7조는 간접출입에 대한 법적 근거가 될 수 없다.

간접출입이 「경직법」 제7조에 근거하여 행해질 수 없는 또 다른 이유는 동 조항에 규정된 출입의 요건만으로는 간접출입과 같은 중대한 기본권 제한을 정당화할 수 없기 때문이다. **비례원칙**의 관점에서 그러한 제한에 대해서는 헌법적으로 높은 요구사항이 세워져야 한다. 따라서 간접출입은 누군가가 법률에 특별히 명시된 범죄(이른바 범죄목록[147])를 계획 또는

---

144) 같은 견해로는 서민선, "경찰법에서의 법관유보", 경찰대학 치안대학원 석사학위 논문, 2021, 86－87쪽.

145) 이에 관해서는 또한 손재영, "프로파일링(profiling) 기법을 활용한 범죄수사와 범죄예방의 법적 문제", 토지공법연구 제36집, 2007, 387쪽.

146) BbgVerfG, LKV 1999, 450 (455); MVVerfG, LKV 2000, 345 (347).

147) 범죄목록에 대한 예로서는 「통신비밀보호법」 제5조 제1항을 참조 바람.

실행하고 있거나 실행하였다고 의심할 만한 충분한 이유가 있고, 또한 다른 방법으로는 그 범죄의 실행을 저지하거나 범인의 체포가 어려운 경우, 즉 경찰에게는 범죄예방이나 범죄수사를 위하여 간접출입 외에는 다른 효과적인 수단이 남아 있지 않은 경우에 한하여 허용될 수 있다.

이러한 점을 고려할 때 [사례 6] <연쇄방화 사건>에서 「경직법」 제7조는 경찰이 건물 밖에 고성능 카메라를 설치하고 이를 통해 '갑'이 살고 있는 건물 안을 감시한 행위에 대한 법적 근거가 될 수 없다. 이러한 감시조치는 또한 통신비밀보호법상의 통신제한조치에 관한 규정(예를 들어 「통신비밀보호법」 제5조)의 유추적용을 통해서도 행해질 수 없는데, 왜냐하면 이것은 「헌법」 제16조(주거의 자유)와 제18조(통신의 자유) 간에 존재하는 구성요건의 상이성과 모순될 뿐만 아니라, 간접출입과 같은 중대한 기본권 제한이 존재하는 경우에는 그러한 유추적용을 금지하는 법률유보원칙에도 반하기 때문이다. 따라서 **통신의 자유에 대한 제한을 허용하고 있는 통신비밀보호법상의 통신제한조치에 관한 규정은 주거의 자유에 대한 제한으로 평가될 수 있는 간접출입에 대한 법적 근거가 될 수 없다.**[148] 간접출입과 같은 중대한 기본권 제한이 존재하는 경우 입법자는 명시적인 수권조항을 통해 그 제한의 종류와 범위 및 한계를 보다 상세하게 규정하여야 한다.

5. 요 약

(1) "출입"이란 경찰관이 일정한 장소에 들어가 그 장소에 체재하며 장소 내에 있는 사람, 물건 또는 상태를 피상적으로 둘러보는 것을 의미한다. 이에 반하여 "수색"은 관계인이 외부에 공개하지 않으려고 숨겨 둔 사람이나 물건을 발견할 목적으로 수사기관이 일정한 장소 내부를 체계적으로 뒤져 찾는 것을 의미한다. 「경직법」 제7조는 경찰관에게 출입권한만을

148) 손재영, "경찰법에 정보보호에 관한 특별규정을 마련해야 할 필요성과 범위", 계명법학 제12집, 2008, 164쪽.

부여하고 있을 뿐 수색권한을 부여하고 있지 않으므로, 경찰관은 위험방지를 목적으로 동 조항에 언급된 장소를 수색할 수 없다.

(2) 「경직법」 제7조 제1항에 따른 경찰관의 출입은 사람의 생명 · 신체 또는 재산에 대한 위해가 임박한 때에 그 위해를 방지하거나 피해자를 구조하기 위해서만 가능하다. 그것도 사람의 생명 · 신체 또는 재산에 대한 임박한 위해의 방지나 피해자의 구조를 위하여 "부득이하다고 인정되는 경우", 즉 사람의 생명 · 신체 또는 재산에 대한 임박한 위해의 방지나 피해자의 구조가 다른 사람의 토지 · 건물 · 배 또는 차에 출입하지 않고서는 불가능하거나 지극히 곤란한 경우에만 허용된다. 나아가 그 출입이 사람의 생명 · 신체 또는 재산에 대한 임박한 위해를 방지하거나 피해자의 구조를 위하여 불가피하게 요청되는 경우에도 "필요한 한도에서"만 허용된다.

(3) 「경직법」 제7조 제4항은 경찰관이 다른 사람의 주거에 출입할 때에는 그 신분을 표시하는 증표를 제시하여야 함을 규정하고 있을 뿐, 법관이 발부하는 영장을 제시하여야 함을 규정하고 있지 않다. 사실 경찰관이 거주자의 동의나 승낙을 받지 않고 다른 사람의 주거에 출입하는 경우에는 주거의 자유가 제한될 수 있지만, 이것이 곧 주거수색을 의미하는 것은 아니기 때문에 주거출입에는 영장주의가 적용되지 않는다. 즉 「헌법」 제16조 제2문에 따른 영장주의의 적용은 경찰관의 행위가 "주거수색"에 해당하는지 여부에 달려 있기 때문에 주거수색에 해당하지 않는 "주거출입"에는 영장주의가 적용되지 않는다. 이에 따라 경찰관은 사람의 생명 · 신체 또는 재산에 대한 임박한 위해의 방지나 피해자의 구조를 위하여 다른 사람의 주거에 출입할 때에는 법관이 발부하는 영장을 제시하지 않아도 된다.

(4) 「경직법」 제7조는 주거 내부로의 물리적 출입 없이도 출입의 효과

를 낼 수 있는 방법, 즉 주거 밖에서 기술적 장치를 이용해 주거 안을 감시하는 이른바 간접출입에 대한 법적 근거가 될 수 없다. 그 이유는 명확성원칙의 관점에서 간접출입과 같이 주거의 자유에 대한 강도 높은 제한이 존재하는 경우 입법자는 그러한 제한의 실질적 요건과 절차적 요건 및 그 한계를 명확하게 규정하여야 하며, 이것을 경찰이나 법원에게 맡겨서는 아니 되기 때문이다. 특히 절차에 관한 특별규정을 통해 고려되어야 하는 주거의 자유가 충분히 고려되지 못하고 있기 때문에 「경직법」 제7조는 간접출입에 대한 법적 근거가 될 수 없다. 간접출입이 「경직법」 제7조에 근거하여 행해질 수 없는 또 다른 이유는 동 조항에 규정된 출입의 요건만으로는 간접출입과 같은 중대한 기본권 제한을 정당화할 수 없기 때문이다. 비례원칙의 관점에서 그러한 제한에 대해서는 헌법적으로 높은 요구사항이 세워져야 한다. 따라서 간접출입은 누군가가 법률에 특별히 명시된 범죄(이른바 범죄목록)를 계획 또는 실행하고 있거나 실행하였다고 의심할 만한 충분한 이유가 있고, 또한 다른 방법으로는 그러한 범죄의 실행을 저지하거나 범인의 체포가 어려운 경우, 즉 경찰에게는 범죄예방이나 범죄수사를 위하여 간접출입 외에는 다른 효과적인 수단이 남아 있지 않은 경우에 한하여 허용될 수 있다.

Ⅴ 사실의 확인 등

경찰관직무집행법 제8조(사실의 확인 등) ① 경찰관서의 장은 직무 수행에 필요하다고 인정되는 상당한 이유가 있을 때에는 국가기관이나 공사(公私) 단체 등에 직무 수행에 관련된 사실을 조회할 수 있다. 다만, 긴급한 경우에는 소속 경찰관으로 하여금 현장에 나가 해당 기관 또는 단체의 장의 협조를 받아 그 사실을 확인하게 할 수 있다.

---

1. 사실의 조회

(1) 의 의

「경직법」 제8조 제1항에 따르면 경찰관서의 장은 직무수행에 필요하다고 인정되는 상당한 이유가 있을 때에는 국가기관 또는 공사단체(公私團體) 등에 직무수행에 관련된 사실을 조회할 수 있다. 이러한 사실의 조회는 「형사소송법」에도 규정되어 있다. 즉 「형사소송법」 제199조 제2항에 따르면 수사기관은 수사에 관하여 공무소 기타 공사단체에 조회하여 필요한 사항의 보고를 요구할 수 있다. 이것을 **"공무소 등에의 조회"**라고 한다. 대표적인 예로서 **전과조회 · 신원조회** 등이 있다.[149]

(2) 조회의 주체

「경직법」 제8조 제1항 제1문에 따르면 경찰관서의 장은 직무수행에 필요하다고 인정되는 상당한 이유가 있을 때에는 국가기관 또는 공사단체 등에 직무수행에 관련된 사실을 조회할 수 있다. 이에 따라 사실조회의 주체는 "경찰관서의 장"이 된다.[150] 다만, 긴급을 요할 때에는 소속 경찰관으로 하여금 현장에 나가 해당 기관 또는 단체의 장의 협조를 받아 그 사실을 확인하게 할 수 있다(「경직법」 제8조 제1항 제2문).

(3) 조회의 요건

「경직법」 제8조 제1항 제1문에 따르면 경찰관서의 장은 직무수행에 필요하다고 인정되는 상당한 이유가 있을 때에는 국가기관 또는 공사단체 등에 대하여 직무수행에 관련된 사실을 조회할 수 있다. 따라서 경찰관서의 장은 「경직법」 제2조에 규정된 직무의 수행, 즉 "공공의 안녕과 질서

---

149) 신동운, 형사소송법, 법문사 2005, 125쪽.

150) 여기서 "경찰관서"란 경찰서, 지구대, 파출소 또는 출장소를 말한다(「경직법」 제3조 제2항).

유지"에 필요하다고 인정되는 상당한 이유가 있을 때에 사실조회를 할 수 있다.

(4) 조회의 상대방

「경직법」 제8조 제1항에 따르면 경찰관서의 장은 직무수행에 필요하다고 인정되는 상당한 이유가 있을 때에는 국가기관 또는 공사단체 등에 직무수행에 관련된 사실을 조회할 수 있다. 이에 따라 조회의 상대방은 "국가기관 또는 공사단체(公私團體) 등"이 된다. 이 경우 **조회의 상대방에는 금융기관과 전기통신사업자는 포함되지 않는다.** 왜냐하면 「금융실명거래 및 비밀보장에 관한 법률」 제4조 제1항 제1호는 "금융회사 등에 종사하는 자는 명의인(신탁의 경우에는 위탁자 또는 수익자를 말한다)의 서면상의 요구나 동의를 받지 아니하고는 그 금융거래의 내용에 대한 정보 또는 자료(이하 '거래정보 등'이라 한다)를 타인에게 제공하거나 누설하여서는 아니 되며, 누구든지 금융회사 등에 종사하는 자에게 거래정보 등의 제공을 요구하여서는 아니 된다"라고 규정하면서 그 예외사유의 하나로서 "법원의 제출명령 또는 법관이 발부한 영장에 의한 거래정보 등의 제공"을 들고 있고, 또한 「통신비밀보호법」 제13조 제3항은 검사 또는 사법경찰관이 수사 또는 형의 집행을 위하여 전기통신사업자에게 통신사실 확인자료의 제공을 요청하는 경우에는 관할 지방법원 또는 지원의 허가를 받아야 함을 규정하고 있기 때문이다.

금융실명거래 및 비밀보장에 관한 법률 제4조(금융거래의 비밀보장) ① 금융회사등에 종사하는 자는 명의인(신탁의 경우에는 위탁자 또는 수익자를 말한다)의 서면상의 요구나 동의를 받지 아니하고는 그 금융거래의 내용에 대한 정보 또는 자료(이하 "거래정보 등"이라 한다)를 타인에게 제공하거나 누설하여서는 아니 되며, 누구든지 금융회사 등에 종사하는 자에게 거래정보 등의 제공을 요구하여서는 아니 된다. 다만, 다음 각 호의 어느 하나에 해당하는 경우로서 그 사용 목적에 필요한 최소한의 범위에서 거래정보 등을 제공하거나 그 제공을 요구하는 경우에는 그러하지 아니하다.

1. 법원의 제출명령 또는 법관이 발부한 영장에 따른 거래정보 등의 제공

통신비밀보호법 제13조(범죄수사를 위한 통신사실 확인자료제공의 절차) ③ 제1항 및 제2항에 따라 통신사실 확인자료제공을 요청하는 경우에는 요청사유, 해당 가입자와의 연관성 및 필요한 자료의 범위를 기록한 서면으로 관할 지방법원(군사법원을 포함한다. 이하 같다) 또는 지원의 허가를 받아야 한다. 다만, 관할 지방법원 또는 지원의 허가를 받을 수 없는 긴급한 사유가 있는 때에는 통신사실 확인자료제공을 요청한 후 지체 없이 그 허가를 받아 전기통신사업자에게 송부하여야 한다.

이에 따라 **검사 또는 사법경찰관은 법관의 영장이나 허가 없이는 금융기관이나 전기통신사업자에게 거래정보나 통신사실 확인자료의 제공을 요청할 수 없다.**

(5) 조회의 효과

경찰관서의 장의 조회요청은 조회 상대방의 임의적 협력을 요하는 비권력적 사실행위에 불과하므로 경찰관서의 장은 상대방이 조회요청에 따르지 않더라도 강제력을 사용하여 조회요청에 응하게 할 수 없다. 그러나 ① 만일 다른 행정청이 보다 능률적이거나 경제적으로 응원할 수 있는 명백한 이유가 있거나 ② 조회에 응함으로써 고유의 직무수행이 현저히 지장받을 것으로 인정되는 명백한 이유가 있는 경우가 아니라면 국가기관이나 공공기관은 경찰관서의 장의 조회요청에 응하여야 한다(「행정절차법」 제8조 제2항).[151][152]

---

151) **행정절차법 제8조(행정응원)** ② 제1항의 규정에 의하여 행정응원을 요청받은 행정청은 다음 각 호의 1에 해당하는 경우에는 이를 거부할 수 있다.
1. 다른 행정청이 보다 능률적이거나 경제적으로 응원할 수 있는 명백한 이유가 있는 경우
2. 행정응원으로 인하여 고유의 직무수행이 현저히 지장 받을 것으로 인정되는 명백한 이유가 있는 경우

152) 홍정선, 경찰행정법, 박영사 2010, 276쪽.

2. 출석요구

경찰관직무집행법 제8조(사실의 확인 등) ② 경찰관은 다음 각 호의 직무를 수행하기 위하여 필요하면 관계인에게 출석하여야 하는 사유 · 일시 및 장소를 명확히 적은 출석 요구서를 보내 경찰관서에 출석할 것을 요구할 수 있다.
1. 미아를 인수할 보호자 확인
2. 유실물을 인수할 권리자 확인
3. 사고로 인한 사상자(死傷者) 확인
4. 행정처분을 위한 교통사고 조사에 필요한 사실 확인

(1) 의 의

「경직법」 제8조 제2항에 따라 경찰관은 미아를 인수할 보호자 확인, 유실물을 인수할 권리자 확인, 사고로 인한 사상자 확인 또는 행정처분을 위한 교통사고 조사에 필요한 사실 확인을 위하여 필요한 때에는 관계인에게 경찰관서에의 출석을 요구할 수 있다. 이 경우 출석요구는 출석을 하여야 하는 사유 · 일시 및 장소를 명확히 적은 출석요구서에 의하여야 한다.

(2) 사 유

「경직법」 제8조 제2항에 따라 경찰관은 ① 미아를 인수할 보호자 확인 ② 유실물을 인수할 권리자 확인 또는 ③ 사고로 인한 사상자 확인 ④ 행정처분을 위한 교통사고 조사에 필요한 사실 확인을 위하여 필요한 경우에 관계인에게 출석을 요구할 수 있다.

(3) 주체 및 상대방

「경직법」 제8조 제2항에 따르면 출석요구의 주체는 "경찰관"이다. 이

러한 점에서 사실조회의 주체를 경찰관서의 장으로 정하고 있는 「경직법」 제8조 제1항과 구별된다. 출석요구의 상대방은 관계인이다. 여기서 "관계인"이란 ① 미아를 인수할 보호자 ② 유실물을 인수할 권리자 ③ 사고의 가해자와 피해자 및 목격자 등을 의미한다.[153)]

(4) 방 식

「경직법」 제8조 제2항에 따라 출석요구는 출석을 하여야 하는 사유 · 일시 및 장소를 명확히 적은 출석요구서에 의하여야 한다. 따라서 경찰관이 출석요구를 할 때에는 관계인에게 출석을 하여야 하는 사유 · 일시 및 장소를 명확히 적은 출석요구서를 보내야 한다.

(5) 효 과

경찰관의 출석요구는 법적 효과, 즉 권리나 의무의 발생 · 변경 · 소멸을 가져오지 않는 사실행위에 불과하다. 즉 경찰관의 출석요구는 상대방의 동의나 임의적 협력을 요하는 비권력적 사실행위에 불과하므로, 설령 관계인이 경찰관의 출석요구에 응하지 않더라도 경찰관은 강제력을 사용하여 출석요구에 응하게 할 수 없다.[154)]

153) 홍정선, 경찰행정법, 박영사, 2010, 278쪽.

154) 「경직법」 제8조 제2항에 따른 출석요구는 위험방지를 위한 출석명령과 구별되어야 한다. 앞서 <제노바(Genova) G8 反세계화 시위 사건>에서도 언급한 바 있는 위험방지를 위한 출석명령(Meldeauflage)은 경찰관이 관계인으로부터 사실확인이나 진술을 듣기 위해서가 아니라, 해당 관계인이 범죄자행이 예견된 행사장이나 장소(예: 축구경기장, 집회장소)에 참석하지 못하도록 하기 위해서 발령되며, 출석 '명령'이라는 표현에도 잘 나타나 있듯이 불출석 시에는 이행강제금이 부과된다(독일의 란트경찰법이 바로 그러하다). 이에 관하여 보다 자세한 것은 손재영, "위험방지를 위한 출석명령", 한국공안행정학회보 제93호, 2023, 227쪽 이하.

警察法

제3장

경찰작용의 대상자

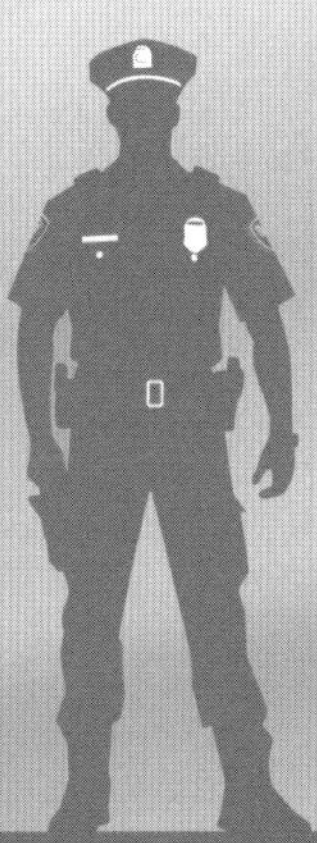

"어떤 사람이 경찰법상의 책임자로 인정되기 위해서는
위험 또는 장해가 그 사람의 행위나 그 사람의 지배 하에 있는
물건의 상태에 의하여 직접 야기될 것이 요구된다."

—볼프 뤼디거 셴케(Wolf-Rüdiger Schenke) —

제1절

경찰책임자

Ⅰ 경찰책임자의 의의와 종류

1. 의　　의

경찰법에서 제기되는 핵심적 문제들 가운데 하나는 경찰이 위험방지나 장해제거를 목적으로 경찰권을 행사하는 경우에는 **누구**에게 경찰권을 행사하여야 하는가의 문제라 할 수 있다. 현행 「경직법」은 독일의 란트경찰법과 같은 경찰책임에 관한 일반규정을 두고 있지 않다. 그리하여 우리나라에서 경찰책임은 경찰권 행사를 제한하기 위한 일반원칙의 하나로서 논의되고 있다. 그러나 향후 법률개정을 통해 경찰책임에 관한 일반규정이 「경직법」에 별도로 마련된다 하더라도 **경찰책임에 관한 일반규정은 경찰책임자를 대상으로 하는 경찰권 행사에 대한 독자적인 수권근거가 되지 못한다**는 점에 유의할 필요가 있다.[1] 경찰책임에 관한 일반규정은 단지 다른 수권조항에 근거한 경찰권 행사를 제한하며, 그 권한이 누구에게 행사되어야 하는지와 관련하여 방향을 정해 줄 뿐이다.

---

1) 이 점은 경찰책임에 관한 일반규정을 경찰법에 두고 있는 독일에서도 강조되고 있다. Schenke, Polizei- und Ordnungsrecht, 2023, Rn. 301; Schoch, Grundfälle zum Polizei- und Ordnungsrecht, JuS 1994, 849 (850).

참고

〈독일 통일경찰법 모범초안(MEPolG)〉

제4조(행위책임) ① 누군가가 위험을 야기하는 경우에는 그 사람에게 조치를 취해야 한다.
② 그 사람이 14세 미만이거나 금치산자 또는 잠정적 후견을 받고 있는 경우에는 그를 감독할 의무가 있는 사람에게도 조치를 취할 수 있다.
③ 업무처리를 위하여 고용된 사람이 업무수행 중에 위험을 야기하는 경우에는 그를 고용한 사람에게도 조치를 취할 수 있다.

제5조(상태책임) ① 위험이 물건으로부터 발생하는 경우에는 물건을 사실상 지배하고 있는 사람에게 조치를 취해야 한다. ② 물건의 소유권자 또는 다른 권리를 갖는 사람에게도 조치를 취할 수 있다. 물건을 사실상 지배하고 있는 사람이 소유권자나 다른 권리자의 동의를 받지 않고 이러한 지배력을 행사하는 경우에는 그러하지 아니 하다.
③ 위험이 무주물(無主物)로부터 발생하는 경우에는 물건에 대한 소유권을 포기한 사람에게 조치를 취할 수 있다.

제6조(비책임자에 대한 조치) ① 경찰은 다음 각 호의 어느 하나에 해당하는 경우 제4조 또는 제5조에 따른 책임자 외의 사람에게도 조치를 취할 수 있다.
1. 현재의 중대한 위험이 방지되어야 하는 경우
2. 제4조 또는 제5조에 따른 책임자에 대한 조치가 불가능 또는 적시에 가능하지 않거나 그 어떤 성과도 기대할 수 없는 경우
3. 경찰이 해당 위험을 스스로 또는 수임자를 통하여 방지할 수 없거나 적시에 방지할 수 없는 경우
4. 상대방을 중대한 위험에 처하게 하거나 더 우선시 되는 의무를 위반함이 없이 조치를 취할 수 있는 경우

② 제1항에 따른 조치는 위험의 방지가 다른 방법으로 불가능한 경우에만 유지될 수 있다.

경찰책임의 원칙에 따르면 국가공동체의 모든 구성원은 자신의 행위나 자신이 소유 또는 사실상 지배하고 있는 물건의 상태로부터 공공의 안녕이나 공공의 질서에 대한 위험 또는 장해가 발생하지 않도록 해야 할 의무를 지는바, 만일 이러한 의무를 위반하여 위험 또는 장해를 야기하는 사람이 있다면 그 사람은 경찰책임자로서 위해방지조치의 대상이 된다. 위험 또는 장해에 대하여 책임이 없는 사람, 즉 비책임자에 대한 위해방지조치는 경찰책임자에 대한 조치가 불가능하거나 그 어떤 성과도 기대할 수 없는 경우 단지 최후수단으로서만 허용된다. 이러한 점에서 경찰책임자를 통한 위해방지는 원칙적으로 경찰의 고유한 인적 또는 물적 수단을 통한 위해방지보다 우선하며, 비책임자를 통한 위해방지는 경찰긴급상황의 엄격한 요건 하에서 단지 예외적으로만 고려된다.

2. 종 류

개인이 경찰상의 의무위반으로 인하여 부담하는 경찰책임에는 두 가지가 있다. 즉 행위책임과 상태책임이 바로 그것이다. 자신의 행위나 자신의 지도 · 감독 하에 있는 사람의 행위를 통하여 공공의 안녕이나 공공의 질서에 대한 위험 또는 장해를 야기하는 사람이 **행위책임자**이다. 예를 들어 행락지에서 술에 취해 이유 없이 난동을 부리거나 도로상에서 폭주족이 공동위험행위(폭주행위)를 하는 경우 등이 바로 그러하다.

다른 한편 위험 또는 장해는 물건의 상태로부터도 발생할 수 있는바, 이 경우 물건의 소유권자 또는 물건을 사실상 지배하고 있는 사람이 **상태책임자**가 된다. 예를 들어 맹견소유자가 맹견에게 목줄과 입마개를 착용시키지 않은 채 동네를 산책하거나 차량소유자가 주차금지구역 내에 차량을 불법 주차하는 경우 등이 바로 그러하다.

행위책임과 상태책임은 한 사람에게 동시에 발생할 수도 있다(복합책임 또는 이중책임). 예를 들어 차량소유자가 교통사고를 일으켰고, 이로 인하여

부서진 차체(車體)가 도로상에 그대로 방치되어 교통상의 장해를 일으키고 있는 경우가 바로 그러하다

Ⅱ 사인(자연인과 사법인)의 경찰책임

경찰책임의 주체는 언제나 **사람**(人)이다. 예를 들어 위해방지를 위하여 동물이나 그 밖의 물건에 경찰권이 행사되는 경우(위험한 맹견의 사살)에도 **사람만이 경찰책임의 주체**가 된다. 경찰책임자로서는 먼저 **자연인**이 고려된다. 경찰법은 객관적인 위험방지 또는 장해제거에 그 목적 · 기능을 두고 있으므로, 자연인의 경찰책임을 인정함에 있어서는 해당 자연인에게 행위능력이 있는지 또는 책임능력이 있는지 여부는 중요하지 않다. 즉 **경찰법상의 책임은 민법상의 책임이나 형법상의 책임과는 달리 책임자의 의사능력, 행위능력 및 고의 · 과실 여부를 묻지 않는 객관적 책임이다.** 이에 따라 도로상에서 발작을 일으킨 환자나 도로상에 방치되어 있는 만취자 역시 경찰법상의 책임자가 된다. 또한 경찰법상의 책임은 자신의 보호 · 감독 하에 있는 사람의 행위에 의하여 위험이 발생한 경우에도 인정된다. 14세 미만의 미성년자나 한정치산자 또는 금치산자의 경우 이들 행위자 외에 추가적으로 법정대리인이 경찰법상의 책임을 진다. 또한 사법인도 경찰책임자가 될 수 있다(예: 주식회사).[2)]

2) 독일의 판례는 심지어 권리능력 없는 단체에 대해서도 경찰책임을 긍정하고 있다. 이에 관해서는 OVG Lüneburg, NJW 1979, 735.

Ⅲ 공법인의 경찰책임(고권주체의 경찰책임)

1. 문제에의 입문

(1) 의 의

공공의 안녕에 대한 위험은 사인뿐만 아니라 공행정작용을 담당하는 기관과 공적 목적에 기여하는 물건의 상태에 의해서도 야기될 수 있다. 예컨대 국·공립학교나 비행기장 또는 군부대의 사격장에서 발생하는 소음을 생각해 볼 수 있다.[3] 이 경우에는 고권주체의 경찰책임에 관한 문제가 제기된다.[4] 여기서 "**고권주체**"(Hoheitsträger)란 공법규범에 의하여 직무가 부여된 모든 기관, 즉 공법상의 직무를 수행하는 모든 기관을 의미한다. 여기에는 국가와 지방자치단체 및 그 밖의 공법인(영조물법인, 공공조합, 공법상의 재단)과 공법상의 직무를 수행하는 행정주체의 기관, 특히 행정청이 포함된다.[5]

(2) 종 류

고권주체의 경찰책임은 실질적 경찰책임과 형식적 경찰책임으로 구분된다. 먼저 **고권주체의 실질적 경찰책임**은 고권주체는 자신에게 맡겨진 공법상의 직무를 수행함에 있어서 위험방지법의 구속을 받는지 만일 구속을 받는다면 어느 정도 구속을 받는지에 관한 문제이다. 이에 대하여 **고권주체의 형식적 경찰책임**은 위험방지에 대하여 관할권을 가진 행정청(경찰행정청)

3) Götz, Allgemeines Polizei- und Ordnungsrecht, 2001, Rn. 238.
4) 이에 관한 국내문헌으로는 홍정선, "구청의 경찰책임 등", 고시계 1993년 7월호(통권 제437호), 1993. 6, 177쪽 이하; 정하중, "경찰법상의 책임", 공법연구 제25집 제3호, 1997, 129쪽 이하; 손재영, "고권주체의 경찰책임", 환경법연구 제30권 제1호, 2008, 113쪽 이하; 이상해, "고권주체의 경찰책임에 관한 일고찰", 토지공법연구 제50집, 2010, 347쪽 이하.
5) Gusy, Polizeirecht, 2011, Rn. 139.

이 위험을 야기하는 고권주체에게 위험방지조치를 취할 수 있는지, 즉 고권주체가 공법상의 직무를 수행하는 과정에서 공공의 안녕에 대한 위험을 야기하는 경우 경찰행정청은 위험을 방지하기 위하여 경찰책임자가 된 고권주체에게 구속력 있는 명령을 내릴 수 있는지에 관한 문제이다.[6]

(3) 쟁 점

이하에서는 고권주체의 경찰책임의 문제를 고찰하기로 한다. 여기서는 특히 지금까지 문헌에서 비교적 소홀히 다뤄져 왔던 고권주체의 형식적 경찰책임에 관한 문제를 중점적으로 고찰하기로 한다. (후술하겠지만) 다수견해에 따르면 고권주체의 실질적 경찰책임은 형식적 경찰책임과 엄격하게 구분되어야 하고, 이 경우 실질적 경찰책임은 원칙적으로 인정되지만, 형식적 경찰책임은 부인된다고 한다. 말하자면 고권주체의 행위나 그 지배하에 있는 물건의 상태는 공공의 안녕을 위험하게 할 수 있지만, 그럼에도 불구하고 고권주체는 경찰하명의 대상이 될 수 없다는 것이다. 이러한 점에서 고권주체의 실질적 경찰책임과 형식적 경찰책임 간에는 불일치가 존재한다. 그러나 (후술하는 바와 같이) 다수견해를 따를 수 있을지는 의문이다. 이하에서는 고권주체의 실질적 경찰책임과 형식적 경찰책임 간의 일치 여부에 관하여 고찰하기로 한다. 여기서는 우선 다음에 언급된 사례의 도움으로 이와 관련된 문제를 보다 명확히 하고자 한다.

(4) 관련 사례

리딩 케이스

사례 1 <매립지 악취 사건>

△△매립지관리공사는 A시에 위치한 △△매립지(광역폐기물처리시설)를 환경상 안정하고 효율적으로 관리하기 위하여 설립된 공법인(公法人)이다. △△매립지

---

6) Drews/Wacke/Vogel/Martens, Gefahrenabwehr, 1986, S. 294.

관리공사는 △△매립지에 반입되는 폐기물을 처리하기 위하여 매립시설을 운영하고 있다. 그런데 매립시설 인근에 거주하는 '갑'은 이 곳에서 배출되는 허용기준을 초과하는 악취로 인하여 주거생활의 안정을 방해받아 집안에서 휴식과 숙면을 취할 수 없었고, 병원에서 치료를 받는 등 육체적·정신적 손해를 입고 있다. '갑'은 A시장에게 △△매립지관리공사를 상대로 악취를 줄이기 위하여 필요한 조치를 명해 줄 것을 요구하였다.[7] A시장은 「악취방지법」 제14조에 따라 먼저 △△매립지관리공사에게 악취가 배출허용기준 이하로 내려가도록 필요한 조치를 할 것을 권고하였고, △△매립지관리공사가 권고사항을 이행하지 않자 비로소 악취저감조치를 명령하였다.[8]

사례 2 <클레이 사격장 납(Pb) 오염 사건>

재단법인 ○○동산은 서울시 노원구에 위치한 국가소유의 토지에 클레이사격장을 운영하였다. 이 토지는 국가지정문화재 사적 제201호인 태릉의 사적지(史蹟地) 내의 일부 토지로서 국유재산 가운데 보존재산에 해당하며, 문화재청이 관리하고 있다. 그런데 환경부에서는 2000년 10월 클레이사격장에 대한 토양오염실태조사를 실시한 결과 납(Pb)으로 인한 오염이 우려기준을 초과한 것으로 나타나자, 2000년 11월 운영자인 ○○동산에게 오염토양 방지조치 명령을 내렸지만 이것이 이행되지 않자 ○○동산을 고발하였고 ○○동산은 법원에서 1000만 원의 벌금형을 선고받았다. 한편 2005년 10월 관할행정청인 노원구청장은 클레이사격장 부지(敷地) 소유자인 국가에게 오염된 토양의 정화를 그 내용으로 하는 오염토양 정화조치 명령을 내렸다.[9] 이에 대하여 국가는 '노원구청장은 이러한 명령을 내릴 권한이 없다'고 주장하며 행정소송을 제기하였다.[10]

[참조조문]

(구) 토양환경보전법[11]

제2조(정의) 이 법에서 사용하는 용어의 뜻은 다음 각 호와 같다.

3. "토양오염 관리대상시설"이란 토양오염물질을 생산·운반·저장·취급·가공 또는 처리하는 과정에서 토양을 오염시킬 우려가 있는 시설·장치·건물·구

축물(構築物) 및 그 부지와 토양오염이 발생한 장소를 말한다.

제10조의4(오염원인자의 범위) 다음 각 호의 어느 하나에 해당하는 자를 제10조의3 제1항에 따른 오염원인자로 본다.

1. 토양오염물질을 토양에 누출·유출시키거나 투기·방치함으로써 토양오염을 유발한 자
2. 토양오염의 발생 당시 토양오염의 원인이 된 토양오염관리대상시설을 소유·점유 또는 운영하고 있는 자

제15조(토양오염 방지조치명령 등) ③ 시 ·도지사 또는 시장·군수·구청장은 상시측정, 토양오염실태조사 또는 토양정밀조사의 결과 우려기준을 넘는 경우에는 대통령령으로 정하는 바에 따라 기간을 정하여 다음 각 호의 어느 하나에 해당하는 조치를 하도록 오염원인자에게 명할 수 있다.

3. 오염토양의 정화

사례 3 <기름띠 사건>

○○강의 특정 구간에서 기름띠가 발견되었다. 그러나 누가 오염에 대하여 책임이 있는지가 밝혀지지 않았다. 기름띠가 확산될 우려가 있었기 때문에 K시는 오염의 확산을 막기 위하여 즉시 기름띠 제거조치를 취하였다. 이후 K시는 기름띠 제거에 들어간 비용을 ○○강의 소유자인 국가에게 청구하였지만, 국가는 비용지급을 거부하고 있다. 이 경우 K시는 국가에게 기름띠 제거에 소요된 비용의 납부를 청구할 수 있는가?[12]

---

7) 유사한 사례로는 Schenke, Polizei- und Ordnungsrecht, 2023, Rn. 293.

8) **악취방지법 제14조(개선권고 등)** ① 특별자치도지사, 대도시의 장 또는 시장·군수·구청장은 신고대상시설 외의 악취배출시설에서 배출되는 악취가 제7조 제1항에 따른 배출허용기준을 초과하는 경우에는 해당 악취배출시설을 운영하는 자에게 그 악취가 제7조 제1항에 따른 배출허용기준 이하로 내려가도록 필요한 조치를 할 것을 권고할 수 있다. ② 특별자치시장, 특별자치도지사, 대도시의 장 또는 시장·군수·구청장은 제1항에 따라 권고를 받은 자가 권고사항을 이행하지 아니하는 경우에는 악취를 줄이기 위하여 필요한 조치를 명할 수 있다.

9) [사례 2] <클레이사격장 납(Pb) 오염 사건>은 서울시 노원구와 국가 간에 실제로 있었던 '태릉사격장 납 오염 분쟁사건'을 바탕으로 하여 만들어진 사례임. 보다 자세

2. 고권주체의 실질적 경찰책임

공행정작용을 담당하는 기관의 행위나 공적 목적에 기여하는 물건의 상태도 공공의 안녕을 위험하게 할 수 있다. 예를 들어 국가나 지방자치단체가 설치 · 운영하는 공공시설에서 환경법이 허용하는 기준치를 초과하는 오염물질이 배출되는 경우 환경법을 위반한 국가나 지방자치단체는 공공의 안녕에 대한 위험을 야기하는 것이 된다. 그러나 환경법에 대한 위반은 그 전제로서 국가나 지방자치단체가 원칙적으로 환경법의 구속을 받는 경우에만 존재할 수 있다. 그렇다면 **고권주체도 경찰책임자가 될 수 있는가?**

(1) 경찰책임자로서 고권주체

종래의 지배적인 견해에 따르면 고권주체는 경찰책임자가 될 수 없었다. 이것은 경찰책임과 관련하여 고권주체는 사법상의 권리주체와 동일하게 다루어져서는 아니 됨을 의미한다. 그러나 현재는 고권주체도 당연히 경찰책임자가 될 수 있다는 것이 견해가 지배적이다. **고권주체도 사법상의 권리주체와 마찬가지로 원칙적으로 위험방지법의 구속을 받기 때문에, 모든 고권주체는 현행의 위험방지법을 준수해야 한다.** 위험방지법을 준수해야 하는 고권주체의 의무는 **행정의 법률적합성 원칙**에서 도출된다. 왜냐하

한 것은 다음의 기사를 참조 바람. SBS 2006년 10월 11일 기사(태릉사격장 납 오염, 책임 전가에 급급); 문화일보 2007년 2월 5일 기사(태릉사격장 납 오염 訴 '다윗의 승리'); 세계일보 2008년 4월 5일 기사("불법으로 점유된 국유지 오염 구청, 국가에 정화명령 정당"). http://news.sbs.co.kr/section_news/news_read.jsp?news_id=N1000174446.http://news.naver.com/main/read.nhn?mode=LSD&mid=sec&sid1=102&oid=021&aid=0000180978
http://www.segye.com/Articles/NEWS/SOCIETY/Article.asp?aid=20080404002159&subctg1=&subctg (2024. 07. 30. 검색).

10) 서울행정법원 2007. 1. 31. 선고 2006구합21504 판결; 서울고등법원 2008. 4. 3. 선고 2007누6924 판결.

11) 2011. 4. 5. 법률 제10551호로 일부 개정되기 전의 것을 말한다.

12) 유사한 사례로는 VGH Kassel, DÖV 1992, 752와 HessVGH, DÖV 1992, 752.

면 동 원칙의 한 요소인 **법률우위원칙**은 고권주체에게 자신의 행위와 자신의 지배하에 있는 물건의 상태를 위험방지법상의 원칙과 일치되도록 해야 할 의무를 부과하기 때문이다.[13] 따라서 고권주체도 사법상의 권리구제와 마찬가지로 공공의 안녕을 위험하게 하여서는 아니 된다.

(2) 실질적 경찰책임의 제한

물론 **고권주체는 위험방지법을 준수해야 하는 의무로부터 면제될 수 있다.** 즉 사인에게는 금지된 특정 행위가 법률에 의해 공법상의 직무를 수행하는 국가나 지방자치단체에게는 허용될 수 있다. 예를 들어 은행 강도를 추격하는 과정에서 경광등(警光燈)을 켠 채 「도로교통법」을 위반한 경찰차는 그럼에도 불구하고 교통경찰에 의하여 제지당하지 않을 수 있다. 왜냐하면 「**도로교통법**」 **제29조**는 범죄수사에 사용되는 경찰차는 공무수행을 위하여 긴급하고 부득이한 경우 「도로교통법」의 구속을 받지 않음을 규정하고 있기 때문이다.

(3) 경찰행정청의 이익형량에 의거한 실질적 경찰책임의 제한?

그러나 일부 견해에 따르면 「도로교통법」 제29조와 같은 명문의 규정이 존재하지 않는 경우에도 고권주체의 실질적 경찰책임은 "공공의 안녕"이라는 개념에 포함된 공법상의 직무수행, 즉 공무수행의 관점에서 제한될 수 있다고 한다.[14] 이러한 견해에 따르면 만일 국가나 지방자치단체가 위험방지법의 준수를 통해 공무수행이 제한을 받는다면 위험방지와 공무수행 간에 충돌이 발생할 수 있고, 이 경우 국가나 지방자치단체는 실질적 경찰책임의 인정 여부를 확정하기 위하여 일면 위험방지의 이익과 타면 공무수행의 이익 간의 비교형량을 하여야 한다고 한다.[15] 만일 공무수행

---

13) Drews/Wacke/Vogel/Martens, Gefahrenabwehr, 1986, S. 294.

14) 예를 들어 김성수, 개별행정법, 법문사, 2001, 497쪽; 류지태/박종수, 행정법신론, 박영사, 2011, 1033쪽; 박균성, 행정법강의, 박영사, 2016, 1233쪽; 홍정선, 경찰행정법, 박영사, 2013, 268쪽이 바로 그러하다.

15) v. Mutius, Der "Störer" im Polizei- und Ordnungsrecht, JURA 1983, 298

의 이익이 위험방지의 이익보다 우월하다면 국가나 지방자치단체는 위험방지법의 실질적 구속을 받지 않고, 따라서 국가나 지방자치단체는 위험방지법상의 원칙을 준수함이 없이 공무수행을 할 수 있다고 한다.[16]

(4) 실질적 경찰책임의 제한과 의회유보원칙

그러나 전술한 일부 견해에 대해서는 민주적 법치국가의 관점에서 다음과 같은 비판이 가해질 수 있다: 사실 공무수행을 위하여 불가피한 경우 국가나 지방자치단체의 실질적 경찰책임은 제한될 수 있지만, 사인에게 적용되는 실질적 경찰책임이 국가나 지방자치단체에게 얼마만큼 제한될 수 있는가의 문제는 중요하고 본질적인 사항에 해당하기 때문에 **의회유보원칙**[17]을 고려하여 이것은 입법자에 의하여 규율되어야 한다는 점이다.[18] 말하자면 **법률구속으로부터의 면제는 법률의 지배를 받는 행정청이 아니라 입법자가 결정하여야 할 사항**인 것이다. 헌법은 법률에 의해 정당화되지 않은, 행정청의 형량결정에 의거한 법률구속으로부터의 면제를 허용하고 있지 않다.[19] 따라서 명시적인 법률의 수권(예를 들어 「도로교통법」 제29조)이 존재하지 않는 한 국가나 지방자치단체는 공공의 안녕을 위험하게 할 특권이 없다.

---

(301).

16) Britz, Abschied vom Grundsatz fehlender Polizeipflicht von Hoheitsträgern?, DÖV 2002, 891 (898).

17) 오늘날 법률유보원칙은 단순히 행정작용이 법률에 그 근거를 두기만 하면 충분한 것이 아니라, 국가공동체와 그 구성원에게 기본적이고도 중요한 의미를 갖는 영역, 특히 국민의 기본권실현과 관련된 영역에서는 국민의 대표자인 입법자가 그 본질적 사항에 대하여 스스로 결정하여야 한다는 요구까지 내포하고 있다. 이와 같이 국가와 그 구성원인 국민에게 중요하고 본질적인 사항은 국민의 대표기관인 의회가 제정한 법률로써 규정되어야 하며, 이를 행정부에게 전적으로 맡겨서는 아니 된다는 원칙을 "의회유보원칙"(Parlamentsvorbehalt)이라 한다. 헌재 1999. 5. 27. 98헌바70.

18) 같은 견해로는 Schenke, Polizei- und Ordnungsrecht, 2023, Rn. 305.

19) 같은 견해로는 Schoch, Polizeipflichtigkeit von Hoheitsträgern, JURA 2005, 324 (325).

(5) 소 결

고권주체도 원칙적으로 위험방지법의 구속을 받는다. 고권주체도 사법상의 권리주체와 마찬가지로 공공의 안녕을 위험하게 하여서는 아니 된다. 법률우위원칙에 따라 고권주체도 위험방지법의 구속을 받기 때문에, 이에 대한 면제가 법률에 특별히 규정된 경우를 제외하고는 고권주체는 자신의 행위나 자신의 지배하에 있는 물건의 상태에 의하여 공공의 안녕이 침해되지 않도록 하여야 한다.[20]

케이스 해설

해설 1 <매립지 악취 사건>

사례에서 △△매립지관리공사는 실질적 경찰책임을 진다. △△매립지관리공사가 운영하는 매립시설은 「악취방지법」의 구속을 받는 악취배출시설에 해당하기 때문에[21] △△매립지관리공사는 「악취방지법」 제7조 제1항에 따른 배출허용기준을 준수하여야 한다. 만일 △△매립지관리공사가 매립시설을 운영하는 과정에서 허용기준을 초과하는 악취를 배출시켜 인근주민에게 수인할 수 없는 육체적·정신적 손해를 가하고 있다면 △△매립지관리공사는 실질적 경찰책임을 면하지 못한다.

해설 2 <클레이 사격장 납(Pb) 오염 사건>

[사례 2] <클레이사격장 납(Pb) 오염 사건>은 서울시 노원구와 국가(대한민국) 간에 실제로 있었던 사건인 '태릉사격장 납(Pb) 오염 분쟁사건'을 바탕으로 하여 만들어진 사례이다. 결론부터 말하자면 국가에게는 토양오염에 대한 책임이 인정된다. 국가의 실질적 경찰책임은 구 「토양환경보전법」 제10조의4 제2호에서 직접 도출된다. 즉 구 「토양환경보전법」 제10조의4는 토양오염물질을 토양에 누출·유출시키거나 투기·방치함으로써 토양오염을 유발시킨 사람뿐만 아니라(제1호), 토

20) 정하중, "경찰법상의 책임", 공법연구 제25집 제3호, 1997, 129쪽.

양오염의 발생 당시 토양오염의 원인이 된 토양오염 관리대상시설을 소유·점유 또는 운영하고 있는 사람(제2호)도 이른바 "오염원인자"에 포함시켜 무과실책임, 직접적 오염원인자와의 연대배상 및 오염토양의 정화의무를 부과하고 있으므로, 국가는 클레이사격장 부지(敷地) 소유자로서 구 「토양환경보전법」 제10조의4 제2호에 따라 토양오염에 대하여 책임을 진다. 사실 클레이사격장 부지가 "토양오염 관리대상시설"에 해당하는지 여부가 문제될 수 있지만, 구 「토양환경보전법」 제2조 제3호는 "토양오염이 발생한 장소"를 토양오염관리대상시설의 하나로 규정하고 있고, 토양오염이 발생한 장소에는 토양이 오염된 토지도 포함될 수 있기 때문에, 클레이사격장 부지도 토양오염관리대상시설에 해당한다.[22]

해설 3 <기름띠 사건>

국가는 ○○강의 소유자로서 경찰책임에 관한 일반원칙에 따라 상태책임을 진다. 사실 여기에 적용될 수 있는 「수질 및 수생태계 보전에 관한 법률」과 「하천법」에는 상태책임에 관한 규정이 결여되어 있다. 그럼에도 불구하고 국가에게는 상태책임이 인정된다. 왜냐하면 위험방지에 관한 특별법(여기서는 「수질 및 수생태계 보전에 관한 법률」과 「하천법」)이 책임에 관한 규정을 두고 있지 않은 경우에는 경찰책임에 관한 일반원칙이 적용되기 때문이다. 따라서 기름띠로 인하여 ○○강이 오염된 경우 국가는 강의 소유자로서 하천의 상태에 대하여 공법상의 책임을 진다.

---

21) 「악취방지법」 제2조 제3호에 의한 악취배출시설에는 「폐기물관리법」에 따른 폐기물처리시설이 포함된다(「악취방지법 시행규칙」 제3조 [별표 2]). 여기서 "폐기물관리법에 따른 폐기물처리시설"이란 폐기물의 중간처분시설, 최종처분시설 및 재활용시설로서 대통령령으로 정하는 시설을 말한다(「폐기물관리법」 제2조 제8호). 대통령령인 「폐기물관리법 시행령」 제5조 [별표 3]은 「폐기물관리법」 제2조 제8호에 따른 폐기물처리시설의 한 종류로서 매립시설을 규정하고 있으므로, △△매립지관리공사가 운영하고 있는 매립시설도 「악취방지법」 제2조 제3호에 의한 악취배출시설에 해당한다.

22) 서울행정법원 2007. 1. 31 선고 2006구합21504 판결; 서울고등법원 2008. 4. 3. 선고 2007누6924 판결.

3. 고권주체의 형식적 경찰책임

고권주체의 형식적 경찰책임은 국가나 지방자치단체가 공법상의 직무를 수행하는 과정에서 공공의 안녕에 대한 위험을 야기하는 경우 위험방지에 대하여 관할권을 가진 행정청(경찰행정청)은 위험을 야기하는 국가나 지방자치단체에게 구속력 있는 하명을 내릴 수 있는지에 관한 문제이다. 고권주체의 형식적 경찰책임의 인정 여부, 환언하면 **고권주체도 경찰하명의 대상이 될 수 있는지**의 문제와 관련하여서는 학설상 견해대립이 존재한다.

(1) 다수견해의 입장

1) 원　칙

먼저 다수견해[23]는 고권주체의 형식적 경찰책임을 원칙적으로 부정한다. 이에 따라 다수견해는 **국가나 지방자치단체가 공공의 안녕에 대한 위험을 야기하는 경우에도 경찰행정청은 원칙적으로 경찰책임자가 된 국가나 지방자치단체에게 경찰하명을 내릴 수 없다고 한다.**[24] 다수견해에 따르면 위험방지법에는 **불문의 일반원칙**, 즉 '경찰행정청은 법률의 특별한 수권 없이는 고권적 수단(명령 · 강제)을 사용해 다른 행정청의 관할에 속하는 영역을 침해하여서는 아니 된다'는 원칙이 존재한다고 한다.[25] 국가를

23) 김성수, 개별행정법, 법문사, 2001, 498쪽; 홍정선, 경찰행정법, 박영사, 2010, 299쪽; BVerwGE 29, 52, 59; Drews/Wacke/Vogel/Martens, Gefahrenabwehr, 1986, S. 294; Gusy, Polizeirecht, 2011, Rn. 141; Knemeyer, Polizei- und Ordnungsrecht, 2004, Rn. 352; Schenke, Polizei- und Ordnungsrecht, 2023, Rn. 306; Würtenberger/Heckmann, Polizeirecht in Baden-Württemberg, 2005, Rn. 492.

24) Drews/Wacke/Vogel/Martens, Gefahrenabwehr, 1986, S. 294 ff.; Knemeyer, Polizei- und Ordnungsrecht, 2004, Rn. 352.

25) HessVGH, NVwZ 2002, 889; Glöckner, Anordnungsbefugnis der Immissions-schutzbehörden gegenüber kommunalen Anlagenbetreibern nach § 24

포함한 모든 고권주체는 제3자에 의한 공무수행의 방해를 막아야 할 뿐만 아니라 **관할영역 내에서 발생한 위험은 스스로 방지해야 한다고 한다.**[26] **만일 고권주체의 형식적 경찰책임이 인정된다면 경찰행정청을 다른 고권주체나 그 기관에 비하여 (부분적으로) 우위에 두는 결과를 초래한다고 한다.**[27] **형식적 경찰책임의 인정은 다른 행정청의 관할영역에 대한 위법한 침해가 될 수 있다고 한다.** 경찰책임과 관련하여 고권주체를 사법상의 권리주체와 달리 취급하여야 할 이유가 바로 여기에 있다고 한다. 따라서 경찰작용에 의하여 고권주체의 공무수행이 침해를 받는 한 경찰행정청은 원칙적으로 고권주체에 대하여 개입할 권한이 없다고 한다.[28] 고권주체가 법률상의 의무를 따르지 않는 경우에는 **경찰행정청이 감독기관에게 개입요청을 할 수 있을 뿐이라고 한다.**[29] 이러한 다수견해에 따르면 [사례 1] <매립지 악취 사건>에서 △△매립지관리공사의 형식적 경찰책임은 부인된다. 이에 따라 A시장은 원칙적으로 △△매립지관리공사에게 악취저감조치를 명령할 수 없다. 다수견해에 따르면 만일 배출허용기준을 초과하는 악취가 매립시설에서 발생하고 있다면 '갑'은 △△매립지관리공사에게 직접 침해의 중지를 요구할 수 있다고 한다. 즉 다수견해는 고권주체의 위법행위로 침해를 당한 국민은 고권주체에게 직접 이의를 제기해야 한다고 보기 때문에, '갑'은 △△매립지관리공사에 대한 A시장의 개입이 아니라 △△매립지관리공사에게 직접 위법하게 계속되고 있는 건강상 침해의 중지를 요구해야 한다.[30]

BImSchG, NVwZ 2003, 1207.

26) BVerwGE 29, 52, 59; Pieroth/Schlink/Kniesel, Polizei– und Ordnungsrecht, 2010, § 5 Rn. 38 und § 9 Rn. 8; Schenke, Polizei– und Ordnungsrecht, 2023, Rn. 306.

27) Schenke, Polizei– und Ordnungsrecht, 2023, Rn. 306.

28) BVerwGE 29, 52, 59; Knemeyer, Polizei– und Ordnungsrecht, 2004, Rn. 352.

29) HessVGH, NVwZ 1997, 304 (306); HessVGH, NVwZ 2002, 889; Wallerath/Strätker, Zustandshaftung von Hoheitsträgern und zivilrechtlicher Eigentums–begriff im Ordnungsrecht, JuS 1999, 127 (130).

2) 예 외

그러나 다수견해는 '고권주체는 형식적 경찰책임을 지지 않는다는 원칙', 환언하면 '경찰행정청은 위험방지를 위하여 국가나 지방자치단체에게 하명을 내릴 권한이 없다는 원칙'은 다음의 경우 수정될 수 있다고 한다. 즉 다수견해는 ① 고권주체의 행위가 있을 때까지 기다려서는 위험방지의 효율성이 위태로울 수 있는 긴급상황이 존재하는 경우[31]와 ② 위험방지조치에 의하여 고권주체의 공법상 직무수행이 침해되지 않는 경우[32] 그리고 ③ 고권주체에 대해서도 위험방지조치를 취할 수 있음이 법률에 특별히 규정된 경우[33]에는 예외적으로 고권주체의 형식적 경찰책임을 긍정한다.

(가) 긴급상황이 존재하는 경우

먼저 다수견해는 위험방지가 긴급한 경우 경찰행정청은 긴급권의 범위 내에서 고권주체를 대신해 위험방지조치를 취할 수 있다고 한다. 그리고 이러한 조치에 소요된 비용은 위험을 방지해야 할 의무가 있는 고권주체가 지급해야 한다고 한다.[34] [사례 3] <기름띠 사건>이 바로 그러하다. 즉 여기서는 국민이 마시는 물을 보호해야 할 긴급상황이 존재하기 때문에 다수견해는 국가를 대신해 기름띠를 제거한 K시의 조치에 대하여 어떠한 이의도 제기하지 않는다. 그리고 다수견해에 따르면 K시는 기름띠 제거에

---

30) Schenke, Polizei- und Ordnungsrecht, 2023, Rn. 370.

31) HessVGH, DÖV 1992, 752; Schenke, Polizei- und Ordnungsrecht, 2023, Rn. 306; Würtenberger/Heckmann, Polizeirecht in Baden-Württemberg, 2005, Rn. 492.

32) BVerwGE 29, 52, 59; BVerwG, DVBl. 2003, 1076 (1078); Schenke, Polizei- und Ordnungsrecht, 2023, Rn. 306; Wallerath/Strätker, Zustandshaftung von Hoheitsträgern und zivilrechtlicher Eigentumsbegriff im Ordnungsrecht, JuS 1999, 127 (130).

33) Schenke, Polizei- und Ordnungsrecht, 2023, Rn. 306.

34) Würtenberger/Heckmann, Polizeirecht in Baden-Württemberg, 2005, Rn. 492.

소요된 비용의 납부를 국가에게 청구할 수 있다.[35]

(나) 고권주체의 공법상 직무수행이 침해되지 않는 경우

또한 다수견해에 따르면 다른 고권주체의 공법상 직무수행을 침해하지 않는 위험방지조치는 허용된다고 한다. 다수견해는 이에 대한 가장 중요한 예로서 경찰행정청이 실질적 경찰책임이 있는 고권주체를 대신해 사전에 **대집행**의 방식으로 위험을 제거한 후 고권주체에게 **대집행에 소요된 비용의 납부를 명령하는 경우**를 들고 있다.[36] 예를 들어 국가에 의해 처리되어야 하는 특정 폐기물이 국가소유의 하천에 방치되어 있음에도 불구하고 국가가 폐기물처리법상의 처리의무를 이행하지 않자, 해당 지방자치단체가 폐기물을 대집행의 방식으로 처리한 후, 국가에게 대집행에 소요된 비용의 납부를 명령하는 경우가 바로 그러하다. 이러한 경우 다수견해는 지방자치단체의 비용납부명령은 국가의 고권적 활동(공법상 직무수행)을 침해하지 않는다고 한다. 또한 지방자치단체에 의한 대집행의 시행도 국가의 고권적 활동을 침해하지 않는다고 한다.[37]

종래 학설의 태도는 국가나 지방자치단체가 공행정주체로서 활동하는 경우와 사경제주체로서 활동하는 경우로 나눈 다음, 전자에 대해서는 형식적 경찰책임을 부정하는 반면, 후자에 대해서는 형식적 경찰책임을 긍정하는 것이 일반적이었다. 그러나 현재의 다수견해는 국가나 지방자치단체가 사법형식으로 활동하는 경우에도 다시 구분을 하고 있다. 먼저 국가나 지방자치단체가 공적 과제를 사법상의 행위형식(특히 사법상의 계약)을 사용해 수행하는 경우, 즉 **행정사법작용의 경우에도 경찰행정청은 위험을 야기하는 국가나 지방자치단체에게 위험방지조치를 취할 수 없다고 한다**.[38] 왜냐하면 국가나 지방자치단체가 사법상의 수단을 사용함에도 불구하고 국가나 지방자치단체의 행정사법작용은 특별한 공적 목적, 특히 사회국가원

35) HessVGH, DÖV 1992, 752.

36) BVerwG, NVwZ 1999, 421; BVerwG, NVwZ 2003, 1252 (1253).

37) BVerwG, NVwZ 2003, 1252 (1253).

38) Knemeyer, Polizei- und Ordnungsrecht, 2004, Rn. 353.

리가 지향하는 목적을 추구하고 있기 때문이라고 한다.[39] 여기에는 공적 과제가 국가나 지방자치단체의 직접적 책임 하에 수행되고 있기 때문이라는 이유도 덧붙여진다.[40] 이에 따라 다수견해는 지방자치단체가 사법상의 수단을 사용해 수도공급이나 쓰레기처리와 같은 이른바 생존배려업무를 행하고, 이러한 업무를 수행하는 과정에서 실질적으로 법위반행위를 하는 경우에도 경찰행정청은 지방자치단체에 대하여 위험방지조치를 취할 수 없다고 한다.[41] 이러한 점에서 다수견해는 국가나 지방자치단체가 공행정작용을 행할 때뿐만 아니라 행정사법작용을 행할 때에도 형식적 경찰책임을 부인한다.

이에 비하여 국가나 지방자치단체가 **협의의 국고작용(국고지원활동과 영리경제활동)**을 행하고 이 과정에서 위험이 발생하는 경우(예: 지방자치단체 소유의 임대주택에서 위험이 발생하는 경우)에는 순전히 사적인 목적이 추구되고 있기 때문에 국가나 지방자치단체는 사인과 마찬가지로 형식적 경찰책임을 지며, 따라서 경찰행정청은 국가나 지방자치단체에 대하여 위험방지조치를 취할 수 있다고 한다.[42] 즉 국가나 지방자치단체가 순수한 사경제작용을 하는 경우에는 사인의 행위와 차이가 없기 때문에 국가나 지방자치단체의 형식적 경찰책임을 사인과 달리 취급해야 할 실질적 이유가 없다는 것이다.

---

39) Schenke, Polizei- und Ordnungsrecht, 2023, Rn. 308.

40) Würtenberger/Heckmann, Polizeirecht in Baden-Württemberg, 2005, Rn. 493.

41) 그러나 다수견해는 고권주체가 행정과제의 수행을 위하여 사법상의 조직형태를 이용하는 경우, 예를 들어 지방자치단체가 설립한 주식회사에 의하여 수도공급이 이뤄지는 경우 그러한 사법인(私法人)의 형식적 경찰책임은 긍정되어야 한다고 한다. 이에 관해서는 Schenke, Polizei- und Ordnungsrecht, 2023, Rn. 308.

42) Würtenberger/Heckmann, Polizeirecht in Baden-Württemberg, 2005, Rn. 493.

표 3-1 다수견해가 형식적 경찰책임을 부인하는 영역

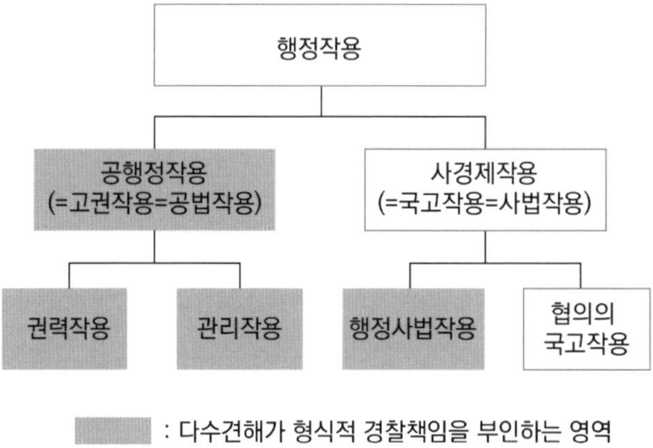

(다) 특별한 법률적 수권이 존재하는 경우

그 밖의 중요한 예외로서 다수견해는 특별법이 고권주체에 대한 경찰행정청의 개입을 예외적으로 허용하고 있는 경우를 들고 있다. 이러한 다수견해에 따르면 [사례 2] <클레이사격장 납(Pb) 오염 사건>에서 노원구청장이 국가를 상대로 내린 오염토양 정화조치 명령은 위법하다. 왜냐하면 노원구청장의 명령은 '특별한 법률적 수권 없이는 원칙적으로 고권적 수단(명령 · 강제)을 사용해 다른 행정주체에 개입하여서는 아니 된다'는 원칙에 반하기 때문이다. 즉 구 「토양환경보전법」에는 '구청장은 국가를 상대로 오염토양 정화조치 명령을 내릴 수 있다'는 식의 특별한 법률적 수권이 존재하지 않기 때문에 다수견해에 따르면 노원구청장은 국가에게 오염토양 정화조치 명령을 내릴 수 없게 된다. 사실 구 「토양환경보전법」 제15조 제3항에 따르면 노원구청장은 토양오염 실태조사 또는 토양정밀조사의 결과 토양오염이 우려기준을 넘는 경우 대통령령이 정하는 바에 따라 기간을 정하여 오염원인자를 상대로 오염토양의 정화 등을 명령할 수 있는 권한이 있지만, 동 규정은 오염원인자가 고권주체인 경우와 그 밖의 경우를

구분하여 규율하고 있지 않기 때문에, 이러한 경우 다수견해에 따르면 노원구청장은 고권주체인 국가에게 오염토양 정화조치 명령을 내릴 수 없게 된다.

(2) 다수견해에 대한 비판

다수견해는 국가나 지방자치단체가 공법상의 직무를 수행하는 과정에서 공공의 안녕에 대한 위험을 야기하는 경우에도 경찰행정청은 특별한 법률적 수권 없이 국가나 지방자치단체에 대하여 위험방지조치를 취해서는 아니 된다고 한다. 그러나 어떤 이유에서 경찰행정청은 위험방지조치를 취해서는 아니 되는가 라는 의문이 든다. 다수견해에 따르면 위험방지조치의 허용 여부는 경찰책임자가 고권주체인지 또는 사법상의 권리주체인지에 따라 달라지는바, 그 이유는 명확하지 않다.

1) 고권주체에 대한 명령금지의 원칙?

다수견해가 갖는 문제점은 우선 원칙에 대한 광범위한 예외를 인정하고 있다는 점이다. 즉 전술한 바와 같이 다수견해는 법률이 고권주체에 대한 경찰행정청의 개입을 명시적으로 허용한 경우와 경찰행정청의 개입이 긴급히 필요한 경우 외에도 위험방지조치에 의하여 고권주체의 고권적 활동(공법상의 직무수행)이 침해되지 않는 경우에는 원칙에 대한 예외를 인정하고 있다. 말하자면 이러한 요건 하에서는 다수견해를 따르더라도 국가나 지방자치단체는 경찰하명의 대상이 될 수 있다. 하지만 이러한 광범위한 예외의 인정은 결국 '법률의 특별한 수권 없이 경찰행정청은 다른 고권주체에 대하여 위험방지조치를 취하여서는 아니 된다'는 원칙이 더 이상 견지될 수 없음을 반증한다. 오히려 그 반대가 옳다. 즉 **다른 고권주체에 대한 경찰행정청의 개입을 특별히 제한하는 법률규정이 존재하지 않는 한, 경찰행정청은 원칙적으로 위험을 야기하는 고권주체에게 구속력 있는 명령을 내릴 수 있다고 보아야 한다.** 물론 다른 고권주체의 고권적 활동이 침해될 수 있기 때문에 명령권한의 제한이 필요할 수 있다. 이러한 경우에는 입법자가 명문의 규정을 통해 명령권한의 제한을 명확히 하여야 한다. 예를 들어「소음 · 진동관리법」제39조 제1항은 이러한 관점에서 이해될 수 있다. 동 규정은 항공기소음이 대통령령으로 정하는 항공기소음의 한도를 초과하여 공항주변의 생활환경이 매우 손상된다고 인정되면 환경부장관은 관계기관의 장에게 방음시설의 설치나 그 밖에 항공기소음의 방지에 필요한 조치를 요청할 수 있도록 하고 직접 명령을 내리지는 못하도록 하고 있다.

2) 경찰행정청에게 명령권한을 부여할 경우 관할충돌이 발생한다?

고권주체가 형식적 경찰책임을 지지 않는 이유에 대해서는 다양한 논거가 제시되고 있다. 이 경우 다수견해는 고권주체의 형식적 경찰책임을 제한하는 논거로서 무엇보다 **관할충돌**(Kompetenzkonflikt)을 들고 있다. 즉 다수견해는 국가나 지방자치단체가 위험을 야기하는 경우에도 경찰행정청의 위험방지조치가 국가나 지방자치단체의 관할영역을 침해한다면 경찰행정청은 원칙적으로 위험방지조치를 취할 수 없다고 보고 있다. 법률상의 의무를 위반한 고권주체를 상대로 하명을 내릴 권한을 경찰행정청에게 인정할 경우에는 경찰행정청과 고권주체 간에 관할충돌이 발생한다고 한다.[43] 이러한 관할충돌을 피하기 위하여 경찰행정청은 다른 고권주체의 관할을 존중해야 한다고 한다.[44] 모든 고권주체는 자신의 관할영역 내에서 발생한 위험을 스스로 방지해야 하고, 불가피하게 개입이 필요한 경우에는 경찰행정청이 아니라 감독기관이 개입해야 한다고 한다. 그렇지 않으면 경찰행정청을 다른 고권주체나 그 기관에 비하여 (부분적으로) 우위에 두는 결과를 초래한다고 한다.[45] 경찰행정청은 다른 행정청에게 명령을

---

43) HessVGH, NVwZ 1997, 304 (305).

44) HessVGH, NVwZ 2002, 889.

45) Schenke, Polizei- und Ordnungsrecht, 2023, Rn. 306.

내릴 수 있는 상급행정청이 아니라고 한다.46)

그러나 고권주체가 법률상 의무의 이행을 위하여 필요한 조치를 스스로 행하지 않고 있음에도 불구하고, 단지 경찰행정청의 관할이 아니라는 이유만으로 고권주체는 처음부터 위험방지조치의 대상에서 제외될 수 있음은 납득이 되지 않는다. **모든 고권주체는 위험방지법상의 원칙을 스스로 준수해야 하지만, 이것이 항상 지켜지는 것은 아니라는 점에 문제가 있다. 또한 위험을 야기하는 고권주체가 자기 사건에서 과연 위험방지법의 중립적 집행자가 될 수 있을지도 의문이다.** 그 밖에 감독기관에 의한 감독권행사를 지적하는 것도 별 도움을 주지 못한다. 예를 들어 [사례 2] <클레이사격장 납(Pb) 오염 사건>과 [사례 3] <기름띠 사건>에서는 과연 어떤 행정청이 국가에게 지시를 내려야 하는가?

다수견해가 주장하는 관할충돌은 실제로는 발생하지 않는다. 왜냐하면 **관할충돌은 기껏해야 위험방지조치에 의하여 다른 고권주체의 공법상 직무수행이 거의 불가능하게 되는, 극단적인 상황에서나 발생할 수 있기 때문이다.**47) 예를 들어 [사례 1] <매립지 악취 사건>에서와 같이 A시장이 허용기준을 초과하는 악취를 배출하는 △△매립지관리공사에게 악취저감조치를 명하였다면 여기서는 A시장이 공공시설운영에 대한 △△매립지관리공사의 관할을 부인한 것이 아니라 위험방지법을 집행한 것으로 볼 수 있다. 이에 대해서는 단지 A시장만이 사물관할을 갖는다. 따라서 A시장은 원칙적으로 △△매립지관리공사에게 악취저감조치를 명할 수 있다. 설령 이러한 조치와 결부되어 다른 관할영역에 대한 간섭이 있다 하더라도 이것이 곧 해당 조치의 위법성을 의미하지 않는다. **관할은 그 자체를 위하여 존재하는 것이 아니기 때문에 다른 고권주체에 대한 위험방지조치는 이것에 의하여 고권주체의 공법상 직무수행이 거의 불가능하게 되는 경우에만**

---

46) Glöckner, Anordnungsbefugnis der Immissionsschutzbehörden gegenüber kommunalen Anlagenbetreibern nach § 24 BImSchG, NVwZ 2003, 1207 (1208).

47) Schoch, Polizeipflichtigkeit von Hoheitsträgern, JURA 2005, 324 (327).

관할을 이유로 금지된다.[48] 그러나 [사례 1] <매립지 악취 사건>은 이러한 경우에 해당하지 않는다.

또한 [사례 2] <클레이사격장 납(Pb) 오염 사건>에서 노원구청장이 사격장 부지 소유자인 국가에게 내린 오염토양 정화조치 명령에 대해서도 동일한 것이 적용된다. 즉 노원구청장의 오염토양 정화조치 명령은 국가의 공법상 직무수행을 불가능하게 만들지 않기 때문에 국가에게 그 소유 하에 있는 토지의 상태에 대하여 공법상의 책임을 인정하더라도, 나아가 국가에게 오염된 토양의 정화의무를 부과하더라도 국가의 관할영역에 대한 위법한 침해는 발생하지 않는다. 다수견해가 주장하고 있는 '경찰행정청은 다른 관할영역을 존중해야 한다'는 원칙도 결국 다른 행정주체의 고권적 활동을 침해하는 위험방지조치만을 금지할 뿐, 이러한 활동을 침해하지 않는 위험방지조치를 금지하지 않는다. 노원구청장이 내린 오염토양 정화조치 명령은 국가의 고권적 활동을 침해하지 않기 때문에 국가는 고권적 활동이 위법하게 침해되었다는 주장을 할 수 없다.

3) 감독청만이 지방자치단체에 대하여 개입할 수 있다?

일부 견해[49]는 경찰행정청이 다른 고권주체에게 위험방지조치를 취할 수 없는 이유를 지방자치법상의 감독권에 관한 규정(예: 「지방자치법」 제184조 이하)에서 찾고 있다. 이에 따르면 법령을 위반한 지방자치단체에 대한 조치는 오로지 감독청만이 할 수 있다고 한다. 다른 행정청에게는 지방자치단체에 대한 공법상의 침해권한이 부여되어 있지 않다고 한다. 말하자면 지방자치단체가 사무를 처리하는 범위 내에서는 경찰행정청이 아니라 지방자치단체에 대해 감독권을 갖는 감독청이 위험방지법의 준수를 통제해야 하기 때문에 경찰행정청은 위험을 야기하는 지방자치단체에게 위험

48) Schoch, Polizeipflichtigkeit von Hoheitsträgern, JURA 2005, 324 (327).

49) HessVGH, NVwZ 2002, 889; Glöckner, Anordnungsbefugnis der Immissionsschut-zbehörden gegenüber kommunalen Anlagenbetreibern nach § 24 BImSchG, NVwZ 2003, 1207 (1208).

방지조치를 취하는 대신 (적법성감독의 방식으로 위험방지법의 준수를 통제하는) 감독청에게 개입을 요청해야 한다는 것이다.

그러나 이러한 견해 또한 타당하지 않기는 마찬가지이다. 사실 감독청이 위험방지법의 준수를 통제할 권한을 갖는다는 것에 대해서는 의문이 없지만, 이것이 경찰행정청에 의한 위험방지법의 추가적 감시를 금지하는지, 따라서 **위험방지법에 대한 감시는 오로지 감독청에게만 유보되어 있는지는 의문이다. 경찰행정청에게는 지방자치법에 규정된 특별한 감독수단의 사용만이 금지될 뿐, 위험방지법에 규정된 수단의 사용은 금지되지 않기 때문에** 경찰행정청의 집행권한은 감독권에 의하여 부분적으로 폐지되지 않는다.[50)]

(3) 소 결

다수견해에 따르면 고권주체의 실질적 경찰책임은 형식적 경찰책임과 엄격하게 구분되어야 하고, 이 경우 실질적 경찰책임은 원칙적으로 인정되지만, 형식적 경찰책임은 부인된다고 한다. 말하자면 고권주체의 행위나 그 지배하에 있는 물건의 상태는 공공의 안녕을 위험하게 할 수 있지만, 그럼에도 불구하고 고권주체는 경찰하명의 대상이 될 수 없다는 것이다. 그러나 다수견해가 고권주체의 형식적 경찰책임을 부인하는 이유로서 들고 있는 논거는 설득력이 약하며, 특히 최근에 내려진 법원의 판결[51)]은 다수견해가 더 이상 견지될 수 없음을 보여 준다. 다수견해가 주장하고 있는 경찰행정청과 다른 고권주체 간의 관할충돌은 실제로는 발생하지 않는다.

---

50) 같은 견해로는 Britz, Abschied vom Grundsatz fehlender Polizeipflicht von Hoheitsträgern?, DÖV 2002, 891 (896); Schoch, Polizeipflichtigkeit von Hoheitsträgern, JURA 2005, 324 (328); BVerwGE 117, 1 (7) = NVwZ 2003, 346 (347).

51) 서울행정법원 2007. 1. 31 선고 2006구합21504 판결; 서울고등법원 2008. 4. 3. 선고 2007누6924 판결. 이에 관한 독일판례로는 BVerwG, NVwZ 1999, 421; BVerwGE 117, 1 (7) = NVwZ 2003, 346 (347); BVerwG, NVwZ 2003, 1252 (1253); OVG SH, NVwZ 2000, 1196; VGH BW, VBlBW 2001, 496.

왜냐하면 관할충돌은 기껏해야 위험방지조치에 의하여 다른 고권주체의 공법상 직무수행이 거의 불가능하게 되는, 극단적인 상황에서나 발생할 수 있기 때문이다. 게다가 감독청에 의한 감독권행사를 지적하는 것도 별 도움을 주지 못한다. 왜냐하면 경찰행정청에게는 지방자치법에 규정된 특별한 감독수단의 사용만이 금지될 뿐, 위험방지법에 규정된 수단의 사용은 금지되지 않기 때문이다. 이러한 점에서 **위험방지를 위하여 경찰행정청에게 다른 고권주체에 대한 하명권한을 부여하지 않을 타당한 법적 근거는 존재하지 않는다.** 따라서 다수견해가 그 존재를 주장하고 있는 위험방지법상의 불문의 일반원칙, 즉 '고권주체는 형식적 경찰책임을 지지 않으므로 경찰행정청은 위험방지를 위하여 다른 고권주체에게 명령을 내려서는 아니 된다'는 원칙은 폐기되어야 한다. 오히려 고권주체의 실질적 경찰책임과 형식적 경찰책임은 일치한다.

케이스 해설

해설 1 <매립지 악취 사건>

사례에서처럼 만일 A시장이 허용기준을 초과하는 악취를 배출하는 △△매립지관리공사에게 악취저감조치를 명하였다면 여기서는 A시장이 공공시설운영에 대한 △△매립지관리공사의 관할을 부인한 것이 아니라 위험방지법을 집행한 것으로 볼 수 있다. 이에 대해서는 단지 A시장만이 사물관할을 갖는다. 따라서 A시장은 원칙적으로 △△매립지관리공사에게 악취저감조치를 명할 수 있다. 설령 이러한 조치와 결부되어 다른 관할영역에 대한 간섭이 있다 하더라도 이것이 곧 해당 조치의 위법성을 의미하지 않는다. 관할은 그 자체를 위하여 존재하는 것이 아니기 때문에 다른 고권주체에 대한 위험방지조치는 이것에 의하여 고권주체의 공법상 직무수행이 불가능하게 되는 경우에만 관할을 이유로 금지된다. 그러나 <매립지 악취 사건>은 이러한 경우에 해당하지 않는다.

해설 2 <클레이 사격장 납(Pb) 오염 사건>

사례에서 노원구청장은 클레이사격장 부지 소유자인 국가에게 오염토양 정화조치 명령을 내릴 수 있다. 사례의 기초가 된 판결에서도 법원은 “노원구청장이 클레이사격장 부지 소유자인 국가에게 내린 오염토양 정화조치 명령은 적법하다”고 판시한 바 있다.[52] 구 「토양환경보전법」 제2조 제3호와 「같은 법」 제10조의4 제2호는 토양오염발생 당시 토양오염의 원인이 된 “토양오염관리대상시설”, 즉 토양오염이 발생한 장소를 소유하고 있는 사람도 오염원인자로 보기 때문에 클레이사격장 부지 소유자인 국가도 구 「토양환경보전법」 제15조 제3항 제3호에 따른 오염토양 정화조치 명령의 대상이 될 수 있다. 오염토양 정화조치 명령권한이 법률규정에 의해 노원구청장에게 부여되어 있는 이상, 비록 명령의 상대방이 국가라 할지라도 노원구청장은 오염토양 정화조치 명령을 내릴 수 있다. 다수견해가 주장하는 관할충돌은 위험방지조치에 의하여 다른 고권주체의 공법상 직무수행이 거의 불가능하게 되는, 극단적인 상황에서나 발생할 수 있다. 그러나 노원구청장이 내린 오염토양 정화조치 명령은 국가의 고권적 활동(공법상의 직무수행)을 불가능하게 만들지 않기 때문에 국가에게 그 소유 하에 있는 토지의 상태에 대하여 공법상의 책임을 인정하더라도, 나아가 국가에게 오염된 토양을 정화해야 할 의무를 부과하더라도 국가의 관할영역에 대한 위법한 침해는 발생하지 않는다. 결국 노원구청장이 내린 오염토양 정화조치 명령은 국가의 고권적 활동을 침해하지 않기 때문에 국가는 고권적 활동이 위법하게 침해되었다는 주장을 할 수 없다.

해설 3 <기름띠 사건>

사례에서는 국민이 마시는 물을 보호해야 할 긴급상황이 존재하기 때문에 고권주체의 형식적 경찰책임을 원칙적으로 부인하는 다수견해를 따르더라도 국가를 대신해 기름띠를 제거한 K시의 조치에 대해서는 어떠한 의문도 제기되지 않는다. 따라서 K시는 기름띠 제거에 소요된 비용의 납부를 국가에게 청구할 수 있다.

52) 서울행정법원 2007. 1. 31 선고 2006구합21504 판결. 이후 국가(대한민국)는 서울행정법원 판결에 불복하여 서울고등법원에 항소하였으나 서울고등법원은 원심판결의 판단을 그대로 인용하여 국가의 주장을 배척하였고(서울고등법원 2008. 4.

제2절

행위책임자

I 개　　설

1. 의　　의

“**행위책임자**”(Verhaltensstörer)란 자신의 행위를 통해서 공공의 안녕이나 공공의 질서에 대한 위험 또는 장해를 야기하는 사람(자연인 또는 법인)을 말한다. 경찰책임에 관한 일반원칙에 따르면 국가공동체의 모든 구성원은 자신의 행위에 의하여 공공의 안녕이나 공공의 질서에 대한 위험 또는 장해가 발생하지 않도록 해야 할 의무를 지며, 만일 이러한 의무를 위반하여 위험 또는 장해를 야기하는 사람이 있다면 그 사람은 행위책임자로서 경찰권 행사의 대상이 된다. 행위책임은 무엇보다 위험 또는 장해를 야기하는 사람의 “**행위**” 관련이 있다. 이러한 행위에는 후술하는 바와 같이 **작위**뿐만 아니라 (일정한 법적 작위의무가 있는 경우에는) **부작위**도 포함된다. 이하에서는 이러한 행위책임과 관련하여 제기되는 법적 문제를 고찰한다.[1] 여기서는 우선 다음에 언급된 사례의 도움으로 이와 관련된 문제를 보다 명확히 하고자 한다.

---

3. 선고 2007누6924 판결), 위 판결은 국가가 상고를 제기하지 않아 확정되었다.

1) 이에 관해서는 손재영, “경찰법에 있어서 위험귀속의 법리 - 행위책임에 있어서의 위험귀속과 그 한계를 중심으로 —”, 동아법학 제52호, 2011, 255쪽 이하.

2. 관련 사례

리딩 케이스

사례 1 <황토팩 사건>

A회사는 TV홈쇼핑과 인터넷 쇼핑몰을 통해 화장품을 제조·판매하는 회사이다. A회사는 "황토팩"을 주력제품으로 제조·판매하고 있다. 그런데 A회사의 황토팩에서 쇳가루가 검출되었고, 이것은 황토팩을 제조하는 과정에서 유입된 것이라는 TV방송(소비자고발)이 나간 이후 관할행정청은 이 제품에 위해물질이 함유되었는지 여부를 평가하기로 하였다. 그러나 위해평가 결과 황토팩에서 나왔다는 쇳가루는 자철석으로서 황토 고유의 성분이며, 제조과정에서 유입된 것이 아님이 밝혀졌다. A회사는 경찰법상의 행위책임자인가?[2)]

사례 2 <고속도로 연쇄추돌 사건>

'갑'은 고속도로에서 앞 차량과 추돌하는 사고를 냈다. 교통정체로 멈춰 선 앞 차량을 '갑'이 미처 보지 못했던 것이다. 그런데 '갑'의 사고는 '갑'을 뒤따르던 5대의 차량이 연쇄추돌하는 사고로 이어졌다. 이 과정에서 기름이 도로에 흘러나왔고 그 길이가 100m나 되었다. 하지만 '갑'의 차량에서는 기름이 흘러나오지 않았다. 관할행정청은 연쇄추돌한 5대의 차량에서 흘러나온 기름을 제거한 후 기름제거에 소요된 비용 가운데 일부를 '갑'에게 요구하였다. '갑'은 경찰법상의 행위책임자로서 비용납부의무가 있는가?[3)]

사례 3 <비누가게 쇼윈도 광고 사건>

'갑'은 도로에 인접한 곳에서 비누가게를 운영하고 있다. 그러던 어느 날 '갑'은 비누제품의 광고를 위하여 쇼윈도에 자동으로 움직이는 인형을 설치하였다. 쇼윈도에는 여자인형이 흑인인형을 비누로 씻기자 흑인인형이 하얗게 변하는 모습을 보여 주고 있었다. 이 모습을 신기하게 여긴 행인들이 '갑'의 상점 앞에 몰려들었고, 그 결과 도로통행에 지장을 초래하게 되었다. 경찰은 구경꾼을 유인한 비누가게 주인 ‘갑’에게 쇼윈도 광고의 중지를 명령하였다.[4] ‘갑’은 경찰법상의 행위책임자인가?

사례 4 <정력제 캡슐 2만 정 밀수 사건>

2009년 11월 6일 오전 6시 한국계 미국인 ‘갑’이 인천공항에 입국하였다. 미국 LA에서 입국한 ‘갑’은 큰 가방을 들고 있었다. ‘갑’의 움직임을 주시하던 사복경찰관들이 현장을 덮쳤다. 이들은 ‘갑’이 마약을 밀반입한다는 유력한 첩보를 입수하고 잠복근무 중이던 서울 영등포경찰서 소속 경찰관들이었다. 당시 ‘갑’의 가방에는 2만 정이나 되는 다량의 캡슐이 들어 있었다. 그러나 캡슐의 시약검사 결과 “음성” 반응이 나왔다. ‘갑’은 경찰법상의 행위책임자인가?[5]

사례 5 <자동 타이머 사건>

세입자 ‘갑’이 살고 있는 주택에는 3주 전부터 커튼이 쳐진 채 전등이 켜져 있었다. 때때로 라디오가 작동되기도 하였다. 집주인이 여러 차례 초인종을 눌러 보았지만 현관문은 열리지 않았다. 휴대폰도 연결되지 않았고 이웃주민에게 수소문해 보았지만 어느 누구도 ‘갑’의 소재를 알지 못하였다. 마침내 집주인은 경찰에 신고를 하였고, 신고를 받고 출동한 경찰관 P는 ‘갑’이 집안에서 사고를 당한 것으로 판단하여 현관문을 부수고 집안으로 들어갔다. 그러나 집안에는 아무도 없었다. 전등과 라디오가 켜졌던 것은 자동 타이머가 설정되어 있었기 때문이었다. 장기간 해외여행 중인 ‘갑’이 외국에 체재하는 동안 마치 자신이 집안에 있는 것처럼 보이게 하기 위하여 의도적으로 그렇게 해 둔 것이었다. 경찰은 부서진 현관문의 수리비용을 집주인에게 보상한 후, ‘갑’에게 그 비용의 상환을 요구하고 있다. ‘갑’은 경찰법상의 행위책임자로서 비용을 상환하여야 할 의무가 있는가?[6]

사례 6 <순회 설교목사 사건>

순회 설교목사 ‘갑’은 K시의 공공장소에서 야외 전도행사를 개최하려고 한다.

'갑'은 이미 여러 차례 다른 도시에서 전도행사를 개최한 바 있다. 과거 '갑'이 개최하였던 전도행사를 고려할 때, 이번 K시의 전도행사에도 대규모의 인파가 몰려들어 교통체증이 유발될 것으로 예상되었다. 이에 따라 관할행정청은 '갑'에게 전도행사의 중지를 명령하였다. '갑'은 경찰법상의 행위책임자인가?[7]

위에 언급된 여섯 사례에서는 관할행정청이 관계인을 경찰법상의 행위책임자로 간주하여 경찰권을 행사할 수 있는지 그리고 경우에 따라서 관계인에게 비용납부의무가 인정될 수 있는지가 문제된다. 이 경우에는 전술한 **경찰책임에 관한 일반원칙**에 따라 판단되어야 한다. 사실 개별법 가운데에는 경찰권 행사의 대상자가 법률에 직접 규정되어 있고, 이러한 한도에서 관계인이 행위책임자인지 여부가 더 이상 중요하지 않은 경우가 있다. 예를 들어 「도로교통법」 제44조 제2항 전단("경찰공무원은 교통의 안전과 위험방지를 위하여 필요하다고 인정하거나 제1항을 위반하여 술에 취한 상태에서 자동차 등을 운전하였다고 인정할 만한 상당한 이유가 있는 경우에는 운전자가 술에 취하였는지를 호흡조사로 측정할 수 있다")에 따른 일제단속식 음주단속은 원칙적으로 도로상의 특정 지점을 지나는 "모든" 운전자에게 행하여지기 때문에 관계인이 행위책임자인지 여부는 중요하지 않다. 또한 「경직법」 제4조 제1항에 따른 보호조치도 마찬가지이다. 즉 「경직법」 제4조 제1항의 법문에는 보호조치를 필요로 하는 이른바 "구호대상자"가 명시되어

2) [사례 1] <황토팩 사건>은 매일경제 신문기사(진향희, "'황토팩' 고발 PD 2명 무죄 선고", 매일경제 2010. 1. 7.)를 참조하여 각색한 사례임. 실제 사례에서 관할행정청에 의한 위해평가는 없었음 http://news.mk.co.kr/newsRead.php?year=2010&no=11523 (2024. 07. 30. 검색).

3) 유사한 사례로는 VGH Kassel, NJW 1986, 1829 = DVBl. 1986. 783.

4) 유사한 사례로는 PreußOVGE 85, 270.

5) [사례 4] <정력제 캡슐 2만 정 밀수 사건>은 신문기사(박성민, "마약밀수 용의자 잡고 보니 정력제만 2만 정", 연합뉴스 2009. 11. 7.)를 참조하여 만든 사례임 http://news.naver.com/main/read.nhn?mode=LSD&mid=sec&sid1=102&oid=001&aid=0002962447 (2024. 07. 30. 검색).

6) 유사한 사례로는 VG Berlin, NJW 1991, 2854.

7) 유사한 사례로는 Schenke, Polizei- und Ordnungsrecht, 2023, Rn. 294.

있기 때문에, 이러한 한도에서 경찰책임에 관한 일반원칙은 더 이상 적용될 여지가 없다. 이에 반하여 경찰법상의 수권규정이 경찰에게 위험방지 또는 장해제거 권한을 부여하면서도 누가 그 권한 행사의 대상자가 될 수 있는지에 관해서 명확하게 규정하고 있지 않는 경우가 있다. 위에 언급된 여섯 사례의 경우가 바로 그러하다. 만일 언급된 여섯 사례에서와 같이 경찰권 행사의 대상자가 법률에 직접 규정되어 있지 않다면 관계인이 행위책임자로서 경찰권 행사의 대상이 될 수 있는지 여부는 경찰책임에 관한 일반원칙에 비추어 판단되어야 한다.[8]

Ⅱ 행위책임이 인정되기 위한 요건

경찰책임에 관한 일반원칙에 따르면 관할행정청이 어떤 사람을 경찰법상의 행위책임자로 간주하여 경찰권을 행사하기 위해서는 그 사람의 행위에 의하여 위험 또는 장해가 야기될 것이 요구된다. 이에 따라 어떤 사람에게 행위책임이 인정되기 위해서는 ① 첫째, 위험 또는 장해가 존재할 것, ② 둘째, 관계인의 행위가 존재할 것, ③ 셋째, 관계인의 행위와 위험 또는 장해 간에 인과관계가 존재할 것이라는 세 가지 요건이 모두 충족될 것이 요구된다. 만일 세 가지 요건 가운데 어느 하나라도 충족하지 못한다면 관계인은 (후술하는 상태책임자인지 여부는 별론으로 하고) 적어도 행위책임자로서는 고려될 수 없다. 아래에서는 언급된 여섯 사례의 도움으로 행위책임이 인정되기 위하여 요구되는 세 가지 요건에 관하여 살펴보기로 한다.

---

8) 이러한 점에서 이하에서 기술되는 행위책임의 요건과 한계는 경찰법상의 수권규정이 관할행정청에게 위해방지권한을 부여하면서도 "누가" 해당 조치의 대상자가 될 수 있는지에 관하여 명확한 규정을 두고 있지 않은 경우에 그 의미가 있다는 점에 유의하여야 한다.

표 3-2 행위책임이 인정되기 위한 요건

1. 위험 또는 장해가 존재할 것
⇩
2. 관계인의 행위가 존재할 것
⇩
3. 관계인의 행위와 위험 또는 장해 간에 인과관계가 존재할 것

1. 위험 또는 장해의 존재

어떤 사람이 행위책임자로서 경찰권 행사의 대상이 되기 위해서는 먼저 위험 또는 장해가 존재하여야 한다. 만일 위험 또는 장해가 존재하지 않으면 관할행정청은 경찰권을 행사할 수 없고, 어느 누구도 경찰책임자로서 책임을 부담하지 않는다. 즉 **위험 또는 장해가 존재하지 않으면 경찰책임자도 존재할 수 없다.** 이에 따라 관할행정청이 어떤 사람을 행위책임자로 간주하여 경찰권을 행사하기 위해서는 먼저 위험 또는 장해가 존재하여야 한다. 이 경우에는 **외관상 위험**이 존재하는 것만으로 충분하다. [사례 1 · 4 · 5]의 경우가 바로 그러하다.

먼저 [사례 1] <황토팩 사건>에서 관할행정청은 A회사가 제조 · 판매하는 황토팩에서 쇳가루가 검출되었다는 TV방송을 근거로 A회사가 소비자의 건강을 위협하는 화장품을 제조 · 판매한다고 판단하였지만, 실제로 이것은 사실이 아님이 밝혀졌다. 말하자면 소비자의 건강에 대한 위험, 즉 공공의 안녕에 대한 위험은 어느 시점에도 존재하지 않았다. 하지만 이러한 경우에도 위험이 인정될 수 있다. 즉 관할행정청이 화장품판매를 금지시키는 (사전적) 시점에서 사안을 합리적으로 판단해 볼 때 손해발생의 충분한 개연성이 있었다면 검사결과 실제로는 손해가 발생할 우려가 없었음이 (사후에) 밝혀지더라도 위험은 인정될 수 있다. 왜냐하면 외관상 위험도 진정한 의미의 위험이고, 경찰법에서 의미하는 위험개념에 포섭될 수 있기 때문이다.

[사례 4] <정력제 캡슐 2만 정 밀수 사건>에서도 '갑'에게 행위책임이 인정되기 위하여 요구되는 위험이 존재한다. 사실 여기서는 마약을 밀반입한다는 유력한 첩보를 접한 경찰이 '갑'에게 경찰권을 행사하였지만, 실제로 '갑'이 외국에서 들여 온 캡슐은 마약이 아니었음이 밝혀졌다. 그러나 이 경우에도 문제 없이 위험이 인정될 수 있다. 즉 경찰관이 조치를 취하는 (사전적) 시점에서 마약 밀반입으로 판단될 수 있는 객관적 근거가 존재하였지만, 실제로는 마약이 아니었음이 밝혀졌다 하더라도 위험은 인정될 수 있다. 여기에는 개인의 생명 · 신체 · 건강과 같은 아주 높은 가치를 갖는 법익이 문제되고 있는 경우에는 비록 손해발생의 개연성이 낮더라도 위험은 인정될 수 있다는 점이 덧붙여질 수 있다.

[사례 5] <자동 타이머 사건>도 마찬가지이다. 사실 여기서는 실제로 손해가 발생하지 않았다. 하지만 평균적인 경찰관이 사전적 시점에서 여러 사정을 합리적으로 판단해 볼 때 '갑'의 생명, 신체 또는 건강이 위험하다고 볼 수 있는 그러한 상황이었다. 위험방지조치는 경찰에게 위험의 존재 여부에 관한 예측을 요구하는바, 이러한 위험예측과 관련하여서는 무엇보다 다음의 점이 고려되어야 한다. 그것은 위험의 존재 여부에 관한 경찰의 예측이 고도의 주의 하에 어떠한 이의도 제기될 수 없는 방식으로 행하여진 것이라 하더라도 개별사례에서 경찰에 의하여 예측된 손해는 경찰이 인식할 수 없거나 예견할 수 없었던 사유로 인하여 발생하지 않을 수 있다는 점이다. 위험의 존재 여부에 관한 경찰의 예측에는 필연적으로 불확실성이 내재되어 있기 때문에 사전적으로 행해져야 하는 위험예측의 정확성에 대하여 사후에 밝혀진 사실에 근거하여 이의를 제기하는 것은 모순이다. 또한 경찰작용의 적법성이 항상 손해발생이 실제로 임박하였는지 여부에 따라 결정된다면 위험방지의 효율성은 현저히 축소되고 말 것이다.[9]

만일 경찰이 개입하는 시점에서 사안을 합리적으로 판단해 볼 때 위험의 존재가 긍정될 수 있다면 설령 예측된 손해가 실제로는 발생하지 않더라도 위험은 존재한다고 보아야 한다. 따라서 [사례 5] <자동 타이머 사건>에서도 '갑'에게 행위책임이 인정되기 위하여 요구되는 위험이 존재한다. 이 밖에 [사례 2 · 3 · 6]에서도 도로 · 교통상의 위험 또는 장해가 존재한다는 점이 큰 어려움 없이 인정될 수 있으므로, 결국 여섯 사례 모두에서는 관계인에게 행위책임이 인정되기 위하여 요구되는 위험 또는 장해가 존재한다고 볼 수 있다.

2. 관계인의 행위

(1) 작 위

경찰법상 행위책임은 위험 또는 장해를 야기하는 사람의 행위와 관련이 있다. 따라서 어떤 사람이 경찰법상의 행위책임자로 인정되기 위해서는 위험 또는 장해가 그 사람의 **행위**에 의하여 야기될 것이 요구된다. **만일 행위가 실제로 존재하지 않으면 행위책임은 처음부터 배제된다.** 예를 들어 [사례 1] <황토팩 사건>이 바로 그러하다. 사실 여기서와 같이 A회사가 제조 · 판매하는 황토팩에서 쇳가루가 검출되었다는 사실이 TV방송을 통해 보도가 되었다면 설령 A회사가 쇳가루를 유입했다고 볼 만한 행위가 존재하지 않더라도 행정청의 관점에서 보았을 때에는 소비자의 건강에 대한 위험이 존재한다. 그럼에도 불구하고 억울하게 "중금속 황토팩"으로 허위보도가 된 A회사는 행위책임자가 아니다. 왜냐하면 여기서는 중금속 유입행위로 볼 만한 A회사의 행위가 실제로 존재하지 않기 때문이다.[10] **경**

9) 이에 관해서는 또한 손재영, "외관상 경찰책임자의 경찰법상 책임", 경찰학연구 제10권 제1호, 2010, 4쪽.

10) <황토팩 사건>에서 A회사는 상태책임자로서도 고려될 수 없는데, 왜냐하면 외관상 위험이 실제로 물건의 상태로부터 발생하고 있지 않기 때문이다. 물론 외관상 위험의 경우에도 상태책임이 존재할 수 있지만, 상태책임이 인정되기 위해서는 외관상 위험이 물건의 상태에 의하여 직접 야기될 것이 요구된다. 그러나 <황토팩

찰법상의 행위책임은 그 전제요건으로서 행위의 외관이 아니라, "실제의 행위"를 요구하기 때문에 행위가 실제로 존재하지 않으면 행위책임은 처음부터 고려되지 않는다. 따라서 A회사는 비책임자이므로 A회사에게는 경찰긴급상황의 요건 하에서 위험조사(여기서는 「화장품법」 제8조 제3항에 따른 위해평가)가 실시될 수 있을 뿐이다. <황토팩 사건>에서는 오히려 허위보도를 통해 위험(외관상 위험)을 직접 야기한 TV방송사가 행위책임자이다.

(2) 부작위

행위책임은 작위뿐 아니라 부작위에 의해서도 발생할 수 있다. 그러나 부작위는 위험방지 또는 장해제거에 대하여 법적 의무가 있는 경우에만 의미가 있다. 이 경우 **법적 작위의무**는 "재산권의 행사는 공공복리에 적합하도록 하여야 한다"고 규정하고 있는 「헌법」 제23조 제2항에서 도출될 수 없다. 왜냐하면 이를 통해 물건소유자는 항상 행위책임자로 간주될 것이고, 이로써 물건소유자의 상태책임은 그 존재의의를 상실하게 될 것이기 때문이다. 이에 따라 어떤 건물이 관리소홀로 쥐가 서식하게 되었고, 이로 인하여 건물에 서식하는 쥐가 질병을 야기하는 경우에도 「헌법」 제23조 제2항에서 작위의무가 도출될 수 있다는 이유를 들어 건물소유자를 행위책임자로 간주하여서는 아니 된다. 이 경우 건물소유자에게는 단지 상태책임이 인정될 뿐이다.

3. 인과관계

경찰법상 행위책임은 사람의 행위에 의하여 위험 또는 장해가 발생하고 이를 통해 공공의 안녕이나 공공의 질서가 위협받거나 교란될 것을 전제요건으로 한다. 이에 따라 어떤 사람을 행위책임자로 볼 수 있으려면 그 밖에도 그 사람의 행위가 위험 또는 장해와 인과관계에 있을 것이 요구된

사건>에서처럼 위험이 물건의 상태로부터 발생한다는 외관만 존재하는 경우에는 상태책임은 인정되지 않는다.

다. 그러나 실제로 위험 또는 장해가 발생하는 경우를 고찰해 보면 위험 또는 장해는 단 한 사람의 행위에 의하여 야기되는 것이 아니라, 병존하는 또는 연결된 여러 행위의 결합에 의하여 야기되는 것이 일반적이다. 이에 따라 누가 행위책임자가 되는가를 결정함에 있어서는 인과관계선상에 있는 다수의 행위들 가운데 어느 행위를 위험발생에 대한 원인으로 선택할 것인지의 문제가 제기된다. 현행법은 구체적으로 어떠한 기준에 따라 인과관계를 인정할 것인가에 관한 명문의 규정을 두고 있지 않기 때문에 문제의 해결은 학설에 맡겨져 있다고 볼 수 있다. 지금까지 경찰법 문헌에서 인과관계를 인정하기 위하여 제시된 이론을 살펴보면 다음과 같다.[11)]

(1) 인과관계이론

1) 등가설

먼저 **등가설**(Äquivalenztheorie)이 있다. 등가설은 형법에서 통용되고 있으며, 문헌에서 **조건설**로 명명되고 있다. 등가설은 **가설적 제거절차**를 통해 '만일 문제의 행위(원인)가 없었더라면 위험(결과)도 발생하지 않았을 경우 그 행위는 위험발생의 원인이 된다'는 **절대적 제약공식**(conditio sine qua non Formel)에 따라 인과관계 여부를 판단한다. 그리고 위험을 야기하는 모든 원인을 **동가치적**(同價値的)인 것으로 파악한다(이러한 이유로 등가설(等價設)이라 부른다).

그러나 등가설은 원칙적으로 모든 원인을 동가치적인 것으로 파악하기 때문에 **인과관계의 인정범위가 지나치게 확대되는 문제점**이 있다. 즉 형법에서는 위법성조각사유나 책임조각사유를 통해 책임이 제한될 수 있지만, 경찰법에서는 이와 같은 책임을 제한하는 여과장치가 없기 때문에, 만약 등가설을 따를 경우에는 경찰책임의 범위가 무한정 확대되는 결과가 초래된다. 이러한 이유로 등가설은 경찰법에서 통용될 수 없다는 점에 대하여 학설은 일치된 견해를 보이고 있다.[12)]

---

11) 이에 관해서는 또한 서정범, "경찰책임의 귀속원리로서의 원인야기(Verursachung)", 강원법학 제10권, 1998, 471쪽 이하.

2) 상당인과관계설

민법에서 지배적 학설인 **상당인과관계설**(Adäquanztheorie) 역시 경찰법에 유용하지 않기는 마찬가지이다.[13] 사실 상당인과관계설은 등가설과 달리 결과를 야기하는 모든 원인을 동가치적인 것으로 파악하지 않는다. 즉 상당인과관계설은 **경험칙에 의거할 때** 여러 원인들 가운데 어떤 원인이 결과를 야기하기에 적합한지를 묻기 때문에 **비정형적이거나 예견가능성이 없는 원인은 인과관계에서 배제**된다. 그러나 경찰법은 비정형적이거나 예견가능성이 없는 위험상황에 대해서도 대처해야 함을 고려할 때 상당인과관계설은 경찰법상의 책임을 지나치게 좁히는 결과를 초래한다.[14]

다른 한편 상당인과관계설은 경험칙에 의거할 때 **어떤 행위가 위험발생에 "상당한 원인"이 되고 있다면 심지어 법질서와 합치되는 행위조차 인과관계를 인정하기 때문에 경찰법상의 책임을 지나치게 확대시키는 결과를 초래**한다. 예를 들어 임대인이 임대차계약의 해지통고로 임차인을 무숙(無宿) 상태에 빠뜨렸다면 임대인은 임차인의 무숙상태에 대하여 상당한 원인을 제공하였기 때문에 행위책임자로서 위해방지조치의 대상이 되어야 한다. 하지만 (후술하는 바와 같이) 임대인은 임차인의 무숙 상태와 관련하여 행위책임자가 아니다.

3) 직접원인설

이로써 형법과 민법에서 통용되고 있는 인과관계이론을 경찰법에 원용

---

12) 김동희, 행정법 Ⅱ, 박영사, 2008, 215쪽; 김철용, 행정법 Ⅱ, 박영사, 2009, 272쪽; 류지태 · 박종수, 행정법신론, 박영사, 2011, 1005쪽; 박균성, 행정법론(하), 박영사, 2009, 540쪽; 정하중, 행정법개론, 법문사, 2020, 1076쪽; 홍정선, 경찰행정법, 박영사, 2010, 302쪽.

13) v. Mutius, Der "Störer" im Polizei- und Ordnungsrecht, JURA 1983, 298 (304).

14) 같은 견해로는 김철용, 행정법 Ⅱ, 박영사, 2009, 272쪽; 류지태/박종수, 행정법신론, 박영사, 2011, 1005쪽; 박균성, 행정법론(하), 박영사, 2009, 540쪽; 정하중, 행정법개론, 법문사, 2020, 1076쪽; 홍정선, 경찰행정법, 박영사, 2010, 303쪽.

하기에는 다소 문제가 있음을 알 수가 있다. 이에 따라 문헌에서는 경찰법의 목적 · 기능에 부합하는 경찰법만의 고유한 인과관계이론의 발전이 이루어졌다. 경찰법에 고유한 인과관계이론 가운데 현재 문헌[15]에서 가장 광범위한 지지를 받고 있는 학설은 바로 **직접원인설**(Theorie der unmittelbaren Verursachung)이다. **직접원인설에 따르면 누군가의 행위가 그 자체로서 경찰법상 위험의 한계를 일탈하고, 이를 통해 손해발생의 충분한 개연성이 발생한다면 그 행위는 위험발생에 대한 원인이 된다고 한다.**[16] 직접원인설에 따르면 자신의 행위를 통해 공공의 안녕이나 공공의 질서에 대한 위험 또는 장해를 직접 야기하는 사람만이 행위책임자로서 경찰권 행사의 대상이 된다. 이에 따라 위험발생의 간접적 원인은 경찰책임과 관련이 없는 것으로 배제되며, 위험발생과 관련된 여러 원인들 가운데 마지막의 그리고 결정적인 원인을 제공한 사람이 원칙적으로 행위책임자가 된다.[17]

4) 위법원인설

그러나 문헌에서는 직접원인설에 대하여 여러 비판이 가해졌다. 무엇보다 직접원인설이 갖는 불명확성과 불특정성이 많은 비판을 받았다. 이러한 비판과 더불어 문헌[18]에서는 **위법원인설**(Theorie der rechtswidrigen Verursachung)이 주장되었다. 위법원인설에 따르면 위험발생과 관련된 여

15) 예컨대 김동희, 행정법 Ⅱ, 박영사, 2008, 215쪽; 류지태/박종수, 행정법신론, 박영사, 2011, 1006쪽; Drews/Wacke/Vogel/Martens, Gefahrenabwehr, 1986, S. 313 ff.; Götz, Allgemeines Polizei– und Ordnungsrecht, 2008, § 9 Rn. 12 ff.; Schenke, Polizei– und Ordnungsrecht, 2023, Rn. 315; Schoch, "Grundfälle zum Polizei– und Ordnungsrecht", JuS 1994, 932 (933); Selmer, "Der Begriff der Verursachung im allgemeinen Polizei– und Ordnungsrecht", JuS 1992, 97 (99).

16) Schenke, Polizei– und Ordnungsrecht, 2023, Rn. 315.

17) 정하중, 행정법개론, 법문사, 2020, 1076쪽.

18) 예를 들어 Denninger, in: Lisken/Denninger, Handbuch des Polizeirechts, 2001, Kap. E, Rn. 69.

러 원인들 가운데 **위법한 원인**만이 위험발생의 원인이 된다고 한다. 위법원인설에서는 누가 위법한 행위를 하는지가 중요하다. 따라서 위험 또는 장해와 인과관계에 있는 여러 행위들 가운데 위법한 행위를 하는 사람만이 행위책임자로서 고려된다.

그러나 위법원인설은 **특별한 행위규범**(명령 또는 금지규범)**이 존재하지 않는 경우에는 행위책임이 부인된다는 점에서 문제가 있다**. 즉 행위책임은 어떤 사람의 행위가 명시적인 명령 또는 금지규범에 위반하는 경우에만 인정될 수 있는 것은 아니기 때문에 위법원인설만으로는 어떤 행위가 위험발생에 대한 원인이 되는가를 설명하기에 충분하지 않다.

5) 사회적 상당인과관계설

마지막으로 **사회적 상당인과관계설**(Sozialadäquanztheorie)이 있다.[19] 이 학설은 **사회적 상당성이 없는 원인**만을 위험발생에 대한 원인으로 파악한다. 이에 따르면 법규범을 위반한 사람은 언제나 경찰책임자가 되고, 사회규범을 위반한 사람은 자신의 행위가 경찰법상의 보호법익을 위험하게 하거나 침해하고(따라서 위험 또는 장해를 야기하고), 이것이 법질서에 의하여 허용될 수 없는 경우에 경찰책임자가 된다고 한다.[20]

그러나 사회적 상당인과관계설에 대해서는 인과관계의 판단기준으로서 **"사회적 상당성"이라는 기준이 너무 모호하다는 비판**이 가해지고 있다. 사실 사회적 상당인과관계설은 위법원인설의 장점을 수용하는 동시에 법규범을 위반하지 않는 사람도 경찰책임자가 될 수 있게 함으로써 위법원인설이 갖는 단점을 극복하려 하였지만, 사회적 상당성이라는 기준이 너무 모호해서 이러한 기준만 갖고서는 종종 인과관계를 명확하게 판단할 수 없게 만든다. 게다가 사회적 상당인과관계설은 결론에 있어서 직접원인설과 차이가 없다. 왜냐하면 누군가의 행위가 이미 위험의 한계를 일탈한다면 그 행위는 (마찬가지로) 사회적 상당성을 결한 행위로 볼 수 있기 때문

19) 예를 들어 Gusy, Polizeirecht, 2011, Rn. 339가 바로 그러하다.
20) Gusy, Polizeirecht, 2011, Rn. 339.

이다.[21)]

(2) 학설에 대한 평가

1) 자연과학적 의미의 인과관계

경찰책임에 관한 일반원칙에 따르면 어떤 사람을 경찰법상의 행위책임자로 인정하기 위해서는 그 사람의 행위가 위험 또는 장해와 인과관계에 있을 것이 요구된다. 특히 "**원인 없으면 결과 없다**"는 **절대적 제약공식**에 따라 그 사람의 행위가 위험 또는 장해와 자연과학적 의미의 인과관계에 있을 것이 요구된다. 이러한 행위와 위험 또는 장해 간의 사실적 · 경험적 관련성을 검토하는 문제는 행위책임자를 결정함에 있어서 최소한의 전제요건이 된다.

그러나 **절대적 제약공식은 누가 경찰법상의 행위책임자가 되는가를 판단함에 있어서 필요한 기준은 되지만, 충분한 기준은 되지 못한다.**[22)] 왜냐하면 절대적 제약공식은 원칙적으로 결과발생에 이르게 한 모든 원인을 동가치적인 것으로 파악하기 때문에 행위책임의 범위가 지나치게 확대되는 결과를 낳기 때문이다. 사실 경찰법이 추구하는 목적 · 기능을 고려할 때 경찰법상의 행위책임은 행위자의 고의 · 과실 또는 책임능력과 무관하게 결정되어야 한다. 그렇다고 오로지 자연과학적 의미의 인과관계만을 기준으로 행위책임을 판단할 수는 없다. 왜냐하면 자연과학적 의미의 인과관계에 따를 경우에는 위험발생과 관련된 여러 원인들 가운데 단 하나의 원인에 불과한 행위도 위험 또는 장해와 인과관계에 있다고 보게 됨으로써 행위책임을 지나치게 확대하는 결과를 초래하기 때문이다.[23)] 예컨대 자연과학적 의미의 인과관계에 따르면 자동차를 제조하는 업체는 비록 자동차 제조과정에서는 아무런 문제가 없었다 하더라도 사후에 자동차로 인하여

---

21) Schenke, Polizei- und Ordnungsrecht, 2023, Rn. 315.

22) Pietzcker, Polizeirechtlich Störerbestimmung nach Pflichtwidrigkeit und Risikosphäre, DVBl. 1984, 457 (459, 464).

23) Götz, Allgemeines Polizei- und Ordnungsrecht, 2008, § 9 Rn. 10.

발생하는 모든 위험상황에 대하여 행위책임을 져야 한다. 왜냐하면 자동차 제조업체가 자동차를 제조하지 않았다면 운전자는 자동차를 운전하지 않았을 것이고, 그러면 자동차 사고도 발생하지 않았을 것이기 때문이다.[24] 따라서 어떤 사람의 행위와 위험 또는 장해 간에 자연과학적 의미의 인과관계가 존재하는 경우에도 그 사람이 필연적으로 행위책임자인 것은 아니며, 경찰법에서 책임을 인정하기 위하여 발전된 귀속이론에 의거할 때 행위책임자로 인정될 수 있어야 한다.

2) 귀속기준으로서 행위에 의한 위험의 직접적 야기

전술한 바와 같이 어떤 사람을 경찰법상의 행위책임자로 인정하기 위해서는 그 사람의 행위가 위험 또는 장해와 자연과학적 의미의 인과관계에 있을 것이 요구되지만, 그렇다고 오로지 이것만 가지고서는 그 사람을 행위책임자로 인정할 수 없다. 자연과학적 인과관계가 존재한다는 것은 그 사람을 행위책임자로 인정하기 위한 최소한의 전제요건을 충족하였음을 의미할 뿐이므로, 어떤 사람에게 행위책임이 인정되기 위해서는 위험 또는 장해를 그 사람의 행위 탓으로 돌릴 수 있어야 한다. 이러한 점에서 어떤 사람의 행위와 위험 또는 장해 간에 자연과학적 의미의 인과관계가 존재하는지 여부를 검토하는 문제는 위험 또는 장해를 그 사람의 행위 탓으로 돌릴 수 있는가 하는 규범적 평가의 문제와는 엄격히 구별되어야 한다.

위험 또는 장해를 누구의 행위 탓으로 돌릴 수 있는가의 문제는 현재 경찰법에서 지배적인 학설인 직접원인설에 따라 판단되어야 한다. 왜냐하면 직접원인설은 위험 또는 장해를 누구에게 귀속시킬 것인가의 문제를 해결함에 있어서 유용한 이론이며, "위법성"과 "위험성"이라는 요소를 수용함으로써 경찰법에서 타당한 귀속이론이 되고 있기 때문이다.[25]

---

24) 이에 관해서는 또한 Schenke, Polizei- und Ordnungsrecht, 2023, Rn. 313; 류지태/박종수, 행정법신론, 박영사, 2011, 1005쪽.

25) Schoch, Grundfälle zum Polizei- und Ordnungsrecht, JuS 1994, 932 (933).

(가) 시간적으로 제일 마지막 행위

여러 사람의 행위가 서로 결합하여 하나의 위험상황을 초래하는 경우 누가 행위책임을 지는가? 직접원인설은 어떤 사람의 행위가 위험의 한계를 일탈하는지 그 결과 위험발생의 **직접적 원인**이 되고 있는지를 고려한다. 이에 따라 위험발생과 관련된 여러 원인들 가운데 간접적 원인은 경찰책임과 관련이 없는 것으로 배제되며, 직접적 원인을 제공한 사람이 원칙적으로 경찰책임자가 된다. **여러 사람의 행위가 함께 작용하는 경우에는 통상 시간적으로 제일 마지막 행위가 위험발생의 직접적 원인이 된다.**

[사례 2] <고속도로 연쇄추돌 사건>에서 관할행정청은 '갑'이 사고발생에 관여함으로써 행위책임자라는 견해를 갖고 있다. 사실 '갑'이 앞 차량과 추돌사고를 내지 않았더라면 '갑'을 뒤따르던 5대의 차량이 연쇄추돌하는 사고도 발생하지 않았을 것이고, 결국 도로상의 기름유출도 없었을 것이다. 그러나 이 사건에서 위험의 한계는 '갑'의 행위에 의하여 일탈되지 않았다. 즉 여기서와 같이 인과관계의 진행과정에서 불의(不意)의 사고로 위험발생에 간접적 기여를 한 사람은 경찰책임자가 아니다. 즉 '갑'은 다른 5대의 차량에서 나온 기름유출에 대하여 간접적 원인을 제공하였을 뿐이므로 기름제거에 소요된 비용의 일부를 납부해야 할 의무가 없다.[26]

(나) 목적적 (또는 의도적) 간접원인제공

a) 의 의

경찰법에서는 원칙적으로 위험상황을 직접 야기하는 사람만이 경찰책임자가 되기 때문에 위험발생에 대하여 간접적 원인을 제공하는 사람은 경찰책임자가 아니다. 그러나 시간적으로 단계화된 여러 사람의 행위에 의하여 위험 또는 장해가 발생하는 경우 반드시 마지막 원인을 제공한 사람만이 경찰책임자가 되는가에 대해서는 의문이 존재할 수 있다. 즉 처음에 행동하는 사람의 행위에 의하여 다른 사람의 행위가 유발되고, 이 사람의 행

26) 같은 견해로는 VGH Kassel, NJW 1986, 1829 (1830).

위에 의하여 위험의 한계가 일탈된다면 처음에 행동한 사람도 경찰책임자로 간주되어야 하는 경우가 있을 수 있다. 이 문제를 해결하기 위하여 문헌에서는 이른바 **목적적 (또는 의도적) 간접원인제공자**(Zweckveranlasser)라는 개념이 도입되었다.[27)]

문헌에서의 **지배적 견해는 목적적 (또는 의도적) 간접원인제공자를 행위책임자로 보고, 위험 또는 장해를 직접 야기하는 사람과 더불어 공동책임자로 간주한다.** 사실 목적적 (또는 의도적) 간접원인제공자는 '간접원인제공자는 스스로 원인을 직접 제공한 사람이 아니기 때문에 경찰법상의 책임자가 아니다'라는 원칙에 대한 예외인 것처럼 보이지만, 실은 그 예외가 아니다. 왜냐하면 직접원인설은 시간적으로 제일 마지막 원인을 제공한 사람만을 경찰책임자로 보지 않으며, 원인과 결과 간의 자연과학적 의미의 인과관계는 물론 그 규범적 관련성도 함께 고려하여 경찰책임자를 결정하기 때문이다. 이 점은 종종 오인되고 있다.

b) 책임의 근거

지배적 견해는 목적적 (또는 의도적) 간접원인제공자에게 행위책임이 인정되는 근거로서 다음의 점을 들고 있다. 즉 **목적적 (또는 의도적) 간접원인제공자에게 위험이 귀속되어야 할 만큼, 간접원인제공과 위험을 야기하는 행위 간에 내부적으로 밀접한 연관관계가 존재한다는 점**이 바로 그것이다. 다만 경찰책임을 정당화하는 연관관계의 존재 여부가 어떻게 결정되어야 하는가와 관련하여서는 견해의 대립이 존재한다. 먼저 **주관설**은 간접원인제공자가 다른 사람에 의한 위험야기를 의도 내지 (최소한) 용인했는지를 묻는다.[28)] 반면 **객관설**은 이해관계가 없는 제3자가 보았을 때 발생한

27) 정하중, "경찰법상의 책임", 공법연구 제25집 제3호, 1997, 109쪽 이하; 이기춘, "경찰법상 의도적 책임유발자개념의 무용론", 공법학연구 제5권 제3호, 2004, 517쪽 이하.

28) Knemeyer, Polizei- und Ordnungsrecht, 2004, Rn. 328; Selmer, Der Begriff der Verursachung im allgemeinen Polizei- und Ordnungsrecht, JuS 1992, 97 (99 f.); VGH München, DVBl. 1979, 737 (738); VGH, Mannheim, NVwZ 1987, 237 (238); DÖV 1990, 346; VGH Kassel, NVwZ

위험상황이 전형적으로 간접원인제공에 의하여 야기된 것으로 볼 수 있는지를 묻는다.[29] 주관설은 간접원인제공자의 주관적 의도를 중요시하는바, 경찰법에서 주관적인 요소를 고려하는 것은 원칙적으로 이질적이기 때문에 객관설이 타당하다고 본다.

c) 적용영역

목적적 (또는 의도적) 간접원인제공자는 특히 많은 사람을 상점 앞에 모이게 해 도로통행에 지장을 초래하는 **쇼윈도 광고**의 경우에 문제가 된다. 이 경우 행인뿐만 아니라 상품광고를 목적으로 행인을 운집시킨 상점주인도 경찰책임자가 된다. 또한 TV뉴스에서 종종 볼 수 있는, 대낮에 도심 한복판에서 고층빌딩을 안전밧줄도 없이 맨손으로 올라가는 **인간 스파이더맨**이나 **거미인간**과 그 광경을 보기 위하여 몰려든 구경꾼에 의한 교통체증유발의 경우도 마찬가지이다.[30] 직접적으로 교통체증을 유발한 구경꾼 외에 고층빌딩을 맨손으로 올라간 인간 스파이더맨이나 거미인간도 경찰법상의 책임자가 된다.

반면, **스포츠 행사**나 **팝 콘서트** 등과 같은 대규모의 행사에서 관중이나 관객들 간에 폭력사태가 발생한 경우 **대규모 행사를 주최한 주최자도 목적적 (또는 의도적) 간접원인제공자로 간주되어야 하는지에 대해서는 의문이 존재한다.** 일부 견해[31]에 따르면 스포츠 행사 과정에서 관중의 일부가 기물파손이나 그 밖의 소요를 일으켰다면 스포츠 행사는 관중의 소요와 밀접한 연관성을 갖기 때문에 행사 주최자에게 행위책임이 부분적으로 인정된다고 한다. 말하자면 관중의 소요는 스포츠 행사와 결부되어 발생하는 전형적인 결과로 볼 수 있다는 것이다. 그러나 **만일 행사 주최자의 행위책임을 긍정할 경우에는 대규모 행사의 시행 그 자체는 매번 장해로 간**

1992, 1111 (1113).

29) OVG Lüneburg, NVwZ 1988, 638 (639); Götz, Allgemeines Polizei- und Ordnungsrecht, 13. Aufl., 2001, Rn. 202.

30) 세계일보 2007년 6월 2일 국제면 기사(프랑스 스파이더맨 中서 철창 행 – 상하이 최고층 빌딩 등정, 공안 "교통체증유발" 체포).

31) 예를 들어 정하중, 행정법개론, 법문사, 2020, 1076쪽이 바로 그러하다.

주되어야 할 것이기 때문에, 행사 주최자의 행위책임은 원칙적으로 부정되어야 한다고 본다.[32] 또한 「헌법」 제21조의 적용을 받는 대규모 정치집회의 경우에도 집회참가자 일부에 의하여 야기된 장해를 이유로 집회주최자를 경찰책임자로 간주하여서는 아니 된다.[33]

d) [사례 3] 〈비누가게 쇼윈도 광고 사건〉의 경우

[사례 3] <비누가게 쇼윈도 광고 사건>에서와 같이 만일 상점주인 '갑'이 쇼윈도 광고를 통해 행인을 상점 앞에 모이게 하였고, 그 결과 도로통행에 지장을 초래하였다면 행인뿐만 아니라 상점주인 '갑'도 행위책임자가 된다. 그러나 목적적 (또는 의도적) 간접원인제공자를 '타인에 의한 위험발생을 주관적으로 의도한 사람'으로 이해하는 주관설에 따르면 상점주인은 행인이 쇼윈도를 구경하길 원했지, 교통법규를 위반하길 원했던 것은 아니기 때문에 행위책임자로 인정될 수 없다고 한다. 즉 행인은 교통법규를 위반하지 않도록 주의를 기울여야 하고, 자신이 언제 어디에 머물러야 하는지를 스스로 판단할 수 있기 때문에, 상점주인은 행인에 의해 유발된 경찰상의 장해에 대하여 책임을 지지 않는다고 한다.

그러나 이러한 주관설에 대해서는 다음과 같은 비판이 가해질 수 있다. 설령 상점주인이 행인에 의한 교통법규 위반을 주관적으로 의도하였다 하더라도 행인은 자신의 판단에 따라 행동을 하기 때문에 상점주인의 단순한 도구가 될 수 없으며, 더구나 상점주인의 주관적 의도는 입증하기 어렵다는 점이다.[34] 이러한 점에서 상점주인의 주관적 의도를 포기하고 **객관적으로 이해관계가 없는 제3자가 보았을 때 교통법규 위반이 쇼윈도 광고의 전형적인 결과로 볼 수 있다면 상점주인의 공동책임을 인정하는 것이 타당하다.** 비록 상점주인이 행인의 교통법규 위반을 주관적으로 의도하지는 않았다 하더라도 이해관계가 없는 제3자의 관점에서 보았을 때 교통법규 위반은 전형적으로 쇼윈도 광고에 의하여 야기된 것으로 볼 수 있기

32) 같은 견해로는 홍정선, 경찰행정법, 박영사, 2010, 305쪽.

33) 같은 견해로는 류지태/박종수, 행정법신론, 박영사, 2011, 1006-1007쪽.

34) 정하중, "경찰법상의 책임", 공법연구 제25집 제3호, 1997, 116-117쪽.

때문에 행인뿐만 아니라 상품광고를 목적으로 행인을 운집시킨 상점주인도 행위책임자가 된다. 누구든 자신의 상업적 목적을 위하여 군중의 운집을 원하는 경우에는 군중에 의하여 야기되는 위험 또는 장해가 자신의 행위와 밀접한 연관관계가 있는 경우에는 행위책임을 져야 한다. 따라서 <비누가게 쇼윈도 광고 사건>에서 상점주인 '갑'은 행위책임자이므로 관할행정청이 '갑'에게 내린 쇼윈도 광고의 중지명령은 적법하다.

(다) 위법한 행위

이미 일부 문헌[35]에서도 적절히 지적된 바와 같이 경찰법에 고유한 인과관계이론인 **직접원인설과 위법원인설 및 사회적 상당인과관계설은 그 결론에 있어서 차이가 없다.** 즉 인과관계를 판단함에 있어서 원인에 대한 규범적 평가를 내린다는 점과, 어떤 사람의 행위가 권리의 행사로서 행해진 경우나 법질서에 의하여 수인된 위험을 나타내는 경우에는 언제나 인과관계를 부정한다는 점에서 세 학설 모두 일치된 견해를 보이고 있다. 이로부터 다음과 같은 결론이 도출될 수 있다. 즉 그것은 자연과학적 의미의 인과관계가 인정되는 모든 행위가 위험발생에 대한 원인이 되는 것이 아니라, 이 가운데 "**위법한**" 행위가 위험발생에 대한 원인이 된다는 점이다. 이에 따라 **만일 누군가가 위법한 행위를 한다면 그 사람은 언제나 행위책임자로 인정될 수 있다.** [사례 4] <정력제 캡슐 2만 정 밀수 사건>이 바로 그러하다. 이 사건에서 '갑'은 2만 정이나 되는 다량의 캡슐을 가방에 소지하고 있었다. '갑'은 그 성분이 확인되지 않은 약품을 의사의 처방전이나 식품의약품안전처의 허가 없이 국내로 반입하였기 때문에 「약사법」에 위반하는 위법한 행위를 하였고, 이러한 위법한 행위를 통해 위험을 야기하였기 때문에 '갑'은 행위책임자로 인정될 수 있다.

(라) 고도의 위험성을 나타내는 행위

그러나 어떤 사람의 행위가 특별한 명령 또는 금지규범에 위반하는 경

35) Schenke, Polizei- und Ordnungsrecht, 2023, Rn. 315; 홍정선, 경찰행정법, 박영사, 2010, 304쪽.

우에만 행위책임이 인정될 수 있는 것은 아니기 때문에 **"위법성"**이라는 기준만으로는 어떤 행위가 위험발생에 대한 원인이 되는가를 설명하기에 충분하지 않다. 만일 어떤 행위가 특별한 행위규범에 위반하지 않는 경우에는 **"위험성"**이라는 기준이 문제해결에 필요한 하나의 관점을 제공해 줄 수 있다. 이에 따라 **만일 누군가의 행위가 경찰법에서 보호되는 법익을 위험하게 하거나 침해하고, 그 행위가 높은 위험성을 나타낸다면 그 사람은 행위책임자로 인정될 수 있다.** "고도의 위험성"은 행위자를 위험 또는 장해에 대한 책임자로 인정하는 것을 정당화시킨다.[36] [사례 5] <자동 타이머 사건>이 바로 그러하다. 이 사건에서 '갑'은 자신의 행위를 통해 위험을 직접 야기하였다. 즉 '갑'은 해외여행을 이유로 장기간 집을 비우는 동안 자동 타이머 설정을 통해 - 의도적으로 - 자신이 집안에 체재하는 것과 같은 인상을 주었고, 이러한 행위를 통해 초인종을 눌러도 문이 열리지 않고 휴대폰을 해도 연락이 닿지 않은 제3자로서는 '갑'이 집안에서 불행한 사고를 당한 것으로 추측할 수 있는 상황을 만들었다. 여기서는 개인의 생명이나 신체, 건강과 같이 특별히 높은 가치를 갖는 법익에 대한 위험이 존재한다. 실제로는 장기간 해외여행 중인 '갑'이 외국에 체재하는 기간 동안 마치 자신이 집안에 있는 것처럼 보이게 하려고 그렇게 해 둔 것이었다 하더라도 상황은 달라지지 않는다. 그 사정을 모르는 집주인과 경찰은 '갑'이 실제로 장기간 해외여행 중인지를 알 수 없다. 때문에 '갑'은 최소한 집주인과 경찰이 그러한 상황을 위험상황으로 볼 수 있음을 인식했어야 했다. 결국 집주인과 경찰을 오도(誤導)함으로써 위험상황을 직접 야기하였기 때문에 '갑'은 행위책임자로서 부서진 현관문에 대한 수리비용을 경찰에게 상환할 의무가 있다.[37]

36) Schenke, Polizei- und Ordnungsrecht, 2023, Rn. 319.
37) 같은 견해로는 VG Berlin, NJW 1991, 2854.

Ⅲ 행위책임의 한계

경찰법상의 인과관계를 판단함에 있어서는 위험발생에 중요한 원인들 간의 선택이 있어야 하고 이 경우에는 원인에 대한 평가가 요구된다. 원인을 평가할 때에는 무엇보다 법질서에 중요한 의미가 부여된다. 이에 따라 **법질서와 일치되는 행위를 하는 사람은 행위책임자가 아니다.** 즉 어떤 사람의 행위가 권리의 행사로서 행하여진 경우(예를 들어 임차인의 무숙상태를 가져오는 임대인의 해지통고가 바로 그러하다)나 법질서에 의하여 수인된 위험을 나타내는 경우(예를 들어 자동차운전의 경우가 바로 그러하다), 그 사람은 행위책임자가 아니다.

어떤 사람이 목적적 (또는 의도적) 간접원인제공자에 해당하는지 여부가 문제되는 사례에도 동일한 것이 적용된다.[38] 따라서 **법질서에 의하여 허용되는 행위를 하는 사람, 특히 헌법에 의하여 보호되는 기본권을 행사하는 사람은 목적적 (또는 의도적) 간접원인제공자라는 관점 하에서 행위책임자로 인정될 수 없다.**[39] [사례 6] <순회설교목사 사건>이 바로 그러하다. 이 사건에서 만일 '갑'이 행위책임자라면 관할행정청은 '갑'에게 전도행사의 중지를 명할 수 있을 것이다. 사실 '갑'의 행위는 장래에 예견되는 교통체증에 대한 하나의 원인이 되고 있기 때문에 자연과학적 의미의 인과관계는 인정되지만, 행위책임이 인정되기 위해서는 위험 또는 장해가 그 사람의 행위에 의하여 "직접" 야기될 것이 요구되는데, 이 사건의 경우 장래에 예견되는 교통체증이 '갑'의 행위에 의하여 직접 야기되고 있다고 볼 수 있을지 의문이다. 물론 '갑'이 목적적 (또는 의도적) 간접원인제공자에 해당한다면 '갑'에게는 행위책임이 인정될 수 있지만, '갑'이 목적적 (또는 의도적) 간접원인제공자에 해당하는지 여부를 판단함에 있어서는 '갑'의 행

38) Schoch, Der Zweckveranlasser im Gefahrenabwehrrecht, JURA 2009, 360 (364).

39) 같은 견해로 정하중, "경찰법상의 책임", 공법연구 제25집 제3호, 1997, 115쪽.

위가 법질서에 의하여 허용되는 행위인지, 특히 여기서는 헌법에 의하여 보호되는 기본권의 행사인지가 고려되어야 한다. 생각건대, **종교의 자유**는 헌법상 특별한 보호를 받는 기본권에 해당하고(「헌법」 제20조), 종교행사를 개최하는 과정에서 발생할 수 있는 **단시간의 교통체증**은 정당화될 수 있기 때문에, 이 사건에서 '갑'은 행위책임자로 인정될 수 없다. 따라서 관할 행정청은 '갑'에게 전도행사의 중지를 명할 수 없다.[40]

Ⅳ 타인의 행위에 대한 추가적 책임

행위책임은 자신의 행위를 통해 위험 또는 장해를 직접 야기하는 사람이 부담하는 것이 원칙이다. 그러나 특별한 요건 하에서는 행위자 외의 사람이 추가적으로 행위책임을 지는 경우가 있다. 자신의 보호 · 감독 하에 있는 사람의 행위에 의하여 위험 또는 장해가 발생하는 경우가 바로 그러하다. ① 14세 미만의 미성년자나 한정치산자 또는 금치산자와 같이 자신의 보호 · 감독 하에 있는 사람의 행위에 의하여 위험 또는 장해가 발생하는 경우에는 행위자 외에 법정대리인이 추가적으로 행위책임을 지며, ② 타인을 고용하여 어느 사무에 종사하게 한 경우 사용자는 피용자의 행위에 대하여 추가적으로 행위책임을 진다. 이 경우 사용자의 책임은 피용자의 행위가 사용자에 의해 위임된 정상적인 사무집행에 귀속될 수 있는지 여부에 달려 있다. 하지만 경찰법상의 책임은 주관적 귀책사유(고의 · 과실)와 무관하다는 점을 고려할 때, 「민법」 제756조 제1항 후단("사용자가 피용자의 선임 및 그 사무 감독에 상당한 주의를 한 때 또는 상당한 주의를 하여도 손해가 있을 경우에는 그러하지 아니하다")과 같은 사용자의 면책가능성은 존재하지 않는다. 따라서 사용자의 피용자에 대한 책임은 사용자가 피용자의 선임 및 그 사무 감독에 상당한 주의를 기울인 경우에도 인정된다.

---

40) 이에 관해서는 Schenke, Polizei- und Ordnungsrecht, 2023, Rn. 371.

Ⅴ 요 약

1. 경찰책임에 관한 일반원칙에 따르면 어떤 사람을 경찰법상의 행위책임자로 인정하기 위해서는 그 사람의 행위가 위험 또는 장해와 인과관계에 있을 것이 요구된다. 특히 "원인 없으면 결과 없다"는 절대적 제약공식에 따라 그 사람의 행위가 위험 또는 장해와 자연과학적 의미의 인과관계에 있을 것이 요구된다. 하지만 자연과학적 인과관계가 존재한다는 것은 그 사람을 행위책임자로 인정하기 위한 최소한의 전제요건을 충족하였음을 의미할 뿐이므로, 어떤 사람에게 행위책임이 인정되기 위해서는 위험 또는 장해를 그 사람의 행위 탓으로 돌릴 수 있어야 한다. 이러한 점에서 어떤 사람의 행위와 위험 또는 장해 간에 자연과학적 의미의 인과관계가 존재하는지 여부를 검토하는 문제는 위험 또는 장해를 그 사람의 행위 탓으로 돌릴 수 있는가 하는 규범적 평가의 문제와는 엄격히 구별되어야 한다. 위험 또는 장해를 누구의 행위 탓으로 돌릴 수 있는가의 문제는 현재 경찰법에서 지배적인 학설인 직접원인설에 따라 판단되어야 한다. 왜냐하면 직접원인설은 위험 또는 장해를 누구에게 귀속시킬 것인가의 문제를 해결함에 있어서 유용한 이론이며, "위법성"과 "위험성"이라는 요소를 수용함으로써 경찰법에서 타당한 귀속이론이 되고 있기 때문이다. 따라서 누군가를 경찰법상의 행위책임자로 인정하기 위해서는 다음 [표 3-3]의 심사절차에 따라 사실관계를 검토해 볼 수 있다.

표 3-3 인과관계 심사와 귀속 심사

제1단계	**인과관계 심사** (절대적 제약공식)	어떤 사람의 행위와 위험 또는 장해 간에 자연과학적 의미의 인과관계가 존재하는가? (행위와 위험 또는 장해 간의 사실적·경험적 관련성 검토)
⇩		
제2단계	**귀속 심사** (직접원인설)	위험 또는 장해를 그 사람의 행위 탓으로 돌릴 수 있는가? (행위와 위험 또는 장해 간의 규범적 관련성 검토)

2. 직접원인설은 어떤 사람의 행위가 위험의 한계를 일탈하는지 그 결과 위험발생의 직접적 원인이 되고 있는지를 고려한다. 여러 사람의 행위가 함께 작용하는 경우에는 통상 시간적으로 제일 마지막 행위가 위험발생의 직접적 원인이 되지만, 꼭 그런 것만은 아니다. 시간적으로 그 이전에 존재하는 행위가 위험발생에 대한 직접적 원인이 될 수 있다. 목적적(또는 의도적) 간접원인제공의 경우가 바로 그러하다. 또한 누군가가 명시적인 명령 또는 금지규범에 반하는 위법한 행위를 하는 경우 그 사람은 언제나 행위책임자로 인정될 수 있다. 나아가 누군가의 행위가 경찰법에서 보호되는 법익을 위험하게 하거나 침해하고, 그 행위가 높은 위험성을 나타낸다면 그 사람은 행위책임자로 인정될 수 있다. 고도의 위험성은 행위자를 위험 또는 장해에 대한 책임자로 인정하는 것을 정당화시킨다.

경찰법상의 인과관계를 판단함에 있어서는 위험발생에 중요한 원인들 간의 선택이 있어야 하고, 이 경우에는 원인에 대한 평가가 요구된다. 원인을 평가할 때에는 무엇보다 법질서에 중요한 의미가 부여된다. 이에 따라 법질서와 일치되는 행위를 하는 사람은 행위책임자가 아니다. 즉 어떤 사람의 행위가 권리의 행사로서 행해진 경우나 법질서에 의하여 수인된 위험을 나타내는 경우 그 사람은 행위책임자가 아니다. 어떤 사람이 목적적 (또는 의도적) 간접원인제공자에 해당하는지 여부가 문제되는 사례에도 동일한 것이 적용된다. 따라서 법질서에 의하여 허용되는 행위를 하는 사람, 특히 헌법에 의하여 보호되는 기본권을 행사하는 사람은 목적적 (또는 의도적) 간접원인제공자라는 관점 하에서 행위책임자로 인정될 수 없다.

이상을 정리하면 다음 [표 3-4]과 같이 나타낼 수 있다.

표 3-4 행위책임에 있어서의 위험귀속과 그 한계

귀속의 인정	시간적으로 제일 마지막 행위
	목적적 (또는 의도적) 간접원인제공
	위법한 행위
	고도의 위험성을 나타내는 행위

귀속의 불인정	간접원인제공
	적법한 행위
	권리의 행사로서 행하여진 행위
	법질서에 의하여 수인된 위험을 창출하는 행위

제3절

상태책임자

Ⅰ 개　　설

1. 의　　의

공공의 안녕이나 공공의 질서에 대한 위험 또는 장해는 사람의 행위가 아니라 **물건의 상태**로부터도 발생할 수 있다. 이 경우 물건을 사실상 지배하고 있는 사람이나 물건의 소유자가 **상태책임자**(Zustandsstörer)가 된다. 경찰책임에 관한 일반원칙에 따르면 국가공동체의 모든 구성원은 자신이 소유하고 있거나 사실상 지배하고 있는 물건의 상태로부터 공공의 안녕이나 공공의 질서에 대한 위험 또는 장해가 발생하지 않도록 해야 할 의무를 지며, 만일 이러한 의무를 위반하여 위험 또는 장해를 야기하는 사람이 있다면 그 사람은 상태책임자로서 경찰권 행사의 대상이 된다. **상태책임은 물건으로부터 경제적 이익을 얻는 사람은 물건으로부터 발생하는 위험 또는 장해에 대해서도 원칙적으로 책임을 부담하여야 한다는 사고에 기초하고 있다.**[1] 이하에서는 이러한 상태책임과 관련하여 제기되는 법적 문제를 고찰한다.[2] 여기서는 우선 다음에 언급된 사례의 도움으로 이와 관련된

1) 홍정선, 경찰행정법, 박영사, 2010, 308쪽.

2) 이에 관해서는 또한 손재영, “상태책임의 귀속과 제한”, 법학논고 제33집, 2010, 307쪽 이하.

문제를 보다 명확히 하고자 한다.

2. 관련 사례

리딩 케이스

사례 1 <주유소 오염 사건>

'갑'은 M시에 위치한 '을' 소유의 토지를 임차하여 주유소를 운영하고 있다. 그런데 인근 신축공사장에서 유류오염토양이 발견되어 인근지역에 대한 토양오염도 누출검사를 실시한 결과, 주유소 토지의 지하에 설치된 유류저장탱크에 문제가 있음이 밝혀졌다(유류저장탱크에 연결된 실내등유 4번 주유배관에 이상이 발견됨). 토양오염 정밀조사 실시 결과, 주유소 토지에서 토양오염물질이 우려기준 이상으로 검출되자, M시장은 주유소운영자(토지임차인)인 '갑'에게 시설개선 및 오염토양의 정화조치를 명령하였다. 하지만 '갑'은 이를 이행하지 않았다. 왜냐하면 '갑'은 당시 파산상태에 있었기 때문이다. 이에 M시장은 토지소유자인 '을'에게 토지와 주변의 오염범위 파악을 위한 오염 정밀조사의 실시, 그리고 정밀조사 결과 확인된 오염토양의 정화를 명령하였다. 하지만 '을'이 오염된 토양을 정화하는 데에는 토지의 매매가격을 훨씬 초과하는 엄청난 정화비용이 요구되었고, 설령 '을'이 비용을 들여 오염된 토양을 정화하더라도 '갑'이 파산한 상태라 '갑'의 부담부분에 관하여 구상권을 행사할 수 없는 상황이었다. 이 경우에도 M시장은 토지소유자인 '을'에게 오염된 토양의 정화를 명령할 수 있는가?[3)]

사례 2 <비육촉진제 사육 송아지 사건>

'병'은 축산 농가를 운영하고 있다. 현재 '병'이 사육하고 있는 송아지 가운데 약 300마리는 A농가에서 사들인 것이다. 그런데 최근 A농가는 금지된 비육촉진제(肥肉促進劑)의 투약하에 송아지를 사육한 것으로 밝혀져 사회적 물의를 일으켰다. '병'의 송아지도 구매 전에 금지된 비육촉진제의 투약하에 사육되었을 개연성이 있었기 때문에 관할행정청은 정밀검사를 위해 '병'에게 송아지 5마리의 도살을 명령하였다(왜냐하면 현재까지 살아 있는 상태에서 진단할 수 있는 진단법이 개발되어 있지 않았기 때문). 그러나 5마리의 송아지를 검사한 결과 모두 '음성' 반응이 나왔다.[4] 이 경우 '병'은 경찰법상의 책임자인가? '병'은 도살된 송아지 5마리에 대한 보상을 요구할 수 있는가?

사례 3 <동물사체 무단투기 사건>

'정'은 A시에 있는 산림(山林)의 소유자이다. 그러던 어느 날 '정'의 산림에서 버려진 동물의 사체(死體)가 발견되었다. 하지만 누구의 소행인지는 밝혀지지 않았다. 동물의 사체는 플라스틱용기에 담겨져 있었고 무게는 대략 10㎏ 정도 되었다. 플라스틱 용기는 야생동물, 이를테면 멧돼지와 같은 동물에 의하여 일부가 파손된 채 숲 속에 방치되어 있었다. '정'은 관할행정청에게 이 사실을 알렸고, 관할행정청은 '정'에게 사체처리를 폐기물처리업체에게 맡기되 폐기물처리업체가 사체를 수거하러 오기 전까지 적절히 보관해 둘 것을 명령하였다. 하지만 '정'은 이러한 명령을 따르지 않았다. 왜냐하면 타인이 투기한 동물의 사체를 자신이 보관·처리해야 할 의무는 없다고 보았기 때문이다. 이에 따라 관할행정청은 대집행의 방식으로 동물의 사체를 보관·처리한 후, '정'에게 대집행에 소요된 비용의 납부를 명하였다. 이 경우 '정'은 경찰법상의 책임자로서 대집행에 소요된 비용을 납부해야 할 의무가 있는가?[5]

사례 4 <보리수나무 사건>

'무'는 L시에서 일정규모의 토지를 소유하고 있다. '무'의 토지는 2m 높이의 울타리로 둘러 싸여 있고 정모서리에는 무성하게 자란 보리수나무가 심어져 있다. 이후 K교차로가 이곳으로 이전하게 되었고, 이에 따라 '무'의 토지는 K교차로의 모퉁이에 위치하게 되었다. K교차로의 이전 이후 이곳에서는 교통사고가 빈번하게 발생하였다. 관할행정청은 '무'의 울타리와 보리수나무가 운전자의 시야를 가렸기 때문에 교통사고가 발생한 것으로 보고, '무'에게 울타리와 보리수나무를 특정높이로 잘라 내고 앞으로는 이 높이를 넘지 말 것을 명령하였다. 이 경우 '무'는 경찰법상의 책임자로서 관할행정청의 명령을 이행해야 할 의무가 있는가?[6]

위에 언급된 네 가지 사례에서는 관할행정청이 관계인을 경찰법상의 책임자로 간주하여 경찰권을 행사할 수 있는지 그리고 경우에 따라서 관계인에게는 비용납부의무나 손실보상청구권이 인정될 수 있는지 여부가 문제된다. 이 경우 [사례 1] <주유소 오염 사건>을 제외한 나머지 사례에서는 경찰권 행사의 대상자가 법률에 직접 규정되어 있지 않기 때문에, 관할행정청이 관계인을 경찰법상의 책임자로 간주하여 경찰권을 행사할 수 있는지 여부는 (전술한) **경찰책임에 관한 일반원칙**에 비추어 판단되어야 한다. 사실 개별법 가운데에는 경찰권 행사의 대상자가 법률에 직접 규정되어 있고, 이러한 한도에서 관계인이 경찰책임자인지 여부가 더 이상 중요하지 않는 경우가 있다. [사례 1] <주유소 오염 사건>이 바로 그러하다. 이 사건에서 토지소유자인 '을'은 (결론적으로) 토양오염에 대하여 책임을 지는바, 여기서 '을'의 책임은 「토양환경보전법」 제10조의4 제4호에서 직접 도출된다. 즉 「토양환경보전법」 제10조의4 제1항은 토양오염물질의 누출 · 유출 · 투기 · 방치 또는 그 밖의 행위로 토양오염을 발생시킨 사람뿐만 아니라(제1호), 토양오염의 발생 당시 토양오염의 원인이 된 토양오염관리대상시설의 소유자 · 점유자 또는 운영자(제2호) 및 토양오염이 발생한 토지를 소유하고 있었거나 현재 소유 또는 점유하고 있는 사람(제4호)도 이른바 "정화책임자"에 포함시켜 오염토양의 정화책임을 부과하고 있으므로, '을'은 토양오염이 발생한 주유소 토지의 소유자로서 「토양환경보전법」 제10조의4 제4호에 따라 토양오염에 대하여 책임을 진다.

그러나 [사례 1]에서와 달리 [사례 2 · 3 · 4]에서는 경찰권 행사의 대상자가 법률에 직접 규정되어 있지 않기 때문에, 관할행정청이 관계인을 경찰법상 책임자로 간주하여 경찰권을 행사할 수 있는지 여부는 경찰책임

3) [사례 1] <주유소 오염 사건>은 헌재 2012. 8. 23. 2010헌바167을 참조하여 만든 사례이다.

4) BGH, NJW 1992, 2639 = DVBl. 1992, 1158.

5) OVG Münster, NWVBl. 2007, 26 ff.

6) OVG Lüneburg, OVGE 17, 447 ff.

에 관한 일반원칙에 비추어 판단되어야 한다.[7] 경찰책임에 관한 일반원칙에 따를 때 [사례 2 · 3 · 4]에서 '병' · '정' · '무'는 적어도 행위책임자로서는 고려될 수 없다. 왜냐하면 누군가를 행위책임자로 인정하기 위해서는 위험 또는 장해가 그 사람의 "행위"에 의해 야기될 것이 요구되는데, [사례 2 · 3 · 4]에서는 위험 또는 장해가 이들의 행위에 의해 야기되고 있는 것이 아니기 때문이다. 따라서 [사례 2 · 3 · 4]에서는 '병' · '정' · '무'가 상태책임자로서 고려될 수 있는지 여부가 문제된다. 만일 [사례 2 · 3 · 4]에서 '병' · '정' · '무'가 소유하고 있거나 사실상 지배하고 있는 물건의 상태에 의하여 위험 또는 장해가 직접 야기된다면 '병' · '정' · '무'는 경찰법상의 상태책임자로서 경찰권 행사의 대상이 된다.

Ⅱ 상태책임이 인정되기 위한 요건

경찰책임에 관한 일반원칙에 따르면 관할행정청이 어떤 사람을 경찰법상의 상태책임자로 간주하여 경찰권을 행사하기 위해서는 그 사람의 소유 또는 사실상 지배하고 있는 물건의 상태에 의하여 위험 또는 장해가 야기될 것이 요구된다. 이에 따라 어떤 사람에게 상태책임이 인정되기 위해서는 ① 첫째, 위험 또는 장해가 존재할 것, ② 둘째, 관계인이 물건을 사실상 지배하고 있거나 소유하고 있을 것, ③ 셋째, 관계인이 사실상 지배하고 있거나 소유하고 있는 물건의 상태와 위험 또는 장해 간에 인과관계가 존재할 것이라는 세 가지 요건이 모두 충족되어야 한다. 만일 세 가지 요건 가운데 어느 하나라도 충족되지 못한다면 관계인은 (적어도) 상태책임자로서는 고려될 수 없다. 아래에서는 [사례 2 · 3 · 4]의 도움으로 상태책임이 인정되기 위하여 요구되는 세 가지 요건에 관하여 살펴보기로 한다.

---

7) 이러한 점에서 이하에서 기술되는 상태책임이 인정되기 위한 요건도 행위책임에서와 마찬가지로 경찰법상의 수권규정이 관할행정청에게 위해방지권한을 부여하면서도 "누가" 당해 조치의 대상자가 될 수 있는지에 관하여 명확한 규정을 두고 있지 않은 경우에 그 의미가 있다는 점에 유의하여야 한다.

표 3-5 상태책임이 인정되기 위한 요건

1. 위험 또는 장해가 존재할 것
⇩
2. 관계인이 물건을 사실상 지배하고 있거나 소유하고 있을 것
⇩
3. 관계인이 사실상 지배하고 있거나 소유하고 있는 물건의 상태와 위험 또는 장해 간에 인과관계가 존재할 것

1. 위험 또는 장해의 존재

어떤 사람이 상태책임자로서 경찰권 행사의 대상이 되기 위해서는 먼저 위험 또는 장해가 존재하여야 한다. 만일 위험 또는 장해가 존재하지 않으면 관할행정청은 경찰권을 행사할 수 없고, 어느 누구도 경찰책임자로서 책임을 부담하지 않는다. 즉 **위험 또는 장해가 존재하지 않으면 경찰책임자도 존재할 수 없다.** 이에 따라 관할행정청이 어떤 사람을 상태책임자로 간주하여 경찰권을 행사하기 위해서는 먼저 위험 또는 장해가 존재하여야 한다. 이 경우에는 **외관상 위험**이 존재하는 것만으로 충분하다. [사례 2] <비육촉진제 사육 송아지 사건>이 바로 그러하다. 이 사건에서 관할행정청은 '병'이 금지된 비육촉진제의 투약하에 송아지를 사육한 A농가로부터 송아지를 사들였기 때문에, '병'의 송아지도 구매 전에 금지된 비육촉진제의 투약하에 사육되었을 개연성이 있다고 보았지만, 검사결과 이것은 사실이 아님이 밝혀졌다. 말하자면 송아지는 식용으로 사용할 수 있었고, 소비자의 건강에 대한 위험, 즉 공공의 안녕에 대한 위험은 실제로 어느 시점에도 존재하지 않았다. 하지만 이 경우에도 위험은 인정될 수 있다. 즉 관할행정청이 도살명령을 내리는 (사전적) 시점에서 사안을 합리적으로 판단해 볼 때 손해발생의 충분한 개연성이 있었다면 설령 검사결과 실제로는 손해가 발생할 우려가 없었음이 (사후에) 밝혀지더라도 위험은 인정될 수 있다. 왜냐하면 외관상 위험도 진정한 의미의 위험이고, 경찰법에서 의미하는 위험개념에 포섭될 수 있기 때문이다. 여기에는 개인의 생명, 신체 또는 건강과 같이 아주 높은 가치를 갖는 법익이 문제되고 있는 경우에는 비록 손해발생의 개연성이 낮더라도 위험이 인정될 수 있다는 점이 덧붙여질 수 있다.

[사례 3] <동물사체 무단투기 사건>에서는 공공의 안녕에 대한 장해가 존재한다. 왜냐하면 공법규정에 대한 계속된 위반이 존재하기 때문이다. 동물의 사체는 현행 「폐기물관리법」에 따르면 폐기물로 분류될 수 있는바,[8] 「폐기물관리법」 제8조 제1항은 "누구든지 특별자치시장, 특별자치도지사, 시장 · 군수 · 구청장이나 공원 · 도로 등 시설의 관리자가 폐기물의 수집을 위하여 마련한 장소나 설비 외의 장소에 폐기물을 버리거나, 특별자치시, 특별자치도, 시 · 군 · 구의 조례로 정하는 방법 또는 공원 · 도로 등 시설의 관리자가 지정한 방법을 따르지 아니하고 생활폐기물을 버려서는 아니 된다"고 규정하고 있다. 만일 누군가가 이러한 투기금지의무를 위반하여 동물의 사체를 함부로 아무 곳에나 버린다면 그 사람에게는 100만 원 이하의 과태료가 부과될 수 있다(「폐기물관리법」 제68조 제3항). 또한 「경범죄처벌법」 제3조 제1항 제11호도 "담배꽁초, 껌, 휴지, 쓰레기, 죽은 짐승, 그 밖의 더러운 물건이나 못쓰게 된 물건을 함부로 아무 곳에나 버린 사람은 10만 원 이하의 벌금, 구류 또는 과료(科料)의 형으로 처벌한다"라고 규정하고 있다. 만일 <동물사체 무단투기 사건>에서와 같이 동물의 사체가 무단 투기되어 숲 속에 방치된 채 있다면 이것은 공법상의 금지규범(여기서는 「폐기물관리법」 제8조 제1항과 「경범죄처벌법」 제3조 제1항

8) **폐기물관리법 제2조(정의)** 이 법에서 사용하는 용어의 뜻은 다음과 같다. 1. "폐기물"이란 쓰레기, 연소재(燃燒滓), 오니(汚泥), 폐유(廢油), 폐산(廢酸), 폐알칼리 및 동물의 사체(死體) 등으로서 사람의 생활이나 사업활동에 필요하지 아니하게 된 물질을 말한다.

제11호)에 대한 계속된 위반을 나타낸다. 공법규범에 대한 계속된 위반은 공공의 안녕에 대한 장해를 의미한다.

[사례 4] <보리수나무 사건>에서는 교차로의 이전 후 '무'의 토지상에 있는 울타리와 보리수나무가 운전자의 시야를 가렸고, 이로 인하여 교통사고가 빈번하게 발생하고 있는바, 이 경우에는 공공의 안녕에 대한 위험이 존재한다는 사실은 큰 어려움 없이 인정될 수 있다. 따라서 언급된 [사례 2 · 3 · 4]에서는 '병' · '정' · '무'에게 상태책임이 인정되기 위하여 요구되는 위험 또는 장해가 존재한다고 볼 수 있다.

2. 물건을 사실상 지배하고 있는 사람 또는 물건의 소유자

(1) 물 건

경찰책임에 관한 일반원칙에 따르면 어떤 사람이 상태책임자로 인정되기 위해서는 그 사람이 사실상 지배하고 있거나 소유권 또는 기타 권리를 갖고 있는 물건의 상태로부터 위험 또는 장해가 발생할 것이 요구된다. 이 경우 물건은 동산과 부동산을 의미한다. 경찰법에서는 동물도 물건처럼 다루어진다([사례 2] <비육축진제 사육 송아지 사건>에서 송아지가 바로 그러하다).

물건의 상태는 두 가지 관점에서 위험을 나타낼 수 있다. 즉 한편으로는 물건의 성질 그 자체가 위험의 진원지를 나타낼 수 있고(예: 오염된 토지), 다른 한편으로는 그 자체로는 위험하지 않은 물건이 특정 공간에 놓인 상황 때문에 위험하게 작용할 수 있다. 예를 들어 도로교통법상 주차가 금지된 장소에 자동차를 주차하여 도로교통을 방해하는 경우가 바로 그러하다.[9]

9) Schenke, Polizei- und Ordnungsrecht, 2023, Rn. 340.

(2) 물건을 사실상 지배하고 있는 사람 또는 물건의 소유자

상태책임에서는 물건을 사실상 지배하고 있는 사람과 물건의 소유자가 책임의 주체가 된다. 물건을 사실상 지배하고 있는 사람과 물건의 소유자에게 상태책임이 인정되는 것은 이들이 사실상 그리고 법상으로 물건을 지배하고 있기 때문이다. 물건에 대한 사실상의 그리고 법상의 지배는 위험 또는 장해를 야기하는 물건의 상태에 대한 영향력 행사를 가능하게 하고, 그로써 위험 또는 장해를 효과적이며 신속하게 방지 또는 제거할 수 있게 한다.[10)]

1) 물건을 사실상 지배하고 있는 사람

위험방지 또는 장해제거의 효율성이라는 관점에서 위험 또는 장해가 발생하는 **물건을 사실상 지배하고 있는 사람의 책임이 물건소유자의 책임보다 우선적으로 고려된다.** 이것은 실무상 이점을 갖는데, 왜냐하면 실제로 물건의 소유권관계를 확인하기 곤란한 경우가 많고, 이러한 경우 관할행정청은 소유권관계를 해명할 필요 없이 물건을 사실상 지배하고 있는 사람에게 경찰권을 즉시 행사할 수 있기 때문이다. 일반적으로 물건의 소유자가 사실상의 지배자가 되지만, 물건의 소유자와 사실상의 지배자가 동일하지 않은 경우에는 양자 모두 책임을 진다. 물건에 대한 사실상의 지배가 어디에 근거를 두고 있는지는 중요하지 않다. 따라서 위법하게 물건을 지배하고 있는 사람(예: 차량절도범)도 상태책임을 진다. 이 밖에도 임차인, 보관인과 타인의 지시를 받아 물건을 사실상 지배하는 점유보조자도 상태책임을 진다. 경찰책임의 인정과 관련하여서는 위험발생의 시점이 중요한 것이 아니라, 관할행정청이 개입하는 시점이 중요하기 때문에[11)] 물건에 대한 사실상의 지배를 포기함과 동시에 물건을 사실상 지배하고 있는 사람의 상태책임도 소멸한다.[12)]

---

10) 정하중, "경찰법상의 책임", 공법연구 제25집 제3호, 한국공법학회, 1997, 119쪽.
11) OVG Hamburg, DÖV 1983, 1016, 1017.

2) 물건의 소유자

물건을 사실상 지배하고 있는 사람뿐만 아니라 위험 또는 장해가 발생하는 물건의 소유자도 상태책임을 진다. 소유자의 상태책임은 민법상의 소유권개념에 따른다. 이 경우에는 관할행정청이 조치를 취하는 시점에서의 소유권관계가 중요하다. 예컨대 물건의 매각과 같이 물건에 대한 소유권이 소멸함과 동시에 물건소유자의 상태책임도 소멸한다. 이에 따라 만일 기름이 유출되어 토지나 지하수에 유입된다면 기름소유자가 지는 상태책임도 소멸한다. 또한 **물건을 사실상 지배하고 있는 사람이 소유자의 동의를 받지 않고 지배력을 행사하는 경우에도 물건소유자의 상태책임은 소멸한다.** 하지만 물건을 사실상 지배하고 있는 사람이 이후에 지배력을 상실하는 경우에는 원칙적으로 물건소유자의 상태책임이 다시 발생한다.[13] 그러나 이 경우에는 비례원칙으로부터 물건소유자의 상태책임이 제한될 수 있다. 예컨대 차량절도범이 훔친 자동차에 대한 지배력을 포기하고 차량소유자가 이 사실을 전혀 알지 못하는 경우가 바로 그러하다.[14]

(3) 사안에의 적용

[사례 2] <비육촉진제 사육 송아지 사건>에서 송아지는 경찰법에서 물건으로 취급되기 때문에 송아지를 소유한 '병'은 상태책임자일 수 있다. 마찬가지로 [사례 4] <보리수나무 사건>에서 울타리와 보리수나무를 소유한 '무'도 상태책임자일 수 있다. 이에 따라 [사례 2] <비육촉진제 사육 송아지 사건>과 [사례 4] <보리수나무 사건>에서 '병'과 '무'는 경찰법상의 상태책임자로 인정되기 위하여 요구되는 두 번째 요건을 모두 충족하고 있다. 반면 [사례 3] <동물사체 무단투기 사건>에서 '정'은 물건의 소유자

12) VGH Mannheim, NVwZ-RR 1991, 27.

13) OVG Koblenz, NJW 1998, 625; Schoch, Grundfälle zum Polizei- und Ordnungsrecht, JuS 1994, 932 (936 ff.); Schenke, Polizei- und Ordnungsrecht, 2023, Rn. 350.

14) Schenke, Polizei- und Ordnungsrecht, 2023, Rn. 350.

로서 뿐만 아니라 사실상 지배하고 있는 사람으로서도 책임을 지지 않는다. 사실 '정'은 산림의 소유자이다. 하지만 장해는 산림으로부터 발생하지 않았다. 즉 산림 그 자체는 법질서에 반하는 장해상태에 있지 않았다. 따라서 '정'은 산림의 소유자로서 상태책임을 지지 않는다. 이 사건에서 장해는 동물의 사체로부터 발생하였다. 말하자면 플라스틱용기에 담겨 무단투기된 동물의 사체가 장해의 근원이 되고 있다. 하지만 '정'은 죽은 동물의 소유자가 아니다. 물론 상태책임은 물건의 소유자뿐만 아니라 물건을 사실상 지배하고 있는 사람에게도 인정될 수 있기 때문에, 여기서는 누군가가 타인의 산림에 죽은 동물을 무단투기하면 산림의 소유자는 물건을 사실상 지배하고 있는 사람으로서 동물의 사체를 보관 · 처리해야 할 의무가 있는지가 문제된다. 이 경우에는 두 가지로 나누어 고찰해 볼 수 있다.

만일 어떤 사람이 **일반인이 자유롭게 출입할 수 없는 토지**를 소유하고 있고 마침 인근에 있던 강이 홍수로 범람하여 강에 떠다니던 쓰레기가 토지로 유입되었다면 토지소유자는 유입된 쓰레기를 사실상 지배하고 있는 사람으로서 쓰레기를 처리해야 할 의무가 있다.[15] 반면 [사례 3] <동물사체 무단투기 사건>에서처럼 어떤 사람이 **일반인이 자유롭게 출입할 수 있는 산림**을 소유하고 있고, 누군가가 산림에 동물의 사체를 무단 투기하였다면 산림소유자는 동물의 사체를 사실상 지배하고 있는 사람으로 볼 수 없기 때문에 '정'은 동물의 사체를 보관 · 처리해야 할 의무가 없다.[16] 일반인의 자유로운 출입이 허용된 산림이라면 산림에 버려진 폐기물의 처리도 일반인이 부담하여야 한다. 이에 따라 '정'은 장해를 유발하는 동물의 사체를 사실상 지배하고 있는 상태책임자가 아니기 때문에 관할행정청은 '정'에게 장해제거조치를 명령하여서는 아니 된다. 따라서 관할행정청이 '정'에게 내린 명령, 즉 사체처리를 폐기물처리업체에게 맡기되 업체가 사체를 수거하러 오기 전까지 보관해 두라는 명령은 위법하다. 이 경우 관할행정청이 '정'에게 내린 명령은 후속하는 강제집행절차의 근거가 되므로 관

15) 이에 관해서는 BVerwGE 106, 43.

16) 이에 관해서는 OVG Münster, NWVBl. 2007, 26 ff.

할행정청이 ‘정’에게 내린 명령이 위법하면 불가쟁력이 발생하지 않는 한 강제집행절차에서 행하여진 행위도 위법하게 만든다. 따라서 ‘정’은 대집행에 소요된 비용을 납부해야 할 의무가 없다.

3. 인과관계

(1) 자연과학적 의미의 인과관계

물건을 사실상 지배하고 있는 사람과 물건의 소유자에게 인정되는 상태책임은 물건의 상태로부터 위험 또는 장해가 발생하고 이를 통해 공공의 안녕이나 공공의 질서가 위협받거나 교란될 것을 전제요건으로 한다. 이에 따라 어떤 사람을 상태책임자로 볼 수 있으려면 그 밖에도 그 사람이 소유하고 있거나 사실상 지배하고 있는 물건의 상태가 위험 또는 장해와 인과관계에 있을 것이 요구된다. 특히 **“원인 없으면 결과 없다”는 절대적 제약공식에 따라 물건의 상태가 위험 또는 장해와 자연과학적 의미의 인과관계에 있을 것이 요구된다**. 이에 따라 누군가의 소유 또는 사실상의 지배하에 있는 물건의 상태가 위험 또는 장해와 인과관계에 있다는 외관이 존재했지만, 실제로는 위험 또는 장해가 물건의 상태와 무관하게 발생했다면 인과관계는 부정된다. [사례 2] <비육촉진제 사육 송아지 사건>이 바로 그러하다. 이 사건에서 물건의 상태, 즉 송아지의 상태와 소비자의 건강에 대한 위험 간에는 인과관계가 인정되지 않는다. 여기서는 위험이 송아지로부터 발생한다는 외관만 존재한다. 검사결과 송아지의 상태로부터는 실제로 어떠한 위험도 발생하지 않았다. 물론 **외관상 위험이 존재하는 경우에도 상태책임은 인정될 수 있다.** 예를 들어 고장난 경보기에 의한 오보(誤報)의 경우가 바로 그러하다. 그러나 [사례 2] <비육촉진제 사육 송아지 사건>에서와 같이 위험이 물건으로부터 발생한다는 외관만 존재하는 경우에는 상태책임은 인정되지 않는다. **상태책임이 인정되기 위해서는 외관상 위험이 실제로 물건의 상태로부터 발생하여야 한다.** 따라서 [사례 2]

<비육촉진제 사육 송아지 사건>에서는 물건의 상태, 즉 송아지의 상태와 소비자의 건강에 대한 위험 간에는 인과관계가 인정되지 않기 때문에 ‘병’은 상태책임자로 인정될 수 없다. ‘병’은 비책임자이므로 ‘병’에게는 원칙적으로 경찰긴급상황의 요건 하에서 위험조사가 시행될 수 있을 뿐이다. 비책임자에게 손실이 발생한다면 비책임자는 발생한 손실에 대하여 보상을 청구할 수 있는바, 이에 따라 ‘병’은 도살된 송아지 5마리에 대한 보상을 요구할 수 있다.

(2) 물건의 상태에 의한 위험의 직접적 야기

누군가가 소유하고 있거나 사실상 지배하고 있는 물건의 상태가 위험(외관상 위험 포함) 또는 장해와 자연과학적 의미의 인과관계에 있는 경우에도 이 사람이 필연적으로 상태책임자인 것은 아니다. 자연과학적 의미의 인과관계에 있는 경우에도 경찰법에서 책임을 인정하기 위하여 발전된 귀속이론에 의거할 때 상태책임자로 인정될 수 있어야 한다. 실제로 위험이 발생하는 경우를 살펴보면 위험은 단 하나의 요소에 의하여 야기되는 것이 아니라 병존하는 또는 연결된 여러 요소의 결합에 의하여 야기되는 것이 일반적이다. 이에 따라 누가 경찰법상의 책임자가 되는가를 결정함에 있어서는 다수의 인과관계 요소들 가운데 어느 요소를 위험발생에 대한 원인으로 선택할 것인가의 문제가 제기된다. 현행법은 구체적으로 어떠한 기준에 따라 경찰책임자를 결정할 것인가에 관하여 명문의 규정을 두고 있지 않기 때문에 문제의 해결은 학설에 맡겨져 있다고 볼 수 있다. 현재 경찰책임을 인정하기 위하여 발전된 귀속이론들 가운데 지배적인 학설은 직접원인설이다. 직접원인설은 위험 또는 장해를 누구에게 귀속시킬 것인가의 문제를 해결함에 있어서 유용한 이론이며, “위법성”과 “위험성”이라는 요소를 수용함으로써 경찰법에서 타당한 귀속이론이 되고 있다. 이에 따라 **누군가에게 상태책임이 인정될 수 있는가의 문제는 행위책임에서와 마찬가지로 직접원인설에 따라 판단되어야 한다.**[17]

경찰법상의 인과관계를 판단함에 있어서는 위험발생에 대하여 본질적으로 중요한 원인들 간의 선택이 있어야 하고, 이 경우에는 원인에 대한 평가가 요구된다. 이 경우 직접원인설은 어떤 행위나 물건의 상태가 위험의 한계를 넘는지 그 결과 위험발생의 직접적 원인이 되고 있는지를 고려한다. 여러 요소가 함께 작용하는 경우에는 통상 시간적으로 마지막 요소가 원인이 되지만, 꼭 그런 것만은 아니다. 원인을 평가할 때에는 법질서에 중요한 의미가 부여된다. 이에 따라 **만약 물건의 상태에 의하여 야기되는 위험이 소유권을 통해 보호되는 권리로 인하여 발생한다면 물건의 상태는 위험발생에 대한 직접적 원인이 되지 않는다.**[18] 예를 들어 [사례 4] <보리수나무 사건>이 바로 그러하다. 만일 K교차로가 울타리와 보리수나무가 있는 '무'의 토지 부근으로 사후 이전됨에 따라 운전자의 시야를 가리게 되었고 이로 인하여 교통사고가 빈번하게 발생한다면 이때의 위험은 '무'의 토지상에 있는 울타리와 보리수나무에 의하여 직접 야기되고 있는 것이 아니다. 토지상에 울타리를 치고 나무를 심는 것은 토지소유권에서 도출될 수 있는 권리를 나타낸다.[19] 만일 '무'의 토지상에 있는 울타리와 보리수나무에 의하여 야기되는 교통사고의 위험이 '무'의 토지소유권에 의하여 보호되는 권리로 인하여 발생한다면 '무'는 상태책임자로 인정될 수 없다. 울타리의 설치와 수목의 식재와 관련된 법률규정이 존재하고(예를 들어 민법 제237조나 제240조의 상린관계에 관한 규정), 이러한 규정이 준수되고 있다면 '무'는 상태책임자뿐만 아니라 행위책임자로도 인정될 수 없다. 따라서 [사례 4] <보리수나무 사건>에서 교통사고의 위험은 '무'가 자신의 토지상에 적법하게 설치하고 심은 울타리와 보리수나무에 의하여 야기되고 있는 것이 아니기 때문에 '무'는 관할행정청의 명령을 이행해야 할 의

17) 손재영, "상태책임의 귀속과 제한", 법학논고 제33집, 2010, 322쪽 이하.

18) Schenke, Polizei- und Ordnungsrecht, 2023, Rn. 340.

19) 민법에 따르면 소유자는 법률의 범위 내에서 그 소유물을 사용·수익·처분할 권리가 있고(제211조), 토지의 소유권은 정당한 이익 있는 범위 내에서 토지의 상하에 미친다(제212조). 이에 따라 토지소유자는 토지소유권에 근거하여 자신의 토지상에 울타리를 설치하고 나무를 심을 권리가 있다.

무가 없다.

(3) 인과관계이론은 상태책임의 인정과 관련하여 적용될 여지가 없다?

일부 견해에 따르면 상태책임은 행위책임과 달리 위험의 야기와 무관하다고 한다.[20] 즉 물건의 상태가 위험을 야기하는 것이 아니라 물건의 상태 그 자체가 위험을 나타내기 때문에 위험의 야기는 상태책임과 익숙하지 않다고 한다. 이러한 견해에 따르면 인과관계이론은 상태책임의 인정과 관련하여 적용될 여지가 없다. 그러나 이러한 견해를 따를 수 있을지는 의문이다. 왜냐하면 이러한 견해에 따를 경우에는 경찰권 행사의 대상이 되는 상태책임자의 범위가 지나치게 확대되는 결과를 초래하기 때문이다. 사실 경찰법상의 책임은 민법상의 책임이나 형법상의 책임과는 달리 책임자의 의사능력, 행위능력 및 고의 · 과실 여부를 묻지 않는 객관적 책임이다. 경찰법은 효율적 위험방지 또는 장해제거에 그 목적을 두고 있는바, 이러한 경찰법이 추구하는 목적을 고려할 때 경찰법상의 책임은 책임자의 주관적 귀책사유와는 무관하게 결정되어야 한다. 그렇다고 오로지 자연과학적 의미의 인과관계만을 기준으로 경찰법상의 책임을 판단할 수는 없다. 왜냐하면 자연과학적 의미의 인과관계에 따를 경우에는 위험발생과 관련된 여러 원인들 가운데 단 하나의 원인에 불과한 행위나 물건의 상태도 위험 또는 장해와 인과관계에 있다고 보게 됨으로써 경찰법상의 책임이 지나치게 확대되는 결과를 초래하기 때문이다. 앞서 언급된 [사례 4] <보리수나무 사건>이 바로 그러하다. 자연과학적 의미의 인과관계에 따르면 '무'의 토지상에 있는 울타리와 보리수나무는 교통사고의 위험에 대한 하나의 원인이 되고 있기 때문에 '무'는 의문의 여지없이 상태책임자로 간주될 것이다. 그러나 (전술한 바와 같이) 교통사고의 위험은 '무'가 자신의 토

20) 예컨대 '물건의 상태가 위험을 야기하는 것이 아니라, 물건의 상태 그 자체가 위험의 근원이 된다'고 주장하는 정하중, "경찰법상의 책임", 공법연구 제25집 제3호, 1997, 118쪽 이하; 김현준, "경찰법상의 상태책임", 토지공법연구 제22호, 2004, 368쪽 이하; Friauf, Polizei- und Ordnungsrecht, in: Schmidt-Aßmann, Besonderes Verwaltungsrecht, 1995, Rn. 83이 바로 그러하다.

지상에 적법하게 설치하고 심은 울타리와 보리수나무에 의하여 직접 야기되고 있는 것이 아니기 때문에 '무'는 상태책임자로 인정될 수 없다. 물건의 소유자나 물건을 사실상 지배하고 있는 사람은 모든 위험에 대하여 책임을 지는 것이 아니라, 자신이 소유하고 있거나 사실상 지배하고 있는 물건의 상태에 의하여 **"직접"** 야기되는 위험에 대해서만 책임을 진다. 이로 인하여 **위험의 직접적 야기는 행위책임에서뿐만 아니라 상태책임에서도 위험귀속의 근거가 되는 동시에 위험귀속의 한계가 되는 중요한 의미를 갖는다.** 따라서 일부 견해가 주장하고 있듯이 "물건에 대한 지배"만 인정되면 누구든 상태책임자로서 경찰권 행사의 대상이 될 수 있을지는 의문이다. 오히려 어떤 사람에게 상태책임이 인정되기 위해서는 행위책임에서와 마찬가지로 그 사람의 소유 또는 사실상의 지배하에 있는 물건의 상태에 의하여 위험(외관상 위험을 포함) 또는 장해가 "직접" 야기될 것이 요구된다.[21)]

Ⅲ 상태책임의 제한

1. 과잉금지원칙에 의한 상태책임의 제한

사실 상태책임의 인정과 관련하여서는 원칙적으로 물건이 어떠한 방식으로 위험 또는 장해를 야기하는 상황에 처하게 되었는지는 중요하지 않다. 물건의 소유자가 물건을 사용 · 수익 · 처분할 수 있다는 사정은 「헌법」 제23조 제1항 제2문과 제2항[22)]에 따라 통상 그에게 상태책임의 인정과 결부된 부담을 과하는 것도 정당화시킨다. 상태책임의 인정과 관련하여서

21) 같은 견해로는 Götz, Allgemeines Polizei– und Ordnungsrecht, 2001, Rn. 195; Schenke, Polizei– und Ordnungsrecht, 2023, Rn. 340; Schoch, Grundfälle zum Polizei– und Ordnungsrecht, JuS 1994, 936 f.; Denninger, in: Lisken/Denninger, Handbuch des Polizeirechts, 2001, Kap. E, Rn. 69.

22) **헌법 제23조** ① 모든 국민의 재산권은 보장된다. 그 내용과 한계는 법률로 정한다. ② 재산권의 행사는 공공복리에 적합하도록 하여야 한다.

는 원칙적으로 어떤 사람이 물건의 위험한 상태를 스스로 야기하는지 그리고 이러한 위험의 야기가 그의 귀책사유 있는 방식에 의한 것인지는 중요하지 않다. 예를 들어 전쟁 중의 폭격으로 인하여 건물이 붕괴될 우려가 있는 경우 건물소유자는 상태책임을 지며,[23] 유조차 전복으로 인하여 기름이 토지로 스며들어 지하수가 오염될 위험에 처한 경우 토지소유자는 상태책임을 면하지 못한다.[24] 이로 인하여 물건의 소유자가 부담하게 되는 상태책임은 종종 가혹한 결과로 나아가게 된다. 이와 같이 특정 사례에서 상태책임이 물건의 소유자로 하여금 수인할 수 없을 정도로 과도한 부담을 초래한다면 물건소유자의 상태책임은 과잉금지원칙에 의하여 제한될 수 있다.[25] 이에 따라 **만일 오염된 토양을 정화하는 데에 소요되는 정화비용이 토지의 매매가격을 훨씬 초과하고, 토지소유자가 토지를 취득할 당시 그 이전부터 존재하였던 토양오염에 대하여 전혀 알지 못하였다면 토지소유자의 상태책임은 과잉금지원칙에 의하여 제한될 수 있다.**[26] 정화를 요하는 토지와 관련이 없는 재산으로써 매매가격을 훨씬 웃도는 정화비용을 부담토록하는 것은 토지소유자의 입장에서는 수인할 수 없는 것이다. 설령 상태책임자의 재정적 부담이 토지의 매매가격보다 낮더라도 정화를 요하는 토지가 상태책임자가 가진 재산의 본질적 부분을 구성하고 있고, 가족을 포함해서 자신의 삶을 영위하는 데에 토대가 되고 있다면 토지소유자는 그러한 재정적 부담을 수인할 수 없는 것이 된다. 특히 단독주택의 소유자가 자신의 경제적 상황을 고려할 때 더 이상 토지를 보유할 수 없는 상황이라면 소유자가 수인할 수 있는 부담의 한계는 이미 넘어선 것이 된다. 반면 토지소유자가 영리를 목적으로 임대를 통해 장해가 있는 토지의 이용가능성을 열어 두었고, 정화비용이 비교적 낮은 경우(예: 토지매매가격의 약 10%)라면 정화비용에 대한 면제나 부분적 면제에 대한 계기는 존재

---

23) BadVGH, DVBl. 1953, 145 ff.

24) OVG Münster, DVBl. 1964, 683.

25) 손재영, “상태책임의 귀속과 제한”, 법학논고 제33집, 2010, 325쪽 이하.

26) 헌재 2012. 8. 23. 2010헌바167; BVerfGE 102, 1 ff. = NJW 2000, 2573 ff.

하지 않는다.[27)]

이 밖에도 토지소유자에게 무제한적인 상태책임이 인정될 수 있는가를 결정함에 있어서는 여러 상황들이 중요할 수 있다. **만일 토지에서 발생하는 위험이 자연재해나 일반 공중에 귀속될 수 있는 원인 또는 법적으로 허용된 행위나 권한 없는 제3자의 행위에 의하여 야기되는 경우라면 토지소유자에게 무제한적 상태책임을 지우는 것은 인정되지 않는다.** 이에 따라 자연재해나 전쟁으로 폐허가 된 경우 또는 유조차 전복사고로 인하여 토지가 오염된 경우에는 토지소유자의 상태책임은 과잉금지원칙에 의하여 제한될 수 있다. 그렇지 않으면 토지소유자는 토지에 대한 물적 지배와 무관한 그리고 자신의 책임영역을 이탈한 리스크를 떠안는 것이 될 것이다.

그러나 이러한 **상태책임의 내용적 제한이 곧 상태책임의 부정을 의미하는 것은 아니라는 점에 유의하여야 한다.** 즉 오염된 토양의 정화에 엄청난 정화비용이 요구되는 경우나 유조차 전복사고로 인하여 토지가 오염된 경우 또는 자연재해나 전쟁으로 폐허가 된 경우 토지소유자의 상태책임은 과잉금지원칙에 의하여 제한될 수 있지만, 이러한 상태책임의 제한이 곧 상태책임의 부정을 의미하는 것은 아니라는 점이다. 상태책임이 내용적으로 제한되더라도 소유자에 대한 상태책임의 인정에는 변함이 없다. 즉 상태책임의 제한으로 소유자가 비책임자가 되는 것이 아니다.[28)]

2. 이른바 연계원칙과의 결별?

사실 문헌에서는 상태책임이 물건의 소유자로 하여금 수인할 수 없을 정도로 과도한 부담을 초래하는 문제점을 해결하기 위하여 이미 오래전부터 물건소유자의 상태책임을 제한하려는 다양한 시도가 행하여져 왔다.[29)]

---

27) BVerfGE 102, 21.

28) Schenke, Polizei- und Ordnungsrecht, 2023, Rn. 345.

29) 이러한 시도에 관하여 보다 상세한 것은 이기춘, "독일경찰법상 상태책임의 근거 및 제한에 관한 고찰", 토지공법연구 제18호, 2003, 411쪽 이하; 김현준, "경찰법상의 상태책임", 토지공법연구 제22호, 2004, 372쪽 이하; 서정범, "상태책임의

이러한 시도들 가운데에는 상태책임의 범위에 관한 문제를 해결하기 위한 근원적 방안으로서 이른바 **연계원칙**(Konnexitätsprinzip)[30] 자체를 부정하는 견해가 개진되기도 하였다. 이러한 견해에 따르면 물건의 소유자에게는 위험방지에 협력할 의무가 있다는 의미에서의 무제한적 상태책임이 인정되지만(제1단계), 물건의 소유자가 위험방지에 소요된 비용도 부담해야 하는가의 문제(제2단계)는 그에게 책임이 귀속될 가능성이 있는지 여부에 따라 별도로 결정되어야 한다고 한다.[31]

그러나 이러한 견해에 대해서는 **제1단계에서의 실질적 경찰책임과 제2단계에서의 비용부담의무 간의 체계적 연관관계를 충분히 고려하지 못한 견해라는 비판**이 가해질 수 있다.[32] 사실 특정 사례에서 상태책임의 인정으로 인하여 발생하는 불합리성은 굳이 연계원칙을 부정해야만 극복될 수 있는 문제가 아니며, 또한 위험을 스스로 제거하지 않음으로써 자신에게 부과된 협력의무를 다하지 못한 관계인에게 위법한 부작위를 범했다는 오

한계에 관한 고찰", 토지공법연구 제48집, 2010, 485쪽 이하.

30) 경찰책임자의 위험방지의무와 비용부담의무 그리고 무보상원칙은 필연적으로 결합되어 있다는 것을 일컬어 "연계원칙"(Konnexitätsprinzip)이라고 한다. 국가공동체의 모든 구성원은 자신의 행위 또는 자신의 지배하에 있는 물건의 상태로부터 공공의 안녕이나 공공의 질서에 대한 위험 또는 장해가 발생하지 않도록 해야 할 의무를 지는바, 만일 이러한 의무를 위반하여 위험 또는 장해를 야기하는 사람이 있다면 그는 경찰책임자로서 경찰권 행사의 대상이 된다. 만일 위험방지 또는 장해제거에 소요된 비용이 있다면 그 비용은 경찰책임자가 부담하여야 한다. 나아가 경찰권 행사의 대상이 된 경찰책임자에게는 원칙적으로 자신에게 발생한 손실이 보상되지 않는다. 즉 누군가가 경찰책임자라면 그는 경찰권 행사의 대상이 될 수 있고 설령 경찰권 행사를 통하여 자신에게 손실이 발생한 경우에도 비책임자와는 달리 원칙적으로 손실보상을 청구할 수 없다. 왜냐하면 경찰책임자에게 행하여진 경찰권 행사는 행동의 자유의 한계(행위책임자)나 재산권의 사회적 기속성(상태책임자)을 구체화한 것에 지나지 않기 때문이다.

31) 연계원칙의 부정에 근거한 견해로는 Griesbeck, Die materielle Polizeipflicht des Zustandsstörers und die Kostentragungspflicht nach unmittelbarer Ausführung und Ersatzvornahme, 1991, 39 (56), (104−106); 이기춘, "독일 경찰법상 상태책임의 근거 및 제한에 관한 고찰", 토지공법연구 제18호, 2003, 426면; 서정범, "상태책임의 한계에 관한 고찰", 토지공법연구 제48집, 2010, 493쪽.

32) 이에 관해서는 Schenke, Polizei− und Ordnungsrecht, 2023, Rn. 347.

명을 씌운다는 점에서도 이러한 견해를 따를 수 있을지 의문이다. 오히려 특정 사례에서 상태책임이 물건의 소유자로 하여금 수인할 수 없을 정도로 과도한 부담을 초래한다면 물건소유자의 상태책임은 과잉금지원칙에 의하여 제한될 수 있다고 보고, 그 제한의 기준을 상당히 구체화한 견해가 보다 더 설득력이 있어 보인다. 과잉금지원칙에 의한 상태책임의 실질적 제한은 **전부 아니면 전무**(All or Nothing) 간의 양자택일을 넘어섬으로써 법정책적으로도 만족할만한 해결을 가능케 한다.[33)]

3. 사안에의 적용

[사례 1] <주유소 오염 사건>에서 토지소유자 '을'은 원칙적으로 토양오염에 대하여 책임을 진다. 물론 과잉금지원칙에 따라 '을'의 책임은 제한될 수 있다. 책임의 제한과 관련하여서는 토양오염은 '을'의 행위에 의하여 야기된 것이 아니라는 점(물론 이러한 사유만으로는 책임을 제한하기에 충분하지 않다), 무엇보다 오염된 토양을 정화하는 데에 엄청난 정화비용이 요구되고 그 비용은 토지의 매매가격을 훨씬 초과한다는 점, 나아가 '을'은 주유소운영자인 '갑'을 상대로 구상권을 행사할 수 없다는 점도 중요한 의미를 갖는다. 이러한 점을 고려할 때 M시장이 오염토양을 정화하는 데에 소요되는 비용을 오로지 '을' 한 사람에게만 부담시킨다면 그러한 비용부담은 '을'이 수인할 수 있는 한계를 넘어서게 된다. 오히려 '을'에게는 단지 정화비용의 일부만이 요구될 수 있다. 이에 따라 M시장은 「토양환경보전법」 제10조의4 제5항과 「같은 법」 제15조 제3항 제2문에 따라 국가로부터 정화비용의 일부를 지원받아 오염된 토양의 정화를 실시하여야 한다.

33) Schenke, Polizei- und Ordnungsrecht, 2023, Rn. 348.

Ⅳ 상태책임의 소멸

1. 의 의

물건의 소유자에게 인정되는 상태책임은 관할행정청이 위험방지조치를 취하는 시점에서 물건의 소유자가 위험을 야기하는 물건에 대한 소유권을 보유하고 있을 것을 전제로 한다. 이에 따라 만일 물건의 소유자가 소유권을 타인에게 이전하는 경우 구(舊) 소유자의 상태책임은 소멸하고 신(新) 소유자에게 상태책임이 발생한다. 이 점에 관해서는 학설상 이론이 없다. 반면 **물건의 소유자가 소유권을 포기(Dereliktion)하는 경우에도 물건소유자의 상태책임이 소멸하는지**에 관해서는 학설상 견해의 대립이 존재한다.

2. 학설의 상황

다수견해[34]는 물건에 대한 소유권의 포기는 상태책임의 소멸을 가져온다고 한다. 이에 반하여 소수견해[35]는 한번 발생한 상태책임은 소유권의 포기에 의하여 영향을 받지 않는다고 한다. 그렇지 않으면 물건의 소유자는 위험을 야기하는 물건에 대한 소유권의 포기를 통해 상태책임을 일반 공중에게 전가시킬 수 있다고 한다. 예를 들어 차량소유자가 폐차비용을 아끼기 위하여 차량을 숲속에 폐기하였다면 차량소유자의 상태책임은 소멸하게 되므로 차량소유자는 소유권의 포기를 통해 상태책임을 일반 공

34) v. Mutius, Der "Störer" im Polizei- und Ordnungsrecht, JURA 1983, 298 (307); Götz, Allgemeines Polizei- und Ordnungsrecht, 2001, Rn. 226; Schenke, Polizei- und Ordnungsrecht, 2023, Rn. 350; Schoch, Grundfälle zum Polizei- und Ordnungsrecht, JuS 1994, 1026 (1027).

35) OVG Bremen, NVwZ-RR 1989, 16; Friauf, Polizei- und Ordnungsrecht, in: Schmidt-Aßmann, Besonderes Verwaltungsrecht, 1995, Rn. 89.

중의 부담으로 전가시킬 수 있다고 한다.

3. 학설에 대한 평가

그러나 소수견해가 지적하는 그와 같은 부당한 결과는 물건의 소유자는 동시에 행위책임자라는 이론구성을 통해 피해 갈 수 있다. 즉 **물건의 소유자는 물건에 대한 소유권을 포기하더라도 자신의 행위책임은 영향을 받지 않기 때문에 행위책임을 면할 수 없다.** 예를 들어 차량소유자가 일으킨 교통사고로 인하여 차량이 파손되었고 이것이 교통상의 장해를 유발하고 있다면 차량소유자는 설령 자신의 차량에 대한 소유권을 포기하더라도 행위책임을 면할 수 없다. 이에 따라 차량소유자는 교통상의 장해를 제거해야 할 의무가 있다.[36] 이러한 점에서 다수견해가 타당하다고 본다.

Ⅴ 요 약

1. 물건의 소유자나 물건을 사실상 지배하고 있는 사람은 모든 위험에 대하여 책임을 지는 것이 아니라, 자신이 소유하고 있거나 사실상 지배하고 있는 물건의 상태에 의하여 직접적으로 야기되는 위험에 대해서만 책임을 지기 때문에, 위험의 직접적 야기는 행위책임에서뿐만 아니라 상태책임에서도 위험귀속의 근거가 되는 동시에 위험귀속의 한계가 되는 중요한 의미를 갖는다. 이러한 점에서 일부견해가 주장하고 있듯이 "물건에 대한 지배"만 인정되면 누구든 상태책임자로서 경찰권 행사의 대상이 될 수 있을지는 의문이다. 오히려 어떤 사람에게 상태책임이 인정되기 위해서는 행

---

36) 참고로 독일의 란트(Land) 경찰법은 "위험이 무주물(無主物)로부터 발생하는 경우에는 물건에 대한 소유권을 포기한 사람에게 조치가 취해질 수 있다"는 규정을 둠으로써 소유권의 포기는 상태책임의 소멸을 가져오지 않는다는 점을 분명히 해 두고 있다(「통일경찰법 모범초안」 제5조 제3항).

위책임에서와 마찬가지로 그 사람의 소유 또는 사실상의 지배하에 있는 물건의 상태에 의하여 위험(외관상 위험 포함) 또는 장해가 "직접" 야기될 것이 요구된다.

2. 특정 사례에서 상태책임이 물건의 소유자로 하여금 수인할 수 없을 정도로 과도한 부담을 초래한다면 물건소유자의 상태책임은 과잉금지원칙에 의하여 제한될 수 있다. 이에 따라 만일 오염된 토양을 정화하는 데에 소요되는 비용이 토지의 매매가격을 훨씬 초과하고, 토지소유자가 토지를 취득할 당시 그 이전부터 존재했던 오염에 대하여 전혀 알지 못했다면 토지소유자의 상태책임은 제한될 수 있다. 또한 토지에서 발생하는 위험이 자연재해나 일반 공중에 귀속될 수 있는 원인 또는 법적으로 허용된 행위나 권한 없는 제3자의 행위에 의해 야기되는 경우에도 토지소유자의 상태책임은 제한될 수 있다. 그러나 이러한 상태책임의 내용적 제한이 곧 상태책임의 부정을 의미하는 것은 아니라는 점에 유의하여야 한다. 즉 상태책임이 내용적으로 제한되더라도 소유자에 대한 상태책임의 인정에는 변함이 없다. 과잉금지원칙에 의한 상태책임의 제한은 "전부 아니면 전무"(Alles oder Nichts) 간의 양자택일을 넘어섬으로써 법정책적으로도 만족할 만한 해결을 가능케 한다.

제4절
외관상 경찰책임자

Ⅰ 개 설

1. 의 의

오늘날과 같이 고도로 산업화된 사회에서 개인은 다양한 유형의 위험상황에 직면해 있다. 현대 과학기술의 발전은 인류가 물질적 풍요를 누릴 수 있게 해 주었지만, 동시에 그동안 경험해 보지 못한 새로운 유형의 위험을 안겨다 주기도 하였다. 예를 들어 핵물리학의 발전은 인류에게 원자력 에너지의 자유로운 이용을 가능케 하였지만, 다른 한편 1986년 체르노빌 원자력발전소나 2011년 후쿠시마 원자력발전소 방사능 누출사고에서도 볼 수 있듯이 인류에게 엄청난 재앙을 가져다주기도 하였다. 독일의 저명한 사회학자 **울리히 벡**(Ulrich Beck)의 표현을 빌리자면 오늘날 개인은 **위험사회**(Risikogesellschaft) 내에서 살고 있는 것이다.[1)]

"위험"(Gefahr)이라는 개념에는 본질적으로 불확실성이 내재되어 있다. 이러한 불확실한 위험상황 하에서 국민의 안전을 책임지고 있는 국가는 손해발생이 확실해질 때까지 그리고 위험상황에 대하여 책임이 있는 사람이 나타날 때까지 인내하고 기다릴 수만은 없다. 국민을 보호해야 할 의무

1) Ulrich Beck, Risikogesellschaft: auf dem Weg in eine andere Moderne, Frankfurt a. M, 1986.

가 있는 국가는 위험상황에 대응해야 한다. 그러나 문제는 위험상황에서 법은 어떤 대응을 가능하게 하고, 결국 누가 책임을 져야 하느냐는 것이다. “외관상 위험”과 “외관상 경찰책임자”의 개념은 여기서 제기된 문제를 달리 표현한 것에 지나지 않는다.

“**외관상 위험**”(Anscheinsgefahr)이란 경찰관이 경찰작용을 하는 사전적 시점에서 사안을 합리적으로 판단하였을 때에는 가까운 장래에 손해가 발생할 충분한 개연성이 있었지만, 실제로는 이러한 손해가 발생하지 않은 경우를 일컫는다. 이 경우에도 다수견해는 경찰법상의 수권규정이 의미하는 위험이 존재한다고 보는바, 타당한 견해라 할 수 있다. 위험방지조치는 위험의 존재 여부에 관한 경찰의 예측(Prognose)을 전제로 한다. 이러한 경찰의 위험예측과 관련하여서는 무엇보다 다음의 점이 고려되어야 한다. 그것은 위험의 존재 여부에 관한 경찰의 예측이 고도의 주의 하에 어떠한 이의도 제기될 수 없는 방식으로 행해진 것이라 하더라도 개별사례에서 예측된 손해는 경찰이 인식할 수 없었거나 예견할 수 없었던 사유로 인하여 발생하지 않을 수 있다는 점이다. **위험의 존재 여부에 관한 경찰의 예측에는 필연적으로 불확실성이 내재되어 있기 때문에 사전적으로 행해져야 하는 위험예측의 정확성에 대하여 사후에 밝혀진 사실에 근거하여 이의를 제기하는 것은 모순이다.** 또한 경찰작용의 적법성이 항상 손해발생이 실제로 임박하였는지 여부에 따라 결정된다면 위험방지의 효율성은 현저히 축소되고 말 것이다. 이와 관련하여서는 다음의 점도 중요한데, 그것은 경찰이 위험방지조치 여부에 관한 결정을 내릴 때에는 종종 특별한 시간적 압박을 받기 때문에 실제로 손해발생이 임박하였는지 여부를 상세히 조사할 시간적 여유가 없다는 점이다. 만일 이에 대한 해명이 있은 후에야 비로소 경찰이 위험방지조치를 취할 수 있다면 경찰의 위험방지조치는 너무 늦은 것이 될 것이다. 이러한 이유로 위험예측에 기하여 내려진 경찰작용은 설령 예측된 손해가 실제로 발생하지 않더라도 적법할 수 있다는 점이 인정되어야 한다.

이러한 외관상 위험과 달리 "**외관상 경찰책임자**"(Anscheinsstörer)의 개념과 관련하여서는 학설상 그 어떤 합의도 존재하지 않는다. (후술하겠지만) **다수견해는 외관상 경찰책임자의 개념을 경찰작용을 하는 사전적 시점에서 사안을 합리적으로 판단해 볼 때 행위책임자 또는 상태책임자라는 외관이 존재하는 경찰법상의 책임자로 이해하고 있다.** 그러나 다수견해는 외관상 경찰책임자를 진정한 의미의 경찰책임자로 인정하고 있음에도 불구하고, 정작 외관상 경찰책임자가 경찰법상의 책임자로 인정되기 위해 요구되는 요건에 관해서는 함구(緘口)하고 있다. 이러한 점에서 다수견해는 문헌에서 개진된 또 다른 견해, 즉 **'외관상 경찰책임자를 경찰책임자로 인정하기 위해서는 그 사람이 행위책임자 또는 상태책임자라는 외관이 존재한다는 사실만으로는 불충분하고, 추가적으로 그 사람의 행위나 그 사람에게 속한 물건의 상태에 의하여 위험(외관상 위험을 포함) 또는 장해가 직접 야기될 것이 요구된다'고 보는 견해**[2]**와 구분된다**고 할 수 있다.[3]

2. 관련 사례

이하에서는 외관상 경찰책임자의 경찰법상 책임에 관한 문제를 고찰한다.[4] 여기서는 우선 다음에 인용된 사례의 도움으로 이와 관련된 문제를 보다 명확히 하고자 한다.

---

2) Schenke/Ruthig, Rechtsscheinhaftung im Polizeirecht – Zur Problematik des sog. Anscheinsstörers, VerwArch. 1996, 329 ff.

3) 손재영, "외관상 경찰책임자의 경찰법상 책임", 경찰학연구 제10권 제1호, 2010, 5쪽 이하.

4) 외관상 경찰책임자에 관한 국내문헌으로는 또한 이기춘, "위험방지를 위한 협력의무로서 경찰책임의 귀속에 관한 연구", 고려대학교 대학원 박사학위논문, 2003, 149쪽 이하.

리딩 케이스

사례 1 <미네랄오일 오염 사건>

최근 S시는 관할구역 내의 지하수가 오염되었음을 알게 되었다. 이를 계기로 특정 지역에 토양과 지하수에 대한 조사가 실시되었다. 이 과정에서 지하수가 미네랄오일(원유를 석유로 정제하는 과정에서 생성되는 부산물)에 오염되었음이 확인되었다. 지하수오염의 진원지로는 '갑'의 토지가 지목되었다. 왜냐하면 지하수의 흐름을 고려할 때 오염은 지하수의 발원지에 인접한 '갑'의 공장부지에서 기인했을 가능성이 있었기 때문이다. '갑'은 이곳에서 운송회사와 창고를 운영하였고, 공장부지에는 여러 개의 미네랄오일 탱크가 있었는데 그 가운데 몇몇은 사용하지 않은 채 방치되고 있었다. 관할행정청은 '갑'의 동의하에 전문기관에 조사를 의뢰하였고, 전문기관은 총 12차례에 걸쳐 진행된 지하수공조사(지하수공 내부 상태를 파악하기 위해 실시하는 조사)를 기초로 지하수오염은 '갑'의 공장부지에서 발생했을 개연성이 매우 높다는 보고서를 제출하였다. 관할행정청은 보다 확실한 증거를 제시하기 위하여 '갑'의 공장부지에서 지하수 시추조사를 시행하기로 하고 '갑'에게 조사를 수인할 것을 명령하였다. 조사결과 '갑'의 토지는 염화탄화수소에 의하여 오염되기는 하였으나, 미네랄오일에 의한 지하수오염과는 직접적 관련성이 없는 것으로 밝혀졌다.[5] '갑'은 경찰법상의 책임자인가? 관할행정청은 '갑'에게 지금까지 지하수오염조사에 소요된 비용의 납부를 요구할 수 있는가?

사례 2 <비육촉진제 사육 송아지 사건>

'을'은 축산 농가를 운영하고 있다. 현재 '을'이 사육하고 있는 송아지 가운데 약 300마리는 A농가에서 사들인 것이다. 그런데 최근 A농가는 금지된 비육촉진제(肥肉促進劑)의 투약하에 송아지를 사육한 것으로 밝혀져 사회적 물의를 일으켰다. '을'의 송아지도 구매 전에 금지된 비육촉진제의 투약하에 사육되었을 개연성이 있었기 때문에 관할행정청은 정밀검사를 위해 '을'에게 송아지 5마리의 도살을 명령하였다(왜냐하면 현재까지 살아 있는 상태에서 진단할 수 있는 진단법이 개발되어 있지 않았기 때문). 그러나 5마리의 송아지를 검사한 결과 모두 "음성" 반응이 나왔다. '을'은 경찰법상의 책임자인가? '을'은 도살된 송아지 5마리에 대한 보상을 요구할 수 있는가?[6)]

사례 3 <황토팩 사건>

A회사는 TV홈쇼핑과 인터넷 쇼핑몰을 통해 화장품을 제조·판매하는 회사이다. A회사는 “황토팩”을 주력제품으로 제조·판매하고 있다. 그런데 A회사의 황토팩에서 쇳가루가 검출되었고 이것은 황토팩을 제조하는 과정에서 유입된 것이라는 TV방송(소비자고발)이 나간 이후 관할행정청은 이 제품에 위해물질이 함유되었는지 여부를 평가하기로 하였다. 그러나 위해평가 결과 황토팩에서 나왔다는 쇳가루는 자철석으로서 황토 고유의 성분이며, 제조과정에서 유입된 것이 아님이 밝혀졌다. A회사는 경찰법상의 행위책임자인가?

사례 4 <정력제 캡슐 2만 정 밀수 사건>

2009년 11월 6일 오전 6시 한국계 미국인 ‘병’이 인천공항에 입국하였다. 미국 LA에서 입국한 ‘병’은 큰 가방을 들고 있었다. ‘병’의 움직임을 주시하던 사복경찰관들이 현장을 덮쳤다. 이들은 ‘병’이 마약을 밀반입한다는 유력한 첩보를 입수하고 잠복근무 중이던 서울 영등포경찰서 소속 경찰관들이었다. 당시 ‘병’의 가방에는 2만 정의 캡슐이 들어 있었다. 그러나 캡슐의 시약검사 결과 “음성” 반응이 나왔다. 캡슐은 마약이 아니라 한방 발기부전 치료제인 것으로 밝혀졌다. ‘병’은 경찰법상의 책임자인가?

사례 5 <사자 출몰 사건>

‘정’은 태어난 지 3개월 된 사자를 사육하고 있다. 그러던 어느 날 아침 경찰은 ‘도심에서 사자가 배회하고 있다’는 신고를 접수하였다. 12대의 경찰차가 투입되어 사자를 찾아 나섰다. 그러던 중 ‘정’이 TV를 통해 경찰이 자신이 사육 중인 사자를 찾고 있다는 방송을 접하게 되었다. ‘정’은 경찰에게 그 사자는 자신이 집에서 사육 중임을 알렸다. 이후 ‘정’은 경찰로부터 경찰력 투입에 들어간 비용의 납부를 요구받았다. 그러나 ‘정’은 자신은 위험을 전혀 야기하지 않았기 때문에 그

비용을 납부할 이유가 없다고 항변하고 있다.[7]

사례 6 <자동 타이머 사건>

세입자 '무'가 살고 있는 주택에는 3주 전부터 커튼이 쳐진 채 전등이 켜져 있었다. 때때로 라디오가 작동되기도 하였다. 집주인이 여러 차례 초인종을 눌러 보았지만 현관문은 열리지 않았다. 휴대폰도 연결되지 않았고 이웃주민에게 수소문해 보았지만 어느 누구도 '무'의 소재를 알지 못하였다. 마침내 집주인은 경찰에 신고를 하였고, 신고를 받고 출동한 경찰관 P는 '무'가 집안에서 사고를 당한 것으로 판단하여 현관문을 부수고 집안으로 들어갔다. 그러나 집안에는 아무도 없었다. 전등과 라디오가 켜졌던 것은 자동 타이머가 설정되어 있었기 때문이었다. 장기간 해외여행 중인 '무'가 외국에 체재하는 동안 마치 자신이 집안에 있는 것처럼 보이게 하기 위하여 의도적으로 그렇게 해 둔 것이었다. 경찰은 부서진 현관문의 수리비용을 집주인에게 보상한 후 '무'에게 그 비용의 상환을 요구하고 있다. '무'는 경찰법상의 책임자로서 비용을 상환하여야 할 의무가 있는가?[8]

언급된 여섯 사례에서는 관할행정청이 관계인을 경찰책임자로 간주하여 경찰권을 행사할 수 있는지 그리고 경우에 따라서 관계인에게는 비용부담의무나 손실보상청구권이 인정될 수 있는지 여부가 문제된다. 본격적인 논의를 전개하기에 앞서, 여기서는 우선 전통적인 경찰법의 체계, 즉 위험상황과 경찰책임 및 손실보상의 기본체계가 언급될 필요성이 있다. 왜냐하면 외관상 경찰책임자의 경우 다수견해는 제1단계(위험방지)와 제2단계(비용부담과 손실보상)로 구분하고, 어느 단계인지에 따라 외관상 경찰책임자의 경찰법상 책임을 상이하게 답하고 있기 때문이다. 이에 따라 아래에서는 위험상황과 경찰책임 및 손실보상의 기본체계를 간략하게 묘사하고자 한다.

5) VGH BW, DVBl. 1990, 1047 = DÖV 1991, 165.
6) BGH, NJW 1992, 2639 = DVBl. 1992, 1158.
7) OVG Hamburg, NJW 1986, 2005.
8) VG Berlin, NJW 1991, 2854.

Ⅱ 위험상황과 경찰책임 및 손실보상의 기본체계

1. 기본구조

경찰은 공공의 안녕이나 공공의 질서에 대한 위험의 방지를 그 직무로 수행하는바, 개별적 수권조항과 더불어 개괄적 수권조항은 경찰에게 이러한 위험방지의 직무수행에 필요한 권한을 부여한다. 이 경우에는 우선적으로 경찰책임자(행위책임자나 상태책임자)가 위험방지조치의 대상이 된다. 비책임자에 대한 조치는 경찰책임자에 대한 조치가 적시에 가능하지 않거나 그 어떤 성과도 기대할 수 없으며, 그 밖의 경찰긴급상황의 요건이 충족된 경우에만 가능하다. **경찰책임자로서 적법한 경찰하명의 대상이 된 사람은 원칙적으로 경찰하명을 수인해야 하며, 위험제거에 소요된 비용을 부담하여야 한다.** 경찰책임자에게는 손실보상청구권이 인정되지 않는다. 왜냐하면 경찰책임자에게 취해진 위험방지조치는 행동의 자유의 한계(행위책임자)나 재산권의 사회적 기속성(상태책임자)을 구체화한 것에 지나지 않기 때문이다.[9] 반면 **적법한 위험방지조치로 인하여 비책임자에게 손실이 발생한 경우에는 비책임자에게 손실보상청구권이 인정된다.**

2. 2단계 구분체계

이로써 전통적인 경찰법의 체계는 다음 두 단계로 구분될 수 있다.

(1) 제1단계

제1단계는 위험방지와 관련되어 있다. 경찰은 위험상황에 대하여 책임이 있는 사람(행위책임자 또는 상태책임자)에게 위험방지조치를 취하거나 경

9) Schoch, Entschädigung bei Inanspruchnahme wegen Verdachts- oder Anscheinsgefahr - BGH 117, 303, JuS 1993, 724.

찰긴급상황의 경우에는 비책임자에게 조치를 취함으로써 맡겨진 위험방지의 직무를 수행한다.

(2) 제2단계

제2단계는 위험방지조치의 결과와 관련되어 있다. 경찰책임자는 위험방지조치로 인해 발생한 비용을 부담해야 하는 반면, 적법한 위험방지조치로 인해 비책임자에게 손실이 발생한 경우 비책임자는 발생한 손실에 대하여 보상을 청구할 수 있다. 이상을 도해하면 [표 3-6]과 같이 나타낼 수 있다.

표 3-6 위험상황과 경찰책임 및 손실보상의 기본체계

구분	위험상황	경찰긴급상황
제1단계 (위험방지)	경찰책임자	비책임자
제2단계 (비용부담과 손실보상)	경찰책임자 (비용부담의무)	비책임자 (손실보상청구권)

Ⅲ 외관상 경찰책임자의 경찰법상 책임

만일 누군가가 위험 또는 장해를 야기하지 않았고, 경찰이 사전적 시점에서 사안을 합리적으로 판단해 볼 때 이 사람을 경찰책임자로 볼 만한 정당한 사유가 존재하지 않는다면 이 사람은 경찰책임자가 아니다. 이와 같이 경찰이 누군가를 정당한 사유 없이 경찰책임자로 판단한 경우에는 이른바 **오상책임자**(Scheinstörer)가 존재할 뿐이며, 오상책임자는 경찰법에서 의미하는 경찰책임자가 아니다. 이 점에 대하여 학설은 일치된 견해를 보이고 있다. 이에 반하여 **외관상 경찰책임자를 어느 정도까지 경찰책임자**

로 인정할 수 있는가와 관련하여서는 학설상 견해의 대립이 존재한다.[10]

1. 다수견해의 입장

(1) 외관상 경찰책임자의 개념

다수견해는 **"외관상 경찰책임자"**(Anscheinsstörer)의 개념을 **경찰이 경찰작용을 하는 사전적 시점에서 사안을 합리적으로 판단해 볼 때 행위책임자 또는 상태책임자라는 외관이 존재하는 경찰법상의 책임자로 이해**하고 있다.[11] 그러나 다수견해는 이렇게 이해된 외관상 경찰책임자가 실제로 경찰법에서 의미하는 책임자로 인정될 수 있는지에 관해서는 함구(緘口)하고 있다. 후술하겠지만 만일 다수견해가 정의하고 있는 외관상 경찰책임자가 항상 경찰법상의 책임자로 인정될 수 있는 것은 아니라면 외관상 경찰책임자라는 개념은 포기하는 것이 바람직하다.

---

10) 사실 외관상 경찰책임자의 경찰책임에 관한 문제에 접근하는 것은 상당한 어려움이 따른다. 그 이유는 "외관상 경찰책임자"의 개념과 관련이 있다. 즉 외관상 경찰책임자에 관한 최근의 논의를 살펴보면 각 문헌마다 다양한 개념이 사용되고 있고, 그 개념마다 각각의 의미내용에 현저한 차이를 보이고 있어 유익한 논의를 전개하기 위한 전제조건인 외관상 경찰책임자에 관한 개념이해가 상당히 어렵게 되었다. 그리고 외관상 경찰책임자의 경찰법상 책임에 관한 문제는 외관상 위험의 문제와는 전혀 다른 논의구조를 띠고 있음에도 불구하고 문헌에서는 양자를 동일선상에 놓고 논의를 전개함으로써 문제해결을 어렵게 만드는 것도 또 하나의 이유가 된다. 누군가를 경찰책임자인 것처럼 보이게 하는 외관은 외관상 위험이 존재하는 경우뿐만 아니라, 실제로 위험이 존재하는 경우에도 존재할 수 있기 때문에(예컨대 [사례 1] <미네랄오일 오염 사건>이 바로 그러하다) 외관상 위험을 야기하는 사람만이 외관상 경찰책임자가 되는 것은 아니다. 법이론적으로 위험의 존재 여부에 관한 문제와 위험에 대한 책임의 문제는 엄격히 구분되어야 한다.

11) Erichsen/Wernsmann, Anscheingefahr und Anscheinstörer, Jura 1995, 219 (221); Rachor, in: Lisken/Denninger, Handbuch des Polizeirechts, 2001, Kap. L, Rn. 42; Schoch, Grundfälle zum Polizei- und Ordnungsrecht, JuS 1994, 932 (934); Tettinger/Erbguth/Mann, Besonderes Verwaltungsrecht, 2009, Rn. 475; Wolffgang/Hendrichs/Merz, Polizei- und Ordnungsrecht Nordrhein-Westfalen, 2004, Rn. 367; OVG Saarlouis, DÖV 1984, 471; VGH Mannheim, DÖV 1991, 165.

(2) 외관상 경찰책임자의 경찰법상 책임

다수견해는 외관상 경찰책임자를 경찰법상 책임자로 인정할 수 있는지의 문제와 관련하여 제1단계와 제2단계로 나누어 답하고 있다. 즉 **다수견해는 제1단계, 즉 위험방지와 관련하여서는** (외관상 위험의 경우와 마찬가지로) 사전적 시점에서의 경찰의 인식상태를 고려하며, **위험방지의 효율성을 이유로 외관상 경찰책임자를 경찰책임자로 인정**한다. 이에 반하여 **제2단계, 즉 외관상 경찰책임자에 대한 비용부담과 손실보상의 문제와 관련하여서는 사후적 고찰에 기초하여 외관상 경찰책임자를 비책임자로 간주**한다. 이러한 점에서 다수견해는 외관상 경찰책임자와 관련하여 제1단계에서는 경찰책임자, 제2단계에서는 비책임자가 되는 (전통적 경찰법 체계와 다른) 새로운 모델을 상정하고 있다. 위험상황과 경찰책임 및 손실보상에 관한 다수견해의 새로운 컨셉을 도해하면 [표 3-7]과 같다.

표 3-7 위험상황과 경찰책임 및 손실보상에 관한 다수견해의 새로운 컨셉

구분	위험상황		경찰긴급상황
제1단계 (위험방지)	경찰책임자	외관상 경찰책임자 (경찰책임자)	비책임자
제2단계 (비용부담과 손실보상)	경찰책임자 (비용부담의무)	비책임자 (손실보상청구권)	비책임자 (손실보상청구권)

2. 다수견해에 대한 비판

그러나 다수견해와 달리 **외관상 경찰책임자를 경찰책임자로 인정하기 위해서는 그 사람이 행위책임자 또는 상태책임자라는 외관이 존재한다는**

사실만으로는 불충분하고, 추가적으로 그 사람의 행위나 그 사람에게 속한 물건의 상태에 의하여 위험(외관상 위험 포함) 또는 장해가 직접 야기될 것이 요구된다. 이러한 기준에 따라 외관상 경찰책임자의 경찰책임은 제1단계에서뿐만 아니라 제2단계에서도 동일한 관점에서 판단되어야 한다. 만일 누군가가 외관상 위험을 직접 야기하지 않는다면 설령 경찰이 경찰작용을 하는 사전적 시점에서 경찰책임자라는 외관이 존재하는 경우에도 이 사람은 비책임자에 불과하고(제1단계), 만일 이 사람에게 손실이 발생한다면 손실보상청구권이 인정되어야 한다(제2단계). 이와 반대로 누군가가 외관상 위험을 직접 야기한다면 이 사람은 제1단계에서뿐만 아니라 제2단계에서도 경찰책임자이다. **그럼에도 불구하고 다수견해는 외관상 위험을 직접 야기하는 사람을 제1단계에서는 경찰책임자로 인정하지만, 제2단계에서는 비책임자나 비책임자처럼 취급하고 있다.** 만일 누군가가 외관상 위험을 직접 야기한다면 이 사람은 제2단계에서도 경찰책임자로 인정되어야 한다. 다수견해에 대해서는 제1단계와 제2단계 간에 체계적 연관관계가 존재함에도 불구하고 외관상 경찰책임자의 경찰법상 책임을 각 단계마다 상이하게 답함으로써 결국 **전통적인 경찰법 체계(경찰책임자와 비책임자의 이분법, 경찰책임자에 대한 무보상원칙)를 붕괴시키고 있다는 비판**이 가해질 수 있다.[12] 다수견해와 달리 **경찰법에서는 단지 경찰책임자와 비책임자 간의 구분만이 존재할 뿐이며, 그 중간영역은 존재하지 않는다.** 이로 인하여 경찰책임자와 비책임자 외에 중간영역을 도입하거나 적어도 중간영역이 존재한다는 암시를 줄 수 있는 외관상 경찰책임자라는 개념은 사용하지 않는 것이 바람직하다. 후술하겠지만 외관상 경찰책임자와 관련하여 논의되고 있는 사례들은 굳이 다수견해를 따르지 않더라도 충분히 해결될 수 있다.

---

12) 보다 자세한 것은 Schenke, Gefahrenverdacht und polizeirechtliche Verantwo－rtlichkeit, FS Friauf, 1996, 455 (469 ff.); Schenke/Ruthig. Rechtsscheinhaftung im Polizeirecht – Zur Problematik des sog. Anscheinsstörers, VerwArch 1996, 329 ff.

3. 외관상 경찰책임자를 경찰책임자로 인정하기 위한 요건

다수견해는 외관상 경찰책임자를 위험방지의 효율성을 이유로 진정한 의미의 경찰책임자와 동일시하며, 단지 외관상 경찰책임자라는 이유만으로 경찰권 행사의 대상이 될 수 있음을 긍정한다. 그러면서도 정작 외관상 경찰책임자가 경찰책임자로 인정되기 위해 요구되는 요건에 관해서는 함구하고 있다. 그러나 다수견해의 주장처럼 경찰책임자라는 외관만 존재하면 누구든 경찰책임자로 인정될 수 있을지는 의문이다.

(1) 위험 또는 장해의 존재

(다수견해와 달리) 외관상 경찰책임자는 자신의 행위나 자신에게 속한 물건의 상태에 의하여 위험 또는 장해가 직접 야기되는 경우에만 경찰책임자로 인정될 수 있다. 이에 따라 **외관상 경찰책임자가 경찰책임자로 인정되기 위해서는 먼저 위험 또는 장해가 존재하여야 한다.** 만일 위험 또는 장해가 존재하지 않으면 경찰은 경찰권을 행사할 수 없고, 어느 누구도 경찰책임자로서 책임을 부담하지 않는다. 즉 위험 또는 장해가 존재하지 않으면 경찰책임자도 존재할 수 없다. 이 경우에는 **외관상 위험**이 존재하는 것만으로 충분하다. 왜냐하면 외관상 위험도 경찰법에서 의미하는 진정한 의미의 위험으로 볼 수 있기 때문이다.

다른 한편 **외관상 경찰책임자를 경찰책임자로 인정하기 위해서는 위험이 존재하여야 하지만, 그 위험이 반드시 외관상 위험이어야 하는 것은 아니다.**[13] 누군가의 행위나 그의 지배하에 있는 물건의 상태에 의하여 위험이 야기된다는 외관은 다음의 경우에도 존재할 수 있다. 즉 위험이 실제로 존재하고 누군가의 행위나 그의 지배하에 있는 물건의 상태에 의하여 그러한 위험이 야기된다는 외관이 존재하지만, 실제로는 다른 사람에 의하여

13) Schenke, Polizei- und Ordnungsrecht, 2023, Rn. 327.

야기된 경우가 바로 그러하다. 예를 들어 지하수가 실제로 미네랄오일에 의하여 오염되었음이 확인된 후 관할행정청이 사실관계와 전문기관의 보고서에 기초하여 지하수오염은 '갑'의 공장부지에서 야기된 것으로 판단하였지만, 실제로는 '갑'의 공장부지에서 야기된 것이 아님이 밝혀진 [사례 1] <미네랄오일 오염 사건>을 생각해 볼 수 있다. 이러한 점에서 일부 견해[14]가 외관상 경찰책임자를 '외관상 위험을 야기하는 사람'으로 정의하는 것은 적절치 못한 것으로 판단된다. 왜냐하면 [사례 1] <미네랄오일 오염 사건>에서와 같이 누군가가 경찰책임자라는 외관은 외관상 위험이 존재하는 경우뿐만 아니라 실제로 위험이 존재하는 경우에도 있을 수 있기 때문이다.

위에서 언급된 여섯 사례 가운데 위험이 실제로 존재하는 [사례 1] <미네랄오일 오염 사건>을 제외한 나머지 사례에서는 "외관상 위험"이 존재한다. 그러나 일부 견해[15]에 따르면 [사례 2] <비육촉진제 사육 송아지 사건>에서는 단지 "**위험혐의**"가 존재할 뿐이라고 한다. 그러나 (주지하는 바와 같이) 사람의 생명, 신체 또는 건강과 같은 특별히 높은 가치를 갖는 법익이 위협을 받고 있다면 손해발생의 개연성에는 높은 정도가 요구될 수 없고, 위협받고 있는 법익의 높은 가치를 고려하여 비록 손해발생의 개연성이 낮더라도 위험이 인정될 수 있다. [사례 2] <비육촉진제 사육 송아지 사건>이 바로 그러하다. 금지된 비육촉진제의 투약하에 사육된 송아지를 판매함으로써 소비자의 건강이 위험할 수 있는 상황이었기 때문에, 위협받고 있는 법익의 높은 가치를 고려할 때 비록 손해발생의 개연성이 낮더라도 여기서는 위험이 인정될 수 있다. 그럼에도 불구하고 일부 견해가 <비육촉진제 사육 송아지 사건>을 "위험혐의"가 존재하는 사례로 파악하

---

14) 예를 들어 Knemeyer, Polizei- und Ordnungsrecht, 2004, Rn. 95 und 383; Schoch, Grundfälle zum Polizei- und Ordnungsrecht, JuS 1994, 932 (934); Würtenberger/Heckmann, Polizeirecht in Baden-Württemberg, 2005, Rn. 424가 바로 그러하다.

15) Erichsen/Wernsmann, Anscheingefahr und Anscheinstörer, Jura 1995, 219 (221)가 바로 그러하다.

려 한다면 송아지 소유자 '을'을 우선적으로 비책임자로 취급하여야 한다. 왜냐하면 위험혐의가 존재하는 경우에는 외관상 위험이 존재하는 경우와 달리 경찰책임자가 존재하는지 여부가 불명확하기 때문에 만일 누군가가 경찰책임자인지 여부가 의심스럽다면 "**의심스러울 때에는 의심받고 있는 사람의 이익으로**"[16)]하여 이 사람을 비책임자로 취급하는 것이 헌법상의 원칙(「헌법」 제27조 제4항: "형사피고인은 유죄의 판결이 확정될 때까지는 무죄로 추정된다")에 보다 부합하는 것이기 때문이다. 이러한 점에서 일부 문헌[17)]에서 주장되고 있는 견해, 즉 '이 경우에는 행정청이 위험을 방지할 수 있도록 경찰책임자로 추정된 사람을 적어도 임시로라도 경찰책임자로 취급하여야 한다'는 견해는 타당하지 않은 견해이다. 만일 행정청이 누군가가 위험에 대하여 책임이 있을 수 있다는 혐의를 갖고 있지만, 행정청 스스로 그런 가정이 의문스러울 수 있음을 자각하고 있고, 그리하여 이러한 혐의가 진실이 아닐 수 있음을 스스로 인정하고 있다면 행정청은 이 사람을 우선적으로 비책임자로 취급하여야 한다.[18)]

(2) 관계인의 행위 또는 관계인의 지배하에 있는 물건의 상태

외관상 경찰책임자가 행위책임자로 인정되기 위해서는 외관상 경찰책임자가 자신의 행위를 통해 위험 또는 장해를 야기할 것이 요구된다. **만일 행위가 실제로 존재하지 않으면 행위책임은 처음부터 배제된다.**[19)] 예를 들

16) "의심스러울 때에는 피고인의 이익으로"(in dubio pro reo).

17) 예를 들어 v. Arnauld. Blindgängern und Giftfässern, Jura 2003, 53 (56); Di Fabio, Vorläufiger Verwaltungsakt bei ungewissem Sachverhalt. Gefahrerforschung als Anwendungsfall vorläufiger Regelungen, DÖV 1991, 629 (631 f.); ders., Gefahr, Vorsorge, Risiko: Die Gefahrenabwehr unter dem Einfluß des Vorsorgeprinzips, Jura 1996, 566 (569 ff.)가 바로 그러하다.

18) 반대 견해로는 Schoch, Grundfälle zum Polizei- und Ordnungsrecht, JuS 1995, 504 (510); Pieroth/Schlink/Kniesel, Polizei- und Ordnungsrecht, 2010, § 9 Rn. 24.

19) 만일 경찰법상의 행위책임을 확대하고자 한다면 행위책임은 위험을 야기하는 행위에 대한 사실적 근거만으로도 충분하다는 법률규정이 필요하다. 그러한 법률규정은 부분적으로 정보수집에 관한 규정에 존재한다. 예를 들어 독일 「바덴-뷔르템베르

어 [사례 3] <황토팩 사건>이 바로 그러하다. 이 사건에서 관할행정청은 A회사가 제조 · 판매하는 황토팩에서 쇳가루가 검출되었다는 TV방송을 근거로 A회사가 소비자의 건강을 위협하는 화장품을 제조 · 판매한다고 판단했지만, 실제로 이것은 사실이 아님이 밝혀졌다. 사실 [사례 3] <황토팩 사건>에서와 같이 만일 A회사가 제조 · 판매하는 황토팩에서 쇳가루가 검출되었다는 사실이 TV방송을 통해 보도가 되었다면, 설령 A회사가 쇳가루를 유입했다고 볼 만한 행위가 존재하지 않더라도 행정청의 관점에서 보았을 때에는 소비자의 건강에 대한 위험이 존재한다. 그럼에도 불구하고 억울하게 "중금속 황토팩"으로 허위 보도된 A회사는 행위책임자가 아니다. 왜냐하면 여기서는 중금속 유입행위로 볼 만한 A회사의 행위가 실제로 존재하지 않기 때문이다.

그러나 다수견해가 정의하고 있는 외관상 경찰책임자의 개념에 따르면 A회사는 의문의 여지없이 외관상 경찰책임자이다. 그러나 **경찰법상의 행위책임은 그 전제요건으로서 행위의 외관이 아니라, "실제의 행위"를 요구하기 때문에 A회사는 행위책임자가 아니다.** 또한 A회사는 상태책임자로서도 고려될 수 없는데, 왜냐하면 외관상 위험이 실제로 물건의 상태에서 발생하고 있지 않기 때문이다. 물론 외관상 위험의 경우에도 상태책임이 존재할 수 있지만, 상태책임이 인정되기 위해서는 외관상 위험이 물건의 상태에 의하여 직접 야기될 것이 요구된다. 그러나 <황토팩 사건>의 경우처럼 위험이 물건의 상태로부터 발생한다는 외관만 존재하는 경우에는 상태책임은 인정되지 않는다. 이에 따라 A회사는 비책임자이므로 A회사에게

크 경찰법」 제20조 제3항은 어떤 사람이 장래에 범죄를 자행할 것이라는 사실적 근거가 존재하는 경우 경찰은 그 사람으로부터 개인정보를 수집할 수 있음을 규정하고 있다. 이로써 독일의 란트(Land) 입법자는 경찰에 의한 정보수집조치의 대상자를 특정함에 있어서 누군가가 장래에 범죄를 자행할 것이라는 사실적 근거가 존재하는 경우만으로도 정보수집의 대상이 될 수 있게 하고 있다. 그러나 위험방지의 효율성을 이유로 단지 사실적 근거의 존재만을 요구하는 그러한 특별규정은 그 적용영역을 넘어서 경찰책임자와 비책임자의 구분에 직접 원용될 수 없다. 오히려 그러한 특별규정은 그 반대, 즉 그 밖의 경우에는 경찰책임에 관한 일반원칙이 적용됨을 나타낸다. Schenke, Polizei- und Ordnungsrecht, 2023, Rn. 329.

는 경찰긴급상황의 요건 하에서 위험조사(여기서는 「화장품법」 제8조 제3항에 따른 위해평가)가 실시될 수 있을 뿐이다. <황토팩 사건>에서는 오히려 허위보도를 통해 외관상 위험을 직접 야기한 TV방송사가 경찰책임자(행위책임자)이다.

(3) 인과관계

1) 자연과학적 의미의 인과관계

외관상 경찰책임자를 경찰법에서 의미하는 경찰책임자로 볼 수 있으려면 그 밖에도 그 사람의 행위나 물건의 상태가 위험 또는 장해와 인과관계에 있을 것이 요구된다. 특히 "원인 없으면 결과 없다"는 절대적 제약공식에 따라 그 사람의 행위나 물건의 상태가 위험 또는 장해와 자연과학적 의미의 인과관계에 있을 것이 요구된다. 이에 따라 **누군가의 지배하에 있는 물건이 위험 또는 장해와 인과관계에 있다는 외관이 존재하지만, 실제로는 위험 또는 장해가 이러한 물건과 무관하게 발생한다면 인과관계는 부정된다.** 예를 들어 [사례 1] <미네랄오일 오염 사건>이 바로 그러하다. 여기서 '갑'은 염화탄화수소에 의하여 오염된 공장부지의 소유자라는 점에서 상태책임자이다. 하지만 '갑'의 공장부지와 미네랄오일에 의한 지하수오염 간에는 자연과학적 의미의 인과관계가 인정되지 않기 때문에 비록 지하수오염에 대하여 책임이 있다는 외관에도 불구하고 '갑'은 지하수오염에 대한 상태책임자가 아니다. 이에 따라 **관할행정청은 '갑'에게 염화탄화수소에 의하여 오염된 토양의 정화를 명령하는 것 외에 미네랄오일에 의하여 오염된 지하수의 정화를 명령할 수 없다.** 왜냐하면 지하수오염은 '갑'에게 귀속될 수 없기 때문이다. '갑'에게는 단지 경찰긴급상황의 요건 하에서 지하수 정화와 관련된 조치가 취해질 수 있을 뿐이다. 염화탄화수소에 의한 토양오염을 고려할 때 '갑'에게는 다음과 같은 조치, 즉 염화탄화수소에 의한 토양오염으로 인하여 유해한 결과가 발생할 수 있는지, 특히 염화탄화수소에 의한 토양오염이 지하수오염을 초래할 수 있는지를 조사하는

위험조사만이 허용된다. 이 경우 **'갑'은 지하수오염에 대한 상태책임자라는 외관을 야기하였고, 이 외관은 '갑'의 오염된 공장부지에 의하여 야기된 것이기 때문에, '갑'은 지하수 오염조사에 소요된 비용을 부담해야 할 의무가 있다.**[20)]

상태책임은 외관상 위험의 경우에도 존재할 수 있다. 외관상 위험이 물건의 상태에 의하여 야기되는 경우가 바로 그러하다. 예를 들어 어느 주택의 경보기에서 울리는 경보음에 의거하여 그 주택에 강도가 침입한 것으로 판단한 경찰이 문을 부수고 들어갔지만, 나중에 이것은 고장난 경보기에 의한 오보(誤報)이었음이 밝혀진 경우를 생각해 볼 수 있다. 이 경우에는 외관상 위험이 존재하는바, 이러한 외관상 위험은 물건의 상태, 즉 경보기의 고장에 의하여 야기된 것이기 때문에 경보기 소유자는 상태책임자로서 고장난 경보기에 의하여 유발된 오보에 대하여 책임을 진다.[21)] 이에 반하여 [사례 2] <비육촉진제 사육 송아지 사건>에서와 같이 **위험이 물건의 상태에서 발생한다는 외관만 존재하는 경우에는 상태책임은 인정되지 않는다.** 왜냐하면 위험은 실제로 물건의 상태, 즉 송아지의 상태로부터 발생하고 있지 않기 때문이다. 검사결과 '을'의 송아지는 비육촉진제의 투약하에 사육되지 않았음이 밝혀졌다. 말하자면 송아지는 식용으로 사용할 수 있는 상태였고, 소비자의 건강에 대한 위험은 실제로 어느 시점에도 존재하지 않았다. 물론 외관상 위험의 경우에도 상태책임이 존재할 수 있지만(전술한 고장난 경보기사례가 바로 그러하다), **상태책임이 인정되기 위해서는 외관상 위험이 물건의 상태에 의하여 직접 야기될 것이 요구된다.** 그러나 [사례 2] <비육촉진제 사육 송아지 사건>에서와 같이 위험이 물건에서 발생한다는 외관만 존재하는 경우에는 상태책임은 인정되지 않는다. 따라서 송아지 소유자 '을'은 비책임자이므로 '을'에게는 원칙적으로 경찰긴급상

20) 결론에 있어서 같은 견해로는 이성용, "경찰책임자의 비용상환에 관한 연구", 경찰학연구 제8권 제1호, 2008, 70쪽. 여기서와 유사한 사례에 관해서는 Schenke, Polizei- und Ordnungsrecht, 2023, Rn. 772.
21) Schenke, Polizei- und Ordnungsrecht, 2023, Rn. 342.

황의 요건 하에서 위험조사가 시행될 수 있을 뿐이다. 비책임자에게 손실이 발생한다면 비책임자는 발생한 손실에 대하여 보상을 요구할 수 있는바, 이에 따라 '을'은 도살된 송아지 5마리에 대한 보상을 요구할 수 있다.

2) 행위 또는 물건의 상태에 의한 위험의 직접적 야기

어떤 사람의 행위나 물건의 상태가 위험(외관상 위험 포함) 또는 장해와 자연과학적 의미의 인과관계에 있는 경우에도 이 사람이 필연적으로 경찰책임자인 것은 아니다. 자연과학적 의미의 인과관계에 있는 경우에도 경찰법에서 책임을 인정하기 위해 발전된 귀속이론에 의거할 때 경찰책임자로 인정될 수 있어야 한다. 이 경우에는 현재 경찰법에서 지배적인 학설인 **직접원인설**에 따라 판단되어야 한다. 직접원인설은 어떤 행위나 물건의 상태가 위험의 한계를 일탈하는지 그 결과 위험발생의 직접적 원인이 되고 있는지를 고려한다. 여러 요소가 함께 작용하는 경우에는 통상 시간적으로 마지막 요소가 원인이 되지만, 꼭 그런 것만은 아니다.[22] 경찰법상의 인과관계를 판단함에 있어서는 위험발생에 중요한 원인들 간의 선택이 있어야 하고 이 경우에는 원인에 대한 평가가 요구된다. 원인을 평가할 경우에는 법질서에 중요한 의미가 부여된다. 이에 따라 **법질서와 일치되는 행위를 하는 사람은 경찰책임자가 아니다. 누군가의 행위가 권리의 행사로서 행하여진 경우나 위험성을 내포하기는 하였으나 법질서에 의하여 수인되고 있는 경우 그 사람은 경찰책임자가 아니다.** 직접원인설은 위험상황을 누구에게 귀속시킬 것인가의 문제를 해결함에 있어서 유용한 이론이며, "위법성"과 "위험성"이라는 요소를 수용함으로써 경찰법에서 타당한 귀속이론이 되고 있다.

그러나 일부 견해에 따르면 직접원인설은 외관상 위험이 문제되는 사례에서는 인과관계를 판단하는 척도로서 적합하지 않다고 한다.[23] 왜냐하

---

22) Gusy, Polizeirecht, 2011, Rn. 335.

23) Schoch, Grundfälle zum Polizei- und Ordnungsrecht, JuS 1994, 932 (934)가 바로 그러하다.

면 외관상 위험이 문제되는 사례에서는 손해가 실제로 발생하지 않기 때문에 어떤 행위가 발생하지도 않은 손해에 대한 원인이 된다는 것은 있을 수 없는 일이기 때문이라고 한다. 그러나 이러한 견해는 **경찰법에서 인과관계를 판단할 때에는 어떤 행위가 손해를 야기하는지를 묻는 것이 아니라 어떤 행위가 "위험"을 야기하는지를 묻는다**는 점에서, 그리고 외관상 경찰책임자의 경찰책임에 관한 문제는 외관상 위험이 존재할 때뿐만 아니라 실제로 위험이 존재할 때에도 제기된다는 점에서 타당하지 않은 견해라고 생각한다. 외관상 위험도 진정한 의미의 위험이기 때문에 외관상 위험을 야기하는 행위나 물건의 상태도 언제나 동일한 원칙에 따라 판단되어야 한다.[24] 이러한 직접원인설에 의거하여 외관상 경찰책임자의 경찰책임이 인정될 수 있는 사례를 발전시킬 수 있다. 먼저 **누군가가 "위법한" 행위를 하는 경우 그 사람은 언제나 경찰책임자로 인정될 수 있다.** [사례 4] <정력제 캡슐 2만 정 밀수 사건>이 바로 그러하다. 이 사건에서 '병'은 2만 정이나 되는 캡슐을 가방에 소지하고 있었다. '병'은 그 성분이 확인되지 않은 약품을 의사의 처방전이나 식품의약품안전처의 허가 없이 국내로 반입하였기 때문에 「약사법」에 위반하는 위법한 행위를 하였고, 이러한 위법한 행위를 통해 위험을 야기하고 있기 때문에 '병'은 행위책임자로 인정될 수 있다.

그러나 행위책임은 누군가의 행위가 특별한 행위규범(명령 또는 금지규범)에 위반하는 경우에만 인정될 수 있는 것은 아니다. 누군가의 행위가 경찰법에 의하여 보호되는 법익을 위험하게 하거나 침해하고 이러한 행위가 법질서에 의하여 수인될 수 없다면 그 사람은 행위책임자로 인정될 수 있다. 이에 따라 **누군가의 행위가 "고도의 위험성"을 창출하는 경우 그 사람은 행위책임자로 인정될 수 있다.** "고도의 위험성"은 관계인을 위험에 대한 행위책임자로 인정하는 것을 정당화시킨다. [사례 5] <사자 출몰 사건>이 바로 그러하다. 이 사건에서 '정'은 자신의 행위를 통해 외관상 위

24) Schenke, Polizei- und Ordnungsrecht, 2023, Rn. 333.

험을 직접 야기하고 있다. 만일 사자가 도심을 활보하고 있다면 (설령 사자가 주인의 동반 하에 있다 하더라도) 여기서는 사람의 생명이나 신체에 대한 위험이 존재한다. 사자가 실제로는 애완견처럼 길들여져 있다 하더라도 상황은 달라지지 않는다. 그 사정을 모르는 행인과 경찰은 사자가 실제로 길들여져 있는지를 알 수 없다. 그로 인해 '정'은 최소한 행인과 경찰이 사자를 위험하다고 볼 수 있음을 인식했어야 했다. 행인과 경찰이 사자를 위험한 동물로 볼 위험성은 '정'이 부담한다. 결국 '정'은 행인과 경찰을 오도(誤導)함으로써 외관상 위험을 직접 야기하고 있기 때문에 행위책임자이며, 또한 상태책임자이다.25)

[사례 6] <자동 타이머 사건>도 마찬가지이다. '무'는 해외여행을 이유로 장기간 집을 비우는 동안 타이머 설정을 통해 - 의도적으로 - 자신이 집안에 체재하는 것과 같은 인상을 주었고, 이를 통해 초인종을 눌러도 문이 열리지 않고 휴대폰을 해도 연락이 닿지 않은 제3자로서는 '무'가 집안에서 사고를 당한 것으로 추측할 수 있는 상황을 만들었다. 이에 따라 '무'는 행위책임자이며, 경찰에게 부서진 현관문에 대한 수리비용을 상환할 의무가 있다.26)

4. 외관상 경찰책임자의 비용부담의무와 손실보상청구권

외관상 경찰책임자의 경찰법상 책임에 관한 문제는 외관상 경찰책임자로서 경찰권 행사의 대상이 된 사람에게는 손실보상이 이루어져야 하는지 그리고 경찰권 행사로 인하여 비용이 발생했다면 그에게는 비용부담이 요구될 수 있는지의 문제가 결합되어 있다는 점에 특색이 있다. **다수견해와 달리 경찰이 외관상 위험을 방지하기 위하여 누군가에게 경찰권을 행사하는 경우에는 이 사람이 행위책임자나 상태책임자라는 외관이 존재하는지**

25) Schenke, Gefahrenverdacht und polizeirechtliche Verantwortlichkeit, FS Friauf, 1996, 455 (479).

26) 같은 견해로는 VG Berlin, NJW 1991, 2854.

여부가 아니라, 외관상 위험이 이 사람의 행위나 이 사람의 지배하에 있는 물건의 상태에 의하여 직접 야기되고 있는지 여부가 중요하다. 이러한 기준에 따라 경찰법상의 책임은 제1단계에서뿐만 아니라 제2단계에서도 동일한 관점에서 판단되어야 한다. 만일 어떤 사람이 외관상 위험을 직접 야기하지 않았다면 설령 이 사람이 경찰책임자라는 외관이 존재하는 경우에도 이 사람은 비책임자에 불과하고(제1단계), 만일 이 사람에게 손실이 발생하였다면 손실보상청구권이 인정되어야 한다(제2단계). [사례 2] <비육촉진제 사육 송아지 사건>과 [사례 3] <황토팩 사건>이 바로 그러하다. 그러나 다수견해가 정의하고 있는 외관상 경찰책임자의 개념에 따르면 비록 외관상 위험이 자신의 지배하에 있는 물건의 상태나 자신의 행위에 의하여 직접 야기되지 않았음에도 불구하고, 송아지 소유자인 '을'([사례 2])과 '황토팩'을 제조 · 판매하는 A회사([사례 3])는 제1단계에서 경찰책임자로 간주된다. 이 경우 다수견해는 위험방지의 효율성을 이유로 '을'과 A회사를 경찰책임자로 인정해야 한다고 주장하지만, '을'과 A회사를 비책임자로 보더라도 위험방지의 효율성에는 아무런 문제가 없다. 왜냐하면 <비육촉진제 사육 송아지 사건>과 <황토팩 사건>과 같은 긴급상황이라면 '을'과 A회사는 이미 비책임자로서 경찰권 행사의 대상이 될 수 있기 때문이다.

반대로 어떤 사람이 외관상 위험을 직접 야기한다면 이 사람은 제1단계에서뿐만 아니라 제2단계에서도 경찰책임자이다. 그럼에도 불구하고 다수견해는 외관상 위험을 직접 야기하는 사람을 제1단계에서는 경찰책임자로 인정하지만, 제2단계에서는 비책임자나 비책임자처럼 취급하고 있다. 만일 누군가가 외관상 위험을 직접 야기한다면 이 사람은 제2단계에서도 경찰책임자로 인정되어야 한다. 만일 다수견해와 같이 외관상 위험을 직접 야기하는 사람을 비책임자로 인정한다면 이 사람에게는 손실보상청구권이 인정되어야 한다. 그러나 손실보상청구권은 관계인이 비책임자인 경우에만 인정될 수 있기 때문에 외관상 위험을 직접 야기하는 경찰책임자에게는 원칙적으로 손실보상을 해 주어야 할 이유가 없다. 따라서 **외관상 위험**

을 직접 야기하는 사람에게 손실보상청구권이 인정되지 않는 것은 이 사람을 비책임자로 볼 수 없기 때문이지, 다수견해의 주장처럼 비책임자처럼 보이는 사람이 그러한 손실을 감수하여야 하기 때문이 아니다. 게다가 다수견해를 따르게 되면 비용부담과 관련하여서도 법질서와 부합하지 않는, 대단히 불만족스러운 결론에 도달하게 된다. 즉 다수견해와 같이 외관상 위험을 직접 야기하는 사람을 비책임자로 취급하게 되면 그 사람이 경찰책임자임에도 불구하고 위험방지에 소요된 비용의 부담을 요구할 수 없게 된다([사례 5] <사자 출몰 사건>과 [사례 6] <자동 타이머 사건>이 바로 그러하다). 위험이 다른 방식으로 제거되어야 함으로 인하여 발생한 비용은 오히려 자신에게 부여된 경찰상 의무를 다하지 않은 경찰책임자에게 부담시키는 것이 타당하다.

Ⅳ 요 약

1. 다수견해와 달리 외관상 경찰책임자를 경찰책임자로 인정하기 위해서는 그 사람이 행위책임자 또는 상태책임자라는 외관이 존재한다는 사실만으로는 불충분하고, 추가적으로 그 사람의 행위나 그 사람의 지배하에 있는 물건의 상태에 의하여 위험(외관상 위험을 포함) 또는 장해가 직접 야기될 것이 요구된다. 이러한 기준에 따라 외관상 경찰책임자의 경찰법상 책임은 제1단계(위험방지)에서뿐만 아니라 제2단계(비용부담과 손실보상)에서도 동일한 관점에서 판단되어야 한다.

2. 다수견해에 따라 외관상 경찰책임자가 인정되는 사례들은 구조적으로 매우 다양한 모습을 보이기 때문에 외관상 경찰책임자의 경찰법상 책임에 대해서도 다양한 법적 평가가 요구된다. 다수견해가 정의하고 있는 외관상 경찰책임자는 경찰책임에 관한 일반원칙에 의거할 때 모든 사례에

서 경찰책임자로 인정될 수 없다. 이에 따라 외관상 경찰책임자는 경찰책임자일 수 있지만, 그렇다고 외관상 경찰책임자가 반드시 경찰책임자인 것은 아니다. 외관상 위험이 진정한 의미의 위험을 나타내듯이 외관상 경찰책임자도 마치 진정한 의미의 경찰책임자라는 인상을 불러일으킬 수 있기 때문에 외관상 경찰책임자라는 개념은 사용하지 않는 것이 바람직하다.[27]

3. 또한 다수견해에 대해서는 제1단계와 제2단계 간에 체계적 연관관계가 존재함에도 불구하고 외관상 경찰책임자의 경찰법상 책임을 각 단계에서 상이하게 답함으로써 결국 전통적인 경찰법 체계(경찰책임자와 비책임자의 이분법, 경찰책임자에 대한 무보상원칙)를 붕괴시키고 있다는 비판이 가해질 수 있다. 다수견해와 달리 경찰법에서는 단지 경찰책임자와 비책임자 간의 구분이 존재할 뿐이며, 그 중간영역은 존재하지 않는다. 이로 인하여 경찰책임자와 비책임자 외에 중간영역을 도입하거나 적어도 중간영역이 존재한다는 암시를 줄 수 있는 외관상 경찰책임자라는 개념은 사용하지 않는 것이 바람직하다.

27) Schenke, Polizei- und Ordnungsrecht, 2023, Rn. 336.

제5절

경찰책임의 시간적 한계

I 개　　설

1. 의　　의

경찰법상의 책임은 다른 법영역의 책임, 예를 들어 민사법상의 책임이나 형사법상의 책임에 비하면 상당히 엄격하다고 할 수 있다. 우선 경찰법상의 책임은 책임자의 의사능력, 행위능력, 고의 · 과실 여부를 묻지 않는 객관적 책임이다. 이에 따라 도로상에서 발작을 일으킨 환자나 도로상에 방치된 만취자도 경찰법에서는 책임자가 된다. 또한 경찰법상의 책임은 예측 가능한 결과에만 제한되지 않는다. 즉 민사법상의 책임에서는 통상 경험칙에 의거할 때 어떤 원인이 결과발생에 상당한 원인을 제공하였는지를 묻기 때문에 비정형적이거나 예견가능성이 없는 원인은 인과관계에서 배제되지만, 경찰법에서는 비정형적이거나 예견가능성이 없는 위험상황에 대해서도 대처해야 함을 고려하여 예측할 수 없는 위험에 대해서도 책임이 인정된다. 나아가 경찰법상의 책임자는 위험방지조치의 비용에 대하여 원칙적으로 무제한적 책임을 지며, 다수견해에 따르면 경찰법상의 책임에는 시간적 제한이 없다. 이에 따라 행위책임자와 상태책임자의 책임은 원칙적으로 소멸시효에 걸리지 않으며, 오히려 경찰은 책임자에게 시간적으로 무기한의 조치를 취할 수 있다(이른바 무기한책임). 이러한 경찰책임의 엄격함으로 인하여 학계에서는 일찍부터 그 제한 가능성이 논의되어 왔다. 특히 최근에 상태책임을 제한하기 위하여 시도되었던 다양한 이론구성이 이를 말해 준다.[1] 하지만 경찰책임의 제한을 모색하는 학계의 논의과정에서 그 시간적 제한 가능성에 관해서는 상대적으로 많은 연구가 이루어지지 않았다. 즉 **시간의 경과는 경찰법상의 책임에 어떠한 영향을 미치는지, 경찰법에도 시간적 한계가 존재하는지 만일 존재한다면 얼마만큼 존재하는지의** 문제는 그 중요성에도 불구하고 논쟁의 중심에 서지 못했다. 특히 **소멸시효**(Verjährung)**라는 제도는 민법과 형법에서와 마찬가지로 경찰법에서도 통용될 수 있는지, 그래서 이른바 무기한책임**(Ewigkeitshaftung)**으로서의 성격을 갖는 경찰책임을 제한 내지 교정하기 위한 하나의 수단으로서 소멸시효가 원용될 수 있는지의 문제**는 분명 해명을 필요로 한다. 이에 따라 이하에서는 경찰책임과 그 제한가능성으로서의 소멸시효에 관하여 살펴보기로 한다. 특히 여기서는 소멸시효의 대상에 관한 논쟁에 논의의 중점을 두고자 한다. 이 경우에는 경찰법에서도 소멸시효가 정의와 법적 안정성 간의 적절한 조화를 달성할 수 있는지의 문제를 고찰하는 것이 (무엇보다) 중요하다.[2] 다만 소멸시효의 대상을 고찰하기에 앞서 먼저 시효제도의 의의를 개관한 후, 일정한 기간의 경과로 인하여 권리가 소멸 또는 실효하는 유사개념인 **제척기간**과 **실효의 원칙**을 **소멸시효**와 비교함으로써 소멸시효의 개념을 보다 명확히 하고자 한다.

---

1) 이러한 시도에 관하여 보다 상세한 것은 이기춘, "독일경찰법상 상태책임의 근거 및 제한에 관한 고찰", 토지공법연구 제18호, 2003, 411쪽 이하; 김현준, "경찰법상의 상태책임", 토지공법연구 제22호, 2004, 372쪽 이하; 서정범, "상태책임의 한계에 관한 고찰", 토지공법연구 제48집, 2010, 485쪽 이하.

2) 이에 관해서는 또한 손재영, "경찰책임의 시간적 한계", 동아법학 제78호, 2018, 60쪽 이하.

2. 관련 사례

리딩 케이스

사례 1 <운전면허 취소 사건>

'갑'은 1971년 자동차운전면허를 취득한 후 1979년부터 운수회사의 운전기사로 택시를 운전해 왔다. 그러던 중 1983년 3월 29일 차선위반으로 적발되어 그해 4월 4일부터 4월 23일까지 20일간 운전면허정지의 행정처분을 받았다. '갑'은 운전면허정지 기간 중임에도 택시를 운전하다가 1983년 4월 5일 오전 8시 30분 경 또다시 적발되어 형사처벌(벌금형)을 받았다. 그러나 관할행정청인 서울시장은 '갑'에 대하여 아무런 행정조치를 취하지 않았다. '갑'은 서울시장으로부터 아무런 행정조치가 없자 안심하고 계속 운전업무(영업용택시)에 종사하였는데, 그로부터 3년여가 지난 1986년 7월 7일 서울시장은 '갑'에 대하여 과거의 위반행위, 즉 운전면허정지 기간 중의 운전행위를 이유로 운전면허를 취소하는 행정처분을 하였다. '갑'은 서울시장의 운전면허취소처분이 위법하다고 주장하며 행정소송(취소소송)을 제기하였다.[3]

사례 2 <화약공장 부지 오염 사건>

'갑'은 A시에서 화약류를 제조하는 공장을 운영하고 있다. '갑'은 처음에는 광산용의 화약을 제조하였으나 1905년부터는 군용 화약을 제조하였다. 1910년부터 군비생산이 증가함에 따라 '갑'의 공장에서 배출되는 폐수의 양도 증가하였고, 1915년에는 급기야 상수원 오염이 확인되어 공장가동이 중단되었다. A시는 주민들의 식수 확보를 위하여 '갑'과 대책을 논의하였다. '갑'은 약 7km 길이의 터널을 뚫어 폐수를 처리하는 계획을 수립하였다. 그리고 1918년 8월 14일에는 A시와 '갑' 간에 다음과 같은 내용의 계약이 체결되었다: ① 첫째, 상수원을 이용하지 못함으로 생긴 불편함의 대가로 '갑'은 A시에 대하여 상당한 금전의 지불을 약속한다. ② 둘째, '갑'은 새로운 상수원 건설비용을 부담하고, 상수원이 새로 조성될 때까지 충분한 양의 깨끗한 물을 무료로 상시 공급한다. ③ 셋째, A시는 상수원

오염으로 인한 그 밖의 청구권 행사를 포기한다. ④ 넷째, '갑'은 터널 공사의 신속한 완공과 토양이나 지하수를 오염시킬 수 있는 폐수나 물질을 토양에 배출하지 않을 의무를 진다.

그러던 중 1926년 말 '갑'이 속해 있던 그룹의 구조조정이 있었고 그 여파로 인하여 '갑'의 화약 공장은 문을 닫게 되었다. 1934년 10월 '갑'은 총 77,5 헥타르에 달하는 공장부지 대부분을 택지주택개발공사에 매각하였고 1935년부터 택지개발이 시작되었다. 현재 이곳에는 약 900가구가 살고 있으며, 1985년 6월 14일부터 도시관리계획에 따라 주거전용지역으로 지정된 상태이다.

한편, 1988년 9월 이 지역에 대한 지하수조사가 실시되었다. 이 과정에서 니트로톨루엔(nitrotoluene)이 함유된 심각한 지하수오염이 확인되어 1990년 4월 이 지역에서의 지하수 개발과 이용이 금지되었다. 조사 결과 장기간 독성물질의 생산 및 처리에 따른 광범위한 토양 오염이 예상되었고 이미 몇 군데는 오염이 확인되었다. 특히 예전 공장부지에서 주거지역으로 탈바꿈한 곳에서 토양오염과 지하수오염이 예상되었고 높은 잠재적 위험성을 나타냈다. 1991년 7월 18일 A시장은 사망한 '갑'의 상속인 '을'에게 서면으로 다음과 같은 내용의 처분을 하였다: ① 10주 이내에 통로 쪽으로 3개의 지하수 측정지점을 설치할 것, ② 13개의 래밍 프로브를 실시할 것, ③ 26개의 토양샘플을 조사할 것, ④ 지하수 측정지점의 7개 샘플링과 샘플에 대한 조사 및 최종적으로 모든 결과에 대한 평가를 전문기관에게 맡길 것. A시장은 처분이유에 대하여 현재까지 확인된 니트로톨루엔에 의한 지하수오염은 공공의 안녕에 대한 위험을 나타내며, 지하수오염의 근원을 확인하는 것은 오염제거를 위한 불가피한 선택임을 설명하였다. 여기서 A시장은 70년 이상이 경과하였음에도 불구하고 '갑'의 경찰법상 책임을 이유로 그 상속인인 '을'에게 위와 같은 처분을 할 수 있는가?[4)]

3) 대법원 1987. 9. 8. 선고 87누373 판결.

4) VG Köln, Urt. v. 12. 4. 1994 – 14 K 6068/92 (nicht rechtskräftig), NVwZ 1994, 927.

Ⅱ 기간의 경과와 경찰책임의 소멸

1. 시효제도의 의의

시효는 일정한 사실상태가 오랫동안 계속될 경우 그 상태가 진실한 권리관계에 합치하는지 여부를 묻지 않고서 권리의 취득 또는 권리의 소멸이라는 일정한 법률효과를 인정하는 제도이다. 시효에는 민사법상으로는 소멸시효와 취득시효가 있으며,[5] 형사법상으로는 공소시효와 형의 시효가 있다.[6] 시효제도의 존재 이유는 정당한 권리관계보다 오랜 시간의 경과에 따른 사실상태를 존중하고, '권리 위에 잠자는 자'를 보호하지 않는다는 데에 있으며, 특히 소멸시효에 있어서는 후자의 의미가 더 강하다고 할 수 있다.[7] **소멸시효는 권리자가 권리를 행사할 수 있음에도 불구하고 일정한 기간(시효기간) 동안 그 권리를 행사하지 않는 상태, 즉 권리 불행사의 상태가 계속된 경우 그 권리의 소멸을 인정하는 제도를 의미한다.** 소멸시효는 시간의 흐름에 좇아 성질상 당연히 더욱 커져가는 법률관계의 불명확성에

---

5) 취득시효란 어떤 사람이 마치 그가 권리자인 것처럼 권리를 행사하고 있는 사실상태가 일정한 기간 동안 계속된 경우 그와 같은 권리행사라는 외관의 사실상태를 근거로 하여 그 사람이 진실한 권리자인지 여부를 묻지 않고서 처음부터 그가 권리자였던 것으로 인정하는 제도를 의미한다. 곽윤직 · 김재형, 민법총칙, 박영사, 2013, 415쪽.

6) 형사법상의 시효에는 공소시효와 형의 시효의 두 가지가 있다. 공소시효는 검사가 일정한 기간 동안 공소를 제기하지 않고 방치하는 경우 국가의 소추권을 소멸시키는 제도를 의미한다. 형의 시효도 공소시효와 함께 형사시효의 일종이다. 형의 시효란 형의 선고를 받은 사람이 재판이 확정된 후 그 형의 집행을 받지 않고 일정한 기간이 경과한 때에는 그 집행이 면제되는 제도를 의미한다(「형법」 제77조, 제78조). 공소시효와 형의 시효는 일정기간이 경과한 사실상태를 유지 · 존중하기 위한 제도라는 점에서 양자는 취지를 같이하나, 공소시효는 국가의 소추권을 소멸시키는 제도임에 반하여, 형의 시효는 확정된 형벌권을 소멸시키는 제도라는 점에서 차이가 있다. 그리고 공소시효가 완성된 때에는 면소의 판결을 하여야 함에 비하여, 형의 시효가 완성된 때에는 단지 형의 집행이 면제될 뿐이다. 이재상, 형사소송법, 박영사, 2012, 406쪽.

7) 대법원 1992. 3. 31. 선고 91다32053 전원합의체 판결.

대처하려는 목적으로 마련된 제도로서 법적 안정성이 무겁게 고려되어야 하는 영역이다.[8] 이러한 점에서 **법적 안정성**은 시효제도를 뒷받침하는 중요한 근거로서 작용한다. 즉 구체적 타당성을 희생하더라도 법적 안정성을 유지하기 위하여 인정되는 제도가 바로 시효제도인 것이다.[9]

2. 공법에서의 소멸시효

(1) 금전채권의 소멸시효

소멸시효라는 제도는 원칙적으로 공법에도 적용된다는 사실은 이미 해명된 것으로 볼 수 있다. 문제는 그 대상이다. 공법관계에서 소멸시효의 대상이 되는 권리는 주로 일정한 금전의 지급을 목적으로 하는 금전채권이다. 국가의 경우에는 「국가재정법」이, 지방자치단체의 경우에는 「지방재정법」이 각각 일반규정을 두고 있다.

국가재정법 제96조(금전채권 · 채무의 소멸시효) ① 금전의 급부를 목적으로 하는 국가의 권리로서 시효에 관하여 다른 법률에 규정이 없는 것은 5년 동안 행사하지 아니하면 시효로 인하여 소멸한다.
② 국가에 대한 권리로서 금전의 급부를 목적으로 하는 것도 또한 제1항과 같다.

지방재정법 제82조(금전채권과 채무의 소멸시효) ① 금전의 지급을 목적으로 하는 지방자치단체의 권리는 시효에 관하여 다른 법률에 특별한 규정이 있는 경우를 제외하고는 5년간 행사하지 아니하면 소멸시효가 완성한다.
② 금전의 지급을 목적으로 하는 지방자치단체에 대한 권리도 제1항과 같다.

「국가재정법」 제96조와 「지방재정법」 제82조에 따르면 **국가나 지방자치단체를 당사자로 하는 금전채권은 시효에 관하여 다른 법률에 규정이 없는 한 5년간 행사하지 아니할 때에는 시효로 인하여 소멸한다.** 여기서

8) 대법원 2010. 5. 27. 선고 2009다44327 판결.
9) 곽윤직 · 김재형, 민법총칙, 박영사, 2013, 418쪽.

"다른 법률에 규정이 없는 경우"란 다른 법률에 「국가재정법」 제96조와 「지방재정법」 제82조에서 규정한 5년의 소멸시효기간보다 짧은 기간의 소멸시효 규정이 있는 경우를 의미하고, 이보다 긴 기간을 규정한 경우는 여기에 해당하지 않는다.[10] "다른 법률에 규정"이 있는 경우의 예로서는 「경직법」 제11조의2 제2항에 따른 손실보상청구권(손실이 있음을 안 날로부터 3년)이 있다.

경찰관직무집행법 제11조의2(손실보상) ② 제1항에 따른 보상을 청구할 수 있는 권리는 손실이 있음을 안 날부터 3년, 손실이 발생한 날부터 5년간 행사하지 아니하면 시효의 완성으로 소멸한다.

국가나 지방자치단체를 당사자로 하는 금전채권은 그것이 국가나 지방자치단체의 채권인지 또는 국가나 지방자치단체에 대한 채권인지 그리고 공법상의 채권인지 또는 사법상의 채권인지에 관계없이 다른 법률에 규정이 없는 한 5년간 행사하지 아니하면 시효로 인하여 소멸한다.

(2) 민법규정의 유추적용

공법에도 법적 안정성을 보장하기 위한 제도적 장치로서 소멸시효가 여러 분야에 도입되고 있다. 특히 국세,[11] 지방세,[12] 부담금[13] 등 주로 금전납부나 금전적 제재와 관련하여 일정한 기간이 경과하면 징수 또는 부과하지 못하도록 소멸시효를 규정하고 있다. 만일 시효에 관한 특별한 법률규정이 존재하지 않는다면 민법의 시효에 관한 규정(「민법」 제162조-제184조)이 공법관계에도 적용될 수 있는지 여부가 문제되나, 다수설은 시효제도는 법의 일반원리로서의 성격을 가지며 시효제도의 취지는 사법관계

10) 대법원 2001. 4. 24. 선고 2000다57856 판결.
11) 「국세기본법」 제27조 제1항.
12) 「지방세기본법」 제39조 제1항.
13) 「도시교통정비촉진법」 제41조 제2항.

뿐만 아니라 공법관계에서도 그 타당성이 인정될 수 있으므로 시효에 관한 특별한 법률규정이 없을 때에는 민법의 시효에 관한 규정이 공법관계에 유추적용된다고 보고 있다.[14] 생각건대 유추적용은 상대방에게 불리하게 작용할 때에 금지되며, 유리하게 작용할 때에는 법률유보원칙의 관점에서 문제가 되지 않으므로 다수설이 타당하다고 본다.

3. 유사개념과의 구별

일정한 기간의 경과로 인하여 권리가 소멸 또는 실효한다는 점에서 유사하지만, 제도의 취지와 성질에 비추어 볼 때 소멸시효와 구별되어야 하는 제도가 두 가지 있다. 그 하나는 제척기간이고, 다른 하나는 실효의 원칙이다.

(1) 제척기간

1) 의의

"**제척기간**"이란 **권리의 존속기간**을 의미한다. 즉 제척기간은 일정한 권리에 관하여 법률이 예정하는 존속기간을 의미한다. 그러므로 제척기간이 경과하면 그 권리는 당연히 소멸한다. 이러한 제척기간이 인정되는 이유는 권리자로 하여금 권리를 신속하게 행사하도록 함으로써 그 권리를 중심으로 하는 법률관계를 조속히 확정하려는 데에 있다. 공법영역에서도 법률생활의 안정과 평화를 달성하기 위하여 제척기간이 여러 분야에서 도입되고 있는데, 전통적으로 과징금,[15] 부담금[16] 등 주로 금전적 제재와 관

---

14) 김남진 · 김연태, 행정법 Ⅰ, 법문사, 2017, 130쪽; 김동희, 행정법 Ⅰ, 박영사, 2012, 117쪽; 류지태 · 박종수, 행정법신론, 박영사, 2011, 122쪽; 박균성, 행정법론(상), 박영사, 2009, 156쪽; 서정범 · 박상희, 행정법총론, 세창출판사, 2017, 80쪽; 석종현 · 송동수, 일반행정법(상), 삼영사, 2009, 121쪽; 정하중, 행정법개론, 법문사, 2020, 90쪽; 홍정선, 행정법원론(상), 박영사, 2014, 180쪽.

15) 「독점규제 및 공정거래에 관한 법률」 제80조 제5항.

16) 「도시교통정비촉진법」 제41조 제1항.

련하여 일정한 기간이 경과하면 부과하지 못하도록 제척기간을 규정하고 있지만, 최근에는 행정제재처분인 시정조치,[17] 영업정지나 등록말소,[18] 입찰참가자격의 제한[19] 등에도 일정한 기간이 경과하면 제재를 할 수 없도록 제척기간을 규정한 경우가 늘고 있다.

2) 소멸시효와의 구별

예를 들어 과태료의 부과 및 징수 등에 관한 사항을 규정하고 있는 「질서위반행위규제법」은 제15조와 제19조에서 각각 소멸시효와 제척기간에 관한 일반규정을 두고 있는데, 과태료 부과에 대해서는 제척기간을, 과태료 징수에 대해서는 소멸시효를 규정하고 있다.

질서위반행위규제법 제15조(과태료의 시효) ① 과태료는 행정청의 과태료 부과처분이나 법원의 과태료 재판이 확정된 후 5년간 징수하지 아니하거나 집행하지 아니하면 시효로 인하여 소멸한다.

질서위반행위규제법 제19조(과태료 부과의 제척기간) ① 행정청은 질서위반행위가 종료된 날(다수인이 질서위반행위에 가담한 경우에는 최종행위가 종료된 날을 말한다)부터 5년이 경과한 경우에는 해당 질서위반행위에 대하여 과태료를 부과할 수 없다.

「질서위반행위규제법」 제15조에 규정된 소멸시효와, 같은 법 제19조에 규정된 제척기간은 다음과 같은 점에서 구별된다: ① 첫째, 소멸시효에 의한 권리의 소멸은 소급적 소멸이지만, 제척기간에 의한 권리의 소멸은 기간이 경과한 때로부터 장래에 향하여 소멸할 뿐이라는 점, ② 둘째, 소멸시효는 일정한 기간의 경과와 권리의 불행사라는 사정에 의하여 권리소멸의 효과가 발생하므로 소멸시효의 기산점은 권리를 행사할 수 있는 때인 반면(「민법」 제166조), 제척기간은 그 기간의 경과 자체만으로 곧 권리소멸

17) 「독점규제 및 공정거래에 관한 법률」 제49조 제4항.

18) 「건설산업기본법」 제84조의2.

19) 「국가를 당사자로 하는 계약에 관한 법률」 제27조 제4항.

의 효과가 발생하므로 그 기산점은 원칙적으로 권리가 발생한 때라는 점,[20] ③ 셋째, 소멸시효는 중단이나 정지가 있는 반면, 제척기간은 그러한 제도가 없다는 점, ④ 넷째, 시효의 이익을 받을 사람이 그 이익을 소송에서 공격 · 방어의 방법으로 제출하지 않으면 그 이익은 무시되는 반면, 제척기간의 이익은 당사자가 공격 · 방어의 방법으로 제출하지 않더라도 법원이 당연히 고려하여야 한다는 점, ⑤ 다섯째, 소멸시효에는 시효완성 후 시효이익의 포기라는 제도가 있으나, 제척기간에는 그러한 제도가 없다는 점에서 소멸시효와 제척기간은 구별된다.

소멸시효와 제척기간 간에는 이러한 차이가 있기 때문에 어떤 기간이 소멸시효기간인지 또는 제척기간인지를 결정하는 것은 중요하다. 현재 학설의 일치된 견해는 법조문에 "**시효로 인하여**"라는 구절이 있으면 소멸시효기간이고, 그러한 구절이 없으면 제척기간으로 해석하고 있다. 그러나 법조문의 표현이 명확하지 않은 경우에는 법률규정의 체계와 취지, 권리의 성질 등을 고려하여 결정하여야 할 것이다.[21]

(2) 실효의 원칙

1) 의의

"**실효의 원칙**"(Grundsatz der Verwirkung)은 신의성실원칙에 바탕을 둔 파생적 원리이다. 일반적으로 권리의 행사는 신의에 좇아 성실히 하여야 하고, 권리는 남용하지 못한다(「민법」 제2조). 그러므로 **권리자가 실제로 권리를 행사할 수 있는 기회가 있음에도 불구하고, 상당한 기간이 경과하도록 권리를 행사하지 아니하여 의무자인 상대방이 이제는 그 권리를 행사하지 아니할 것으로 신뢰할 만한 정당한 사유가 있게 된 경우**에 새삼스럽게 그 권리를 행사하는 것이 신의성실원칙에 위반되는 결과가 될 때에 그 권리행사는 허용되지 않음을 의미한다.[22] 실효의 원칙은 **실권의 법리**라고

20) 대법원 1995. 11. 10. 선고 94다22682 · 22699 판결.

21) 송덕수, 신 민법강의, 박영사, 2018, 221쪽.

22) 대법원 2004. 3. 26. 선고 2001다72081 판결.

도 불린다.

2) 소멸시효와의 구별

권리의 불성실한 지연 또는 불성실한 불행사가 있는 때 그 권리행사는 권리남용으로서 허용되지 않으며, 상대방은 그 권리행사에 대하여 실효 또는 실권의 항변으로 대항할 수 있다는 것이 실효의 원칙이다. 이에 따라 실효는 요건상 다음과 같은 점에서 소멸시효와 구별된다. 즉 **소멸시효**(Verjährung)**는 권리자가 법률상 권리를 행사할 수 있는데도 일정 기간 계속해서 행사하지 않음을 그 요건으로 함에 반하여, 실효**(Verwirkung)**는 기간의 경과뿐만 아니라 기간의 경과에 덧붙여 특별한 사정, 즉 그 권리행사를 권리남용으로 보이게 하는 특별한 사정이 추가된다**. 실효의 원칙이 적용되기 위하여 필요한 요건으로서 **실효기간**(권리를 행사하지 아니한 기간)의 길이와 의무자인 상대방이 권리가 행사되지 아니 할 것으로 신뢰할 만한 **정당한 사유**가 있었는지 여부는 일률적으로 판단할 수 있는 것이 아니라, 구체적 경우마다 권리를 행사하지 아니한 기간의 장단과 더불어 권리자 측과 상대방 측 양당사자의 사정 및 객관적으로 존재한 사정 등을 모두 고려하여 사회통념에 따라 합리적으로 판단해야 한다.[23] 실효는 소멸시효와 달리 법원이 직권으로 고려해야 하는 사항이다.

Ⅲ 경찰책임의 시간적 한계로서 소멸시효

일부 문헌에서는 소멸시효를 경찰책임을 제한하는 시간적 한계로서 인정하는 견해가 개진되고 있다. 그러나 시간의 경과는 경찰책임에 어떠한 영향을 미치는가의 문제는 개별적인 고찰이 요구되는 복잡한 문제이다. 여기서는 우선 경찰법에서 어떠한 권리나 의무에 소멸시효가 통용될 수 있

23) 대법원 1992. 1. 21. 선고 91다30118 판결.

는가의 문제를 논의할 필요가 있다. 이에 따라 이하에서는 소멸시효가 고려될 수 있는 대상에 관하여 개별적 검토를 하고자 한다.

1. 경찰권한의 소멸시효

경찰법상의 수권조항은 경찰에게 위험방지조치를 취할 수 있는 권한을 부여하는바, 이러한 **경찰의 권한은 시효로 인하여 소멸하지 않는다**는 점에 대하여 학설은 일치된 견해를 보이고 있다. 즉 경찰은 기간의 경과로 인해 법률상 부여된 권한을 잃지 않는다. 그 이유로서 위험방지라는 경찰의 직무가 갖는 근본적 의미와 국민의 안전에 대한 이익이 강조되고 있다. 다른 한편 경찰의 권한은 민법에서 의미하는 소멸시효에 걸리는 권리가 아니라는 점도 부정의 한 논거로서 제시될 수 있다. 민법에 따르면 소멸시효의 대상이 되는 권리는 원칙적으로 재산권에 한하며, 비재산권은 소멸시효에 걸리지 않는다. 즉 법률에 특별한 규정이 있는 경우를 제외하고는 단지 재산권만이 소멸시효에 걸린다.[24)]

2. 실질적 경찰의무의 소멸시효

실질적 경찰의무(Materielle Polizeipflicht)란 경찰책임자로서 위험을 제거해야 할 국민의 의무를 의미한다. 경찰책임의 원칙에 따르면 국가공동체의 모든 구성원은 자신의 행위나 자신이 소유 또는 사실상 지배하고 있는 물건의 상태로부터 공공의 안녕이나 공공의 질서에 대한 위험 또는 장해가 발생하지 않도록 해야 할 의무를 지는바, 만일 이러한 실질적 경찰의무를 위반하여 위험 또는 장해를 야기하는 사람이 있다면 그 사람은 경찰책임자(행위책임자 또는 상태책임자)로서 경찰권 행사의 대상이 된다. 문헌에서는 이러한 **실질적 경찰의무가 소멸시효에 걸리는지 여부**가 논의되고 있

24) 곽윤직 · 김재형, 민법총칙, 박영사, 2013, 424쪽; 송덕수, 신 민법강의, 박영사, 2018, 222쪽.

으나, 결론적으로 부정되어야 한다고 본다. 왜냐하면 실질적 경찰의무 그 자체는 재산권이 아니기 때문이다. 앞에서도 지적한 바와 같이 소멸시효의 대상이 되는 권리는 원칙적으로 재산권에 한하며, 비재산권은 소멸시효에 걸리지 않는다. **실질적 경찰의무는 재산권으로 분류될 수 없다는 점 외에도 만일 실질적 경찰의무가 소멸시효에 걸린다면 국민은 단순한 부작위를 통해 의무로부터 면제되는 기회를 갖게 될 것이라는 이유도 덧붙여질 수 있다.**[25] 따라서 행위책임자와 상태책임자의 경찰의무는 소멸시효에 걸리지 않으며, 오히려 경찰은 책임자에게 시간적으로 제한 없는 무기한의 조치를 취할 수 있다.

3. 위험제거청구권의 소멸시효

(전술한) 실질적 경찰의무가 소멸시효에 걸리지 않는다는 점에 대해서는 학설상 이론이 없지만, 그에 상응하는 관할행정청의 위험제거청구권이 소멸시효에 걸리는지에 관해서는 견해의 대립이 존재한다. 여기서 **"위험제거청구권"**(Gefahrbeseitigungsanspruch)이란 관할행정청이 실질적 경찰의무를 위반한 특정인을 경찰책임자로서 조치할 수 있는 권리를 의미한다. 관할행정청이 이러한 위험제거청구권을 행사할 수 있는 때로부터 일정 기간이 경과하면 위험제거청구권은 시효로 인하여 소멸하고, 관할행정청은 실질적 경찰의무를 위반한 특정인을 더 이상 경찰책임자로서 조치할 수 없는지의 문제가 제기된다.[26]

(1) 긍정설

일부 문헌[27]에서는 이른바 무기한책임(Ewigkeitshaftung)의 성격을 갖

25) Martensen, Die Verjährung als Grenze polizeilicher Verantwortlichkeit, NVwZ 1997, 442 (444).

26) Kummermehr, Zeitliche Grenzen des polizeirechtlichen Gefahrbeseitigungsanspruchs, 2004, S. 155 ff.

27) 대표적으로는 Ossenbühl, Verzicht, Verwirkung und Verjährung als Korre-

는 경찰책임을 제한 내지 교정하기 위한 하나의 수단으로서 위험제거청구권의 소멸시효를 긍정하는 견해가 개진되고 있다. 이러한 견해에 따르면 **관할행정청의 위험제거청구권에 관하여는 민법의 시효에 관한 규정을 유추적용하여 소멸시효를 인정할 수 있다고 한다. 관할행정청은 소멸시효의 기간이 경과하면 법적 안정성 때문에 경찰책임자를 더 이상 책임자로서 조치할 수 없고, 경찰긴급상황의 엄격한 요건 하에서 단지 비책임자로서만 조치할 수 있다고 한다**. 긍정설은 위험제거청구권의 소멸시효를 긍정하는 이유로서 '법질서는 소멸시효라는 제도 없이는 유지될 수 없다'는 점을 들고 있다. 긍정설에 따르면 공법에서 소멸시효의 대상이 되는 권리를 재산권에 한정하는 부정설의 태도는 납득할 수 없다고 한다. 부정설은 설득력 있는 논거를 제시할 때에만 타당성을 가질 수 있는데, 문헌에서 제시된 논거에서는 그러한 타당성을 발견할 수 없다고 한다. 설령 부정설에 따라 소멸시효에 걸리는 권리를 재산권에 한정하더라도 위험제거청구권의 소멸시효는 긍정될 수 있다고 한다. 왜냐하면 **여기서는 위험의 제거가 아니라, 오히려 그 비용이 문제되기 때문이라고 한다**. 즉 경찰책임의 소멸시효가 문제되는 사례에서는 결국 비용의 문제가 중요하다고 한다. **위험제거청구권이 비록 본래의 재산권은 아니지만, 결국에는 위험제거비용을 누가 부담할 것인지의 문제가 제기되고, 이러한 점에서 위험제거청구권은 재산권과의 유사성이 발견된다고 한다**. 특히 산업폐기물(Altlasten)의 처리와 관련한 법적 분쟁을 면밀히 살펴보면 결국에는 위험제거의 비용에 관한 분쟁임이 드러난다고 한다. 경찰책임자의 입장에서 보면 비용납부청구권은 다름 아닌 재산권이므로, 소멸시효와 관련하여 양자 간에 차이를 둘 이유가 없다고 한다. 부정설은 공법상의 소멸시효를 재산권에 한정하고 싶어 하지만, 정작 그에 대한 설득력 있는 논거를 제시하지 않고 있다고 주장한다. 위험제거청구권의 소멸시효를 일반적으로 거부하는 것은 법질서의 근본원칙, 즉 법적 안정성과 법적 평화라는 원칙과 일치될 수 없다고 한다.[28)]

---

ktive einer polizeilichen Ewigkeitshaftung, NVwZ 1995, 547 ff.

28) Ossenbühl, Verzicht, Verwirkung und Verjährung als Korrektive einer

또한 일부 견해[29]가 '만일 위험제거청구권이 소멸시효에 걸린다면 관계인은 경우에 따라서 단순한 부작위를 통해 명백한 위법상태를 합법화할 수 있다'라고 주장하지만, 이것은 타당하지 않은 주장이라고 한다. 소멸시효도 행정청의 단순한 부작위로부터 보호를 제공하지 못하며, 소멸시효의 경우 (이미) 그 법적 결과 때문에 명백한 위법상태의 합법화란 있을 수 없다고 반박한다. 이러한 점을 도외시하면 그 주장의 이면에는 다음과 같은 우려, 즉 국가는 언제 있을지 모를 불시의 소멸시효에 의하여 경찰법에서의 위험제거 가능성을 자칫 잃을 수도 있다는 우려가 자리 잡고 있다고 한다. 그러나 그러한 우려는 근거 없는 우려로서 경찰법에서 소멸시효가 갖는 의미에 관한 잘못된 이해에 기초하고 있다고 주장한다. 여기서 소멸시효는 다음의 효과만을 갖는다고 한다. 즉 **관할행정청은 소멸시효의 경과 후에는 경찰책임자를 더 이상 책임자로서 조치할 수 없는 효과만을 갖는다고 한다. 하지만 이 사람은 경찰긴급상황에서 비책임자로서 조치될 수 있다고 한다.**[30] 관할행정청은 위험방지를 위한 그 밖의 권리를 잃지 않는다고 한다. 따라서 소멸시효를 통해 경찰의 직무수행이 문제시되거나 위험하게 되지 않는다고 주장한다. 그 밖에도 경찰책임의 소멸시효를 긍정하는 입장에서는 다음과 같은 논거를 생각해 볼 수 있을 것이다. 즉 '공공의 안녕이나 공공의 질서를 침해하는 행위보다 비난가능성이 더 큰 범죄행위에 대해서도 공소시효를 인정하고 있는데, 그보다 경미한 법위반행위나 질서위반행위에 대해서도 소멸시효를 인정할 수 있다'거나 '관할행정청이 위법사실을 알고도 장기간 조치하지 않거나 위법사실이 발생한 지 수 십 년이 지난 후에도 제한 없이 조치할 수 있다는 것은 법적 안정성과 법적 평화를 침해할 우려가 있다' 또는 '선의의 양수인이나 상속인을 보호하기 위해서라도 소멸시효의 인정이 필요하다' 등의 논거가 바로 그러하다.

---

polizeilichen Ewigkeitshaftung, NVwZ 1995, 547 (550).

29) Lange, Die verwaltungsrechtliche Verjährung, 1984, S. 22.

30) Ossenbühl, Verzicht, Verwirkung und Verjährung als Korrektive einer polizeilichen Ewigkeitshaftung, NVwZ 1995, 547 (550).

(2) 부정설

부정설에 따르면 경찰법상의 책임은 원칙적으로 소멸시효에 걸리지 않는다고 한다.[31] 경찰책임의 경우에는 그 책임을 발생시키는 행위나 물건의 상태가 얼마나 오랫동안 계속되고 있는지의 문제는 중요하지 않다고 한다. 이 점은 특히 상태책임의 경우 분명해진다고 한다. **어떤 물건의 소유자가 그 물건으로부터 무제한적 이익을 얻고 있지만, 동시에 소멸시효의 도움으로 그와 결부된 경찰상의 의무로부터 면제될 수 있다면 이것은 납득할 수 없는 일이라고 한다**. 행위책임자의 경우도 마찬가지라고 한다. 심지어 일부 문헌에서는 상태책임자보다 행위책임자에게 우선적으로 조치를 취해야 한다는 견해가 개진되고 있다고 한다. 경찰책임의 소멸시효는 가장 중요한 국가기능 중 하나인 **국민의 기본권보호를 상당히 제한할 것이라고 한다**. 덧붙여 **공법에서 비재산권은 소멸시효에 걸리지 않음이 원칙이라고 한다**.[32]

경찰책임의 소멸시효를 긍정하는 일부 견해가 '소멸시효가 완성된 후에는 처음 위험을 야기한 사람은 이제 비책임자로서 조치될 수 있다'고 주장하지만, 그러한 주장은 타당하지 않다고 한다. 그 이유로서 **첫째, 비책임자에 대한 조치는 엄격한 요건 하에서만 가능하므로 경찰작용의 효율성이 제한될 수 있고, 둘째, 비책임자에 대한 조치는 손실보상의무와 결합되어 있을 뿐만 아니라 위험을 야기한 사람이 자신의 행위로부터 이미 이득을 얻었음에도 불구하고 위험방지에 소요된 비용은 사회가 부담한다는 것은 납득하기 어렵다는 점**을 들고 있다. 또한 일부 견해[33]가 '경찰책임자는 소멸시효에도 불구하고 변함없이 책임자로서 조치될 수 있지만, 그 책임자가 자기 비용으로 위험을 제거하는 경우에는 비책임자에 대한 손실보상규정

---

31) 많은 것을 대신해 Kugelmann 저/서정범·박병욱 역, 독일경찰법, 세창출판사, 2015, 332쪽.

32) Schenke, Polizei- und Ordnungsrecht, 2023, Rn. 354.

33) Martensen, Die Verjährung als Grenze polizeilicher Verantwortlichkeit, NVwZ 1997, 442, 444 f.

을 유추적용하여 그에게 손실보상청구권이 인정된다'고 주장하지만, 이 역시 거부되어야 한다고 한다.[34] 왜냐하면 이 견해는 경찰책임과 손실보상 간의 연계[35]를 붕괴시키는 견해이기 때문이라고 한다.

나아가 일부 견해가 '위험제거청구권의 경우에는 민법의 시효에 관한 규정을 유추적용하여 소멸시효를 긍정할 수 있다'고 주장하지만, 민법의 시효에 관한 규정을 경찰법에 유추적용할 경우에는 신중함이 요구된다고 한다. 왜냐하면 **민법의 이익상황과 경찰법의 이익상황이 다르기 때문**이라고 한다. 즉 민법에서는 원칙적으로 채권자와 채무자 간의 **2차원적인 법률관계**가 중요한 반면, 경찰법에서는 공공의 안녕과 질서유지라는 경찰의 직무와 위험에 처한 제3자 및 일반인의 보호 그리고 경찰책임자의 이익이라는 **다차원적 이해관계**가 문제된다고 한다. 이로 인하여 위험방지를 위하여 특정인을 경찰책임자로서 조치할 수 있는 관할행정청의 권리와 민법상의 권리보유자가 단순히 사적인 용도로 특정인에게 일정한 행위를 요구할 수 있는 권리는 서로 유사한 것으로 볼 수 없다고 한다. 또한 산업폐기물을 무단 투기한 행위책임자가 단지 기간이 경과하였다는 이유만으로 더 이상 정화책임자로서 원용될 수 없다면 결국에는 그 반대편에 위치한 상태책임자나 일반인이 부담하게 될 터인데, **이른바 "원인자 책임의 원칙"에서 벗어난 그러한 유형의 리스크 분담은 법률에 명문의 규정이 필요하다고 한다.** 산업폐기물을 무단 투기한 행위책임자는 매번 산업폐기물을 저렴하게 투기함으로써 경제적인 이익을 얻게 된다는 점도 시효에 관한 민법규정의 유추적용을 반대하는 또 하나의 이유라고 한다.[36]

그 밖에도 경찰책임의 소멸시효를 부정하는 견해는 다음의 논거를 들어 긍정설을 반박할 것이다. 즉 '형법의 경우에는 신체의 자유를 박탈하는 등 침익적 성격이 강하여 공소시효를 둘 필요성이 큰 반면, 경찰법의 경우

34) Schenke, Polizei- und Ordnungsrecht, 2023, Rn. 355.
35) 경찰책임자의 위험방지의무와 비용부담의무 그리고 무보상원칙은 필연적으로 결합되어 있다는 것을 일컬어 "연계원칙"(Konnexitätsprinzip)이라고 한다.
36) VGH Mannheim, NVwZ-RR 1996, 387, 391.

에는 상대방에 대한 침익적 성격이 형벌과 비교하여 크다고 볼 수 없으므로 양자를 동일선상에 놓고 비교하기 어렵고, 공소시효도 특정 범죄의 경우에는 시효를 두지 말자는 주장이 있으며, 실제로 사람을 살해한 범죄로 사형에 해당하는 범죄에 대하여는 공소시효적용을 배제하는 입법(「형사소송법」 제253조의2)이 이루어졌음을 고려할 때 경찰책임의 소멸시효를 일반적으로 긍정하기보다는 실효 또는 실권의 항변으로 대항하거나 위험방지의 경우에는 위반행위의 유형이 다양하므로 구체적 타당성을 위해서는 오히려 행정쟁송(행정심판과 행정소송)으로 다투는 것이 더 적절하다'거나 '선의의 양수인이나 상속인의 보호는 행정처분의 승계기간을 제한하거나 선의의 양수인이나 상속인의 보호에 관한 규정을 두는 것으로 해결이 가능하므로 이것을 소멸시효 긍정의 논거로서 삼기에는 적절하지 않다(예: 「토양환경보전법」 제10조의4 제2항)' 등의 논거가 바로 그것이다.

(3) 학설에 대한 평가

1) 경찰책임은 원칙적으로 소멸시효에 걸리지 않는다.

경찰책임은 원칙적으로 소멸시효에 걸리지 않는다는 부정설이 타당하다고 본다. 행위가 계속되고 있는 한 행위책임자는 경찰권 행사의 대상이 되며, 상태책임과 관련하여서도 소멸시효는 인정되지 않는다. 오히려 **관할 행정청은 책임자에게 시간적으로 무기한의 조치를 취할 수 있다**(이른바 무기한책임). 예를 들어 1920년대까지 납을 생산하는 공장을 운영하였고 적치된 납 분진이 토양과 지하수를 오염시킨 공장의 운영자는 현재도 여전히 경찰책임자로서 취급되며, 그에게 위험방지에 필요한 조치를 취할 의무를 지울 수 있다.[37] 이에 따라 회사의 경우에는 그 존속기간 동안 그리고 개인의 경우에는 그 생존기간 동안 공공의 안녕에 대한 장해를 제거할 책임이 있다.

---

37) Würtenberger/Heckmann, Polizeirecht in Baden-Württemberg, 2005, Rn. 471.

2) 관할행정청의 위험제거청구권은 소멸시효에 걸리지 않는다.

(일부 문헌에서의 주장과 달리) 관할행정청의 위험제거청구권은 소멸시효에 걸리지 않는다. 왜냐하면 **위험제거청구권은 소멸시효에 걸리는 재산권이 아니며, 소멸시효를 인정하는 명문의 규정도 존재하지 않기 때문이다.** 소멸시효의 대상이 되는 권리는 원칙적으로 재산권에 한한다. 위험제거청구권의 소멸시효를 긍정하는 견해는 '소멸시효가 완성된 후에는 처음 위험을 야기한 사람은 이제 비책임자로서 조치될 수 있다'고 주장하지만, 비책임자에 대한 조치는 경찰긴급상황의 엄격한 요건 하에서만 가능하므로 위험방지의 효율성이 제한될 우려가 있고, 비책임자에 대한 조치는 손실보상의무과 결합되어 있을 뿐만 아니라 위험을 야기한 사람이 자신의 행위로부터 이미 이득을 얻었음에도 불구하고 정작 위험방지나 장해제거에 소요된 비용은 사회가 부담한다는 것은 수긍하기 어려운 주장이다. 그러나 후술하는 바와 같이 관할행정청의 위험제거청구권은 소멸시효에 걸리지 않지만, 그에 앞서 이미 특별한 사유를 이유로 실효될 수 있다.

3) 경찰권의 실효

(전술한 바와 같이) **실효의 원칙은 어떤 권리가 그 행사 가능성이 있는 때로부터 오랜 기간이 경과하였고, 그 권리에 대한 뒤늦은 행사가 신의성실원칙에 대한 위반이 되도록 하는 특별한 사유가 추가되는 경우 그 권리는 더 이상 행사되어서는 아니 됨을 의미한다.** 실효의 원칙은 공법에서도 인정되는 제도이다. 실효의 원칙은 이른바 "모순행위 금지의 원칙 내지 금반언의 원칙"(venire contra factum proprium)이 적용되는 주된 사례이다. 특히 다음의 경우가 바로 그러하다. 즉 본래 권리행사의 기회가 있었음에도 불구하고 권리자가 그 권리를 장기간 행사하지 아니하여 의무자로서도 이제는 더 이상 그 권리가 행사되지 아니할 것으로 사실상 믿었으며, 그런 까닭에 뒤늦은 권리의 행사가 의무자에게 수인할 수 없는 불이익을 발생

시킬 것으로 예상되는 경우가 바로 그러하다.[38] **경찰이 위험상황을 인지하였음에도 불구하고 오랫동안 부작위로 일관하여 왔고, 추가적인 상황을 통해 관계인에게 자신은 더 이상 경찰책임자로서 조치되지 않는다는 인상을 주었다면 (관계인에게 조치를 취할 수 있는) 경찰의 권리는 실효될 수 있다.**[39] 일부 문헌[40]에서 주장되고 있는 '위험제거청구권의 실효는 인정될 수 없다'는 견해는 너무 나아간 견해이다. 왜냐하면 이러한 견해는 위험제거청구권의 실효는 경찰의 조치를 완전히 배제하지 못함을 간과하고 있기 때문이다. 즉 위험제거청구권이 실효된 이후 관할행정청은 관계인을 더 이상 경찰책임자로서 조치할 수 없지만, 경찰긴급상황에서 비책임자로서 조치할 수 있다. 물론 이 경우에는 손실보상이 뒤따라야 한다.

4. 비용납부청구권의 소멸시효

마지막으로 위험방지의 결과로서 경찰책임자가 부담해야 하는 비용납부의무가 소멸시효에 걸리는지 여부가 문제된다. 위험방지나 장해제거에 소요된 비용의 부담은 항상 실질적 경찰의무와 결합되어 있기 때문에 위험방지나 장해제거에 비용이 발생한다면 그 비용은 경찰책임자가 부담하여야 한다. 만일 관할행정청이 경찰책임자를 대신하여 위험을 방지하거나 장해를 제거한다면 관할행정청은 경찰책임자에게 위험방지나 장해제거에 소요된 비용의 납부를 청구할 수 있다. 이러한 비용납부청구권이 소멸시효에 걸리는지 여부가 문제된다. 결론적으로 긍정되어야 한다고 본다. 왜냐하면 여기서는 일정한 금전의 지급을 목적으로 하는 국가의 채권이 문제되기 때문이다. 공법상의 금전채권이 소멸시효에 걸린다는 점에 대해서는 이론이 제기될 수 없다(「국가재정법」 제96조, 「지방재정법」 제82조). 또한 위

38) BVerwGE 44, 339, 343; BVerwGE 52, 16, 25.

39) Schenke, Polizei- und Ordnungsrecht, 2023, Rn. 355.

40) Gusy, Polizei- und Ordnungsrecht, 2011, Rn. 360; Pieroth/Schlink/Kniesel, Polizei- und Ordnungsrecht, 2014, Rn. 65; VGH Mannheim, NVwZ-RR 2008, 696 ff.

험방지나 장해제거 이후에 기간의 경과를 이유로 경찰책임자의 비용을 면제시키는 것은 더 이상 공공의 안녕과 질서유지라는 경찰의 직무를 침해하지 않는다는 점도 긍정의 한 이유가 된다. 위험방지나 장해제거 이전의 다양한 이익상황은 그 이후에는 경찰책임자와 국가 간의 비용분담의 문제로 축소된다. **소멸시효의 인정을 통해 경찰의 직무가 침해되지 않는 한, 소멸시효에 내재된 법적 안정성과 법적 평화는 민법과 형법에서와 마찬가지로 경찰법에서도 통용되어야 한다.** 따라서 공법상의 비용납부청구권은 소멸시효의 적용을 받기 때문에 「국가재정법」 제96조 제1항에 따라 5년간 행사하지 않을 때에는 시효로 인하여 소멸한다. 즉 5년의 소멸시효가 완성된 후에는 경찰책임자는 위험방지나 장해제거에 소요된 비용을 납부할 의무가 없고 그 비용은 일반이 부담한다.

Ⅳ 요 약

이상에서 고찰한 것을 요약하면 다음과 같은 점이 확정될 수 있다.

1. 경찰법상의 책임은 원칙적으로 소멸시효에 걸리지 않는다. 행위가 계속되고 있는 한 행위책임자는 경찰권 행사의 대상이 되며, 상태책임과 관련하여서도 소멸시효는 인정되지 않는다. 오히려 관할행정청은 책임자에게 시간적으로 무기한의 조치를 취할 수 있다(이른바 무기한책임).

2. 관할행정청의 위험제거청구권은 소멸시효에 걸리지 않는다. 왜냐하면 위험제거청구권은 소멸시효에 걸리는 재산권이 아니며, 소멸시효를 인정하는 명문의 규정도 존재하지 않기 때문이다. 소멸시효의 대상이 되는 권리는 원칙적으로 재산권에 한한다. 위험제거청구권의 소멸시효를 긍정하는 일부 견해는 '소멸시효가 완성된 후에는 처음 위험을 야기한 사람은

이제 비책임자로서 조치될 수 있다'고 주장하지만, 비책임자에 대한 조치는 경찰긴급상황의 제한된 요건 하에서만 가능하므로 위험방지의 효율성이 제한될 우려가 있고, 비책임자에 대한 조치는 손실보상의무과 결합되어 있을 뿐만 아니라 위험을 야기한 사람이 자신의 행위로부터 이미 이득을 얻었음에도 불구하고 정작 위험방지나 장해제거에 소요된 비용은 사회가 부담한다는 것은 수긍하기 어려운 주장이다. 관할행정청의 위험제거청구권은 소멸시효에 걸리지 않지만, 그에 앞서 이미 특별한 사유를 이유로 실효될 수 있다.

3. 공법상의 비용납부청구권은 소멸시효에 걸린다. 왜냐하면 여기서는 일정한 금전의 지급을 목적으로 하는 국가의 채권이 문제되기 때문이다. 공법상의 금전채권이 소멸시효에 걸린다는 점에 대해서는 이론이 제기될 수 없다(「국가재정법」 제96조, 「지방재정법」 제82조). 또한 위험방지나 장해제거 이후에 기간의 경과를 이유로 경찰책임자의 비용을 면제시키는 것은 더 이상 공공의 안녕과 질서유지라는 경찰의 직무를 침해하지 않는다는 점도 긍정의 한 이유가 된다. 소멸시효의 인정을 통해 경찰의 직무가 침해되지 않는 한, 소멸시효에 내재된 법적 안정성과 법적 평화는 민법과 형법에서와 마찬가지로 경찰법에서도 통용되어야 한다. 따라서 공법상의 비용납부청구권은 소멸시효의 적용을 받기 때문에 「국가재정법」 제96조 제1항에 따라 5년간 행사하지 않을 때에는 시효로 인하여 소멸한다.

케이스 해설

해설 1 <운전면허 취소 사건>

"실효의 원칙"은 경찰의 행위가 관계인에게서 특별한 신뢰요건을 형성하였을 것을 전제로 한다. 경찰의 단순한 부작위만으로는 실효가 인정되지 않는다. 관계인이 경찰의 계속된 부작위에 대한 신뢰 하에 보호가치 있는 행위를 하였지만, 경찰의 뒤늦은 조치로 인하여 관계인에게 수인할 수 없는 불이익이 발생하여야 한다. 사례의 경우가 바로 그러하다. 서울시장은 '갑'의 위반행위(운전면허정지 기간 중의 운전행위)를 인지하였음에도 불구하고, 장기간 동안 아무런 행정조치를 취하지 아니하여 '갑'으로서도 이제는 서울시장으로부터 별다른 행정조치가 없을 것으로 안심하고 계속 운전업무에 종사하였는데, 그로부터 3년여가 지난 1986년 7월 7일에 와서야 새삼 과거의 위반행위를 이유로 뒤늦은 행정제재를 하면서 그것도 가장 중한 운전면허취소처분을 하였다면 이것은 '갑'의 신뢰이익과 법적 안정성을 빼앗는 것이 되며, 그 결과 '갑'에게 수인할 수 없는 불이익의 발생이 예상된다. 따라서 '갑'에 대한 서울시의 권리는 실효된다고 보아야 한다.[41]

해설 2 <화약공장 부지 오염 사건>

사례에서는 A시장이 70년 이상의 기간이 경과하였음에도 불구하고 '갑'의 행위책임을 이유로 그 상속인인 '을'에게 위험조사와 더불어 위험방지에 필요한 조치를 할 수 있는지, 즉 70년 이상이 경과한 뒤에도 A시장은 행위책임자의 포괄승계인에게 일종의 무기한책임을 지우는 것이 허용되는지 여부가 문제된다. 그러한 종류의 무기한책임을 제한 내지 교정하기 위한 수단으로 "실효의 원칙"이 고려된다.[42] 공법상의 권리도 실효 또는 실권의 항변으로 대항할 수 있으며, 신의성실원칙에 따라 공행정주체도 모순되는 행동을 하여서는 아니 된다(venire contra factum proprium). 사례에서는 실효의 원칙이 적용되기 위한 요건이 존재한다. 무엇보다 처음 '갑'의 오염행위가 있은 지 70년 이상의 기간이 경과하였고, A시가 늦어도 1915년부터 오염사실에 관하여 인지하였음이 고려되어야 한다. 또한 1918년 8월 14일 '갑'과 A시 간에 체결된 계약이 중요한데, 계약의 내용을 보면 당시의 관점에서 발생한 모든 문제와, 당사자의 관점에서 지하수오염과 관련한 포괄적 내용이 담겨져 있다. 그중에는 '갑'이 토양이나 지하수를 오염시킬 수 있는 폐수나 물질을 토양에 배출하지 않을 의무와 A시는 상수원 오염으로 인한 그 밖의 청구권 행사를 포기한다는 내용이 들어 있다. '갑'도, A시도 당시의 계약내용에 담긴 의무를 넘어서는 행위 필요성이 있다고 보지 않았다. 그 밖의 개입에 대한 계기, 특히 정화와 관련한 추가조치에 대한 계기가 존재한다고 보지 않았다. 그리고 1935년부터 택지개발이 시작되었고, 그 후로 1991년까지 A시는 한번도

'갑'과 그 상속인인 '을'에게 조치를 취하지 않았다. 70년 이상이 경과하면서 법적 평화가 찾아왔고, 오랜 시간의 경과로 인하여 '을'은 A시가 더 이상 조치를 취하지 않을 것으로 신뢰하였다. 이러한 신뢰를 바탕으로 하여 '을'은 그 어떤 시점에서도 장래 예상되는 조치를 대비한 재산상의 처분을 하지 않았다. 이러한 점을 고려할 때, '을'에 대한 A시의 권리는 실효된다고 보아야 한다. 70년 이상이 경과한 후에도 A시장이 '을'에게 위험조사와 위험방지에 필요한 조치를 취하는 것은 법질서의 가치와 모순된다.

41) 대법원 1987. 9. 8. 선고 87누373 판결.

42) VG Köln, NVwZ 1994, 927 (930).

제6절

다수의 경찰책임자

I 다수의 경찰책임자 간의 선택

리딩 케이스

사례 1 <주유소 벤젠 오염 사건>

'갑'은 A시에서 '을'로부터 토지를 임차하여 주유소를 운영하고 있다. 이 인근에는 주유소가 많지 않았기 때문에 '갑'은 주유소 경영으로 상당한 이익을 얻고 있었다. 그런데 최근 주유소에 대한 토양정밀조사가 실시되었고, 조사결과 이곳의 토양이 벤젠에 의하여 심각하게 오염된 것으로 밝혀졌다. 이에 따라 관할행정청은 주유소 부지(敷地) 소유자인 '을'에게 오염된 토양의 정화를 내용으로 하는 오염토양 정화조치 명령을 내렸다.

사례 2 <굴착기기사 송유관 훼손 사건>

굴착기기사인 '병'은 굴착작업을 하는 과정에서 송유관을 훼손하는 사고를 일으켰다. 기름이 토양에 스며들고 있었기 때문에 관할행정청은 즉각적인 정화조치를 명령해야 했다. 그런데 토양정화에는 상당한 비용이 소요되었다. 관할행정청은 굴착기기사인 '병'이 이러한 비용을 부담할 능력이 없다고 가정하고, 처음부터 토지소유자인 '정'에게 정화조치를 명령하였다.[1]

1) 유사한 사례로는 VGH Mannheim, NVwZ 1990, 179.

1. 의 의

하나의 위험상황에 대하여 다수인이 책임을 지는 경우가 종종 있다.[2] 동일한 시점에서 한 사람은 행위책임을, 다른 사람은 상태책임을 부담하는 경우가 존재할 수 있으며, 다수의 행위책임자나 다수의 상태책임자가 존재하는 경우도 생각해 볼 수 있다. 나아가 이중책임자(한 사람이 행위책임자이면서 동시에 상태책임자인 경우)가 다른 행위책임자나 상태책임자와 경합하는 경우도 존재할 수 있다.

2. 전부책임

다수의 경찰책임자가 존재하는 경우 모든 책임자는 위험상황 전부에 대하여 책임을 지기 때문에 **경찰은 다수의 경찰책임자 가운데 어느 누구에게나 경찰권을 행사할 수 있다. 또한 경찰은 다수의 경찰책임자 전부에게 동시에 경찰권을 행사할 수도 있다.** 일부 문헌에서 개진된 '다수의 경찰책임자가 서로 독립하여 경찰상의 위험을 야기하는 경우에는 처음부터 책임의 일부만 인정되어야 한다'는 주장[3]은 받아들일 수 없다.[4] 왜냐하면

---

2) 다수의 경찰책임자에 관해서는 서정범, "다수의 경찰책임자에 관한 법적 문제", 공법연구 제24집 제2호, 1996, 383쪽 이하; 김현준, "수인의 경찰책임자", 공법연구 제35집 제3호, 2007, 233쪽 이하; 이기춘, "다수의 경찰질서책임자이론의 역사적 개관 및 선택재량지도원칙에 관한 연구, 토지공법연구 제73집 제2호, 2016, 417쪽 이하.

3) 예를 들어 Giesberts, Die gerechte Lastenverteilung unter mehreren Störern, 1990, 79 ff.; Jochum, NVwZ 2003, 526 (529 ff.); Würtenberger/Heckmann, Polizeirecht im Baden-Württemberg, 2005, Rn. 514가 바로 그러하다.

4) 일부책임을 부정하는 견해로는 Schenke, Polizei- und Ordnungsrecht, 2023, Rn. 356; Gorning/Hokema, Störerauswahl – VGH München, NVwZ 2001, 458, JuS 2002, 21 (22); Kloepfer/Thull, Der Lastenausgleich unter mehreren polizei- und ordnungsrechtlich Verantwortlichen, DVBl 1989, 1121 ff.; Murswiek, Entscheidungsanalyse zu VGH München, Beschl. v.

이러한 주장은 경찰권 행사의 대상으로 고려된 모든 사람이 위험 전체를 야기하는 것이라는 점, 경찰책임과 구조적으로 유사한 민사책임에서도 다수인이 하나의 손해에 대하여 책임이 있는 경우 외부관계에서 부분책임은 인정되지 않고 있는데, 경찰법이 민사책임과 다른 책임을 인정해야 할 하등의 이유가 없다는 점, 경찰법도 민법과 마찬가지로 경찰책임자 간의 내부적 구상을 인정함으로써 과잉금지원칙을 고려한 정당한 책임배분의 가능성을 인정하고 있다는 점 등을 충분히 고려하지 못한 주장이기 때문이다. 무엇보다 이러한 주장은 위험방지의 효율성을 저해하는 결과를 낳을 수 있기 때문에 받아들일 수 없다.

물론 **구체적 사안에 따라서는 과잉금지원칙 때문에 경찰책임이 제한될 수 있다.** 예를 들어 다수인이 하나의 손해발생에 함께 기여하였고 경찰이 이 가운데 한 명에게 경찰권을 행사하였지만, 다른 한 명이 파산(破産)으로 인하여 구상권을 행사할 수 없는 경우가 바로 그러하다. 이러한 경우에는 실질적 경찰책임이 제한될 수 있다. 만일 그렇지 않으면 경찰권 행사의 대상이 되는 경찰책임자에게 경찰권 행사의 대상이 되지 않는 경찰책임자의 파산 리스크를 전적으로 전가(轉嫁)하는 결과를 초래하게 된다.[5)]

Ⅱ 다수의 경찰책임자 간의 선택에 있어서 재량행사의 기준

1. 위험방지의 효율성

만일 다수인이 경찰상의 위험에 대하여 전적으로 책임이 있다면 경찰은 모든 경찰책임자에게 조치를 취할 수 있는지 아니면 경찰의 선택재량은 제한되는지의 문제가 제기된다. 이 문제는 특히 위험이 행위책임자뿐만

22.9.2003 - ZB 03.1166 und 03.1352, JuS 2004, 640 (642).

5) Schenke, Polizei- und Ordnungsrecht, 2023, Rn. 356.

아니라 상태책임자에 의해서도 야기되는 경우에 논의가 되고 있다. 사실 「경직법」에는 경찰책임자를 선택하는 명확한 기준이 규정되어 있지 않다. 그렇다고 경찰에게 무제한적 선택재량이 인정되는 것은 아니다. 법치국가에서 경찰의 재량은 법적 기속 하에 놓여 있다(「행정기본법」 제21조와 「행정소송법」 제27조 참조). 경찰책임자의 선택은 경찰의 재량에 속하지만, 경찰은 경찰권을 의무에 적합한 재량에 따라 행사하여야 한다. 경찰책임자의 선택과 관련하여서는 무엇보다 **위험방지의 효율성**이라는 관점에 중요한 의미가 부여된다. 즉 **경찰은 위험 또는 장해를 가장 신속하고 효과적으로 제거할 수 있는 경찰책임자에게 경찰권을 행사하여야 한다.**[6] 대체로 시간적 · 장소적으로 위험에 가장 근접한 사람이 경찰권 행사의 대상이 된다.

2. 행위책임자 우선의 원칙?

그러나 일부 문헌[7]에서는 경찰의 선택재량을 보다 확고한 제한 하에 두려는 시도가 행하여지고 있다. 최근 일부 문헌에서 받아들여지고 있는 견해, 즉 '경찰은 원칙적으로 상태책임자보다 행위책임자에게 우선적으로 경찰권을 행사하여야 한다'는 견해는 비록 이것이 국민의 일반적인 법감정에는 부합하는 견해일지 모르나 견지될 수 없는 견해이다. 이러한 견해는 문헌[8]에서 다음과 같은 수정된 형태로 주장되기도 한다. 즉 '가장 신속하고 효과적인 위험방지에 대한 경찰의 이익이 침해되지 않는 한도 내에서는 상태책임자보다 행위책임자에게 우선적으로 경찰권이 행사될 수 있다'는 주장이 바로 그것이다. 그러나 이러한 견해에 대해서는 다음과 같은

6) Garbe, Die Störerauswahl und das Gebot der gerechten Lastenverteilung, DÖV 1998, 632 ff.; Gorning/Hokema, Störerauswahl – VGH München, NVwZ 2001, 458, JuS 2002, 21 (22 f.).

7) 예컨대 Rasch, Allgemeines Polizei– und Ordnungsrecht, 1982, § 5 MEPolG Rn. 21; VGH München, BayVBl. 1979, 307 (309)가 바로 그러하다.

8) 예를 들어 OVG Koblenz, NJW 1986, 1369 (1370); VGH München, NVwZ 1987, 912가 바로 그러하다.

비판이 가해질 수 있다. 그것은 법률로부터 그와 같은 우선관계가 도출될 수 없다는 점이다. 만일 개별사례에서 행위책임자가 상태책임자보다 우선적으로 선택되어야 한다면 그 이유는 **과잉금지원칙** 때문일 수 있다. 예를 들어 [사례 1] <주유소 벤젠 오염 사건>이 바로 그러하다. 이 사건에서는 '갑'이 운영하는 주유소 부지(敷地)가 벤젠에 의해 오염되었고 그 오염된 주유소 부지의 소유자와 주유소 운영자가 다른 경우, 즉 상태책임자와 행위책임자가 병존하는 경우가 문제된다. 이러한 경우 만일 관할행정청이 급부능력이 있는 주유소 운영자 '갑'(행위책임자)을 대신하여 일종의 희생자로 볼 수 있는 주유소 부지 소유자 '을'(상태책임자)에게 정화명령을 내린다면 그러한 정화명령은 과잉금지원칙에 위반하는 위법한 재량행사가 될 수 있다. 이러한 점에서 개별사례에서 행위책임자가 상태책임자보다 더 우선적으로 고려되어야 한다면 그 이유는 "과잉금지원칙" 때문이지 일부 문헌에서 주장하고 있는 행위책임자 우선의 원칙, 즉 경찰은 원칙적으로 상태책임자보다 행위책임자에게 우선적으로 경찰권을 행사하여야 한다는 원칙 때문이 아니다.

3. 경찰책임자 선택 시에 고려되어야 하는 그 밖의 사항

물론 개별사례에서는 경찰이 상태책임자보다 행위책임자에게 우선적으로 경찰권을 행사하는 것이 **정의의 요청**에 더 부합하는 것이 될 수 있다. 특히 행위책임자의 과실로 인하여 위험이 야기되는 경우가 바로 그러하다. 예를 들어 차량 운전자가 자기 소유가 아닌 차량을 운행하던 중에 과실로 교통사고를 일으켰고, 이로 인하여 도로상에 장해가 발생한 경우에는 경찰은 (차량의 소유자가 아닌) 차량 운전자에게 우선적으로 장해제거조치를 취하여야 한다.[9]

그러나 다수의 경찰책임자가 존재하는 경우 경찰은 누구에게 경찰권을

9) Schenke, Polizei- und Ordnungsrecht, 2023, Rn. 358.

행사해야 하는가의 문제와 관련하여서는 다음의 점도 고려되어야 한다. 즉 위해방지를 위하여 **경찰책임자가 지출해야 하는 비용, 경찰책임자의 인적·물적 이행능력, 경찰책임자의 민법상 처분권과 용익권, 위험방지의 효율성** 등이 바로 그것이다.[10] 예를 들어 경찰이 행위책임자(예: 교통사고를 낸 차량 운전자)를 알 수 없거나 그 밖의 사실상의 이유로 인하여 행위책임자에게 장해제거조치를 취할 수 없는 경우에는 원칙적으로 상태책임자에 대한 조치도 허용된다. 나아가 행위책임자가 민법상의 처분권이 없어 홀로 위험을 제거할 수 없고 이를 대신해 (오히려) 상태책임자에게 수인처분의 방식으로 조치를 취해야 하는 경우에는 위험방지의 효율성이라는 관점에서 상태책임자에 대한 조치도 허용된다.[11]

경찰은 다수의 경찰책임자 간의 선택 시에 경찰권 행사의 대상이 되는 책임자가 다른 책임자에게 **민법상의 구상권을 행사할 가능성**이 있는지를 고려해야 하는지 만일 고려해야 한다면 어느 정도로 고려해야 하는지의 문제와 관련하여 학설상 견해대립이 존재한다. 다수인이 하나의 장해에 대하여 책임이 있는 경우 만일 일부 견해와 같이 경찰은 '민법에 따르면 결국 누가 장해제거비용을 부담해야 하는가'를 기준으로 경찰책임자를 선택해야 할 의무가 있다고 본다면 이것은 너무 나아간 견해가 될 것이다. 그러나 개별사례에서 경찰이 다수의 경찰책임자 간의 선택 시에 이미 알고 있었던 그리고 이론의 여지가 없는 구상에 관한 규정을 전혀 고려하지 않는다면 하자 있는 재량행사가 될 수 있다. 나아가 경찰권 행사의 대상이 되는 책임자가 다른 책임자에게 구상권을 행사할 수 없는 경우(예: 다른 책임자가 파산한 경우)라면 비례원칙으로부터 경찰책임의 제한이 도출될 수 있다.[12]

---

10) Schenke, Polizei- und Ordnungsrecht, 2023, Rn. 358.
11) Schenke, Polizei- und Ordnungsrecht, 2023, Rn. 358.
12) Schenke, Polizei- und Ordnungsrecht, 2023, Rn. 359.

케이스 해설

해설 1 <주유소 벤젠 오염 사건>

사례에서는 '갑'이 운영하는 주유소의 부지(敷地)가 벤젠에 의하여 오염되었고 그 오염된 주유소 부지 소유자와 주유소 운영자가 다른 경우, 즉 상태책임자와 행위책임자가 병존하는 경우가 문제된다. 이러한 경우 만일 관할행정청이 급부능력이 있는 주유소 운영자 '갑'(행위책임자)을 대신하여 일종의 희생자로 볼 수 있는 주유소 부지 소유자 '을'(상태책임자)에게 정화명령을 내린다면 그러한 정화명령은 과잉금지원칙에 반하는 위법한 재량행사가 될 수 있다.

해설 2 <굴착기기사 송유관 훼손 사건>

사례는 관할행정청이 선택재량을 행사하지 않았음을 보여 주는 하나의 예가 된다. 사례에서 관할행정청은 굴착기 기사인 '병'에게 정화의무를 부과할 수 있음을 전혀 고려하지 않았기 때문에 경찰책임자의 선택에 있어서 하자가 존재한다. 재량행사가 적법하기 위해서는 적절한 사실관계에 기초하여 재량을 행사하여야 한다. 사례에서 관할행정청은 굴착기 기사인 '병'이 정화비용을 부담할 능력이 없다고 가정하고 있지만, 관할행정청은 '병'이 보험에 가입되어 있는지 여부를 조사할 필요가 있었다. 따라서 사례에서 관할행정청이 토지소유자인 '정'에게 내린 정화조치 명령은 위법하다.

제7절

경찰책임의 승계

I 개 설

> **리딩 케이스**
>
> **사례 1 <산사태 방지 사건>**
>
> A시 소재의 △△산은 집중호우가 있을 경우 산사태가 발생할 우려가 있었다. 산사태가 발생할 경우 쏟아져 내릴 암석과 토사로 인하여 산 아래에 위치한 '갑' 소유의 가옥이 붕괴될 위험성이 있었다. 이에 따라 관할행정청은 산사태를 방지하기 위한 종합 관리대책을 마련하는 한편, 암석과 토사가 쏟아져 내릴 것에 대비하여 '갑'에게 방호조치를 명령하였다. 만일 '갑'이 관할행정청의 명령이 있은 후 자신의 가옥을 '을'에게 양도하였다면 관할행정청의 명령은 '을'에게도 효과가 있는가?
>
> **사례 2 <산사태 방지 사건 2>**
>
> [사례 1]에서 만일 관할행정청의 명령이 있은 후 그 사이 '갑'이 사망하는 바람에 아들 '병'이 '갑' 소유의 가옥을 상속받게 되었다면 관할행정청의 명령은 아들 '병'에게도 효과가 있는가?[1)]

1) 유사한 사례로는 Schenke, Polizei- und Ordnungsrecht, 2023, Rn. 298.

1. 의 의

경찰책임의 승계는 경찰책임자가 **사망**을 하거나 자신 소유의 물건을 타인에게 **양도**하는 경우 관할행정청이 이전에 경찰책임자에게 내린 경찰하명은 경찰책임자의 상속인이나 양수인에게도 효과가 있는지에 관한 문제이다.[2] 만일 경찰하명이 상속인이나 양수인에게도 효과가 있다면 관할행정청은 상속인이나 양수인에게 새로운 경찰하명을 내릴 필요 없이 이전에 경찰책임자에게 내린 경찰하명을 근거로 강제집행을 할 수 있을 것이다. 반대로 경찰하명은 상속인이나 양수인에게는 효과가 없다면 관할행정청은 상속인이나 양수인에게 새로운 경찰하명을 발령한 이후에야 비로소 강제집행을 할 수 있을 것이다. 이하에서는 문헌에서 종종 "경찰의무의 승계"라고도 불리는 "경찰책임의 승계"(Rechtsnachfolge in polizeiliche Pflichten)와 관련하여 제기되는 법적 문제를 고찰하기로 한다.

2. 고찰에 앞서

고찰에 앞서 우선 다음의 두 가지 점에 유의할 필요가 있다.

첫째, 경찰책임의 승계는 경찰책임자에게 이미 경찰하명이 발령되어 구체적으로 경찰상의 의무가 부과된 경우에 비로소 문제가 된다는 점이다. 즉 법률에 의하여 그 준수가 요구되는 추상적 의무를 위반한 경찰책임자에게는 단지 관할행정청에 의한 구체적 의무부과의 가능성만이 존재하기 때문에 경찰책임의 승계문제는 발생하지 않는다.[3]

둘째, 이하에서 고찰하게 될 경찰책임의 승계에 관한 학설은 법률에

2) 이에 관하여 보다 상세한 것은 Schenke, Rechtsnachfolge in polizeiliche Pflichten?, GewArch. 1976, 1 ff.; 정하중, "경찰상의 의무의 승계", 고시연구 1999년 12월호, 1999, 152쪽 이하; 김연태, "경찰책임의 승계", 고려법학 제51호, 2008, 231쪽 이하; 최정일, "독일과 한국에서의 경찰책임(특히 행위책임)의 승계", 경찰법연구 제12권 제1호, 2014, 193쪽 이하.

3) 정하중, 행정법개론, 법문사, 2020, 1078쪽.

승계에 관한 명문규정이 존재하지 않는 경우에 의미가 있다는 점이다. 비록 개별적이기는 하나, 현행법에는 승계를 명문으로 허용하는 법률규정이 존재한다. 예컨대 「공중위생관리법」 제11조의3,[4] 「식품위생법」 제78조,[5] 「도시가스사업법」 제7조의2,[6] 「석유 및 석유대체연료사업법」 제8조,[7]

---

4) **공중위생관리법 제11조의3(행정제재처분효과의 승계)** ① 공중위생영업자가 그 영업을 양도하거나 사망한 때 또는 법인의 합병이 있는 때에는 종전의 영업자에 대하여 제11조제1항의 위반을 사유로 행한 행정제재처분의 효과는 그 처분기간이 만료된 날부터 1년간 양수인ㆍ상속인 또는 합병 후 존속하는 법인에 승계된다. ② 공중위생영업자가 그 영업을 양도하거나 사망한 때 또는 법인의 합병이 있는 때에는 제11조제1항의 위반을 사유로 하여 종전의 영업자에 대하여 진행 중인 행정제재처분 절차를 양수인ㆍ상속인 또는 합병 후 존속하는 법인에 대하여 속행할 수 있다. ③ 제1항 및 제2항에도 불구하고 양수인이나 합병 후 존속하는 법인이 양수하거나 합병할 때에 그 처분 또는 위반사실을 알지 못한 경우에는 그러하지 아니하다.

5) **식품위생법 제78조(행정제재처분효과의 승계)** 영업자가 영업을 양도하거나 법인이 합병되는 경우에는 제75조 제1항 각 호, 같은 조 제2항 또는 제76조 제1항 각 호를 위반한 사유로 종전의 영업자에게 행한 행정 제재처분의 효과는 그 처분기간이 끝난 날부터 1년간 양수인이나 합병 후 존속하는 법인에 승계되며, 행정 제재처분 절차가 진행 중인 경우에는 양수인이나 합병 후 존속하는 법인에 대하여 행정 제재처분 절차를 계속할 수 있다. 다만, 양수인이나 합병 후 존속하는 법인이 양수하거나 합병할 때에 그 처분 또는 위반사실을 알지 못하였음을 증명하는 때에는 그러하지 아니하다.

6) **도시가스사업법 제7조의2 (처분효과의 승계)** 제7조에 따라 도시가스사업자의 지위 승계가 있으면 종전의 도시가스사업자에 대한 제9조에 따른 사업의 정지 또는 제한처분(제10조에 따라 사업의 정지 또는 제한명령에 갈음하여 부과하는 과징금을 포함한다)의 효과는 처분기간이 만료된 날부터 1년간 그 지위를 승계 받은 자에게 승계되며, 처분의 절차가 진행 중이면 지위승계를 받은 자에게 그 절차를 속행할 수 있다. 다만, 지위승계를 받은 자(상속에 의하여 승계를 받은 자를 제외한다)가 승계를 받은 때에 그 처분 또는 위반사실을 알지 못하였음을 증명하는 경우에는 그러하지 아니하다.

7) **석유 및 대체연료 사업법 제8조(처분효과의 승계)** 제7조에 따라 석유정제업자의 지위가 승계되면 종전의 석유정제업자에 대한 제13조 제1항에 따른 사업정지처분(제14조에 따라 사업정지를 갈음하여 부과하는 과징금부과처분을 포함한다)의 효과는 새로운 석유정제업자에게 승계되며, 처분의 절차가 진행 중일 때에는 새로운 석유정제업자에 대하여 그 절차를 계속 진행할 수 있다. 다만, 새로운 석유정제업자(상속으로 승계 받은 자는 제외한다)가 석유정제업을 승계할 때에 그 처분이나 위반의 사실을 알지 못하였음을 증명하는 경우에는 그러하지 아니하다.

「건강기능식품에 관한 법률」 제34조[8]가 바로 그러하다. 이와 같이 개별법에서 처분효과의 승계를 허용하는 명문규정이 존재하는 경우에는 이하에서 고찰하게 될 경찰책임의 승계에 관한 학설은 적용될 여지가 없게 된다.

Ⅱ 경찰책임의 승계 여부

경찰책임의 승계는 헌법이 보장하는 승계인의 기본권을 제한하기 때문에 이를 위해서는 법률유보원칙에 따라 법률의 근거가 필요하다. 현재 「경직법」에는 승계에 관한 일반규정이 존재하지 않으며, 단지 전술한 몇몇 개별법에 처분효과의 승계를 허용하는 명문규정이 존재할 뿐이다. **개별법에 처분효과의 승계를 허용하는 명문규정이 존재하지 않는 경우 이전에 경찰책임자에게 발령된 경찰하명은 상속인이나 양수인에게도 효과가 있는지 여부**와 관련하여서는 학설상 견해의 대립이 존재한다.

1. 승계부정설

종래의 지배적인 견해에 따르면 행위책임에 의해서뿐만 아니라 상태책임에 의해서도 경찰책임자에게는 **일신전속적 의무**(Höchstpersönliche Pflichten)

8) **건강기능식품에 관한 법률 34조(행정제재처분 효과의 승계)** ① 영업자가 그 영업을 양도하거나 법인이 합병하는 경우에는 제32조 제1항 각 호(제10호는 제외한다) 또는 제33조 제1항을 위반한 사유로 종전의 영업자에게 한 행정제재처분의 효과는 그 처분기간이 끝난 날부터 1년간 양수인이나 합병 후 존속하는 법인에 승계되며, 행정제재처분의 절차가 진행 중일 때에는 양수인이나 합병 후 존속하는 법인에 대하여 행정제재처분의 절차를 계속 진행할 수 있다. ② 제1항에도 불구하고 양수인이나 합병 후 존속하는 법인(상속에 의한 지위 승계는 제외한다)이 영업을 승계할 때에 그 처분과 처분의 원인이 되는 위반사실을 알지 못하였음을 증명하는 경우에는 그 처분의 효과가 승계되지 아니하거나 처분의 절차를 계속 진행하지 아니한다. 다만, 그 처분의 효과가 승계되지 아니하거나 처분의 절차를 계속 진행하지 아니하면 국민 건강에 위해가 발생하거나 발생할 우려가 있는 경우에는 그러하지 아니하다.

가 발생한다고 한다. 이로 인하여 경찰책임자에게 발령된 경찰하명은 특별한 법률규정이 존재하지 않는 한,[9] 특정승계인(양수인)뿐 아니라 포괄승계인(상속인)에게도 효과가 없다고 한다.[10] 행위책임은 자신의 행위를 통해 위험을 야기하는 사람에게만 존재하고 그의 사망과 더불어 소멸하며, 상태책임은 물건의 소유자나 사실상의 지배자가 변경됨과 동시에 새로 시작되고 과거의 상태책임은 소멸한다고 한다. 이러한 점에서 종래의 지배적인 견해는 경찰상 의무는 일신전속적 성격을 갖는다는 이유를 들어 승계를 부정하고 있다.

2. 승계긍정설

하지만 최근에는 특히 상태책임과 관련하여 경찰책임의 승계를 긍정하는 견해가 개진되고 있다.[11] 이러한 견해에 따르면 관할행정청이 상태책임자에게 경찰하명을 내린 경우 해당 하명은 원칙적으로 승계인에게도 효과가 있다고 한다. 이에 따라 승계인에게 경찰상 의무를 부과하는 새로운 경찰하명은 필요치 않다고 한다. 승계긍정설은 승계를 긍정하는 이유로서 무엇보다 다음의 점을 들고 있다. 즉 상태책임을 구체화하는 경찰하명의 경우에는 **대물적 하명이 문제된다는 점**과, 승계를 부정할 경우에는 **실무상 절차경제적 어려움이 발생한다는 점**을 들고 있다. 예를 들어 위법건축물에 대한 철거의무의 승계가 부정될 경우 위법건축물의 소유자는 자신의 철거의무를 회피하기 위하여 제3자에게 소유권을 이전시킬 수 있으며, 관할행정청은 새로운 소유자에게 또다시 철거명령을 내려야 한다고 한다.

---

9) 전술한 「공중위생관리법」 제11조의3, 「식품위생법」 제78조, 「도시가스사업법」 제7조의2, 「석유 및 석유대체연료사업법」 제8조, 「건강기능식품에 관한 법률」 제34조가 바로 그러하다.

10) 예컨대 Schenke, Polizei- und Ordnungsrecht, 2023, Rn. 364.

11) 예컨대 Denninger, in; Lisken/Denninger, Handbuch des Polizeirechts, 2001, E Rn. 125.

3. 학설에 대한 평가

(1) 상태책임의 경우

승계를 부정하는 견해가 타당하다고 생각한다. **만일 상태책임자의 승계인이 책임을 져야 한다면 그때의 책임은 승계인이 상태책임자의 의무를 인수하였기 때문이 아니라, 승계인이 권리취득을 통하여 상태책임의 인정에 요구되는 요건을 스스로 충족하였기 때문이다.** 이러한 점에서 승계인의 상태책임은 시원적(始原的)이라 할 수 있다.[12] 일부 문헌에서의 주장과 달리 상태책임의 승계는 이전 소유자에게 발령된 경찰하명이 대물적 하명의 성격을 갖는다는 사실에서 도출될 수 없다. 왜냐하면 대물적 하명이 비록 물건에 대한 규율이기는 하나 동시에 의무자에 대한 작위 또는 부작위 명령을 포함하고 있으므로 이러한 침해작용은 **법률유보원칙**에 따라 법률의 근거를 필요로 하기 때문이다.

승계를 긍정하는 견해를 따를 수 없는 또 다른 이유는 **경찰하명의 적법성은 물적 요소뿐만 아니라 의무자의 인적 요소에도 의존하기 때문이다.** 주지하다시피 경찰하명은 편의주의원칙에 따라 경찰의 재량에 속하고 경찰이 이러한 재량을 행사할 때에는 의무자의 개인적 사정을 고려하여야 한다. 만일 의무자의 개인적 사정을 고려함이 없이 상태책임의 승계를 일반적으로 긍정할 경우에는 이전 소유자에게 적법하게 발령되었던 경찰하명이 승계인의 개인적 사정으로 인하여 위법한 경찰하명이 될 수 있다. 이와 같이 경찰하명이 적법하기 위해서는 물적 요소뿐만 아니라 의무자의 인적 요소도 함께 고려되어야 함에도 승계긍정설은 경찰하명의 물적 요소만을 근거로 상태책임의 승계를 일반적으로 긍정하고 있는바, 이것은 받아들일 수 없는 견해이다.

나아가 전술한 바와 같이 **관할행정청은 이전 상태책임자에게 발령된**

12) Schenke, Polizei- und Ordnungsrecht, 2023, Rn. 365.

경찰하명이 승계인에게 원용될 수 없는 개인적 사정이 존재하는지 여부를 심사할 의무가 있기 때문에 승계긍정설이 상태책임의 승계를 긍정하는 논거로서 들고 있는 **절차경제적 어려움도 경찰하명을 승계인에게 확장시킬 만한 충분한 이유가 되지 못한다.** 승계긍정설은 위법건축물에 대한 철거의무의 승계가 부정될 경우에는 위법건축물의 소유자는 자신의 철거의무를 회피하기 위하여 제3자에게 소유권을 이전시킬 수 있으므로 상태책임의 승계를 긍정할 필요성이 있다고 주장하지만, 특정승계에서 문제가 되는 구(舊) 소유자와 신(新) 소유자 간의 **담합행위**는 상태책임의 일반적인 승계를 긍정함이 없이도 **권리남용금지**(Grundsatz des Rechtsmissbrauchs)**의 관점에서 충분히 고려될 수 있기 때문에** 이 또한 설득력이 떨어지는 주장이다.[13]

(2) 행위책임의 경우

만일 상태책임과 관련하여 승계가 원칙적으로 부정된다면 이것은 행위책임의 경우에도 당연히 적용되어야 한다. 그럼에도 불구하고 일부 문헌[14]에서는 행위책임의 포괄승계를 원칙적으로 긍정하는 견해가 개진되고 있다. 심지어 일부 학설[15]은 경찰책임의 승계는 경찰책임자에게 이미 경찰하명이 발령되어 구체적으로 경찰상 의무가 부과된 경우에 비로소 문제가 됨에도 불구하고, 행위책임자가 지는 책임은 이미 법률에 의거하여 발생한다는 이유를 들어 승계의 대상이 되는 구체적 의무가 아직 존재하지 않는 경우, 즉 행위책임자의 의무가 경찰하명을 통해 (아직) 구체화되지 않은 이른바 **추상적 경찰의무**에 대한 위반이 존재하는 경우에도 승계를 긍

13) Schenke, Polizei- und Ordnungsrecht, 2023, Rn. 366.

14) 예를 들어 박균성, 행정법강의, 박영사, 2019, 1280쪽: "상속은 포괄적인 승계이므로 행위책임도 원칙상 상속인에게 승계된다고 보아야 할 것이다."

15) 예를 들어 Durner, Rechtsnachfolge in die abstrakte Polizeipflicht im Bodenschutzrecht, JA 2006, 910 (912); Palme, Das Urteil des BVerwG zur bodenschutzrechtlichen Haftung des Gesamtrechtsnachfolgers, NVwZ 2006, 1130 ff.가 바로 그러하다.

정하고 있다. 예전부터 일신전속적 성격을 갖는 것으로 간주되었던 의무가 이제 포괄승계인에게 인정되어야 한다는 견해는 일찍이 주장된 바 없다. 특히 일부 견해[16]는 경찰하명에 의하여 부과된 행위책임자의 의무가 대체적 성격을 갖는지 또는 비대체적 성격을 갖는지 여부로 구분하고 대체적 성격을 갖는 경우에 한하여 행위책임의 승계를 긍정하고 있지만, **행위책임자에게 요구된 행위가 대체가능하다고 해서 이러한 행위는 일신전속적이지 않다는 결론이 곧바로 도출될 수 없다**는 점에서 받아들이기 어려운 견해이다.[17] 따라서 관할행정청이 행위책임자에게 발령한 경찰하명은 법률에 특별규정이 존재하지 않는 한, 특정승계인(양수인)뿐만 아니라 포괄승계인(상속인)에게도 효과가 없다고 보아야 한다.

경찰책임의 승계를 긍정할 경우에는 헌법이 보장하는 승계인의 기본권이 제한되기 때문에 이를 위해서는 **법률유보원칙에 따라 특별한 법률적 근거가 필요하다.** 그럼에도 불구하고 일부 견해는 포괄승계를 허용하는 특별한 법률규정이 존재하지 않는 경우에는 「민법」 제997조[18]와 제1005조[19]의 유추적용을 제안하고 있다. 그러나 포괄승계인에게 유리하게 작용하는 것이 아니라, 불리하게 작용하는 「민법」 제997조와 제1005조의 유추적용이 허용될 수 있을지는 의문이다. **유추적용금지**(Analogieverbot)는 법률유보원칙, 특히 명확성원칙에서 도출될 수 있는바, 이러한 헌법상의 원칙을 고려할 때 포괄승계인에게 불리하게 작용하는 유추적용은 헌법상의 중대한 의문을 불러일으킬 수 있기 때문에 포괄승계를 허용하는 특별한 법률규정이 존재하지 않는 한 포괄승계는 인정되지 않는다고 보아야 한다.

---

16) 예를 들어 정하중, 행정법개론, 법문사, 2020, 1079쪽이 바로 그러하다.

17) Schenke, Polizei– und Ordnungsrecht, 2023, Rn. 368.

18) **민법 제997조(상속개시의 원인)** 상속은 사망으로 인하여 개시된다.

19) **민법 제1005조(상속과 포괄적 권리의무의 승계)** 상속인은 상속개시된 때로부터 피상속인의 재산에 관한 포괄적 권리의무를 승계한다. 그러나 피상속인의 일신에 전속한 것은 그러하지 아니하다.

케이스 해설

해설 1 <산사태 방지 사건>

사례에서 관할행정청은 산사태로 인한 인명 또는 재산상의 피해를 막기 위하여 '갑'에게 방호조치를 명령하였다. 이것은 위험방지를 위하여 개인에게 작위의무를 부과하는 경찰하명에 해당한다. 만일 경찰책임의 승계를 긍정한다면 '갑'의 방호조치의무는 '을'에게도 효과가 발생할 것이다. 그러나 이러한 의무의 발생을 위해서는 법률유보원칙에 따라 법률의 근거가 필요하다. 그러나 사례에서는 이에 대한 법률의 근거가 존재하지 않는다. 관할행정청이 '갑'에게 내린 하명은 대물적 하명의 성격을 갖는다는 점은 (일부 문헌에서의 주장과 달리) 승계를 긍정할 만한 타당한 이유가 되지 못한다. 왜냐하면 대물적 하명이 비록 물건에 대한 규율이기는 하나 동시에 의무자에 대한 작위 또는 부작위 명령을 포함하고 있으므로, 이러한 침해작용은 법률유보원칙에 따라 법률의 근거를 필요로 하기 때문이다. 게다가 경찰하명이 적법하기 위해서는 물적 요소뿐만 아니라 의무자의 개인적 사정도 중요함에도 승계긍정설은 경찰하명의 물적 요소만을 근거로 승계를 일반적으로 긍정하고 있는바, 이것은 받아들일 수 없는 견해이다. 설령 여기서의 주장과 달리 경찰책임의 승계를 긍정하는 견해를 취하는 경우에도 승계인은 (특별한 법률규정을 통해 승계가 허용된 곳에서와 마찬가지로) 법치국가원칙을 이유로 이전에 경찰책임자에게 발령된 경찰하명의 내용에 관하여 통지를 받아야 한다. 즉 사례에서 '을'은 관할행정청으로부터 이전에 '갑'에게 발령된 경찰하명의 내용에 관하여 통지를 받아야 한다. 그러나 사례에서 관할행정청의 통지는 없었다. 따라서 사례에서는 소유자의 변경과 함께 '갑'의 상태책임은 소멸하고 '을'에게 새로이 상태책임이 발생하는바, 관할행정청이 '을'에게 존재하는 경찰상 의무를 강제 이행시키기 위해서는 '을'에게 새로운 경찰하명을 발령하여야 한다.[20)]

해설 2 <산사태 방지 사건 2>

상속의 경우 경찰책임이 승계되는지 여부는 문헌에서 논쟁이 되고 있다. 이 경우 일부 견해는 승계를 긍정하고 있다. 그러나 이러한 견해에 대해서는 현행법에는 승계를 허용하는 법률규정이 존재하지 않는다는 반론이 제기될 수 있다. 이 경우 「민법」 제997조와 제1005조는 직접 적용될 수 없다. 왜냐하면 「민법」 제997조와 제1005조는 단지 민법상의 권리와 의무만을 그 대상으로 하기 때문이다. 또한 일부 문헌에서 주장되고 있는 「민법」제997조와 제1005조의 유추적용도 허용될 수 없기는 마찬가지이다. 왜냐하면 포괄승계인에게 불리하게 작용하는 유추적용은 법률유보원칙과 일치될 수 없기 때문이다. 물론 사례에서 아들 '병'은 가옥의 새로운 소유자로서 상태책임을 진다. 그러나 이러한 상태책임으로부터 발생하는 의무를 이행시키기 위해서는 관할행정청은 '병'에게 새로운 경찰하명을 발령하여야 한다.[21]

20) 이에 관해서는 Schenke, Polizei- und Ordnungsrecht, 2023, Rn. 377.
21) 이에 관해서는 Schenke, Polizei- und Ordnungsrecht, 2023, Rn. 378.

제8절

경찰긴급상황

Ⅰ 의 의

리딩 케이스

사례 1 <오원춘사건 Ⅲ>

2012년 4월 1일 22시 32분경 한국계 중국인(조선족) 남성 오원춘이 경기도 수원시 팔달구 소재 자신의 거주지 대문 앞에서 휴대전화 부품공장에서 일을 마치고 귀가하던 피해여성 곽모씨(당시 28세)를 밀쳐 넘어뜨린 후 강제로 주거지로 끌고 가 강간하려 하였다. 오원춘이 화장실을 간 사이 피해여성은 문을 걸어 잠근 후 직접 휴대전화로 112에 전화를 걸어 “모르는 아저씨에게 성폭행을 당하고 있다. 아저씨가 나간 사이 문을 잠그고 전화한다. 집은 주변 지동초등학교 지나 못골놀이터 가는 길쯤이다”며 자신이 집안에서 누군가로부터 성폭행을 당하고 있음을 신고하였다. 신고를 접수한 경기청과 수원중부서 소속 경찰관들이 현장에 출동하였으나 피해여성의 위치추적에 실패하여 결국 경찰관들은 정확한 범행 장소를 알지 못했다. 언론을 통해 알려진 바에 따르면 사건 당시 경찰관들은 밤이 늦어 주민들의 취침에 방해될 것을 염려해 주변 불이 켜진 주택가에 귀 기울여 여자 비명소리 유무 등만을 확인하고 적극적인 가택출입을 실시하지 않았다고 한다. 그러자 현장에 있던 피해여성의 남동생이 “누나가 건물 안에 있다면 주민들을 다 깨우더라도 집집마다 문을 두드려가며 샅샅이 뒤져야 하는 것 아니냐”라고 말하였으나 경찰관들은 밤이 늦어 이것이 현실적으로 어렵다는 말만 되풀이하였다고 한다. 이 경우 경찰관들은 성폭행과 더불어 살해의 위협을 받고 있던 피해여성을 긴급구조하기 위하여 범행 추정 장소의 범위 내에 있던 불특정 다수의 가택에 출입할 수 있었는가?[1]

사례 2 <M모텔 만취녀 사건>

경찰관 P1과 P2는 M모텔 514호에서 '여자가 울면서 비명을 지르고 싸우는 소리가 들린다'는 신고를 접수한 후 즉시 현장에 출동하였다. 경찰관들은 객실 내에서 여자 비명소리와 울음소리가 들리는 것을 확인하고 출입문 개방을 요구하였으나 내부에서 문을 열어 주지 않았다. 경찰관들은 출입문을 파손한 후 진입할 수 있음을 여러 차례 고지했지만, 여전히 문은 열리지 않았다. 잠시 후 내부가 갑자기 조용해지는 등 강력범죄의 발생이 우려되었기 때문에 경찰관들은 긴급히 119 구조대의 협조를 받아 출입문을 파손 후 객실 내부로 진입하였다. 그러나 객실 내에서는 여성이 만취하여 혼자 울고 있었다. 이후 모텔업주가 파손된 출입문의 수리비용을 요구하고 있다.

공공의 안녕이나 질서에 대한 위험 또는 장해가 존재하는 경우 경찰은 원칙적으로 경찰책임자에게 조치를 취하거나 자신의 고유한 인적 또는 물적 수단을 사용하여 위험방지나 장해제거를 하여야 한다. 그러나 중대한 위험이나 장해가 경찰책임자에 대한 조치나 경찰의 자력으로는 방지 또는 제거될 수 없는 경우가 있을 수 있다. 이러한 경우에는 아주 엄격한 요건 하에서 예외적으로 비책임자에 대한 조치가 허용된다. 이와 같이 **경찰이 경찰책임자가 아닌 비책임자에게 조치를 취하는 경우**를 일컬어 **"경찰긴급상황"**(Polizeilicher Notstand)이라고 한다.

비책임자에게 종종 조치가 취해지는 이유는 해당 비책임자가 경찰책임자나 경찰이 갖고 있지 못한 위험방지수단을 갖고 있기 때문이지만, 그렇다고 해서 이것이 오로지 그러한 수단을 가진 사람에게만 조치를 취할 수

1) 이에 관해서는 손재영, "위험방지를 위한 가택출입과 경찰긴급상황", 법과정책 제18집 제2호, 2012, 291쪽 이하.

있음을 의미하지 않는다.[2] 오히려 효과적인 위험방지가 비책임자에 대한 조치를 통해서만 비로소 가능한 경우에도 취해질 수 있다. 예컨대 많은 사람이 운집한 대규모 행사에서 일부 참가자들 간에 폭력사태가 발생한 경우 짧은 시간 내에 폭력행위의 책임자를 확정하기 어렵고, 경찰에 의한 신속한 대처가 요구되는 경우가 많기 때문에 경찰은 대규모 군중을 상대로 퇴거명령을 발령한다.[3]

경찰책임자에 대한 조치와 비교할 때 **비책임자에 대한 조치는 엄격한 요건 하에서만 허용**되며, 그 내용적 범위와 관련하여서도 제한을 받는다. 또한 경찰조치로 인하여 **비책임자에게 손실이 발생하는 경우에는 정당한 보상이 이루어져야** 한다.[4]

Ⅱ 경찰긴급상황의 요건

경찰책임자에 대한 경찰조치와 비교할 때 비책임자에 대한 경찰조치는 아주 엄격한 요건 하에서만 허용되는바, 비책임자에 대한 경찰조치의 요건은 다음과 같다.[5]

1. 이미 장해가 존재하거나 중대한 위험이 임박할 것

첫째, 이미 장해가 존재하거나 위험이 임박하여야 한다. 이에 따라 위험발생의 **시간적 근접성**이 요구된다. 또한 비례원칙의 적용을 받는 결과 **방지되어야 하는 위험은 중대한 것이어야** 한다.[6] 따라서 사람의 생명, 신

2) Schenke, Polizei- und Ordnungsrecht, 2023, Rn. 384.
3) Schenke, Polizei- und Ordnungsrecht, 2023, Rn. 384.
4) 보다 자세한 것은 김병기, “경찰상 권리구제 확대방안으로서의 손실보상제도의 법제화”, 행정법연구 제22호, 2008, 105쪽 이하.
5) 비책임자에 대한 경찰권 행사의 요건에 관해서는 또한 서정범, “비책임자에 대한 경찰권 발동에 관한 법적 고찰”, 안암법학 제25권, 2007, 272쪽 이하.

체, 건강, 자유, 중요한 재산적 가치가 있는 것 또는 국가의 존속 등과 같은 보호법익이 위험할 것이 요구된다.

2. 경찰책임자를 통한 위험방지나 장해제거가 불가능할 것

둘째, 위험방지 또는 장해제거가 경찰책임자에 대한 조치를 통해서는 불가능하거나 설령 가능하다 하더라도 그 어떤 성과를 기대할 수 없어야 한다. 물론 이에 대한 판단은 **경찰작용을 하는 시점에서 경찰이 합리적으로 판단하였을 때에 나타나는 상황이 그 기준이 되어야** 한다. 이에 따라 경찰책임자에 대한 조치를 통해 위험방지나 장해제거가 가능하였음이 사후에 밝혀졌다 하더라도 만일 경찰이 경찰작용을 하는 사전적 시점에서 이를 인식할 수 없었다면 경찰작용의 적법성에는 아무런 문제가 없다. 경찰책임자가 존재하지 않거나 경찰책임자를 알 수 없을 때, 나아가 경찰책임자에게 조치를 취한다면 너무 늦은 것이 될 때나 경찰책임자에게 조치를 취하는 것이 법적인 이유에서 허용되지 않을 때(예: 과잉금지원칙에 대한 위반)에도 경찰책임자에 대한 조치를 통해서는 위험방지나 장해제거가 불가능한 경우에 해당한다.[7)]

3. 비책임자에 대한 조치가 경찰에게 남겨진 마지막 수단일 것

셋째, 경찰이 자신의 **고유한 인적 또는 물적 수단을 통해서나 타인에 대한 위임을 통해서 위험 또는 장해를 적시에 방지 또는 제거할 수 없어야** 한다. 이로 인하여 경찰이 노숙자보호시설이나 기타 임차한 건물에 노숙자를 입주시킬 수 있음에도 노숙자를 보호하기 위하여 개인주택을 영치하는 것은 허용되지 않는다.[8)]

---

6) Schenke, Polizei- und Ordnungsrecht, 2023, Rn. 386.
7) Schenke, Polizei- und Ordnungsrecht, 2023, Rn. 387.

4. 비책임자가 수인할 수 있는 조치일 것

넷째, 경찰은 **비책임자를 중대한 위험에 처하게 하거나 보다 고차원적인 의무를 침해함이 없이 조치를 취할 수 있어야** 한다. 예를 들어 폭발의 위험이 있는 경우 비책임자에게 조치를 취하여서는 아니 되며, 위급한 중환자를 치료중인 의사에게 교통사고로 다친 다른 사람의 치료를 명령하는 것도 허용되지 않는다.[9]

Ⅲ 법적 근거와 손실보상

비책임자에 대한 조치는 제3자의 기본권을 제한하는 행위이므로 법률에 그 근거가 있어야 하며, 아울러 제3자가 손실을 입은 경우에는 입은 손실은 마땅히 보상되어야 한다. 현행법상 비책임자에 대한 조치의 법적 근거로는 「소방기본법」 제24조(소방활동 종사명령), 제25조(강제처분), 「재난 및 안전관리기본법」 제45조(응급부담), 「방조제관리법」 제10조(긴급사태 시의 응급조치) 등이 있으며, 보상규정으로는 「소방기본법」 제24조 제3항, 제25조 제5항, 「재난 및 안전관리기본법」 제64조, 「방조제관리법」 제11조 등이 있다.

한편 「경직법」은 2014년 법률개정을 통해 처음으로 경찰관의 적법한 직무집행으로 인하여 국민이 재산상의 손실을 입은 경우 국가가 그 손실을 보상하도록 하는 규정을 신설하였다. 이것은 경찰관이 임박한 위해상황이 존재한다고 판단하여 건물의 문을 부수고 들어갔지만, 실제로는 위해상황이 존재하지 않았던 경우 부순 문 값을 경찰관이 사비로 변상하는 사례가 많았던 그간의 폐단을 시정하기 위함이다. 그러나 2014년 개정된 「경

8) Schenke, Polizei- und Ordnungsrecht, 2023, Rn. 389.
9) 정하중, 행정법개론, 법문사, 2020, 1083쪽.

직법」은 경찰관의 적법한 직무집행으로 인하여 국민이 재산상의 손실을 입은 경우에만 국가가 그 손실을 보상할 뿐, 생명 또는 신체상의 손실을 입은 경우에는 보상의 근거가 없어 국민이 피해보상을 받는 데에 한계가 있었다. 그리고 손실을 입은 국민은 직무집행의 위법 · 적법을 가리지 않고 손해배상을 청구할 수밖에 없어 경찰관은 적법한 직무집행을 하고도 사비로 손실을 보상하거나 이에 따른 직무집행에 대한 심리적 위축으로까지 이어져 그 보완의 필요성이 강하게 요청되었다. 2018년 마침내 「경직법」은 다시 한번 개정되었고, 같은 법 제11조의2에는 국가가 경찰관의 적법한 직무집행 과정에서 발생한 재산상 손실 외에 생명 또는 신체상의 손실에 대하여도 보상하도록 하는 근거규정이 마련되었다. 이에 따라 개정된 「경직법」 제11조의2는 경찰관의 적법한 직무집행으로 인하여 ① 손실발생의 원인에 대하여 책임이 없는 사람(비책임자)이 생명 · 신체 또는 재산상의 손실을 입은 경우(예: 범인을 제압하는 과정에서 경찰관이 착용하고 있던 삼단봉이 벗겨져 인근을 지나던 행인을 다치게 한 경우 또는 살해된 피해자의 시체를 발굴하기 위한 굴착으로 제3자의 농작물을 훼손한 경우) 또는 경찰관의 직무집행에 자발적으로 협조하거나 물건을 제공하여 생명 · 신체 또는 재산상의 손실을 입은 경우(예: 호텔객실에서 발생한 변사사건과 관련하여 경찰의 현존보존 요구로 해당 객실에 대한 영업을 오랫동안 하지 못해 호텔업주에게 영업상 손실이 발생한 경우 또는 강도범을 추격하는 과정에서 시민이 제공한 차량이 파손된 경우) 그리고 ② 손실발생의 원인에 대하여 책임이 있는 사람(경찰책임자)이 자신의 책임에 상응하는 정도를 초과하는 생명 · 신체 또는 재산상의 손실을 입은 경우에는 국가가 손실을 입은 사람에 대하여 정당한 보상을 하여야 함을 규정하고 있다(제11조의2 제1항).

손실보상청구권은 손실이 있음을 안 날로부터 3년, 손실이 발생한 날로부터 5년간 행사하지 아니하면 시효의 완성으로 소멸한다(제11조의2 제2항). 그리고 개정된 「경직법」 제11조의2는 경찰관의 적법한 직무집행으로 인하여 국민이 생명 · 신체 또는 재산상 손실을 입은 경우 경찰청장 또는 지방경찰청장은 손실보상심의위원회의 심의 · 의결에 따라 보상금을 지급하되, 만약 거짓 또는 부정한 방법으로 보상금을 받은 사람이 있다면 이 사람에 대하여는 해당 보상금을 환수하도록 하고(제11조의2 제4항), 손실보상심의위원회는 보상금 지급 후 경찰위원회에 정기적으로 심사 자료와 결과를 보고하도록 하며(제11조의2 제5항), 보상금을 반환하여야 할 사람이 대통령령으로 정한 기한까지 그 금액을 납부하지 아니한 때에는 국세 체납처분의 예에 따라 징수할 수 있도록 함으로써(제11조의2 제6항), 해당 손실에 대한 국민의 권리구제를 강화함과 동시에 경찰관의 충실한 직무수행 및 투명한 보상금 지급절차가 되도록 하고 있다.

케이스 해설

해설 1 <오원춘사건 Ⅲ>

<오원춘사건 Ⅲ>에서 경찰관들의 가택출입조치는 「경직법」 제7조 제1항에 그 근거를 둔 행위이고 사실관계 또한 동 조항에 규정된 요건을 충족시키지만, 경찰관들의 가택출입조치가 적법하기 위해서는 궁극적으로 정당한 대상자에게 취해져야 한다. 사실 「경직법」 제7조 제1항은 경찰관에게 위험방지를 목적으로 다른 사람의 가택에 출입할 수 있는 권한을 부여하고 있지만, "누가" 해당 조치의 대상자가 될 수 있는지, 즉 경찰관은 위험방지를 위하여 누구의 가택에 출입할 수 있는지에 관하여 규정하고 있지 않다. 법문에는 단지 "다른 사람"의 건물이라고만 규정되어 있을 뿐이다. 이와 같이 경직법상의 수권규정이 경찰관에게 위험방지권한을 부여하면서도, 누가 해당 조치의 대상자가 될 수 있는지에 관하여 명확한 규정을 두고 있지 않은 경우에는 경찰책임에 관한 일반원칙에 따라 판단되어야 한다. 이에 따라 경찰관들이 위험방지를 목적으로 다른 사람의 가택에 출입하는 경우에는 우선적으로 경찰책임자(행위책임자 또는 상태책임자)의 가택에 출입하여야 한다. <오원춘사건 Ⅲ>에서는 자신의 "행위"를 통해 사람의 생명 또는 신체에 대한 위험 또는 장해를 직접 야기하고 있는 오원춘이 경찰책임자(행위책임자)로서 고려되므로, 경찰관들은 위험방지를 위하여 우선적으로 경찰책임자인 오원춘의 가택에 출입하여야 한다. 하지만 이 사건의 특수성은 피해여성의 성폭행 신고에 경

찰의 대응미숙과 112의 상황오판 그리고 위치추적권의 부재로 인하여 경찰은 오원춘의 위치추적에 실패하였다는 점이다. 이에 따라 정확한 범행 장소를 알지 못한 경찰관들로서는 범행 추정 장소의 범위 내에 있는 비책임자의 가택에 출입할 수 있는지가 문제된다. 비책임자에 대한 경찰조치는 최후수단으로서 경찰긴급상황의 요건 하에서 단지 예외적으로만 고려될 수 있는바, 이에 따라 <오원춘사건 III>에서 경찰관들의 비책임자에 대한 가택출입은 다음의 요건을 충족시킬 경우에만 정당화될 수 있다: 첫째, 이미 장해가 존재하거나 중대한 위험이 임박할 것, 둘째, 경찰책임자를 통한 위험방지나 장해제거가 불가능할 것, 셋째, 비책임자에 대한 조치가 경찰에게 남겨진 마지막 수단일 것, 넷째, 비책임자가 수인할 수 있는 조치일 것이 바로 그것이다.

① <오원춘사건 III>의 경우 피해여성은 오원춘으로부터 성폭행을 당하고 있는 상황이었으므로, 여기서는 이미 피해여성의 생명 또는 신체에 대한 위험 또는 장해가 존재한다고 볼 수 있다. 이에 따라 <오원춘사건 III>은 경찰긴급상황의 첫 번째 요건을 충족시킨다. ② <오원춘사건 III>의 경우에는 경찰이 대응미숙과 112의 상황오판 그리고 위치추적권의 부재로 인하여 경찰책임자인 오원춘의 위치추적에 실패하였으므로, 경찰은 경찰책임자를 통한 위험방지나 장해제거가 불가능한 경우에 해당한다. 이에 따라 <오원춘사건 III>은 경찰긴급상황의 두 번째 요건도 충족시킨다. ③ <오원춘사건 III>의 경우 피해여성은 자신이 '집안'에서 성폭행을 당하고 있음을 신고하였으나 경찰이 피해여성의 위치추적에 실패함으로써 결국 경찰은 범행 추정 장소의 범위 내에 있는 비책임자의 가택에 출입하지 않고서는 피해여성을 구조할 수 없는 상황이었다. 즉 불가피하게 범행 추정 장소의 범위 내에 있는 비책임자의 가택에 출입할 수밖에 없는 그런 상황이었다. 이에 따라 <오원춘사건 III>은 경찰긴급상황의 세 번째 요건도 충족시킨다. ④ 언론을 통해 알려진 바에 따르면 사건 당시 피해여성의 남동생은 현장에 있던 경찰관들에게 "누나가 건물 안에 있다면 주민들을 다 깨우더라도 집집마다 문을 두드려가며 샅샅이 뒤져야 하는 것 아니냐"고 말하였으나, 경찰관들은 밤이 늦어 이것이 현실적으로 어렵다는 말만 되풀이하였다고 한다.[10] 사실 경찰관들이 위험방지를 목적으로 범행 추정 장소의 범위 내에 있는 비책임자의 가택에 출입한다면 밤늦은 시간으로 인하여 주민의 취침에 방해가 되겠지만, 이것이 주민을 중대한 위험에 처하게 하거나 고차원적인 의무를 침해한다고 볼 수 없기 때문에 <오원춘사건 III>은

경찰긴급상황의 네 번째 요건도 충족시킨다. 결국 <오원춘사건 III>은 경찰긴급상황의 네 가지 요건을 모두 충족시키므로, 경찰관들은 성폭행과 더불어 살해의 위협을 받고 있던 피해여성을 긴급구조하기 위하여 범행 추정 장소의 범위 내에 있는 비책임자의 가택에 출입할 수 있었다는 결론이 도출된다.

해설 2 <M모텔 만취녀 사건>

사례에서 경찰관들의 모텔 객실 내의 진입은 「경직법」 제7조 제1항에 그 근거를 둔 행위이고 사실관계 또한 동 조항에 규정된 요건을 충족시키므로, 사람의 생명 또는 신체에 대한 임박한 위해를 방지하기 위하여 또는 피해자를 긴급구조하기 위하여 부득이하게 객실 내에 진입한 경찰관들의 조치는 적법한 직무집행으로 볼 수 있다. 그러나 객실 내에 진입하는 과정에서 위해발생과는 무관한 모텔업주에게 재산상의 손실(출입문 파손)이 발생하였으므로, 모텔업주는 손실발생의 원인에 대하여 책임이 없는 사람(비책임자)로서 「경직법」 제11조의2 제1항 제1호에 따라 국가에게 손실보상을 청구할 수 있다. 따라서 국가는 모텔업주의 요구에 응하여 파손된 출입문의 수리비용을 보상하여야 한다.

10) 송원형, "[수원 20대 여성 토막 살해 사건] 피살 여성 6시간 살아있었는데… 경찰, 구할 기회 4번 놓쳐", 조선일보 2012. 4. 9.

사항색인

〔기타〕

해당 QR코드를 스캔하시면 『경찰법(제6판)』의
참고문헌을 열람하실 수 있습니다.

저자약력

손재영

경북대학교 법과대학 법학사
독일 만하임대학교 법학석사
독일 만하임대학교 법학박사(*summa cum laude*)
독일학술교류처(DAAD) 국비장학생(4년 연차장학생)
현재 경찰대학 법학과 교수

저 서

Heimliche polizeiliche Eingriffe in das informationelle Selbstbestimmungsrecht, Duncker & Humblot (Berlin, 2006) (Schriften zum Öffentlichen Recht Band 1013).
로스쿨 경찰실무 - 경찰과 법 -, 경찰대학 출판부, 2015 (공저)
경찰관직무집행법 - 인권과 법치를 위한 개정권고안 -, 박영사, 2020 (공저)

제6판
경찰법 — 경찰법의 기본체계와 이론적 기초 —

초판발행 2012년 3월 20일
제6판발행 2024년 8월 22일

지은이 손재영
펴낸이 안종만 · 안상준

편 집 윤혜경
기획/마케팅 정연환
표지디자인 BEN STORY
제 작 고철민 · 김원표

펴낸곳 (주) 박영사
서울특별시 금천구 가산디지털2로 53, 한라시그마밸리 210호(가산동)
등록 1959. 3. 11. 제300-1959-1호(倫)
전 화 02)733-6771
f a x 02)736-4818
e-mail pys@pybook.co.kr
homepage www.pybook.co.kr
ISBN 979-11-303-4790-5 93360

정 가 30,000원